本丛书由澳门基金会策划并资助出版

澳门研究丛书 MACAU STUDIES

澳门研究丛书 MACAU STUDIES

澳门人文社会科学研究文选

(2012~2014)

（中卷）

Selected Works of Social Sciences
and Humanities of Macau
(2012-2014)

《澳门人文社会科学研究文选（2012~2014）》编委会／编

目 录 

上 卷

政 治 编

行 政 编

基本法编

法律编

中 卷

经济编

社会编

文化艺术编

历 史 编

下　卷

教 育 编

文 学 编

语言翻译编

综 合 编

经 济 编

澳门特区"一国两制"正确实践与未来发展定位

杨允中[*]

2014年10月1日是中华人民共和国成立65周年纪念日，2014年12月20日是澳门特别行政区（以下简称"澳门特区"）成立15周年纪念日。作为生活在澳门特区的中国公民迎接这两大节日，我们感到十分幸运，也十分自豪。在中国日新月异、飞速发展的历史进程中，澳门特区和澳门居民业已做出一份不可或缺的独特贡献。当前，怎么看待中国特色社会主义事业中的"一国两制"，怎么看待"一国两制"在澳门的成功实践，这是不能不认真关注的一项现实的理论课题。

一　中国特色社会主义事业中的"一国两制"

党的十八大报告指出，"中国特色社会主义道路，中国特色社会主义理论体系，中国特色社会主义制度，是党和人民九十多年奋斗、创造、积累的根本成就，必须倍加珍惜、始终坚持、不断发展"。其中，中国特色社会主义道路是实现途径，中国特色社会主义理论体系是行动指南，中国特色社会主义制度是根本保障，三者统一于中国特色社会主义伟大实践。2014年8月20日，习近平在纪念邓小平诞生110周年大会上指出，中国社会主义改革开放和现代化建设的总设计师、中国特色社会主义道路的开创者、

* 杨允中，法学博士、经济学博士，澳门理工学院理事会顾问、教授，澳门经济学会会长。

邓小平理论的主要创立者“邓小平同志留给我们的最重要的思想和政治遗产，就是他带领党和人民开创的中国特色社会主义，就是他创立的邓小平理论”。[①]

（一）中国特色社会主义基本内涵

1. 中国特色社会主义伟大旗帜要高举

“在改革开放三十多年一以贯之的接力探索中，我们坚定不移高举中国特色社会主义伟大旗帜，既不走封闭僵化的老路、也不走改旗易帜的邪路。”[②] 中国和平崛起是世纪之交全球最大的事件，在当代没有任何国家发生的任何变化可以与之相媲美。只要中国这面红旗不变颜色，人类社会主义事业就大有希望；同样，只要澳门稳步推进“一国两制”的正确实践，当代中国的“一国两制”事业就大有希望。

2. 中国特色社会主义道路要坚持并拓展

“中国特色社会主义道路，就是在中国共产党领导下，立足基本国情，以经济建设为中心，坚持四项基本原则，坚持改革开放，解放和发展社会生产力，建设社会主义市场经济、社会主义民主政治、社会主义先进文化、社会主义和谐社会、社会主义生态文明，促进人的全面发展，逐步实现全体人民共同富裕，建设富强民主文明和谐的社会主义现代化国家。”[③] 积极有序地推进“一国两制”事业，是国家以富强民主文明和谐为追求目标的社会主义现代化建设的不可分割的组成部分。

3. 中国特色社会主义理论体系要坚持并丰富

“中国特色社会主义理论体系，就是包括邓小平理论、‘三个代表’重要思想、科学发展观在内的科学理论体系，是对马克思列宁主义、毛泽东思想的坚持和发展。”[④] 是邓小平在关键性历史时刻在国家前进方向、发展战

---

① 习近平：《在纪念邓小平诞辰110周年座谈会上的讲话》，《人民日报》（海外版）2014年8月21日，03版。

② 胡锦涛：《坚定不移沿着中国特色社会主义道路前进　为全面建成小康社会而奋斗——在中国共产党第十八次全国代表大会上的报告》，人民出版社，2012，第12页。

③ 胡锦涛：《坚定不移沿着中国特色社会主义道路前进　为全面建成小康社会而奋斗——在中国共产党第十八次全国代表大会上的报告》，人民出版社，2012，第12页。

④ 胡锦涛：《坚定不移沿着中国特色社会主义道路前进　为全面建成小康社会而奋斗——在中国共产党第十八次全国代表大会上的报告》，人民出版社，2012，第12页。

略和实现途径等关键性问题上掌舵把关，响亮地提出“走自己道路，建设有中国特色的社会主义”的伟大号召，领导全国人民成功走出了一条中国特色社会主义新道路。他倡导的改革开放新思维不仅令中国人民迅速改写了自身发展史、令中华民族彻底改变了贫穷落后的面貌，而且也为占全球2/3的发展中国家人民改变命运提供了独具说服力的示范和参照。他创造性地提出“一国两制”的科学构想，这成为实现香港、澳门顺利回归的指针，也令两岸关系打开新局面。

4. 中国特色社会主义制度要坚持并完善

“中国特色社会主义制度，就是人民代表大会制度的根本政治制度、中国共产党领导的多党合作和政治协商制度、民族区域自治制度以及基层群众自治制度等基本政治制度，中国特色社会主义法律体系，公有制为主体、多种所有制经济共同发展的基本经济制度，以及建立在这些制度基础上的经济体制、政治体制、文化体制、社会体制等各项具体制度。”① “一国两制”是最具中国特色的基本国策，实行“一国两制”不仅是特别行政区的事业，而且是全国人民的共同事业，故特别行政区制度理应被理解为国家的基本政治制度之一。

坚持并拓展、丰富、完善中国特色社会主义意味着对共产党执政规律、社会主义建设规律、人类社会发展规律认识的深化，意味着实现“中国梦”包括近期全面建成小康社会和远期实现国家和平统一和民族伟大复兴宏伟目标已进入一个比较自觉自如即比较成熟化的阶段。

（二）中国特色社会主义属性认定

科学社会主义或马克思主义的理论起点是1848年2月马克思、恩格斯发表的《共产党宣言》，社会主义实践则发端于1917年的俄国十月革命。迄今为止，作为理论体系的社会主义已有近170年发展史，作为社会制度的社会主义则有近百年发展史。在人类文明史上，政权的兴衰、制度的更迭屡见不鲜。20多年前，曾经是第一个也一度是最大的社会主义国家苏联的解体曾一度引起过不少混乱，但步入改革开放后中国特色社会主义的全面成功带来的震撼则是划时代的。怎么看待现实版的社会主义，当今中华人民共和

① 胡锦涛：《坚定不移沿着中国特色社会主义道路前进　为全面建成小康社会而奋斗——在中国共产党第十八次全国代表大会上的报告》，人民出版社，2012，第12~13页。

国最有资格被列为成功个案。这是因为以下几点：

1. 中国特色社会主义是承前启后、继往开来、与时俱进的社会主义；
2. 中国特色社会主义是开放型社会主义；
3. 中国特色社会主义是创新性社会主义；
4. 中国特色社会主义是符合中国国情和东方文化传统的社会主义；
5. 中国特色社会主义是坚持辩证唯物主义科学认识论的社会主义；
6. 中国特色社会主义是坚持自我完善、自我优化的社会主义；
7. 中国特色社会主义是人类文明史上创造奇迹最大、改变面貌最快的社会主义；
8. 中国特色社会主义是当代最正统、最权威的社会主义。

（三）“一国两制”与其相关性

在中国特色社会主义实践中，“一国两制”的提出并迅即规范化、制度化（基本法及其规范的特别行政区制度）直接造就了一种新型政权、一种新型社会生态、一种新型文明体系、一种新型动力来源。其核心要素至少包括以下七点：

1. “一国两制”是中国特色社会主义宪法保障体系的基本国策；
2. “一国两制”是理论创新与制度创新的杰出代表；
3. “一国两制”是特别行政区立区的骨架与灵魂；
4. “一国两制”是特别行政区经济、社会发展的制度保障与优势体系；
5. “一国两制”是辩证唯物主义认识论特别是求同存异观、对立统一观的重大突破；
6. “一国两制”是人文社会科学领域有待进一步系统化的一门显学；
7. “一国两制”是最突出、最具代表性的中国特色，是当代中华文化、东方文明的一个制高点。

二　怎么看澳门“一国两制”的成功实践

（一）奇迹在这里发生

澳门是个在世界地图上很难标出坐标的小地方，15 年前其面积仅为 25

平方公里，人口仅为43万人，2013年其面积和人口分别扩充至30.3平方公里和60.75万人，分别增长25%和41%。说澳门是个微型社会、微型经济体，可谓是名副其实，但其历史特殊性和现实重要性又难以被取代。且不说其自古以来就是国人繁衍生息的故土，单是在16世纪中叶对外开埠后的4个多世纪中，它就承载过国人的悲欢离合，见证了列强疯狂入侵和国人英勇反抗，记录了中国近现代史上诸多重大事件和先哲先贤图强革新的业绩，可说是可歌可泣、催人奋进。时序进入19世纪和20世纪之交后，澳门更扮演了国运、民运变幻的导向标：郑观应奋笔疾书，完成《盛世危言》这部警世巨著，孙中山视澳门为推翻千年帝制的一个重要桥头堡；在漫长的民主与革命进程中，澳门客观上成为众多民族英杰思考国运、图强奋进的起步点。特殊的人文环境、特殊的区位优势、特殊的社会关系，令澳门与国家和民族的命运紧紧相通、共同进退。1949年10月1日五星红旗升起后，作为承载"长期打算、充分利用"方针的特殊地区，澳门一以贯之发挥着不可低估、不可取代的特殊作用。锦绣河山，金瓯无缺。1987年4月13日，按基本国策要求合理解决对澳门恢复行使主权日程表之后，伴随改革开放高潮迭起，以基本法起草与咨询和基本法颁布后落实三大任务（法律本地化、公务员本地化、中文官方化）为重头戏的民众大发动，令澳门在确保政权顺利交接、平稳过渡的同时完成了一次蔚为壮观的人心回归，直接导致世纪之交顺利实现政权与民心的双回归。

特区成立15年来，在中央政府的关怀和全国人民的支持下，在宪法和基本法确定的体制下，澳门长治久安、政通人和、安居乐业、宽松包容，经济全面提速，社会逐步经历了与时代要求相适应的自我调整与转型，新人新事辈出，文明拾级而上。说澳门是"一国两制"一个成功的示范载体，可谓是名副其实、真真切切。尽管前进路上时有风雨，但预期中的或不期而至的矛盾与挑战难不倒充满智慧、勇往直前的新一代澳门建设者。这些变化集中体现在"两大""两新""两高""两有"八个字上。经济领域是"两大"：总量大扩充、民生大改善。同2000年相比，2013年澳门的GDP由516亿澳门元增至4135亿澳门元，实增7倍，年均增长15.7%；人均GDP由119911澳门元增至697502澳门元，即由14940美元增至87306美元（其中2009~2013年年均增加95062美元），实增4.82倍，由一向低于香港到超出香港一倍以上；2002~2012年，澳门人均本地居民总收入由128221澳门元增至521786澳门元，即由16047美元增至65305美元；2008～2013年，与国际金融财政危机逆向而行，财政连年大幅结余，结余率分别为51%、49%、52%、62%、62%、61%，年均值高达57.5%；2000～2013年，就业人口月收入中位数由4792澳门元增至13000澳门元，实增1.71倍；2008～2014年，永久性居民现金分享由5000澳门元增至9000澳门元；失业率由回归之初的近7%降至1.8%。① 以上数据中的多项堪称世界纪录或全球之最。政治领域是“两新”，即实行以行政长官为核心的新型行政主导的政治体制和坚持“以人为本、依法施政”的新施政理念。以行政长官选举、立法会选举和全国人大代表选举有序推进为代表的新兴政权建设和以“一国两制”与基本法深入系统宣传推介为代表的公民意识提升，构成澳门特区政治参与的两道风景线。社会领域是“两高”，即高稳定度、高和谐度，求同存异、宽松包容、海纳百川、和气生财。文化领域是“两有”，即综合素质有新提升，核心价值观有所调整，“一国两制”“爱国爱澳”成为首选的新型价值观。

当然，无论是政治、经济还是文化、社会，有待提升认知、亟须调整的空间都还不小。发展空间制约、产业单一、竞争意识不足、创新思维不够、对深层次矛盾的预判和防范缺位等都是澳门特区发展的短板，不容忽视。但该肯定还是要充分肯定。澳门特区新风尚、新气象举目可见，这是改写历史引发的深刻变化，这是文明进程加速的积极成果，这是“一国两制”创新实践的成功示范。

（二）制度在这里创新

中共十八届三中全会指出：“全面深化改革的总目标是完善和发展中国特色社会主义制度，推进国家治理体系和治理能力现代化。”② 制度是发展路径的规范指引，是行为规范的集中合成，是社会群体的目标导向，是事业成功的科学保障。“国家治理体系和治理能力是一个国家制度和制度执行能

① 澳门特别行政区政府统计暨普查局：《本地生产总值2013》，2014，第36页；《澳门资料2014》，2014，第1、16～19页，http://www.dsec.gov.mo/Statistic.aspx?NodeGuid=ba1a4eab-213a-48a3-8fbb-962d15dc6f87。

② 《提总目标　定时间表　绘路线图　中国改革决胜2020》，《大公报》2013年11月13日，A01版。

力的集中体现”，“真正实现社会和谐稳定、国家长治久安，还是要靠制度，靠我们在国家治理上的高超能力，靠高素质干部队伍”，“不论处于什么发展水平上，制度都是社会公平正义的重要保证”。[①] 中国特色社会主义制度经改革开放检验，其完善程度提高之快世所罕见，体现国家治理模式和治理能力现代化积极成果的特别行政区制度就是其中毋庸置疑的一例。

“国家在必要时得设立特别行政区。在特别行政区内实行的制度，按照具体情况由全国人民代表大会以法律规定”，这是现行1982年宪法的预见性规定。特别行政区制度包括社会、经济制度，有关保障居民的基本权利和自由的制度，行政管理、立法和司法方面的制度，[②] 已由《香港基本法》9章160个条文和《澳门基本法》9章145个条文做出了全面系统的规定。特别行政区有必要也有条件通过资源配置、结构重组实现“两制”的嫁接、整合、集成，建立高效的新型生产函数，推动生产力稳定增长，成为“三个有利”的全新展示窗口，成为制度创新的有效载体，成为社会主义利用驾驭资本主义的创新实践平台。其中，“三个有利于”即1992年邓小平视察南方时所强调的“判断的标准，应该主要看是否有利于发展社会主义社会的生产力，是否有利于增强社会主义国家的综合国力，是否有利于提高人民的生活水平”。[③] 具体到特区，就是一要有利于维护国家主权、维护中央权威，二要有利于维护长期繁荣稳定，即长治久安、政通人和，三要有利于维护广大居民的基本民主权益。整体观察得出的结论是，在保留原有资本主义并实行特别行政区制度的澳门，并非样样都是资本主义属性，特别行政区是中央政府领导下的具有一定特殊性的地方行政单位，“一国两制”是其基本属性，政治是“一国两制”的政治，经济是“一国两制”的经济，文化是“一国两制”的文化。它本质上不“姓资”，属于“姓社”的大家庭。

“倡导求同存异、和平共处的‘一国两制’本身，就在于最大限度地实现当代社会主义与资本主义两大基本社会制度的对立统一，质言之，就在于承认资本主义具可利用性、可改造性、可借鉴性、可驾驭性前提下令其旧为

① 习近平：《切实把思想统一到党的十八届三中全会精神上来》，《人民日报》（海外版）2014年1月1日，02版。

② 《澳门基本法》第11条。

③ 《邓小平文选》第3卷，人民出版社，1993，第372页。

新用、外为中用，为中国特色社会主义服务。”① 这本身就是改革开放基本国策的宗旨和宪法第31条的标的所在，就是新中国成立逾一甲子特别是十一届三中全会后推行改革开放新政的基本经验之一，就是当今时代最能体现求同存异、互利共赢核心价值，最能体现高屋建瓴、海纳百川政治决断的最大胆识、最高智慧所在。这一崭新制度的出现和正确实施，标志着当代中国特色社会主义制度的自我完善和进步。

（三）理论在这里丰富

“一国两制”方针产生于进入改革开放历史新阶段的社会主义中国，它是伴随改革开放洪流建立起来的崭新理论体系。它植根于中华五千年文明的深厚积淀，建基于新中国逾一甲子积累的发展经验，得益于改革开放总设计师邓小平一言九鼎、当机立断的智慧决策。“一国两制”理论演变速度之快、发展成熟度之高，为中外历史罕见。

1.“一国两制”理论的基本内涵

（1）国家主权论

即维护“一国”原则，维护拥有960多万平方公里神圣领土和约300万平方公里海疆的中华人民共和国的主权、安全、发展利益不动摇。在和平崛起取得实质进展、加速实现“中国梦”的新时空，认真且自觉地构建与巩固国家观念、民族观念，依然不容放松。这是实行“两制”的前提，也是“澳人治澳”、高度自治得以成功的前提。

（2）两制兼容论

即在坚持国家主体部分单一制和中国特色社会主义制度的前提下，在背景特殊的局部地区保持原有资本主义制度和生活方式且五十年不变，这意味着在特别行政区可以实现两种社会制度的优势整合，完成社会基因的嫁接重组，充分利用小范围内的原有资本主义，使之最大限度地服务于大空间的中国特色社会主义，令两大基本社会制度对立统一在特别行政区，这是辩证唯物主义认识论的飞跃与创新。

（3）“澳人治澳”论

同“港人治港”一样，公权力的行使以本地人及其中的中国公民为主

① 杨允中：《“一国两制”理论与辩证唯物主义认识论》，《“一国两制”研究》2013年第4期。

体，这是恢复行使主权的需要，也是尊重本地人首创精神和人格尊严的需要。在澳门这样微型社会强调实施“澳人治澳”，强调“澳门人是完全有智慧、有能力、有办法管理好、建设好、发展好澳门的”,[①] 其意义和价值尤其不容低估。

（4）高度自治论

除体现国家主权的国防、外交及中央与地方关系的事项外，特区政府在行政管理、立法、司法等几乎所有领域均可行使有效的管辖权，这是中国国家治理体系史无前例的大突破，也改写了国际上迄今现存的自治史。

（5）政策稳定论

从宣布基本国策到基本法确定的50年不变，前后共约70年，相当于三代人的成长开拓期。到21世纪中期中华民族伟大复兴的“中国梦”实现时，特别行政区和国家在经济与文化、政治与民主、制度与公民意识等方面将共同达到全球发达国家平均值的先进水平。宣布并实施这项政策就意味着国家的道路自信、理论自信、制度自信，意味着当代中国特色社会主义的强大和成熟。

（6）长期示范论

“一国两制”的科学性、生命力、优越性、可行性经特区长达15年的实践验证，已成为当代社会主义中国走向富强民主文明和谐的一个不可或缺的晴雨表和指向仪。澳门“一国两制”的成功实践，不仅为两岸和平统一的最后实现提供了一个不容置疑的判断参照，而且也为国际上以求同存异、互利共赢思维协调解决原有争端提供了生动且可行的样板。

（7）思维创新论

它令法制史上不曾有过的观念创新、理论创新、制度创新成为现实，也令辩证唯物主义认识论达到了难以企及的新高度、新境界。事实无可辩驳地证明，作为出现在东方大地上的新事物，“一国两制”还要在创新中发展，在实践中完善。故此，在一定意义上讲，“一国两制”不仅是新型社会制度的崭新载体，而且也令人类的认知体系和文明程度得到了切实明显的提升。

---

① 胡锦涛：《胡锦涛向阖澳提四希望　国家主席胡锦涛在庆祝澳门回归祖国五周年大会暨澳门特别行政区第二届政府就职典礼上的讲话》，《澳门日报》2004年12月21日，C05版。

（8）和平发展论

党的十八大要求特区政府和社会各界“集中精力发展经济、切实有效改善民生、循序渐进推进民主、包容共济促进和谐”，这意味着“一国两制”下的特别行政区既要抓好物质领域发展，又要抓好精神领域发展；既要追求高发展指标，又要坚守当代国人的精神追求；既要懂发展规律，又要掌握认识论、方法论。通过嫁接整合两大社会制度的优势，特别行政区的“一国两制”实践定能成为和平发展的成功典型。

上述基本判断也可以归结为8项核心认知：①“一国两制”构成中国特色社会主义在认知、理论、制度和实践领域的划时代创新；②“一国两制”理论应列为中国特色社会主义理论体系的主要内涵之一；③“一国两制”下的特别行政区制度有条件、有必要列为国家的基本政治制度之一；④爱国爱澳如同爱国爱港一样事实上已成为当代特别行政区居民的第一核心价值；⑤“一国两制”属于特区政府和居民以至全中国人民的共同性事业；⑥要坚持“一国两制”澳门实践模式，在实践中提高实践水平；⑦“一国两制”作为中华文化、东方文明的一大制高点，作为体现多重创新成果的认知总汇，最有条件形成新兴复合型独立学科并作为一门显学得到全面推广；⑧“一国两制”体现了社会主义与资本主义两大社会制度的嫁接优势，在某种意义上讲，特别行政区是利用、改造和驾驭资本主义的示范场。

2. 清晰明朗的发展轨迹

由20世纪50年代两岸和平统一方针的提出到20世纪60年代初“一纲四目”原则的形成；由十一届三中全会改革开放之初邓小平提出20世纪末实现包括港、澳回归和两岸和平统一的三大任务到基本国策形成和宪法第31条的确认；由处理香港问题、澳门问题12条方针到中英、中葡两个联合声明中中国政府的庄严承诺；由两部基本法对“一国两制”的定型化、法制化、具体化到港澳回归、政权顺利交接、平稳过渡目标的实现；由两个直属中央政府的特别行政区成立到基本法全面有效实施；由伟大构想到活生生的现实，由告别旧政权到新制度、新体制、新机制得到全面验证：这是伴随改革开放在中国特色社会主义事业中出现的一桩最为壮丽、最具启迪的重大事件。中国当代发展史、港澳“一国两制”的成功实践雄辩地证明，“一国两制”绝非凭空而降的突发灵

感，而是中华文明、中华传统、中国国情长期积累与开拓创新的必然产物。

3. 创新主导的认知体系

尽管在特别行政区时而曾听到一些很不协调的声音，出现一些令人匪夷所思的现象，但方兴未艾的“一国两制”事业滚滚向前，势不可当。这在认识论、方法论领域的启示尤为深刻。一是求同存异、互利共赢思维，它体现尊重、平等、协商、互惠；二是对立统一、辩证唯物思维，它既凸显了解放思想、大胆创新，又体现了实事求是、尊重历史与现实；三是知行合一、勇于实践思维，它发端于古老而新生的中华文明，建基于与时俱进的经典理论，既是中华民族一百多年来觉醒奋进历史的延伸，更是中华人民共和国几代领导人长达一个甲子艰苦探索的总结。事实证明，“一国两制”绝不是简单地向资本主义委曲求全的无可奈何，而是高屋建瓴、居高临下，以国家核心利益为前提，以最大诚意、最大努力、最高思维做出的优化抉择，它可以把社会主义与资本主义两大社会制度对立统一在特别行政区内。这不仅是经典辩证唯物主义认识论的划时代创新，而且也可认定是利用、改造、驾驭资本主义的大胆且成功的尝试。故此，把“一国两制”比作当代中华文化和东方文明的制高点绝不为过，说它是科学社会主义的当代成功实践也是顺理成章。

4. 稳步达至系统化、成熟化

香港基本法和澳门基本法两部基本法的成功制定，是“一国两制”理论的法制化、规范化、具体化，也是不同法系互补互济、取长补短的重要标志。香港、澳门两个特别行政区长达 15 年或以上的成功实践，不仅验证了基本法设计的特别行政区制度的合理性、正当性，而且验证了“一国两制”理论的系统性、成熟性。它有特定的研究对象与范围，有特定的研究宗旨和方法，也有为数众多的代表性学者及丰富的研究成果。它是中国特色社会主义理论体系中的一个价值高、意义大、见效快的核心内涵，更是最形象、最典型、最具启示性的中国特色之一，故可以当之无愧地被称为“一国两制”学或共赢学（poliwinology）。这是一个综合性的复合型新兴学科，不仅与法学、政治学，而且与外交学、军事学、历史学、经济学、社会学、心理学、哲学、美学等诸多学科直接相关。人们有足够理据把它认定为一项史无前例的中国创造。

（四）实践在这里完善

1. 四个坚持、四个维护

“改革开放最主要的成果是开创和发展了中国特色社会主义，为社会主义现代化建设提供了强大动力和有力保障。事实证明，改革开放是决定当代中国命运的关键抉择，是党和人民事业大踏步赶上时代的重要法宝。”① 澳门特区15年实践周期说长不长、说短不短。生活在特区的居民和学者最清楚，“一国两制”既经历了正面异常丰富的推进过程，也面对过负面少数人乃至外部别有用心势力的责难、设障、叫板、挑战。事实证明，“一国两制”的航船设计先进、性能卓越、航向正确，起航后便满帆前行、乘风破浪。

“实践发展永无止境，解放思想永无止境，改革开放永无止境。”② 正确实践的前提是对“一国两制”、基本法的正确理解，是对回归这场历史大变革的认知到位与自我心理调整到位，是坚持解放思想、实事求是、与时俱进、求真务实的客观理性认识论。在实行“一国两制”的特区，国际化、多元化日益拓展，毋庸置疑，人们的行动自由和言论自由获得充分保障。但一切有爱国良知、胸怀宽广的人士也时时刻刻、分分秒秒不能忘记：要坚持国权国格，维护私产人权；坚持公平正义，维护法治善政；坚持爱国爱澳，维护公序良俗；坚持理性务实，维护民主开放。

2. 坚持科学定位，探索澳门实践模式

如今澳门特别行政区不仅进入全面验证“一国两制”科学性与生命力的历史新时代，而且也已站在一个全新的发展高度和相对有利的起跑线上。面对前所未有的发展机遇和风险挑战，进一步认真做好自身发展定位、明确自身发展路向，十分重要也十分必要。早在十多年前，笔者即曾主张“未来的澳门有望成为四大中心，除人们公认的具有国际经营水平的博彩旅游娱乐中心、有良好国际信誉的多重中介服务中心外，它也应成为功能进一步扩充的中外文化交流中心和具有巨大说服力的‘一国两制’展示中心”。③ 涉

① 《中共中央关于全面深化改革若干重大问题的决定》，《人民日报》（海外版）2013年11月16日，01版。

② 《中共中央关于全面深化改革若干重大问题的决定》，《人民日报》（海外版）2013年11月16日，01版。

③ 杨允中：《我的“一国两制”观》，澳门理工学院“一国两制”研究中心，2012，第292页。

及经济领域的前两个中心，同当前特区政府倡导的世界旅游休闲中心和中国与葡语国家经贸服务平台基本相同，至于后两个中心，则各界有待形成新的共识。

具体地说，4 个中心的发展定位可以包含下述要点。①

澳门的政治定位：①直辖于中央政府，享有国家特别授予的高度自治权和国家特别关照、全面支持的特别行政区；②坚持行政长官为核心的行政主导型体制、保持原有制度50 年不变、验证“一国两制”生命力与优越性的示范区；③国际事务中具有广泛发挥空间的高度自治行动实体；④人的尊严、权益得到全面尊重，人的潜力、智慧得到充分开发的人本社会。

澳门的经济定位：①微型经济中位居第一梯队且较具代表性的一个成员；②拥有博彩经营权的独特产业结构载体；③财政自主，税收不上缴中央，享有自由港政策的人流、物流、资金流、信息流交换基地；④成为经济发展与社会发展高人均指标的国际参照体。

澳门的文化定位：①功能全面扩充的传统东西文化交流中心；②有自身特色、有相对优势的现代文化产业承载体；③求同存异、扩大和解、避免冲突、和平发展的创新思维孵化地与集散地；④既是两岸走向和解、走向统一的缓冲区，又是教育、人才、服务具特定利用价值的转换平台，民主、文明、和谐、进步的国际示范基地。

通过总结澳门特区实践“一国两制”15 年来的基本规律、其本经验，不难认定探索“一国两制”澳门实践模式既有历史必然性，又有现实必要性。这项活动是肯定共同性、肯定大方向、肯定“一国”的前提，也是尊重历史、尊重现实、尊重澳门民众主观能动性的客观要求；既有助于对遵循社会发展规律，遵循民族文化传统，遵循求同存异、和平共赢的核心价值的思考，也有助于通过理性思考现实生活中的重大问题及时做出符合客观规律的判断，因而有助于对“一国两制”的正确理解和在实践中提升实践“一国两制”的水平。

3. 认真发掘“一国两制”

澳门虽小，但法律定位很高，形象和认受性很高；其实践“一国两制”的高成功率迅速彰显，其实践“一国两制”的无与伦比的示范效应备受认

---

① 杨允中：《我的“一国两制”观》，澳门理工学院“一国两制”研究中心，2012，第255 页。

同，但探索开拓之路依然漫长，疏理规律、总结经验的自觉性有待进一步提高。如今称澳门特区为“莲花宝地”，可以说是名实相符，“一国两制”正在实践中走向更高水平。澳门可以被公正地称为“一国两制”博物馆，可以说是名副其实。正所谓：

小剧场大剧目，威武雄壮、有声有色；
小市民大思维，改天换地、自强不息；
小城市大贡献，成功实践、国家品牌。

“一国两制”至少应包括五方面内容：一是爱国观，爱国爱澳业已成为特区居民的核心价值观之一，要认真做到尊重自己民族，诚心诚意拥护中央行使对特区的全面管治权，不做有损特区繁荣稳定的事；二是是非观或价值观，要力求做到核心价值不被扭曲，基本行为保持理性化，这是正确做人、做事的起点；三是开拓观或竞争观，事业成功与生活美满都要靠奋斗，不能被依赖思维绑架；四是生存观或健康观，要追求生理和心理双健康；五是荣辱观，积极人生靠自尊自重、靠自我完善。① 其中，推动特别行政区新型价值观体系建设，亦应成为正确理解和正确实践“一国两制”的一项重要参照。认定“一国两制”是崭新的文明体系，特区政府和居民都是“一国两制”文明的现实载体，这不仅在逻辑上合理可行，而且在现实中也构成实实在在的正能量、正效应。故此，进一步培育、构建“一国两制”文明观，确保这个载体的有效性、高效性、长效性，是特区公民社会建设的一项突出内容，而高文明、高素质的特区人则是“一国两制”事业持之以恒、循序渐进的最佳安全保障和最可靠的动力来源。

经过三个五年的“一国两制”实践，澳门特区已积累了不俗的经验。三个五年可以用奠基期、拓展期、攀登期来描述。这艘结构先进、性能优越的航船有中央指挥系统的导航和全体船员的英勇拼搏，正准确且可靠地驶向一个又一个宏伟的目标港。在一定意义上，澳门已被认定是一个正确实践“一国两制”的成功基地，其成功系数不低，而且来之不易。当然，

① 杨允中：《我的“一国两制”观》，澳门理工学院“一国两制”研究中心，2012，第92～93页。

澳门特区政府和社会绝不能忘乎所以、自鸣得意，也不能故步自封、高枕无忧，而要时刻坚持实事求是，保持清醒与理性，永远发扬守望相助、自强不息以及开拓创新、勇于探索的好传统和好作风，走好前进征程的每一步。

（原题为《奠基、拓展、攀登——澳门特区第一个十五年“一国两制”实践》，载杨允中主编《“一国两制”研究》总第22期，澳门：澳门理工学院一国两制研究中心，2014年10月。）

澳门经济增长与居民收入分配现状分析

柳智毅*

近年来，在主流行业的强劲带动下，澳门经济整体上保持了较快发展。随着 GDP 的高速增长，行业及居民收入差距越来越悬殊，这不仅影响经济的健康发展，也关系到澳门政治的稳定。本文将重点对澳门经济增长与居民收入分配现状进行分析和研究。

一　澳门经济的发展现状

（一）经济持续高速增长

澳门回归后，在赌权的开放和中央政府推行的内地居民港澳“自由行”政策刺激下，澳门旅游博彩收入大幅增加，并于 2004 年第一间外资赌场正式开业后，经济正式进入超速增长阶段，不仅成功走出回归前的经济低谷，而且实现了数年的高速增长，其增长势头持续至今。

澳门属于微型开放经济体，虽然一直面对复杂多变的外部环境，但近几年在主流行业的强劲带动下，整体经济保持了较快发展。GDP 规模已从 1999 年的 470 多亿澳门元（人均 1.38 万美元）猛增至 2011 年的 2921 亿澳门元（人均 6.63 万美元），增幅接近 600%，人均 GDP 亦增长近 4 倍（见图 1 和图 2）。2008 年，美国次贷危机引发全球金融海啸，随着外部形势动荡和内部政

---

* 柳智毅，管理学博士，澳门大学校长办公室主任，澳门经济学会理事长。

策调控，澳门经济增速亦在2008年下半年不可避免地放缓，但于2009年中期以后强劲反弹。2010年，澳门以当年价格按支出法计算的本地生产总值首次超过2000亿澳门元，2001～2010年年平均增幅为17.4%。

2011年，澳门经济表现理想，经济增长主要由服务出口、私人消费支出以及投资带动，其中博彩毛收入（不计赏钱）大幅上升和旅客总消费（不包括博彩消费）增加，推动服务出口取得理想的升幅；而货物出口则持续疲弱。内需方面，投资保持增长，私人消费亦受惠于就业及工作收入增加而持续上升。博彩收入则延续高速增长态势，不断刷新历史纪录，全年博彩收入（不计算赏钱）达2690.6亿澳门元，增长幅度达42%。旅游方面，全年游客数量比2010年增长12.2%，达2800万人次，游客的持续增加给酒店和零售业带来了巨大商机，酒店入住率上升4.3个百分点，增至84.1%；全澳零售总额达434.8亿澳门元，增长42%。

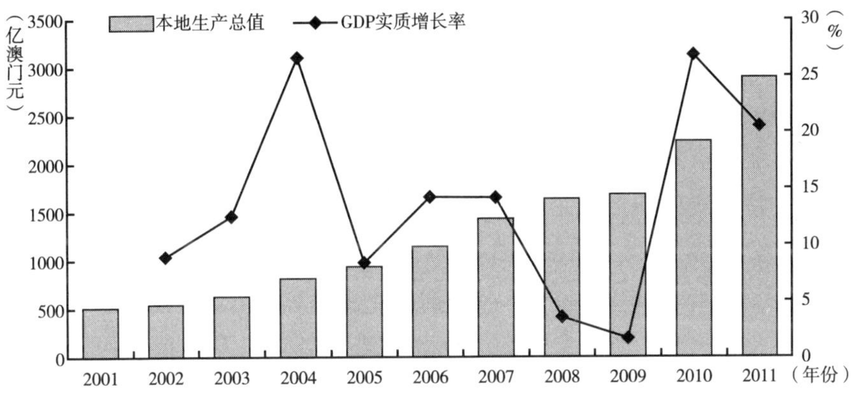

图1　2001～2011年澳门地区本地生产总值及实际增长率变化

资料来源：澳门特区政府统计暨普查局统计数据。

尽管2012年美国双底衰退机会增加，欧洲主权债务危机愈演愈烈，全球经济发展仍存在较大的不确定性，但从自身来看，澳门的前景依然良好，根据澳门特区政府统计暨普查局数字，2012年上半年澳门GDP实质增长率为12.6%。总体而言，澳门本地经济在2012年仍将保持良好基调，实现稳定增长。考虑到外部经济的影响因素，以及GDP基数已相对较大的情况，较高的两位数增长可能无法继续，并且极易受到内地政策和内地消费者的影响，笔者预计2012年全年澳门GDP增长速度将有可能放缓至10%左右。

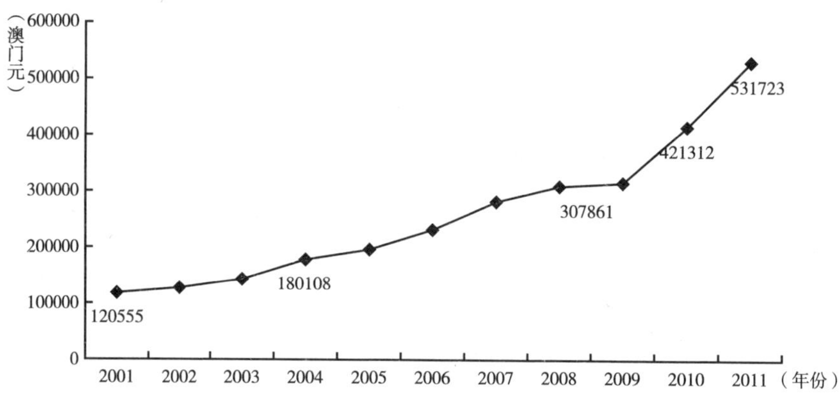

图 2　2001~2011 年澳门地区人均本地生产总值变化
（以当年价格按支出法计算）

资料来源：澳门特区政府统计暨普查局统计数据。

（二）就业者收入普遍好转

澳门经济的迅速发展和转型，带动社会的职业结构发生了巨大变化。澳门本地就业人员的收入也随之水涨船高，过去的 10 年里，澳门中位数工资已翻了一番。澳门特区政府统计暨普查局就业调查资料显示，2012 年第 1 季度澳门劳动者每月工作收入中位数为 11000 澳门元，比 2000 年同期的 4822 澳门元增长 128.1%。收入较高的行业主要有：电力、气体及水的生产及分配；公共行政、防卫及强制性社会保障；彩票以及其他博彩活动等行业。收入较低的行业主要有：家庭佣工、制造业、酒店及饮食业、不动产以及工商服务业等（见表 1）。

表 1　澳门地区按行业统计之每月工作收入中位数

单位：澳门元

行业	2000 年第 4 季度	2004 年第 4 季度	2008 年第 4 季度	2011 年第 4 季度	2012 年第 1 季度
制造业	2962	2961	4500	7200	7000
水电及气体生产供应业	8888	11906	13000	20000	21000
建筑业	4331	5595	10000	11500	12000
批发及零售业	4303	4717	7000	8500	9000
酒店及饮食业	4081	4497	6500	7600	8000

续表

行业	2000 年第 4 季度	2004 年第 4 季度	2008 年第 4 季度	2011 年第 4 季度	2012 年第 1 季度
运输、通信及仓储业	5566	6563	8900	10000	10300
金融业	7546	8320	11000	13300	15000
不动产及工商服务业	3661	3665	6000	7300	8000
公共行政及社保事务	15553	16009	20000	24500	22000
教育	8058	8655	12000	15000	16000
医疗卫生及社会福利	9197	9230	10000	15000	14000
文娱博彩及其他服务业	5904	7678	12000	13000	14000
家庭佣工	2671	2755	2800	3000	3000
总体中位数	4822	5603	8500	10000	11000

资料来源：澳门特区政府统计暨普查局调查数据。

虽然随着经济腾飞发展，各行业的收入均有所增加，但增幅和收入差距仍比较悬殊，例如，12 年来家庭佣工收入的增幅只有 6.5%，而建筑业收入的增幅为 275%。

由于博彩业的迅速发展，澳门就业人口的薪酬也迅速上升。何厚铧先生于 2009 年卸任行政长官时回顾了澳门回归 10 年来的经济建设，称“澳门过往经济发展并不畅旺，相当数量的基层家庭处于比较贫困的处境。旅游博彩业和相关行业的较快速发展，令一大批中青年得以进入薪酬相对优厚的行业工作，从而大幅改善了所属家庭的整体收入，明显缩小了贫富差距、改善了“跨代贫穷”。只要有家庭有成员从事博彩业，就可带动整个家庭脱贫。

回归之前，月入过万的职位很少；回归之后，月入过万的职位日趋普遍。特区政府统计局的数据显示，每月收入少于 2000 澳门元的就业人口从 1999 年的 17300 人（占总就业人口的 8.80%）降至 2011 年的 4300 人（占总就业人口的 1.28%）；每月收入在 2 万澳门元以上的就业人口增至 52700 人（占总就业人口的 16.1%），较 1999 年的 9800 人增加 42900 人，增幅达 437.8%。

二　澳门居民的收入分配

在经济急速增长的同时，居民收入分配不均问题也逐渐浮现，其主要表征如下。

（一）五等分差距倍数扩大

五等分差距倍数是较常见的反映居民收入分配情况的方法。① 按照特区政府统计暨普查局《住户收支调查 2007/2008》中住户每月收入五分位统计，一方面，最高五分位（最高 20%）住户每月收入金额为 18.1 亿元，占总收入的 42.9%；住户每月平均收入为 54221 元，较五年前实际上升 38.3%。另一方面，最低五分位（最低 20%）住户的每月收入金额为 2.2 亿元，占总收入 5.3%；住户每月平均收入为 6633 元，实际增长 89.9%。2007/2008 年，澳门最高 20% 的住户收入为最低 20% 住户的 8.2 倍，低于 2002/2003 年的 11.2 倍，这显示高收入住户与低收入住户的收入差距在逐渐收窄（见表 2）。

表 2　2007/2008 年与 2002/2003 年澳门按每月收入五分位统计的住户收入分配

住户每月平均收入（千澳门元）	总数	最低五分位	第二五分位	第三五分位	第四五分位	最高五分位
2002/2003 年（当年价）	13279	2942	6416	9480	14535	33023
2002/2003 年（2007/2008 年价格）	15764	3493	7616	11254	17256	39203
2007/2008 年	25250	6633	14158	21126	30113	54221
变动率（%）	90.15	125.44	120.68	122.86	107.17	64.19
实际变动率（%）	60.17	89.90	85.89	87.72	74.51	38.31

资料来源：澳门特区政府统计暨普查局调查数据。

由于《住户收支调查》中的数据与 10 年一次的人口普查统计数据不一致，因此笔者根据最新的 2011 年人口普查中劳动人口的收入数据推算，澳门劳动人口的最高 20% 的住户平均收入为 33532 澳门元，最低 20% 住户平均收入为 3606 澳门元，最高 20% 的住户收入约为最低 20% 住户的9.3 倍。

① 将住户每月收入由高至低依次分为五等分，常称为五等分差距倍数（The ratio of household income，top 20% to lowest 20%），即将全体家庭所得由小到大排列后所得最高 20% 者与所得最低 20% 者的收入倍数比值，数字越大，表示所得分配越不平均。

表 3　2011 年澳门人口普查劳动人口收入数据

收入(澳门元)	收入组中值(澳门元)	人数(人)
<3000	1500	19843
3000～3999	3500	16147
4000～5999	5000	33329
6000～7999	7000	45985
8000～9999	9000	35494
10000～11999	11000	39345
12000～13999	13000	26805
14000～19999	17000	53659
20000～39999	30000	52371
≥40000	50000	13036
合计		336014

资料来源：澳门特区政府统计暨普查局 2011 年澳门人口普查结果。

相比十年前，根据 2001 年人口普查中劳动人口的收入数据推算，澳门劳动人口的最高 20% 的住户平均收入为 7925 澳门元，最低的 20% 住户的平均收入为 1733 澳门元，最高 20% 住户的收入仅约为最低 20% 住户的 4.6 倍。

表 4　2001 年澳门人口普查劳动人口收入数据

收入(澳门元)	收入组中值(澳门元)	人数(人)
<2000	1000	17177
2000～2999	2500	21090
3000～3999	3500	37017
4000～5999	5000	48645
6000～7999	7000	28486
8000～9999	9000	15533
合计		167948

资料来源：澳门特区政府统计暨普查局 2011 年澳门人口普查结果。

（二）基尼系数步入警戒线

基尼系数（Gini Coefficient）是国际较常用作量度收入分配以及反映贫富悬殊的指标之一，是衡量一国贫富差距的标准。一般来说，0.4 是收入分配差距的警戒线，一旦超过警戒线，就容易引起社会不稳定。

澳门特区政府统计暨普查局《住户收支调查2007/2008》结果显示，衡量住户收入不均程度的基尼系数为0.38，较2002/2003年（5年前）同期取得的0.44为低，即住户收入渐趋平均。这次调查抽样选出澳门5720个居住单位内的住户，调查总体结果于2009年公布。此外，应用扣除政府福利转移的住户收入计算的基尼系数为0.4，从中可以看到公共福利转移对缩小住户收入分配差距的成效。

以基尼系数来看，按照国际通常标准，澳门基尼系数在0.3以下为最佳，在0.3～0.4为正常，超过0.4就要警惕，达到0.6则就危险了。2007/2008年澳门的基尼系数已达到国际上规定的警戒线0.4。

由于最近一次住户收支调查已是五年前（2007/2008年），因此现在的基尼系数可能与当时的有较大差距。适逢澳门曾于2011年进行了十年一次的人口普查，[①] 笔者利用普查数据中劳动人口的收入数据推算澳门劳动人口的基尼系数，该数据虽然无法与《住户收支调查2007/2008》结果中的基尼系数做直接比较（因为住户收支调查基尼系数是以家庭户作为单位，笔者的推算则是以劳动人口为单位），但可望通过该数据了解澳门居民收入差距的最新情况。

根据2011年人口普查中劳动人口的收入数据推算，澳门劳动人口的基尼系数约为0.4，而10年前（2001年）却只有0.27，2007/2008年是0.38。由此可见，这十年间澳门劳动人口的收入差距的确被明显拉开。

（三）职业收入差距增加

在过去12年间，澳门经济体系已从以制造业为主导迈向以服务业为主导。经济结构转型导致就业模式从为受教育程度较低的在职人士提供较多就业和较高收入机会转为聘用较大比例的受教育程度较高的在职人士。在制造业领域，受教育程度较低但拥有丰富经验和技能的在职人士的收入还是有所提升，但提升幅度远远不及立法议员、政府官员、社团领导人、企业领导及经理、专业人员。2011年，立法议员、政府官员、社团领导人、企业领导以及经理的每月职业收入中位数最高，为26000澳门元，是处于工作技能职系较低一端的非技术工人的职业收入中位数5000澳门元的5.2倍（见表5）。

---

① 2011年澳门人口普查由2011年8月12日开始，至26日结束。

表5　按职业及2011年7月工作收入统计的澳门就业人口

职业	总数(人)	收入中位数(澳门元)
立法议员、政府官员、社团领导人、企业领导以及经理	25246	26000
专业人员	15349	25000
技术员及辅助专业人员	36356	16000
文员	93686	13000
直接与博彩投注服务有关的人员	40624	15000
其他人员	53062	10000
服务、销售以及同类工作人员	72089	7800
渔农业熟练工作者	1508	6750
工业工匠及手工艺工人	25937	10000
机台、机器操作员、司机以及装配员	15457	9250
非技术工人	52088	5000

资料来源：根据澳门特区政府统计暨普查局资料推算所得。

（四）受教育程度收入差距增加

在知识经济时代，受教育程度高者往往可以获取高地位及高薪；相对来看，以劳力谋生者的财富累积速度远逊于前者，差距日渐扩大。教育程度较高的在职人士的收入普遍高于受教育程度较低者。根据2011年澳门人口普查数据推算，未受教育和只受过小学教育的就业人口的每月主要职业收入中位数分别是6858元和9744元，而受过高等教育的就业人口的每月主要职业收入中位数最高可达17958元（见表6）。由此可见，受教育程度较高的就业人口的收入普遍较高。因此，教育因素被视为职业上向上流动的最有效的手段，不过，由于政府在教育上力保机会均等，因此从长期来看，收入差距会因受教育年数的普遍增加而缩小。

表6　按受教育程度及2011年7月工作收入统计的澳门就业人口

教育程度		中位数所在范围(澳门元)	推算中位数(澳门元)
小学教育	未完成	6000～7999	6858
	完成	8000～9999	9744
中学教育	初中教育	10000～11999	11931
	高中教育	10000～11999	11417

续表

教育程度		中位数所在范围(澳门元)	推算中位数(澳门元)
高等教育	非学位课程	14000～19999	17958
	学位课程	14000～19999	15656

资料来源：根据澳门特区政府统计暨普查局资料推算所得。

（五）性别收入差距增加

根据2011年澳门人口普查结果，当年7月男性就业人口收入中位数为11250澳门元，女性就业人口收入中位数为9000澳门元，男性就业人口收入中位数高出女性2250澳门元，占女性就业人口收入中位数的25%。导致在职女性和男性收入差别的主要原因包括在职女性与男性有不同的行业和职业分布、不同的教育程度、工作经验和工作性质等。例如，男性担任经理、行政人员和专业人员的比例较女性为高，这些职位的月收入也相对较高。此外，在职女性包括很多在澳门工作的外籍女性家庭佣工，她们的职业收入一般比较低。

（六）年龄收入差距增加

个人的职业收入与年龄有密切关系，不论是男性还是女性，他们/她们的每月收入中位数都是在16～19岁组和20～24岁组逐步上升，至25～49岁组达到顶峰，并在50～54岁组及以上岁组下降（见表7）。

表7　按岁组及2011年7月工作收入统计的澳门就业人口

岁组(岁)	中位数所在范围(澳门元)	推算中位数(澳门元)
16～19	3000～3999	3276
20～24	8000～9999	8723
25～29	12000～13999	12896
30～34	12000～13999	12208
35～39	12000～13999	12505
40～44	12000～13999	13715
45～49	10000～11999	11255

续表

岁组(岁)	中位数所在范围(澳门元)	推算中位数(澳门元)
50～54	8000～9999	8365
55～59	9000～9999	9596
60～64	6000～7999	6395
≥65	4000～5999	4042

资料来源：根据澳门特区政府统计暨普查局资料推算得来。

三 小结

澳门特区政府统计暨普查局的最新数据显示，2011年澳门GDP为2943亿澳门元，实质增长率为21.7%；人均GDP为536178澳门元（约6.68万美元），继续位居亚洲前列。与此同时，失业率达到2.6%，再创新低。不过，1999～2011年，澳门经济总量增长近6倍，人均GDP亦在经济高增长之下增长了近4倍。然而，相比之下，居民的收入中位数只增长了2倍多。虽然2011年的人口普查并没有计算反映贫富差距的基尼系数，但根据普查中劳动人口的收入数据推算，澳门劳动人口的最高20%住户的平均收入为33532澳门元，最低20%住户的平均收入为3606澳门元，最高20%住户的平均收入为最低20%住户的9.3倍，高于2007/2008年度的8.17倍；而劳动人口的基尼系数亦推算出结果，为0.4，较2007/2008年度的0.38轻微上升0.02，并且反映了澳门的贫富问题和收入分配差距问题正式逼近警戒线。如果这一问题继续恶化下去，一旦超越警戒线，就易于引起社会不稳定。

由以上分析可见，行业收入差距悬殊是导致澳门社会收入分配差距拉大的最主要原因之一。近几年澳门居民收入中位数徘徊不前，显示出博彩业薪酬的快速增长与中低层收入的缓慢增长形成鲜明对比，因此仅靠加薪的初次分配必然促使贫富差距进一步扩大，不利于社会收入的整体提升，而行业性不公亦妨碍居民相对平等地分享经济发展成果，容易造成利益阶层对立，使社会矛盾增多且加深。

（本文发表于“澳门回归十五年经济发展回顾与展望”学术研讨会，澳门：澳门经济学会、中山大学港澳珠江三角洲研究中心合办，2014年11月8日。）

深入探索澳门特区经济可持续发展之路

张作文[*]

尽管回归初期，澳门面临经济低迷、失业率高企和营商环境不善的局面，后又经历了亚洲金融风暴后续影响、“非典”、禽流感以及 2008 年第 3 季度开始的国际金融海啸等一系列不利事件，但在中央政府的支持和内地省区市的配合下，澳门经济经历了较高速发展的阶段，取得了较为显著的成就，进入开埠以来最为辉煌的时期。同时，澳门正在逐步探索一条适合自己的发展之路。

一　澳门特区经济十五年发展：成就与变化

回归 15 年以来，澳门特区政府凝聚各界力量，把握机遇，实行“扬长避短、重点突破、稳步推进”的经济发展政策，克服内外不利因素，促进经济由复苏走向快速发展阶段。具体来说，充分发挥“一国两制”、自由港以及博彩业合法经营的优势，采取了一系列推动经济发展和改善就业的改革和开放举措，明确提出“以博彩业为龙头，以服务业为主体，各行业协调发展”经济施政方针，以博彩旅游业为突破口，推动经济复苏和发展。同时，坚持和维护自由市场经济制度，致力完善营商环境，循序渐进地进行有关经济管理制度的改革和市场开放，重点是进行博彩业专营和电讯专营制度改革和市场适度开放。同时，积极参与区域经济合作，特别是强化与内地的经济合作和

* 张作文，经济学博士，澳门经济学会会员。

融合。回归以来，澳门经济持续较快发展，城市面貌焕然一新，经济发展取得了举世瞩目的成就，发生了前所未有的变化，主要体现在如下几方面。

（一）经济持续快速增长

回归前，澳门经济持续低迷，其中，1996～1999 年澳门本地生产总值连续 4 年负增长；失业率高企，1999 年失业率高达 6.3%，2000 年达到 6.8%；居民收入下降，1999 年就业人口月工作收入比 1996 年还低，1998/1999 年住户每月平均收入比 1993/1994 年下降约 1.8%；营商环境恶化，治安不靖，投资者却步。

回归以来，澳门本地生产总值连续 15 年正增长，2000～2013 年经济年平均实质增长率约为 12%，扭转了回归前连续 4 年负增长的局面（见表 1）。2013 年，澳门本地生产总值达到 4118 亿澳门元，约合人民币 3167 亿元，高于海南（3146 亿元）、宁夏（2600 亿元）、青海（2103 亿元）、西藏（802 亿元）等内地省区，亦高于石家庄、长春、西安、福州、包头、合肥、南昌、昆明等内地省会城市。

按 2011 年不变价格，2013 年澳门本地生产总值约为 3587 亿澳门元，约为 1999 年 5 倍。2013 年，澳门本地人均生产总值约合 8.73 万美元，按可比价格计算，约为 1999 年 3.4 倍，在世界名列第四，仅次于卢森堡、挪威、卡塔尔；在亚洲名列第二，仅次于卡塔尔。

表 1　回归以来澳门本地生产总值增长率

年份	2000	2001	2002	2003	2004	2005	2006	2007	2008	2009	2010	2011	2012	2013	2000～2013
GDP 增长率(%)	5.7	2.9	8.9	11.7	26.8	8.1	13.3	14.4	3.4	1.3	25.3	21.7	9.2	11.2	11.7

资料来源：澳门特区政府统计暨普查局。

（二）就业状况明显改善

在经济快速发展的同时，特区政府采取积极有效的措施，努力为居民创造就业机会，并致力保障居民的就业，以让居民分享经济发展的成果。一方面，特区政府针对经济低迷时期和一些式微行业，着重援助失业人士和低收入人士，以协助其渡过难关；另一方面，加强职业技能培训，提升本地就业人士的技能和素质，促进其向上流动。回归以来，澳门居民就业状况有了较明显的改善，失业率逐步下降，近年来都维持在 2% ~3%，比回归初期明显下降。2013 年整体失业率为 1.8%，比 2000 年的 6.8% 下降 5 个百分点，而 2013 年本地居民失业率为 2.4%，比 2008 年的 3.7% 下降 1.3 个百分点（见表 2）。2013 年 3 ~5 月整体失业率为 1.7%。近年来，澳门极低的失业率在古今中外经济发展史上都属罕见。虽然在国际金融海啸期间澳门的整体失业率有所回升，但也在 4% 以下。

表 2　回归以来澳门失业率（2000 ~2013 年）

单位：%

年份	2000	2001	2002	2003	2004	2005	2006	2007	2008	2009	2010	2011	2012	2013
整体失业率	6.8	6.4	6.3	6.0	4.9	4.1	3.8	3.2	3.0	3.5	2.8	2.6	2.0	1.8
本地居民失业率	—	—	—	—	—	—	—	—	3.7	4.4	3.5	3.2	2.6	2.4

资料来源：澳门特区政府统计暨普查局。

（三）公共财政年年盈余

回归以来，特区政府财政收入高速增长。2013 年，澳门公共财政总收入约 1555 亿澳门元，总支出为 592 亿澳门元，财政盈余为 962.8 亿澳门元。2000 ~2013 年澳门财政盈余累积约 3400 亿澳门元。1999 年回归时，澳葡政府移交给特区政府的财政盈余仅有 26 亿澳门元。2013 年，澳门特区政府财政收入折合人民币约 1242 亿，超过西藏（95 亿元）、青海（214 亿元）、宁夏（308 亿元）、海南（480 亿元）、甘肃（607 亿元）、贵州（1205 亿元）、新疆（1128 亿元）、吉林（1157 亿元）等内地省区，在全国城市财政收入排名中居第 7 位，仅次于上海、北京、天津、重庆、深圳、苏州。

（四）财政储备制度初步建立

回归以来，特区政府财政收入快速增长，相应的财政盈余也较大幅度地增长。为了有效地运用财政盈余并使财政盈余保持增值，同时使特区更有效地应对各种财政风险，2012 年澳门实施第 8/2011 号法律《财政储备法律制度》，正式建立财政储备制度。2012 年特区政府从特区储备基金结余和历年

财政预算结余总额1530亿澳门元中拨出988亿澳门元设立基本储备，同时拨出5826万澳门元设立超额储备，并将542亿澳门元转入外汇储备。按相关法律规定，基本储备相当于特区政府最近一年财政预算所载的中央部门开支拨款总额的1.5倍。截至2014年8月，澳门特区政府的基本储备和超额储备分别约为1200亿澳门元和2200亿澳门元。

（五）博彩产业高速发展

博彩业是澳门的合法产业，也是澳门的优势产业和支柱产业。回归前，博彩业在澳门经济中已占有举足轻重的地位。2002年，特区政府开放博彩业市场，结束长达40年的独家专营制度，先后发出6个博彩业经营牌照，包括3个“批给”牌（澳博、银河、永利）和3个“转批给”牌（威尼斯人、新濠博亚、美高梅）。2004年5月，“威尼斯人”属下的第1家娱乐场——澳门金沙娱乐场开业，这标志着澳门博彩业独家垄断经营的时代正式结束。此后，2004年7月“银河”属下的华都赌场开业，2006年9月永利度假村酒店开业，2007年5月“新濠博亚”属下的皇冠酒店娱乐场开业，2007年12月18日美高梅金殿开业。至此，拥有博彩经营牌照的6家公司的娱乐场全部开业运作，澳门博彩业进入了一个寡头垄断的有限竞争市场阶段。

澳门博彩业在市场开放后进入高速发展的阶段，发展成为澳门经济的龙头产业，在产业结构中的占比逐年上升。据统计，博彩业收入占澳门本地生产总值的比重由1999年的23.98%提高到2012年的45.9%。2006年，澳门博彩业毛收入为575亿澳门元，约合72亿美元，超过了拉斯维加斯当年的博彩收入即66亿美元，成为全球博彩收益排名第一的赌城。2013年，澳门博彩业收入为3619亿澳门元，约合453亿美元，约为拉斯维加斯当年博彩业收入的7倍。

澳门博彩业规模迅速扩大，1999～2013年，赌场由12间增加至35间，赌桌由2002年的339张增加至5750张，角子机（老虎机）由2002年的814部增加到13106部，博彩毛收入由134亿澳门元增长到3619亿澳门元，博彩税收由60亿澳门元增加到1344亿澳门元。博彩税收占财政收入的比重由35.5%提高到86.4%，从事博彩业的人员由约1万人增加到约8.3万人。

（六）适度多元有所起色

在博彩业高速发展的同时，其他非博彩行业也有所发展，逐步形成了包括博彩娱乐、酒店餐饮、百货零售、金融保险、建筑地产、物流运输、会议展览等行业在内的较为多元的产业体系。特别是近年来百货零售业、酒店业和会议展览业等行业有了较快的发展。如批发零售业占本地生产总值的比重由2000年的3.8%增加至2012年的7.8%，2000~2012年，批发零售业生产增加值年均增长率为21.9%，酒店业年均增长率为22.4%，高于同期博彩业的20.5%。2013年，澳门零售业收入达到660亿澳门元，约为2000年45亿澳门元的14.7倍，酒店业占本地生产总值的比重由2000年的2.1%增加到2012年的4.6%，亚洲乃至世界上最豪华、最高档的酒店都集中在澳门。会展业作为特区政府推动经济适度多元发展的重点行业，近年来有了较快的发展，会展场所和有关基础设施逐步完善，一些会展场馆亦达到国际水准，会展场地面积已超过16万平方米，另有超过30间酒店提供设备完善的会展场地，适合举办各类会展活动。2013年，澳门共举办了1030项会展活动，与会总人数和入场总人数均约为203万人次，分别是2005年的2倍和4倍。“澳门国际贸易投资展览会”（MIF）、“澳门国际环保合作发展论坛及展览”（MIECF）、“粤澳名优商品展销会”和“澳门国际品牌连锁加盟展”等展会的知名度不断提高，逐步成为本区域的品牌展会。其中“澳门国际贸易投资展览会”于2005年成为“全球展览业协会”（UFI）认证展会。“澳门国际环保合作发展论坛及展览”于2011年取得了“全球展览业协会”认证。会展业的发展为澳门增添了新的旅游休闲元素。

（七）外来投资大幅增加

回归前几年，由于营商环境不善，澳门外来投资基本停滞，主要是靠公共投资来拉动经济。回归以来，澳门外资大幅度增长，世界上一些知名的娱乐和旅游财团纷纷落户澳门。回归15年来，澳门引进外资超过2000亿澳门元。

（八）对外合作日趋紧密

回归以来，澳门与内地的经济合作关系日益密切。2001年7月，澳门特区政府经济财政司与国家商务部成立“内地与澳门特区商贸联委会”，对

加强两地政府经贸事务和问题的沟通、促进两地经贸合作发挥了重要的作用。2003 年 10 月 17 日，澳门与内地签署《内地与澳门关于建立更紧密经贸关系的安排》(以下简称《安排》)，于 2004 年 1 月 1 日正式实施。此后，澳门与内地于 2004 ~ 2013 年签署了 10 个《安排》补充协议。在《安排》框架下，自 2006 年 1 月 1 日起，澳门与内地已基本实现货物贸易自由化，原产澳门并以零关税待遇出口到内地的货物金额和品种逐步增加。至 2014 年 5 月，澳门出口到内地货物的金额近 5.2 亿澳门元，豁免税款约 4276 万澳门元。服务贸易领域，至 2014 年 7 月，内地向澳门已开放了 48 个服务领域，内地向符合条件的“澳门服务提供者”放宽市场准入条件的总开放措施达到 383 项，特区政府经济局共发出了 439 张“澳门服务提供者证明书”。另外，截至 2014 年 6 月底，在内地注册的澳门个体工商户达 1018 家。澳门在 10 个领域促进两地贸易投资便利化，其中在会展领域为内地赴澳参展人员提供签注便利，促进了两地业界的交流合作，亦为澳门会展业发展提供了有利条件。内地开放“个人游”是《安排》中的重要内容。截至 2014 年 6 月，个人游旅客累计逾 6569 万人次，有效促进了澳门旅游业以及酒店餐饮业、零售业、交通运输业、电信业等行业的发展。《安排》将澳门与内地的经贸合作关系推进到一个新的阶段，既为澳门各行业发展提供了难得的机遇，也为加强澳门与内地经济交流和合作创造了新的空间和条件。《安排》对促进澳门特区经济稳定发展和适度多元化，推动澳门与内地紧密合作和交流发挥了积极的作用。

2011 年 3 月，广东省政府与澳门特区政府在北京签署了《粤澳合作框架协议》，核心内容就是消除两地之间各种有形和无形的障碍，建立合作的制度保障机制，促进人员、资金、物资、资讯自由流动，逐步实现两地经济一体、社会服务共用、生活同城。《粤澳合作框架协议》还提出粤澳携手建设亚太地区最具活力和最具国际竞争力的城市群，共同打造世界级新经济区域，促进区域经济一体化。根据《粤澳合作框架协议》，粤澳共建 5 平方公里的横琴“粤澳合作产业园”，其中 0.5 平方公里为“粤澳合作中医药科技产业园”。中医药科技产业园建设进展顺利。另外 4.5 平方公里为横琴文化创意、综合服务等区域的产业园区。为此，2011 年特区政府成立横琴开发专责工作小组，并与横琴方面合作，在澳门商务促进中心内设立驻澳门投资咨询联络点。2013 年，设立“横琴发展澳门项目评审委员会”，展开了为期

3个月的粤澳合作产业园招商工作，共收到89份投资计划，经评审后，于2014年4月公布并向横琴推荐了33个项目，部分项目已进入落实阶段。

2003年6月，泛珠三角区域合作启动，澳门积极参与和配合泛珠三角区域合作，在泛珠三角区域合作框架下，每年组织澳门经贸代表团参与“泛珠三角区域经贸合作洽谈会”及其系列活动，并协助泛珠三角省市来澳举办经贸交流活动，由此澳门与泛珠三角地区有关成员的交流和合作不断加强。此外，澳门继续加强与内地其他省区市的交流，进一步扩展内地联络处网络，协助澳门中小企业拓展内地市场，至今已分别于杭州、揭阳、成都、沈阳和福州设立了联络处。

（九）中葡商贸合作服务平台初显成效

回归以来，澳门充分发挥与葡萄牙语国家有着传统和较密切关系的优势，在中央政府的支持下，积极打造中葡商贸合作服务平台。由中央政府主办、特区政府承办的首届“中国—葡语国家经贸合作论坛（澳门）”于2003年10月12～14日在澳门成功举行，中国与7个葡萄牙语国家签署了《经贸合作行动纲领》。2004年，论坛在澳门设立常设秘书处，同年4月，特区政府亦设立论坛常设秘书处辅助办公室。2006年、2010年和2013年澳门先后举行第二届、第三届和第四届中葡论坛部长级会议。在2013年第四届部长级会议上，汪洋副总理宣布了支持澳门打造中葡商贸合作服务平台的新举措，包括支持澳门建立中葡双语人才、企业合作与交流互动信息共享平台、葡萄牙语国家中小企业商贸服务中心、葡萄牙语国家食品集散中心和中葡经贸合作会展中心。特区政府有关部门正在推动上述“一个平台、三个中心”的建设。

近几年来，中国与葡语国家间的经贸合作获得了新的发展，澳门在这其中发挥了平台作用，提供了相应的服务和协助。为配合构建中国与葡语国家经贸合作服务平台，并协助企业拓展葡语国家市场、拓展市场网络和寻找更多投资合作机会，特区相关部门一直以来都在组织澳门企业到葡语国家交流考察，为内地企业到葡语国家投资和内地经贸机构到葡语国家考察等提供协助，透过“走出去”和“引进来”相结合，巩固澳门作为中国内地与葡语国家经贸合作服务平台的角色。为支持中国内地和澳门企业到葡语国家投资发展及葡语国家企业到中国发展，2013年6月，国家开发银行和澳门工商

业发展基金共同发起的“中葡合作发展基金”正式成立，该基金是在“中国—葡语国家经贸合作论坛（澳门）”第三届部长级会议上确定的中葡合作6项举措之一。基金总规模为10亿美元，旨在支持中国（含澳门特区）企业与葡语国家企业开展投资合作，引导成员方企业间的直接投资，提升投资企业总体实力，促进成员方经济发展。2013年11月，中葡合作发展基金已开始运作。

（十）营商环境不断完善

回归以来，特区政府维护自由市场经济制度，坚持实行自由贸易政策，逐步修订法律法规，提升行政效率，致力改善营商环境。国际社会对澳门回归以来的营商环境给予了较高的评价。

世界贸易组织先后于2001年、2007年和2013年对澳门进行了贸易政策审议，肯定回归后的澳门仍然是全球最开放的经济体系之一，是世界上贸易和投资政策最自由、最开放的地区之一；确认澳门继续奉行开放经济政策，实施零关税，贸易与投资限制极少。同时，世界贸易组织对澳门特区政府发展经济和持续完善营商环境的努力给予了肯定。

澳门在美国传统基金会发布的“全球经济自由度指数”中排名也较靠前。2009年1月，美国传统基金会发布2009年度“全球经济自由度指数”报告，其中澳门的经济自由度首次排在亚太地区第6位，在2010年度、2011年度、2012年度、2013年度、2014年度报告中的排名分别为第6位、第5位、第6位、第7位、第7位；2009年度，澳门在全球179个经济体中排第21位，2010年度、2011年度、2012年度、2013年度则分别排第20位、第19位、第21位、第26位。由于营商环境的改善，澳门整体投资气氛日趋活跃，国际上一些较有实力和知名度的博彩、会展及以旅游等投资财团陆续落户澳门，在澳门展开规模较大的投资计划。

二　澳门特区经济发展之路：总结与思考

回顾澳门回归以来经济发展的道路，可以概括为：在较为稳定的社会环境下，在中央政府支持和内地省市配合下，充分发挥“一国两制”和自由港的优势，重点推动具有比较优势的博彩旅游业发展，进而带动整体经济复苏和发展；同时，积极推进区域经济合作，特别是强化与内地经济合作和融合。回归以来，澳门经济保持持续较快发展，经济规模和经济发展水平有较大程度提高。简言之，就是利用澳门的“四大优势”，推动经济发展。具体来说，回归以来澳门经济发展之路有如下几个特点：①充分发挥澳门博彩合法的经济优势，以博彩旅游业为突破口，通过发展博彩业来带动整体经济发展，促进经济适度多元发展；②充分发挥“一国两制”的政治优势，加强澳门与内地的经济合作，扩展澳门的市场空间和发展空间；③充分利用澳门社会稳定的环境优势，把握机遇，推出重大改革和发展措施，在较为稳定的政治环境及和谐的社会环境和没有太大阻力的情况下推动博彩专营制度和电讯专营制度改革；④充分利用与葡语国家有传统联系的历史优势，打造中葡商贸合作服务平台。

但是回归以来，澳门经济在较快发展的过程中也出现如下问题。

（一）博彩面对的竞争增大

澳门博彩业的快速发展，不但引起周边国家和地区的关注，而且使周边一些国家和地区加速开赌或就开赌进行立法及研究。近年来，马来西亚、越南、新加坡、菲律宾、韩国、泰国、俄罗斯等国家和地区纷纷开赌或扩大原有赌场规模。据了解，这些赌场的主要客源是中国游客，有的赌场甚至成了中国游客“观光”行程中必不可少的“景点”。这些开赌地区的赌税税率多数比中国澳门低。如新加坡的赌税，中场（大众博彩）、VIP、角子机的税率分别为22%、12%、22%，韩国除江原道以外其他地区的博彩业税率仅为10%，马来西亚赌桌和角子机的税率则为25%，菲律宾中场与VIP业务的税率则分别为22%和15%。此外，中国台湾、日本、泰国等国家和地区也在就开赌进行前期专业研究或立法工作方面跃跃欲试。周边国家的赌场已对澳门形成包围之势，必定对澳门博彩业形成越来越大挑战。

（1）马来西亚。在亚洲，马来西亚较早开设赌场，其云顶赌场共有450张赌桌，最多可容纳1000多人。与澳门不同，云顶赌场绝大部分地方实行禁烟，顾客也要求衣装整洁，这对吸引高素质的赌客有一定的优势，而云顶赌场的客源以中国游客为主。云顶集团在新加坡投资了一间颇具规模的赌场。

（2）新加坡。新加坡是曾经拿赌场当“瘟疫”防范的国家，2010年初正式开赌。新加坡开赌的原因是，在全球经济低迷背景下新加坡急需调整产

业结构，发展博彩业成为带动当地旅游发展的有力途径。但是，新加坡走的并非传统博彩经营模式，而是现代综合旅游度假模式，旨在推动新加坡的旅游经济并为新加坡的经济发展注入活力，通过“另类”旅游拉动经济。这一模式实质上是复制了中国澳门博彩旅游发展的模式。到 2013 年，新加坡博彩收入达到 60.7 亿美元，接近拉斯维加斯，成为世界第三大赌城。新加坡的博彩业发展迅猛，对拉斯维加斯、中国澳门等构成一定的挑战。

（3）韩国。2006 年初，韩国政府举行国务会议，通过了《观光振兴法修订案》，决定所有市、道的特一级酒店和国际会议设施都可以开设外国人专用赌场。2014 年 3 月 18 日，韩国旅游部门表示，韩国将开设一家赌场，该赌场由总部在拉斯维加斯的凯撒娱乐和中国香港发展商力宝集团共同投资，地点位于首尔西边的仁川国际机场附近。韩国当局目前已初步批准了赌场第一阶段的项目，包括建造酒店和购物中心。凯撒娱乐方面表示，赌场将会在 2018 年韩国平昌冬奥会开幕前建成。韩国首尔东北部的华克山庄赌场堪称亚洲最高雅的赌场和最富丽堂皇的高级娱乐场，由于它只为外国人提供服务，因此在韩国国内反而并不出名。

（4）越南。毗邻中国南部的越南涂山赌场其规模和设施并不出众，却因其为社会主义国家里唯一的合法赌场而受关注，也被很多人视为越南对外开放的标志之一。涂山赌场所在的涂山半岛是越南著名的旅游胜地，由越南政府与中国澳门娱乐有限公司联营。除了工作人员，越南本国人严禁进入赌场，涂山赌场的赌客同样大部分为中国人，会说中文的人基本可免检入场。

（5）朝鲜。朝鲜也有一座中国人熟知的赌场——英皇娱乐中心，但相比于涂山赌场，它更像一个“神秘的地下赌场”。实际上，这个赌场就在朝鲜一家最大的涉外酒店的地下一层，由中国澳门的投资者开设。由于交通便利，赌场中可以看到许多中国人的身影。

（6）俄罗斯。近几年，与中国接壤的蒙古和俄罗斯都在计划开启针对中国赌客的赌场建造计划。两年前，俄罗斯正式确立在与中国较近的海参崴地区建造一座大型赌城。在这些地区，地下赌场已经存在了很长时间。

（7）缅甸。从 20 世纪 90 年代开始，中缅边境也开始出现一些半公开、半地下赌场，多为中国人或海外华人投资经营，规模最大时达到上百家，直接针对中国赌客。

（8）菲律宾。菲律宾原本就开放赌场，但开发的赌场多数是小型且分散的。3 年前，菲律宾政府模仿澳门金光大道的模式，将马尼拉湾畔的填海区划为“娱乐区”，占地约 100 公顷的“娱乐城”就建在此地，位于机场与市区之间。政府批出 4 个大型赌场度假村赌牌，以结束赌场小型且分散的状态。而“索里拉”博弈度假村抢喝了“头啖汤”，其投资金额为 12 亿美元，拥有 300 张赌桌、1200 台角子机、500 个房间、2000 个停车位以及 4000 多名员工，里面有多家餐厅、精品店等，论面积和规模，与澳门金沙赌场酒店差不多。另外，还有 3 个新赌牌持有者正在兴建大型博彩度假村酒店，他们是中国澳门“新濠博亚”老板何猷龙与澳洲富商派克、日本“弹珠机大王”冈田和生，以及主要股东是云顶香港公司的一家子公司，而且他们投资的大型赌场都正在兴建中。据阿基诺三世声称，“索里拉”博弈度假村将创造约 20 亿美元的营收，使菲律宾博彩业收入实现双倍增长，4 个大型赌场都落成后，博彩业收入预计将突破 100 亿美元。这个发展态势究竟将会对澳门博彩业造成什么样的影响？人们颇为关注。

（二）主导产业趋向单一

由于地域狭小以及历史和社会政治等原因，长期以来澳门的产业结构较为单一。20 世纪 60～90 年代，由于获得欧美国家的成衣及纺织品配额，澳门的出口加工业曾得到较大发展。因此，在此时期，澳门的产业结构相对较为多元，形成了博彩旅游业、出口加工业、金融保险业、建筑地产业四大支柱产业，其中博彩旅游业和出口加工业为主导产业。2000 年以来，由于成衣及纺织品配额的取消以及内外环境的变化，澳门的出口加工业日渐式微，而博彩旅游业迅速扩张，与此同时，酒店业、批发及零售业获得较快发展，澳门产业结构出现了新的变化，主要表现为博彩业在经济中所占的比重越来越大。在本地生产总值的比重中，2000～2012 年，博彩业由 25.89% 上升到 45.94%，成为澳门经济的主导产业；出口加工业由 9.56% 下降到 0.71%，退出支柱产业行列（占本地生产总值 4% 以上的行业为支柱产业）；银行业由 7.3% 下降到 4.6%，但仍维持着支持产业地位；建筑业由 2.28%（加上地产业超过 4%，故在当时建筑业与地产业为支柱产业）上升到 4.74%，仍维持着支柱产业地位；批发零售业由 3.79% 上升到 7.73%，由非支柱产业变为支柱产业；酒店业由 2.15% 上升到 4.62%，由非支柱产业变为支柱产业。由此可见，澳门经济形成了博彩业、批发零售

业、建筑地产业、金融保险业、酒店业 5 大支柱产业，但只有 1 个主导产业，即博彩业（见表 3）。

表 3　澳门产业结构变化（2000～2012 年）

单位：%

	博彩业	批发零售业	建筑业	银行业	酒店业	制造业
2000 年	25.89	3.79	2.28	7.3	2.15	9.56
2012 年	45.94	7.73	4.74	4.6	4.62	0.71
变化	保持支柱及主导地位	由非支柱到支柱	保持支柱地位	保持支柱地位	由非支柱到支柱	由支柱到非支柱

资料来源：澳门特区政府统计暨普查局。

回归以来，由于澳门特区政府在推动经济适度多元发展方面做出了一些努力，因此博彩业外的其他产业也有所发展，特别是批发零售业、酒店业、餐饮业、会展业等有了较快发展。虽然产业较为多元，但主导产业较为单一，博彩业是经济的唯一主导产业，经济对博彩业依赖程度过高，旅游业本身的多元化程度不高，还有较大的潜力。由此，澳门的经济发展呈明显的不稳定性和脆弱性，成为澳门经济可持续发展的隐忧和障碍，不利于澳门长期稳定发展和繁荣。

（三）人力资源严重不足

人力资源是经济可持续发展的决定性要素。由于澳门本身人口规模不大，人力资源较为缺乏，当经济快速发展、经济规模迅速扩张以及经济结构调整和整体经济素质逐步提升时，澳门本身人力资源的质和量就难以满足经济发展的需要，因此需要输入外地人才和外地雇员。如 2014 年 8 月底澳门输入外地雇员数量约 16.14 万人，约占总就业人口的 41.5%，其中约 65% 来自内地，其余则来自菲律宾（约 12.8%）、越南（约 8%）、中国香港（约 5.5%）、印度尼西亚（约 2.5%）、尼泊尔（约 1.9%）等地。

根据社会经济发展和本地劳动力增长趋势，未来澳门人力资源供不应求的问题将更加突出。2016 年、2017 年金光大道的多个大型综合性旅游娱乐项目完成后，届时还要增加 4 万～6 万劳动力，按此推算，劳动人口缺口将达到 4 万～6 万，如果输入外地雇员补充，2017 年时外地雇员人数则将超过

20 万，与本地就业人口接近。

由于教育制度的特殊性以及高等教育和职业教育发展的滞后，直到 20 世纪 80 年代初澳门才建立第 1 所大学，至今未建立完善的职业培训体系，这使澳门在人才培养方面较为落后，跟不上社会经济急速发展的需求。回归以来，经济快速发展对劳动力素质的要求也大大提高。但总体来看，目前澳门劳动人口的素质偏低。2006 年中期人口统计显示，澳门劳动人口中从未入学和未完成小学的占 8.8%，小学和初中文化程度的占 48.5%，具有高等教育学历的只有 16.4%。5 年之后即到 2011 年人口普查时，以上情况未有明显改善，从未入学和未完成小学的占 10.2%，小学和初中文化程度的仍占 58.5%，具有高等教育学历的只有 18.8%。本地人力资源素质不高，一些中高层管理职位需要从外地引进人才，而本地就业人士无法进入薪酬较高和待遇较好的职位，不能有效地分享澳门经济发展的成果。同时，人力资源质量不高、数量不足不但已成为目前制约澳门经济发展的瓶颈，而且构成未来澳门经济可持续发展的最大障碍和制约因素。

（四）发展空间受到限制

目前澳门三岛加上澳门大学横琴校区，面积合计约 31 平方公里，人口约 62.4 万，人口密度为每平方公里约 2 万多人，成为世界上最拥挤的城市之一。随着澳门经济规模扩大以及社会发展，预计到 2020 年，人口规模将达到 80 万人，届时人口压力、交通压力、基础设施压力、环保压力等还会增加。城市空间受限，土地资源不足，难以培育和发展新的产业以实现经济适度多元化成为影响澳门经济可持续发展的重要制约因素。

（五）和谐环境面临挑战

回归以来，澳门社会基本保持稳定和谐，政府施政畅通，决策的制定和实施相对高效。良好的社会环境，使澳门经济得以持续快速地发展。但是，近年来，出现了社会矛盾加剧、民怨增加的趋势，游行示威增多，稳定和谐的社会环境受到挑战，政府施政的环境有所恶化。

导致社会矛盾加剧、民怨增加的主要原因有以下四个方面。

第一，经济快速发展伴随较严重的通货膨胀，影响了居民的生活，导致出现相对贫困化现象。回归以来，经济快速发展引致物价、楼价大幅度上涨，

通货膨胀加剧，相对贫困化扩大，居民生活质量受到影响，特别是楼价持续上升，居民普遍感到买楼困难，这直接影响居民的生活，使部分居民非但未享受到经济发展之益或受益不多，反而受其害。因此，部分居民未能充分感受和分享到经济快速发展相应的成果，或者说居民的感受与其期望有较大的差距。

第二，城市基础设施和公共服务滞后，影响了居民的生活质量。坐车难、上学难、看病难等问题日趋严重，居民在澳门生活的幸福感下降。

第三，中小企业经营受到冲击。由于经济快速发展，经营成本上升，加上外资进入，特别是国际品牌企业进入，这对澳门本土中小企业造成巨大的压力，故中小企业主也心怀怨气，而中小企业主在澳门政治社会中仍然起着举足轻重的作用。

第四，结构性贫富差距拉大。虽然政府统计显示澳门的基尼系数有所降低，如2007/2008年为0.38，低于2002/2003年的0.44，但到了2011年，澳门经济学会计算出的基尼系数为0.4。虽然基尼系数未显示出贫富差距严重扩大，但结构性贫富差距比较严重，且有扩大的趋势，主要表现为行业之间发展的不平衡导致不同行业的从业人员之间收入差距拉大，如博彩业及其直接相关行业从业人员与其他行业从业人员之间的收入差距在扩大。目前澳门就业人口月工作收入中位数为1.3万澳门元，博彩业员工月工作收入中位数则达到2万澳门元，而其他服务行业员工的收入只有1万澳门元，制造业员工的收入中位数为4000澳门元；经济发展水平提升，导致管理和专业技术人员与非管理和专业技术人员之间的收入差距扩大，两者相差3～10倍；市场开放和国际化，导致本土企业与外资财团从业人员之间的收入差距扩大；经济快速发展和开放，但因个人先天和后天条件有差异，导致居民分享经济发展成果的程度有差异。总之，近年来澳门收入差距有所拉大，贫富差距有所扩大，且出现“贫者愈贫、富者愈富”的马太效应；政府存在个别腐败现象，尤其是欧案（欧文龙案）爆发后，居民对政府的怨气上升；输入外地雇员，引致本地部分居民不满意，认为外地雇员影响了他们就业、晋升和提升工资的机会。由于以上种种原因，居民对政府的怨气和不满增多，政府施政遇到的阻力增加。如果没有一个稳定和谐的社会环境，经济就难以实现可持续发展。

（六）管治水平相对滞后

回归以来，尽管澳门经济发展取得了较大的成就，但是政府管理和法制不适应经济发展的要求，甚至出现了阻碍经济发展的情况。尽管澳门特区政府管理有所改进，行政效率有所提升，修改了部分法律法规，法制也进一步完善，但是随着澳门经济的快速发展和进一步开放以及国际化趋势的加强，政府管理和法制建设相对滞后，不能满足发展的要求，跟不上快速发展的形势。政府管理方面存在的主要问题是：①政府决策的科学化水平有待提升，决策机制有待完善；②行政架构设置欠合理，存在部门分工不明、职能重叠交叉、行政流程不合理的问题，影响了行政效率和服务水平；③廉政建设有待进一步加强，存在贪污腐败的现象；④官员素质高低不一。法制不完善主要体现为：①法律法规不健全且相对滞后，与经济发展不相适应；②法律的国际化程度低，与国际不太接轨；③法律人才短缺，青黄不接；④司法水平有待提高，存在执法不严不公现象。总之，公共行政改革和法律修订滞后、政府管理和法制不健全成为澳门经济可持续发展的障碍。

三　澳门经济未来发展：展望与策略

（一）增强博彩业竞争力，推动博彩业持续健康发展

博彩业是澳门经济最大的支柱产业，撇开博彩业来谈澳门经济如缘木求鱼，是不现实的。在目前的状况下，没有博彩业的持续及健康发展，其他经济问题都无从谈起。因此，如何保持博彩业持续健康发展，是澳门经济的首要问题。

澳门博彩合法化并作为产业发展已有160多年的历史，过去主要集中于发展博彩业，而不重视通过积极的行政手段来扶持其他相关行业发展。在20世纪80年代引入贵宾厅制度后，澳门博彩业“豪赌、滥赌、狂赌”的问题越来越严重，由此导致贵宾厅业务占整个博彩业的比重越来越大。目前澳门贵宾厅博彩收益占博彩业收益的比重约为70%，而中场收入为30%左右。一般来说，贵宾厅是拉客来澳门赌博，投注较大，对澳门博彩业收益增长的贡献也较大。但是，贵宾厅的负面作用较大，“豪赌、滥赌、狂赌”式的博彩业产生的负面影响大，容易产生病态赌徒和问题赌徒，不但对本地社会稳定和健康发展造成负面影响，而且冲击和影响邻近地区，特别是影响内地的经济发展和社会稳定。以贵宾厅业务为主体的博彩业发展也面对较大的风

险，一旦外部经济状况变化或政策调整，澳门博彩业就面临下滑的风险。2014年下半年以来，内地调整了有关政策，不利于贵宾厅在内地开展业务及拉客来澳门赌博，导致6~9月博彩业收益连续4个月下滑，特别是贵宾厅业务向下有较大幅度调整。为此，澳门需要调整博彩业的发展模式，即将博彩业与旅游休闲业结合起来，朝着规范化、专业化、休闲化方向发展，以增强博彩业的竞争力，促进博彩业持续健康发展。增强澳门博彩业竞争力的途径是在适当控制博彩业发展速度和规模的同时，强化管理，规范市场，做优做强。具体建议如下。

1. 适当控制博彩业发展速度，保持博彩业适度规模

澳门博彩业市场适度开放后，发展速度迅猛，规模扩展较快。2013年博彩收益达到3619亿澳门元，是博彩业正式开放前2003年（303亿澳门元）的约12倍，2006年，澳门博彩业收益已居世界第一。从规模上来讲，澳门博彩业居世界第一。虽然竞争力也有了较大的提高，但总体上讲，澳门博彩业的竞争力还有待提升，特别是在周边地区，如新加坡、菲律宾等地区纷纷开赌的情势下，澳门博彩业面对的竞争压力越来越大。因此，在适当控制博彩业发展速度和规模的同时，要重点提升博彩业的竞争力。虽然规模也是竞争力的一个方面，但更为重要的是服务素质和品牌以及综合配套设施和服务。因此，提高澳门博彩业服务质量，完善综合配套设施和服务，打造澳门博彩业品牌应作为特区政府未来博彩业发展的政策重点。建议对澳门博彩业的发展特别是开放博彩市场十多年来的发展进行总结，并在借鉴其他地区博彩业发展经验的基础上全面评估澳门博彩业竞争力，制订澳门博彩业未来发展规划，加强提升和完善相关配套设施和服务，建立博彩业行业从业员认证制度，加强对从业人员的培训，提高从业人员的素质。

2. 加强政府对博彩业的管理，促进博彩业规范发展

一是加快检查和修订现行博彩业法律法规，促使博彩业法律法规不断完善，堵塞法律监管漏洞。重点完善幸运博彩业经营法律制度及博彩业监管的相关法律法规。二是完善政府对博彩业监管的制度和政策，切实加强政府对博彩业的监管和政策引导。完善现行博彩监管机构，健全博彩发展委员会（由政府官员、业界、专家和社会人士组成）和政府博彩业监管机构。同时，参考国际上博彩业管理的经验，引进先进有效的手段和技术，完善管理制度，提升监管人员的监管能力和水平，进一步规范博彩业市场。

3. 推动博彩业向休闲娱乐方向发展，促进博彩业健康发展

引导博彩业向娱乐化、健康化方向发展，不提倡豪赌、滥赌，限制或禁止诱客和不当拉客豪赌、滥赌的行为，减少博彩业的负面影响。加强与内地及邻近地区合作和沟通，打击不规范的博彩销售方式和手段。可研究制定相关政策措施，规范贵宾厅发展，鼓励中场业务发展。同时，认真关注博彩业开放和发展中出现的有关问题，加强对病态赌博和问题赌博的预防和治理，致力推动负责任博彩，提高对博彩经营者的道德标准要求。规范赌场经营地点，尽量使赌场远离社区。制定博彩企业公平竞争的规则，防止博彩业出现恶性竞争，促进博彩业在更有利于社会稳定和谐并与其他行业形成良性互动关系的情况下发展。

（二）促进经济适度多元，建设世界旅游休闲中心

促进经济适度多元发展，改变经济结构较为单一的局面，是实现澳门经济可持续发展的重要前提。事实上，澳门特区政府早就关注到经济结构较为单一对经济发展的制约问题。2003 年，特区政府经济财政施政方针明确提出“促进本澳经济结构适度多元化”。中央政府在“十一五”规划、“十二五”规划中都明确提出支持澳门发展旅游等服务业，促进澳门经济适度多元发展。这充分体现中央政府对澳门经济发展及产业适度多元化的重视和关注。

澳门地域狭小，本身资源有限，因此经济多元化要实事求是，扬长避短，适度多元。同时，澳门经济适度多元化，不能仅仅盯住澳门 30 多平方公里的土地，而要打开思维，开阔眼界，要到境外去拓展多元化发展的空间。因此，适度多元可从本土多元和外延多元两个方面加以推进。

本土多元指的是在澳门本土发展博彩以外的产业所推动的经济多元，其主要目的是通过促进产业多元化，特别是旅游元素的多元化，增强澳门主体产业的竞争力，从而增强澳门经济的整体竞争力，其目标就是建设世界旅游休闲中心和区域商贸服务平台。经济适度多元化的具体路径是：①增加旅游元素，实现旅游适度多元，推动澳门旅游向集娱乐、度假、观光、购物、美食、文化、保健等于一体的休闲旅游发展；②巩固和完善商贸服务平台，促进服务业适度多元。

外延多元则是由总部设在澳门的资本在澳门本土以外地区进行投资和发

展，以此来扩展发展空间，拓展收入来源的渠道，分散经济发展的风险。由于澳门发展空间狭小，在经济区域化和全球化的今天，外延多元应成为经济适度多元的另一条重要途径和方式。

关于经济适度多元化的重点，本土多元应以垂直多元为主，即促进博彩旅游业本身适度多元发展，加强培育和开发旅游相关行业，如会展旅游、商务旅游、文化旅游、购物旅游、体育旅游、美食旅游、保健旅游等。同时，积极探索推动横向多元，促进工业转型，适度发展技术含量和附加值相对较高、节能、低污染，以及与澳门旅游业配套的工业。此外，发挥澳门的优势，加强与葡语国家的交流和合作，打造中葡商贸合作服务平台，有效发挥澳门作为区域商贸服务平台的作用。外延多元则以回报与风险平衡为前提，尽量在低风险的情况下，力争获取较高的回报。加强向外投资，融入区域合作，寻求多元的收入来源，积极推进外延多元化。以下是推进经济适度多元化的几点对策与建议。

第一，发挥澳门中西文化融会的优势，加强发展文化旅游。澳门有 400 多年中西文化交融的历史，文化底蕴深厚，文化资源较为丰富，因此应在论证和规划的基础上采取切实有效的措施，推动文化旅游发展，特别是要充分发挥澳门历史城区被列入世界文化遗产的优势，用好“世遗”这个名片，加快发展世遗旅游，并挖掘历史文化，推动具有中西文化特色的文化艺术发展，让澳门的旅游融入更多的文化元素，增加澳门旅游的文化内涵。

第二，加快会展业发展，培育第二主导（龙头）产业。从产业关联度基准、需求收入弹性基准、生产率上升基准以及比较优势基准等来看，会展业是澳门相对具有发展潜力且最有条件成为主导产业的产业。澳门会展业要加强与邻近地区的分工协作，与之形成错位互补的关系。根据澳门的特点、条件和比较优势，澳门会展业定位应以会议为主、展览为次，重点发展区域性、国际性会议和中小型消费品展览。政府在培育品牌会展、引进外地有知名度展会、培养会展人才、完善会展设施包括建设大型会展中心等方面需要加大投入，并制定和采取更加优惠的扶持政策和措施。

第三，促进购物旅游发展，打造购物“小天堂”。如果说香港是购物“大天堂”，那么澳门则是购物“小天堂”。回归以来，澳门的零售业发展较快，2013 年，澳门零售业销售额达到 668 亿澳门元，为 2000 年（约 46 亿澳门元）的 14.5 倍。但是，澳门的购物旅游还主要集中在钟表、珠宝、名牌服装以及手袋上，特别是品牌购物已成行成市。而一般百货和日用品销售额的增长相对较慢，特别是澳门缺乏较具规模的百货购物场所和较为集中的大众购物场所，这导致一般游客在澳门难找到适合的较为集中的大众日用百货购物场所，从而影响了游客在澳门购物的意愿。因此，特区政府应采取鼓励措施，支持建设较具规模的百货商场及大众购物场所，并规划有特色的购物区。同时，加快修改法律法规，禁止和取缔非法购物场所，打击销售假冒伪劣产品行为，建设诚信、安全的消费市场，规范市场环境，切实保障游客在澳门买到“真货”“好货”“放心货”，增强游客在澳门购物的信心，推动购物旅游发展。

第四，促进适合澳门的工业的发展，丰富旅游商品供应。在推动传统工业转型的同时，尽量发展一些澳门具有比较优势的工业，如开发和生产澳门品牌的成衣及纺织品、医药保健产品、环保产品以及与博彩旅游业相关的工业产品等，促进传统工业向较高附加值的方向转型。同时，深化落实《内地与澳门关于建立更紧密经贸关系的安排》（以下简称《安排》），利用《安排》的所给予的优惠，促进经济适度多元。鼓励业界利用《安排》的零关税优惠，投资生产澳门目前尚无生产的产品，发展新的工业，促进工业多元化。

第五，推动健康旅游业发展，打造中医药健康疗养中心。开发健康旅游，需要找出具有核心竞争力的特色健康旅游资源，进行明确的市场定位，并针对性地确定服务目标群体。如印度凭借传统的阿育吠陀医学以及瑜伽吸引了各国旅游者前往印度学习及旅游度假。韩国以美容整形旅游为特色，形成了集美容整形与观光旅游为一体的韩国模式。澳门发展健康旅游产业要充分发挥国家中医药的优势，利用好内地丰富的中医药资源，结合澳门的实际，开发中医药保健产业，逐步形成自身的健康旅游的特色和品牌，打造中医药保健中心。

第六，设立政府投资基金公司，支持经济适度多元化。建议政府从超额储备中拨出一定的资金，成立投资公司，并聘请专业人士来管理和经营。投资公司既可在澳门投资有利于经济多元化的项目，也可到内地以及其他国家或地区投资一些有发展潜力和前景的项目，推动经济外延多元化。另外，可考虑在政府投资基金公司下设立经济适度多元化基金，重点扶持新的产业发展。基金既可从经济适度多元的行业中选择一些项目进行投资或参股，也可

对经济适度多元化的重点行业给予无偿资助、贷款利息补贴等。

第七，鼓励和支持总部经济发展。支持澳门企业和外资企业在澳门设立总部，并到其他地区进行投资和发展。

（三）开发与引进相结合，有效解决人力资源不足的问题

人力资源是关系澳门经济可持续发展的首要的和根本的要素。随着经济快速发展、经济规模扩张、经济结构调整以及整体经济素质逐步提升，澳门人力资源供求出现了较大的矛盾，现有人力资源的质和量都难以满足经济发展的需要。

笔者认为解决澳门人力资源不足的问题，主要从两方面着手，一是善用本地人力资源；二是根据实际需要引进外来人力资源。概括来说，就是“善用、引进”。

所谓“善用”，就是要充分用好澳门现有的人力资源，重视和加强就业转介和辅助工作，以使本地有工作能力的劳动人口都尽量就业。同时，政府要投放更多的资源，开发本地人力资源，包括加强职业培训，提高本地劳动人口的职业技能，同时协助各行业建立健全职业技能鉴定制度，并积极推广职业及专业资格认证，不断提升本地居民的就业能力，促进本地就业人士向上流动。从中长期考虑，要加强基础教育，加快推进中小学以及高等教育改革，培养高素质人才。此外，澳门还要加强推动终身教育和持续教育，建设学习型社会，不断地提升澳门人口的整体素质。

所谓“引进”，就是在切实保障本地居民就业权益的前提下，根据企业的实际需要，适当输入外地雇员，以解决本地人力资源的不足。同时，根据澳门城市容量和经济发展规模，修订移民政策和有关法规，如推行综合计分制的移民政策，引进澳门所需要的各类人力资源，特别是专业人才和澳门所需要的熟练技工。

总之，解决澳门人力资源短缺问题的基本策略是，在充分开发和善用本地人力资源的同时，要以更加开放的思维、更加开明的态度和更加开阔的胸怀，输入和引进不同类型、不同层次的外来人才，为澳门所用，补其不足，突破人力资源形成的发展瓶颈，实现可持续发展。与此同时，要尽快制订具有前瞻性的、科学的人口政策和人力资源规划，以使人力资源与经济和社会可持续发展相协调。

（四）深化区域合作，拓展发展空间

土地资源先天不足使澳门经济规模和产业多元化受到限制，不利于澳门经济长远稳定和可持续发展。

加强区域合作，是拓展澳门发展空间的直接途径。澳门要按照“互利共赢”原则，加强与邻近地区在土地资源方面的合作，具体合作方式有三种。①借地。向邻近地区，如珠海、中山、江门等地租借岛屿或园区，参照澳门大学横琴校区模式，由澳门在租借地上行使司法管辖权并向有关地区提供合理的租金。②买地。经过研究和论证，在邻近地区购买适合的土地，参照中新苏州工业园区模式，建立澳门园区，园区不改变司法管辖，由双方共同管理，但由澳门自主开发。③合作开发。在邻近地区选择适合的地点，参照粤澳中医药科技产业园区的模式，建设两地合作开展园区，共同管理和开发经营。与澳门毗邻的横琴的面积是澳门的3倍，因此应继续通过与横琴协商，共同探索互惠互利的开发模式，使横琴不但作为澳门产业的延伸地，而且成为澳门居民的后花园和生活区。

促进粤澳通关便利化，整合两地资源，也是拓展澳门空间的有效途径。加强粤澳边境合作可以重点从以下几方面着手。①推动通关便利化。完善两地交通及基础设施衔接，创新通关模式，简化通关手续，促进粤澳经济一体化和生活同城化。②尽快落实24小时通关。逐步实行珠澳口岸24小时通关，分流部分居民和外地雇员到珠海及邻近地区居住，以缓解澳门本身土地资源不足的问题。③优先使用珠海雇员。在遵循现行外地雇员输入法规的前提下，对到澳门工作的珠海居民可优先雇用，这样可减少在澳居住的外地雇员。此外，发挥澳门作为自由港的优势，积极参与国际和区域经济合作与交流，向外拓展更大的发展空间，突破澳门地域狭小和内部市场规模有限的局限。

填海造地也是解决澳门土地资源短缺问题的重要途径。根据澳门地理情况和附近海域情况，澳门还可继续适当填海造地。此外，启动旧区重整工程，充分利用好澳门自身现有土地。为此，要尽快制定和完善相关法律，尽快启动旧区重整工程。

此外，可考虑将澳门机场搬迁到临近地区，如在横琴或附近的岛屿与珠海共建一个新的机场，现澳门和珠海的机场都可用作其他的开发用途。这样，澳门又可增加几平方公里土地。

（五）切实改善民生，维持稳定和谐的发展环境

市场机制不健全极容易出现贫富差距扩大，由此引起社会矛盾。即使在市场机制完善的情况下，同样也会出现贫富差距问题，由此引起部分民众的不满情绪和怨气，产生社会问题。对此，政府亦要通过再分配手段来进行调节，使贫富差距控制在社会可承受的、适当的范围内，让贫者能够体面、有尊严地生活。澳门贫富差距拉大，部分是由不正常因素导致的，如市场机制不健全、法律和行政管理不完善引致的“寻租活动”等。贫富差距扩大且长期存在，会引发和加剧社会矛盾和不稳定，从而影响和冲击可持续发展。近来澳门民怨有所增加，其中的一个重要原因是贫富差距的不合理、不正常扩大。若不妥善处理，将会影响澳门社会的稳定，对可持续发展形成挑战。

发展经济的根本目的是为了改善民生，提升居民的生活质量，让广大居民过上更富裕、更健康、更幸福的生活，不断增加居民的幸福指数。适当缩小贫富差距，既是维持社会和谐以实现可持续发展的要求，也是政府施政的目的。为缩小贫富差距，特区政府需要从以下几方面着手：①完善市场机制以及收入分配机制。坚持机会平等的市场原则，鼓励社会成员通过各自的努力去获得应得的劳动成果，防止和惩处“权力寻租”等不法活动，努力实现社会财富公平、合理分配。②加强特区政府对财富分配的调节。特别是通过财政手段对收入进行调节和再分配，补贴低收入阶层，让那些相对弱势的人士受到照顾和关怀，努力让广大市民分享经济发展的成果，缩小贫富差距。③健全社会保障。根据澳门社会经济发展的实际状况，全面检讨和完善社会保障制度，在完善非强制性公积金制度的同时，使之逐步过渡至强制性公积金制度，建立与澳门经济发展水平相适应的社会保障体系，以使居民逐步获得更全面、更完善的社会保障。为此，特区政府要适当运用部分财政盈余，加大对社会保障的投入，为完善澳门社会保障提供财政基础。

特区政府要继续关注和重视民生问题，切实解决居民坐车难、上学难、看病难等基本民生问题，让居民感受到发展的好处，分享到发展的成果，以减少民怨，维持和谐稳定的发展环境。

（六）推进行政和法律改革，提高政府管治能力

澳门必须正视问题，把握机遇，与时俱进，加快行政和法律改革，致力

营造一个法制完善严明、行政公正廉洁的营商环境，为经济可持续发展创造良好的条件。

行政改革的目标是建立一个公正、廉洁、科学、高效、精简以及有权威、有诚信的政府。其改革的重点是：①重组行政架构。根据社会经济发展和施政目标的要求，对政府各部门职能的目标、有关职能所涉及的工作量（或服务需求）进行检讨评估，据此做出相关部门撤销、归并、集中的改革，调整和优化部门设置。同时，对已完成临时目标或不符社会需求的职能部门应予撤销，对职能重叠或交叉的部门应予合并，对性质相同、相近或流程上密切相关的职能部门应予集中。行政组织架构设置要更加规范和严格，要建立严格的行政组织定编制度和审批程序，减少人员增加的任意性，切实控制行政架构的膨胀。②强化部门之间的协调。经检讨评估之后，对必须由多个部门合作进行的职责和事务，须明确各部门的主次关系和权责，据此设置有效的协调机制或专责协调机构，实现跨部门沟通、协作及行政资源的有机整合。特区政府现行组织架构中尚缺乏一个统筹部门，建议特区政府增设一个类似内地“发展与改革委员会”的具有统筹职能的部门，以便对特区重大的跨部门事务进行统筹和协调。③提升公务员素质。在加强对公务员培训的同时，要从社会和外地吸纳优秀公务员进入政府架构，为行政系统注入新的活力和动力。④加强廉政建设。切实提高政府施政透明度，建设廉洁政府。廉政专责机构不但要加强打击贪污腐败的力度，而且要注重协助各部门防范贪污腐败。⑤逐步推行问责制。对公职人员有奖有罚，失职或违法违规的人要承担责任，无能之辈亦要让位。⑥不断改善行政服务。完善行政制度，简化行政手续，推动行政便民化，提升行政效率。⑦加快推进政府电子化进程。加强应用网络技术等科技手段，促进行政现代化。总之，通过行政改革，切实做到科学施政、民主施政、公正施政、廉洁施政以及高效施政。

完善法制的目标是建立一个法律健全、执法严明的高度法制化的社会，其重点是：按照“简化、便民、前瞻、切合实际、与国际接轨”的要求，全面检讨特区现行法律法规，加快修订不合时宜的法律法规，并就社会经济发展新情况制订新的法律法规。同时，继续完善司法系统，维护司法独立，保障司法公正。一是有效发挥法律改革委员会的作用，全面统筹、协调和推进法律改革工作。委员会可下设多个专责工作小组，推动各领域的法律改革。二是培育和引进法律人才。政府要拨出部分资源，用于培养本地法律人

才；此外，还要采取特殊政策，引进一批法律人才，以弥补本地法律人才的不足。

（原发表于“澳门回归十五年经济发展回顾与展望”学术研讨会，澳门经济学会、中山大学港澳珠三角洲研究中心合办，2014 年 11 月 8 日。）

关于世界旅游休闲中心的核心要素的探讨

曾忠禄*

一 引言

国家发改委于2009年1月8日公布的《珠江三角洲地区改革发展规划纲要（2008~2020年）》明确提出“支持粤港澳合作发展服务业，巩固澳门作为世界旅游休闲中心的地位”。① 2011年3月，国家“十二五”规划提出了“支持澳门建设世界旅游休闲中心”的目标。② 2011年3月，《粤澳合作框架协议》也将该目标即“建设世界著名旅游休闲目的地写进合作框架协议中。以澳门世界旅游休闲中心为龙头、珠海国际商务休闲旅游度假区为节点、广东旅游资源为依托，发挥两地历史文化旅游资源优势，丰富澳门旅游业内涵，发展主题多样、特色多元的综合性旅游服务”。澳门特区政府行政长官崔世安也指出，“‘世界旅游休闲中心’是澳门未来的发展蓝图，特区政府将根据这一定位，推动一系列工作”。显然，建设世界旅游休闲中心是国家和澳门特区政府都十分关注的一个问题。但到目前为止，世界旅游休闲中心的概念并不清楚，虽然国家发改委将世界旅游休闲中心的定义描述为：“具有世界高知名度，符合世界现代化标准，形成良好的公共卫生、安

---

* 曾忠禄，澳门理工学院博彩教学暨研究中心教授。

① 有关资料请参阅澳门特别行政区政府网站，http：//www. economia. gov. mo/zh/web/public/pg－eetr－prd－rd。

② 有关资料请参阅亚洲证券业和金融市场协会网站，http：//www. asifma. org/Uploaded Files/Resources/12－5YP（InChinese）. pdf。

全、环保体系，可为人们获得生活的健康、愉悦、消遣以及提供商业和其他目的的活动的地方”，这为更清晰的定义奠定了基础。但该定义只是一般化的定性，缺乏可操作的度量指标，如“世界高知名度”怎么度量？从管理学的角度看，没有度量就没有管理，因此我们无法以该定义来确定澳门离“世界高知名度”城市还有多大差距或已经达到目标。有鉴于此，笔者尝试通过扎根理论的方法来探讨世界旅游休闲中心必须具备的核心要素，为世界旅游休闲中心的度量创造条件。

二　世界旅游休闲中心标杆城市及其特征

扎根理论研究方法的主要宗旨是在经验资料的基础上建立理论。研究者在研究开始之前一般没有理论假设，直接从实际观察入手，从原始资料中归纳出经验，然后上升到理论。按扎根理论的方法，笔者先找出可以被视为“世界著名旅游休闲中心”的城市，然后搜集这些城市的资料，从资料中归纳出世界旅游休闲中心的核心要素，最后为澳门提出更具体的指标。

通过资料搜集，笔者发现两个接近的城市目录。一是《旅游与休闲》(*Travel and leisure*) 杂志每年通过杂志读者网上投票的方式评选的世界前十名最佳旅游城市。但该杂志评选出的十佳城市的可信度没有得到大众的认可，因为其评选方式既无统计资料支持，也无相关的评价标准，因此本研究不采用该杂志评选出的十佳城市。

二是美国福布斯杂志每年评选的最受游客欢迎的 10 个美国城市（见表 1)。该杂志的评价标准是每年到访一个城市及其都市圈的游客数量，但也考虑吸引的外国游客数量、酒店入住率以及经济影响。[①] 虽然美国最佳旅游城市不一定是世界最佳旅游城市，但以该杂志的评价方法评出的 10 个城市非常有借鉴意义。首先，该杂志的游客数量评价标准比较客观，操作性强。其次，虽然该目录评出的都是美国城市，但由于美国的旅游市场是世界最发达的，因此美国旅游市场的发展趋势或多或少反映了世界旅游市场的发展趋势。再次，该目录中的 10 个城市都属于 2010 年美国商务部列出的最受海外

① Valaer Murray, “America's Top Tourist Attractions,” *Forbes*, 2010.

游客喜欢的20个旅游目的地城市，[①] 其中8个城市都是美国吸引海外休闲游客最多的15个城市中的城市；[②] 其中5个城市同时也是最受休闲游客喜欢的城市。[③] 最后，该杂志评出的10个城市既包括纽约、芝加哥等人口规模庞大的大都市，也包括像奥兰多、安纳海姆等人口仅几十万的小城市，这些小城市对于澳门而言有更强的可比性。因此，笔者将以这10个美国城市作为标杆城市来研究，通过这10个城市的资料来总结世界休闲中心的核心要素。

表1　2009年美国最受游客欢迎的10个城市

城市(所属州)	游客数量(万)	城市(所属洲)	游客数量(万)
奥兰多(佛罗里达)	4800	拉斯维加斯(内华达)	3635
纽约(纽约)	4700	亚特兰大(佐治亚)	3540
芝加哥(伊利诺伊)	4580	休斯敦(得克萨斯)	3106
安纳海姆(加利福尼亚)	4270	费城(宾夕法尼亚)	3032
迈阿密(佛罗里达)	3810	圣地亚哥(加利福尼亚)	2960

资料来源：《福布斯》，http：//www. forbes. com/。

根据上述目录，笔者通过如下方式来获得城市资料：城市的旅游指南、城市旅游部门网页、政府统计资料、研究人员或咨询公司的研究报告以及互联网上游客对这些城市的评价。有关这10个城市的资料如表2所示。

表2　美国最受欢迎的10个城市的概况

城市名称	人口(2010年)	游客数量(2009年)	国外游客数量(2009年)	城市旅游特色
奥兰多	208万(市区人口23.8万)	4800万	368万	拥有包括迪士尼世界、环球影城等在内的主题公园；著名的美食及大型购物中心；发达的会展业，号称美国第二大的展览空间，展览面积超过20万平方米

① U. S. Department of Commerce International Trade Administration Office of Travel and Tourism Industries 2010 Sector Profile：Leisure，http：//tinet. ita. doc. gov.

② U. S. Department of Commerce International Trade Administration Office of Travel and Tourism Industries 2010 Sector Profile：Leisure，http：//tinet. ita. doc. gov.

③ "2011 – 2012 Marketing Plan," Visit Florida，http：//www. visitflorida. org/am/downloads/mplan/VF_ MPlan2011_ 12. pdf.

续表

城市名称	人口（2010年）	游客数量（2009年）	国外游客数量（2009年）	城市旅游特色
纽约	818万	4700万	860万	美国最大的城市；众多的博物馆、观光景点、公园和各种表演；出名的娱乐及表演艺术，是美国第二大电影中心，有著名的百老汇以及全美最大的表演艺术中心——林肯中心；一流的城市景观和公园；尽管酒店房价全美国最高，但入住率并没有受到影响；交通方便，包括地铁、轨道交通、巴士和水上交通等，共有3个机场
芝加哥	270万（市区人口270万）	4580万	113万（2010年数据）	拥有包括科学和工业博物馆、菲尔德自然博物馆、芝加哥艺术博物馆等在内的世界一流的博物馆；拥有3个曾为世界上最高的建筑物；良好的会议设施，号称“世界会议之城”，迈考密展览中心是世界上最大的会展中心；是美国主要航线的枢纽城市，有2个机场，市中心几乎可以步行观光
安纳海姆	34万	4270万	290万	拥有包括迪士尼乐园度假村、迪士尼乐园与迪士尼加州冒险乐园和冒险之城等在内的著名主题公园；酒店入住率高；有发达的会展业，会展中心面积达11万平方米，为美国西海岸最大的会展中心；交通便利，游客可不必租车，可乘坐便宜且方便的穿梭巴士
迈阿密	556万（市区人口40万）	3810万	570万	有漫长的海滨沙滩、文化、媒体、娱乐和艺术繁荣，有众多娱乐场所、剧院、博物馆、公园和表演艺术中心；重要的时装中心，每年举办大量的时装表演；是世界邮轮之都，拥有世界最大的邮轮港，其游客数量和邮轮航班数量为世界之最
拉斯维加斯	58万（市区人口58万）	3635万	—	众多一流的大型赌场度假村，其功能丰富，使游客有众多的选择和不同的体验；丰富多样的表演节目；汇集了众多世界名牌商店和著名餐馆，是“美食之城”；美国乃至全球最成功的会展城市，会展规模大、类型多，展览面积为美国最大；交通设施完备，包括赌场穿梭巴士、轨道交通等

续表

城市名称	人口（2010年）	游客数量（2009年）	国外游客数量（2009年）	城市旅游特色
亚特兰大	500万（市区人口42万）	3540万	71万	发达的会展产业，每年游客中约1/3是参加会展的游客；丰富的与内战相关的历史遗迹、《乱世佳人》博物馆；拥有世界最大的水族馆——亚特兰大水族馆；餐馆众多，带给游客丰富的美食体验；交通便捷，哈茨菲尔德－杰克逊（Hartsfield－Jackson）机场是世界最繁忙的枢纽机场之一
休斯敦	600万（市区人口200万）	3106万	—	美国几个能拥有本地公司表演戏剧、芭蕾、歌剧和交响乐四种主要艺术的城市之一；太空中心和海滨步道每年吸引大量游客；城市文化独特，文化排名美国第7
费城	610（市区人口153万）	3032万	—	美国最著名的历史名城，博物馆和历史遗迹众多，是许多与美国建国有关的历史遗迹所在地、众多美国名人的家乡；费城艺术博物馆是美国最大的艺术博物馆之一
圣地亚哥	1397万	2960万	76.5万	海滩、鲸鱼表演、超级动物园；巴尔博亚公园，游乐园，动物园，野生动物园，海洋世界和众多的旅游景点；西班牙和墨西哥的历史遗迹，历史公园；圣地亚哥黑色电影节，音乐节街景；邮轮产业发达，圣地亚哥港每年接待大量的邮轮和游客

三　世界旅游休闲中心的基本特征

上述10个城市中有超大的国际都会，如纽约和芝加哥，也有小的县级城市，如奥兰多和安纳海姆。有的有著名的海洋、沙滩、阳光，如迈阿密、圣地亚哥，有的只有沙漠，如拉斯维加斯。有的以历史见长，如费城、亚特兰大；有的以现代化设施闻名，如休斯敦。尽管在规模、环境、历史方面有所差异，但它们都有一些共同的特征。这些特征是它们成功的核心要素，也应该是世界旅游休闲中心所必备的要素。

（一）吸引游客众多

十大最受欢迎美国城市的最大特点是吸引游客众多。其中，吸引游客最多是的奥兰多，它每年吸引的游客数量高达 4800 万，吸引游客最少的圣地亚哥也有近 3000 万。因此，吸引的游客数量是评价世界旅游休闲中心的首要标准。有专家指出，需求度量是判断一个地方是否比另外一个地方更有吸引力的常用工具。需求度量的第一个指标就是一个地方吸引的游客数量。以游客数量为度量标准简单易行，结果相对客观可靠。

（二）国际游客数量大

10 个城市都是美国吸引国际游客排名居前的城市。按美国商务部 2010 年的数据，在美国吸引海外游客（不包括加拿大和墨西哥）最多的 20 个城市中，排前 13 位的城市中有 8 个也在前述 10 个城市之列。2010 年，纽约吸引的国际游客数量（包括加拿大和墨西哥的游客）高达 970 万。奥兰多这个小城市吸引的国际游客数量也高达 368 万。2010 年，吸引海外游客最少的是安纳海姆，但其吸引的国际游客也有 340 多万，占该市吸引游客总数的 8%（见表 3）。因此，国际游客数量应是衡量世界旅游休闲中心的一个重要因素。

表 3　安纳海姆的游客来源（2010 年）

区域	占总数的百分比(%)	区域	占总数的百分比(%)
南加州	60	美国中西部	4
美国西部其他地区	14	美国东北部	2
北加州	8	国际游客	8
美国南部	4	合计	100

资料来源：CIC Research, Inc., Preliminary 2010 Orange County Visitor Survey, March 2011。

（三）众多的旅游设施和选择

旅游景点的核心是“有东西可看，有活动可做，有令人难忘的体验”，①

① Alan A. Lew, “A Framework of Tourist Attraction Research,” *Annals of Tourism Research*, Vol. 14 (1987), pp. 553 – 575.

这就需要大量的设施供游客选择。以上十大城市，无论是人口高达800万的纽约还是人口仅有23.8万的奥兰多，都具有设施多、选择多的特点。纽约凭借其大都会的优势，有众多的博物馆、艺术馆、公园，有众多的各种文艺表演。游览纽约的游客没有时间光顾所有的景点，单是中央公园，游客一整天都看不完。而奥兰多凭借其迪士尼乐园、环球影城、海洋世界、甘迺迪太航空博物馆等主题公园，同样让游客有众多的选择。奥兰多的宣传单宣称其主题公园和娱乐景点是世界最多的，要看完其旅游景点要花六七天的时间。在奥兰多，来自佛罗里达州之外的美国游客的平均逗留时间为5.6晚，国际游客的平均停留天数为8.7晚。另外一个小城安纳海姆，其娱乐设施也众多，游客被建议在此逗留的时间也是3～4天。因此，有众多的选择是世界旅游休闲中心必须具备的条件，旧金山的一项对休闲游客的调查显示，休闲游客一般喜欢不同的体验。城市的多样性是其品牌资产的基本要素。①

（四）餐饮业发达

美国十大最受游客欢迎的城市几乎都有发达的餐饮业。2007年对美国6万多居民的调查发现，美国餐饮业最发达的25个城市中有8个都是这十大城市中的城市（见表4）。因此，发达的餐饮业和美食是世界旅游休闲中心的另外一个重要指标。

表4　美国最佳餐饮城市（2007年）

排名	城市名称	排名	城市名称
1	芝加哥	9	波特兰
2	新奥尔良	10	明尼阿波利斯－圣保罗
3	奥斯汀	11	查尔斯顿
4	纽约	12	波士顿
5	费城	13	洛杉矶
6	旧金山	14	纳什维尔
7	圣安东尼奥	15	亚特兰大
8	西雅图	16	奥兰多

① “San Francisco Arts & Cultural Travel Study,” *Destination Analysts*, http://news.californiapreservation.org/wp－content/uploads/2014/03/San－Francisco－Arts－and－Cultural－Travel－Study－2010.pdf, 2010.

续表

排名	城市名称	排名	城市名称
17	丹佛	22	拉斯维加斯
18	圣地亚哥	23	华盛顿
19	达拉斯－华兹堡	24	凤凰城－斯科茨代尔
20	檀香山	25	圣达菲
21	迈阿密		

资料来源：http：//www.infoplease.com/us/cities/best－restaurants－2007.html。

（五）购物设施多

购物是旅游休闲的一个重要项目，是最受游客欢迎的活动之一。购物尽管可能不是游客到一个地方观光的首要动机，但能使旅游活动更加丰富，并增加旅游地的吸引力。前述10个城市也都是最适宜购物的城市。美国2007年对6万多居民的调查发现，在美国最好的25个购物城市中，这10个城市中有8个榜上有名（见表5）。因此，发达的购物设施和购物选择也应该是度量世界旅游休闲中心的一个核心要素。

表5　美国最佳购物城市（2007年）

排名	城市名称	排名	城市名称
1	纽约	14	亚特兰大
2	查尔斯顿	15	奥斯汀
3	芝加哥	16	圣地亚哥
4	旧金山	17	圣安东尼奥
5	洛杉矶	18	凤凰城－斯科茨代尔
6	新奥尔良	19	达拉斯－华兹堡
7	圣达菲	20	丹佛
8	波士顿	21	纳什维尔
9	迈阿密	22	檀香山
10	费城	23	华盛顿
11	西雅图	24	拉斯维加斯
12	波特兰	25	奥兰多
13	明尼阿波利斯－圣保罗		

资料来源：http：//www.infoplease.com/us/cities/best-shopping.html。

（六）旅游与会展业结合

美国最受欢迎的十大城市也是著名的会展城市。2009年，美国前五大会展中心为拉斯维加斯、芝加哥、奥兰多、纽约和安纳海姆。这些地方对会展游客最重要的吸引力之一是它们有大量的休闲娱乐设施，会展游客可以白天参加会议，晚上享受世界著名美食和各种娱乐表演。比如，到安纳海姆参加会展的游客参加完会展后既可到迪士尼乐园享受各种各样的娱乐活动，也可以到附近打高尔夫球、溜冰，或在安纳海姆花园大道购物、享受美食等。到拉斯维加斯的会展游客白天开会和参加展览，晚上可到赌场娱乐或观看表演。

（七）交通方便

交通便利是旅游目的地吸引游客的最大优势之一。如：奥兰多有40多家航空公司直飞；纽约有3个机场；芝加哥有2个国际机场，市内交通方便，市区大部分地方都适合步行观光；在安纳海姆，游客一天的交通费仅为4美元；在拉斯维加斯，游客只需步行就可轻松到达金光大道上的所有赌场与酒店。

（八）价格适中

休闲游客不同于商业游客，他们对价格比较敏感。旧金山的一项调查显示，游客选择休闲目的地最看重的8个因素是能承受的价格、可看可玩的东西多、风景优美、使人放松、美食、能有新的体验、好的酒店、历史遗迹和景点。[①] 以休闲游客为主体的旅游目的地，其价格通常比其他目的地的更低。在上述10个最受游客喜欢的城市中，大部分城市的价格都相对便宜。以2010年第二季度的酒店平均价格为例，奥兰多为88美元，拉斯维加斯为91美元，而芝加哥为137美元，费城为140美元，迈阿密为157美元。[②]

---

① "San Francisco Arts & Cultural Travel Study," *Destination Analysts*, http：//news. californiapreservation. org/wp－content /uploads/2014/03/San－Francisco－Arts－and－Cultural－Travel－Study－2010. pdf, 2010.

② "Hotel Price Index：Review of Global Hotel Prices 2010," The Hotels. com, http：//www. htr. ch/files_ htr/28893_ 0. pdf.

四　关于澳门建设世界旅游休闲中心的若干建议

对于上面列举的8大特征，有的澳门基本已经具备或差距不大。如游客数量，十大城市中最少的游客数量都近3000万。而澳门2010年的游客总数是2496万人次，虽离3000万人次还有距离，但其国际游客数量并不比这些地方少。2009年，澳门国际游客数量已超过400万人次，2010年则为427万人次。不过，与上述世界旅游休闲中心相比，澳门尚有一定差距，未来仍需要采取措施加以完善。

（一）增加非博彩旅游元素

澳门的赌场设施已跻身世界领先之列，是世界大型赌场最集中的地方。但游客到澳门之后的选择还不够丰富，非博彩游客的选择比较少。在非博彩的娱乐设施方面，澳门不能与美国10个城市中的大都市媲美，如纽约、芝加哥。即使同人口与澳门接近的拉斯维加斯、奥兰多和安纳海姆相比，在澳门游客的选择仍太少。到奥兰多的游客可以玩六七天；到拉斯维加斯的游客即使不赌博，只看赌场的建筑及其内部不同的主题装饰也需要两至三天。澳门要缩短同美国10个城市的差距，需要增加更多的博彩之外的旅游元素。

在各种旅游元素中，文化设施的建设具有重要的地位。[①] 澳门可进一步建设的文化设施包括独具特色的建筑和主题酒店。澳门已有一些历史建筑，但还不能满足游客的需要。前述10个城市中有8个是美国最佳建筑物城市排名25强中的城市（见表6）。到拉斯维加斯的游客有很多是看赌场建筑的。而到澳门的香港游客有很多是专为看赌场装饰而来。[②] 不过，由于这类建筑还太少，因此不能延长游客逗留时间。澳门如果能加强主题建筑的建设，就能弥补这方面的欠缺。

---

① "San Francisco Arts & Cultural Travel Study," *Destination Analysts*, http://news.californiapreservation.org/wp-content/uploads/2014/03/San-Francisco-Arts-and-Cultural-Travel-Study-2010.pdf, 2010.

② 曾忠禄、刘爽：《访澳香港旅客：博彩与非博彩旅客比较》，《澳门研究》2011年总第63期。

表6　美国建筑物最佳城市排名

排名	城市名称	排名	城市名称
1	华盛顿	14	纳什维尔
2	查尔斯顿	15	奥斯汀
3	芝加哥	16	迈阿密
4	纽约	17	圣地亚哥
5	新奥尔良	18	檀香山
6	波士顿	19	波特兰
7	费城	20	丹佛
8	圣达菲	21	亚特兰大
9	旧金山	22	洛杉矶
10	圣安东尼奥	23	达拉斯－华兹堡
11	拉斯维加斯	24	奥兰多
12	西雅图	25	凤凰城－斯科茨代尔
13	明尼阿波利斯－圣保罗		

资料来源：www. infoplease. com/vs/cities best-architecture. html。

（二）拓展休闲购物的发展空间

购物是一个重要的旅游元素。十大最受游客欢迎的城市其商业都非常发达。澳门有发展休闲购物的优势，这些优势包括奢侈品的关税低，价格同内地差距较大。由于购物是休闲方式的一种，因此即使是香港的游客来到澳门也有购物的需要，所以澳门应充分抓住游客的需要，加快购物等相关产业的发展，通过购物增加澳门对游客的吸引力。

（三）提升餐饮业发展水平

为建设世界旅游休闲中心，澳门需要进一步发展餐饮业。研究显示，游客在选择度假地点的时候非常重视餐饮因素。美食不仅能增加游客对旅游地整体的满意度，而且其本身就是旅游产品的一部分；不仅是游客消费中的基本必需品，而且是一个地方的文化的核心成分。[①] 美食能通过餐馆的名声丰

---

① C. M. Hall, R. Mitchell, "Wine and Food Tourism," in Norman Douglas, Ngaire Douglas and R. Derrett, eds. , *Special Interest Tourism*, Brisbane, Australia: John Wiley & Sons, 2001.

富当地的旅游文化，增加旅游元素的多样化。美食和美酒是吸引游客的重要招牌，其独特性和使人轻松享受的特点能进一步改善一个旅游地的形象。[①]美国最受欢迎的十大旅游城市的餐饮业也都非常发达。澳门的餐饮业虽然也有一些品牌美食，包括葡萄牙菜、猪扒包等，但总体而言，知名度还不高，大部分餐馆的装修还不上档次，氛围还不够浓厚。

（四）进一步加强会展业和旅游业的结合

上述10个城市都是会展业发达的城市。一方面，会展业与旅游业的发展有着极大的关联。如可在旅游淡季充分利用为旅游而建的休闲娱乐设施举办会展及会议，从而弥补淡季游客和收入的不足，实现资源的最大化利用；另一方面，会展业的成功又可为澳门带来更多的游客，这有利于促进其商业和服务业的发展，从而进一步推动澳门产业的多元化。

（原载吴志良、郝雨凡主编《澳门研究》总第64期，澳门：澳门基金会，2012年3月。）

① Beverley Sparks, Karen Wildman, John Bowen, "Restaurants as a Contributor to Tourist Destination Attractiveness: Phase One - Expert Interveiws," *CRC for Sustainable Tourism Working Paper*, 2000.

澳门博彩业的多元龙头角色

王五一*

2001 年，澳门特区行政长官在其施政报告中提出了“以旅游博彩业为龙头、以服务业为主体，带动其他行业协调发展”的产业发展原则。博彩业在澳门经济中的龙头地位由此得以确立，这一原则进而成为澳门整体产业政策和经济战略的重要指导思想。10 年来，澳门经济和社会发展的历史事实证明，博彩业不仅充当了经济增长的龙头，而且充当了整个澳门经济市场化改造的龙头和社会繁荣的龙头。博彩业的这一多元龙头角色，为澳门社会多方面的发展与进步做出了不可替代的贡献。

一 经济增长的龙头

十年来，澳门经济中博彩业增长最快，为特区政府财政创收最大，从而当之无愧地充当了整体经济增长的龙头角色。在赌权开放前一年的 2001 年，整个澳门博彩业只有 11 间中小型赌场、300 张赌桌和 700 台角子机，博彩业年收入为 195.4 亿澳门元。而到十年后的 2011 年底，澳门博彩业已经发展成为一个拥有 34 间大中型赌场、5302 张赌桌、16056 台角子机、总收入近 2700 亿澳门元（未计通货膨胀因素）、位居世界第一的现代化大博彩市场。十年间，赌场数量增长了 2 倍多，赌桌数量增长了 16 倍多，赌机数量

* 王五一，澳门理工学院中西文化研究所教授。

增长了近22倍，博彩收入更是增长了12倍多。

反映澳门赌业超高速增长的一个举世瞩目的亮点是：十年内，澳门博彩业收入先后超过了拉斯维加斯和整个内华达州（见表1、图1）。

表1　澳门、内华达州与拉斯维加斯金光大道博彩收入变化

单位：百万美元

项目＼年份	2003	2004	2005	2006	2007	2008	2009	2010	2011
澳门	3789.4	5438.9	5914.3	7190.1	10480.9	13728.2	15047.9	23698.5	31183.8
内华达州	9625.3	10562.2	11649.0	12622.0	12849.1	11599.1	10392.7	10404.7	10634.7
拉斯维加斯	4759.6	5090.9	6033.6	6688.9	6827.9	6126.3	5550.2	5776.6	6014.1

资料来源：澳门特区政府博彩监察暨协调局网站和美国内华达州博彩控制局网站。由于资料搜寻上的困难，这里用的拉斯维加斯和内华达州的数位的口径，只包括其常规商业赌场（Nonrestricted licensees），不包括其零散博彩点（Restricted licensees）的收入，也就是说，实际上这两地的博彩收入应该略高于这里使用的数字，这使澳门与这两地的数位的可比性略受影响。若把零散博彩点的收入算进来，实际上澳门的博彩收入在2007年是超过拉斯维加斯的。但从走势上看，图1还是可以正确地反映三地博彩业发展形势的。

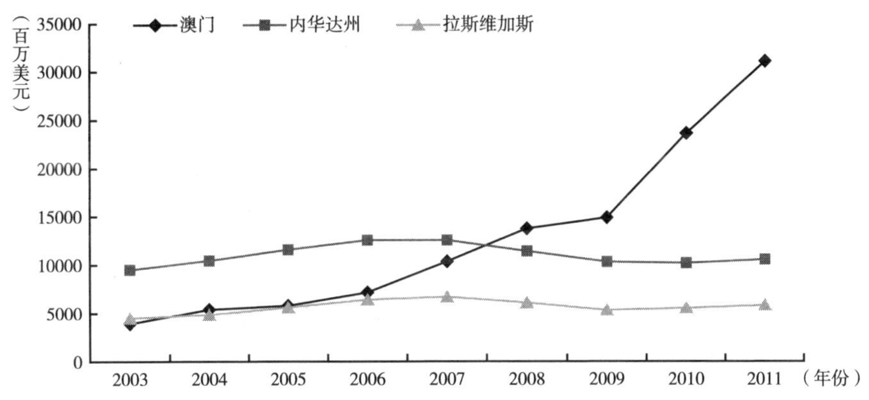

图1　澳门、拉城金光大道、内华达州博彩业发展走势

博彩业的超高速增长对其他产业门类产生了巨大的拉动效应，而这突出地表现在其对旅游业的拉动效果上。表2所列内容反映了这一点。

十年来，来澳旅游的访客人数由2001年1027.9万人增加到2011年的逾2800.23万人，增加近两倍；而其中在澳留宿的人数更是由2001年的不到276.69万人增加到2011年的861.21万人，增加了两倍多。旅游业的发展带动了客运业、零售业、餐饮业等其周边行业的发展，进而带动了整体经

表 2　通过人数变化反映的澳门旅游业增长

项目＼年份	2001	2006	2009	2010	2011
访澳旅客人数(千人次)	10279.0	21998.1	21752.8	24965.4	28002.3
住宿旅客人数(千人次)	2766.9	4680.9	6714.4	7755.2	8612.1
人均消费额(澳门元)	1389.0	1610	1616	1518	1619

资料来源：澳门特区政府暨普查统计局网站。

济的增长。博彩业的超高速增长对整体经济的拉动效应可以从表 3 中反映出来。2001 年，澳门的 GDP 是 497.04 亿澳门元，到 2011 年底则达到 2920.9 亿澳门元（未计通货膨胀因素）。若按此数字计，十年来澳门经济则至少增长了近 5 倍。表 3 中所列资料展示了博彩业超高速增长所带动的整个经济超高速增长的事实。

表 3　赌权开放以来澳门博彩业以及经济发展统计

单位：百万澳门元，%

年份	博彩收入	GDP	博彩税收	财政收入	博彩税收占财政收入的比重
2001	19541	49704	6292.8	15258.4	41.24
2002	23496	54819	7765.8	14079.8	55.16
2003	30315	63566	10579	15577.9	67.91
2004	43511	82966	15236.6	23863.5	63.85
2005	47134	92951	17318.5	28200.8	61.41
2006	57521	115282	20747.5	37188.5	55.79
2007	83847	153608	30920	40694.1	76.10
2008	109826	173547	43208	62259.3	69.40
2009	120383	169343	45698	69870.8	65.40
2010	189588	223743.3	68776	88488.1	77.70
2011	269058	292090	99656.4	112721.4	88.40

资料来源：澳门特区政府统计局暨普查局网站与澳门特区政府博彩监察暨协调局网站。

二　制度变革的龙头

澳门博彩业之所以能够取得如此辉煌的成就，是与“赌权开放”的博

彩业制度变革密切相关的。2001 年底旧的博彩合约到期时，特区政府抓住契机，适时地进行了旨在打破垄断、引入竞争、促进多元经营的博彩业体制改革。这是澳门博彩业史上自有博彩专营制度以来，第一次有一家以上的博彩公司取得在澳门经营赌业的专营权。这意味着澳门博彩业从此由一家垄断变成多家竞争。正如十年来的历史实践所展示的，这个变革解放了生产力，为澳门博彩业的大发展创造了有利的制度条件，从而带动了整个澳门经济的快速增长，为“一国两制”伟大战略构想在澳门的实践奠定了经济基础。

赌权开放的本质是对博彩业进行市场化改造。这一改造不但带来了博彩业自身的大发展，而且实际上开启了对澳门经济体制进行全面市场化改造的进程。理解这一点，对理解澳门经济整体上的体制变革以及赌权开放在此一变革中所扮演的重要角色有着重要意义。

从总体上说，澳门是资本主义社会。内地与澳门之“一国两制”的关系，也正是依据这个基本事实来确定的。然而，回归前澳门所谓的资本主义应当说是一个不完善的资本主义。这一不完善突出地表现在其市场化程度低下上。赌权开放前，澳门经济中存在一个重要的非资本主义成分，那就是普遍的专营制。[①] 专营制本身没有错，错的是对它的不恰当使用。本来，作为一种独特的政府管理体制和企业经营体制，专营制主要适用于一些自然垄断行业，如邮政、自来水、电力等。对这些无法按自由竞争的原则建立市场的特殊行业，世界各国的政府普遍用两种方法即公营或专营来解决其经营体制问题。由于历史上的种种原因，澳葡政府对许多本不属自然垄断的行业也实行专营制。澳葡时代，澳门曾经有过多达 35 份专营合约。专营部门创造的 GDP 曾一度占到澳门整个 GDP 的近一半。[②] 这其中不仅包括水、电、通信等合理的专营领域，甚至对啤酒批发、马路泊车、清洁等一些完全可以实行市场化经营的行业也实行专营批给的方式，其中最著名的就是博彩业专营。

博彩业本不属自然垄断行业，而是完全可以实行自由竞争的行业。博彩业的专营不但是不必要的，而且在经营实践中也产生了诸多现实的体制冲突

---

① 政府通过一纸专营合约，把某一行业的经营权授予单独一家企业来经营。专营合约就产品价格、财产权等做出相关规定。

② 张作文：《澳门经济复苏与振兴之对策》，吴志良、杨允中主编《澳门 2001》，澳门基金会，2001，第 167～174 页。

和监管难题。这在赌权开放前的澳门博彩业突出地表现出来。不必要的专营不但与资本主义制度的概念不相符合，甚至在实行社会主义制度的中国内地，近年来也受到了思想界的诟病而被列为改革的对象。回归后的澳门需要一个资本主义完善工程，需要一个以尽可能消除专营领域为目的的市场化体制改革。

赌权开放，本质上是对博彩业的市场化改造；此一改造不仅解放了博彩业自身的生产力，而且为澳门其他经济领域的市场化改造起到了示范作用。在博彩业市场化改造的带动下，澳葡时代留下的专营合约开始逐渐被废除，原有的专营行业，有条件的，一个接一个地接受市场化改造，如电信、轮渡、马路泊车等。在更多领域打破专营的工作也正在酝酿当中。这些成就在一定程度上都应当归功于博彩业的带头作用。赌权开放是澳门特区政府对澳门经济进行市场化改造中的一环，也是最显眼、影响最大的一环。

从这个意义上说，博彩业的体制变革以及由此产生的博彩业的高速增长，使博彩业不但充当了澳门经济增长的龙头，而且充当了澳门经济体制变革和市场化改造的龙头。博彩业对澳门不但有经济贡献，而且有制度贡献。

三　社会发展的龙头

顾名思义，“一国两制”作为一个理论概念，指的是在一个国家内部存在着两种制度。然而，这两种制度又是由清晰的地理边界和居民身份分隔开来的，故而“一国两制”同时又是“一国两地”（或“一国三地”“一国四地”）。只有从“两地”的角度出发，才能正确地理解“两制”。否则，只说“两制”，就有可能把“公有制”与“私有制”在一个地域内并存的制度现象也以“两制”表述之，从而产生理论混乱。“一国两制”不是抽象的，而是地理的、文化的、具体的。正是由于“两制”具有明晰的地理界线，因此回归后澳门特区政府所实施的以赌权开放为核心的一系列资本主义完善工程在澳门产生了突出的效果，为澳门社会全面的繁荣稳定创造了条件。

澳门社会发展的最显著特征就是它的城市建设成就。十年来，以娱乐场所建设为龙头，澳门的城市面貌可谓焕然一新。表4归纳了十年来澳门酒店建设的成就，从中反映出了澳门城市建设大发展的一个侧面。

表 4　澳门酒店业发展一览表

单位：间

酒店设施 \ 年份		2001	2006	2009	2010	2011
总数	间　数	70	80	90	91	95
	客房数	9030	12978	19259	20091	22356
五星	间　数	8	12	22	23	26
	客房数	3112	4898	11135	11988	14204
四星	间　数	9	12	13	13	13
	客房数	2634	3927	4343	4338	4333
三星	间　数	8	14	12	12	12
	客房数	1807	2774	2365	2397	2411
二星	间　数	12	11	12	12	12
	客房数	887	820	847	798	798
公寓	间　数	33	31	31	31	32
	客房数	590	559	569	570	610

资料来源：澳门特区政府统计暨普查局网站。

在赌场酒店大建设的同时，十年来，澳门实施了一系列与之相配套的工程，如水塘的改造、渔人码头的建设、大潭山的整修、关闸的扩建、祐汉公园和黑沙环公园等的建设等。另外，北区改造、轻轨建设等大型城市改造项目也已被列入议事日程。博彩业对澳门城市建设的龙头角色通过两个机制发生作用：一是赌场酒店的大建设，它充当了澳门城市建设发展美化的主角；二是赌税收入，它为澳门城市建设与发展提供了财政基础。

在澳门城市建设与美化的同时，澳门居民的精神面貌和生活水平也有了较大的改善与提高。2002 年，澳门居民工资收入中位数是 4672 澳门元，而截至 2012 年 8 月笔者写稿时，已增加到 11000 澳门元（未计通货膨胀因素）；与此同时，澳门的失业率也从 2002 年的 6.3% 下降到 2012 年 8 月的 2.1%（见表 5）。

表 5　赌权开放以来澳门居民工资收入中位数及失业率的变化

单位：澳门元，%

项目 \ 时间	2002 年	2003 年	2004 年	2005 年	2006 年	2007 年	2008 年	2009 年	2010 年	2012 年 8 月
工资中位数	4762	4801	5167	5773	7000	8000	8000	8500	9000	11000
失业率	6.3	6.0	4.9	4.1	3.8	3.2	3.0	3.6	2.8	2.1

资料来源：澳门特区政府统计暨普查局网站；张作文《澳门经济复苏与振兴之对策》，《澳门 2001》，澳门基金会，2001，第167～174 页。

以赌权开放为契机，在博彩业大发展的带动下，澳门由回归前的一个封闭保守的小区域变为一个具有鲜明的现代化色彩的国际性都市。

四　结语

回归后，澳门经济获得了奇迹般的巨大发展，其中的主引擎是博彩业，而博彩业的高速增长又得益于10年前澳门特区政府实施的赌权开放改革。赌权开放的本质是对博彩业的市场化改造，博彩业的市场化改造又进一步带动了澳门经济结构中更多领域的市场化改造；对经济体制的全面市场化改造，本质上是一场澳门的“资本主义完善工程”，它推动澳门的经济结构和管理体制日趋国际化、规范化。博彩业的大发展也大大改观了澳门的城市面貌，改善了人民生活，提升了澳门的国际知名度。在博彩业这个“龙头”的带动下，澳门正在日益走向全面的繁荣与稳定。

同时，也应当看到，以博彩业为龙头的澳门经济在全面发展的同时，仍然存在大大小小的矛盾与问题，有待进一步解决。如博彩业的一业独大问题要求进一步向经济多元化的方向努力；旅游博彩业客源结构过于单一的问题要求进一步开辟国际客源。另外，博彩业自身在其高速发展中也日益暴露出一些亟待解决的问题。通过赌权开放对博彩业实行的市场化改造并不彻底，在今后的司法与管理实践中，还需要逐步理顺诸多旧的体制要素之间的关系。随着邻近地区开赌国家与地区的不断增多，如何把澳门博彩业做强，提高其国际竞争力也是一个重要的任务。总之，在今后相当长的一段时期内，特区政府仍然要牢牢把握“以旅游博彩业为龙头”的大方针，总结经验，继往开来，把澳门的事情做得更好。

（原载杨允中主编《“一国两制”研究》总第14期，澳门：澳门理工学院一国两制研究中心，2012年10月。）

基于VAR模型的银行业信贷因素与澳门房价的动态关系研究

杨燊荣*

银行业与房地产业的发展有紧密关系，一个稳定有序的房地产市场是社会和银行业所需要的。近年来，澳门银行业与房产业占GDP的比重越来越高，特别是澳门房价快速上涨，超出了普通市民的承受能力，已成为社会最关注的问题。从2002年到现在，澳门的GDP增长约3.3倍，同期房价却飙升了6.8倍。实际上，房价上涨过快的原因是多方面的，包括宏观经济的向好、人口及收入的增加、资本全球流动性增强等。而银行业与房价之间的关系也一直备受关注。例如，欧美的量化宽松政策对房价存在何种影响？房地产开发贷款与房价的关系如何？如何看待楼宇按揭贷款与高房价的关系？等等。鉴于目前对银行业与澳门房价两者关系的深入探讨以及实证研究仍较为缺乏，因此笔者根据澳门的实际情况，通过格兰杰（Grange）检验对两者之间的长期均衡关系进行验证，并运用VAR模型衡量银行业信贷因素与澳门房价的动态关系。

一　文献综述

当前对银行业与房价之间的关系探讨，已由最初的理论分析逐步过渡到实证研究，并且近年采用VAR模型对两者动态关系的探讨也逐渐增多。Matteo指出，反向的货币冲击对房价具有明显的负效应，且信贷政策和对住

* 杨燊荣，中国银行澳门分行策略分析员。

房的需求冲击在导致房价短期波动中起了明显作用。[①] Kosuke Aoki 等对英国房地产市场的研究指出，银行在为消费者提供住房服务的同时也间接降低了借款成本，放大了银行信贷冲击对住房投资、房屋价格的影响。[②] Gerlach 等利用香港 1982～2001 年的季度数据进行实证分析，认为房价的波动影响银行的信贷扩张，而银行的贷款却不影响房价。[③]

中国内地学者通过建模探讨货币信贷政策与房价关系的主要有：武康平等建立一般均衡模型，结果显示，房价的上涨导致银行信贷的增加，银行信贷供给增加导致房价的上涨，二者之间是正回馈关系；[④] 韩冬梅等通过构建联立方程模型，指出信贷手段可以直接影响房地产市场的需求与供给；[⑤] 余壮雄、林建浩在局部均衡框架下探讨住房价格的决定机制，认为贷款规模是房价持续上涨的驱动因素，其中房价上涨的六成可由政府的金融支持可来解析。[⑥] 通过实证和 VAR 模型探讨两者关系的研究有：张涛、龚六堂、卜永祥的实证分析结果表明中国房价与银行房地产贷款有较强的正相关关系；[⑦] 段忠东等的研究表明房价和银行信贷之间在长期内存在因果关系，房价波动在短期内对银行信贷发放的直接影响十分有限，但长期内对银行信贷增长产生影响，而银行信贷也通过协整关系成为房价短期波动的 Granger 原因；[⑧] 邓永亮等的研究表明，基础货币与房价之间是正回馈关系，从长期来看，“热钱”将推动房价逐渐上涨；[⑨] 胡岳岷等的研究表明短期内货币供应增加

---

① Matteo Iacoviello, “House Prices and The Macroeconomy in Europe: Results from a Structural VAR Analysis,” *European Central Bank Working Paper*, Vol. 18, 2000.

② Kosuke Aoki, James Proudman, Gertjan Vlieghe, “House Price, Consumption and Monetary Policy: A Financial Accelerator Approach,” *Journal of Financial Intermediation*, Vol. 13, 2004.

③ Stefan Gerlach, Wensheng Peng, “ Bank Lending and Property Prices in Hong Kong,” *Journal of Banking & Finance* , Vol. 29, No. 2, 2005, pp. 461－481.

④ 武康平、皮舜、鲁桂华：《中国房地产市场与金融市场共生性的一般均衡分析》，《数量经济技术经济研究》2004 年第 10 期。

⑤ 韩冬梅、屠梅曾、曹坤：《房地产价格泡沫与货币政策调控》，《中国软科学》2007 年第 6 期。

⑥ 余壮雄、林建浩：《谁推高了房价？开发商、置业者还是地方政府》，《经济学家》2010 年第 5 期。

⑦ 张涛、龚六堂、卜永祥：《资产回报、住房按揭贷款与房地产均衡价格》，《金融研究》2006 年第 2 期。

⑧ 段忠东、曾令华、黄泽先：《房地产价格波动与银行信贷增长的实证研究》，《金融论坛》2007 年第 2 期。

⑨ 邓永亮：《“热钱”对我国资产价格影响的实证研究》，《当代经济科学》2010 年第 4 期。

是引起房价上涨的重要因素，房地产开发贷款及消费信贷的增长都可以导致房地产价格上涨。①

不难看出，由于世界各地的政治经济体制不同，银行业与房价的动态关系也不尽相同，这导致研究结论存在差异。由于澳门本身存在一些特点，如它是典型的微型经济体、实行联系汇率制度、缺乏货币政策独立性、属于自由经济体系、没有外汇管制等，故有必要根据实际情况就两者的关系展开研究。

二　模型构造

（一）变量说明

实证检验银行业对房价的影响，最重要的是选取可测性和可控性较强，并且业界最为关注的与房价有较大关联度的变量指标。笔者选取货币供应量、利率、本地建筑及公共工程业贷款余额、本地居住用途的按揭贷款共四项指标（见表 1）。

（1）房价为澳门住宅单位每平方米（实用面积）平均成交价，用 *price* 代表。

（2）货币供应量选用广义货币供应量季度余额的同比增长率，用 *M2gyty* 代表，因为它能较好地反映社会现实购买力和潜在购买力，并能综合反映汇率变动及资本流动对本地货币供应量的影响。

（3）利率将选用 6 个月澳门银行同业拆息平均值，用 *rate* 代表，它较好地反映了澳门同业的资金成本，并通过市场传导机制影响本地建筑及公共工程业贷款以及本地居住用途的按揭贷款的对客利率。不选用最优惠贷款利率（Prime Rate）的原因是：最优惠贷款利率只是名义的定价基准利率，并不是真实利率，而真实利率由市场决定，并不由最优惠贷款利率决定，只是市场惯例通过 Prime Rate + －bps 的方式呈现真实利率；最优惠贷款利率的调整严重滞后于实际利率，例如，从 2008 年 9 月开始，最优惠贷款利率就维持在 5.25% 的水平，而真实利率在此过程中已经历了多次变动。

---

① 胡岳岷、金春雨、程浩：《我国房地产价格影响因素及其作用效应的计量检验》，《税务与经济》2011 年第 6 期。

（4）本地建筑及公共工程业贷款余额能反映金融业对房地产开发及建筑工程公司的金融支持（由于公共工程的业主特区政府财源充足，一般不需要银行贷款，故此数据实质上反映的是银行业向本地房地产开发投放的开发贷款，以及向建筑工程公司投放的工程贷款），也就是通常所说的房地产开发贷款，用 *cloan* 代表。

（5）本地居住用途的按揭贷款反映的是金融业对购房者的资金支持，也就是通常所说的楼按，用 *hploan* 代表。

以上数据均来自澳门特区政府统计暨普查局和金融管理局，选取由 2002 年 Q1 到 2011 年 Q4 的季度数据。采用 Eviews 5.1 计量经济学分析软件。

表 1　变量定义一览

变量代号	变量含义
price	澳门住宅单位每平方米(实用面积)平均成交价
rate	6 个月澳门银行同业拆息平均值
M2gyty	广义货币供应量季度余额的同比增长率
cloan	本地建筑及公共工程业贷款余额
hploan	本地居住用途的按揭贷款

（二）平稳性检验及 VAR 模型的建立

数据的平稳性检验是计量检验工作的开始。采用 ADF（Augment Dickey－Fuller）方法检验变量的平稳性，结果见表 2。

表 2　变量及差分的 ADF 检验结果

变量	ADF 检验值	临界值(5%的显著性水平)	Prob	检验类型(C,T,L)	检验结果
price	－2.1476	－3.5298	0.5042	(0,1,0)	非平稳
rate	－0.9786	－2.9390	0.7514	(1,0,0)	非平稳
cloan	0.0530	－2.9411	0.9576	(0,1,0)	非平稳
hploan	4.6910	－3.5684	1	(0,1,0)	非平稳
M2gyty	－3.1803	－2.9571	0.0306	(1,0,0)	平稳
dprice	－7.1711	－3.5403	0	(0,1,0)	平稳

续表

变量	ADF检验值	临界值(5%的显著性水平)	Prob	检验类型(C,T,L)	检验结果
drate	-4.7048	-2.941	0.0005	(1,0,0)	平稳
dcloan	-3.8003	-3.5331	0.0275	(0,1,0)	平稳
dhploan	-2.7338	-3.5403	0.2299	(0,1,0)	非平稳
ddhploan	-10.7182	-3.5366	0	(0,1,0)	平稳

注：(C，T，L)中，C为常数项，T为趋势项，L为滞后项，常数项和趋势项根据序列特点来选择；滞后阶数根据AIC、SC最优信息准则确定；dx、ddx分别表示一阶差分、二阶差分，如*ddhploan*表示*hploan*的二阶差分。

检验结果显示：变量序列*M2gyty*在5%的显著性水平上是平稳的；变量序列*price*、*rate*、*cloan*均在5%的显著性水平上存在单位根，都不是平稳序列，但一阶差分在5%的显著性水平上均为一阶单整序列，说明一阶差分具有平稳性；而变量序列*hploan*及其一阶差分均在5%的显著性水平上存在单位根，但其二阶差分具有平稳性。因此，对数列分别进行差分处理后，可以用作VAR模型的建立和估计。

在VAR模型中，确定变数的滞后阶数是关键步骤。结合LR检验法、AIC信息准则、SC准则、FPE检验法、HQ检验法综合考虑确定模型的滞后阶数。综合检验结果如表3所示，最优滞后阶数是1，基于此，本研究建立滞后VAR（1）模型。

表3 模型滞后阶数选择

Lag	LogL	LR	FPE	AIC	SC	HQ
0	-542.9593	NA	27306946	31.31196	31.53415 *	31.38866
1	-498.6365	73.44921 *	9207321 *	30.20780 *	31.54095	30.66800 *
2	-482.449	22.19995	16719201	30.71137	33.15549	31.55508
3	-472.7623	10.51699	51781223	31.58642	35.1415	32.81363

注：*为在5%的显著性水平上拒绝原假设。

初步建立VAR模型后，下面采用AR根法对模型的稳定性进行检验，如果被估计模型的所有根模的倒数小于1（即位于单位圆内），则模型是稳定的。本研究估计方程的AR根如图1所示，所有点都在单位圆内，因此可以认为VAR（1）模型是稳定的。之后，对VAR模型进行估计，得出VAR模型的形式，如表4所示。

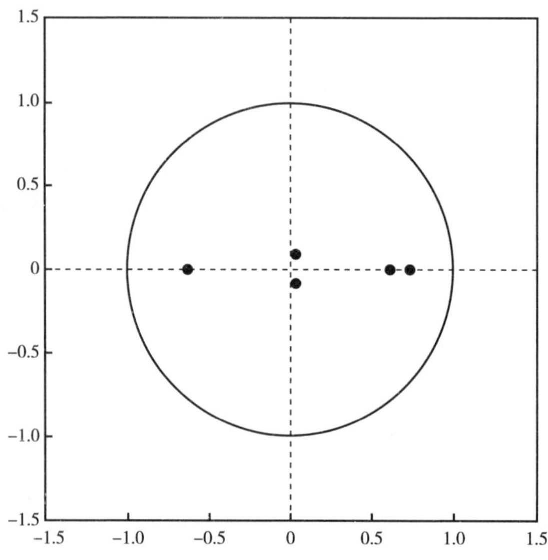

图1　AR根检验结果

表4　VAR估计输出结果

	DPRICE	DRATE	DCLOAN	DDHPLOAN	M2GYTY
DPRICE(−1)	−0.254530	0.000010	0.001732	−0.000215	−0.000002
	−0.253350	−0.000055	−0.000610	−0.000680	−0.000003
	[−1.00464]	[0.17900]	[2.82445] *	[−0.31482]	[−0.64483]
DRATE(−1)	−531.492000	0.213627	−2.359751	−1.471318	0.011681
	−799.905000	−0.173950	−1.936480	−2.155970	−0.010010
	[−0.66444]	[1.22808]	[−1.21858]	[−0.68244]	[1.16716]
DCLOAN(−1)	−76.417960	−0.007873	0.601052	−0.213618	−0.000903
	−55.580500	−0.012090	−0.134550	−0.149800	−0.000700
	[−1.37491]	[−0.65135]	[4.46700] *	[−1.42597]	[−1.29818]
DDHPLOAN(−1)	−24.402710	−0.011809	−0.045796	−0.610788	−0.000090
	−83.444000	−0.018150	−0.202010	−0.224900	−0.001040
	[−0.29244]	[−0.65079]	[−0.22671]	[−2.71576] *	[−0.08661]
M2GYTY(−1)	19667.960000	1.502342	−5.440205	9.665778	0.810603
	−9507.950000	−2.067660	−23.017600	−25.626600	−0.118960
	[2.06858] *	[0.72659]	[−0.23635]	[0.37718]	[6.81405]
C	−938.338500	−0.180180	0.728907	1.126029	0.032511
	−1206.220000	−0.262310	−2.920110	−3.251100	−0.015090
	[−0.77792]	[−0.68689]	[0.24962]	[0.34635]	[2.15418]

注：＊为在5%的显著性水平上拒绝原假设。

（三）Granger 因果关系检验

为进一步分析各变量之间因果关系，采用 Granger 检验法，结果如表 5 所示。

表 5 Granger 因果关系检验

原假设	Chi - sq	自由度	P 值
DRATE 不是 DPRICE 的 Granger 原因	0.441485	1	0.5064
DCLOAN 不是 DPRICE 的 Granger 原因	1.890367	1	0.1692
DDHPLOAN 不是 DPRICE 的 Granger 原因	0.085524	1	0.7699
M2GYTY 不是 DPRICE 的 Granger 原因	4.279023	1	0.0386 *
DPRICE 不是 DRATE 的 Granger 原因	0.032040	1	0.8579
DPRICE 不是 DCLOAN 的 Granger 原因	7.977518	1	0.0047 *
DPRICE 不是 DDHPLOAN 的 Granger 原因	0.099111	1	0.7529
DPRICE 不是 M2GYTY 的 Granger 原因	0.415808	1	0.5190

注：* 为在 5% 的显著性水平上拒绝原假设。

根据 Granger 因果关系检验，在 5% 的显著性水平下：M2 的同比增长与房价存在单向的因果关系，表明 M2 的同比增长是引起房价变动的原因，但反过来房价的变动影响 M2 增长的结论则不成立；房价与本地建筑及公共工程业贷款余额也存在单向的因果关系，表明房价的波动会引起贷款的变动，但反过来则不成立；房价的波动与本地楼宇按揭贷款余额之间没有必然的因果关系。

三　信贷因素变动对房价的冲击影响

脉冲响应函数反映了 VAR 模型受到内生变量的冲击时变量的当前和未来数值的变动轨迹。根据 Cholesk 分解，得到各个变量引起房价变动的冲击反应函数图（见图 2 至图 6），其中实线表示脉冲响应函数，虚线表示两倍标准差的偏离线。脉冲响应函数的分析结果如下。

（一）房价波动对房价短期冲击较大，但随后震荡恢复平静

图 2 显示，给定房价增加量一个正向的冲击，房价反应强烈，在第一季度房价会继续正向变动（由于本研究采用季度数据，故图表中横轴对应的

是季度数）；但在第二个季度房价的响应由正变负，但幅度远小于响应为正的幅度，反映高房价的负面效应逐步显现，前期被推高的房价此刻产生回调的压力；从第三个季度开始，房价响应逐步趋向于零。

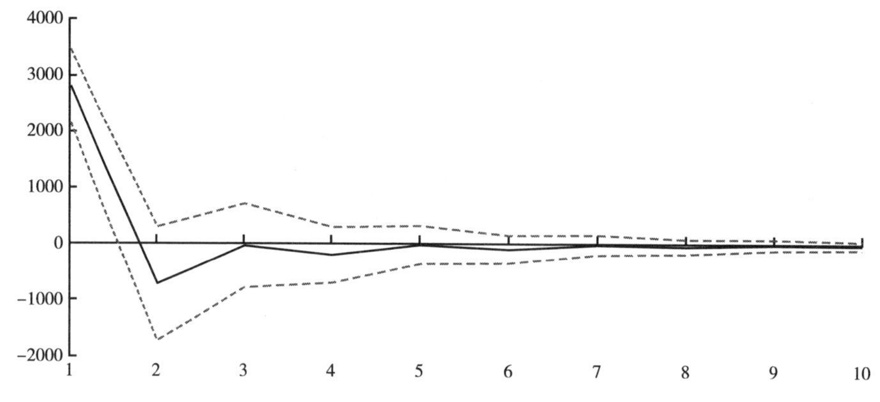

图 2　房价冲击引起的房价变动的脉冲响应函数

换句话说，房价波动对自身的影响是不容忽视的，短期内具有自我推升、自我实现的效果，越涨越高。但这种飙升并不是永无止境的，若缺乏其他实体因素的支撑，经过两个季度的消化后，前期高涨的价格在后期会抑制房价的进一步飙升。这同时透露了一个信息，即通过投机炒作而推高的房价短期内具有非理性上涨的惯性。其原因可能是：①澳门属于微型经济体，每月新建成楼宇数量不均，且往往一个新项目的销售会显著影响当月的交易量和交易价格，这使开发商对房价具有较大的操控能力。开发商的典型手法是通过选择较有利的市场和舆论环境推售楼盘，并且利用楼花销售及关联企业/人的多次转售，向市场释放交易数据信息，从而轻易拉升价格。例如，2012 年 3 月，有两大超级豪宅推售楼花，其成交量约占当月总成交量的 60%，带动澳门房地产“价量”急升。②市场对房价产生预期。当前房地产业已成为社会最为关注的焦点，当期房价的涨跌使购售双方对未来价格产生预期，继而推动价格自我实现。

（二）M2 增速加快对房价的上升具有持久的影响力

图 3 显示，给定 M2 同比增速增加一个正向的冲击，房价在前两个季度上涨较快，并且影响时间较长，从第三个季度一直延续到第十个季度，房价的响应一直为正，但幅度逐渐回落。

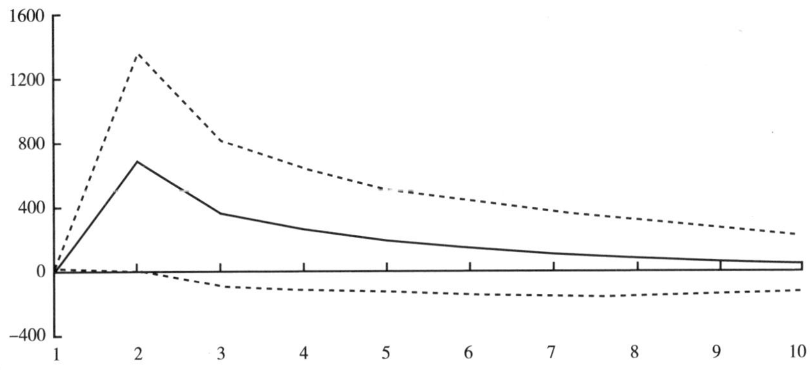

图 3　M2 同比增速冲击引起的房价变动的脉冲响应函数

这和前述的 Grange 检验结果是相呼应的。澳门实行联系汇率制度，资金进出自由，长期以来国际性业务在澳门银行体系业务中占较高比例，2012 年第一季度国际资产占澳门银行体系总资产的比重高达 85%。因此，M2 的增长主要受到美国货币政策以及香港地区资金流动性的影响。由于澳门监管机构不存在信贷规模控制及利率监管等类似的管控措施，所以澳门货币当局及银行业对 M2 的影响是有限的。在欧美等发达经济体长时间实行量化宽松政策的大背景下，全球货币供应量大幅上升，澳门 M2 也处于被动增长的状态。因此，M2 的持续快速增长最终拉升了澳门房价，并且造成持久影响。

（三）同业利率的上涨短期能抑制房价上涨，长期有利于稳定房价

图 4 显示，给同业利率一个正向冲击，房价从第一个季度开始反向变动，这种冲击表明有抑制房价上涨的作用，并且房价的反向变动在第二个季度达到最大值。然而，第三个季度后房价响应由负转为正，但其幅度小于响应为负的幅度，之后房价增长的响应趋近于零。

这说明合理范围内的利率上涨是有利于支撑房地产市场持续、健康、平稳发展的。这主要是因为，在投机盛行、炒风炙热、房地产市场过热的时候，通过提升利率影响资金需求方（包括开发商和购房者）的成本和负债规模，短期内会增加资金使用者的财务负担，有利于压缩非理性的购房需求和释放房地产价格泡沫，可以对市场起到一定的降温作用。此举将有助于避免房价短期内剧烈波动，长期来说也有利于稳定房价。

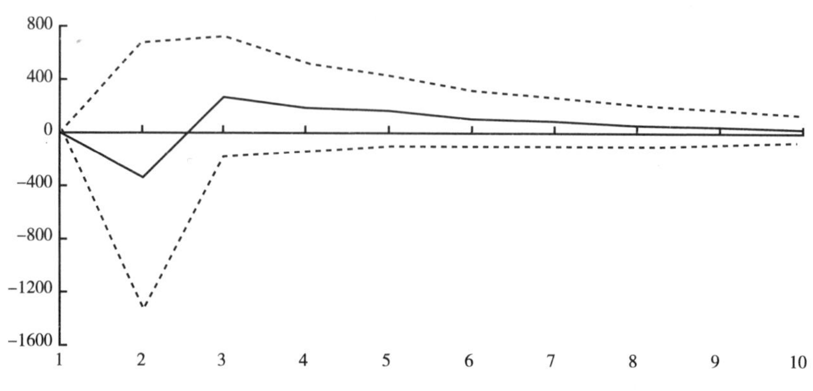

图 4　rate 冲击引起的房价变动的脉冲响应函数

（四）本地建筑及公共工程业贷款的增加促使房价回落

图 5 显示，给本地建筑及公共工程业贷款一个正向冲击，房价从第一个季度开始反向变动，并且在第二个季度达到最大值，之后响应幅度逐步收敛。

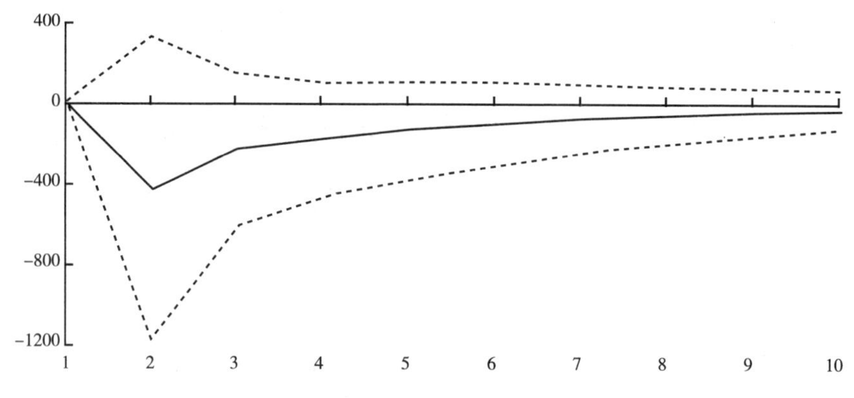

图 5　cloan 冲击引起的房价变动的脉冲响应函数

人们习惯把房地产贷款及房价的上升联系起来，但无法辨清两者之间究竟谁是因、谁是果。到底是房地产市场兴旺推动价格上涨，继而带动贷款的增长，还是银行业向房地产业“供血”推动市场兴旺，继而使房价上升呢？研究显示，房价上升直接带动房地产及工程贷款余额的增长（反过来是不成立的），两者之间不是螺旋上升的关系。继而，通过增加对房地产及工程行业的资金支持将促进房屋市场供应量的增长，故能抑制房价过快上涨。因

此，在风险可控的前提下，银行选择优质项目并向其提供融资，是有利于行业可持续健康发展的。

（五）楼宇按揭贷款对房价的总体影响较缓和

图 6 显示，给本地居住用途的按揭贷款一个正向冲击，房价处于上下小幅波动的状态，从第五个季度开始，响应逐步趋缓。

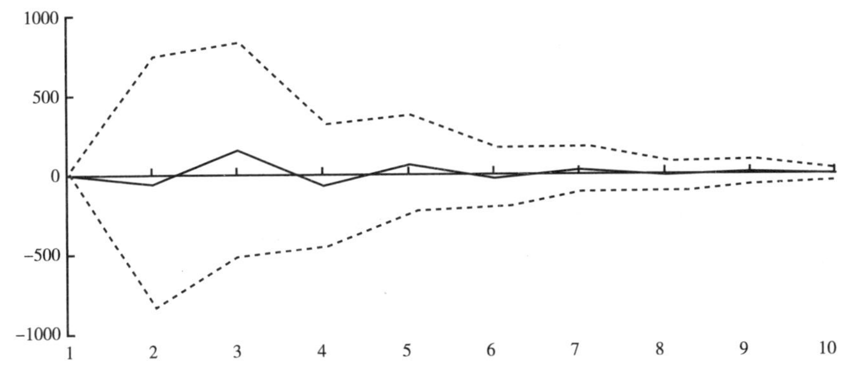

图 6　hploan 冲击引起的房价变动的脉冲响应函数

关于楼宇按揭贷款是否会推高房价，社会及银行业对此意见不一，也缺乏数理证据。总体来说，房价对楼宇按揭贷款的响应是温和的，并不会推高房价，也不会压抑房价；同时，按揭贷款对房价变动的贡献率仅为 0.39%，其影响是微小的，可见楼宇按揭贷款的增长并不会显著推高房价或对房价造成太大的波动。因此，在楼价高涨的时候，试图通过压缩楼宇按揭规模或主动限制业务的发展来调整房价，效果可能不明显。由此可见，在平衡风险和收益的前提下，银行业可持续发展该业务品种。

上述脉冲响应函数描述的是 VAR 模型中的一个内生变量的冲击给其他内生变量所带来的影响，而方差分解是通过分析每一个结构冲击对内生变化的贡献度（通常用方差来度量）来评价不同的结构冲击的重要性。本文对房价的方差分解结果如图 7 所示。对房价变动影响最大的是房价自身（更严格来说，应该是本模型未包含的其他变量的综合影响），之后依次是 M2 同比增长、本地建筑及公共工程业贷款、银行同业拆息，楼宇按揭贷款对房价的影响是微小的。在前四个季度，各变量对房价变动的贡献率变动较大，但从第五个季度开始逐步达到均衡。在第十个季度，M2 同比增长、本地建筑及公共工程业贷款、银行同业拆息、楼宇按揭贷款对房价变动的贡献率处于收敛状态，分别达到 7.54%、3%、2.88%、0.39%。

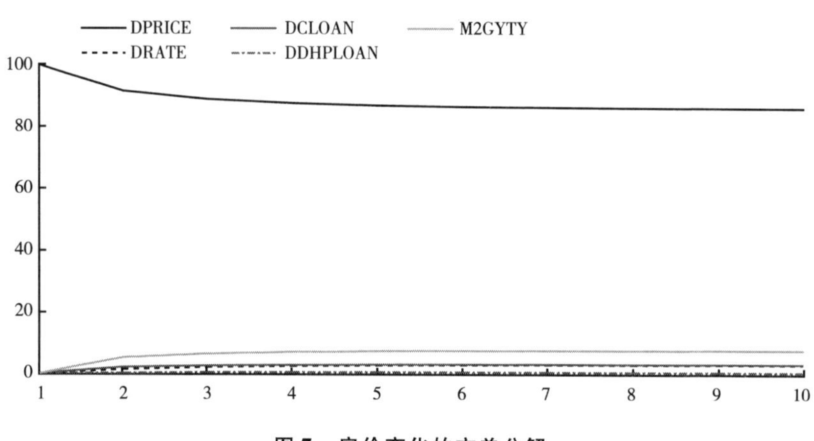

图 7　房价变化的方差分解

四　结论与启示

（一）结合澳门房价传导机制，规范引导市场健康发展

虽然香港、澳门和内地的银行业与房价之间的相互关系在宏观上存在相似之处，但在具体的价格传导机制上，它们并不完全相同。若仅仅是照搬邻近地区的经验和方法对本地市场进行调整引导，就可能达不到预期效果。对于内地来说，它有相对独立的货币政策和一系列的金融管制措施，尤其是监管当局对每年信贷的规模及投放领域都有引导。普遍的研究表明，内地房价上涨导致银行信贷增加，银行信贷供给增加又导致房价上涨，二者之间存在正回馈的作用机制。但房价波动主要是影响长期银行信贷的增长，其短期内的直接影响十分有限。对于香港来说，其制度环境与澳门相类似，但其作为国际金融中心和商贸中心的特点是澳门所不具备的。已有的研究表明，香港房价的波动影响银行的信贷扩张，而银行的贷款却不影响房价。这可能是由于在香港市场上，对于开发商和购房人来说，相关融资一直以来都较为充裕。

对于澳门来说，其存在市场狭小、资金进出自由、经济金融环境易受周边影响、购房者以本地居民为主等情况。虽然影响澳门房价变动的因素纷繁复杂，在不同的阶段由不同的元素所主导，但综合以上格兰杰检验以及对脉冲响应函数的分析，仍可理出其中的价格传导机制：①欧美量化宽松政策使澳门周边地区的货币供应量增加，进而使澳门 M2 增速加快；②澳门 M2 与房价之间存在长期均衡关系，M2 增速加快会直接引起房价上涨；③房价和银行信贷之间也存在稳定的因果关系，房价的上涨会引起本地建筑及公共工程贷款的增加；④相关信贷的增加将有助于房价回落；⑤房价的波动不会直接引起本地楼宇按揭贷款的增减，而本地楼宇按揭贷款的增加对房价的影响也是温和的。

由上可见，若想引导房地产市场健康发展，澳门可从货币及信贷角度采取以下措施：①关注澳门 M2 增速的变化，建立房价涨跌的预警机制；②可鼓励房地产业增加住宅供应，以平稳房价。银行在注重自身风险防范的基础上，可适度加大房地产开发贷款的投放力度，以配合业界增加住房供应；③由于非本地客户购买房产主要用于投资，若向非本地客户提供过多融资，一旦客户及其资金撤离澳门，就容易造成 M2 及房价波动。反观本地客户，其购房倾向于自用，而且本地楼宇按揭对房价的影响是温和的。因此，银行业可适当倾向于为本地客户提供融资。

（二）银行业对房价的涨跌不具有直接的、主动的影响力

虽然 M2、利率、房地产开发贷款、楼宇按揭这些信贷因素与房价之间存在关联，但能就据此认为银行业对房价具有直接的影响力吗？其实，上述分析并不支持此观点。首先，澳门 M2 的增长是被动的，当前主要受量化宽松政策影响。其次，虽然高利率短期内能抑制房价上涨，但长期来说有利于房价稳定。类似的，低利率对楼价的影响也是阶段性的。再者，由于临近香港这个国际金融中心，企业融资渠道较多，因此澳门的银行业常常在贷款利率定价上处于弱势。而且，对于房地产及工程贷款的投放来说，银行也是处于被动的。贷款余额更大程度是由市场主导，开发商只有在对行业发展前景抱有信心时才会向银行申请贷款。而且最关键的是，有关贷款的投放是有利于房价合理回归的，并不会推动房价上涨。最后，向本地购房者提供楼宇按揭贷款并不会对房价的波动产生显著影响。因此，总体来说，银行业对房价的涨跌不具有直接主动的影响力。

（三）房价保持稳中微升的局面将是大概率事件

从货币供应角度来看，首先，全球流动性依然充裕，澳门 M2 增速仍处于高位。经过两轮量化宽松政策和一次扭曲操作（operation twist）后，到 2013 年年中，美国将维持超低利率，并且未来或有机会推出第三轮量化宽松货币措施；欧洲央行连续投放两轮长期再融资计划（LTRO）维持市场流动性；日本也在 2012 年 4 月底宣布实施新一轮货币宽松政策。因此，市场流动性仍然充裕，在现行的汇率制度下，澳门的 M2 同比增长率会长期维持在 20% 的高位，并有进一步升高的趋势。M2 同比增速加快将推动房价上涨，这在滞后的两个季度里最为明显。其次，近期开发商及银行渐趋审慎，2012 年第一季度新动工及建成楼宇单位数目分别跌至 41 个和 36 个，建筑及工程贷款余额亦已小幅回落。而根据分析，有关贷款的减少将会使房价具有上涨的动力，这也在滞后的两个季度里有突出影响。从价格波动走势来看，2012 年 3 月楼市交投回暖，在豪宅项目价格升高的带动下，资金再次炒作房价，使三月楼价较二月单月急升 28%。综观整个季度，房屋均价已飙升至 4.54 万/平方米，较 2011 年底上涨 9%。而飙升的价格将于下季度继续推高房价。从政策层面上看，市场逐步消化特别印花税的影响，这使房屋供应减少的副作用逐步显现，加之当前交投重新活跃，房价有可能摆脱受压局面，在刚需拉动下不排除存在继续上涨的可能性。以上三个因素都使房价得到支撑，以致近期较难出现大幅下跌的情况。但考虑到万九公屋将在 2012 年下半年集中上市，这会冲击低端房屋市场，亦会分流部分客户需求，对抑制房价的上涨具有一定的作用。另外，2012 年，多个与房地产有关的法例出台，这将更好地规范房地产市场的发展。因此，澳门房价全年将呈稳中微升的局面。

（四）警惕外围经济形势，关注资金跨境流动情况

由于 M2 的快速增长对房价的影响不容忽视，所以在当前房价高位运行条件下，更应关注资金的流动情况，加强风险防范。首先，世界经济总体增长乏力以及欧美鼓励产业回归，促使欧美企业减少跨国投资，甚至陆续把资金撤离新兴经济体。例如，内地 FDI 已经连续 6 个月下降，外汇占款也出现负增长。其次，欧债危机仍未得到解决，国际金融市场持续动荡，资金涌向

美元寻求避险，因此须留意资金在澳门的进出情况。例如，前期有不少基金购入澳门物业，但从 2011 年开始陆续有机构、基金投资者把物业出售套现，甚至以低于市价成交，可见资金撤出的迅速及时间的紧迫性。最后，一旦欧美货币政策发生逆转，量化宽松政策结束，利率回归正常水平，本地 M2 的增长就将迅速放缓，甚至出现负增长，这将增加房价下跌的可能性，甚至对实体经济造成较大影响。

（原载吴志良、郝雨凡主编《澳门研究》总第 66 期，澳门：澳门基金会，2012 年 9 月。）

知识型经济下的人力资源发展及其对澳门的启示

张慧明*

一　前言

知识是一种无形的生产投入要素，不仅可以推动经济增长，而且可以促进经济结构的转变。正如世界经济的发展历史所示，先进国家通常由最初以土地和其他天然资源为主要生产要素的农业经济开始，然后转变为一个以实物资本和劳动力为主要生产资源的工业经济体系，最后发展成为一个以知识作为主要生产投入的经济体，并以知识作为可持续发展的决定性因素。

为了刻画知识型经济的发展路径，必须建立一个具备相关统计指标作引证的分析框架。在这方面，国际组织提供了一些颇具分析性的框架，其中大部分均把人力资源发展作为知识型经济的核心考虑。

本文试图介绍知识型经济的概念，探索知识型经济在澳门经济的发展。澳门经济在过去十年间经历了起飞，以及趋向以服务业为主体的结构性变化。2011 年，澳门的人均本地生产总值达 66000 美元，此水平可媲美甚至超越大多数的先进经济体。① 以国际标准量度，澳门的经济增长动力亦十分突出，从 2002 年到 2011 年，澳门的实际本地生产总值年平均增长率为 13.8%，而增长的趋势至今仍未有显著减弱的迹象。

---

* 张慧明，澳门金融管理局研究暨统计办公室助理经济研究员。

① 参考国际货币基金组织的世界经济展望数据库（2012 年 4 月），2011 年日本和德国的人均本地生产总值分别为 4138591 日元和 33674 欧元。

作为一个缺乏天然资源、规模小和以服务业为基础的经济体，澳门的持续繁荣非常依赖人力资源的发展。同时，知识进步或人力资源发展被广泛认为是先进经济体系未来增长的坚实基础。因此，探讨近年澳门经济的快速增长在多大程度上可归因于上述因素，亦深具政策意义。

本文的结构如下。第二部分介绍知识型经济的概念，包括由一些国际组织所主张的分析框架和不同的范畴。人力资源发展为知识型经济的核心范畴，而本文将重点介绍其特征和指标。根据第二部分的分析框架，第三部分将探讨与澳门有关的人力资源发展统计指标。为展示特区知识型经济的相对发展水平，本文将提供其他先进经济体的相关数据以做跨国性的比较。第四部分将通过简单的柯布－道格拉斯模型估算出全要素生产率的增长，分析劳动力需求的变化，以探索人力资源发展给澳门经济带来的影响。第五部分为本文的总结。

二　“知识型经济”的定义

与其他经济资源不同，知识具有公共产品的特点，它在生产过程中的规模收益递增特征也显露出其优势和独特性。在知识型经济中，知识不单涉及技术领域，而且扩散至文化、社会和管理各个领域，并将知识密集型的生产模式应用于众多产业部门。

经济合作与发展组织最早将知识型经济定义为“直接以生产、传播和运用知识与资讯为本的经济体系”（OECD，1996）。随着资讯社会的兴起，知识已日益系统化，并通过电脑和通信网络传递。此外，这个新时代还需要一些隐性知识，其中包括使用与提取系统化知识的技能，并强调个人和企业不断学习的重要性。在知识型经济中，创新是由生产者和使用者在系统性知识与隐性知识的交流互动中推动。

为了构建一个具有量度能力的知识型经济框架，经济合作与发展组织于1996年开始编制相关的统计指标。经过适当的延伸和修改后，该组织（2001）将对知识型经济的研究结果合并为5个常见的元素：①稳定和开放的宏观经济环境与有效的市场运作；②资讯和通信科技的传播；③创新；④人力资源发展的投资；⑤激励创立公司的环境。

亚太经济合作组织经济委员会（2000）认为，在一个知识型经济中，知识的生产、传播和使用是经济增长、创造财富和就业的主要动力。该国际论坛提出以知识为本的社会，这里的知识不仅纯粹指技术上的知识，而且涉及文化、社会和管理方面的知识。

在“迈向知识经济”（Towards knowledge-Based Economies in APEC，2002）项目中，亚太经济合作组织发展了它的知识型经济框架，该项目旨在“提供一个具有分析性的基础，以促进知识的有效使用，以及在亚太经济合作组织各经济体系内创造和传播知识”。该项目从四个方面构建亚太经济合作组织框架的基础，这包括创新体系、人力资源发展、资讯及通信科技基建和商业环境。

世界银行学院自2002年起一直运用K4D（Knowledge for Development）系统。世界银行学院将知识型经济定义为运用知识作为增长的关键引擎的经济体，这是一个通过获取、创造、传播和有效使用知识来促进经济发展的体系。世界银行学院框架包括四大支柱：经济和制度体系、教育和技能、信息和通信基础设施以及创新体系。

K4D系统开发了知识评估方法，为各个国家和地区提供一个以互联网为基础的工具，评估其进入知识型经济的准备程度。在2012年的最新版本中，它将代表上述四大支柱的148个结构和性质变量做比较，在0（最弱）至10（最强）的范围内给各项变量评分，并对146个国家做顺序排名。

概括来说，多个国际组织除了为知识型经济提供定义及具体特征外，亦建立了类似的框架来衡量一个国家迈向知识型经济的发展水平，框架内容可归纳为四个主要范畴：①人力资源发展；②资讯和通信科技；③创新系统；④企业经营环境。

其中，人力资源发展或劳动力的教育和技能均被视作衡量一个国家发展知识型经济的根本和首要范畴。若劳动者未能理解与使用新的知识，则知识将不会被社会充分吸收。因此，只有教育首先得到更广泛和更深入的发展，其他方面才可能得到飞跃性发展。

为了全面了解知识型经济当中的这个关键范畴，我们将研究一系列相关特征。一个特征是一个范畴在质量上的描述，而指标则是在数量上衡量该特征。因此，为了能在质量和数量上反映经济体中个人在获取及使用知识和信息用作生产的程度，须选取特定的特征和指标。

亚太经济合作组织（2002）对一个理想或全面发展的知识型经济体——Nikuda做出有趣的描述，并对4个亚太经济合作组织经济体集群做案例分析。在理想的Nikuda情境下，发展人力资源是国家投资和政府的一项主要责任。教育不应在正式或非正式层面上受性别或收入规限，而国家知识基础应为维持增长的关键。在劳动力方面，较高比例的人口已完成中学教育、拥有高等学历并参与持续教育。由于新的知识不断涌现，许多固有的事物亦会显得过时、不恰当和具有误导性，故终身学习是必需的。知识基础较单纯的科学或技术更为广泛，并包括管理技能的信息、市场状况以及语言等。作为分界门槛，在知识型经济中，主要从事知识工作的工人比例在不同产业部门中须超过50%。

虽然亚太经济合作组织创造出Nikuda这个知识型经济体的理想概念，它也按照各国的人均本地生产总值、地理位置和经济史，将其成员经济体大致分为四个组别：①最发达经济体——日本、美国、新西兰、澳大利亚和加拿大；②表现优异的亚洲经济体——韩国、新加坡、中国台湾和中国香港；③快速增长的亚洲经济体——泰国、菲律宾、马来西亚、印度尼西亚、中国和越南；④拉丁美洲经济体——智利、墨西哥和秘鲁。

主要参考前两组经济体的案例，下文我们将选择一组具有人力资源发展特征的量化指标来评估澳门在知识型经济方面的发展状况。如表1所示，指标涵盖知识流的5个阶段——取得、创造、传播、运用和投资。

表1　人力资源发展的特征和指标

	特征	指标
取得	技术人员的数量	按最高受教育程度划分的劳动人口
创造	科学相关课程毕业生人数	按主修科目统计（与科学相关科目）之高等教育毕业学生
传播	智力资本的渗透	每百名人口中互联网用户的数目
运用	知识工作者的数量	知识工作者占总劳动人口比例
投资	智力资产投资	政府教育开支

三　澳门的情况

根据第二部分以人力资源发展为重点所建立的框架，笔者利用有关的统计数据评估过去十年间澳门在知识型经济方面的发展情况，以及澳门相对其他先进经济体系和作为一个充分发展的知识型经济现时所处的位置。

（一）知识的取得——受教育程度

受教育程度从根本上影响劳动力的知识和技能水平。自2000年起，澳门劳动力的受教育程度不断提高（见图1）。

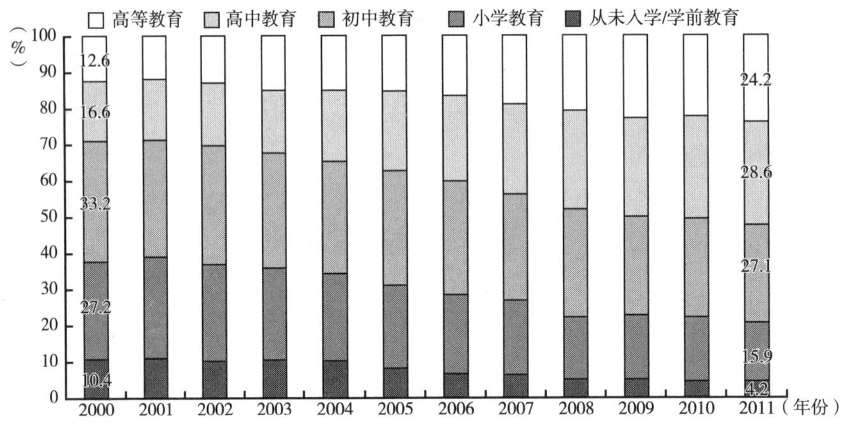

图1　按最高受教育程度之劳动人口比例（2000～2011年）

资料来源：澳门特区政府统计暨普查局。

受过高等教育的劳动人口占总劳动人口的百分比从2000年的12.6%显著增加至2011年的24.2%。与此同时，一方面，受过高中教育劳动人口的比例也上升了12个百分点；另一方面，从未入学/学前教育、小学教育和初中教育程度的劳动人口的比例则分别下跌6.1个、11.3个和6个百分点。

（二）知识的创造——主修科学有关科目的毕业生

科学相关领域①的人力资源与知识的创造彼此相连，尤其体现在那些资讯及通信科技产业有重要发展的经济体系中。科学相关领域的人力资源充足度往往能代表高层次的技术是否可流入经济体内，但其重要性在某种程度上因应不同经济体的不同产业结构而存在差异。

① 根据香港特区政府统计处编制的《香港——知识型经济统计透视（2009）》所述，科学有关科目通常是指自然科学、工程及科技和医学，即包括“自然科学”、“电脑学”、“机械、能源、化学工程”、“医疗卫生”和“电子、电信工程”等主修科目。

表 2　按课程分类统计之大专以上受教育程度的毕业生人数（2000/2001 ~ 2010/2011 年）

单位：人，%

课程分类＼年度	毕业生人数										
	2000/2001	2001/2002	2002/2003	2003/2004	2004/2005	2005/2006	2006/2007	2007/2008	2008/2009	2009/2010	2010/2011
总数	2277	2194	2237	2743	3265	3698	3941	4559	4932	5433	5804
教师训练及教育科学	370	224	310	305	329	231	232	302	264	380	236
艺术	43	37	55	70	88	84	95	107	90	105	84
人文学	166	211	207	287	340	358	324	417	514	420	59
社会及行为科学	19	24	65	49	107	131	127	158	155	147	231
新闻及资讯	0	0	0	0	86	59	56	58	57	160	100
行政管理及商务	744	817	823	973	1124	1299	1387	1600	1709	1930	2252
法律	82	104	128	210	232	297	263	286	328	249	270
自然科学*	84	0	0	51	75	79	81	76	69	82	101
数学及统计学	0	6	3	5	4	8	5	5	4	43	42
电脑学*	70	151	139	26	161	135	106	101	120	147	182
电子、电讯工程	0	0	0	0	7	0	0	0	0	0	0
制造	0	0	0	0	0	13	9	34	18	23	24
建筑及营造	0	13	12	17	13	11	20	27	45	39	46
机械、能源、化学工程*	0	36	51	43	59	79	76	67	54	73	86
医疗卫生	430	244	137	175	245	309	346	342	317	381	211
社会服务	111	131	110	92	81	71	76	105	104	100	143
个人服务	158	141	154	346	307	534	758	874	1044	1172	1265

续表

课程分类＼年度	毕业生人数										
	2000/2001	2001/2002	2002/2003	2003/2004	2004/2005	2005/2006	2006/2007	2007/2008	2008/2009	2009/2010	2010/2011
环境保护	0	0	0	0	0	0	0	0	0	0	14
保安服务	0	0	13	0	10	0	0	0	10	0	0
与科学有关的科目	584	431	327	395	544	602	609	586	560	683	579
占总人数比例	25.6	19.2	14.6	14.4	16.7	16.3	15.5	12.9	11.4	12.6	10.0

注：1. 科学相关科目；2. 数字包括在澳门高等教育机构就读的外籍学生。
资料来源：澳门特区政府统计暨普查局。

2010/2011 学年，全澳共有 10 间获特区政府认可的高等教育机构，① 获得高等教育的人数应对总体劳动力的知识基础带来正面的影响。2000/2001学年，澳门仅有 2277 名高等教育毕业生，其人数在 2003/2004 年度开始上升，并在 2010/2011 年达到 5804 人，较 2000/2001 学年增长 152.2%。

按主修科目分析（见表 2），2010/2011 学年，主修科学相关学科的毕业生占总毕业生人数的 10%，较 2000/2001 学年的 25.6% 大幅下降 15.6 个百分点，但其绝对数量并没有显著缩减。“行政管理及商务”学科的毕业生所占比重最大，从 2000/2001 学年的 32.7% 上升至 2010/2011 学年的 38.8%。第二大组别为“个人服务”（包括旅游、博彩、酒店等）学科的毕业生，其占比在 2000/2001 学年仅为 6.9%，但在 2010/2011 学年已跃升至 21.8%。

澳门的经济结构较为独特，以博彩业和旅游业为龙头产业。因此，只有了解旅游相关产业的劳动力需求，才可解释尤其是在教育和技能方面人力资源的发展方向。根据 2012 年第二季度博彩业的人力资源需求及薪酬调查，35.2% 的空缺职位要求具有高中及以上受教育程度，只有 2.1% 的空缺职位需要具有专业认可资格。2012 年第一季度酒店和餐饮业的相关调查显示，

① 高等教育包括博士学位、硕士学位、学位后文凭、学士学位以及高等专科学位/文凭。

68.9%的空缺职位仅要求初中或更低学历。语言技能方面则更为重要，其中58.7%的空缺职位需要懂普通话；41.9%的空缺职位需要会英语。

为实现经济适度多元，澳门特区政府近年大力鼓励包括会议展览业[①]、中医药业、教育业和文化创意产业在内的一些产业的发展。高等教育机构均相应开设针对相关产业需要的学科。[②] 无论如何，科学相关学科毕业生的未来增幅都将取决于特区经济的多元化程度，而这会影响特区创造知识的能力。

（三）知识传播——互联网的使用

互联网被公认为一个知识传播和沟通的重要设备，因此该项技术的普及提供了知识有效流动的环境。低成本和知识的适时共享是互联网的一个明显优势，现时各级教育材料均可在网站获取。

澳门的互联网服务起步较迟，但在过去十年间获得快速发展。2000年，澳门每百名人口中互联网用户只有6.3人，但在2011年这一数字已上升至37.5人（见图2）。特区政府统计暨普查局2010年资讯科技应用情况报告显示，互联网用户主要集中于15～24岁组和受过高中教育或高等教育的人士。

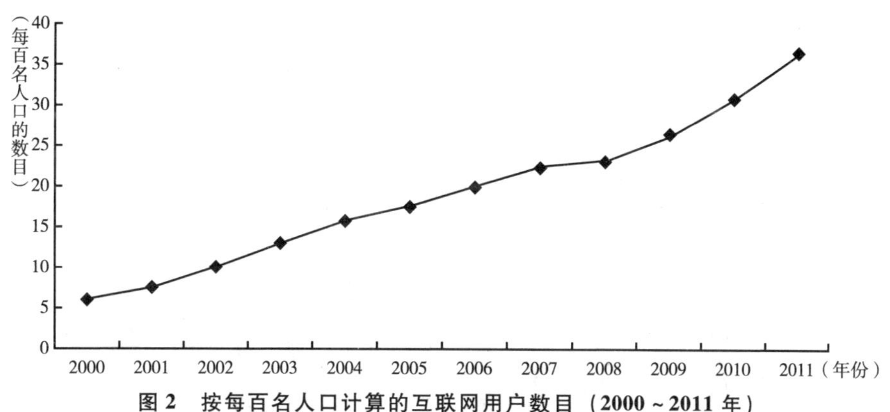

图2　按每百名人口计算的互联网用户数目（2000～2011年）

资料来源：澳门特区政府统计暨普查局。

---

① 会议及展览业包括会议、奖励旅游、大型会议和展览。

② 例如，澳门科技大学中医药学院成立于2000年，近年澳门大学的中华医药研究院开办更高程度的中医药学位课程。在文化创意产业方面，澳门理工学院提供综合设计、音乐和视觉艺术学科的高等专科学位和学士学位课程，同时亦开设有中英翻译和中葡翻译课程，以满足澳门会议展览业在人力资源发展上的需求。

（四）知识的运用——知识工作者

知识工作者占总体劳动力的比重可衡量一个经济体系的知识密集程度，同时职业类别也可反映工作者所具备的知识和技能水平。

严格来说，知识工作者是指其工作主要为管理以及具有专门知识的人士。从广义上说，我们可以把知识工作者归类为下列根据国际劳工组织国际标准职业分类（ISCO－88）的组别：①立法机关成员、公共行政高级官员、社团领导人员、企业领导人员及经理；②专业人员；③技术员及辅助专业人员。

如图3所示，“专业人士”占就业人口的比例从2000年的3.1%微升至2011年的3.7%。“技术员及辅助专业人员”占就业人口的比例则上升了0.7个百分点。因应旅游博彩业在产业结构中的地位迅速提升，“文员”（包括赌场荷官）占总就业人口的比例在2011年上升8.5个百分点至27.6%。与此同时，“非技术工人及其他”占总就业人口的比例增长0.3个百分点至18.0%，而“工业工匠及手工艺工人”和“机台、机器操作员、司机及装配员”占就业人口的比例分别下降3.5个和8.1个百分点。总的来说，澳门知识型工作者的比例从2000年的17.9%微升至2011年的18%。

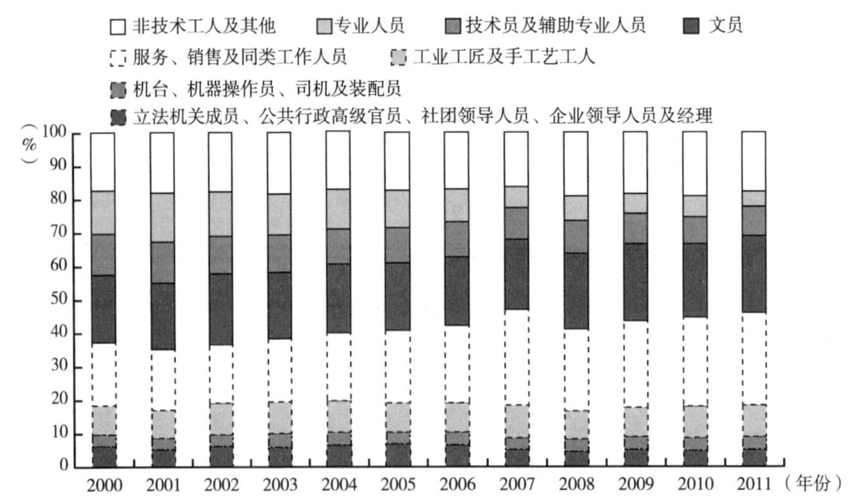

图3　按职业统计之就业人口比例（2000～2011年）

资料来源：澳门特区政府统计暨普查局。

（五）人力资源发展投资

政府的教育开支可反映它促进人力资源发展的投入强度，相关指标包括政府教育开支相对政府开支总值的比率和政府教育开支相对本地生产总值的比率。

2011 年，教育经费占澳门特区政府总开支的 17.8%，占本地生产总值的 2.8%。消费物价指数调整后，政府教育开支较 2002 年激增 335.1%，年均增长率为 18.2%。此外，政府教育开支相对本地生产总值的比率连年上升，从 2004 年和 2005 年最低的 1.6% 上升至 2011 年的 2.8%。然而，政府教育支出相对政府开支总值的比率则从 2002 年的 16.3% 下降到 2009 年 13.0%，在 2011 年则回升至 17.8%（见图 4）。

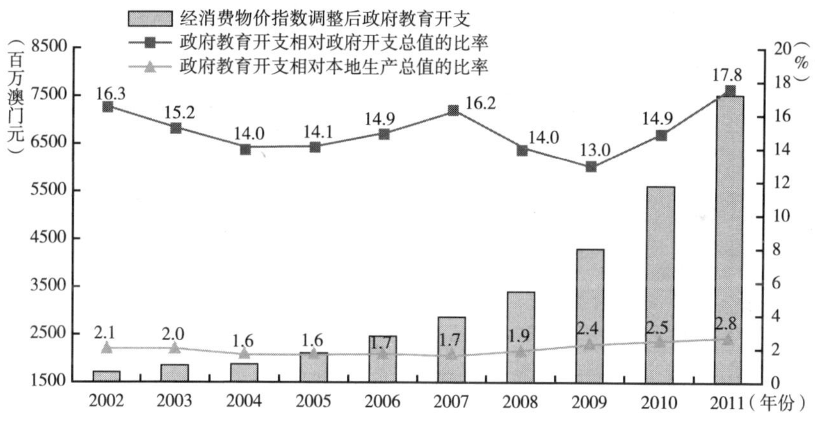

图 4　政府教育开支（2002～2011 年）

资料来源：澳门特区政府统计暨普查局。

（六）与其他经济体的比较和澳门人力资源发展的相对位置

为了说明澳门特区在人力资源发展中的相对位置，我们将进行跨经济体比较。正如本文第二部分中所提及，由于亚太经济合作组织分类中组别①和组别②经济体的发展阶段与澳门相似，故被选择作为案例较为恰当。然而，在选择适用的统计指标时，各样本经济体的数据并不一定存在。由于数据上存在局限，因此并不是所有人力资源发展的层面均可以进行跨经济体比较。

澳门以外的数据主要源自国际组织，包括国际劳工组织、联合国教科文组织、经济合作与发展组织和世界银行等。数据是根据相近但不一定是完全相同的标准和限制收集而来（见表3）。

表3　选定经济体的人力资源发展指标

单位：%

	加拿大	澳大利亚	美国	日本	韩国	新加坡	中国香港	中国澳门
(1)按最高受教育程度之劳动人口比率,2008[1]								
第X-1级	2.5	5.5	9.2	0.1	11.8	13.6	12.9	21.9
第2级	11.0	21.8	—	—	10.2	10.6	16.5	30.0
第3级	28.7	35.5	28.9	58.6	41.2	23.5	39.2	27.3
第4～9级	57.8	37.4	61.9	41.4	36.7	52.3	31.4	20.8
第3～9级	86.5	72.7	90.8	99.9	78.0	75.8	70.6	48.1
(2)按课程分类统计之大专以上受教育程度的毕业生比率,2010[2]								
教育	n.a.	9.1	10.3	7.1	8.3	n.a.	11.0	4.7
人文学及艺术	n.a.	10.6	12.5	15.2	17.8	n.a.	9.6	6.8
社会科学、商务及法律	n.a.	44.9	38.0	26.7	20.9	n.a.	32.7	64.3
科学	n.a.	10.0	8.5	3.1	7.5	n.a.	15.1	3.0
工程、制造及建筑	n.a.	8.1	7.0	17.4	23.9	n.a.	19.5	1.5
农业	n.a.	1.0	1.0	2.5	1.2	n.a.	0.0	0.0
医疗卫生及社会福利	n.a.	15.3	15.7	12.6	14.1	n.a.	4.7	6.4
服务业	n.a.	3.0	7.0	8.9	6.3	n.a.	1.3	13.4
未指明	n.a.	0.2	0.0	6.5	0.0	n.a.	5.9	0.0
(3)互联网用户,2011								
用户占人口总数的比率	81.6	89.8	78.3	80.0	82.7	77.2	68.7	53.9
(4)知识工作者的比例,2008[3]								
第1～3类	42.4	42.9	36.3	37.8	22.4	51.0	36.0	16.3

续表

	加拿大	澳大利亚	美国	日本	韩国	新加坡	中国香港	中国澳门
(5)政府教育开支,2008[4]								
相对政府开支总值的比率	12.3	12.9	13.8	9.4	15.8	15.3	23.0	14.0
相对本地生产总值的比率	4.8	4.4	5.5	3.4	4.8	2.6	3.3	2.2

注：1. 根据国际教育标准分类法（ISCED）1997，各级数代表：X－1：学前教育、初等教育或基础教育第一阶段；2：初级中等教育或基础教育第二阶段；3：高级中等教育；4～9：高等教育或以上。日本的数据是指从学校毕业的人数，分成两组：1～3级和6～7级。

2. 中国香港、澳大利亚以及韩国的参考年份分别为2006年、2008年和2009年。

3. 根据国际标准职业分类（ISCO－88）：第一类＝立法机关成员、公共行政高级官员、社团领导人员、企业领导人员及经理；第二类＝专业人员；第三类＝技术员及辅助专业人员。

4. 就加拿大于政府教育开支相对政府开支总值的比率项目下，参考年份为2007年。

资料来源：劳工统计数据库，国际劳工组织；联合国教科文组织统计研究所；全球网际网路统计，http：//www.internetworldstats.com/stats.htm；世界银行。

受教育程度方面，在2008年从事经济活动的人口中，受过高中及以上教育人口占比分别为：日本，99.9%；美国，90.8%；加拿大，86.5%；澳大利亚，72.7%。亚洲区内表现优异的经济体的相关占比均在70%以上，而澳门仅为48.1%，是所有参考经济体中占比最低的。按教育领域分析，主修科学相关学科的高等教育毕业生在澳门的占比在各经济体中也是最低的。如上所述，这一情况部分归因于澳门的经济结构高度集中，形成了独特的就业市场需求，但从长远来看，此现象将会制约澳门本地的知识创造。

知识传播方面，澳门的互联网用户的普及率相对较低。知识应用方面，在本文第二部分所述的充分发展知识型经济中，主要从事知识工作的劳动人口占总体劳动力的比例应超过50%。如表3所示，在发达国家中，以第1～3类为代表的知识型工作者的比例通常超过40%。其中，由于新加坡已成为区域金融和商业服务中心，其知识型工作者的比例最高，为51%。由于澳门最大比例的劳动力从事文员工作，故知识型工人的比例相对较低。

人力资源发展投资方面，先进国家的教育经费占本地生产总值的比例均高于澳门（2.2%），但在占政府总开支的比例上，除中国香港（23.0%）、韩国（15.8%）和新加坡（15.3%）外，澳门（14.0%）较其他发达国家均为高。

四　经济影响

在发达国家经济发展的过程中，知识被认为是驱动经济增长的重要元素。正如第三部分所示，澳门的人力资源发展在过去十年间取得了明显的改善，但仍然落后于其他先进国家，因此进一步了解知识是否在过去的强劲经济增长中起着重要的作用，则具有政策上的意义。其中一项能追踪知识影响力的工作就是衡量知识对生产力的影响。

在知识型经济中，知识将推动技术的改进、加强创新能力、提升劳动力的熟练程度，最终实现提高生产力的目标。同时，迈向知识型经济将给人力资源需求带来明显改变，并反映在拥有不同受教育程度的劳动人口的就业情况上。

（一）产出和生产力

增长会计是用来衡量不同生产要素对经济增长贡献的模型，可以剩余数方式间接计算经济体中科技进步的速度。这个传统方法是索洛（Robert Solow）在1957年提出的。增长会计将一经济体的总产出增长率分解成生产要素（如资本和劳动力）在数量上的增加，以及其他不能归为生产要素变化所产生对经济增长的贡献，称为全要素生产率。

在商品和服务的生产过程中，全要素生产率反映出各生产要素共同使用的效率和效益，包括所有能使现有的生产资源更有效地运用的质量因素。构成全要素生产率的因素有技术引进或升级、创新、改善管理技术、专业分工的利益，以及提升工人的教育、技能和经验。上述因素均与本文所描述的知识型经济要素存在密切的关系。

运用标准的柯布－道格拉斯生产函数来计算全要素生产率，如下：

$$Y_t = A_t K_t \alpha_K L_t \alpha_L \tag{1}$$

其中，Y＝实质本地生产总值；A＝全要素生产率；K＝实物资本；L＝

劳动力；α_K = 资本在产出的份额；α_L = 劳动力在产出的份额；t = 时间。

经取对数和微分后，得出以下的增长会计公式：

$$\frac{dY}{Y} = \alpha_K \frac{dK}{K} + \alpha_L \frac{dL}{L} + \frac{dA}{A} \tag{2}$$

公式（2）显示，本地生产总值的实质增长可以分解成实物资本存量增长、劳动力增长和全要素生产率增长。

在本文中，劳动力由就业人口乘以工作时数中位数计算得来。我们采用永续盘存法（PIM）来估算实物资本存量。在标准外生增长模型中，我们所研究的是一个平衡增长的均衡状态。在这种状态下，经济体的资本密集程度即资本产出比率可假设不变（Kwan 和 Mak，2008）。

在经济平衡增长的情况下，资本产出比率不变的均衡状态可以表示为：

$$\frac{K_t}{Y_t} = \frac{K_{t-1}}{Y_{t-1}} = \left(\frac{K}{Y}\right)^* \tag{3}$$

永续盘存法的公式为：

$$K_t = (1 - \delta)K_{t-1} + I_t \tag{4}$$

将公式（4）除以 Y_t 变成：

$$\frac{K_t}{Y_t} = (1 - \delta)\frac{K_{t-1}}{Y_t} + \frac{I_t}{Y_t} \tag{5}$$

因 Y_t = （1 + g） Y_{t-1} 及以公式（3）的稳定状态代入得：

$$\left(\frac{K}{Y}\right)^* = \frac{I_t(1 + g)}{Y_t(g + \delta)} \tag{6}$$

其中 I 代表实质投资，g 代表实质本地生产总值增长率，δ 代表折旧率。

通过应用公式（6）可估算出每年的资本产出比率。将实际本地生产总值乘以在参考期内的平均资本产出比率，可求得初始资本存量，然后将其代入公式（4）来计算随后数年的资本存量水平。此外，本文假设折旧率为8%，投资水平是本地生产总值会计中的固定资本形成总值。

在计算全要素生产率增长率时，本文采用 Kwan 和 Mak（2008）的估算来决定资本和劳动力在总产出的投入份额。资本在生产中的份额被假定为

0.797（α_K），而劳动力的份额为0.210（α_L）。[①] 换句话说，每增加1个百分点的实物资本，则可增加0.797个百分点的产出；而每增加1个百分点的劳动力，则增加0.21个百分点的产出。然后，将各项因素及其份额代入公式（2）来估算全要素生产率的年均增长率。

表4 澳门经济增长的来源（2002～2011年）

年份	年增长(%)	贡献率(%)		
	(ⅰ)本地生产总值	(ⅱ)资本	(ⅲ)劳动力	(ⅳ)全要素生产率
2002	8.9	1.7(2.1)	-0.1(-0.7)	7.4
2003	12.6	5.3(6.7)	-0.2(-0.8)	7.4
2004	26.9	8.8(11.0)	1.7(8.2)	16.4
2005	8.5	15.8(19.9)	1.5(7.3)	-8.9
2006	14.4	19.9(25.0)	2.2(10.3)	-7.7
2007	14.4	19.7(24.7)	2.1(10.2)	-7.5
2008	3.3	11.4(14.4)	1.8(8.5)	-9.9
2009	1.7	4.2(5.2)	-0.6(-2.7)	-1.9
2010	27.0	2.0(2.5)	0.2(1.1)	24.8
2011	20.7	2.9(3.7)	0.8(3.6)	17.0
2002～2011	12.6	(11.0)	(4.5)	2.3

注：根据公式（2），(i)是(ii)、(iii)和(iv)的总和；括号内的数值为资本和劳动力的年均增长率。

资料来源：澳门特区政府统计暨普查局。

表4显示本地生产总值的年增长率及其生产投入要素——资本、劳动力和全要素生产率的贡献。劳动力和实物资本存量在参考期内的复合年均增长率分别为4.5%和11.0%。与2002年相比，2011年的劳动力在数量上增加了53.8%，资本存量则激增了183.1%。博彩业的开放以及相应的外来直接投资有助于解释资本存量的显著增加。

同时，全要素生产率是无形生产要素的组合，其在观察期内的复合年均增长率为2.3%，与Kwan和Mak（2008）估算的1995～2004年的单位数平均增长率一致。其中，全要素生产率在2005～2009年是负增长，期内本地

① 博彩旅游业是澳门的主导产业。资本密集的投资包括大型的娱乐建筑等硬件设施，其在发展的最初阶段带来显著效益。因此，在本文的全要素生产率计算中，资本投入的比重较大。

生产总值的增长主要归因于生产要素数量的密集增加。此外，估算全要素生产率在2010年和2011年对整体经济增长的贡献是显而易见的。

（二）就业情况

表5显示按教育程度划分的劳动力失业率。在过去十年中，失业率反映了劳动力需求的变化，揭示了知识在经济中的重要性正在提升。

表5　按受教育程度划分之失业率（2001～2011年）

单位：%

年份	总数	从未入学/学前教育	小学教育	中学教育		高等教育
				初中	高中	
2001	6.4	9.1	7.8	5.8	5.4	3.5
2002	6.3	8.8	8.2	6.0	5.3	2.4
2003	6.0	8.2	8.9	5.1	4.7	3.0
2004	4.9	6.7	7.2	4.5	3.5	2.4
2005	4.1	6.1	5.8	4.0	3.0	2.5
2006	3.8	5.9	4.7	3.8	3.1	2.8
2007	3.2	4.3	4.3	3.6	2.8	1.7
2008	3.0	5.1	4.6	2.7	2.5	2.4
2009	3.5	6.4	5.1	3.9	2.8	2.0
2010	2.8	4.4	4.3	3.0	2.4	1.7
2011	2.6	4.8	3.4	3.0	2.2	1.9

资料来源：澳门特区政府统计暨普查局。

“高等教育”组别的失业率最低，从2001年的3.5%下降到2011年的1.9%，整体下跌1.6个百分点。失业率最高的组别是“从未入学/学前教育”，其在观察期内的平均失业率为6.3%，而在2011年为4.8%。失业率第二高的组别是“小学教育”，其在2011年的失业率为3.4%。

五　总结

在已发展的经济体中，知识已成为一个重要的增长引擎。澳门特区在过去十年间在经济上取得极大进展，以人均本地生产总值计算，澳门已踏入先进经济体行列。正如大多数先进经济体的发展历史所揭示的，人力资源和生产的知识含量将成为未来澳门经济可持续发展的关键。

由于认识到知识的重要性，特区政府近年来已加大力度促进人力资源的发展。与此同时，本地劳动力在教育和技能方面亦获得持续的提高。本文属有关研究的首次尝试，利用国际组织所倡导的分析框架，从人力资源发展的角度来评估澳门知识型经济的当前状态。

近年，特区政府的教育开支已显著增加，占公共总开支的比例相对较高，但占本地生产总值的比例仍较低。在观察期内，高等教育毕业生的数量快速增长，劳动力的总体受教育程度普遍提高，较高比例的劳动人口尤其是较年轻人口均已具有中学或高等教育水平。

由于博彩业和旅游业在澳门经济中占主导地位，因此主修科学相关学科的学生比例大幅下降，但从绝对数值上则看不出有明显变化。无论如何，这个知识创造指标的进一步改善很大程度上依赖经济的多元发展，这亦是目前特区政府的首要政策目标。虽然澳门特区在人力资源方面有令人鼓舞的发展，但在知识流的取得、创造、传播、使用和投资 5 个阶段中，澳门仍落后于亚洲区内其他表现优异的经济体和亚洲以外的先进经济体。

为了评估知识对经济增长带来的影响，本文运用了简单柯布－道格拉斯生产模型的全要素生产率概念。本文的估算显示，澳门全要素生产率呈不稳定或高度波动状态，故难以做出任何具有结论性的评估。对于知识已成为澳门经济增长的主要推动力的说法，本文的估算结果并不能作为具有说服力的证据。

这个不理想的结果可能是由于数列的长度不足，以及在较短的观察期内澳门经济结构经历了快速的变化。然而，它呼应了本文对知识流 5 个阶段的统计分析，这 5 个阶段的进一步改善将有利于澳门特区经济的长期可持续增长，使澳门能达到与发达经济体并列的水平。同时，本文观察到澳门正朝着低学历求职者更容易处于失业状态的方向发展，这种趋势是迈向知识型经济的征兆，表明市场在某种程度上促进着教育，带动澳门朝知识型经济发展。从政策角度来看，随着澳门经济快速增长，收入分配日渐成为公众关注的议题，知识型劳动者比例的增加亦将有助解决这一难题。

（原载陈守信编《澳门金融研究季报》总第 25 期，澳门：澳门金融管理局，2012 年 10 月。）

社 会 编

澳门适度人口规模和结构研究

孙代尧　黄匡时*

一　引论

据文献记载，1555 年澳门仅有 400 人，到 1578 年则达到 10000 人。1867 年，澳门实施了第一次人口普查，结果显示，澳门已有 8 万人口。进入 20 世纪，澳门人口快速增加，1927 年达到 15 万，1940 年超过 35 万。至 1999 年回归时，人口接近 43 万。2006 年，澳门人口达 51.34 万。根据澳门特区政府统计暨普查局 2012 年 2 月公布的资料，截至 2011 年 12 月 31 日，澳门共有人口 557400 人（见图 1）。

与人口规模迅速增加形成鲜明对比的是，澳门的土地面积增长有限。虽然单纯从陆地面积变化趋势来看，在 1910 年到 2010 年的 100 多年间，澳门陆地面积翻了一番多，但是与快速增加的人口相比，仍显得过少，这使澳门成为世界上人口密度最高的地区之一。自 1950 年以来，整个澳门地区的人口密度一直徘徊在每平方公里 1 万 ~2 万人，部分繁华地区更是达到每平方公里 4 万 ~5 万人。如此高密度的人口聚集对澳门的自然资源、能源和公共资源以及基础设施等都构成沉重压力。更为重要的是，澳门经济发展的迫切需要和建设“世界旅游休闲中心”的发展定位对澳门的人口规模和结构提出新的要求，这客观上会加剧澳门人口与自然资源、能源和公共资源以及基

* 孙代尧，北京大学马克思主义学院副院长、社会发展研究所教授；黄匡时，中国人口与发展研究中心副研究员。

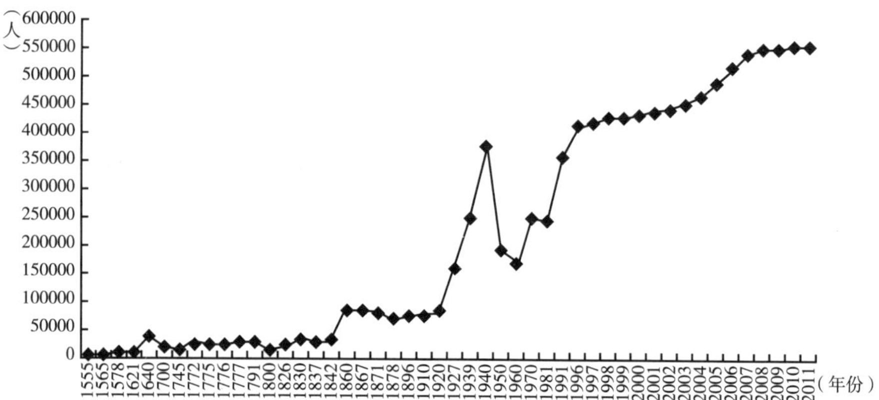

图1　澳门人口规模演变（1555～2011年）

资料来源：1555～1996年资料来自澳门统计暨普查司《澳门及其人口演变五百年（1500～2000年）：人口、社会及经济探讨》（澳门印刷署，1998）第101页；1996～2011年资料来自相应年份的《澳门统计年鉴》。

础设施等因素的矛盾：一方面，经济的快速发展客观上要求澳门人口规模适度增加，然而，由于澳门土地资源和公共基础设施有限以及拓展公共资源的能力相对缓慢，人口承载能力面临经济快速发展的挑战；另一方面，世界旅游休闲中心的城市功能定位又要求澳门保持适度的人口规模，以保证城市适宜居住。在这样的背景下，对澳门人口规模和结构问题进行科学、系统的思考，并在此基础上研究多目标决策视角下的澳门适度人口（含生态适度人口和经济适度人口），对当前澳门人口政策以及其未来人口发展规划都具有重要意义。

二　澳门人口历史演变、发展趋势以及面临的挑战

（一）澳门人口历史演变及其特征

第一，20世纪80年代进入老龄化社会。据国际标准，一个国家或地区60岁及以上老龄人口占总人口的10%，或65岁及以上老龄人口占总人口的7%，表明该国家或地区已进入老龄化社会。从图2可以看出，澳门在20世纪80年代开始进入老龄化社会。

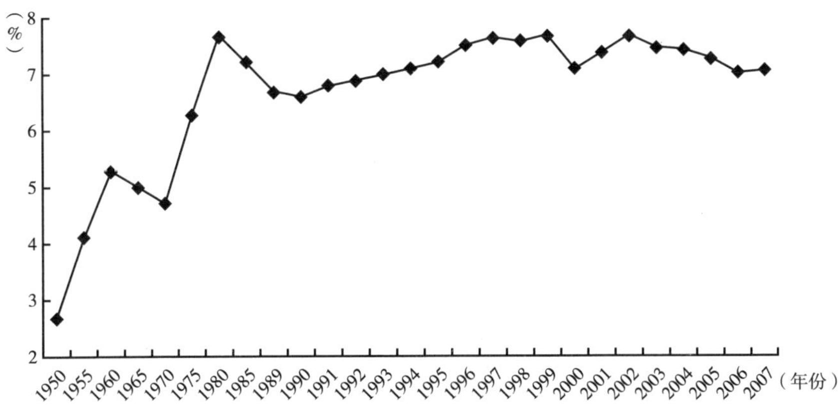

图 2　澳门 65 岁以上老年人口占总人口的比重（1950～2007 年）

资料来源：1950～1996 年资料来自澳门统计暨普查司《澳门及其人口演变五百年（1500～2000 年）：人口、社会及经济探讨》，第 252 页；1996～2007 年资料来自相应年份的《澳门统计年鉴》。

第二，20 世纪 80 年代进入人口红利期。人口红利是随着人口转变而出现的一种经济和社会发展机会。人口红利通常用人口整体依赖指数（或称总抚养比，即非劳动年龄人口/劳动年龄人口 ×100%）来测量，即一个城市的非劳动年龄人口与劳动年龄人口之比。国际上通常将 0～14 岁和 65 岁以上的人口视为非劳动年龄人口，而将 15～64 岁的人口视为劳动年龄人口。通常将人口整体依赖指数开始低于 50% 视为人口红利开启，而将开始高于 50% 视为人口红利关闭。图 3 显示，澳门人口整体依赖指数从 1980 年起低于 50%，开始进入人口红利期。按照国际标准，一般将人口整体依赖指数（总抚养比）低于 44% 视为人口丰厚期。2000 年，澳门整体依赖指数为 42.91%，开始进入人口红利的丰厚期，可见澳门正在充分享受人口红利带来的巨大收益。

第三，半岛人口高度密集。澳门地狭人稠，人口的持续增长，导致人口密度不断增大。1910 年，澳门人口密度为 5098 人/平方公里；到 1950 年，人口密度为 1 万多人/平方公里；20 世纪 90 年代中期，人口密度已经达到 19617 人/平方公里。而澳门半岛人口更是高度集中，1910 年其人口密度已经达到 1 万多人/平方公里，1950 年则超过 3 万人/平方公里，1991 年更是达到 5 万多人/平方公里（见表 1）。如此高密度的人口聚集在全球范围内实属罕见。

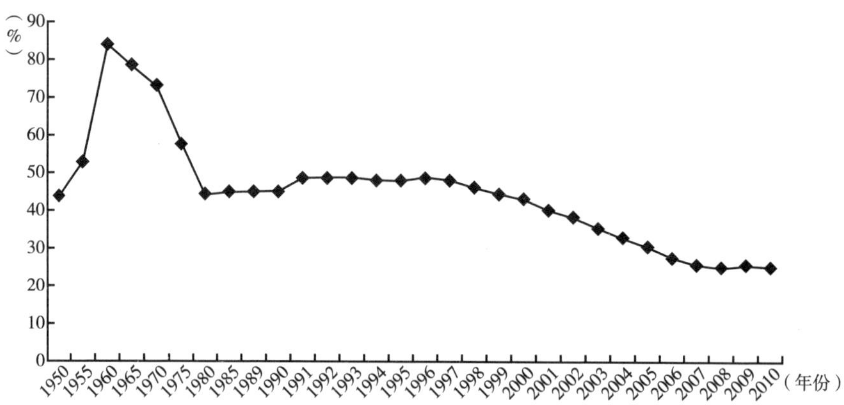

图 3　澳门整体依赖指数演变（1950～2010 年）

资料来源：1950～1996 年资料来自澳门统计暨普查司《澳门及其人口演变五百年（1500～2000 年）：人口、社会及经济探讨》，第 252～253 页；1996～2010 年资料来自相应年份的《澳门统计年鉴》。

表 1　澳门人口密度演变（1910～1996 年）

单位：人/平方公里

年份	总数	澳门半岛						离岛	
		澳门小计	圣安多尼堂	望德堂	风顺堂	大堂	花地玛堂	氹仔	路环
1910	5098	14740	—	—	—	—	—	2041	422
1920	5970	17659	—	—	—	—	—	1945	354
1927	7454	18716	—	—	—	—	—	1774	347
1950	11551	33393	—	—	—	—	—	1062	342
1960	10721	30242	67828	37502	50940	36147	—	1553	419
1970	14792	41942	93019	23437	47831	47413	20344	1529	271
1981	14599	41404	87312	30337	48881	26189	29235	1289	373
1991	19614	51203	107578	50972	50345	20443	46750	1748	437
1996	19167	49863	96582	50233	54000	14545	55009	3063	316

资料来源：1910～1927 年资料来自《澳门指南（1910～1927 年）》（*Directório de Macau, 1910～1927*）第 349 页；1970～1981 年资料来自《第十三次人口普查及第三次住屋普查》的人口及住屋特征（澳门统计暨普查司，1994）第 108 页；其他资料是经澳门统计暨普查司区文尔修正的资料。

第四，20 世纪 70 年代进入低生育水平。通常认为，总和生育率（Total Fertility Rate，TFR）处在 2.1～2.2 的更替水平，表明人口数量会维持现状。

如果长期低于更替水平，则表明人口数量将呈下降趋势（不考虑人口迁移的情况）。统计资料显示，1970～1971 年澳门人口的总和生育率已经低于 2.1。如果按照很低生育率（very low fertility，TFR 低于 1.5）、极低生育率（lowest－low fertility，TFR 低于 1.3）和超低生育率（ultra－low fertility，TFR 低于 1.0）的划分，澳门则于1993～1994 年进入很低生育率阶段，而于 1995～1996 年则进入极低生育率阶段。澳门在 2000 年进入超低生育率阶段，2000～2009 年澳门的 TFR 都低于 1.0，直至 2010 年才重回 1.05，即平均每名育龄妇女只生育 1 个孩子（见图 4）。

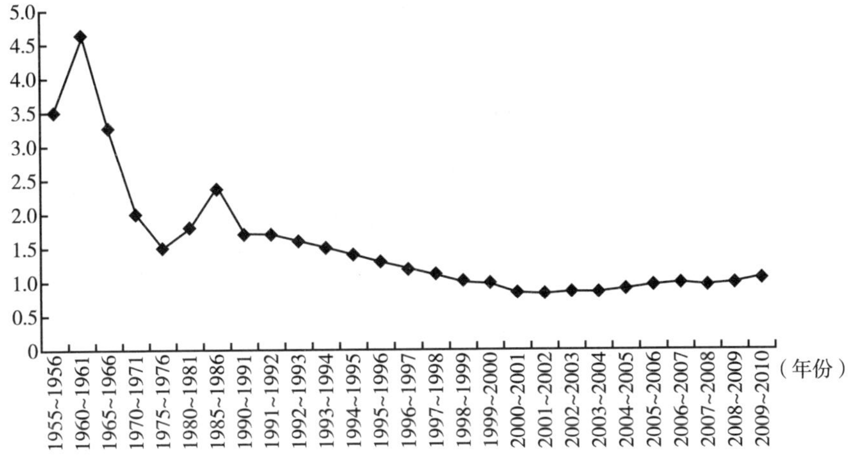

图 4　澳门生育水平演变（1955～2010 年）

资料来源：1950～1996 年资料来自澳门统计暨普查司《澳门及其人口演变五百年（1500～2000 年）：人口、社会及经济探讨》，第 153 页；1996～2005 年资料是根据相关资料处理而得；2006～2010 年资料为政府公布资料。

第五，20 世纪 80 年代末启动外劳（即外地劳工）引进计划，且规模越来越大。大约在 20 世纪 80 年代澳葡政府实施引进外劳政策后，澳门外劳规模越来越大。1988 年外劳仅有 4393 人，1989 年便超过 1 万人，随后规模不断增加。1991～1995 年，外劳以每年 30% 的增速增长，1995 年达到回归前的峰值 35286 人。虽然 1995 年后外劳规模有所回落，但是外劳总数依然在 3 万左右，一直占澳门总人口的 7% 左右。事实上，外劳已经成为澳门人口的重要组成部分（见图 5）。2003～2008 年，澳门外劳年增长率达到 27.26%，其中 2006 年高达 64.21%。2008 年底，澳门外劳人数达 9.22 万，为历史新高。2006 年，外劳人口占澳门总人口的比重首度超过 10%，达到 12.6%。2007 年和 2008 年外劳人口占澳门总人口的比重分别为 15.83% 和 16.78%。因为受国际金融海啸影响，2009 年和 2010 年外劳比例分别回落至 13.82% 和 13.73%。

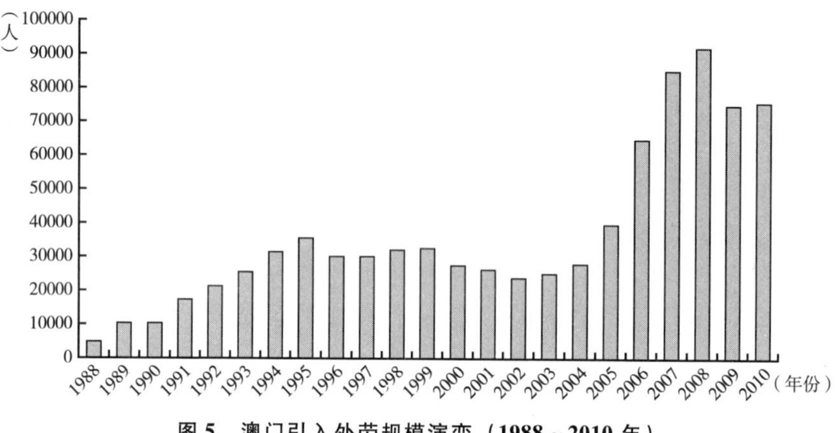

图 5　澳门引入外劳规模演变（1988～2010 年）

资料来源：澳门特区政府统计暨普查局网站统计数据库数据，http：//www.dsec.gov.mo/TimeSeriesDatabase.aspx。

（二）澳门人口发展趋势

根据特区政府统计部门编制的人口预测结果，[①] 未来澳门人口将呈如下发展趋势。

第一，人口规模持续增加。预计到 2021 年，澳门人口将达到 70 万，2031 年将达到 76.3 万。预计人口增长在 2007～2011 速度较快，年平均增幅达 4%；其后增幅逐渐收窄，至 2031 年将降低至 0.6%。

第二，人口持续老龄化，而且将进入重度老龄化社会。预计未来澳门老年人口（65 岁及以上）的比例于 2031 年底将上升至 20%，人口年龄结构类型将从轻度老龄化转变为重度老龄化。

第三，人口红利存在隐忧。根据预测，未来澳门人口红利在 2031 年前仍较丰厚，但在趋势上已日渐走弱，预计 2026 年之后人口红利将减弱，2031 年之后将进入人口负红利期。

① 《澳门居住人口预测（2007～2031）》，澳门特区政府统计暨普查局，2008。

第四，外劳持续增加。由于澳门劳动力缺乏将会是一个较长期的趋势，因此引进外劳是必然的选择之一。2010 年，外劳占澳门人口的比重为 13.7%，占整体劳动人口的比重为 28.7%，随着未来澳门各项大型基建项目的建设，如轻轨工程的动工、新城填海工程的开展、澳门与氹仔第四条跨海通道上马、横琴的开发以及与珠三角经济圈的进一步融合等，澳门外劳规模将会持续增加，且增加的幅度将有可能扩大。

第五，人口密度将持续增加。如果澳门现有土地面积（已经包括中央新批准的 361 公顷填海土地）在未来不再增加，澳门整体人口密度则会持续增加。

（三）澳门人口面临的主要问题和挑战

第一，区域人口承载能力面临经济快速发展的挑战。澳门经济快速发展急需大量外劳和人口迁入，这客观上要求澳门人口规模适度增加。不过，由于澳门土地资源和公共基础设施有限，以及拓展公共资源的能力相对较弱，人口承载能力面临比较大的挑战。

第二，外劳需求强劲，社会各方心态复杂。澳门人口的增加主要来自移民人数的增加等人口的机械增长，而不是自然增长。由于澳门经济快速发展需要大量的外劳，因此伴随着经济的迅速发展，外劳需求将会日益强劲。目前，澳门不少大型企业的职位空缺在 3 万～4 万个，但本地劳动力供应已非常紧张，无法满足其需求。不过，对于外劳，澳门社会普遍存在矛盾的心态：一方面需要外劳弥补本地部分行业或工种劳动力不足，以推动澳门经济发展和产业升级，另一方面又担心外劳抢夺本地劳工的饭碗，主张澳门就业政策体现“两个优先”：一是本地劳工就业优先，二是外地劳工退出优先。也就是说，如果有就业，则一定要优先给本地劳工；如果有裁员，则一定要优先裁掉外地劳工。在这种复杂的心态下，如何科学制定外劳政策，平衡外劳引进和居民就业，无论是在今天还是在未来一段长时间内，都将是特区政府需要面对的一大考验。

第三，人口老龄化趋势明显，养老压力持续增大。目前，澳门已经进入老龄化社会。预计未来澳门老龄人口将持续增加，且呈高龄化趋势。这意味着老龄人口越来越多，社会的老人抚养比加大，政府要投入更多的资源去抚养更多的老人；而且，老人的寿命会延长，扶养老人的时间会更长。可以预计，养老保障和养老福利压力将会持续增大。目前，澳门的老人院舍不能满足实际需求，而且养老保障体系尚未健全。在这样的情况下，养老问题将是未来澳门社会面临的突出问题之一。

第四，人口受教育程度不高，产业升级和城市竞争力受到制约。统计数据显示，受社会发展程度及教育制度等因素影响，澳门人口受教育程度相对较低，尽管在回归后特区政府加大了教育方面的资源投入，并实施了十五年免费教育，使澳门人口的受教育程度有所提高，但是澳门就业人口仍以受过中小学教育的人居多。2010 年澳门就业人口中，受过高等教育的人口只占23%，受过中学、小学及以下教育的人口占 77%。由此可知，人口受教育程度偏低将是制约澳门产业升级和城市竞争力提升的一个重要因素。

第五，生育水平持续低迷，未来发展存在隐忧。澳门总和生育率（TFR）低于更替水平长达 20 年之久，最近几年更是处于超低水平（TFR 小于 1），这将对澳门的长期发展产生根本性影响。首先，澳门土生土长的人口将越来越少，外来劳工和人才将越来越多，澳门作为移民城市的特征将越来越明显，这可能会弱化澳门本地居民的话语权；其次，生育率的下降将严重影响家庭结构，未来每户家庭平均人数将有可能缩减到 2～3 人，家庭结构的变化势必对住房政策和养老保障等产生重大影响。

第六，统筹机制尚未建立，人口问题解决欠系统化。目前澳门缺乏一个人口政策统筹和协调管理的机制，导致人口问题的应对和解决欠系统化。首先，缺乏一个总体的人口发展思维，政府各部门尚未形成解决澳门人口问题的合力；其次，缺乏人口管理和协调机制，既缺乏对人口规模、素质、外劳、老龄化等方面的全面监控和预警机制，导致人口调控工作难以有效开展，也缺乏对澳门人口服务和管理的政策协调统筹机制。此外，澳门人口政策法律法规尚不完善，对人口的系统研究也相对缺乏，社会上对人口问题的认识也存在一些误区，如果不及时有效解决上述问题，未来澳门人口政策的制定、调整和推行则将面对较大的困难。

三　影响澳门人口承载力的主要因素

人口承载力的影响因素有被动性的制约因素和积极性的能动因素。澳门的先天性制约因素主要有水土资源和生态建设的压力，尤其是土地资源的瓶颈日

益明显。后天性能动因素主要有经济发展和产业结构升级，城市管理和科学规划，以医疗、教育、社会保障和文化以及以交通为主的公共服务设施。这三大因素是影响人口承载力的关键因素。由于这些因素是政府可以通过合理规划和积极创造条件来改善的，因此具有弹性空间。从某种意义上而言，人口承载力更多是一种弹性承载力，是基于某种发展阶段和水平的承载力。

（一）经济与多样化产业结构的发展客观上需要更多的劳动力

人口承载力主要是经济人口承载力。通常经济越发展，就业岗位就越多，需要的劳动力就越多，人口规模就会增加。相反，如果经济发展速度减慢，业岗位就会减少，劳动力需求就会减弱，人口数量就会相应减少，因此经济发展状况是人口规模的决定性因素。当然，除了经济发展状况外，经济发展结构决定人口结构，即产业结构决定就业结构，从而决定人口素质结构。通常，博彩业、酒店服务业等休闲娱乐产业的发展尽管能吸纳更多劳动力，但是对劳动力的教育程度要求不高；而文化创意产业、金融保险服务业、商贸服务业、教育服务业等对劳动力的教育程度要求较高。因此，产业结构决定就业结构和人才结构。从澳门未来发展的趋势来看，经济快速发展客观上要求更多的劳动力，而多样化的产业结构发展方向必然要求人才结构的高端化。

（二）城市管理和科学规划成为影响人口承载力的关键要素

从全球主要大城市的经验来看，城市管理和规划是决定人口承载力的关键因素。20 世纪 50 年代，东京、巴黎的人口密度曾分别是 13970 人/平方公里、20650 人/平方公里，但其交通井然有序，且环境优美。美国洛杉矶都市区的人口密度是美国全国的 31.7 倍，也就是说，占全美国 0.14% 的土地吸收了 4.39% 的人口。类似的还有日本的东京地区和美国的波士顿、华盛顿地区。而中国的特大城市面临的“城市病”主要是城市管理不科学造成的。[①] 具体而言，主要是在公共政策、法律规则、交通文化等软件建设方面相对滞后。这是导致人口拥挤的关键因素。从这个意义上看，提高澳门人口承载力的关键在于提高城市管理水平和科学规划城市区域布局。

---

① 刘锋、黄润龙、丁金宏、段成荣：《特大城市如何调控人口规模》，《人口研究》2011 年第 1 期。

（三）公共资源和基础设施是影响人口承载力的重要因素

城市基础设施和社会公共资源更可能成为城市人口发展的制约性因素。[①] 就公共住房而言，澳门近年房价飙升，无论是政府还是私人发展商，均来不及回应澳门居民的需求，导致澳门社会要求扩建公屋的呼声高涨。目前澳门公营房屋的兴建量、分配对象与分配方式的讨论已成为重要的议题，并将给澳门的房地产与社会带来重要的影响。公共卫生方面，不仅澳门的专业医疗水平相对较低，重大疾病治疗不太可靠，而且澳门医疗服务资源紧张，医生和护士数目增长缓慢，赶不上人口的增长。公共交通和道路设施方面，澳门目前主要的陆路交通以私人交通为主，公共交通次之。如果单纯按照车辆总数来算，相当于每2.9人拥有1辆车。这样高的汽车拥有量接近欧美的水平，比起亚洲的其他大都会如中国香港和新加坡都高很多。而大部分车辆集中在澳氹只有320多公里的道路上，拥挤的情况可想而知。而且，因公共停车场缺乏，大部分的车辆只得停放在街道或空地上，对于土地资源匮乏的澳门来说，这可算是对稀缺资源的奢侈浪费。

（四）水土资源和电力能源日益成为人口承载力的短板

澳门既没有河流，又不具备兴建大型水库的自然条件，因此淡水资源短缺，淡水供应主要依靠珠海。但是，随着澳门经济的发展和人口的持续增长，需水量也不断增加。按照2000～2007年的发展趋势预测，未来15年澳门的用水量将继续飙升。2015年，澳门年需水量将达到9476万立方米，日需水量将达到26万立方米；2025年，年需水量将会达到12346万立方米，日耗水量则将突破33万立方米。[②] 如此巨大的需求量将严重考验澳门的人口承载能力。土地资源方面，澳门一直以来都缺乏土地。澳门的总面积从1910年的11平方公里扩大到2011年的29.9平方公里，填海增加的土地比填海之前的半岛面积还要大。在城市用地紧张的情况下，海拔二三十米的丘陵和台地上也全都开辟了街道，修建了房屋，丘陵的山麓也建有民居。氹仔和路环的民居相对较少。

① 童玉芬、齐明珠：《制约北京市人口承载力的主要因素、问题与对策分析》，《北京社会科学》2009年第6期。

② 《澳门环境状况报告2006》，澳门特区政府环境保护局，2007。

随着人口规模的增加和经济的快速发展，澳门城市用地资源的不足更显突出。

随着社会和经济的急速发展，澳门的能源需求将持续上升。《澳门环境状况报告 2007》的相关数据显示，2007 年澳门的能源消耗总量达到 2.1 万太焦耳，较 2006 年增加 14%。以行业区分，交通运输业仍然是耗能最多的行业，占总体的 1/4，其次依次是酒店餐饮业、家庭用户、建筑业等。与其他地方比较，澳门的能源强度介于发达地区和发展中地区之间。从电力消耗来看，澳门每年电力消耗在不断攀高。2003 年，澳门年耗电量仅为 177150 万千瓦时，日耗电量为 490 万千瓦时；2007 年便高达 298430 万千瓦时，日耗电量为 820 万千瓦时。按照人均水平来算，2004 年每年每人耗电 3966 千瓦时，2007 年达 5546 千瓦时。2005 ~2009 年，澳门年耗电量由 215900 万千瓦时增至 346300 万千瓦时，增幅为 60.4%。①

（五）生态环境对人口的束缚日益明显

澳门作为旅游城市，其生态环境的重要性显而易见。不过，从数据来看，澳门的生态环境也不容乐观，尤其是随着经济的发展、城市的扩展和人口的增加，其人均绿化面积难以满足市民的需要和休闲城市的定位，城市噪音、垃圾排放和二氧化碳排放等将成为澳门整体生态环境恶化的重要因素。此外，“自由行”政策推行以来，澳门的旅游承受力经受了考验。2011 年，入境澳门游客达 2800.2 万人次，平均每日约为 7.7 万人次，澳门游客日承受量已趋饱和。游客猛增必然增加澳门的拥挤度，居民会感到生活质量受到影响。2008 年 9 月澳门旅游学院发布的研究结果显示，澳门居民及旅客对澳门的环境产生拥挤感。澳门社区的心理承载量为日均 6.9 万 ~7.9 万人次入境旅客，当每日平均入境旅客达到 7.5 万人次或以上时，澳门居民和旅客对环境和服务设施的满意度就会下降。②

四　多目标决策视角下澳门适度人口分析

适度人口的概念最早由 18 世纪学者坎蒂隆（Richard Cantillon）提出，指的是当一个国家或地区的劳动力恰好能够最充分地利用本国可获得的资源

① 《澳门环境状况报告 2008 ~2009》，澳门特区政府环境保护局，2010。

② 《2007 年澳门旅游接待能力研究》，澳门旅游学院，2008。

时的人口，或当某国在一定条件下达到最高生活水平时的人口。[①] 适度人口概念与人口承载力有关，它展示了人口与经济、资源、环境的关系。适度人口思想包括三个方面的内涵：第一，适度人口是人类追求的人口与经济、资源和环境关系的理想状态，其标志是人口充分就业、平均生活水平高、均衡的人口构成和丰富的资源（潜力）等，是人口与经济、资源和环境的高度平衡关系；第二，适度人口是一个弹性概念，强调人口与经济、资源和环境关系的可变性，即不同的技术水平下有不同的适度人口。第三，适度人口是一个相对概念，它是相对于经济、资源和环境而言的。因此，适度人口是一个多政策目标下的综合概念，至少包括经济适度人口、资源适度人口和环境适度人口三个维度。以下，本文基于经济、资源和环境等多政策目标视野，从静态人口承载力和动态人口承载力两个方面来探讨澳门的适度人口。

（一）静态人口承载力和适度人口

静态承载力就是假设澳门现在的土地开发空间、技术条件和制度创新等都已经达到极限或者接近极限时，澳门的人口承载力将是多少。按照现时科学技术的条件和管理能力，在不考虑未来产业发展、技术进步、制度创新和管理创新的情况下，根据澳门的定位和经济可持续发展的需要，推算出合适的静态人口规模。本文在经济可持续发展和澳门休闲城市定位的条件下优先考虑两个政策目标：一是足够的劳动力，即经济适度人口；二是适当的休闲氛围，即环境适度人口。

从劳动力角度来看，在澳门生育率低迷的情况下，引进外来劳动力成为必由之路。那么澳门究竟能承受多大的外劳数量呢？以 2009 年的人口结构和规模为基础，假设澳门就业岗位保持 1992～2009 年的平均增长速度，再假设劳动适龄人口的劳动参与率为 64%（发达国家的平均水平），且失业率控制在 4%，我们计算出澳门的人口承载力应该介于 73 万～75 万人，此时外劳人数介于 8.3 万～8.7 万人，不含外劳的抚养比介于 45.6%～62.36%，含外劳的抚养比介于 37.74%～50.38%。这个抚养比正好处于人口红利和人口负债的中间期。也就是说，日后制定人口政策的其中一项工作便是调整人口规模和结构，以延长人口红利的持续时间。

---

① 佟新：《人口社会学》，北京大学出版社，2000，第 370 页。

从营造适当的休闲氛围看，必须考虑人口密度。按照人口增长的趋势，未来澳门的人口密度将很有可能达到甚至超过2.1万人/平方公里，相对于澳门现时的承载条件，这个数字应该已是较饱和的人口密度，当然，在这一人口密度下，要想更加休闲，政府必须要调控好人口的分布。

总体而言，从静态人口承载力角度，再整合经济和休闲因素，假设未来在技术条件和制度创新上没有新的突破的话，80万人口（含外劳及其需要承担的游客人口）将是澳门既要经济发展又要适度休闲的关键数字。这一数字可以说是满足上述条件的人口承载力极限。

从表2可见，现有条件下要承担80万以上人口存在相当大的难度。单就住房面积来看，在80万人口的情况下，如果澳门的总住房面积保持在2009年的水平，那么人均住房面积将低于18平方米，也就是不到中低收入国家的水平。此外，公共交通和医疗卫生问题也会更加明显。因此，在2009年的基础设施情况下，澳门的人口承载力在80万以下更合适。如果超过80万，各项城市设施指标就将面临很大压力，居民生活质量也会有较大下降，所以说73万人是澳门现有条件下的适度人口规模。

表2　现有条件下的人口承载力

指标	2009年		60万	70万	80万	90万	100万
	总量	人均量					
住房总面积(平方米)	121995000	209	203.33	174.28	152.49	135.55	122.00
绿化和休闲面积(平方米)	7703995	12.22	12.84	11.01	9.63	8.56	7.70
每年耗水(千立方米)	68117	0.12	0.11	0.10	0.09	0.08	0.07
每年耗电(百万千瓦时)	3416.9	0.01	0.006	0.005	0.004	0.004	0.003
每年生活垃圾(吨)	159723	0.32	0.27	0.23	0.20	0.18	0.16
行车道路总路长(公里)	413.1	0.001	0.0007	0.0006	0.0005	0.0005	0.0004
行使车辆总量(辆)	189350	3.20*	3.17	3.70	4.22	4.75	5.28
私家车总量(辆)	73263	7.92*	8.19	9.55	10.92	12.28	13.65
电单车总量(辆)	102566	6.10*	5.85	6.82	7.80	8.77	9.75

续表

指标	2009 年度		60 万	70 万	80 万	90 万	100 万
	总量	人均量					
公共汽车总量(辆)	598	880.52*	1003.34	1170.57	1337.79	1505.02	1672.24
医生总量(人)	1292	2.4#	2.17	1.86	1.63	1.45	1.30
护士总量(人)	1491	2.8#	2.53	2.17	1.90	1.69	1.52
病床总量(个)	1109	2.0#	1.81	1.55	1.36	1.20	1.08
住院病人(人)	43961	0.08	0.07	0.06	0.05	0.05	0.04
门诊求诊人次(人次)	1154500	2.08	1.92	1.65	1.44	1.28	1.15

注：*表示平均 3.2 人有一辆车（或者 3.2 人共用一辆车，其余类推）；#表示每千人口对应的医生、护士和病床数量；除了第一列数据为总量之外，其他为相应规模人口下的人均数量。

资料来源：澳门特区政府统计暨普查局网站统计数据库，《澳门环境状况报告 2008～2009》，《医疗统计 2009》，《运输及通讯统计 2010 年 1 月》。

（二）动态人口承载力和适度人口

从动态视角来看澳门的合适人口，主要是考虑未来澳门的技术、制度创新和管理创新以及一些市场调节因素变化带来的影响。我们先从过去若干年的数据来判断澳门在技术、制度创新和管理创新上的发展趋势。本文选择了覆盖住房、医疗、交通、能源、消费、环境 6 个方面的 26 个指标作为影响澳门人口承载力的关键性因素，重点考察这些因素的变动趋势及其对人口的影响，由此来考察澳门的实际人口承载力。

这 26 个指标为：①人均住房面积（平方米）和住房总面积。未来澳门住房的发展速度以最近 3 年的住房总面积的发展速度为依据。②人均绿化与休闲面积（平方米）和绿化总面积。以 2002～2009 年的人均绿化和休闲面积增加速度作为未来澳门在这方面可能发展的速度。当然，在预测过程中需要考虑澳门总面积的限制。③每年耗水（千立方米）、每年耗电（百万千瓦时）、每年供水总量（千立方米）和每年供电总量（百万千瓦小时）。这 4 个指标的前两个反映人口数量增加带来的水电消耗，后两个则反应澳门特区政府在水电供应上的可能性。假设澳门在水电供应上并未达到极限，而是按照 1998～2009 年的技术发展来预测未来澳门在水电上的可能作为，然后评估澳门在水电上的最大承载人口。④每年生活垃圾（吨）。生活垃圾与人口数量直接相关。采用此指标主要是假设现有以及过去的垃圾处理技术正好能

处理当前居民的垃圾总量，因此以 1998～2009 年的垃圾增加速度来反映技术的进步速度。假设未来人口按照 2005～2009 年的人均垃圾产量预测不同规模下的垃圾总量，最后以 1998～2009 年的垃圾处理技术进步速度为基础对比发展处理这些垃圾技术所需要的时间。如果垃圾处理技术进步时间比人口发展时间晚，则说明垃圾过多，技术还没有达到。值得注意的是，由于垃圾处理技术日新月异，是众多指标中唯一一个在技术上可能获得飞速突破的指标，因此这个指标仅供参考。⑤行车道路总路长（公里）、拥有行使车辆率（行使车辆总量/总人口）、拥有私家车率（私家车总量/总人口）、拥有电单车率（电单车总量/总人口）、公共汽车拥有率（公共汽车总量/总人口）、行使车辆总量（辆）、私家车总量（辆）、电单车总量（辆）和公共汽车总量（辆）9 个指标反映的是公共交通技术进步对人口的影响。9 个指标中，行车道路总路长（里）可能发展最为缓慢，而其他 8 个指标受到技术和经济的影响较大，发展相对较快。⑥每千人对应的医生、每千人对应的护士、每千人对应的病床、医生数量（人）、护士数量（人）、病床数量（人）、住院病人（人）和门诊求诊病人（人次）8 个医疗服务指标反映了未来澳门医疗服务上的可能。前三个指标采用 1991～2009 年的数据，后两个指标采用 1999～2009 年的数据。

本文以近几年的数据分析其人均数量，再乘以总人口，获得该指标在相应人口规模下的总量，然后计算最近若干年来各个总量发展指标的发展速度，即增加速度。在得知增加速度后，以 2009 年的资料为基础预测达到相应人口规模下的时间，最后对比技术条件达到时间和人口规模达到时间。如果人口规模达到时间快于技术条件达到时间，那么这说明该技术将成为澳门人口规模发展的一个门槛。

表 3　不同人口规模方案下相关指标的总量

指标	人均量	60 万	70 万	80 万	90 万	100 万
住房总面积(平方米)	209	132600000	154700000	176800000	198900000	221000000
绿化和休闲面积(平方米)	12.22	7332979	8555142	9777305	10999468	12221632
每年耗水(千立方米)	0.12	71545	83469	95393	107317	119242
每年耗电(百万千瓦时)	0.01	3003	3504	4005	4505	5006
每年生活垃圾(吨)	0.32	194110	226462	258813	291165	323517
行车道路总路长(公里)	0.001	455	531	606	682	758

续表

指标	人均量	60万	70万	80万	90万	100万
行使车辆总量(辆)	3.20*	187270	218482	249693	280905	312117
私家车总量(辆)	7.92*	75775	88404	101033	113662	126291
电单车总量(辆)	6.10*	98339	114729	131119	147508	163898
公共汽车总量(辆)	880.52*	681	795	909	1022	1136
医生总量(人)	2.4#	1329	1550	1771	1993	2214
护士总量(人)	2.8#	1457	1700	1943	2186	2429
病床总量(个)	2.0#	1183	1380	1577	1774	1971
住院病人(人)	0.08	47943	55934	63924	71915	79905
门诊求诊(人次)	2.08	1247465	1455376	1663287	1871198	2079108

注：*表示平均3.2人有一辆车（或者3.2人共用一辆车，其余类推），#表示每千人对应的医生、护士和病床数量；除了第一列数据为总量之外，其他均为相应规模人口下的人均数量。

资料来源：澳门特区政府统计暨普查局网站统计数据库，《澳门环境状况报告2008～2009》，《医疗统计2009》，《运输及通讯统计2010年1月》。

表4　不同人口规模方案下实现相应指标总量所需的时间

指标	2009年总量	60万	70万	80万	90万	100万
住房总面积(平方米)	121995000	2014	2021	2027	2032	2037
绿化和休闲面积(平方米)	7703995	2009	2012	2015	2017	2019
每年耗水(千立方米)	68117	2011	2016	2019	2023	2026
每年耗电(百万千瓦小时)	3416.9	2008	2010	2012	2013	2015
每年生活垃圾(吨)	159723	2029	2044	2056	2068	2078
行车道路总路长(公里)	413.1	2013	2018	2023	2027	2030
行使车辆总量(辆)	189350	2010	2013	2015	2018	2020
私家车总量(辆)	73263	2011	2014	2017	2020	2022
电单车总量(辆)	102566	2009	2012	2014	2016	2018
公共汽车总量(辆)	598	2018	2027	2036	2043	2049
医生总量(人)	1292	2010	2013	2016	2018	2020
护士总量(人)	1491	2009	2013	2016	2018	2021
病床总量(个)	1109	2039	2091	2137	2176	2212
住院病人(人)	43961	2012	2015	2018	2020	2022
门诊求诊人次(人次)	1154500	2010	2011	2012	2012	2013

注：这里的时间已经换算成年份。

资料来源：澳门特区政府统计暨普查局网站统计数据库，《澳门环境状况报告2008～2009》，《医疗统计2009》，《运输及通讯统计2010年1月》。

对比人口增长速度和科学技术以及制度、管理创新发展速度，可以发现，如果从发展的角度来看澳门的人口承载力，假设今后技术发展、制度创新和管理创新保持过去的速度，除了房屋增加速度、垃圾处理能力提高速度、公交发展速度和医院病床发展速度慢于人口增加速度外，其他条件比如绿化和休闲面积、供电和供水能力的发展速度（如果没有达到增长极限的话）均能快于或等于人口增加速度。

从发展的角度来看，房屋、垃圾处理能力、公交和医院病床4个方面都存在可拓展的空间，因此人口承载力也是发展的和动态的，如果发展得好，澳门的人口承载力可超过80万人，甚至更高。不过，如果这4个方面都达到极限，那么73万人依然是澳门的适度人口规模，只是不同时期各项指标的质量略有不同而已。

五　对策建议

（一）科学规划人口政策，以人口结构规划带动人口数量规划

根据需要制订澳门人口中长期发展纲要，对澳门人口实施阶段性规划、总量规划以及结构规划。根据不同发展阶段制定人才引进和外劳引进政策以及生育刺激政策。建议当前可以按照73万人口容量来规划未来10~20年澳门发展的政策。以人口结构规划带动人口数量规划，以结构优化为主、数量优化为辅，科学规划未来澳门人口政策。

在人口结构上，首先，注重引进高端人才，提高人口素质，包括建立柔性人才引进机制，通过多种开放型的方式来实施引智项目，逐步提高高端人才占迁入人口的比重；重点考虑以澳门大学、澳门理工学院等高等院校为试点，发展与文化创意、娱乐休闲产业相关的重点学科，并以之为平台，吸引国际名家来澳门从事教学科研或旅游休闲；鼓励澳门高等院校通过调动、聘请、兼职、咨询、讲学、项目合作、技术入股、投资兴办企业等多种方式引进人才，提升澳门高等教育质量，培育本地人才；优化专业移民政策，根据澳门产业发展需要，以优惠政策吸纳更多外地专业人才来澳定居。其次，优化人口年龄结构，提高生育率水平，除针对性地鼓励高教育水平育龄妇女生育外，还可透过针对性的吸纳年轻的高知识型、技术型移民的优惠政策，引

进更多年轻的高端人才，并以政策鼓励其生育下一代，如为其子女提供从出生到大学教育的“一条龙”服务，包括托儿服务、学前至大学各个阶段的教育津贴学额等。这既可优化本地人口的年龄结构，亦可作为提高澳门人口生育率水平的措施之一。最后，外劳政策已被实践证明是有利于澳门经济发展的有效人口政策之一，因此应对其加以完善而不能轻易收紧或废除。澳门之所以能取得与其资源不相称的骄人成就，原因之一就在于有效利用外部资源，包括外部的人力资源。从数量比例上看，澳门的外劳主要是中低端劳动力，从事的多是本地人不愿从事或较少从事的工种，并不存在“抢饭碗”的问题。在本地明显存在劳动力缺口的情况下，澳门仍需要适度增加外劳规模，引进紧缺型和职业技能型劳动力，以填补本地劳动力的不足。由于引进的外劳多是青中年人士，因此这还将有利于纾缓澳门的人口老龄化问题。当然，澳门的外劳政策也有待进一步完善，重点是建立政府、企业、工会和劳工四方协商机制和多方监督机制；增加外劳引进和退出的信息透明度，适时对外公布外劳指标及其分配和使用情况；加强对外劳的管理和协助，减少其在澳门生活可能面临的困难，避免外劳与本地居民产生矛盾。

（二）优化人口分布，以公共设施合理配置带动人口合理分布，提升人口承载力

合理配置以住房、交通、医疗、能源、水土资源和生态资源为主的基础设施和公共资源，提高人口聚集能力，提升人口容量。首先考虑以新填海土地作为试点，发展集休闲、娱乐、办公、购物、居住等功能于一体的城市综合体，从功能上实现土地的集约化利用。同时，透过建设配套完善的生活社区，提高局部地区的居住密度，但注意增加休憩空间，如在即将落成或兴建中的公屋地段包括氹仔 TN27（湖畔大厦）、路环石排湾等居住单位较多的社区内兴建配套的公共服务设施、购物中心、休憩和绿化区等，并完善社区的对外交通网络，提高生活及出行的便捷度，吸引居民入住，提高土地使用率。其次，根据不同区域发展的功能定位，逐步探索实行有差别的基础设施、公共服务设施价格政策，如降低离岛区的生活成本，完善其生活配套设施；加大和增强半岛至离岛的基础交通网络建设，以增强离岛区对转移人口的吸引力，鼓励半岛地区人口向离岛流动。同时，建议在全澳继续实施公交优惠政策，加快完善公交网站布局、合理配置班次的步伐，鼓励居民更多使

用公交出行。此外，在完善整体规划的前提下，推进离岛的基础设施建设、社会服务产业发展等，利用市场手段实现区域内人口的合理再分布，形成产业按照政策发展、人口随着产业转移的良性发展模式。

（三）优化资源，科学施政，提高人口管理能力

首先，建立科学的人口监测指标体系，定期检测人口发展状况及城市承载能力。研究和建立澳门各堂区的人口密度标准，合理分布各堂区的居住人口，以政策引导人口向适当的堂区转移，降低各区的人口压力。其次，持续跟进和评估人口规划和政策落实执行状况，适时预警并进行修正，提高人口管理能力。建议或可由特区政府政策研究室等机构统筹人口相关工作，并建立针对人口规模、素质、外劳、老龄化等方面的监控和预警机制，加强人口问题研究和规划，加快人口管理法律法规的制定等，以协助特区政府提高人口管理的能力。最后，要加强政府与社会的双向沟通，推动人口政策的科学制定和有效落实。加强政策制定的透明度，广纳民间意见，并结合专业力量。同时，基于人口问题的复杂性和影响的广泛性，特区政府有必要向社会普及人口知识，提高居民对澳门面临的人口问题尤其是人口增长的必要性、人口增长的社会成本、城市承载力等问题的认知，让居民理性和科学地面对问题，凝聚政府和民间的人口管理合力，提高人口管理能力；重点加强对政府官员和社会团体或组织的人口知识培训，使其提高业务水平和能力，增强人口管理能力。

（原载李向玉主编《澳门理工学报》（人文社会科学版）总第48期，澳门：澳门理工学院，2012年10月。）

论阶层与阶级：以澳门为例

谢四德*

随着新国家主义的抬头，近年阶层、阶级研究成为社会学、发展经济学的研究对象。从笔者掌握的文献来看，有的研究认为阶层等同于阶级①，没有将二者区分开来。本文根据马克思、韦伯的阶级理论，梳理出阶级与阶层之间的区别，并引入制度经济学对阶层与阶级的演变进行解释。同时，以澳门为例，进行阶层的划分与特点分析。最后，对经济高速增长下的澳门是否形成中产阶级进行描述性分析。

一　阶级、阶层的界定与发展机理

（一）阶级、阶层的界定

阶级属于历史范畴，它是指生产力发展到一定阶段，由于对生产资料占有关系和劳动占有关系的不同，在社会生产中所处的地位不同，因而产生支配社会财富的方式和多寡不同的利益集团，并与当时的社会分工、生活方式、阶级利益、教育程度、阶级心理和意识、政治组织有关。从历史唯物观来看，阶级是人类社会发展到一定历史阶段的产物。由于物质资料生产关系成为社会的主导关系，人们在生产资料所有制的前提下，依据对生产资料占有的不同和在社会劳动组织中所起的作用不同和经济分配的差别，被划分为

* 谢四德，政治经济学博士，澳门理工学院“一国两制”研究中心讲师。

① 〔英〕罗丝玛丽·克朗普顿：《阶级与分层》，陈光金译，复旦大学出版社，2011；厉以宁：《工业化和制度调整——西欧经济史研究》，商务印书馆，2010。

不同的阶级。阶级的研究以马克思的社会阶级理论为代表，主要表现为资本主义制度下资产阶级与无产阶级的对立，如果在社会主义制度下没有了资本家对劳动工人的剥削，对立立刻消失。列宁曾说："所谓阶级，就是这样一些大的集团，这些集团在历史上一定社会生产体系中所处的地位不同，对生产资料的关系（这种关系大部分是在法律上明文规定了的）不同，在社会劳动组织中所起的作用不同，因而领得自己所支配的那份社会财富的方式和多寡也不同。所谓阶级，就是这样一些集团，由于它们在一定社会经济结构中所处的地位不同，其中一个集团能够占有另一个集团的劳动。"① 阶级存在新旧之分，旧的划分基于对生产资料占有的不同，将阶级分为资产阶级和无产阶级；新的划分基于经济资本、文化资本以及社会资本三个维度的资本的总量，将阶级垂直划分为支配阶级、中间阶级以及普通阶级。②

阶层一般是同阶级中由于经济地位的不同而分成的若干层次，又或者为社会垂直分化产生的各个社会地位层次和处于这些社会地位层次上的社会集团，同一社会集团的成员在态度、行为模式和价值观等方面具有相似性。以马克斯·韦伯为代表的西方社会学家，主张以财富、权力、声望等标准对社会成员进行阶层划分，没有严格地区分阶层与阶级，对于那些不同阶级中具有相似特征的社会群体，亦可以视之为一个阶层——经济制度下的产物并由市场决定。比如，知识分子可以分属不同的阶级，但是他们仍然可以成为一个独立的阶层，因为知识分子的生活方式、文化教育等社会特征具有很大的相似性。但马克思、恩格斯指出，阶层隶属阶级，而阶级由政治决定。《共产党宣言》指出，每一阶级内部包含各种特殊的阶层："在过去的各个历史时代，我们几乎到处都可以看到社会完全划分为各个不同的等级，看到社会地位分成多种多样的层次。在古罗马，有贵族、骑士、平民、奴隶。在中世纪，有封建主、臣仆、行会师傅、帮工、农奴，而且几乎在每一个阶级内部又有一些特殊的阶层。"③ 而阶层大致分为上、中、下三层。

从一般意义上看，阶级或阶层都是社会分层，都是反映人在各种意义上

---

① 《列宁选集》第4卷，人民出版社，1972，第10页。

② 朱伟珏、姚瑶：《阶级、阶层与文化消费——布迪厄文化消费理论研究》，《湖南社会科学》2012年第4期。

③ 马克思、恩格斯：《共产党宣言》，中共中央马克思恩格斯列宁斯大林著作编译局译，人民出版社，1997，第27～28页。

的地位、层次和等级的差别。但为了更好地说明社会阶层变化与中产阶级形成，本文结合马克思的阶级与韦伯的阶层理论，对阶级与阶层做出界定，即一个阶级包括一个或多个阶层，阶级之间存在支配关系、阶层之间存在递进关系和从属关系（见图1），分别由政治、市场决定。阶层由收入水平、受教育程度、专业水平决定，阶级由职业收入、受教育程度、专业水平和意识形态决定，也就是说，通过意识形态把不同阶层的人集中起来形成集团，而集团正是阶级的具体表现。例如，按照马克思对阶级的划分，一个国家一般分为资产阶级和无产阶级，我们可以说，资产阶级由不同的阶层组成，通过资本主义意识形态把这些阶层组织起来，形成资本集团，当中包括资本家、大厂家、中小企业主、地主；无产阶级也由不同的阶层组成，通过社会主义意识形态把这些阶层组织起来，形成无产阶级，当中包括工人、农民、士兵等。从现代意义来看，社会分层不再局限于资产阶级与无产阶级，分化出了新的阶级，例如，当今流行的“中产阶级”概念来源于布迪厄对应职业集团划分出的支配阶级、中间阶级和普通阶级。①

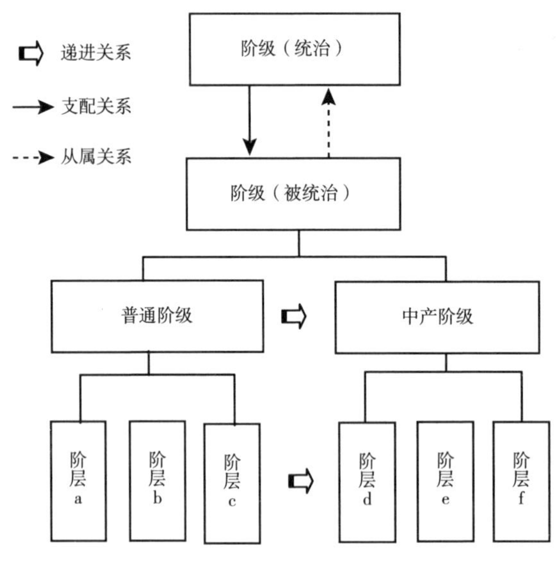

图1 阶层与阶级的关系

① 朱伟珏、姚瑶：《阶级、阶层与文化消费——布迪厄文化消费理论研究》，《湖南社会科学》2012年第4期。

（二）社会阶层结构与中产阶级的形成机理

根据马克思的社会阶层理论，社会阶层结构演变基于生产力、分工、生产关系变动，同时强调生产资料占有制产生的剥削制度酿成阶级斗争，最终资产阶级为无产阶级所消灭，[①] 建立共产主义社会，对生产资料进行重新分配，无产阶级有可能转化政治性阶级（统治阶级）。也就是说，单靠马克思的社会阶级论似乎无法解释社会阶层结构演变与中产阶级形成的传导机制，为此，本文将基于历史发展的演变，在马克思与韦伯的阶级和分层理论中引入制度经济学的解释，梳理出社会阶层结构与中产阶级的形成机理：生产力→分工→生产关系→制度→专业化分工→中等收入阶层形成→意识形态→中产阶级产生。

1. 生产力

马克思理论下的生产力是指作为一种社会的改造自然的能力或力量，始终只是表示一定社会的整个生产能力的发展状况。人是生产力的根本动力，劳动者生产积极性、创造性的发挥，是推动生产力发展的根本性原因。而任何新的生产力都会引起分工的进一步发展，正如手推磨所决定的分工不同于蒸汽磨所决定的分工。此外，生产力也决定生产关系的性质，而生产力水平既决定生产、交换、分配的具体形式，也决定了生产关系的具体形式，即有什么样的生产力就有什么样的生产关系。马克思指出："一定的生产决定一定的消费、分配、交换和这些不同要素相互间的一定关系。当然，生产就其片面形式来说也决定于其他要素。"[②] 可见，生产力的发展水平决定分工程度与生产关系。

2. 分工

根据马克思主义原理，分工被界定为生产关系，马克思在《政治经济学批判》中指出："分工作为一切特殊的生产活动方式的总体。"这说明从总体上概括社会劳动分工状态的描述性语言，表征的是生产关系的状态。马

---

① 马克思说："资本的垄断成了与这种垄断一起并在这种垄断之下繁盛起来的生产方式的桎梏。生产资料的集中和劳动的社会化，达到了同它们的资本主义外壳不能相容的地步。这个外壳就要炸毁了。资本主义私有制的丧钟就要响了。"《马克思恩格斯全集》第23卷，人民出版社，1972，第831～832页。

② 《马克思恩格斯选集》第2卷，人民出版社，1972，第102页。

克思还指出分工表现了一系列由低级到高级、由简单到复杂的具体历史形态，一方面使人类改造自然的能力发生了质的飞跃，另一方面又造成了私有制、社会分裂、人的固定化、片面化发展等异化现象，同时也形成劳动者个体与生产资料的动态占有关系（社会关系）。马克思在《孟德斯鸠第五十六》中说："'几千年来地球上一切民族的情况都是这样'!!! 在埃及有过劳动和分工，因此有等级；在希腊和罗马有过劳动和分工，因此有自由民和奴隶；在中世纪有过劳动和分工，因此有封建主和农奴、行会、等级等等。在我们这个时代也有劳动和分工，因此也就有阶级，其中一个阶级占有全部生产工具和生活资料，另一个阶级只有出卖自己的劳动才能生存，而出卖劳动也只有当购买劳动能使雇主阶级发财时才有可能。"① 恩格斯也说："当社会总劳动所提供的产品除了满足社会全体成员最起码的生活需要以外只有少量剩余，因而劳动还占去社会大多数成员的全部或几乎全部时间的时候，这个社会就必然划分为阶级。在这个完全委身于劳动的大多数人之旁，形成了一个摆脱直接生产劳动的阶级，它从事于社会的共同事务：劳动管理、政务、司法、科学、艺术等等。因此，分工的规律就是阶级划分的基础。"② 可见，分工使社会关系变得复杂，导致阶级划分。

3. 生产关系

"各个人借以进行生产的社会关系，即社会生产关系，是随着物质生产资料、生产力的变化和发展而变化和改变的。"③ "这些生产关系的总和构成社会的经济结构，即有法律的和政治的上层建筑竖立其上并有一定的社会意识形式与之相适应的现实基础。"④ 按照生产力决定生产关系、分工界定为生产关系，可以这样理解，生产关系是生产力与分工相适应的产物，是不以它们的意志为转移的社会关系，当中也包含经济关系和政治关系。从马克思主义的角度来看，在资本主义私有制下，生产关系的特点是对立，主要体现为得益少的大多数工人与得益多的少数资本家之间存在的矛盾。在意识形态主导下，一方面，不同阶层的工人联合起来，组成无产阶级，实

① 《马克思恩格斯全集》第6卷，人民出版社，1961，第221页。

② 《马克思恩格斯全集》第19卷，人民出版社，1963，第243页。

③ 《马克思恩格斯全集》第1卷，人民出版社，2012，第340页。

④ 《马克思恩格斯全集》第2卷，人民出版社，2012，第2页。

现共产主义；[①] 另一方面，不同行业的资本家也联合起来，组成资产阶级，实现资本主义，最终形成无产阶级与资产阶级的斗争（阶级斗争）。这正如马克思所说，阶级是由政治决定的。

4. 制度

通过马克思的生产力、分工、生产关系可以梳理出阶层、阶级形成的理论，但梳理不出社会阶层结构与中产阶级的形成机理，因为在马克思看来，资产阶级最终会被无产阶级消灭。马克思的阶级理论不能解释社会阶层结构的演变与中产阶级的形成，故本文采用韦伯提出的阶层是由市场决定的理论，引入制度经济学理论，为阶层结构的演变与中产阶级的形成机理提供一种解释。

从制度层面来看，资本主义国家没有被消灭，反而蓬勃发展，主要是因为资本主义在改革，已从幼稚阶段发展到成熟的国家资本主义阶段。尽管剥削犹在，但市场制度的成熟与发展，无论是在生产、分配上还是在交换、消费上，都一定程度上满足了人们的生存与发展需求，西方一些发达国家推行的福利化政策保障了弱势群体的利益；在市场制度方面，进一步完善私有制制度，如私有财产权制度、专利制度、专业化制度等，这些制度大大缓解了马克思时代出现的资本主义制度刚性问题。当人们有了生存和发展的机会，能够通过自身努力获取所需，可以从底层向中上层自由流动时，那么社会矛盾即使存在，马克思的“丧钟”预言也不会那么容易发生。

从制度经济学理论来看，正是自由市场经济制度促进了国家现代化发展乃至改变了整个世界的面貌。制度的创新，从根本上推动了企业家精神的形成、技术创新和专业化分工。这些方面研究的代表人物有诺思（Douglass C. North）、韦伯、杨小凯与博兰（Yang and Borland）、卡萝塔·佩雷斯（Carlota Perez）、熊彼特（Schumpeter）等。制度经济学的发展推动了法治、产权保障和缔约自由，完善了自由市场经济制度，改变了工业化前刚性资本主义制度下发展受到桎梏的命运，促进了阶层水平或垂直的流动，缓和了社

① 马克思认为，这一历史使命只有无产阶级才能承担起来，而无产阶级应消灭资本主义意识，并在这种意识的指导下自觉地起来革命，推翻现存的资本主义关系。参见俞吾金《意识形态论》，人民出版社，2009，第71页。

会发展的矛盾。在自由市场经济制度下，资本积累与企业家精神发生耦合作用，带来技术创新和新的管理模式（专业化分工），实现规模经济生产，并创造大量专业、技术人才的职位；同时，经济的发展带动制度变迁，政府不再以“守夜人”自居，而选择干预，包括从立法、行政法规、政策上来解决经济发展衍生出的社会矛盾。如契约精神使人们可以因应自身条件选择就业；工会法增加了劳方与资方谈判的筹码；私有财产法保障了个人财产不被侵占；专利法激励了创业或发明创造；产业政策的长远制定促使专业阶层发展并拉动其整体向上流动等。因此，制度环境的变化，使资本主义制度从刚性化向弹性化发展，人们通过自身努力有机会成为有产阶层或中产阶层，而不用再选择以“革命”方式对抗资本家的剥削以获取生存和发展的权利，这就形成了今天资本主义制度下的橄榄形社会。可见，制度弹性改变了生产力、分工和生产关系，并促进了阶层与阶级的发展。厉以宁在《工业化与制度调整——西欧经济史研究》一书中指出，资本主义制度从刚性向弹性的转变有助于长期存在的金字塔形社会结构的变更，而以中产阶级为主的橄榄形社会结构的转变主要归因于技术进步和管理的要求、自行创业者的增多、受教育机会趋于平等、社会流动性增大和上升机会的涌现、市场扩大和新行业的成长，并认定这种转变与制度变迁有关。①

5. 意识形态

根据马克思的意识形态概念，意识形态是指在阶级社会适合一定的经济基础以及建立在这一基础之上的法律的和政治的上层建筑而形成的，代表统治阶级根本利益的情感、表象和观念的总和，② 具有实践性、总体性、阶级性、掩蔽性、独立性的特征。当代学者莱蒙德·格斯（Raymond Geuss）区分了三种不同的意识形态概念：一是描述意义上的意识形态（ideology in the descriptive sense）；二是贬义的意识形态（ideology in the pejorative sense）；

---

① 厉以宁：《工业化与制度调整——西欧经济史研究》，商务印书馆，2010，第395～398页。

② 马克思说：“在不同的占有形式上，在社会生存条件上，耸立着由各种不同的、表现独特的情感、幻想、思想方式和人生观构成的整个上层建筑。整个阶级在它的物质条件和相应的社会关系的基础上创造和构成这一切。”《马克思恩格斯全集》第11卷，1995，人民出版社，第159页。

三是肯定意义的意识形态（ideology in the positive sense）。[①] 马克思还告诉我们意识形态属于统治阶级的属性，统治阶级的思想在每一个时代都是占统治地位的思想，支配着物质生产资料，同时也支配着精神生产资料，并调节着自己时代的思想的生产和分配。统治阶级中有一部分人是作为该阶级的思想家，尤其是意识形态家而出现的，他们把编造统治阶级关于自身的幻想当作谋生的主要源泉。他在《经济学手稿（1861～1863）》中明确把这部分人称为“意识形态阶层”。一般来说，意识形态属于统治阶级，被统治阶级不可能有自己完整的思想体系，但不排除统治阶级本身的统治已处于危机之中，从统治阶级中分化出来的某些知识分子可能为被统治阶级创造出比较完整的思想体系，并用这种思想体系去取代统治阶级的意识形态。

人类经过了工业化、城市化和国际化，基本上进入现代化文明社会。尤其是在 21 世纪这样一个信息化、光纤化、全球化的时代，人们都可以通过互联网低成本、高速地浏览世界各地的发展情况，这意味着在科技日新月异发展下知识向全球溢出，每一个人都可以站在一个地方，以多个角度看问题，在一定程度上增强一个人的意识和社会意识，统治阶级想利用意识形态掩蔽资本主义的弊端（维护其阶级利益最大化），单靠统治阶级内的意识形态家说教似乎保证不了社会稳定，而被统治阶级也不一定等统治阶级发生统治危机才有意识和思想。现代社会不但要求一个生存的环境，而且更重视可持续发展，一旦统治阶级满足不了社会需求或是其自身状况越变越差，统治阶级内本来服从的意识形态阶层的意识形态家就有可能变节而提出新的思想，成立新的学说，在工会法下，将相关阶层组织起来。尽管上面提到制度经济学已为资本主义缓和了资产阶级与无产阶级之间的对立和矛盾，但资本主义贪婪、剥削的本质始终不变，况且制度经济学属于经济手段，难以掩盖社会关系的矛盾，在这种情况下，资本主义制度面临的社会挑战始终存在。

正如马克思所说，阶级是历史发展到一定阶段的产物。本文认为，现代

---

① Raymond Geuss, *The Idea of a Critical Theory* (Cambridge: Cambridge University Press, 1981), pp. 4, 12, 22. 描述意义上的意识形态指意识形态是总体结构的一部分，不引入某种价值观来批评或赞扬这种意识形态，只做中性、客观的描述；贬义的意识形态指承认意识形态的存在，但对它的内容和价值却采取否定态度；肯定意义的意识形态即不光承认意识形态的存在，而且对它的内容和价值持肯定的态度，认定它能客观反映社会存在的本质。参见俞吾金《意识形态论》，人民出版社，2009，第 129 页。

资本主义制度下的橄榄形社会具有拥有专业知识、技术的中等收入阶层，具备形成中产阶级的条件，正如布迪厄提出的支配阶级、中间阶级和普通阶级一样，但本文主张使用中产阶级。这种分裂很大程度上取决于制度经济学的发展，通过经济增长带动企业家精神、技术创新和专业分工，这是由于制度改革为人们创造了较为公平的发展机会和环境，使人们通过自身努力改变无产现状，衍生出普通阶级和中产阶级（见图2）。从剥削的角度来看，普通阶级属于被剥削较多的一群人，中产阶级相对被剥削较少，支配阶级（统治阶级，也可叫作资产阶级[①]）便是剥削者。尽管剥削依然存在，但相信不会发生马克思所说的那样的革命性阶级斗争，而制度发展带来的进步削弱了无产阶级的革命意识。然而，这不等于普通阶级、中产阶级完全接受支配阶级的意识形态，而是一种有限度的接受，只要剥削存在，矛盾和对立就存在，他们就不可能甘愿接受被剥削的意识形态。公平发展是人类社会追求的目标，剥削将使不同阶层组织起来，形成新的阶级，向支配阶级争取合理的剩余价值分配和发展机遇。然而，时代变了，知识分子也多了，他们完全具备条件和能力提出新的思想和价值观，在现代资本主义社会里，意识形态有居于支配地位的，也有居于被支配地位的，这也是社会发展成熟的体现。

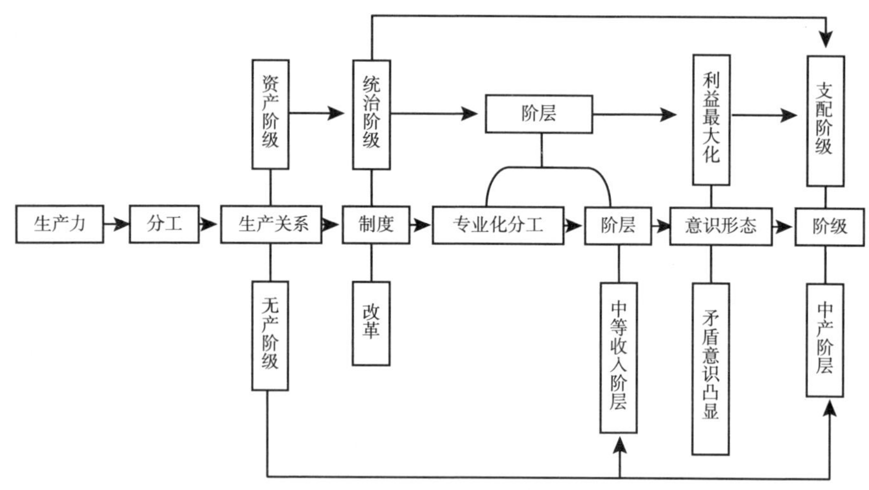

图2　阶层形成阶级的机理

① 资本主义制度发展下的必然产物。

二　回归后澳门阶层与阶级的发展演变

应该说，回归前的澳门其社会阶层结构存在水平流动不足、垂直流动受阻，阶层之间普遍存在固化、隔阂化、壁垒化、贫富差距等问题，其根本原因是葡萄牙在澳门实行的是一种带有殖民色彩的刚性资本主义制度。澳门作为华人社会建立在一个以葡语法律为基础的上层建筑之上，语言隔阂导致华人社会与澳葡政府（统治阶级）之间形成壁垒，不到3%的少数葡人占据大量经济资源、组织资源，97%的华人只占有少量资源，在不公平剥削下，以华人为主的基层阶级基本形成，其意识形态表现在殖民和剥削上，然而，阶级冲突没有体现为具有革命色彩的对抗性行动，取而代之的是一种沉默的抗议，这是缺乏抗争式思想家推动的结果。此外，这还与依赖特殊产业如苦力贸易①、贩卖鸦片②、赌博③、妓院④等有关。尽管从20世纪70年代中期开始，在国际产业转移的大背景下，澳门抓住了工业化发展机遇，但也仅仅完成了工业化初始的劳动密集型阶段，工业化阶段未完成即回到以博彩业为支柱产业的特殊发展格局。产业的特殊化关系制约了区域经济合作，使专业化分工仅局限于澳门内部，未能实现区域专业分工，这导致澳门社会以中下阶层结构为主。在这种阶层结构下，由于缺乏卓越的意识形态家做阶级斗争工作，所以澳门在回归前基本上还未形成中下阶级，这一点可以从澳门社团的发展特点中窥见一斑——社团虽林立但力量分散且规模小。如果中下阶级真的存在，就不会形成社团林立的局面，因为阶级的存在是为了与统治阶级做斗争，它需要高度统一、集中的组织。而社团林立且分散即可视为阶级未形成，这可以通过“集中”与“分散”之间的对立关系辩证出来。回归后，澳门实行“澳人治澳”，高度自治。政制的重大转变，预示着新的统治阶级形成。至今特区政府成立已将近13年，澳门的社会阶层发生了什么变化？澳门的阶层与阶级如何划分？中产阶级形成与否？

---

① 亦即贩卖人口，又称“卖猪仔”，澳葡政府于1853年9月12日将“苦力贸易”合法化。

② 1910年7月，澳葡政府建立鸦片包税区，1911年的头6个月，澳门包税区熬制了114箱鸦片用于出口墨西哥。

③ 澳葡政府于1934年将博彩业合法化。

④ 1905年澳葡政府颁布的管制卖淫的法规中还规定了“默许妓院”（casas tolerados）的具体位置。

（一）澳门社会阶层的划分及其特征

1. 社会阶层的划分

美国社会学家华纳（William Lloyd Warner）于60年前提出的社会划分理论把美国社会分成上、中、下三层，每层之中再有上下之分。比如，上上阶层（upper upper class）指传统"贵族"和名门望族，如范德比特（Vanderbilt）、洛克菲勒（Rockefeller）等家族；下上阶层（lower upper class）指新一代富豪，如企业家、电影明星、体育明星等；上中阶层（upper middle class）指专业人士，具有大学和研究生学历的博士、医生、工程师、牙医师、律师、银行家、公司高管、中小学校长、大学教授、科学家、药物家、船长、机长、会计师、建筑师、政治家、军官、作家、艺术家、音乐家等人；下中阶层（lower middle class）指低收入的白领，不包括蓝领工人，但包括警员、消防员、中小学教师、护士、政府工作人员、办公室职员、技术员和小企业家等；上下阶层（upper lower class）指蓝领工人（working class）；下下阶层（lower lower class）指那些无家可归的人士、无业游民等。中国学者并没有生搬硬套华纳的社会划分理论，而是结合中国实情，以职业分类为基础，以组织资源、经济资源和文化资源的占有状况为标准，将当代中国社会划分为10个社会阶层，即国家与社会管理者阶层、经理人员阶层、私营企业主阶层、专业技术人员阶层、办事人员阶层、个体工商户阶层、商业服务业员工阶层、产业工人阶层、农业劳动者阶层和城乡无业失业半失业者阶层，这称为"十阶层理论"。[①] 澳门近年也在积极研究中产阶层，如澳门发展策略研究中心在公布的《澳门中产阶层现状探索（研究报告）》中就提出以家庭月收入、家庭总资产、房产权作为划分中产阶层的可观察标准，而根据这种划分标准，澳门中产阶层所属的职业群体有中低层公务员、一般行业的管理人员、专业人士（医生、律师、教师、会计师等）、博彩行业的大部分员工（不含高级管理人员）、部分自由职业者和部分中小企业主；同时，将澳门中产阶层划分为老中产、新中产、边缘中产。[②] 澳门学者同盟最近出版的一份报告

---

① 陆学艺主编《当代中国社会阶层研究报告》，社会科学文献出版社，2002。

② 澳门发展策略研究中心、中国社会科学院港澳台研究中心、澳门中产阶层研究课题组：《澳门中产阶层现状探索研究报告》，澳门发展策略研究中心，2011，第23页。

将澳门整体划分为上层——富有阶级或企业主（3.1%）；中层——老中产阶级（4%）、高层新中产阶级（6.7%）、低层新中产阶级（8.3%）、边缘中产阶级（47.9%）；下层——劳动阶级（29.5%），同时提出了澳门基本上形成以中产阶层为主体的橄榄形社会，其中中产阶层占40%～65%。[①] 澳门特区政府政策研究室从广义的角度将中产界定为中间收入阶层（收入介于12000～78000澳门元），其范围涵盖就业居民和中小企业主。[②]

综上所述，有关中产的研究基本上是在社会阶层分布的基础上进行上、中、下划分，一般而言，较广义的划分手段为收入水平，而狭义的划分则是在广义划分上再添加职业、教育程度和社会地位等。在研究澳门中产问题时，本文主要考虑到中产属于一个较为理性、较具竞争力的群体（阶层）[③]，故尝试在收入水平的基础上将职业纳入分析。参考相关研究，澳门社会阶层可划分为上上层、上下层、中上层、中下层、下层，上上层[④]包括雇主和自雇人士，月收入在8万澳门元以上；上下层[⑤]指雇员，月收入在8万澳门元以下；中上层[⑥]指立法机关成员、公共行政高级官员、社团领导人员、企业领导人和经理、专业人员，月收入在40000～79999澳门元；中下层[⑦]包括月收入在15000～79999澳门元的技术员和辅助专业人员、文员、服务销售以及同类工作人员；下层[⑧]指月收入在14999澳门元以下的各职业阶层，有关职业的收入水平见表1。之所以不采用老中产、新中产和边缘中产，一方面是因为这种划分实质意义不大，且存在排他性；另一方面是因为在收入水平划分上与澳门特区政府政策研究室的划分有所不同，其原因在于澳门特区政府政策研究室的划分与澳门特区政府统计暨普查局的按职业身份、每月工作收入之就业人口划分出现错配，这不利于进行数据分析

---

① 杨允中等：《社会结构优化与中产阶级加速成长：大型研究报告》，澳门学者同盟，2012，第90页。

② 刘本立：《扶助中产发展　促进社会流动》，《澳门日报》2012年10月30日，第A07版。

③ 他们具有国家观念、社会责任感、个人价值观和专业技能，故展现出理性和竞争力。

④ 由资本家、商人和地主等组成，其工作自主性和收入水平实现了最大化。

⑤ 由具有股东和合伙人身份的雇员阶层组成，其工作并非完全自主但收入水平相当高。

⑥ 由专业人士组成，收入水平高。

⑦ 由两个职业阶层组成：一是中上层职业但收入水平中下层；二是职业中下层但收入水平涵盖中上层。

⑧ 由三个职业阶层组成：一是中上层职业但收入水平下层；二是中下层职业但收入水平下层；三是下层职业但收入水平涵盖中上层。

表 1　按职业每月工作收入的统计人数（2011 年）

单位：千人，澳门元

职业及类别	总数	每月工作收入（澳门元）													
		≤3499	3500～3999	4000～4499	4500～4999	5000～5999	6000～7999	8000～9999	10000～14999	15000～19999	20000～29999	30000～39999	40000～59999	60000～79999	≥80000
总数	318.3	25	4.5	9.5	8.1	20.3	46.4	38.4	73.7	39.8	31.7	10.5	6.6	1.8	2
立法议员、政府官员、社团及企业领导等	16.6	0.1	—	0	0	0.1	0.2	0.6	1.8	1.7	3.9	2.4	2.9	0.7	1.5
专业人员	12.0	0.1	0	0	0	0.1	0.2	0.4	1.1	2.0	3.3	2.2	1.2	0.5	0.2
技术员及辅助专业人员	30.5	1.2	0.2	0.2	0.3	0.9	1.6	1.9	6.2	6.2	6.7	2.2	1.3	0.4	0.2
文员	90.4	2.2	0.3	0.7	0.8	2.0	6.6	9.3	33.3	19.6	10.8	2.2	0.5	0.1	0.1
服务及销售人员	75.1	3.7	0.5	2.4	2.3	7.8	18.3	13.7	11.6	5.5	4.9	1.2	0.7	0.1	—
渔农业熟练工作者	1.5	0.1	0	0	0.1	0.2	0.3	0.3	0.3	0.1	0	0	0	—	—
工业工匠及工艺者等	28.9	0.7	0.2	0.4	0.3	1.5	3.5	4.6	11.7	3.2	1.4	0.2	0	0	—
机台、机器操作员等	15.2	1.2	0.7	0.4	0.3	0.9	2.1	2.7	4.9	1.3	0.5	0.1	—	—	—
非技术工人	57.4	15.7	2.6	5.4	4.0	6.8	13.6	4.9	2.8	0.2	0.2	—	—	—	—

资料来源：澳门特区政府统计暨普查局数据库。

和后续研究。

根据本文做出的界定与划分，2011 年澳门社会阶层分布情况为：上上层有 900 人，占就业人口的 0.28%；上下层有 1000 人，占就业人口的 0.31%；中上层有 5300 人，占就业人口的 1.67%；中下层有 77900 人，占就业人口的 24.48%；下层有 23.31 万人，占就业人口的 73.26%（见图 3、图 4）。可见，澳门仍未形成橄榄形社会，属于金字塔形社会（见图 5）。

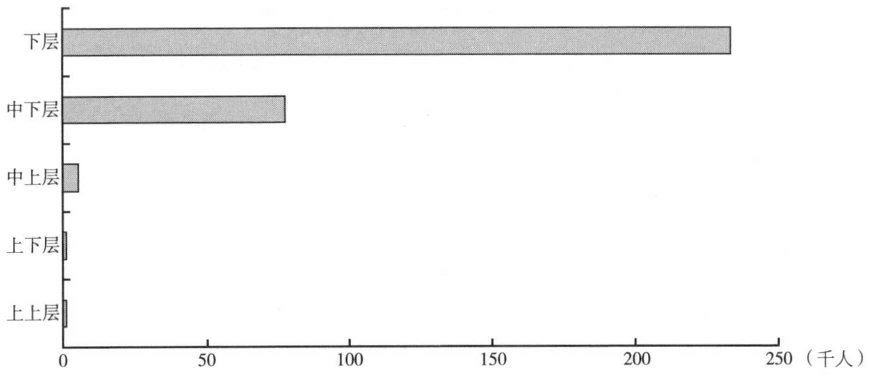

图 3　澳门社会阶层分布情况（2011 年）

资料来源：澳门特区政府统计暨普查局网站。

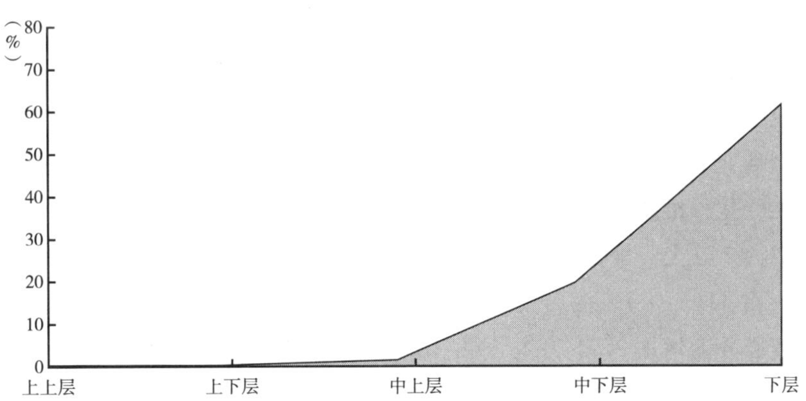

图 4　澳门社会阶层的分布百分比（2011 年）

资料来源：澳门特区政府统计暨普查局网站。

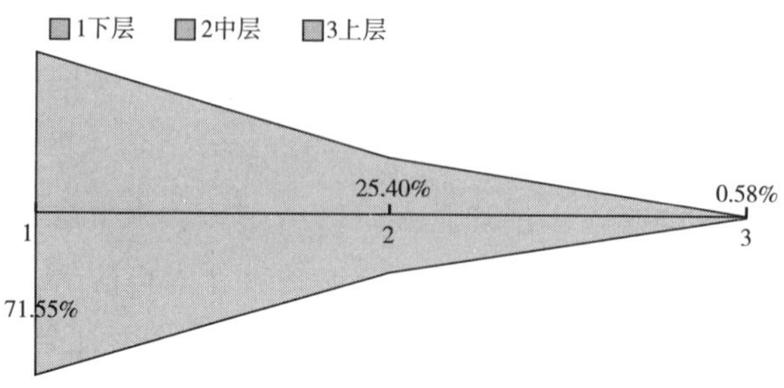

图5 澳门的金字塔形社会

注：由于没有将外佣纳入分析，故上中下层比例之和未达100%。
资料来源：作者自行绘制。

2. 社会阶层的特征

理论上，阶层是生产力提升、产业结构优化和社会分工的结果。一般而言，随着经济发展，社会阶层之间也相应出现变化，如阶层之间的水平流动或垂直流动，水平流动可以理解为同行业之间的流动或跨行业流动，垂直流动可以理解为同阶层或跨阶层的上下流动。根据这一理解，本文将对澳门社会阶层的流动特征进行描述。由于特区政府统计暨普查局没有公布职业的具体流向，如不同行业的职业流出与流入、不同职业之间的流出与流入，故本文只从两个切入面进行分析，一是行业就业人数的变动；二是职业人数的变动（阶层或收入水平）。

（1）基于行业就业人数的变动分析

由表2可见，1998～2011年，澳门的就业总数增加了13.16万人。第二产业[①]就业人数由1998年的6.32万人下降至4.23万人，减少2.09万人，其中制造业就减少2.86万人，建筑业则增加7700人，而水电及气体生产供应业无变化，维持在1300人；第三产业就业人数由1998年的13.27万人增加至28.42万人，增加15.15万人，其中文娱博彩及其他服务业增加6.24万人（占41.19%），酒店及饮食业增加2.35万人（占15.51%），不动产及工商服务业增加2.01万人（占13.27%），家庭佣工增加1.21万人（占7.99%），公共行政及社会服务业增加6900人（占4.55%），教育增加5800人（占3.83%），医疗卫生及社会福利增加4500人（占2.97%），运输通

① 包括制造业、水电及气体生产供应业和建筑业。

表 2　澳门各行业的就业人数分布（1998～2010 年）

单位：千人

年份	就业总数	制造业	水电及气体生产供应业	建筑业	批发及零售业	酒店及饮食业	运输通讯及仓储业	金融业	不动产及工商服务业	公共行政及社保事务	教育	医疗卫生及社会福利	文娱博彩及其他服务业	家庭佣工
1998	195.9	41.4	1.3	20.5	32.3	22.6	13.3	5.7	7.9	16.1	6.5	4	19.6	4.7
1999	195.7	42.7	1.1	16.2	30.4	21	14.5	5.8	9.3	16.3	8.7	5	19.3	5.4
2000	194.6	38	0.8	16.2	30.1	21.1	14.6	6.9	10.5	16.4	8	5.2	21.5	5.3
2001	204.3	44.6	1	17.1	30.5	22.7	14.7	6.1	10.8	16.2	8.2	5.1	22.4	4.9
2002	204.1	42	1.2	15.3	31.4	23.6	13.1	6.3	11	17.4	10.2	4.3	23.5	4.8
2003	204.5	37.7	1.3	16.4	33.2	22.4	14.4	6.3	12	18.1	9.8	4.7	23.9	4.3
2004	218.4	36.1	1.1	18.1	35.2	24.1	15	6.2	12.6	18.1	10.6	5	31.3	5
2005	236.7	35.3	1.2	22.9	35.3	24.9	14.8	6.6	14.3	18.8	10.3	5.3	40.8	6.2
2006	264.3	29.5	0.9	31.1	36.4	30	16.8	6.9	16.3	20.3	11.3	5.4	52.5	6.9
2007	299.9	24	1.2	38.6	38.4	34.7	16.4	7.9	20.1	22	11.9	6	69.1	9.6
2008	322.5	24.6	0.9	38.4	39.6	41.3	16	7.5	23.8	20.2	11.5	6.5	78.9	13.3
2009	316.5	17	1	32.7	41.5	43.7	16.7	7.5	25.6	20.3	12.3	7.3	75.2	15.7
2010	317.5	15.3	0.9	27.5	42.3	43.2	18.5	7.4	27.7	21.6	11.8	8.1	76.1	17.1
2011	327.5	12.8	1.3	28.2	43.4	46.1	16	8.1	28	23	12.3	8.5	82	16.8

资料来源：澳门特区政府统计暨普查局《澳门统计年鉴》（1998～2010 年）。

信及仓储业增加 2700 人（占 1.78%），金融业增加 2400 人（占 1.78%）。这说明过去 14 年澳门经济发展的特点是第二产业呈收缩态势，第三产业呈扩张态势。其中，制造业疲软是第二产业收缩的原因，其释放出来的粗放型劳动力大部分转移至第三产业；2002 年澳门特区政府落实赌权改革是促使第三产业迅速扩张的原因，在大规模的外来投资博彩项目冲击下，澳门对人力资源的需求急增，致使供不应求从而产生行业之间的“挤占效应”,① 其中文娱博彩及其他服务业直接挤占了其他产业 41.19% 的空间，当中包括对政府外劳政策配额和各行业人手的挤占。

在博彩业强大发展的挤占下，行业之间发展的此消彼长必然产生职业上的变动，这既包括同一行业或不同行业之间的“跳槽”，也包括同一行业或不同行业之间的职位流动，它又必然导致职业阶层的变动。如果从劳动密集、技术密集、知识密集来看，这段时期的澳门就业主要集中在劳动与技术相结合的服务性行业上，而教育、金融、医疗、公共行政等技术知识相对要求高的行业密集程度不高，14 年来只增加了 19200 人，约占总就业人口的 13%。这显示澳门经济高速扩张，但其产业结构并没有向技术知识密集型转变，仍仅停留在劳动技术结合的密集型发展阶段，而且技术相对低端，所以行业也受到产业结构的影响，职业也不可避免地受到产业结构不合理和没有新兴行业的影响。近年来，特区政府致力于发展会展业、教育业、文化创意产业和中医药业，如果能够成功发展，它一定有利于澳门产业结构的高度化和合理化发展，而这些产业对技术和知识的需求一定会产生不同专业化行业的供给，那么职业阶层也因行业新兴产业带动而垂直向上流动，从而促进橄榄形的中产阶层社会发展。

（2）基于职业、收入水平的人数变动分析

有关职业、收入水平的特征研究主要为职业阶层之间有没有发生流动、固化、壁垒和贫富差距，一般通过数据和观察判断，属于一种表象分析。

根据本文的职业阶层划分，结合 2006 年、2011 年的数据进行对照分析。从上层来看，其人数由 2006 年的 400 人增加至 2011 年的 1900 人，占就业人口比重由 0.15% 增加至 0.58%；从中层来看，其人数由 2006 年的

① 1998～2011 年，第三产业的就业需求为 15.15 万人，等于整个新增就业总数（13.16 万人）与第二产业释出人数（2.09 万人）的加总。

3.34万人增加至2011年的8.32万人，占就业人口比重由12.64%增加至25.4%；从下层来看，其人数由22.41万人增加至23.31万人，占就业人口比重由84.82%下降至71.15%。数据显示，这段时期，澳门上、中、下阶层之间存在自下而上的流动，其中，上层人数占就业人口比重从2006的0.15%增加至2011年的0.58%，中层人数占就业人口比重也从2006的12.64%增加至25.4%。但职业之间是否存在相互流动抑或单向流动，又或是固化、壁垒？根据特区政府统计暨普查局公布的最新的《(2008年）就业人士转工调查》，2006~2008年，分别有25100人、30400人和39200人转工，占整体就业人口的比重分别为9.5%、10%和12.1%，其中跨行业转工分别占59%、60.6%和52.3%，同行业转工分别占41%、39.4%和47.7%；而转工的情况主要集中在文娱博彩及其他服务业、酒店及饮食业以及批发及零售业。此外，报告并没有提及其他职业的转工数据，这是否可以由此推断其他职业存在固化或壁垒现象？本文通过2006年、2011年按职业身份、每月工作收入的统计人数比较得出，收入在3499澳门元以下来自立法机关成员、公共行政高级官员、社团领导人员、企业领导人及经理、专业人员的人数，收入介于5000~5999澳门元来自专业人员的人数，收入介于3500~4999澳门元来自技术员及辅助专业人员的人数，6年间没有发生变化，这反映出这些职业在该行业上存在固化或壁垒现象，但在同一收入区间，职业位阶较低的人士在人数上发生了不同程度的变化，这说明在低收入区间，职业位阶较高的人士固守不愿意离开。另外，收入介于10000~39999澳门元的文员人数变动最大，2006年为3.01万，2011年为6.29万，增长约109%；其次是服务和销售人员，2006年为2.32万人，2011年为4.36万人，增长87.93%。这符合产业结构变动下服务行业密集发展的特征，也符合经济增长带动职业流动的发展规律。贫富差距方面，2006年，下层人数占整个就业人数的84.82%，2011年占71.15%，这表明6年的经济高速期并没有使社会阶层结构由金字塔形转变为橄榄形。

由于特区政府统计暨普查局公布的职业流出、流入的数据不完全，因此在数据不足的情况下难以对职业之间是否存在流动、固化或壁垒做出较清晰的划分，只能通过行业就业人数的变动进行相关说明。总体而言，首先，2006~2011年，澳门的职业阶层具有自下而上的流动性（主要表现为下层向中下层的流动），其次，个别职业存在固化或壁垒现象（主要集中在职业位阶相对较高但收入偏低的阶层）；最后，在经济高速增长下，贫富差距有所缩小，但贫富差距问题仍相当严重。另要指出的是，根据笔者观察，政府部门的职业阶层之间存在横向或纵向的流动，但公营与私营之间的职业流动明显带有“有进无出”的刚性现象[①]（单向流入），或称为半固化现象。导致这一现象的原因除了政府的薪酬较私人市场高之外，也与政府任职人士对“铁饭碗”的认识有密切关系，加上近年政府频繁加薪的举动与两年加“20点”的横跳机制，以及既稳定收入又较高的工作环境，在政府任职人士即使面对私人市场提供高薪厚职，也不愿意冒险离开而选择固守，所以才有超过1万多人的中央招考规模。本文认为，政府部门内长期存在的职业刚性对社会阶层与阶级的发展有百害而无一利，原因在于精英都被政府一一吸纳，而政府作为支配阶级的决定者，这些被吸纳的精英在官僚体制下甘愿为支配阶级服务，即上层建筑的政策不利于社会公平发展，但他们也会基于自利考虑而选择固守官僚职业化，这使澳门社会阶层与阶级的发展力量被削弱，阻碍了社会进步。

（二）澳门中产阶级的形成与否

根据马克思的阶级理论，只要统治阶级与社会之间存在剥削，那么，必然产生与统治阶级相对立的阶级（无产阶级），而这种阶级之所以形成，主要是由于统治阶级内部发生矛盾，一些具备意识形态的思想实践人士从统治阶级分离出来，向被剥削阶层传达新意识形态，从而形成新阶级。在探讨澳门是否存在中产阶级时，可以通过工业化发展、意识形态的变化、社会现状三方面进行相关分析。

1. 工业化发展

没有工业化就没有现代意义上的中产阶级的产生和成长。[②] 从西方发展史来看，欧美国家之所以实现发达、社会结构呈橄榄形，无不是从工业革命到工业化的发展结果，所以，采用工业化发展标准来衡量一个社会中产阶层（阶级）的产生与成长符合历史发展规律并经得起理论与实践的检验。澳门

① 这是指在正常情况下，不因退休、犯错、疾病、创业等因素，公职人员因为收入水平而跳槽到私人市场。

② 厉以宁：《工业化与制度调整——西欧经济史研究》，商务印书馆，2010，第9~10页。

有没有经过工业化发展阶段？对此，学术界没有取得一致。本文根据工业化发展阶段的特点，即工业化初期（劳动密集型）→工业化中期（资本密集型）→工业化成熟期（技术密集型）→后工业化（知识密集型），判断澳门没有走完工业化发展阶段，只走到工业化中期发展阶段。这可以通过澳门数据做出说明。据统计，1972 年，澳门已有工厂 949 间；1974 年又增加 1037 间，工厂工人达 38000 人，生产项目包括开采、加工、食品、烟草、纺织、制衣、皮革、制鞋、木类、家具、纸品、印刷、化学、橡胶、塑胶、陶瓷、玻璃、非金属、金属、机器、运输器材、器具及仪器、电力气体燃料及用水、其他加工等。1974 年，因香港撤销了对黄金进出口的管制，澳门黄金转口贸易衰落。1980 年，澳门工业生产总值为 29.55 亿澳门元，较 1978 年的 14.43 亿增长约 1.05 倍，其中制衣业产值为 15.94 亿澳门元，占工业生产总值的 53.94%，加工业产值为 6.02 亿澳门元，占工业生产总值的 20.37%，纺织业产值为 7.59 亿澳门元，占工业生产总值的 25.69%；工厂数目达 1384 间，工人达 35396 人。澳门的产业结构由传统出口加工贸易转变为劳动密集型的工业出口导向。1981～1985 年，澳门出现来自内地的移民潮，形成廉价劳动力比较优势，澳门经济逐渐走向多元化，形成以出口加工业、旅游博彩业、建筑业、金融业作为四大支柱的产业结构。出口加工方面，1980 年澳门工业产值为 27.42 亿澳门元，到 1990 年为 138.98 亿澳门元，增长了 4 倍多。其中，纺织业产值为 26.15 亿澳门元，占工业生产总值的 18.82%；制衣业产值为 68.28 亿澳门元，占工业生产总值的 49.13%。工人总数达 65664 人，较 1980 年的 44656 人增加 47%。取而代之的是旅游博彩业，1984 年其占澳门 GDP 的比重为 25%。20 世纪 70 年代中期至 80 年代中期是澳门第二产业发展的全盛时期，但生产大都以劳动密集方式进行，如制衣、纺织等，少数采用资本密集型生产；之后，由于“普惠制”的取消和周边地区的竞争，澳门随即丧失劳动密集的比较优势，第二产业中的制造业逐步走向衰退。由此可见，澳门没有走完工业化阶段，澳门仍不具有形成现代意义中产阶级的历史条件。

2. 意识形态的变化

回归前，意识形态伴随澳葡殖民统治下阶级对立而产生；回归后，澳门实行“澳人治澳”、高度自治，政治制度的巨大转变使针对澳葡殖民统治而产生的意识形态顷刻没有了市场，但并不代表这种意识形态在澳门回归后迅速消失，因为在“一国两制”下，基本法规定澳门原有的资本主义制度和生活方式五十年不变，即澳门将继续奉行澳葡时期留下的资本主义制度，仍保留着一种相当刚性的制度。所以，反殖民统治的意识形态消失了，但反剥削的意识形态仍然游走于普通阶层之间。

澳门特区成立12年来，在“一国两制”、澳人治澳、高度自治的方针下，造成普通阶级反剥削意识形态淡薄的原因有三：一是政治制度的大转变促进了澳门制度经济学的发展。在“一国两制”下，基本法赋予澳门特区高度自治权，过去三届特区政府都致力于生产、分配的改革，如赌权开放改革、多项社会福利改革等，使居民不但享有充分就业的机会，而且享有自我增值、向上流动的机会。不同阶层或多或少都享受到特区政府发展经济带来的成果，至于这些成果的分配是否符合经济原则或有利于长远发展则另当别论，但可以肯定，居民目前接受这种生产和分配方式，这就缓和了资本主义制度下的不公平，所以，反剥削的意识形态在澳门回归后没有发展起来。二是以特区政府为首的上层建筑内部没有发生冲突和矛盾，因而没有出现精英分子从上层建筑往下流动的情况，由于缺乏意识形态号召，普通阶层难以形成新的思想、产生新的行动。三是“爱国爱澳”成为澳门的主流价值观，不但获得中央首肯，而且被特区政府加以积极倡导。最重要的一点是，这种价值观不单纯是精神支柱，更是物质支柱，中央的首肯意味着政策的扶持，中央政府政策的落实意味着实际受益，如水、食物和横琴开发等。

一般而言，普通阶级是被支配、被剥削的最大一群。在目前的澳门，这最大的阶级群没有强烈的反剥削意识。所以，从意识形态的角度看，澳门中产阶层存在，但阶级尚未形成。

3. 社会现状

中产阶级的存在与否，在一定程度上可以透过对当前社会现状的观察和分析做出判断。从中产阶级的功能特点来看，它本身具有稳定社会和促进现代化发展的功能，而在社会发展过程中，会发生不少与社会稳定、现代化发展相冲突的现象，中产阶级有没有对这些现象发挥自身功能，可以作为中产阶级存在与否的一种判断。本文特意选择从三方面即组织结构松散、搭便车行为、非理性选择进行描述。

（1）社会组织结构松散

有关理论认为，阶层属于自然演变，是制度变迁的产物；阶级则有所

不同，它属于人为操作，是意识形态的产物。中产阶级的形成与否取决于有没有一个极具意识形态的行动者在发挥组织作用。从这方面来看，澳门的社会组织结构可以说是较为松散的，这可以从澳门的社团组织情况加以判断。有研究指出，政治上，澳门没有政党，属于社团政治。而马克思认为，阶级是由政治决定的。因此，社团政治的发展与阶级的产生之间应该说有一定的逻辑关系，不同的是社团有可能来自不同阶层，而阶级则是来自同一阶层。从澳门社团整体状况来看，社团林立，56 万人的城市居然有 4000 多个社团，大约平均不到 150 人就构成 1 个社团，并呈细化分散发展态势。有研究指出："澳门华人社团所形成的这一网络具有范围广泛、成员交叠、利益互惠以及认识交集的结构特征。"① 这也正反映出澳门社团组织结构松散、容易分化的一面，例如，一个社团由不同阶层人士组成（广泛），其中社团成员来自多个社团（重叠），他们在多个社团之中穿梭，占据一定的组织资源（利益互惠）和信息收集（认识交集）。此外，成员交叠也可能带来组织结构松散和不稳定的问题，当发生利益冲突时，成员交叠（发生于领导层）很难平衡多边利益，以致在最终需要做出归边处理时就不存在利益互惠，反倒会引发角色冲突和组织结构问题；成员交叠容易使社团产生裂变，因为每个人在短时期内可以透过参与多个社团，了解社团运作规则和获取组织资源（交集认识），从而另起炉灶。澳门大多数社团都是以名义性操作为主，且人数较少，属于业余性质，有的甚至办公地点都没有，组织结构相对较完整且具有实质性功能的社团不多，这如同千棵小树包围十棵大树，横看像森林，竖看像园林。最使人疑惑的是，无论是一些规模较大的传统功能社团还是芝麻般小的社团，都没有进行任何合并、结盟或整合，这也反映出澳门社团在组织结构上故步自封，基于自身利益考量，欠缺政治方面的思考。最后要指出的是，澳门具有一定规模和功能的社团都一直接受政府的资助，这必然削弱社团的自主性（组织软化），甚至使之成为政府的附属组织。由此可见，澳门尽管社团林立，但基本上没有一个社团具备充分条件团结中产阶层发展为一个具有阶级性质的政治性社团。

---

① 潘冠瑾：《澳门社团体制变迁：自治、代表与参政》，社会科学文献出版社、澳门基金会，2010，第 49 页。

（2）搭便车行为

搭便车行为是指一种不想付出任何成本而坐享其成的行为。[①] 如果一个地方存在现代意义上的中产阶层，搭便车行为就相对会少一些，反之亦然。澳门特区的成立，本应造就“澳人治澳”时代，但事实并非这样，澳门居民对政治、经济等问题的冷感并没有随“一国两制”实践的深入而改变，澳门可持续发展策略研究中心的《澳门居民综合生活素质调查——社会与公共事务参与》显示，超过80%以上的澳门居民没有直接或间接地向政府或非政府团体反映意见；澳门理工学院“一国两制”研究中心的《澳门特区十年发展进步大型民意调查报告》指出，1097名被访者中有84.69%的人表示不会参与游行、示威和罢工，有72.4%的人表示不会参加政府咨询，有76.21%的人表示不会向传媒表达意见。此外，澳门在“五一”和“回归日”都有团体组织游行请愿，但游行人士绝大部分来自基层团体，如博彩、建筑、物业管理和清洁等行业，代表中产阶层的团体几乎绝迹街头。以上都显示中产阶层对政治、经济等问题十分冷淡，然而这种冷淡带有搭便车行为，这一点更可以从新澳门学社在2008年的立法会直接选举中席位由2席增至3席得到佐证。众所周知，新澳门学社被外界定性为向“政府”说“不”的非建制派社团，为什么可以在激烈的竞争中突围而出？本文认为，这与澳门中产收入人士中大多数选择搭便车行为有关，他们知道政府的问题所在，但既不想公开地表达不满，又想改善政府治理，故选择暗地里支持较为敢言的新澳门学社，代替他们公开监督政府；同样，对于基层市民的街头请愿，他们既不参与也不反对，只想坐享其成，借助他人的力量促使政府落实分配政策，从而获取更大的利益。可见，尽管澳门的经济高速发展，但其社会发展意识仍相对滞后，搭便车行为充斥中产阶层，从根本上抑制了其发展。

（3）非理性选择

西方新古典经济学一直是强调以理性为前提对各种经济现象和人的行为偏好做出解释，主张理性选择。这种经济学说之所以能在西方社会得到牢固的发展且影响深远，本文认为这与西方多国形成了具有现代意义的中产阶层有很大关系。这是因为这些国家的国民相对理性，所以才有理性学说的供

① 刘树成主编《现代经济辞典》，凤凰出版社、江苏人民出版社，2005，第155页。

给，政府才能合理地制定政策。如果一个地方的民众经常做出非理性选择，同样的，理性学说供给也可能被扭曲，政府政策错位、失灵将无可避免。从理性的角度来看，不能说澳门是一个理性的社会，因为其社会发展过程中发生了不少非理性选择，如上述提及的搭便车行为和一直极具争议的“现金分享计划”。2008 年，澳门特区政府首次“一刀切”地向全部居民派发现金，不管富有还是贫穷、本地定居还是外地定居、有纳税还是没有纳税，皆有份。至 2012 年，该计划已推出 5 年，5 年的支出金额依次为 25.41 亿澳门元、31.3 亿澳门元、33.8 亿澳门元、35.98 亿澳门元和 34.28 亿澳门元，共计 160.77 亿澳门元。本文认为，这是一种非理性选择，反映了政府财政政策制定的不合理和市民趋利忘义的自利性。首先，政府选择以“一刀切”的方式来分配公共财富，而这种分配方式没有理论依据，世界上没有成功的案例。第二，在公共政策中，“一刀切”分配本身就存在不合理性，它忽视了富人与穷人的需要，如 7000 澳门元对穷人而言可解燃眉之急，但对富人而言，根本没有多大帮助，本来可以增加对穷人的帮助正因为政策的“一刀切”而被富人占去，加剧了贫富差距。第三，澳门虽然面临高通胀问题，但仍未到非派钱不可的地步。澳门的福利政策已使周边国家或地区望尘莫及，即便回归前经济连续 4 年出现负增长，都没有威胁到市民的生存，难道在 GDP 年均增长 16% 的发展势头下，还会发生因高通胀而有人被活活饿死的事情吗？政府以派钱手段掩盖通胀问题，不但不能治标，更莫说治本，反而会进一步使通胀恶化。尽管特区政府统计暨普查局公布通胀率与政府派钱并没有明显的相关性，但不等于派钱与通胀毫无关系，事实上，市民感受最深，每次派钱，茶餐厅都跟着加价。对澳门这样一个高度外向型的微型经济体而言，高通胀问题确实不容易处理。但不容易处理不等于不能处理。本文认为，高通胀与高楼价之间存在相互影响，正因为高楼价增加了一般居民的供楼压力，减少了其手上的可支配收入，所以一旦物价上升，其生活负担便会加重。所以，政府要想解决高通胀，首要要解决高楼价，避免一般市民变成“房奴”；在楼价合理的情况下，增加市民手上的可支配收入，确保其即使没有政府的现金分享，也有余钱去应对通胀，而不至于银行存款被高楼价套牢。可见，“现金分享计划”属于一种全社会的非理性选择。社会发生非理性选择不等同于社会是非理性社会，但有一点可以肯定，澳门离理性发展社会尚有一段距离。

综上所述，澳门没有走完工业化阶段，社团组织结构也比较松散，社会更出现搭便车行为和非理性选择，由此基本上可以判断澳门社会不存在现代意义上的中产阶级。

三　小结与若干建议

（一）小结

通过区分马克思的阶级理论与韦伯的阶层理论，本文得出如下结论：阶级是政治决定的，而阶层是市场决定的。同时，本文在马克思和韦伯的有关理论基础上针对阶层与阶级的演变进行机理分析，指出在资本主义制度刚性发展下，剥削促使阶层联合起来，并在意识形态灌输下形成无产阶级，按照马克思的说法，最终推翻资产阶级。然而，为什么发展至今，资本主义制度不但没有推翻反而在世界普及发展起来？本文提供了一个理论解释：资本家在追求利益最大化的同时推动了国家经济制度的变迁，使原本过于刚性的资本主义制度变得富有弹性；其中，制度经济学的兴起在阶级斗争中发挥了十分重要的调节作用，它强调的协调、信息、激励和约束不但促进了经济增长，而且促进了政治、社会制度的变迁，使每个人都有发展的机会，如投票权、就业自由、社会保障和集会自由等。本文认为，正是因为制度经济学的发展及其对世界的持续影响，被剥削的人们没有被逼到联合反抗的地步，相反有能力的人士得以有机会向专业化方向发展并晋升中上层，马克思时期那种革命性的阶级斗争得以缓和，取而代之的是和平和理性的抗争。当今，刚性剥削消失了，但不同程度的剥削仍存在，只要剥削仍存在，利益冲突就必然会发生，阶层就可能发展为阶级。

此外，本文以澳门为例，对澳门的阶层与阶级进行分析，将澳门社会划分为五大阶层：上上层、上下层、中上层、中下层、下层。通过回归前后比较得出，回归前，在澳葡殖民统治下，葡语（语言隔阂）成为华人社会与澳葡政府（统治阶级）之间的壁垒；回归后，中文成为官方语言，普及化消除了壁垒化，阶层之间发生横向和纵向的就业流动，少数行业仍存有固化现象，贫富差距问题突出。阶层方面，通过分析收入与职业的约束条件可知，澳门的社会结构目前仍是金字塔形，即下层为71.55%，中层

为25.40%，上层为0.58%。本文强调，这是完全基于客观理论分析的结果，没有将更多的政治和社会因素纳入考虑，它的学术意义仅反映以在收入作为划分依据的阶层分布基础上增加对职业结构变化的分析，是一种研究方法的新尝试，因此它不具有实质性意义，也不存在任何定论。阶级方面，基于澳门没有走完工业化阶段、社团组织结构松散、中产收入阶层存在搭便车行为、社会存在非理性选择等发展特点，初步判断澳门未形成具有现代意义上的中产阶级，至于澳门是否确实未形成中产阶级，有待理论界合力共证。

应该说，有关分析厘清了阶层与阶级的概念，提供了解释阶层与阶级发展机理的理论，同时推进了澳门阶层的划分，并对目前中产阶级存在与否做出了初步判断。

（二）若干建议

针对澳门阶层、阶级的发展特点，即未形成橄榄形社会，未发展出现代意义上的中产阶级，根据阶层是由市场决定、阶级是由政治决定的分析，特区政府可以考虑从制度改革、产业结构优化改革、巩固和发展核心价值观三方面促进澳门社会阶层、阶级的健康发展。

1. 制度改革

一直以来，制度改革主要集中在政治、经济和社会三大方面，改革的力度取决于生产力、生产关系之间的相互变化和相互影响，改革的根本是通过激励、约束手段推进社会公平稳步发展。所以，政府可以考虑通过政治、经济、社会改革促进阶层、阶级的发展。第一，加快政治制度改革，缓和统治阶级与被统治阶级之间的矛盾。“欧文龙事件”的发生在某种程度上反映了澳门上层建筑衍生出腐化问题，也激发了统治与被统治阶级之间的矛盾，这说明进行政治改革的时候到了。首先，推行反贪腐改革。政府可以通过强化廉署、审计的职能以更严厉的手段约束政治上的寻租行为。其次，推行高官问责制度，通过权、责、利的明晰与捆绑，打破有权、有利而无责的局面，未能履行权责利者要自动归责，引咎辞职，从而约束位高权重者，使其多“以民为本”，多做实事。再者，推进公务员体制改革，打破公务员系统“有入无出”或“多入少出”的固化状态，从根本上发展精英政治。第二，启动经济制度改革，促进不同阶层发展。首先，推行土地改革，“澳人澳地”是可行的改革路向，而公共房屋制度改革是实现“澳人澳地”的基点，土地本地化改革使澳门居民降低置业成本，避免跌入“房奴”陷阱，从而增加个人和家庭可支配的发展空间和机会，如自我增值、培养下一代。其次，完善有效市场供给改革，改革的重点应在奉行自由市场调节的基础上政府随时因应变化做好干预的准备，不能固守“守夜人”角色，视亚当·斯密的自由市场理论为铁律。再者，推行防范外部性冲击改革，目前，对澳门构成最大可能的外部性冲击是经济危机和周边地区开赌，针对经济危机，可以通过财政储备功能改革和经济危机预期分析应对，针对周边地区开赌，一方面要加强博彩业内部的规管和有序竞争，另一方面政府要做好发展高端产业的准备，以分散博彩业“一业独大”带来的风险。第三，推进社会改革，促进阶层之间和谐发展。首先，推行贫富差距改革，关键是经济改革与教育改革并重，前者创造发展机会，后者把握发展机会。目前正受社会垂青的现金分享计划，非但不能根治贫富差距，反而扩大了贫富差距，这不可不察。其次，推进公民社会改革，一方面要激励市民积极参与社会活动，如投票、做义工、捐血等；另一方面要严厉约束市民的不当行为，如禁止室内吸烟、随地吐痰、乱过马路等。

2. 优化产业结构

由中产阶层构成的橄榄形社会实际上是经济可持续发展至一定水平的结果。没有可持续的经济发展，就没有产业规模经济，没有产业规模经济，就没有技术创新和白领职位供给，没有白领职位供给，就没有职业垂直流动的需求，也就没有中产阶层的产生。自特区成立以来，赌权开放使澳门经济实现了较高速的发展，使博彩产业形成规模经济，但澳门的阶层没有得到同步发展，这主要与博彩业“一业独大”及其特殊性有关，它的特殊性收益不需要技术创新，从而窒碍了专业化分工的发展，所以没有创造出大量的白领职位，进而没有产生垂直流动的机会。如果特区政府要致力于构筑以中产阶层为主的橄榄形社会，仅依靠博彩业“一业独大”是不可能的，必须寻求产业多元发展。从目前的情况来看，发展国家“十二五”规划提及的中医药业是澳门优化产业结构的最佳路径选择之一。其原因有二：一是中医药产业是中国传统优势行业；二是中医药文化博大精深，取之不尽，只要特区政府全力配合国家“十二五”规划，在中央政策后发优势支持下，利用澳门自身财政丰裕的比较优势和制度优势，集中力量将中医药做大做强，是

很有可能的。一旦中医药产业在澳门形成规模经济，由于它不具有博彩业的特殊性，所以它有条件发展出水平、垂直延伸的产业链，这样的话，从研究到生产再到规模经济，需要不断的技术创新，从而产生专业化分工和职位需求，如中药研究、检测等，进而提高澳门整体专业化水平，真正地推动澳门从金字塔形社会结构向橄榄形社会结构转变。

3. 巩固和发展核心价值观

橄榄形社会结构不仅是收入水平的体现，而且是核心价值的集中体现。特区成立 12 年来，基本上形成了“爱国爱澳”的传统核心价值观，这是澳门成功落实“一国两制”、“澳人治澳”、高度自治的根本体现。然而，传统核心价值观未能有效支撑澳门社会中产阶层的发展，因而才有了搭便车行为、非理性选择现象的发生。未来，特区政府应积极思考如何透过正式制度、非正式制度的构建构筑新价值观。这里强调一点，新价值观必须建基于传统核心价值观之上，若将个人利益凌驾于国家、特区发展之上，则会既损害国家利益，也不利于自身发展。

（原载杨允中主编《“一国两制”研究》总第 16 期，澳门：澳门理工学院一国两制研究中心，2013 年 4 月。）

澳门的犯罪问题以及博彩与犯罪的关系

李　德*

澳门是中国唯一博彩业合法化的地区。以博彩业和旅游业为代表的第三产业已成为澳门地区的重要经济支柱，贡献了澳门一半以上的年 GDP 以及政府财政收入。在澳门博彩业蓬勃发展的同时，与之相随的相关犯罪已然成为一个令民众高度担忧的问题。相关研究表明：在一些地区，合法性的赌博行为与犯罪存在着某种相关性。① 然而，也有研究认为：一些犯罪，尤其是白领犯罪与合法性赌博存在负相关关系。② 所以，不能简单地说某个地区的博彩业发展与犯罪有着实际的关系，也不能对澳门博彩的扩张是否导致澳门高犯罪率的问题妄下结论。首先，笔者描述了近些年澳门犯罪的分布情况，并分析回顾澳门犯罪率的趋势；其次，进一步研究司法部门所重点关注的罪行，如与毒品相关的犯罪；最后，依据官方统计资料和《澳门日报》对相关案件的报道，描述分析与赌博相关的犯罪的特点及其分布，评估其对整体犯罪的影响，并探究赌博与犯罪之间的关系。

---

* 李德，社会学博士，澳门大学社会科学学院副院长、社会学系教授。

① B. Grant Stitt, Mark Nichols, David Giacopassi, "Does the Presence of Casinos Increase Crime? An Examination of Casino and Control Communities," *Crime and Delinquency*, Vol. 49, 2003, pp. 253 - 284; Sarah Ann Wheeler, David K. Round, Rick Sarre, Michael O' Neil, "The Influence of Gaming Expenditure on Crime Rates in South Australia: A Local Area Empirical Investigation," *Journal of Gambling Studies*, Vol. 24, 2008, pp. 1 - 12.

② Jay S. Albanese, "White Collar Crimes and Casino Gambling: Looking for Empirical Links to Forgery, Embezzlement, and Fraud," *Crime, Law and Social Change*, Vol. 49, 2008, pp. 333 - 347.

一 澳门的犯罪情况

笔者根据澳门两类官方统计资料对澳门的犯罪情况进行分析。第一类官方统计资料为澳门特区政府统计暨普查局公布的《澳门统计年鉴》，其资料主要来自保安协调办公室、法院、检察院、监狱、少年感化院的统计数据。年鉴将犯罪行为分为5种：侵犯财产罪、侵犯人身罪、妨害社会生活罪、妨害本地区罪以及其他犯罪。第二类官方统计资料来自澳门特区政府司法警察局的犯罪数据资料，他们将犯罪数据的统计结果收录到《工作年报》中，最新一期中葡双语的年报即可在澳门特区政府司法警察局网站查阅。2002年至2012年的报告亦可在澳门中央图书馆和澳门大学图书馆查阅。年报主要将罪行分为三类：严重犯罪、毒品相关犯罪和赌博相关犯罪。报告列出了每一种犯罪种类整体的犯罪总数和案件数，其中也包含了资讯丰富的个案。此外，一些非官方的犯罪数据，如各种媒体公布的调查数据和犯罪报告也是了解澳门犯罪情况和趋势不可或缺的材料，这些数据大多数是违例的数据统计。但是，由于澳门相关部门没有进行大规模的受害者调查，因此无法系统地获知被害人的情况。同时，大多数的调查数据都是采用方便抽样的模式进行研究，缺乏代表性，因此不能准确描述澳门犯罪的整体情形。

（一）总体犯罪情况概述

根据最新的《澳门统计年鉴2012》对主要犯罪类型的情况统计，2011年澳门共有12512宗犯罪案件。在557400人口的基础上，每10万人中犯罪人数为2245人。表1列出了犯罪统计年鉴中5种犯罪类别的情况：侵犯财产罪案件数占到了总案件数的一半以上；19%的犯罪案件为侵犯人身罪；其他类型的犯罪与妨害社会生活罪和妨害本地区罪占所有犯罪案件的1/4左右。

表1 澳门主要犯罪类型（2011年）

	案件数（件）	百分比（%）
侵犯人身罪	2428	19
侵犯财产罪	7080	57
妨害社会生活罪	670	5
妨害本地区罪	955	8
其他	1379	11
总　计	12512	100

资料来源：澳门特区政府统计暨普查局《澳门统计年鉴2011》，2012。

（二）重罪

在澳门，刑法对犯罪类型的划分是独一无二的。澳门《统计年鉴》中的犯罪类型就是依据这部刑法进行分类的。而特区政府司法警察局公布的犯罪统计更接近犯罪学研究通常使用的对罪案的分类。年报中涉及犯罪统计数据的罪行有以下几类：杀人、绑架、剥夺他人行动自由、勒索、纵火、暴利及高利贷、贩卖毒品、抢劫和盗窃。① 表2总结了2011年“严重罪行”的统计数据。

表2　澳门重罪犯罪情况（2011年）

	案件数(件)	百分比(%)
盗窃	2063	79.13
暴利及高利贷	175	6.71
抢劫	163	6.25
贩卖毒品	96	3.68
纵火	38	1.46
勒索	49	1.88
剥夺他人行动自由	19	0.73
杀人	4	0.15
总　数	2607	100.00

资料来源：《工作年报2011》，http://www.pj.gov.mo/publish/AR 2011 - synth_ ch.pdf。

2011年，发生最为频繁的罪行是盗窃，它占所有重罪的79%。第二是暴利及高利贷，第三是抢劫，第四是贩卖毒品。其余的重罪所占比例不到5%。而杀人和绑架是澳门两个最为少见的犯罪行为。如表2所示，重罪的分布是十分特殊的。排名前三位的罪案都涉及财产或非法获取钱财，包括盗窃、放高利贷、抢劫。第四类贩卖毒品也涉及非法获利。涉及高盈利的犯罪尤其是高利贷和贩毒，可能反映了澳门作为一个旅游和博彩中心在远东地区的独特地位。赌场吸引了大量赌客到澳门，放高利贷者为那些绝望的赌徒提供了便利的赌金，让他们能够继续留在赌桌前试运气。因此，放高利贷成为一个利润丰厚的非法行业。同时，澳门也被认为是国际毒品贸易的主要转运

① 澳门特区政府司法警察局：《司法警察局年报》，2012，http://www.pj.gov.mo/NEW/AR2012_ch.htm，最后访问日期：2012年8月15日。

中心。2011 年，警方逮捕了大批走私非法毒品进入澳门的外国公民。贩毒者来自不同的国家和地区，包括中国大陆、中国香港、东南亚和非洲。这些毒贩聚集在澳门，寻求通过非法的毒品生意获得财富，这或许可以解释为什么贩运毒品在澳门是最常见的犯罪之一。

（三）重罪的历年趋势分析

在过去的几十年里，澳门社会与经济变化巨大，这些变化可能导致犯罪率发生相应的变化。其中，有些罪行可能增加，而其他罪行可能一直保持稳定或呈现下降趋势。运用《澳门统计年鉴》中的人口数据和特区政府司法警察局的犯罪数据，笔者计算了 2002～2011 年的重罪犯罪率。表 3 显示了盗窃、抢劫、放高利贷、纵火、敲诈勒索、非法拘禁和杀人案的犯罪率情况。由于早些年份的统计报告没有统计贩毒罪行，因此该罪行并没有在表 3 中显示出来。

10 年来，盗窃犯罪率一直居高不下，每 10 万人口中盗窃的犯罪率比其他所有罪行的犯罪率之和都多。2010 年以前，抢劫的犯罪率是第二高的。2010 年以后，暴利和高利贷的犯罪率超越了抢劫，位列第二。纵火的犯罪率和勒索的犯罪率分别排在了第四位和第五位。犯罪率排在倒数两位的是剥夺他人行动自由和杀人。在澳门，杀人犯罪率非常低，平均每年每 10 万人中约有一宗凶杀案。与表 2 中的数据相一致，在澳门，大部分的犯罪都与财产犯罪有关，特区政府司法警察局提供的报告显示，从 2005 年起，盗窃、抢劫、暴利与高利贷在重罪犯罪率中一直占据前三位。这三种罪行都涉及财产或非法获利。

表 3　澳门重罪犯罪率（2002～2011 年）

单位：起/10 万人

犯罪率 \ 年份	2002	2003	2004	2005	2006	2007	2008	2009	2010	2011
盗窃	278	320	251	331	264	366	420	325	276	370
抢劫	93	109	74	69	55	56	61	41	28	29
暴利及高利贷	14	5	10	29	20	24	33	31	31	31
纵火	14	11	10	9	6	9	10	8	7	7
勒索	13	14	14	7	7	6	5	8	5	9
剥夺他人行动自由	2	1	2	1	2	1	1	1	3	4
杀人	1	2	1	1	2	1	1	1	0	1

资料来源：澳门特区政府统计暨普查局《澳门统计年鉴》（2002～2011），澳门特区政府司法警察局网站。

从表3中的统计数据可以看出，在过去10年中，澳门发生最频繁的三类重罪分别为盗窃、抢劫和高利贷。高利贷犯罪整体上呈上升趋势，而抢劫罪呈下降趋势。2003～2008年，高利贷的犯罪率显著上升；2009～2011年，高利贷的犯罪率较为稳定。然而，抢劫的犯罪率变化非常快，它从2002的每10万人90多起案例降到了2011年的每10万人20多起案例；盗窃的犯罪率在这十年中呈现波动趋势，在2008年达到波峰后又回落到2004年和2006年的水平，然后又在2011年达到第二个峰值。总之，澳门的犯罪率保持在较低的水平，澳门大多数重罪是与财产相关的犯罪。如故意杀人罪、抢劫罪一类的暴力犯罪在澳门是罕见的。此外，殴打没有作为一个独立的重罪类别列入特区政府司法警察局的工作年报，因此它的犯罪率的年度间变化趋势无从知晓。2002～2011年，财产犯罪的比率持续增长。而在同一时期，暴力犯罪的比率却有所下降。

（四）毒品相关犯罪概况

在澳门，吸毒和贩毒都是违法的。澳门特区政府司法警察局的数据统计显示，2011年，警方共破获927起与毒品有关的罪案，明显高于2010年的812起。在与毒品相关的非法活动的嫌疑犯当中，54%的人是贩毒者，45%的人是吸毒者。贩毒率高于吸毒率的情况反映了澳门作为国际毒品贸易到达站和中转站的特殊地位。从国际方面看，一个国家或地区的贩毒者多于已知吸毒者的现象是十分罕见的。在被捕人员的地区分布方面，43%的被捕者为本地居民；其次是内地居民、中国香港居民，分别占22%和20%；其余的为其他国籍人士，主要来自越南、菲律宾和非洲国家。

表4　澳门毒品犯罪被捕人数统计（2007～2011年）

年份	贩毒犯		吸毒犯		其他		总数	
	案件数（件）	百分比（%）	案件数（件）	百分比（%）	案件数（件）	百分比（%）	案件数（件）	百分比（%）
2007	48	26	131	71	5	3	184	100
2008	102	31	218	65	14	4	334	100
2009	130	43	170	56	2	1	302	100
2010	112	43	147	56	3	1	262	100
2011	123	54	102	45	2	1	227	100

资料来源：澳门特区政府司法警察局网站。

表4显示了警方捕获贩毒、吸毒和其他与毒品相关犯罪的比例构成情况。图1是2007～2011年贩毒犯和吸毒犯人数所占比例的趋势图。除了最近一年，其余四年警方捕获的涉毒犯中吸毒者的比率都比贩毒者比例要高。被捕的吸毒者比例总体上呈下降趋势，而因贩毒被捕的人数比例却呈上升趋势。在这五年之中，毒品罪犯中涉嫌贩毒的白分比从26%上升到54%，增加了28个百分点。相比较而言，吸毒者的百分比从71%降到45%，下降了26个百分点。贩毒案件快速增加意味着澳门在国际毒品贸易中的作用越来越“重要”。

除2008年之外，包括制毒在内的其他涉毒案件数量有限。为了保证2008年北京奥运会的顺利召开，维护地区的安全与稳定，内地和香港特区、澳门特区的警察在打击包括与毒品有关的各种违法犯罪活动方面做了特别的努力。其他犯罪数据和整体案件数的高值也恰恰回应了2008年执法机构专项整治的力度。

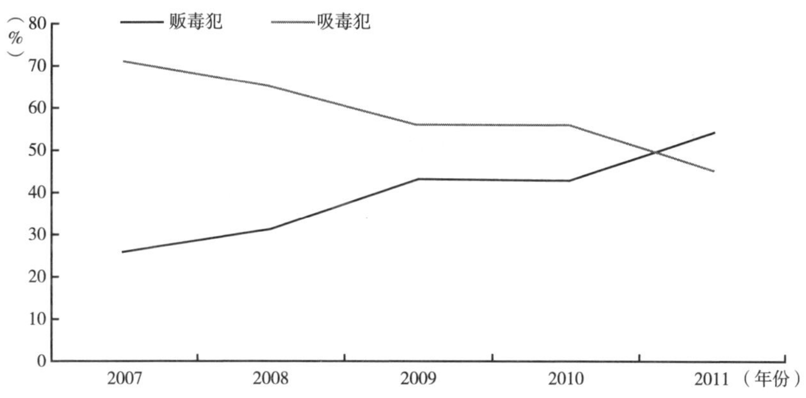

图1　2007～2011年澳门吸毒犯与贩毒犯人数所占比例的趋势

资料来源：根据本文表4内容绘制。

根据澳门特区政府司法警察局公布的统计数据，2007～2011年这五年中最常见的毒品是氯胺酮，其涉案率依次为37%、54%、38%、42%和45%，同时，涉及冰毒和海洛因的毒品案件分别位列第二和第三。这五年中冰毒涉案率分别为14%、9%、20%、21%和21%，海洛因涉案率为23%、17%、18%、15%和11%，毒品案中大麻和麻古涉案率为5%～6%。总之，氯胺酮和冰毒等合成毒品比传统的大麻、海洛因等天然毒品涉案率高。这些统计数据与合成毒品滥用呈上升趋势的国际模式是一致的。以澳门为例，近年来氯胺酮一直是排在首位的涉案毒品。而自2009年以来，冰毒的使用呈明显的上升趋势。就毒品数量而言，氯胺酮和海洛因分别在以“粒”和以“克”为计量单位的毒品案中居首位。最让人担忧的是可卡因数量的变化。2007～2009年，警察只收缴了数量有限的可卡因。最近两年来，可卡因的数量却有大幅度增加。2009～2010年，警察缴获的可卡因数量由57克增加到591克，一年之内增加了9倍多。2010～2011年，警察没收的可卡因的数量又从591克增加到5606克，增加了8.5倍。

值得注意的是，用毒是否和其他类型的犯罪行为相关联？由于相关资料不足，很难找到可靠的数据来佐证。仅有来自澳门特区政府社会工作局建立的药物滥用者中央登记系统（CRS）所提供的数据和资讯。CRS在保障个人隐私的前提下，收集、统计和分析澳门吸毒人口的特征和变化，以便制定禁毒政策。它是一个自愿注册系统，自愿接受治疗的吸毒者都是匿名注册，登记注册的吸毒者的数量每年都不同。2009年登记注册的用户有626人，2010年为673人，2011年为633人。系统不会收集和识别特定个体的资讯，它仅分析用户在犯罪记录方面资讯的自我报告数据。在这三年中，有些用户并没有报告他们的犯罪记录，因此，滥用毒品者的实际犯罪记录要高于登记数。根据CRS提供的数据，[①] 大多数登记注册的吸毒者都有犯罪记录。三年中，自我报告过去犯罪的个人在提供犯罪资讯的用户中分别占53%、55%和57%，按该报告数据，2009年、2010年、2011年有犯罪记录的百分比为33.4%、40%、42.8%。这些数据与其他国家吸毒和犯罪呈相关关系的观点是一致的。[②]

二　博彩与犯罪

博彩业一直是澳门经济的重要组成部分。自19世纪40年代以来，澳门因被称为“东方的蒙特卡洛”而举世闻名。[③] 1962～2002年，作为唯一一家

① 澳门特区政府社会工作局：《澳门滥用药物者中央登记系统2011年报告书》，2012，第25页。

② Jennifer C. Karberg, Christopher J. Mumola, *Drug Use and Dependence, State and Federal Prisoners, 2004*, Washington, D. C.: U. S. Department of Justice, 2006.

③ Fanny Vong Chuk Kwan, “Gambling Attitudes and Gambling Behavior of Residents of Macao: The Monte Carlo of the Orient,” *Journal of Travel Research*, Vol. 42, 2004, pp. 271－278.

由政府授权经营赌博业务的公司，澳门旅游娱乐股份有限公司（STDM）垄断了博彩业。STDM 的博彩业务对政府的财政收入做出了巨大的贡献。这项业务凭借 31.8% 的庞大税率优势，与政府分享它们的利润。20 世纪 90 年代，政府每年一半以上的收入来自博彩税，那时的博彩税占澳门生产总值的 1/3。[①]

1999 年澳门回归以后，特区政府延续了赌博合法化的政策。2002 年，特区政府决定终止垄断，开始向具有特许经营权和分包特许权的赌场提供多个牌照。这些政策导致澳门博彩业快速发展。近年来，赌场的建设速度非常快，有些甚至建在了住宅区。2011 年，赌场数目已从 2002 年的 11 家上升到了 34 家。收入方面，澳门已经取代拉斯维加斯，成为全球最大的博彩中心。在澳门，除了赌场老虎机和桌面游戏，博彩活动还包括赛马、赛狗以及彩票。此外，近年来体育博彩越来越受欢迎。澳门的经济在很大程度上依赖博彩业，最新的官方数据显示，2010 年，博彩业收入占澳门生产总值的 41%，2011 年，博彩税占政府收入的比例约为 90%。[②]

澳门博彩业的扩张产生了正负两方面的影响。就积极方面而言，它透过促进经济、税收和旅游的发展为城市带来了巨大的繁荣。[③] 它为低技术人士提供了就业机会和较高的薪水，提升了最贫困居民的生活水平。就消极方面而言，博彩业的扩张已在城市中产生了很多问题。澳门大学博彩研究所透过 2003 年进行的研究发现，2002 年，年龄在 15 ~ 64 岁的受访者中至少有 2/3 参与了某种形式的博彩。虽然大多数参与者本着康乐目的，但是其中 4.3% 的人可被归类为潜在的问题赌徒或病态赌徒。2007 年，这一数据上升到了 6.1%。[④] 这说明一个严重的社会问题已形成。增加赌博活动，尤其是赌博问题所产生的负面影响会提升犯罪率。研究表明，商业赌

① L. I. Ha, "Deregulation of Gaming: A Game for All," *Macau*, Vol. 25, 2001, pp. 45 – 49.

② *Yearbook of Statistics* 2011, Macao: Government of Macao Special Administration Region Statistics and Census Service, 2012.

③ Nerilee Hing, "Changing the Odds: A Study of Corporate Social Principles and Practices in Addressing Problem Gambling," *Journal of Business Ethics*, Vol. 33, 2001, pp. 115 – 144; Mark Nichols, B. Grant Stitt, David Giacopassi, "Community Assessment of the Effects of Casinos on Quality of Life," *Social Indicators Research*, Vol. 5, 2002, pp. 229 – 262.

④ Desmond Lam, "Managing Ills in Macao's VIP and Mass Gaming Market," *Casino Enterprise Management*, June 2010, pp. 40 – 42.

博与某种形式的犯罪呈正相关关系，[①] 但这些研究成果还没有被广泛接受。本章节希望通过对官方数据和新闻报道的分析，为澳门社会中博彩与犯罪之间的关系提供较为明确的解释。

（一）博彩罪案概述

在理想的情况下，对于博彩和犯罪之间的关系，应从综合年份的角度使用时间序列分析数据的方法予以调查。据悉，这样的数据在澳门尚不存在。如果没有历时较长的数据资料，要进行一个可靠的时间序列研究就几乎是不可能的。因为官方公布的与博彩相关的犯罪数据都是2004年之后的，所以笔者只能对2004～2011年的数据做一个描述性分析。

表5　澳门博彩罪案数据（2004～2011年）

年份	案件数(件)	占所有案件的比例(%)
2004	823	8.41
2005	1093	10.37
2006	979	9.02
2007	1279	9.90
2008	1506	10.86
2009	1601	12.91
2010	1655	14.21
2011	2028	16.21

资料来源：澳门特区政府司法警察局《工作年报》。

表5中的数据说明，2004～2011年，澳门博彩罪案数占所有罪案的比例在9%～17%，平均约占11%。除2005年的小波动外，博彩罪案数目和其所占比例一直在上升。2004年，博彩罪案占总案件的8.41%，但到2011年已经上升到16.21%，8年间增加了7.8个百分点。澳门博彩罪案的大幅度增长与商业赌博快速增长相一致，可以说，两种发展趋势是相互关联的。然而，有关联并不一定就是因果关系。正如某些学者所述，[②] 博彩与犯罪之

① Sarah Ann Wheeler, David K. Round, Rick Sarre, Michael O' Neil, "The Influence of Gaming Expenditure on Crime Rates in South Australia: A Local Area Empirical Investigation," *Journal of Gambling Studies*, Vol. 24, 2008, pp. 1－12.

② Semoon Chang, "Impact of Casino on Crime: The Case of Biloxi, Mississippi," *Journal of Criminal Justice*, Vol. 24, 2006, pp. 431－436.

间的关系也许是虚假的。与其他娱乐场所一样，博彩吸引大量游客到澳门。这些人往往会在酒店房间和旅游景点携带大量的现金和贵重物品。此外，相比于普通人，这些人更可能喝醉或受到非法毒品的影响。因此，犯罪率的高低可能与游客的多少及他们的娱乐行为有关，与博彩未必有直接的关系。按照这种推理，表 5 中观察到的模式可能是相关性，也可能是人口流动产生了更多犯罪的机会。博彩也许不是导致犯罪率变化的原因。最近几年，到澳门旅游和赌博的游客数量大幅增加。据官方统计，2006 年到澳门的游客有 22998122 人，2011 年增至 28002279 人，五年间增长 21.8%。① 随着游客数量的增加，从事犯罪活动的机会也相应增加。这些相关的变化也许是导致博彩罪案增加以及这类罪案在所有案件中比例增加的原因。

（二）与博彩相关的个案研究

特区政府司法警察局官方数据中关于博彩罪案分类和性质方面的资料很少。所有这些数据只不过是告诉公众有多少犯罪行为被官方界定为“博彩罪案”，因此本文无法用这些数据确定博彩是否导致犯罪。为了更好地了解博彩和犯罪之间的关系，笔者从澳门最大的新闻报纸《澳门日报》搜集了案例报告。作为澳门的旗舰报纸，《澳门日报》的相关报道覆盖了在澳门发生的绝大多数的犯罪活动。2011 年，《澳门日报》报道的与博彩有关的犯罪事件超过 100 宗，这些报道中有些描述的是单一犯罪，有些描述的则是综合犯罪。根据澳门法律，如果单一犯罪事件牵扯多个受害人或多种犯罪行为，那么它就包含了多种犯罪类型。笔者并没有做这方面的分类，分析的主要目的是找出博彩与犯罪案件之间的关系，而不是计算博彩罪案的数量。一般而言，2011 年报道的博彩罪案主要包括盗窃、放高利贷、非法拘禁、诈骗和殴打。其中，一些罪行与博彩活动有较为密切的关系，其余的与博彩活动的关系较弱或无关。《澳门日报》报道的犯罪案例可以帮助说明这些关系。

1. 盗窃

盗窃是博彩犯罪案中最常出现的犯罪行为，通常有三种主要类型：在赌场从一个陌生人那里盗窃；从赌场的朋友那里盗窃；从一个组织如博彩公司

① Government of Macao Special Administration Region Statistics and Census Service, *Yearbook of Statistics 2011*, 2012.

那里盗窃。下列案例是三种盗窃形式的典型例子。

> 案例 1：被捕男子姓张，40 岁，山西人，报称无业，在本澳逾期逗留，将被控以加重盗窃罪。案情透露，司警上月中接报称，新口岸和路氹两间赌场先后发生四宗盗窃案，涉及 7 名事主。众赌客报称在赌博时被偷去手袋，涉款 19 万港元、3 万元人民币及 100 万元赌厅泥码。司警经调查，锁定目标人物，前日凌晨发现涉案张某在新口岸一赌场出现，随即将其拘捕。张某承认涉及其中三宗案件。但司警称有证据显示其涉四宗案件，同时在张某租住房间起出部分事主的手袋，以及怀疑用赃款购买的手机。司警表示，张某上月中来澳，专门选择在贵宾厅作案，趁客人投入赌博不为意时下手。张某亦会带备一个装满厕纸的手袋，假扮装满财物，再以偷龙转凤方式换走客人的手袋。张某承认部分款项已输光。案件已移交检察院处理。(《澳门日报》2011 年 1 月 5 日)
>
> 案例 2：涉案男子姓李，59 岁，来自辽宁省，报称无业。本月五日凌晨，事主联同疑人到新口岸某赌场赌博，其间要求对方代以银联卡刷卡套现十万元。疑人取过现款后，将款项据为已有，逃之夭夭。翌日，事主在某赌场发现疑人，知悉款项已被赌败输光，报警处理。案件涉及滥用信任，已移交检察院侦讯。(《澳门日报》2011 年 2 月 8 日)
>
> 案例 3：涉案女子姓霍，53 岁，澳门居民，赌场值班经理，在新口岸一娱乐场工作，工龄 15 年，涉加重盗窃，已移送检察院。新口岸一娱乐场的监测人员于本月十日凌晨一时许通过录像系统发现霍女的行为有异，在赌枱交收筹码时，违反公司规定，接触赌枱筹码。经娱乐场查证，证实霍女成功偷取两个十万元筹码，并带回家中，由家人将筹码兑换成现金，存入自己的户口。霍女于昨日上班时被捕，承认因一时贪念，偷窃筹码。(《澳门日报》2011 年 3 月 15 日)

从某种程度上说，三种犯罪行为都与博彩有关，但只有最后一个是由博彩引起的。前两个案例说明，博彩提供了犯罪的机会。没有博彩，类似的犯罪也会发生，尤其是在旅游和娱乐场所。最后一种情况有所不同，罪犯是一个利用赌博业务系统非法挣钱的赌场雇员。如果没有赌场，那么这一犯罪行为就不会发生。

2. 高利贷和非法拘禁

如表 2 所示，在澳门，高利贷是犯罪频率最高的罪行之一，常常与非法拘禁一起发生，尤其是牵涉赌博时。《澳门日报》很少报道放高利贷罪行，除非它导致了非法拘禁。下面的案例说明，犯罪中的受害者是典型的赌徒，这类赌徒已失去了所有东西，但仍想透过非法借贷获得的钱继续赌博。

> 案例 1：涉案男子分别姓郑及姓曾，38 岁及 40 岁，均来自福建。本月 10 日晚，两名分别为 43 岁及 54 岁、来自贵州的女子在新口岸某娱乐场赌败输光，期间其中一名疑人上前搭讪，游说二人借钱翻本，条件为先抽取 3000 元利息，随后每胜出一局抽取 20% 作利息。二人随后借三万元玩百家乐，终再全数输光，当时已被抽取一万元利息，随即被禁锢在新马路某酒店房间内。至本月 12 日上午 11 时许，其中一名女子在两疑人熟睡时报警求助。警员到场拘捕两名疑人。案件涉禁锢及放高利贷，已移交检察院侦办。（《澳门日报》2011 年 3 月 15 日）
>
> 案例 2：被捕者姓黄，26 岁，本澳居民，无业。两名事主分别姓郝，27 岁，内蒙古人，无业；姓陈，55 岁，吉林人。本月 25 日下午，两名事主到中区一赌场耍乐，不久将赌本输光，其后一名男子走近，称可免息借款，但必须抽取佣金。两人答应借款 40 万，并交出个人证件，惟最终全数输光。两人其后被禁锢在一酒店房内，由涉案黄某看守，并被要求致电内地亲友筹款还债。至前日早上，两事主暗中报警求助，揭发案件。警方目前正追缉三名涉案在逃人士。（《澳门日报》2011 年 6 月 29 日）

这些案例遵从一个独特的模式：受害者在赌博中输光了所有钱，罪犯愿意借钱，受害人同意借一大笔债款，并许下偿还本金及支付利息或服务费的承诺。受害人在赌博中输光了借来的钱。罪犯非法拘禁了受害者，并索要赎金。犯罪活动是商业博彩的副产品，如果没有商业博彩，这些犯罪也许就不会发生。

3. 欺诈

欺诈包括许多不同的形式。随着澳门游客的增加，不诚实的人有了更多透过欺诈或欺骗挣钱的机会。他们犯罪的方法有些颇为复杂，有些则显得简单和愚蠢。以下是两个典型的案例。

案例1：一老千集团成功仿制赌厅专用洗啤牌机，并在机内加装微型摄影装置及发射装置，近半年更匪夷所思地多次成功将翻版洗啤牌机混入赌厅中。蒙在鼓里的赌厅如常使用翻版洗啤牌机时，遭老千集团成功纪录洗牌“牌序”，被老千集团“通杀”。半年来，负责供应赌具的公司在维修器材时发现遭人出蛊惑，即向司警报案。司警接报展开调查，于前日先后拘捕七名内地男子，并相信仍有多人在逃。现阶段，司警相信至少有一赌厅中招，损失2400多万元。由于案件复杂，司警目前仍在跟进调查中。（《澳门日报》2011年7月27日）

案例2：涉案内地男子姓欧，23岁，来自福建，报称为业务推广员。司警以加重盗窃及虚构犯罪等罪名将其移送检察院处理。案中疑人经常来澳赌博，并在友人于皇朝区凯旋门租住的单位暂住。昨日上午六时许，疑人向司警报称单位遭爆窃。司警到场调查，有人表示自己遗失一手提电脑及两手提电话，并致电已返内地的友人查询后，告知探员友人亦损失一手提电脑以及十万元现金。司警调查期间发现单位并无任何被撬痕迹，加上有不少可疑之处。司警在单位仔细搜查后，在厨房天花板暗格处发现两部手提电脑。再三盘问下，疑人认因赌败欠下不少债项，见近日同屋友人返回内地，遂“自编自导自演”一起爆窃案，偷取的十万元现金已还债。随后，再向司警报称单位遇窃，企图瞒天过海，却被司警识破。（《澳门日报》2011年10月21日）

欺诈是一种古老的犯罪形式，它可以发生在任何地方。但以上案例是与赌博密切相关的。在第一个案例中，一个有组织的犯罪集团将赌场作为他们开展非法活动的舞台。如果没有赌场提供机会和顾客，这样的犯罪活动也许就不可能发生。在第二个案例中，赌债是犯罪的直接动机，这个快速赚钱的机会是犯罪活动的原动力。

4. 殴打

由于特区政府司法警察局的年报中没有单独列举殴打，因此很难知道殴打是否与赌博相关。如果殴打发生在赌场或在赌场附近，或是因赌博的争吵引起的，那就可以将赌博和殴打联系起来。下面是两种类型的典型案例。

案例1：涉案三名男子分别姓Tang，45岁；姓Won，50岁；姓

Teh，50 岁。三名男子都是新加坡人，均报称商人，怀疑在澳门从事高利贷活动。男事主亦是新加坡人。三名涉案男子涉严重胁迫和抢劫，已移送检察院处理。

男事主于 2008 年介绍赌客给姓 Tang 的男子，该赌客向高利贷集团借 1500 万港元到新口岸一贵宾厅赌博，结果赌客输光借款，而其他情况事主不太清楚。直至本月 24 日晚上十时，姓 Tang 男子与男事主在新口岸一夜总会相遇，并联同多名男子要求男事主代还其介绍的赌客所借的 1500 万港元，男事主不从，遭到多人殴打，其身上的现金、名贵手表和手提电话一并被抢走，合共价值约五万元。三名男子胁持男事主到其租住的酒店房间取钱，并扬言若不从，就将其杀死。男事主感到生命受到威胁，借故到新口岸一赌场向保安员求助，保安员通知驻赌场司警，司警接报后成功救出事主，拘捕三名涉案的男子。三名男子否认事主对他们的指控，但警员在其中一名涉案男子身上搜出事主的部分财物。（《澳门日报》2011 年 3 月 26 日）

案例 2：被捕的三名男子分别姓权，32 岁，湖北人；姓谭，26 岁，湖南人；姓李，28 岁，广东人。三人涉犯罪集团、抢劫、伤人、剥夺他人行动自由、胁迫等罪，被移交检察院处理。案中事主来自河南，在澳从事叠码一年。

案情透露，事主本月 11 日凌晨如常在一赌场叠码，兑码期间趁机盗取四万元公款，惟其后遭老板揭发。有人召来数名大汉，于赌场内带走事主，先禁锢在酒店房内，再殴打并抢走其身上财物；同日上午七时，事主被人押往珠海，事主心有不甘，上午十时返回本澳报案，指遭人殴打和抢劫。司警调查后，于同日下午在路氹城一赌场拘捕三名涉案的内地男子，现正追缉其他在逃人士。（《澳门日报》2011 年 6 月 14 日）

第二个案例是一个在任何机构组织都可能发生的贪污案。唯一独特的是这个贪污者被惩罚的模式。用人单位决定将法律掌握在自己手中，并透过殴打和拘留处罚这个人。这是一个发生在赌场的犯罪事实，但它与赌场或商业赌博以外导致犯罪的情况没有任何不同。第一个案例则不同，被害者因不愿代还其他赌徒的高利贷而被绑。当事情没有按计划进行时，他被殴打了，目的是逼他代交债款。在澳门，正是赌场和商业赌博为非法业务提供了机会。

没有赌场，这些业务和相关的犯罪活动也许就不存在。

有关研究表明，商业赌博不一定和犯罪有直接关系。目前还没有数据能够系统地检测澳门赌博和犯罪之间的关系，因此很难判断澳门的博彩与犯罪究竟是什么关系。随着特区政府继续扩大赌场经营，这个问题应当引起足够重视。透过考察2011年《澳门日报》对博彩犯罪的报道及其所提供的一些具体的证据，可以发现，在澳门博彩可能会导致更多的犯罪。虽然上述提到的大多数财产犯罪并非由赌博引起，但是放高利贷、非法拘禁、诈骗犯罪的确与赌博有直接关联。

澳门博彩业为许多犯罪行为提供了条件。罪犯们靠非法债款、强制拘禁和欺骗等手段谋取经济利益。如果没有博彩业，就不会有成百上千的游客和赌徒聚集澳门，为财产和人身犯罪提供充足的受害对象。赌场中的"地下债款"的交易量是相当大的，即使老板和客户成为交易中的受害者，他们一般也不会向警方报案，他们更可能使用暴力来解决双方的纠纷，如打架、殴斗，甚至谋杀。这样来看，如果没有合法化的博彩业的存在，澳门的犯罪率将会更低。博彩对犯罪的实际影响需要在控制社会、经济和文化元素的基础上利用定量研究来进行评估，这应该是未来研究的一个方向。

三　结论

笔者回顾了澳门犯罪的分类、常见的数据源和过去10年中的犯罪分布。总体而言，和高犯罪率的美国相比，澳门的犯罪率一直很低。美国联邦调查局（FBI）的数据显示，① 全美国2011年的谋杀/杀人、抢劫、盗窃和纵火四类犯罪行为的犯罪率分别为每10万人中有犯罪者4.7人、113.7人、1976.9人和18.2人。现比之下，以澳门特区政府司法警察局的数据为根据，2011年澳门这四类犯罪行为的犯罪率分别为每10万人中有犯罪者0.7人、29.2人、370.1人和6.8人。澳门的谋杀率/杀人率是美国的1/7，抢劫率是美国的1/4，盗窃率是美国的1/5，纵火犯罪率是美国的3/8。

① *Crime in the United States*, Washington, D. C.: U. S. Department of Justice, 2012, http://ucr. fbi. gov/crime-in-the-u. s. /2012/crime-in-the-u. s. -2012, Accessed on November 9, 2012.

当涉及澳门的犯罪问题时，人们经常会问，赌博是否导致犯罪活动？以往的研究尚未在这个问题上得出定论。一些研究认为赌博和犯罪之间存在正相关关系，另一些研究则表明这种关系只是虚假的关系。透过对澳门司法警察局的官方数据进行分析，笔者发现两者之间呈正相关：在澳门的博彩业务扩大的同时，与赌博有关的犯罪数量以及它们在所有罪案中所占的比例也在增加。数据表明，赌博可能会导致更多的犯罪行为。个案表明，赌博至少引发了一些犯罪行为。如果没有合法化的商业赌博，澳门犯罪活动的数量就会更少。目前尚无法确定博彩对犯罪的影响程度，也无法以犯罪率的高低来评估博彩业的利与弊。这是因为，一方面，如果因赌博而犯罪造成的损失小于博彩业所带来的社会和经济效益，那么对于澳门居民而言，扩大澳门博彩业可能是一个正确的政策；另一方面，如果赌博引起广泛的财产犯罪和暴力行为（数据显示，后者并非如此），那么博彩业或许应被限制或取消。笔者计划在将来的研究中对这些问题进行更深一步的探讨。

（原载吴志良、郝雨凡主编《澳门研究》总第 68 期，澳门：澳门基金会，2013 年 3 月。）

交往行为理论下澳门外劳社会认同的研究

汤云刚*

一　澳门外劳输入的背景

在澳门，外劳是对外地劳工的简称，具体是指经澳门特别行政区政府批准获得在澳门就业，但不拥有澳门居民身份证的人员。澳门外劳输入始于20世纪60年代，发展于70年代，为澳门经济80年代的辉煌做出了重要贡献，使澳门不仅在产品出口总值上达到历史最高水平，而且在经济结构上也使博彩业一枝独秀的局面得到有效调整。在产业结构中，工业因其36.9%的比例位居首位，出口加工业带动了其他产业的繁荣，使澳门的经济实现了跨越式发展。特别是当时劳动密集型产业如制衣业、纺织业等快速发展，急需大量年富力强的劳动力，但当时澳门自身的劳动力供给市场已经很难提供有效支撑。在此背景下，澳门特区政府接受了资方的建议，于1988年开始输入大量的劳工。① 随着外劳输入规模的扩大和数量的增加，外劳已成为澳门社会各界普遍关注的热点和焦点话题。澳门外劳的最新统计数据见表1。

* 汤云刚，管理学博士，中共惠州市委党校文化建设教研究讲师。

① 梁启贤：《澳门的外地劳工生活处境及困难》，《澳门研究》2002年总第14期。

表 1　2009～2012 年 3 月澳门按所持身份证明文件的发出国家/地区统计的外地雇员数量

单位：人

年/月		总数	国家/地区												
			非洲	美洲	亚洲									欧洲	大洋洲
					总数	中国内地	菲律宾	中国香港	印度尼西亚	马来西亚	泰国	越南	其他		
2009		74905	50	595	73368	41461	10788	5826	3793	788	931	6562	3219	543	349
2010		75813	49	556	74397	41895	11423	4915	4199	679	822	7462	3002	552	259
2011		94028	52	532	92598	55373	13375	5945	4293	808	890	8116	3798	593	253
2011	三	81416	51	558	79984	45648	11970	5556	4439	727	849	7417	3324	566	257
	四	82731	51	567	81294	46584	12036	5659	4448	736	835	7560	3436	562	257
	五	84039	52	563	82618	47729	12158	5647	4422	775	849	7582	3456	549	257
	六	85273	52	550	83844	48741	12296	5656	4439	766	838	7662	3446	569	258
	七	87127	51	538	85721	50118	12496	5697	4419	781	849	7840	3521	565	252
	八	88740	52	526	87343	51347	12701	5794	4411	792	857	7820	3621	565	254
	九	89896	54	548	88468	52277	12805	5806	4364	791	860	7865	3700	579	247
	十	91241	52	554	89815	53560	12876	5702	4297	793	878	7974	3735	574	246
	十一	92771	51	550	91325	54482	13160	5813	4311	799	888	8064	3808	595	250
	十二	94028	52	532	92598	55373	13375	5945	4293	808	890	8116	3798	593	253
2012	一	95187	52	548	93731	56050	13623	5880	4298	837	883	8255	3905	602	254
	二	98274	57	544	96808	58583	13926	5798	4338	869	883	8388	4023	610	255
	三	98664	59	509	97305	58949	14140	5646	4286	859	864	8525	4036	554	237

注：表中数据为累计数据。

资料来源：澳门特区政府统计暨普查局网站。

从表1中可以看出，2011年澳门外劳的总人数接近10万人，占澳门总人口的近1/5，而来自中国内地的劳工占世界各地来澳门劳工的近60%。此外，澳门特区政府治安警察局及统计暨普查局的数据显示，澳门的外劳大多数分布在澳门的制造业，其次是文娱博彩及其他服务业、家庭佣工、建筑业、酒店与餐饮业，其余的则分布在其他行业。

外劳输入在很大程度上解决了澳门劳动力供给不足的问题，极大地推动了澳门经济社会的发展，解决了因劳动力不足造成的经济发展遭遇瓶颈的问题。特别是在薪资标准上，外劳要普遍低于本地人，这也使澳门企业生产成本下降，且使产品竞争力得以增强。此外，外劳的积极上进、勤奋努力在很大程度上影响和改变了本地员工的工作态度，促进了企业生产效率的提高。① 以上都是外劳输入对澳门经济社会发展所起到的积极作用。但是，随着外劳数量的增多、规模的扩大，澳门对外劳的依赖程度越来越强，这在一定程度上挤压了本地人的就业空间，造成本地员工排斥甚至仇视外劳，这表现为本地员工和工会等社团抵触外劳的情绪日益严重。② 再者，由于同本地人之间在教育背景、文化和经济状况方面有很大差异，外劳在融入本地社会生活方面很难形成稳定的社会网络，没有产生明显的融合，甚至很难产生融合，特别是居住和就业问题已成为决定外劳在澳门立足、生存的基本前提和保障。从长远看，解决此问题的关键在于弄清楚外劳在澳门社会的融合情况。

二 理论回顾

“认同”译自英文的“identity”一词，“identity”在英文中有多种含义，既包括客观的一些相似或相同特性，如相同的身份、相同的表现等，也包括心理认识上的一致性及由此形成的关系，通俗地讲，就是把自己归到哪一类人当中去。而社会认同则意味着把自己归到哪一类社会成员当中去，甘愿作为这个团体中的一员，分享这个团体的处境和命运。社会认同是基于社会身份而形成的理论，认为社会行为的理解需要从人们建构自己和他者的身份的互动过程中来获得。社会认同是对自我的一致性认可、对周围社会的信任和

① 许秋云：《澳门输入外地劳工的法律政策研究》，《行政》2003年总第61期。

② 蔡幸强：《澳门的外地劳工：全球化和劳动力》，《香港社会科学学报》2004年第27期。

归属以及对身处其中的权威的遵从。

社会认同理论由塔菲尔（Henri Tajfel）在 1986 年提出，他认为，社会认同是一个人自我概念的重要组成部分，会影响到他们的社会态度和行为。社会认同理论自提出之后，先后在欧洲、加拿大、澳大利亚、美国得到充分重视和大量研究。它的提出同时促进了社会心理学在相关领域的发展，为群体心理学的研究做出了巨大的贡献。米尔顿·戈登（Milton Gordon）在《美国生活中的同化》中提出，社会认同是衡量个体融合进主体社会程度的一个重要维度，社会认同既包括客观的一些相似或相同的特性，如相同的身份、相同的表现等，又包括心理认识上的一致性以及由此形成的关系。劳伦斯和贝利（John Berry）提出社会认同是这样一些关系，诸如家庭纽带、个人社交圈、同业团体成员资格、阶层忠诚、社会地位等。曼纽尔·卡斯特（Manuel Castells）说，认同是人们获得其生活意义和经验的来源，[①] 由此可见认同心理对个体的重要性。社会学视野里的认同更偏重于社会现象的一致性（比如身份、地位、利益和归属）、人们对此的共识及其对社会关系和行为的影响，所以也被称为社会认同。

国内学者王春光[②]认为社会认同本身有着丰富的内涵，它既包含个体属性内容，又具有关系属性特征。社会认同包括对自我特性的一致性认可、对周围社会的信任和归属、对有关权威和权力的遵从等。他对新生代流动农民的研究采用 7 个维度的认同框架：身份认同、职业认同、乡土认同、社区认同、组织认同、管理认同和未来认同。而事实上，在具体的论述中，他集中关注的是身份认同、乡土认同和社区认同。所以，作为一种研究视角，认同能很好地沟通微观与宏观以及个体、群体与社会的关系。

我们认为，社会认同是建立在社会交往之上的。著名社会学家哈贝马斯认为生活世界有三种解释模式，分别是关于文化或符号系统的、关于社会或社会制度的和关于个性导向或自我本体的。关于第一方面，行为者内在地具有和共享关于文化传统、价值、信仰、语言结构及其在互动过程中运用的知识库；关于第二方面，行动者知道如何组织社会关系，知道哪些协调互动的

---

① 〔美〕曼纽尔·卡斯特：《认同的力量》，曹荣湘译，社会科学文献出版社，2006，第 47 页。

② 王春光：《新生代农村流动人口的社会认同与城乡融合的关系》，《社会学研究》2001 年第 3 期。

方式或模式是正确的和适当的；关于第三方面，行动者理解人们想要什么，人们如何行动，什么是正常与异常的行动。而三种模式对应社会的三种功能需要：通过交往行为达到理解以实现传播、维护和更新文化知识的目的，互动的交往行为的协调以满足社会整合和群体团结的需要，交往行动的社会化以形成个人认同。因此，生活世界的三个组成部分，即文化、社会、个性，通过交往行动的三个方面，即寻求理解、协调互动和社会化，来满足社会文化再生产、社会整合和个性成长的需要。

在澳门现实的社会中，生活世界与交往过程是相互联系的。多元化是澳门社会的突出特点，交往主体各自的文化传统和价值观念有着巨大差别，相互之间的行为结构也不相同，基于此，就需要在不同文化主体的交往中建构他们对澳门这个地域和生存空间的认同。特别是对澳门外劳而言，由于来源广泛，文化差异大是其突出特征，因此我们认为，交往理论正是使主体在走出自己的文化边界、进入对方的交往体系时，促进主体间加深对对方文化的接受和学习，增强主体间的理解和认识的最好的理论视角。

三　研究设计

（一）问题设计

本文主要讨论以下四种外劳的社会认同：①身份认同，即对自身身份、角色的判断和归属；②基于对澳门特殊的生活与劳动就业方式、潜在的发展机会与可利用的社会资源存量等客观经济物质条件而对城市产生的认同、满意和依恋程度，这是影响外劳向澳门流动决策的重要因素；③群体认同，即外劳基于对群体的运行和发展状况以及自己在群体中的地位和境遇等客观因素的认知，而在思想心理上产生的对该群体的认同和依恋程度，主要取决于外劳在群体成员中对自己群体身份的认同程度、对群体目标和群体价值规范的认同接纳程度以及与其他成员的交往关联密切程度等方面；④文化认同，即一种群体文化认同的感觉，一种个体被群体的文化影响的感觉。本文试图通过对文化认同、身份认同、城市认同、群体认同的探讨，尝试回答下述五个问题：

（1）澳门外劳的文化认同、身份认同、城市认同和群体认同的程度如

何？四种认同是否存在差异？如果存在差异，那么造成差异的原因何在？

（2）外劳在进入澳门之后，他们对澳门这个国际性城市的认同发生了怎样的变化？而这样的认同转换又是怎样被建构的？

（3）外劳在进入澳门并获得工作许可之后，他们对自己身份角色的认同如何？而这种认同状况又具有怎样的社会学解释？

（4）在多元文化并存的澳门社会中，外劳的文化认同状况如何？如何从交往角度解释文化认同的结果？

（5）生活在以"法团主义"为主导的澳门社会中，外劳对群体认同状况是否满意？如何从交往行为的角度来阐述群体认同的结果？

基于对上述问题的思考，本文设计了澳门外劳社会认同可操作化的指标，如表2所示。

表2　基于交往理论角度的外劳社会认同指标

文化认同	学习语言的程度
	熟悉风俗的程度
	接受价值的程度
	采纳节日的程度
身份认同	与澳门本地人交往的频率
	参加澳门集体活动的状况
	认为当地人对外劳的态度
	认为自己始终就是外劳
城市认同	对澳门是否有家的感觉
	喜欢与澳门本地人交往的程度
	觉得自己已经是一个澳门人的程度
群体认同	是否加入一定的社团
	在社团中受到其他人尊敬的程度
	成为社团中一员的感受
	所在社团在其他人心目中的评价

这一操作化的基本逻辑是：外劳是基于对澳门与非澳门、澳门居民与非澳门居民差异的认识，有了他群与我群的区别，从而产生对目前自身身份的认知，交往对象选择，对自身所属群体的情感归属意识、文化认知，最后在种种因素影响之下，产生对未来自己身体归属何方的意识。

（二）样本和数据

政府部门提供的数据资料显示，澳门外劳所从事的行业主要集中在制造业、服务业和建筑业，根据服务业和制造业中外劳数量所占比重较大的现实情况，本文的调研对象主要从制造业和服务业中选取。本次研究共选取了8家企业进行调查，它们分布在澳门半岛的5个区，具体包括1家建筑企业、4家服务企业和3家制造企业；其中500人以下的企业有3家，500～1000人的企业有2家，1000人以上的企业有3家；调查对象中，成立时间最短的为5年，最长的为25年。

在正式开始调查之前，我们首先在澳门某制衣公司以方便抽样的方式对10位外劳进行了集中访问。主要基于下面两个方面的考虑：①问卷题项是否过多或容易导致回答者疲劳；②问卷题目用语是否存在歧义或难以理解。根据预调查的反馈，笔者完善了调查问卷。

我们的正式调查于2012年5月6～18日进行，问卷发放在考虑了总体的性别构成、年龄分布、职业分化、地区差异4个因素的基础上，充分考虑了样本的异质性、代表性和科学性。在抽样方法上，我们采用了整群抽样的方式，主要原因在于澳门企业员工作业方式的影响：在调查的8家企业中，有7家采用的是班组作业的方式，有1家使用流水线作业方式。为了消除对样本代表性的疑虑，我们对样本群体（班组）和企业内其他工作群体（班组）的人口特征进行了比对，发现两者之间并不存在显著性差异。

正式调查中共发放问卷384份，对不超过30人一个批次的员工主要采用在相应企业会议室中现场发放、现场收回方式。在问卷的应答过程中，分别由1位研究者和2位研究生进行现场指导。我们对发放的所有问卷全部收回，并逐一进行了检查，对无效问卷进行剔除，最终得到有效问卷330份，有效回收率为85.94%。样本基本情况见表3。

表3　样本的基本变量描述分析

指标	频率(%)	指标	频率(%)
性别(N=330)		来源地(N=330)	
男	49.30	中国大陆	63.24
女	50.70	其他	36.76

续表

指标	频率(%)	指标	频率(%)
年龄(N=330)		教育程度(N=330)	
18~30岁	60.42	小学及以下	7.66
31~60岁	39.58	初中	25.76
婚姻状况(N=330)		高中/中专/技校	35.61
未婚	52.09	大专	17.00
已婚	47.91	本科及以上	13.97

四　统计分析结果

研究过程中，我们将所有样本随机分为两半，一半进行探索性因子分析，另一半进行确认性因子分析，目的在于识别和确认影响外劳社会融合的因子结构。作为一种简化数据的技术，因子分析可以通过研究和分析多变量之间的内部依赖关系探求研究数据中的基本结构。一般可以将其分为5个步骤：①选择目标变量；②计算目标变量的相关系数矩阵；③估计因子载荷，提取公共因子；④进行因子旋转；⑤计算因子得分。本研究所选择的15个问题（变量）的平均值处于8.5657和6.0071之间，说明这些问题（变量）都是澳门外劳社会认同所重视的问题，比较适合作为社会认同结构研究的观察变量。

表3给出了探索性因子分析的因子载荷矩阵，从中可以看出，抽样适度测定值为0.861（远大于基准值0.5），可以判定本研究的调查问卷数据适合做因子分析；而巴特利特球形检验的卡方统计值为1048.841（自由度 $df=78$，显著性水平 $Sig=0.000<0.05$），拒绝单位矩阵假设，可以进行因子分析。

表4　澳门外劳社会认同的因子分析结果

量表题项	文化认同	身份认同	城市认同	群体认同
1. 学习语言的程度	0.815	0.109	0.235	0.162
2. 熟悉风俗的程度	0.831	0.145	0.254	0.018
3. 接受价值的程度	0.725	0.156	0.135	0.301
4. 采纳节日的程度	0.715	0.324	0.213	0.265

续表

量表题项	文化认同	身份认同	城市认同	群体认同
5. 与澳门本地人交往的频率	0.217	0.812	0.223	-0.678
6. 参加澳门集体活动的状况	-0.211	0.776	0.154	0.254
7. 认为当地人对外劳的态度	0.342	0.753	-0.046	-0.032
8. 认为自己始终就是外劳	0.113	0.613	0.067	0.412
9. 对澳门是否有家的感觉	0.354	0.063	0.754	0.157
10. 喜欢与澳门本地人交往的程度	0.435	0.158	0.718	0.023
11. 觉得自己已经是一个澳门人的程度	0.052	0.192	0.623	0.435
12. 是否加入一定的社团	0.137	0.121	0.254	0.732
13. 在社团中受到其他人尊敬的程度	0.287	0.069	0.043	0.752
14. 成为社团中一员的感受	0.057	0.354	0.157	0.461
15. 所在社团在其他人心目中的评价	0.068	0.169	0.232	0.378

注：N=165，因子抽取方法：主成分分析法；因子旋转方法：最大方差法。

第1个因子由“学习语言的程度”、“熟悉风俗的程度”、“接受价值的程度”和“采纳节日的程度”4个指标来代表，反映了外劳对所在地文化的满意程度，我们将这个因子命名为“文化认同”。

第2个因子由“与澳门本地人交往的频率”、“参加澳门集体活动的状况”、“认为当地人对外劳的态度”和“认为自己始终就是外劳”4个指标来代表，体现了外劳与当地人进行联系的紧密程度，反映了外劳是否视自己为澳门的一分子。我们将这个因子命名为“身份认同”。

第3个因子由“对澳门是否有家的感觉”、“喜欢与澳门本地人交往的程度”、“觉得自己已经是一个澳门人的程度”来代表，反映了外劳对澳门这个城市的认同程度。我们将这个因子命名为“城市认同”。

第4个因子由“是否加入一定的社团”、“在社团中受到其他人尊敬的程度”、“成为社团中一员的感受”和“所在社团在其他人心目中的评价”4个因子组成，反映了外劳在澳门的社会交往情况。我们将这个因子命名为“群体认同”（见表4）。

评价因子个数选择有效性的重要指标就是因子所解释的方差累计量，表5中的数据显示本研究选择的4个因子所解释的方差累计量为70.122%，已经超过了通常可以接受的50%的基准值，因此4个因子的选择可以被接受。并且，在4个因子中，城市认同因子方差解释量最大，为23.150%，其次

是“身份认同”，为19.078%，这说明“城市认同”和“身份认同”程度较高。

表5　因子解释方差累计量

因素	初始特征值			转轴平方和负荷量		
	特征值	方差贡献率(%)	累计贡献率(%)	特征值	方差贡献率(%)	累计贡献率(%)
1	5.375	41.645	41.345	3.101	23.150	23.150
2	1.649	12.684	54.029	2.480	19.078	42.228
3	1.207	9.282	63.310	1.865	14.345	56.573
4	0.886	6.812	70.122	1.761	13.549	70.122

根据上述分析结果，笔者对另外165个样本进行了确认性因子分析。结果如表6所示。

表6　重要拟合优度检验指标值

卡方(χ^2)	自由度(df)	拟合检验值(p)	近似误差均方根(RMSEA)	拟合优度指数(GFI)	规范拟合指数(NFI)	增量拟合指数(IFI)	比较拟合指数(CFI)	相对拟合指数(TLI)
188.38	61	0.000	0.075	0.932	0.931	0.954	0.951	0.937

从表6中可以看出，本研究的RMSEA值为0.075，属于良好适配；本研究的GFI、NFI、IFI、CFI和TLI的值都大于0.9，而这5个指标的理想值是1，大于0.9，说明澳门外劳社会认同的4因子模型能较好地拟合数据。

前述的探索性因子分析结果表明，本研究基于文献和预调查设计的澳门外劳社会认同结构调查量表适合做因子分析；验证性因子分析得到的各项拟合优度指标表现良好，可见调查量表的信度和效度都比较好。

五　讨论和结论

（一）对研究结果的讨论

从外劳在社会认同各因子结构的差别上看，外劳社会认同本身可以说是一个过程。特别从外劳个人角度看，即便是他们从主观上希望能够全身心融入澳门社会经济生活，但由于社会认同各因子所涉及的条件各不相同，且在满足此类条件上的难易程度本身存在很大差别，因此体现在外劳身上，就是城市认同和身份认同的程度高于文化认同和群体认同。其主要原因在于，澳门外劳对澳门的城市认同可以理解为他们基于澳门不同的生活与就业方式、收入与物质生活水平、潜在的发展机会以及可利用社会资源存量等客观经济物质条件而对城市产生的认同、满意和依恋程度，这是影响外劳向澳门流动的重要影响因素。外劳对澳门有着强烈的认同与向往，从本质上说，这正是澳门作为国际性城市的优势的体现，正是由于这种深入人心的优势，外劳尽管在澳门遇到种种困难，受到种种歧视、偏见与不合理对待，但他们仍然坚持在澳门劳动就业甚至是预期定居。

关于身份认同的解释，可以从澳门社会制度的影响中寻求，由于澳门的移民政策和外劳规定的影响，澳门外劳长期处于被区隔状态并被贴上“另类”标签。外劳被排斥在澳门之外，由于这种局面长期未得到改变，外劳形成了自我身份定位。从本质上说，外劳是一个社会标签，是他者对澳门外劳社会身份的话语认同。除了外在性，对澳门外劳来说，这种社会标签还具有潜在的强制性（准先赋性）和既定性。调查结果表明，本地人对外劳的评价总体偏向于不好的方面。但在生活地缘边界、工作职业边界和社会网络边界的限制下，外劳不得不接受这种身份认同，并在日常的社会行动中不断强化这一认同，不断自我否定、自我矮化。所以，他们对自身身份的认同程度远低于对澳门这个城市的认同程度。

对文化的认同，需要经历一个漫长过程来实现。这个过程是在一个一般的自我和此我、彼我的主观内化的时期中，从经验的主体存在有意识地做自我意识结构的调整中获得。正如哈贝马斯所言：“文化传统超越了集体和语言共同体的界限，只要存在，他们就不会受到社会认同或个人认同的约束……但社会却占有一定的社会空间和历史时间，作为人格及其生活历史，社会具有比较具体的传统，依赖有机成分的个性结构有着最严格的时空界限。对个体而言，文化和社会主要表现为跨越代际的关系形式。”① 文化的交往在日常生活中往往以通俗的形式出现。外劳和澳门本地人交际的系统知

① 〔德〕于尔根·哈贝马斯：《后形而上学思想》，曹卫东、付德根译，译林出版社，2005，第84～85页。

识的关键在于了解并接受、理解他者的存在，而这都是需要一定的时间来实现的，正所谓“欲速则不达”。因此，澳门外劳在文化认同方面表现较弱。

针对本研究所设定的群体认同问题，通过实证调查发现，尽管不少外劳已经在澳门工作、生活多年，甚至他们中的大多数人对澳门有较高的认同并做好了在澳门长期生活的打算，但在分析外劳的群体认同时，发现他们当中的很多人还是习惯把自己所属的群体和澳门本地人做一个截然的区分。从交往理论的角度出发，笔者认为主要原因在于，澳门外劳的社交圈子是以诸如血缘、地缘关系等建构的初级群体为主，并融入部分业缘关系的封闭性社会关系网络。这就导致他们在社会交往上呈现较大的内倾性，被束缚在这种亲人、老乡等的初级群体范围中。而当他们遇到超过自己解决能力的问题时，他们所在的初级群体就自然成为他们寻求帮助的首选对象。这反映出澳门外劳对澳门次级群体缺乏认同和归属，由此他们在获得信息和资源方面显现出狭隘性以及发展的困难性。

（二）结论

本文运用问卷调查法对澳门外劳进行了实地调查，分别从城市认同、群体认同、文化认同和身份认同 4 个维度进行了结构分析并利用交往理论进行解释，研究结果发现，4 个因子在结构上存在差异。就澳门外劳而言，城市认同与身份认同的程度高于群体认同与文化认同，主要是因为人们的认同同时具有建构性和被建构性，外劳社会认同的结构又建立在关系之上，所以获取身份认同成为外劳进行认同的动机所在，这一动机的实现又与人际信任和人际关系紧密相关。要促进澳门外劳更好地融入澳门、融入澳门社会，就要建构与澳门社会现状相符合的以交往和对话为核心的现代认同理论，实现主体交往行为的合理化，这是更好地实现外劳社会认同的基础和保障。基于此，笔者期望今后政府、企业和其他社会组织能在对待外劳问题上进一步改善相应的制度规定，使外劳全方位融入澳门社会，从而建构自然、社会、个体之间的和谐关系，使他们为建设和谐澳门发挥积极作用并做出相应贡献。

（原载李京文主编《北京工业大学学报》（社会科学版）第 13 卷第 6 期，北京：北京工业大学，2013 年 12 月。）

澳门、台湾社会结构与族群意识之比较*

邵宗海　董致麟　朱英嘉**

澳门与台湾都是一个以移民为主且受过外来殖民势力统治的地方，其社会结构与族群问题有相当程度的类似，然而，两地的族群意识和相处结果却大相径庭。澳门族群之间的相处比台湾融合，冲突与矛盾也较少，这可归因于澳门、台湾两地移民文化、殖民文化与经济因素的影响。当中，澳门对陆续来澳的内地移民采取的政策，以及民间社团在接纳新移民时扮演的角色，都是个中重点。由此出发，本文将对比澳门与台湾的社会结构、族群认同等方面，并探讨两地社会的族群意识。

一　澳门、台湾的移民文化及其对社会结构的影响

澳门拥有400多年的中西交融史，但基本上仍是一个华人社会，葡萄牙人、土生葡萄牙人、其他国籍的人士只占澳门总人口的极少部分，因此澳门基本上没有民族问题，华人的身份可以通过不同的族群来识别。比如，以移民的历史时期来区分，有殖民统治时期的澳门原生华人、1949年前后避难来澳的华人、1978年中国内地改革开放后来澳谋生的华人，以及1999年澳

---

* 本文为台湾“中国文化大学”澳门研究中心与澳门基金会之研究计划合作成果。

** 邵宗海，历史学博士，澳门理工学院名誉教授；董致麟，法学博士，澳门理工学院公共行政高等学校讲师；朱英嘉，台湾“中国文化大学”中山与中国大陆研究所博士候选人。

门回归后来澳依亲或投资的华人；以民族或地域背景来区分，则有原本居住在澳的广东人、葡萄牙人、土生葡萄牙人、福建人、后期移民的广东人，以及来自大陆其他省区市的新移民。

自1978年内地改革开放以来，来澳定居的内地移民骤然增多，其中包括合法移民和非法移民，这使当时的澳门人口一下子增加了10多万，这些人就是所谓的“新移民”。[①] 加上各种在不同时段、不同地区先后移居澳门的人，他们造就了澳门现时的社会结构。

台湾也是一个移民社会。清朝时，许多福建人和广东人为了谋生前往台湾，使当时的台湾有了闽客族群斗争；稍后的日据时代也造成了台湾民众“中国大陆意识”与“日本意识”的分野；1949年，大量的军公教人士（外省人）随国民党政府退据台湾，由于语言、生活习惯以及历史记忆之不同，他们与原居于台湾的人士（本省人）产生了隔阂与冲突；至近代台湾政治民主化发展、政治转型时，一些政客利用上述的族群分野、省籍意识来攫取更多的政治权力，自此台湾的政治便无法摆脱族群、省籍问题的纠缠。

从台湾的族群问题来看，“语言政治化”是切割族群的一个重要工具，亦是造成台湾族群分化的重要因素，“二二八事件”、土地改革都是其原因之一。从台湾的族群冲突历史来看，“原居住者”会将“外来者”当作敌人，“先外来者”会将“后外来者”当作敌人，台湾的土地改革由于忽视了原居民的利益，因此使原居民与“外来者”在认同上产生分裂；日本对台湾的殖民统治亦是其中的要素之一，而制度的不公平则延伸出台湾民众对1949年移民者的反感，使台湾的本地人觉得被剥夺，这些不公平包括考试、担任公职、语言等；此外，“三七五”减租虽然获得了客家人的好感，但也影响了后来的政治认同。

台湾本省人与外省人的最大不同在于记忆的不同，前者有被国家遗弃之感，后者则有太平洋战争和八年抗战的仇恨，而1947年爆发的“二二八事件”又为这两个族群划下一道难以缝合的鸿沟。在过去40多年里，台湾的族群关系表面上一直显得和谐，然而在实际上，由于外省族群透过政府机器制度化了他们与本省族群之间的支配从属关系，两个族群之间无形中进行了

① 郭济修：《当代澳门透视》，九鼎传播有限公司，2009，第225页。

垂直分工，即由外省人掌控党、政、军、特和文化媒体，而本省人任职于其他部门，谋求发展，因此，族群互动并未如我们所想象得那般水乳交融。国民党流亡政府为了实行少数统治，不得不巩固随其来台的外省族群，一方面实行居住上（眷区）与职业上（军公教）的隔离，另一方面又制造外省人的危机感，以文化霸权来宰制本地人，甚至是对他们百般羞辱，以利其控制。早期的“台湾独立运动”可以视为本省族群为挣脱这种外来政权硬套的权力结构而做出的努力，而台湾民众的族群（或民族）意识便在各种抗拒的过程中被逐渐塑造成。①

相比之下，澳门社会结构虽然多元，但比台湾和谐得多，澳门既没有发生类似台湾的械斗，也没出现多数族群欺负少数族群的相关历史，究其原因，可发现台湾先民来台后，多在台湾落地生根，这一点与澳门的移民不太相同。16 世纪开埠之后，澳门虽吸引了大量华人前往，但总体而言，这些先民看到的是商机，当澳门经济环境佳时，这些华人便留在澳门经商，一旦澳门失去商业竞争力，他们便又转往他处。反观移民台湾者，即便有部分移民也从事商业贸易，但更多的是以“垦殖”作为其生活模式，世世代代在台湾开垦，这也说明了为何台湾各省籍的移民会为了占据土地和其他天然资源，联群结党地为共同的利益争斗。

二　澳门、台湾殖民文化与两地族群意识比较

（一）澳门、台湾殖民文化与社会结构的互动

葡萄牙人占据澳门近 400 多年，但因其在教育上采取“隔离”策略，再加上澳葡时期大多数的澳门华人仍然保留原来的语言、教育、宗教信仰，甚至在教育体系上亦保有中华文化的特性，因此澳门社会中的殖民文化与当地的中国文化基本上没有融合，一直保持双轨并行。② 虽然葡萄牙人也曾经想用“殖民”模式来管治澳门，但有实际难度。葡萄牙人占据澳门后，虽

---

① 施正锋：《台湾族群政治》，http://www.wufi.org.tw/shih/ethnic.htm，最后访问日期：2011 年 12 月 19 日。

② 澳门的学校以中文学校居多，全部招收华人子弟入学，用中文授课；英文学校居次，在葡萄牙人殖民统治澳门期间，澳门华人始终保有其原来的文化和生活模式。

曾实行殖民管治，不但派遣总督进驻澳门，而且在澳门驻扎军队，将澳门视为葡萄牙的领土，但就国家实力而言，葡萄牙的影响力远不及英国和日本，其文化影响力及其对所占领之地造成之冲击亦远逊英日两国。

葡萄牙在管治澳门时虽采取分化精英的策略，但这并没有破坏澳门社会族群的和谐。这是由于澳葡政府基本上不压制中华文化，反而利用当地的社团、文化、知名人士来管理此地，因此形成了一股相当强大的、由华人社团组成的非正式政治力量。从另一个角度来看，华人仍是澳门居民的最大组成部分，且具有一定的政治经济实力，多数华人居民的生活模式并未受到殖民文化的入侵，反而在庶民文化如婚丧嫁娶、饮食等方面有了诸多融合，因此，在各种因素的影响下，澳门的社会族群分化并不强烈，甚至有受访者认为“澳门的华人社会从来没有被殖民统治过，所以也没有受过后殖民文化的洗礼”。①

与之相反，殖民文化对台湾的影响非常明显。日本占领台湾后采纳了当时的民政长官后藤新平的主张，采取了同化政策，一步一步地改造台湾。台湾的精英层是各地的医生、律师与中学教员，他们均以专业知识维生，接受日本教育，喜爱日本传输的西方音乐与艺术。这批新兴的精英当中即使有部分是过去地方缙绅的后代，其文化内涵、生活价值也与其父祖辈不同，此等改变对台湾的发展具有深远影响。日据时代，台湾经历了巨大变化，虽然台湾本省人只算是日本的“二等国民”，但一般百姓也已安于新生活，“晋升”为“皇民”的少数人则完全认同日本，感激殖民者“赐予”的“现代化”。关于这一历史现实，来自大陆的外省籍移民并不知悉；在 1945 年台湾光复以及 1949 年国民党退据台湾时，大多数来自大陆的移民均无法理解台湾本省人甘于被日本统治的心态，以致两族群间长期产生误解，至今不能融合无间。②

受日据时代政治经济体制和政策的影响，日本人、台湾民众截然被区分为统治者与被统治者，职是之故，台湾民众的社会领导阶层其政治经济地位的发展有其局限，新旧两代之间的政治经济地位有其延续性。日据时代，在

① 摘录自作者之一董致麟与澳门基金会行政委员会吴志良主席之当面访谈内容，2011 年 1 月 27 日。

② 许倬云：《“皇民化”——日本殖民统治下的台湾》，2010 年 2 月 3 日，http：//www.aisixiang.com/data/31658.html，最后访问日期：2011 年 6 月 1 日。

台湾总督府实行具有现代化取向的同化政策影响下，台湾的人口结构、社会结构、风俗习惯以及价值观念等产生极大的变化，社会和文化变迁之结果是台湾社会逐渐由俗民社会（folk society）过渡到市民社会（civil society），易言之，台湾社会已产生相当程度的质变。

（二）从殖民文化比较澳门、台湾两地的族群意识

在葡萄牙殖民统治下的400多年里，澳门很少出现大规模的族群冲突，这可能与葡萄牙的殖民统治政策有关。在整个殖民统治的前期，葡萄牙仅将澳门作为对中国贸易或传教的据点，而非长期统治的地区，在行政上其也受葡萄牙果阿殖民政府的管治。这样的态度当然与澳门的地位有关。在葡萄牙殖民统治的前期，澳门是葡萄牙透过缴纳租金的方式向中国租来的，因而其主权牢牢掌握在中国政府手中，中国政府甚至在澳门派驻行政官员，主管华人事务。葡萄牙的统治范围也仅限于葡萄牙人等外籍人士，而未及整个澳门。因此，在这样的情形下，葡萄牙在澳门的管治权来自中国的同意和默许，况且当时的葡萄牙也无力以武力保卫澳门，只是后来在列强妄图瓜分中国的情况下，葡萄牙也来分一杯羹，但澳门以中华文化为主的格局已经形成，想要强硬实行殖民统治，也遇上了上述双轨并行的情况。因此，殖民文化并没有在澳门社会中扎根，建筑、食物等方面的文化亦属表面层次，葡萄牙的殖民统治力量始终难以进入华人族群，也因为这样，澳门很少出现华洋冲突的场景，即便出现，也多是以社会事件为导火线。

台湾的情况与之相反，在台湾的族群中，部分曾经受日本殖民统治的人士在对比了光复后的国民党政府的施政后，反而得出了日本殖民统治者的统治力优于国民党政府的结论。国民党政府在接收台湾的同时不仅带来了自己的统治体制，还带来了早就为人诟病的贪污与腐败，这使本省籍人士对国民政府产生怀疑。继之发生的“二二八事件”更是压垮了本省籍人士对国民党政府信任感的最后一根稻草。从历史的过程来说，我们不能说“二二八事件”是本省籍人士与以外省籍人士为主体的台湾国民党政府之间的对决，但“二二八事件”绝对是影响日后台湾本省籍、外省籍两大族群之间关系的重大事件。也正是因为国民党政府在处理“二二八事件”时出现瑕疵，该事件成为台湾民主化之后政治动员的绝佳武器。

1949年，国民党当局败退台湾，除了将统治机关悉数迁移外，也带来

了包括军人在内的约200万移民。这些民众绝大多数都是外省籍人士，他们在逃难的过程中可说是孑然一身，政府有责任安置和照顾他们，但在资源有限的情况下，这些在短时间内骤然来台的外省籍移民当然在土地、粮食等各方面对本省籍人士产生挤压。另外，这些来台的外省籍人士对日本的态度也不像本省籍人士那样复杂。

三　经济因素与澳门、台湾两地的族群意识

（一）经济因素与澳门、台湾的社会结构

在葡萄牙殖民统治的最后几年，澳门经济出现了发展停滞的现象，1993年澳门经济增长率持续下降，这时内地和香港仍以较高的速度增长。由于出现了房地产泡沫，过度依靠博彩业的澳门也出现了产业结构失衡，澳门经济发展的步伐更加缓慢。1993～1997年，澳门GDP年均增长率仅为2.53%；①1997年以来，受亚洲金融风暴和内部治安恶化的影响，澳门经济的衰退从建筑地产业、加工出口业逐渐扩散到旅游博彩业；1996～1999年，澳门更是经历了连续四年的负增长，加上失业率居高不下，澳门面对着前所未有的困局。②

回归之后，依靠博彩业的开放，澳门经济高速发展。澳葡时期，澳门的博彩业由单一公司垄断，其博彩专营合约到2001年届满。如何制定2001年后的博彩政策，究竟是结束博彩专营、引进竞争机制，还是继续维持一段时间不变？这是澳门特区政府成立后面临的重大选择。当时，社会上对博彩政策的态度也分成正反两派，反对的意见认为："2001年后立即取消目前的博彩专营制度可能过于激进，会对澳门经济稳定发展造成负面影响，因为特区政府刚开始运作时，其收入的四成以上仍要靠博彩税维持，且特区政府财政储备欠缺，原有的土地基金亦不足以保证政府的开支，过早打破专营未必能保证收入稳定增长，故此还是多等几年比较稳妥。娱乐公司总经理何鸿燊就

① 王海港：《澳门经济落后的根本原因：制度问题——从新制度经济学看澳门的经济绩效》，《澳门研究》1999年第12期。

② 冯邦彦：《澳门回归后的经济发展路向探讨》，《澳门研究》1999年第13期。

明确表示，2001年就结束博彩专营为期过早，‘还应当再等几年’”。[①] 赞成引入竞争机制的意见则认为：“澳门博彩专营在博彩业兴起阶段功不可没，现在却不利竞争，必须迅速引入竞争机制并提高博彩收入用于澳门发展的比例，营造公平竞争的环境。”[②] 后来，澳门特区政府采取的是引入竞争的政策，这也带来了日后澳门经济的高速增长。

台湾经济的起飞则比澳门早得多，其产业结构与澳门亦有着明显不同。1949年，大量外省族群移入台湾，大部分是军、公、教、警、特人员及其眷属，几乎是把原来的整套统治机制移到台湾来。为了增加农作物产量，安定基层农民，政府遂实施一连串的土地改革，本省多数民众遂由佃农转变为自耕农。随着经济的逐渐发展，进口替代政策转变为出口导向政策，农业剩余被用来扶植工业成长，台湾民间开始出现许多中小企业和工厂。1970年以前，除了少数从大陆撤退来台的大资本家、政府重点扶植产业、国营事业外，农业和多数工商企业从业者都是本省籍人士（包括闽南和客家族群）。

在满足了基本的民生需求后，民众开始重视政治上的权益。20世纪70年代一连串的外交危机促使本省籍民众省思，并积极参与政治反抗运动（包括在经济上的支援）。80年代初，本土资本的“投资罢工”和社会运动的兴起使执政当局的正当性退缩，并加速了威权政体的转型。[③] 台湾经济发展是一个典型的由政府力量促成的成功案例，[④] 政府以规划者、引领者、协助者的身份出现，虽让市场自行发挥其效率配置资源，但也随时从旁监督与管理。随国民党政府退据台湾的技术官僚（多为所谓的“外省人”）其实与台湾社会各阶层人民有着某种程度上的疏离，在1950～1990年的40余年间，他们是秉持着以往的专业知识与训练来制定政策的，因此公共政策较少受到利益团体的影响。过去能独立于利益团体影响之外制定各种政策与治理市场的台湾技术官僚，应是创造台湾奇迹的重要力量。[⑤]

---

① 《博彩合约2001年将届满，何鸿燊谓未宜结束专营局面》，《澳门日报》1998年5月5日。

② 《澳门博彩业须引入竞争机制，急需现代化多元化改善经营》，《澳门日报》1998年2月24日。

③ 王振寰：《资本、劳工与国家机器：台湾的政治与社会转型》，唐山出版社，1993，第51～52页。

④ 施建生主编《一九八零年代以来台湾经济发展经验》，“中华经济研究院”，1999。

⑤ R. Wade, *Governing the Market: Economic Theory and the Role of Government in East Asian Industrialization*, New Jersey: Princeton University Press, 1990.

（二）经济因素与澳门、台湾的族群意识

回归后，澳门内地移民可分成两大类，一类是需要扶助的弱势族群，另一类是社会经济地位较高的族群。前者来澳后挤占了澳门本已有限的社会资源，因而容易遭到澳门本地人士歧视，以至于来澳较久的移民不愿被称为“新移民”，因为在他们的认知里，“新移民”这个名词代表弱势、需要被协助甚至是分享资源，故目前较多使用“新来澳人士”以取代“新移民”。[①]在后者看来，他们来澳的目的并不是寻求较好的经济条件，而是寻求较优良的生活环境，甚至希望能够进一步移居国外。这样的人士来澳后，较难对澳门产生认同，对于他们来说，澳门只是一个寄居的城市，因此他们亦不易融入澳门社会。

移民来澳门的原因有许多，从经济的角度来看，那些为了求取更好经济条件的“新来澳人士”会较努力地融入社会，而事实上，大部分来澳谋生的内地人士多属于经济条件较差的一群人，在来澳初期需要政府和社会的协助；从资源稀少的情况来看，这些移民分取了有限的社会资源，引起原本居澳族群的不满。正因如此，澳门开始有了所谓“新移民”与“老移民”的分野。

相对于澳门，台湾“本省”与“外省”的族群意识深厚得多，这源于长期以来的土地与资源纠纷。从经济发展的历程来看，本省族群的经济力量多来自其早已掌握的土地资源，初来乍到的外省族群除了少数高级政府官员之外，其经济情况可说是较差的。为了改变土地分配不均的现象，台湾在20世纪50年代进行了土地改革，但是由于土地的所有权原本多掌握在本省籍地主手中，因此他们首当其冲，受到的影响最大，某种程度上来说，是政府强制掠夺了他们的财产，但并未给予他们满意的补偿。土地改革的受害者将之看作作为统治集团的外省族群掠夺本省族群的实例，往往以此做反对政府的哭诉。

除此之外，台湾缺乏发展经济所需的自然资源，在经济转型的过程中，势必要以外贸和高科技产业作为基础，而跟随国民政府来台的官员中有许多具有国外留学经验，这些外省族群凭借较佳的政治关系和学识，容易在经济

---

① 程惕洁编著《澳门新移民调查及政策研究（2007～2008）》，北京大学出版社，2011，第4页。

转型的过程之中得利。反观本省族群，他们世代以土地为资本，难于放弃其既有利益，因此在经济转型的过程之中往往处于劣势，这也相对增加了本省族群的被剥削感。

四　结论

澳门、台湾两地虽然都受中国文化影响，亦同样具有殖民统治背景，但因移民、殖民统治过程、经济发展等因素，形成了不同的族群意识。早期移民台湾的人受“我族”“他族”概念影响较深，因此常有打斗情况发生；后来，受日本移民和国民党政府退据台湾等事件影响，不同族群成长记忆的隔阂造成台湾民众存在的某些价值认同问题；之后，国民党实行白色恐怖与土地改革等，再加上政治民主化后政党为了争取选举的胜利，常以“本省人”“外省人”作为争取选票的工具，这就造成族群间的对立。但在澳门，因有着单一的种族认同，且政治上并没有进行西方式的民主选举，因此澳门的族群对立并不如台湾强烈。两者的对照提示台湾须勇于面对历史，重新检视过去所发生的事，拒绝有色眼光或是试图掩盖真相的态度，让民众真正地了解历史的原貌。近年来，台湾各种有关“二二八事件”的档案与研究大量出炉，试图利用各种力量还原历史，想从根源着手，拆除台湾族群冲突这一“定时炸弹”。

除了还原历史真相、化解族群冲突外，亦应建立一套共有的认同体系。从台湾的历史发展与社会结构来看，1949 年来台的外省族群部分占据着政府的高阶职位，部分是职业军人、教员，他们的生活水准都比本省族群高，政治资源亦优，但基于当时的两岸关系，外省族群必须将资源牢牢地掌握在手，在这样的情况下，本省族群无论是在政治层面还是在经济层面都有被剥夺感，因而心理上不平衡。直到 20 世纪 80 年代末台湾经历政治民主化的浪潮时，外省族群占据的政治职位才逐渐被本省人取代。

反观澳门，1949 年后来澳的移民以经济移民为主，他们绝大多数都是为了追求更理想的生活，而不会想要去和本地人争夺资源。他们只求一个安身立命、安居乐业的环境，和台湾近年因通婚而移入的“大陆新娘”有相同之处，这些大陆新娘不全然是为了追求更好的经济生活，而是为了爱情而来台湾，追求的是一个圆满的家。所以，她们来台后想的不会是争取更多资

源，而是如何融入台湾社会，安定地过日子。

到了80年代，大量移民依然是因为经济因素来澳，但他们的到来适时填补了澳门劳动力的不足，使澳门的制造业、地产业得到了劳力的挹注，使澳门的经济蓬勃发展。因此，这个时期来澳的移民与澳门的发展可说是相辅相成的，澳门提供了移民所需要的安定环境，而移民带动了澳门经济的发展。回归后，移民的性质与前述移民的性质有了较大的差别，回归后移民不全是因为经济因素来澳，有些可能是为了技术、投资或是为了依亲。因技术或投资而来澳的移民其经济条件本就比较良好，他们来澳是为了追求更佳的生活品质而非经济生活，因此他们对澳门有较多的想法和建议，试图把澳门塑造成他们想要的澳门。此外，因为依亲因素来澳的移民恰巧与前述的移民是贫富光谱的两端，这些移民来澳不全然具有劳动谋生的能力，必须透过澳门特区政府或社会的协助才能融入澳门社会，这对于澳门本地人来说，可能是一种负担，因为他们分享了原本就有限的社会资源。

就此而言，澳门、台湾两地有着相同的社会结构，但出现了截然不同的族群意识，这与移民的性质密切相关。从澳门的社会结构和移民的历程中可以发现，澳门没有出现严重的族群冲突的原因是来澳的移民都把澳门视作一个长期居住的“家”，而1949年以后来台的外省族群仅把台湾视作一个暂时的居住地，而没有“家”的感觉。直到后来，他们才开始考虑将台湾视作长期居留之处，但已经与视台湾为“家”的本省族群产生了隔阂与冲突。这表明族群必须建立一套认同机制，就澳门而言，这认同现已形成，值得珍惜与保存，而在台湾，应将“台湾本土意识”当成内部最大公约数，建立共同的价值和奋斗目标，而勿论这“台湾本土意识”是自发还是被动建立起来的。

（原载吴志良、郝雨凡主编《澳门研究》总第72期，澳门：澳门基金会，2014年3月。）

比较犯罪学视野下的澳门犯罪矫治及其发展趋势

刘建宏　赵若辉*

社会大众通常认为，采取有效政策、延长监禁刑可以震慑犯罪人并显著降低犯罪率。① 事实上，监狱关押的犯罪人只是所有犯罪人中的一小部分，改变监禁刑诸如延长刑期未必对犯罪率产生显著影响。犯罪矫治“漏斗”（Correctional Funnel）理论指出，尽管警务部门每年接收数量众多的犯罪案件，最后进入犯罪矫治体系，特别是监狱系统的罪案数目却很少。以美国为例，假设警察收到100宗报案，其中不到10宗会被裁定为重罪。而在这些重罪裁定中，60%会被处以缓刑，剩下的40%被处以监禁刑，即只有4宗案件会涉及监禁刑。正因为监狱关押的只是极小部分犯人，所以改变或延长监禁刑很难对总体犯罪率产生显著影响。也正因为此，犯罪矫治涉及的不仅是监禁刑罚与监狱体系，而且其涵盖的范围更加广泛。

一　犯罪矫治的概念与内涵

犯罪“矫治”（Correction）这一概念源于“刑罚学”（Penology）一词，意即对犯罪人进行惩罚（Punishment）。从“刑罚”到“矫治”，这一概念

* 刘建宏，澳门大学社会科学学院社会学系教授；赵若辉，澳门大学社会科学学院社会学系副教授。

① Richard P. Seiter, *Corrections: An Introduction* 2nd ed, N. J.: Pearson Prentice Hall Ltd., 2008.

的转变反映了刑事司法体系对犯罪人态度与刑罚理念的改变。① 自1790年在宾夕法尼亚州建立第一个以执行监禁刑为目的的监狱起，美国便开始使用“Penitentiary”一词来指代监狱，特别是州立监狱。“Penitentiary”一词本身即带有感化、忏悔之意。在监狱里，犯罪人可以通过阅读《圣经》忏悔己过。

自20世纪50年代起，以“更生”或“康复”（Rehabilitation）替代“刑罚”成为美国刑罚体系的主要努力目标，“矫治”理念的影响日甚。在这一理念下，犯罪人被视为“病人”，需要接受“治疗”或“矫治”。值得一提的是，尽管“矫治”这一概念一直沿用至今，但几十年来，以“治疗”犯罪人为目标的“医疗模式”（Medical Model）与标榜犯罪人应受到应有惩罚的“刑罚模式”在刑罚实践中一直处于胶着的状态，在不同时期轮流居于主导之地位。

简言之，犯罪“矫治”是指一系列针对犯罪人的社区或机构处分，包括各种更生、治疗（针对吸毒或有精神障碍的犯罪人）计划以及帮助服刑人员回归社会的一系列服务措施。② 犯罪矫治的目标较多，总括起来不外乎以下几种：刑罚、震慑、剥夺犯罪能力、更生以及补偿。③ 此外，还有报应、隔离、重返以及修复等。④

犯罪矫治在刑罚实践中大致可分为机构矫治与非机构矫治两种。其中，机构矫治多是监禁刑，即犯罪人在监狱或是其他诸如强制戒毒等矫治机构服刑并参加各种更生计划；而非机构矫治则以社区矫治为主，即犯罪人无须被监禁，而在社区内服刑，服从特定规条并参加各种更生计划，其刑期可以是因犯罪而量刑的全部刑期，也可以是部分刑期。⑤ 非机构矫治通常包括传统的缓刑、假释、社区服务和罚金等。此外，还有处于缓刑与监

① Richard P. Seiter, *Corrections: An Introduction* 2nd ed, N. J.: Pearson Prentice Hall Ltd., 2008.

② G. Larry Mays, L. Thomas Winfree, *Essentials of Corrections* 4th ed, Belmont, C. A: Wadsworth, 2009; Richard P. Seiter, *Corrections: An Introduction* 2nd ed, N. J.: Pearson Prentice Hall Ltd., 2008.

③ G. Larry Mays, L. Thomas Winfree, *Essentials of Corrections* 4th ed, Belmont, C. A.: Wadsworth, 2009; Richard P. Seiter, *Corrections: An Introduction* 2nd ed, N. J.: Pearson Prentice Hall Ltd., 2008; Robert D. Hanser, *Community Corrections*, Thousand Oaks, C. A.: Sage Publications Inc., 2010.

④ G. Larry Mays, L. Thomas Winfree, *Essentials of Corrections* 4th ed, Belmont, C. A.: Wadsworth, 2009.

⑤ Paul Cromwell, Leanne Fiftal Alarid, Rolando V. del Carmen, *Community - based Corrections*, Belmont, C. A.: Thomson Wadsworth, 2005.

禁刑之间的中间处遇措施，包括软禁、中途之家、震撼监禁、分离判决和震撼缓刑等。[①]

传统意义上的犯罪矫治通常发生在法院判决之后，但这一界限如今已逐渐延伸至法院判决之前。也就是说，涉及犯罪嫌疑人被定罪之前的工作亦可以纳入更广义犯罪矫治的范畴，如对犯罪嫌疑人的审前羁押和对保释人员的监管。

二　澳门的犯罪矫治实践

澳门特区政府统计暨普查局编定的《澳门统计年鉴2013》[②] 显示，截至2012年底，澳门的总面积为29.9平方公里，人口为58.2万人。同一时期，澳门的罪案总数为12685宗，其中7283宗为侵占财产罪，2479宗为侵犯人身罪，这两类罪案数占罪案总数的绝大部分，其余为妨害本地区罪、妨害社会生活罪以及其他犯罪类型。[③] 综合2012年的人口数看，澳门的总体犯罪密度约为2180宗/万人。[④] 以下将对澳门的成人机构矫治与非机构矫治进行阐述，并重点介绍未成年人犯罪矫治模式。

（一）澳门的成人犯罪矫治

1. 澳门的成人机构矫治

澳门的犯罪矫治体系主要是由执行机构矫治的澳门监狱和执行以非机构矫治为主的法务局社会重返厅负责。澳门只有一所监狱，执行剥夺自由的刑罚和羁押。截至2012年底，澳门的囚犯人数为1112人，其中男性933人，

---

① Richard P. Seiter, *Corrections: An Introduction* 4th ed, N. J.: Pearson Prentice Hall Ltd., 2008; Robert D. Hanser, *Community Corrections*, Thousand Oaks, C. A: Sage Publications, Inc., 2010.

② 《澳门统计年鉴2013》，澳门特区政府统计暨普查局网站，http://www. dsec. gov. mo/Statistic. aspx? NodeGuid = d45bf8ce - 2b35 - 45d9 - ab3a - ed645e8af4bb，最后访问日期：2013年12月5日。

③ 《澳门刑法典》将犯罪划分为五大类型：侵犯人身罪、侵犯财产罪、危害和平及违反人道罪、妨害社会生活罪以及妨害本地区罪。

④ 由于不同的国家或地区对犯罪及其类型的定义不尽相同，且警察部门对犯罪统计的口径不一，因此对以犯罪率来比较不同国家或地区的安全状况，应持谨慎态度。

占绝大多数；女性179人，仅占很少一部分。[①] 澳门监狱的权限包括：①为正确剥夺自由的刑罚及处分而采取措施，尤其在社会、经济、家庭、心理等辅助方面，就业、职业培训和教育培训方面，文化、娱乐和体育活动方面以及使被囚禁者守纪律方面采取措施；②促进被判刑者重返社会；③安排和负责生产工厂的管理，以便被囚禁者重返社会的目标能与合理运用人力和物力资源方面以及确保适当的工作安全环境方面的目标相配合；④负责人员、资产和设备的管理以及工程的实施。[②]

同时，澳门监狱又负有看守所（jail，有时也译为监狱）的职责。美国的机构矫治通常由执行短期监禁刑（通常为一年或一年以下）以及审前关押的看守所和执行长期监禁刑的监狱两个不同机构负责。澳门监狱则合二者为一体，将犯罪嫌疑人与已判刑的服刑人员分别关押在不同的监区。这是因为澳门仅有一所监狱，因此不存在针对不同监狱的警戒分级，这符合澳门地域狭小、人口相对较少的实际。但监狱内部设有男囚区和女囚区；每一囚区下又设有两分区，一个为被羁押者而设，另一个为被判刑者而设。服刑人依其危险程度被划分为三个不同的类别，即防范类、半信任类和信任类，并分别在对应不同警戒度的监仓即单人监、三人监和至少能容纳八人之牢房内服刑。此外，16岁以上21岁以下之青少年囚犯与其他囚犯亦被隔离关押，意即将他们分隔于不同设施之中或同一设施中之不同区域。[③]

澳门监禁刑罚的执行与监狱的管理遵循一系列法律规章。这其中包括第40/94/M号法令所核准之《剥夺自由处分执行制度》和第8/GM/96号批示《核准路环监狱规章》。值得一提的是，澳门遵循《公民权利和政治权利国际公约》，其监狱法律体制亦遵循国际上所接受之原则，以重返社会、尊重囚犯人格、保护社会、保护监狱群体等为宗旨。例如，澳门第40/94/M号法令所核准之《剥夺自由处分执行制度》第一章第1条第1款即提出，“剥

---

① 《澳门统计年鉴2013》，澳门特区政府统计暨普查局网站，http://www.dsec.gov.mo/Statistic.aspx? NodeGuid = d45bf8ce - 2b35 - 45d9 - ab3a - ed645e8af4bb，最后访问日期：2013年12月5日。

② 有关资料请参见澳门特区政府澳门监狱网，http://www.epm.gov.mo，最后访问日期：2013年12月30日。

③ 《澳门统计年鉴2013》，澳门特区政府统计暨普查局网站，http://www.dsec.gov.mo/Statistic.aspx? NodeGuid = d45bf8ce - 2b35 - 45d9 - ab3a - ed645e8af4bb，最后访问日期：2013年12月5日。

夺自由处分之执行旨在使囚犯就所犯罪行对社会进行弥补，并应以使囚犯重新纳入社会，改造囚犯使其今后能以对社会负责之方式生活并不再犯罪为指导方针”。在执行方式上，《剥夺自由处分执行制度》第一章第2条指出：①执行时应尊重囚犯之人格并且以绝对公正无私之方式为之，且不得有血统、性别、种族、语言、原居地、宗教、政治信仰、意识形态信仰、教育、经济状况或社会地位等方面之歧视；②执行时不应因对社会或监狱群体之保护而引致严重危险之状况；③执行时应鼓励囚犯参与并鼓励社会协助囚犯重返社会；④执行时应促使囚犯对总体利益之事宜有共同责任感，而该等事宜需要囚犯为实现总体利益而合作者。

此外，为帮助囚犯重返社会，监狱会在劳动、职业培训以及学校教育方面尽可能提供安排。首先，监狱会尽可能给囚犯安排一项有经济效益之劳动（《剥夺自由处分执行制度》第七章第51条第1款）；其次，监狱会按囚犯工作或职业之变化，安排与其职业培训及进修相适合之课程；囚犯以合格成绩完成职业培训课程后，将获颁发有关文凭，而文凭内不得载明囚犯之犯人身份（《剥夺自由处分执行制度》第七章第56条）；再者，囚犯有权根据内部规章之规定就读为完成义务学校教育所必须之课程，并有权参加监狱所安排之其余教育活动；监狱应尽可能创造条件，以便囚犯能参加函授、电台或电视授课之课程（《剥夺自由处分执行制度》第七章第58条）。

2. 澳门的成人非机构矫治

澳门的非机构矫治通常由特区政府社工局下辖的社会重返厅负责，其职责为“协助司法当局执行各种非剥夺自由的刑罚及处分；为假释者及受非剥夺自由刑罚者提供协助，促进其融入社会，重过正常生活”。简言之，社会重返厅的服务以支援更生与重返社会为目的，内容包括针对成年人以及青少年的更生服务。社会重返厅公布的历年（2004～2012）资料显示，其跟进的假释个案数目在过去9年内呈轻微波动的趋势，由2004年的147宗上升至2006年的195宗（最高点），之后又降至2012年的168宗。就缓刑个案而言，其上升态势明显。2004年，社会重返厅跟进125宗缓刑个案，至2012年这一数字达到354宗。此外，2012年社会重返厅还撰写判前社会报告169份。社会重返厅的更生服务大体包括：①协助法院执行对假释者的监管，协助其重新融入新生活；②协助法院执行缓刑者的监督，协助其履行缓刑义务；③监督以劳动代替罚金者履行劳动义务；④为释囚或涉及

刑事司法系统的个案提供协助，如经济援助、住宿、戒毒等；⑤撰写判前社会报告。

也就是说，除了对缓刑与假释者进行监管与撰写社会报告外，社会重返厅还监督以劳动代替罚金者履行劳动义务，并为释囚或涉及刑事司法的个案提供协助。其历年的服务内容既包括各类法制教育课程如缓刑法律讲座、针对在囚人员的释前法律讲座以及戒毒讲座等，也包括各类义工活动、爱心雇主活动以及更生社区推广计划等。

与犯罪矫治发展比较多元化的美国相比，澳门的非机构矫治类型并不多，美国所采用的一些中间处遇措施，如震撼监禁和震撼缓刑等并未在澳门实行。澳门的非机构矫治重在帮助违法人员与释囚完成更生计划以期顺利重返社会并被社会接纳。如果非要说澳门的犯罪矫治模式属于“医疗模式”和“刑罚模式”中的哪一种，那么说它属于“医疗模式”似乎更为贴切。

（二）澳门的未成年人犯罪矫治

澳门的未成年人犯罪矫治模式较为独特。因为《澳门刑法典》规定的刑事责任年龄为16周岁，所以未满16周岁的青少年若犯罪则无须承担刑事责任；然而，12～16岁的青少年如果犯有刑事违法行为，则适用《违法青少年教育监管制度》（第2/2007号法律），其性质属于非刑事化矫治；未满12周岁的青少年如果犯有刑事违法行为，则适用社会保护制度，由社会工作局执行。

《违法青少年教育监管制度》是对之前第65/99/M号法令《核准未成年人司法管辖范围内之教育制度及社会保护制度，并废止〈海外未成年人司法援助通则〉》的修订，这一制度在2007年颁布并实施，总共规定了8项针对违法青少年的措施：警方警诫、司法训诫、复合、遵守行为准则、社会服务令、感化令、入住短期宿舍以及收容教育。

首先，就措施执行部门而言，在这8项措施中，警方警诫是新引入的措施，属于非司法处理措施，由治安警察局的专责小组执行，可以同社区支持计划共同实施。这一措施使轻微违法的青少年不必进入司法处理阶段，因而避免或减少了对违法青少年的污名化。其他7种措施属于司法介入的措施，需要由法官做出裁定，并存入司法档案。其中，司法训诫由法官做出；收容由社会感化院执行；其余5项措施均由社会重返厅执行或监督执行。其次，就矫治类型而言，收容属于机构矫治措施，严重违法的未成年人在少年感化院内接受管教与训练。感化院下设观察中心、教导中心和教管训练中心，其提供收容服务的目的主要在于矫正院生在认知、情绪、行为等方面的问题，提高其独立思考和自理能力，锻炼其生活技能，使其将来能顺利融入社会。[①] 入住短期宿舍历时一个月或一年，性质上属于中间处遇措施。其他措施则属于非机构矫治措施，违法未成年人可以在社区内改过自新，但须遵守相应的守则。

澳门特区政府教育暨青年局的《澳门青年指标》显示，在2003～2012年的10年间，12～15岁的未成年人犯罪数目呈下降趋势，这一年龄组的青少年犯罪人数2003年为148人，到2008年达到最高峰，为288人，其后逐渐下降至2012年的131人。就感化院收容的违法青少年数目（在院人数）而言，其在过去10年里亦呈波动趋势：2003年，感化院收容的男女青少年总数为92人，至2006年达到最高峰即110人，其后逐步下降至2012年的最低点即33人。社会重返厅的资料与《澳门青年指标》所显示的趋势是一致的。2004年，社会重返厅跟进的个案数为696宗，至2007年上升到最高点即912宗，其后大幅下降至2012年的260宗。[②] 可见，近年除了青少年犯罪数量的整体下降，警方训诫这一非司法措施的引入对社会重返厅跟进的个案数目也可能产生一定影响。

三　澳门犯罪矫治研究现状与评述

综合澳门犯罪矫治模式可以看出，澳门犯罪矫治的发展方向与许多西方发达国家相一致，注重帮助犯罪人重返社会。然而，对于有关犯罪矫治的研究非常有限。相关的文献分析结果显示，在有限的关于犯罪矫治的文献中，相当部分是官方网站与报章杂志上的介绍性文章或短消息。特区政府的相关报告与资料大多是以小册子的形式分发或者发布于其官方网站，而研究性文章少之又少，实证研究就更加有限。

---

① 有关统计资料请参阅澳门特区政府法务局少年感化院网站，http://www.dsc.gov.mo/drsim05.aspx，最后访问日期：2013年12月10日。

② 《澳门青年指标》，澳门特区政府教育暨青年局网站，http://www.dsej.gov.mo/ijm/db.html#7，最后访问日期：2013年12月5日。

（一）犯罪矫治官方资料与统计资料

关于澳门犯罪矫治的介绍性文章或短消息通常发布于澳门监狱和社工局下辖的社会重返厅的官方网站，关于监狱改造以及社会重返的新进展亦不时出现在本地报章中。澳门监狱发布有《年报》与《启报》两种刊物。其中《年报》的发布始于2009年，系统且综合地报道监狱的组织构架、监狱保安与监区管理、协助在囚人士重返社会的事务、行政管理与人员培训、社区关系与交流互访、服务承诺以及提供年度资料；《启报》则以季刊形式出版，内容以报道监狱和社会信息为主。[①] 此外，澳门监狱还将其常用法律发布在网站上，以便公众查询。监狱已发布的2009~2011年《年报》显示，澳门在囚人士的年龄多在21~40岁，其次为41~50岁，16~20岁的青少年人数较少；在囚人士学历多为初中或初中以下（以初中学历居多）。尽管相当数量的在囚人士是澳门本地居民（根据身份证明文件发出地），但内地居民和外国在囚人士合计占更大比重。以2011年为例，在总共844名在囚人士中，澳门本地在囚人数为348人，来自内地的在囚人数为285人，来自外国的在囚人数为140人。也就是说，非本澳在囚人数占所有在囚人数的绝大部分。

特区政府法务局及其下属机构社会重返厅的官方网站除了公布相关法律规章之外，亦对外公布相关统计资料。以社会重返厅为例，其公布的有历年(2004~2012)及现行对成年人与未成年人跟进个案的统计数据。此外还发布了一份2008~2010年内已完成的跟进个案的调查报告，该报告详细调查了在这三年内完成假释、缓刑、劳动代替罚金以及自愿求助这四大类更生个案涉案人员的性别、年龄、婚姻状况、出生地、文化程度、工作经验与类别以及月薪、是否有毒瘾史以及滥用药物的类别、所接受的社会支援类型、是否顺利完成跟进，以及一年内的重犯率。报告显示，社会重返厅在2008~2010年共完成跟进个案481宗，其中“假释个案及缓刑个案多以触犯毒品罪行及侵犯财产罪为主，而劳动代替罚金个案则以妨害社会生活罪为主”。就是否能顺利完成跟进期而言，“96%的假释个案、69.8%的缓刑个案与74.1%的劳动代替罚金个案顺利完成了跟进期；而各类别于结案后一年内的重犯率分别为：假

① 有关资料请参阅澳门特区政府澳门监狱网站，http://www.epm.gov.mo，最后访问日期：2013年12月30日。

释个案3.9%、缓刑个案10.7%、劳动代替罚金个案7.7%”。[①] 过半数更生个案涉案人员曾有毒瘾，当中以滥用精神科药物为主，其次是海洛因。在假释、缓刑与劳动代替罚金这三类个案中，缓刑个案因为多涉及毒品罪名，吸毒人员较多，因此其顺利完成跟进期的比率最低，一年内的重犯率最高。

除了澳门监狱与社会重返厅公布的统计数据与年报、调查报告外，少年感化院亦会公布其历年（1997～2012年）与现行收容之院生数目以及院生离院一年内的重犯率。资料显示，1997～2012年，感化院收容的院生数目大致呈伞状分布，2002～2003年收容人数最多，年平均收容人数超过60人。此后这一数据呈明显下降趋势，至2012年，年平均收容人数为22人。就院生重犯率而言，感化院的数据显示，《违法青少年教育监管制度》实施前（2006～2008年），入院的院生离院一年内的重犯率平均为6.4%，明显高于这一制度实施后入院的院生离院一年内的重犯率（2.53%）。[②]

尽管澳门监狱、社会重返厅以及少年感化院均对其组织构架、内容与宗旨进行了概括与介绍，且提供有概括其工作内容或服务成效的统计数据，但除了澳门监狱于2009年开始系统发布年报外，其他矫治机构的资料多是概括性的或是零散的，尚未见系统详细的犯罪矫治报告或统计资料。

（二）犯罪矫治研究现状

文献检索与文献回顾结果显示，涉及澳门犯罪矫治的文献与研究非常有限。首先，英文文献甚少，且多为短消息或新闻，报道某一案件的审判结果或新近发生的事件。例如，英闻天下（*CRIENGLISH*）于2007年11月28日报道“澳门监狱聘用越南籍士兵做狱警”，[③] 并于2009年4月20日报道“三名非本澳贩毒嫌疑人于澳门被拘”。[④] 即便有少数学术文章涉及澳门的犯罪矫治，亦多是顺带提及，或是作为其研究的一部分，且多为介绍性的。例如，赵国辉与刘建宏在论及澳门的犯罪预防体系时，也只是将澳门的犯罪矫

① 澳门特区政府法务局社会重返厅注明求助个案没有指定的跟进期。

② 有关资料请参阅澳门特区政府法务局少年感化院网站，http://www.dsc.gov.mo/drsim05.aspx，最后访问日期：2013年12月10日。

③ “Macao to Hire Vietnamese Soldiers to Guard Jail,” *CRIENGLISH*, http://english.cri.cn/2946/2007/11/28/195@299266.htm, November 28, 2007.

④ “3 Non－locals Suspected of Drug Trafficking Detained in Macao,” *Xinhua News English*, http://english.sina.com/taiwan_hk/2009/0420/235292.html, April, 2009.

治作为其研究的一部分进行介绍。[①]

涉及澳门犯罪矫治的中文文献除了报刊新闻以及学术期刊中的介绍性文章,[②] 还有澳门犯罪矫治机构诸如澳门监狱和社会重返厅主持或参加的各类型的研讨会论文，这些论文多为介绍性文字，描述各机构的服务内容以及关押或服务的特点与犯罪类型等内容，并在此基础上提出问题或政策建议。[③] 其他学术文章或书籍多为对法律条文或刑罚制度的解释，较为集中地论述澳门的缓刑与假释立法、罚金刑等个别措施,[④] 以及《违法青少年教育监管制度》。[⑤] 此外，还有将这些法律和制度与内地以及香港、台湾地区相比较的文章。[⑥]

---

① Ruohui Zhao, Jianhong Liu, "A System's Approach of Crime Prevention: The Case of Macau," *Asian Journal of Criminology*, Vol. 6, No. 2 (2011), pp. 207 -227.

② 吴春:《澳门的监狱》,《中国监狱学刊》2002 年第 1 期；张晶:《澳门的监狱》,《法治时代》2003 年第 3 期；王宇梁:《近看港澳监狱》,《法治时代》2003 年第 12 期；谢纳新、黄永光:《官民合推多元社区为本矫治助重返社会，违法青少年矫治措施见效》,《澳门日报》2009 年 9 月 7 日，第 B08 版；李建基:《澳门特别行政区的徒刑罚金与缓刑制度》,《科技致富向导》2010 年第 30 期；张继英:《感化服务与社会支援并用——澳门：爱心矫治"犯事少年"》,《检察日报》2004 年 9 月 2 日，第 8 版。

③ 陈秀芳等:《探讨青少年囚犯的犯罪模式及矫治工作》,《京粤港澳监狱论坛》，澳门，2009；澳门特区政府法务局社会重返厅:《澳门社区矫治服务历史回顾与展望》，"2011 国际研讨会——预防犯罪及更生康复——前瞻与挑战"论文，中国监狱工作协会、香港善道会，2011。

④ 米健等:《澳门法律》，澳门基金会，1994；燕人、东山:《澳门刑法总则概论》，澳门基金会，1997；赵国强:《澳门刑法研究》，广东人民出版社，2009；赵国强:《中国内地与澳门刑罚制度若干问题比较研究》,《中国刑事法杂志》2005 年第 1 期；张亚平:《中国内地与澳门假释制度比较研究》,《"一国两制"研究》2011 年第 10 期。

⑤ 潘菲、金碧华:《澳门地区违法青少年教育监管法律制度改革及对大陆地区的启示》,《青少年研究》(山东省团校学报) 2007 年第 1 期；钱贤良:《澳门独特的违法青少年教育监管制度》,《人民检察》2008 年第 3 期；谷芳卿:《教育刑论视野下的澳门地区青少年教育监管制度研究》,《河北青年管理干部学院学报》2010 年第 5 期；叶锡阳:《对澳门刑事责任年龄及相关监管制度之研究》,《青春岁月》2012 年第 10 期；张蓉:《未成年人利益优于社会利益：未成年人犯罪刑事政策的选择——以澳门地区为例的分析》,《青少年犯罪问题》2013 年第 2 期。

⑥ 谢望原、宣炳昭:《台、港、澳与大陆刑罚目的之比较》,《山东法学》1999 年第 1 期；冯卫国:《澳门与大陆缓刑立法之比较》,《政法学刊》2000 年第 3 期；黄河、邵飞:《内地与澳门假释立法之比较》,《福建政法管理干部学院学报》2001 年第 3 期；黄荣康、邬耀广:《我国内地与港澳台地区刑事案件缓刑犯的移管问题研究》,《国家法官学院学报》2002 年第 10 期；龙洋:《我国大陆与澳门、台湾地区刑法缓刑制度的比较研究》，载《中国法学会刑法学研究会 2005 年学术年会论文集》，长沙，2005；胡陆生:《社区矫正的比较研究》,《河北法学》2005 年第 4 期；杨兴培、陈柱钊:《中国内地与澳门刑法中缓刑制度的比较研究》,《华东政法大学学报》2008 年第 3 期；唐青利:《内地与澳门缓刑立法比较研究》,《西南民族大学学报》(人文社科版) 2009 第 10 期。

无论是报刊新闻、研讨会论文还是其他学术文章、相关书籍，都多是对澳门的犯罪矫治体系与矫治机构进行介绍，对相关法律条文进行解读或与其他地区进行比较，缺乏实证支持。而将法律或政策、措施的制定或修订建立在实证研究的基础上已成为西方发达国家乃至世界犯罪矫治体系的发展趋势。显然，澳门相关的研究亟待加强。

四　澳门犯罪矫治实践及研究与国际趋势的接轨

以实证为基础的犯罪矫治的各项政策与措施俨然已成为国际发展的趋势。“以实证为基础的实践”和“以实证为基础的研究”在西方国家特别是美国的犯罪矫治政策和实践指南中随处可见。[①] 具体而言，这一实践起源于临床医学，以检验的方法来降低医疗风险。在犯罪矫治领域，它是指用来提高犯罪矫治成效（如降低重犯率）包括矫治措施以及犯罪监管策略在内的一系列研究与可复制的检验知识体系。[②]

诸多国际知名犯罪矫治学家均呼吁以实证方法检验各种犯罪矫治策略的成效。[③] 以下以国际“康培尔研究团队”犯罪与刑事司法小组的系统评估报告为例，阐述实证研究的重要性，其研究方法与成果或许可以为澳门的犯罪矫治实践与科学研究提供借鉴。

“康培尔研究团队是一个跨国组成的团队，专门推出与社会政策相关的评估研究报告或论文。团队由全球不同学术背景之学者自愿组成。”[④] 这一团队采用系统评估来分析犯罪学与刑事司法成效的相关研究，进一步提出

---

① Ralph C. Serin, Gobeil Renée, Laura J. Hanby, Caleb D. Lloyd, “Evidence - Based Practice in Corrections: Entry Points for Improvement in Case - Based Decisions,” *Corrections Today*, Vol. 74, No. 1 (Feb/Mar 2012), p. 81.

② Ralph C. Serin, Gobeil Renée, Laura J. Hanby, Caleb D. Lloyd, “Evidence - Based Practice in Corrections: Entry Points for Improvement in Case - Based Decisions,” *Corrections Today*, Vol. 74. No. 1 (Feb/Mar 2012), p. 81; National Institute of Corrections, http://nicic.gov/EvidenceBased Practices, 2014.

③ Doris Layton MacKenzie, “Evidence - Based Corrections: Identifying What Works,” *Griminology & Penology*, Vol. 46, No. 4, 2000, pp. 457 - 471; Francis T. Cullen, Jody L. Sundt, “Reaffirming Evidence - Based Corrections,” *Criminology & Public Policy*, Vol. 2, 2003, pp. 353 - 358.

④ 有关统计资料，请参阅“康培尔大会”（Cambell Collaboration Group），http://web.ntpu.edu.tw/ ~sjou/campbell/HZaog_work.htm，2013。

刑事司法政策建议，目的是减少犯罪并增加社会正义。其系统评估报告综合分析全球范围内高品质的与某一具体课题相关的大量实证研究成果，以为刑事司法政策服务。在过去10年里，其涉及犯罪矫治的系统评估包括对诸如“矫治训练营”、“毒品法院”、“吸毒者服监禁刑时的处遇措施”以及“青少年重犯在矫治机构里的处遇措施”等措施的效果的评估。① 以“青少年重犯在矫治机构里的处遇措施”为例，这一系统评估覆盖包括美国、加拿大和英国在内的30项实证研究，涉及6658名青少年重犯。以科学方法对这30项实证研究进行分析后的结果表明，如果青少年重犯在矫治机构中参加以减少重犯为目标的各种项目和治疗措施，他们虽然仍有可能再犯罪，但再犯罪的概率比不参加治疗的青少年重犯低9%；而在这些矫治机构提供的各种治疗措施中，认知治疗措施最为有效。认知治疗措施包括诸如提高社交技巧、控制情绪和判断思维等，致力于使参加者认识、控制以及重新构建其错误的思维模式等。相比只提供文化教育课程与文化学习技巧的措施以及仅培养正面典范的集体/个人治疗等措施，认知治疗措施有效性最高，其次是文化教育课程；单纯培养正面典范的集体/个人治疗的措施效果较低。② 决策者可以根据这一系统评估报告的结果来制定或修正政策，以达到节约纳税人钱财、有效利用资源并减少青少年再犯罪的目的。由此可见，以实证研究为基础的系统评估报告可以很好地为犯罪矫治政策服务。

再以矫治实证研究与实践发展最快速的美国为例，美国国家矫治局每年均提供资金资助以实证为基础的犯罪矫治策略研究。③ 这些研究几乎涵盖了犯罪矫治的方方面面。诸多实证检验的结果证明了哪些措施行之有效，哪些措施需要再推敲或改进，④ 因此，政策的制定与修订也建立在此基础之上。

---

① *Campbell Systematic Reviews*, Vol. 9, 2013, http://www.campbellcollaboration.org/.

② Vicente Garrido, Luz Anyela Morales, "Serious (Violent and Chronic) Juvenile Offenders: A Systematic Review of Treatment Effectiveness in Secure Corrections," *Campbell Systematic Reviews* (2007), http://www.campbellcollaboration.org/lib/project/30/.

③ "Evidence - Based Practices," National Institute of Corrections, http://nicic.gov/EvidenceBasedPractices, 2014.

④ Doris Layton MacKenzie, "Evidence - Based Corrections: Identifying What Works," *Griminology & Penology*, Vol. 46, No. 4, 2000, pp. 457 - 471; Francis T. Cullen, Jody L. Sundt, "Reaffirming Evidence - based Corrections," *Criminology & Public Policy*, Vol. 2, No. 2, 2003, pp. 353 - 358; Francis T. Cullen, Cheryl Lero Jonson, *Correctional Theory: Context and Consequences*, Thousand Oaks, C. A: Sage Publications, Inc., 2012.

以科学方法为基础的实证研究与经验研究的结果有时会不相一致。[①] 刑事司法体系的从业人员与政策制定者的经验固然宝贵，而当这些经验与实证研究的结果发生冲突时，如何摒弃固有经验并尝试遵循实证的结果通常需要时间的检验。综观澳门的犯罪矫治，其理念与国际发展趋势相符。矫治体系实践已开始或逐渐尝试以实证结果来作为其支撑。例如，澳门监狱与社会重犯厅发布的年报和调查报告均有涉及对违法犯罪人员的背景分析以及违法犯罪人员完成各自矫治措施释后重犯率的比较。这些尝试虽然并非严格的实证检验，且尚未形成长期系统的实践，但对改进犯罪矫治体系与矫治措施无疑是有益的。就学术研究而言，虽然实证研究在诸如博彩研究等领域已有广泛应用，然而关于犯罪矫治的实证研究非常有限，尚待进一步推进。简言之，矫治实践与相关学术研究应当是相辅相成的，而且是以实证为基础的。

政策的制定与修订关乎民生与社会稳定。澳门的犯罪矫治实践与学术研究采用实证的科学方法具有优势：其一，澳门经济的利好发展使犯罪矫治所需的资金、人力与物力的投入得到保障；其二，新的监狱正在建设中；其三，矫治实践开始重视实证的方法。由此可知，加强对实证性犯罪矫治实践和学术研究的重视与投入，无疑会对矫治政策与策略产生积极长远的影响。

（原载吴志良、郝雨凡主编《澳门研究》总第73期，澳门：澳门基金会，2014年6月。）

① Francis T. Cullen, Jody L. Sundt, "Reaffirming Evidence - based Corrections," *Criminology & Public Policy*, Vol. 2, No. 2, 2003, pp. 353 - 358.

澳门人口迁移流动的回顾与思考

李若建*

澳门从一个滨海小村落发展为都市，在其人口增长中，迁移增长是一个重要的因素；同时，因为特殊的产业结构，澳门的人口迁移流动具有独特的地方性；也正因为如此，其对澳门的社会经济发展的影响也有独特之处。

一 人口迁移与流动的基本情况

澳门人口迁移与流动的规模可借助下面的数据来进行分析。2011 年，每 5 个澳门人中有接近 3 个不是在澳门出生的。2012 年底，澳门人口只有 58 万人，其中 11 万是外地劳工。2012 年，来澳游客累计达到 2808 万人次，平均每天约为 7.7 万人次。

（一）以出生地划分

如果以出生地来判定是否发生过人口迁移，那么澳门人口中有迁移经历的人口比重非常高。2001 年的人口普查资料显示，56.08% 的澳门人是在澳门之外的地区出生的，2011 年这一比重上升到 59.1%，也就是说，每 5 个澳门人中有 3 人不是在澳门出生的。

2011 年，在澳门以外出生的人口中绝大部分是在内地出生的，占非澳门出生人口的 78.2%；另外，在中国香港出生的占 5.9%。由于近年来东南

* 李若建，人口学博士，中山大学社会学与人类学学院教授。

亚各国与澳门的经济往来增多，在澳门的东南亚裔人口日益增加，仅菲律宾、越南、印度尼西亚三国出生的人口占澳门以外出生人口的比重高达8.6%。回归后，欧洲对澳门的影响减弱，出生在欧洲的人口占澳门以外地区出生人口的比重只有1.2%。

在澳门以外地区出生的人口中，虽然绝大多数是在内地出生的，但是这些人口大多集中在广东与福建两个省份。2011年澳门人口普查结果表明，在非澳门出生的人口中，在中国内地出生者中有75.0%来自广东，有14.8%来自福建。

（二）来自内地的人口迁移

内地迁入澳门的人口有合法与非法两种方式。1989年以来，大部分年份合法移民数量不超过3000人，与香港不同，来自内地的移民并没有规律，有些年份会突然上升。例如，1999年人数接近5000人，2004年与2011年超过6000人，2010年达到9056人，达到一个历史高峰（见图1）。这可能与澳门的投资移民政策变动有关。

除了合法移民之外，澳门还存在大量的非法移民。由于澳门与珠海在地理上相连，除了在拱北有陆地相连，珠海的湾仔地区与澳门之间只有一个狭窄的海湾，澳门漫长的海岸线也为偷渡者提供了不少便利。20世纪80～90年代，偷渡至澳门的现象曾经相当严重。面对大量的非法入境者，澳葡当局不得不在1982年特赦无证劳工，在1989年特赦无证青少年，在1990特赦非法入境者。通过特赦，大量的非法入境者变成合法居民。

1999年澳门回归后，非法入境问题开始缓和。但是大部分年份被遣返的非法移民均超过千人。相当部分非法入境者并非以定居为目的，而是为了达到一个经济目标，因此，其中相当一部分人达到经济目标后自行偷渡回内地，少数被警方拘捕。事实上，非法移民人数应该远远超过被遣返的人数。

（三）外地劳工

长期以来，澳门一直存在着不少外地劳工。随着经济的高速发展，劳动力短缺的情况日益严重。自2005年以来，外地劳工数量急速上升，从图2中可知，除了2008年金融危机后外地劳工数量曾短暂出现下降之外，其他年份外地劳工数量均保持增长态势。2012年，外地劳工数量高达11万人。

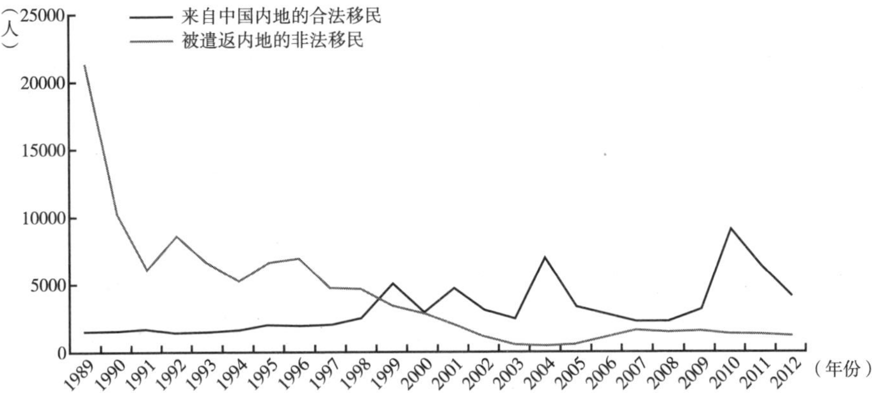

图 1　1989 ~ 2012 年来自内地的合法移民与被遣返内地的非法移民人数

资料来源：根据澳门特区政府统计暨普查局《澳门统计年鉴》（1990 ~ 2013 年）资料绘制。

对于澳门这样一个人口不到 60 万的地区而言，数量庞大的外地劳工群体的存在，说明澳门已经离不开外地劳工。

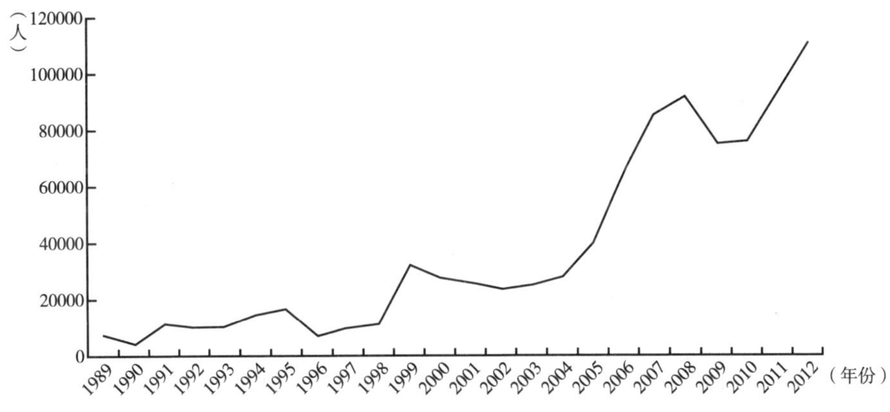

图 2　澳门外地劳工人数

资料来源：根据澳门特区政府统计暨普查局《澳门统计年鉴》（1990 ~ 2013 年）资料绘制。

（四）游客

澳门是世界上最著名的博彩业中心城市之一，由于博彩业吸引大量游客前来，它从一个并不具备充足旅游资源的沿海小城一跃成为旅游都市。2002 年，澳门开放赌权，自 2003 年开始，内地部分地区开放居民赴港澳地区的

“自由行”，导致入境澳门的内地游客数量猛增。2002年，来自内地的游客达到424万人次，2007年则猛增到1487万人次。可能是出于对大量资金外流的担忧，2008年中央政府收紧对“自由行”的控制，这导致2009年内地到澳门的游客下降到1099万人次，之后游客人数开始回升，并且达到历史最高水平（见图3）。

澳门入境游客构成经历了重大转变，过去以香港居民为主，现在变成以内地居民为主。1997年，在入境澳门的700万人次游客中，内地游客只有53万人次，占7.57%。2012年，入境澳门的游客达到2808.23万人次，其中内地游客达到1690.25万人次，占60.19%（见表1）。

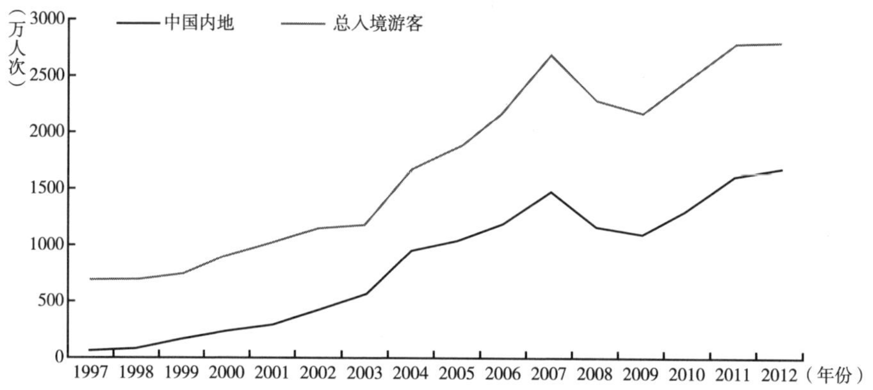

图3　1997～2012年澳门入境游客人数

资料来源：根据澳门特区政府统计暨普查局《澳门统计年鉴》（1998～2013年）资料绘制。

综上所述，今天在澳门遇到的人中（包含游客与外地劳工），大约有3/4不是在澳门出生，大约有1/4不是澳门本地居民。可见，人口迁移与流动对澳门的社会经济有重大影响。

表1　1989～2012年澳门人口迁移流动的基本情况

年份	来自中国内地的合法移民(人)	被遣返内地的非法移民(人)	外地劳工(人)	入境游客(万人次)	
				全部	其中:中国内地
1989	1463	21303	7093	561.93	—
1990	1493	10302	4342	594.22	—
1991	1579	6106	11331	608.03	—
1992	1447	8576	9728	621.94	—

续表

年份	来自中国内地的合法移民(人)	被遣返内地的非法移民(人)	外地劳工(人)	入境游客(万人次)	
				全部	其中:中国内地
1993	1445	6554	10256	598.76	—
1994	1667	5263	14562	595.87	—
1995	1921	6594	16163	598.92	—
1996	1857	6875	7124	604.12	—
1997	1937	4756	9663	700.04	52.98
1998	2521	4641	11389	694.85	81.68
1999	4984	3434	32183	744.39	164.52
2000	2919	2843	27221	916.22	227.47
2001	4621	2103	25925	1027.90	300.57
2002	3110	1198	23460	1153.08	424.04
2003	2451	496	24970	1188.79	5742.00
2004	6885	403	27736	1667.26	952.97
2005	3335	516	39411	1871.12	10463.00
2006	2800	1085	64673	2199.81	1198.56
2007	2221	1575	85207	2699.30	1486.64
2008	2280	1424	92161	2293.32	1161.32
2009	3121	1524	74905	2175.28	1098.95
2010	9056	1302	75813	2496.54	1322.91
2011	6222	1266	94028	2800.23	1616.27
2012	4060	1151	110552	2808.23	1690.25

注：1996 年及之前只是从海路入境。

资料来源：澳门特区政府统计暨普查局《澳门统计年鉴》（1990～2013 年）。

二　部分迁移流动人口的人口特征

迁入澳门的人口呈现两个比较突出的人口学特征，一个是女性居多，另一个是青壮年居多。表 2 是以 1991 年、2001 年和 2011 年澳门人口普查的结果为基础，按年龄和性别对迁入澳门的外地出生人口进行分析，得出这三年的性别比分别是 59.2、54.6 和 92.7。除了 2011 年的性别比较为平衡之外，其他两个年份均是女性远远多于男性。如果以 15～39 岁为青壮年年龄组，则这三个年份青壮年占所有人口的比重分别是 73.8%、65.6% 和 72.4%。

从表 2 中还可知，20～24 岁年龄组的性别比最为异常，这一年龄组在 1991 年、2001 年、2011 年的性别比分别是 23.8、30.6 和 72.1。造成这一现象的原因有二：一是有些澳门居民在内地的配偶来澳门定居，二是澳门的一些产业吸引了大量外劳来澳。

不过从对 1991 年、2001 年、2011 年三个人口普查年份的比较来看，人口流动趋势比较正常。

表 2　依据 1991 年、2001 年、2011 年人口普查时按性别、年龄统计的来澳外地出生陆上人口

单位：人

	1991 年			2001 年			2011 年		
	男	女	合计	男	女	合计	男	女	合计
0～4 岁	268	255	523	333	224	557	356	241	597
5～9 岁	135	129	264	332	304	636	151	194	345
10～14 岁	162	109	271	253	212	465	139	249	388
15～19 岁	229	1238	1467	204	697	901	783	1201	1984
20～24 岁	673	2824	3497	381	1245	1626	1544	2140	3684
25～29 岁	712	1217	1929	359	976	1335	1813	2131	3944
30～34 岁	615	603	1218	383	802	1185	1620	1561	3181
35～39 岁	525	393	918	301	521	822	1568	1248	2816
40～44 岁	419	221	640	248	223	471	1090	957	2047
45～49 岁	232	105	337	121	87	208	649	539	1188
50～54 岁	188	113	301	40	102	142	245	252	497
55～59 岁	143	113	256	46	71	117	180	154	334
60～64 岁	95	112	207	51	96	147	150	146	296
65～69 岁	157	254	411	107	227	334	89	183	272
合计	4553	7686	12239	3159	5787	8946	10377	11196	21573

资料来源：1991 年、2001 年、2011 年澳门人口普查结果。

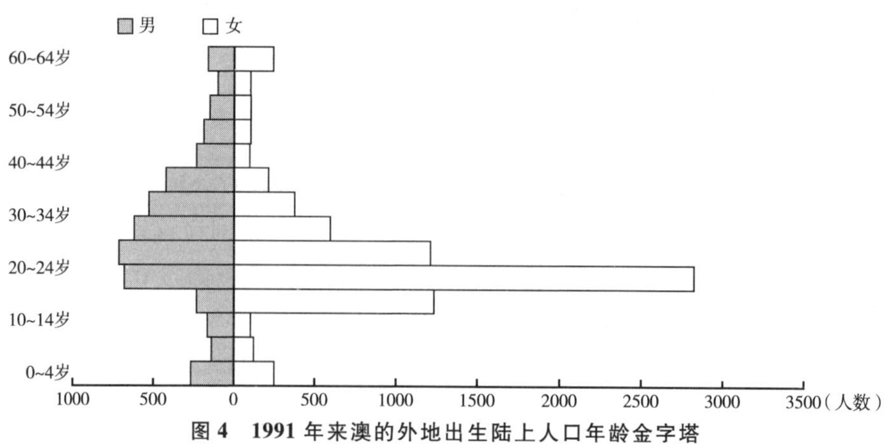

图 4　1991 年来澳的外地出生陆上人口年龄金字塔

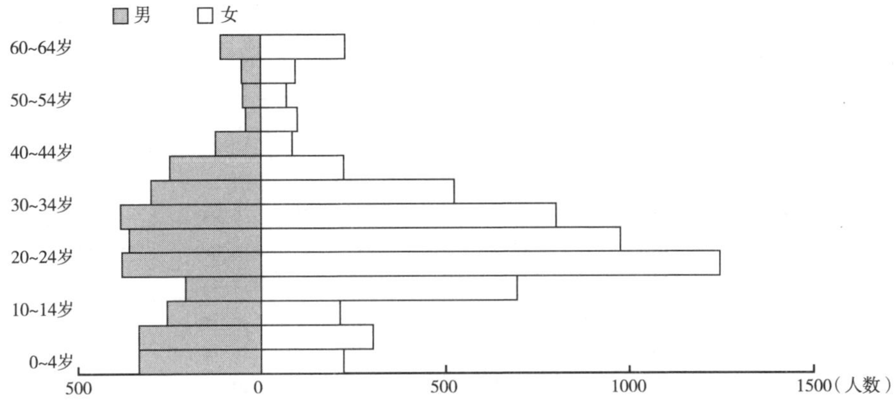

图 5　2001 年来澳的外地出生陆上人口年龄金字塔

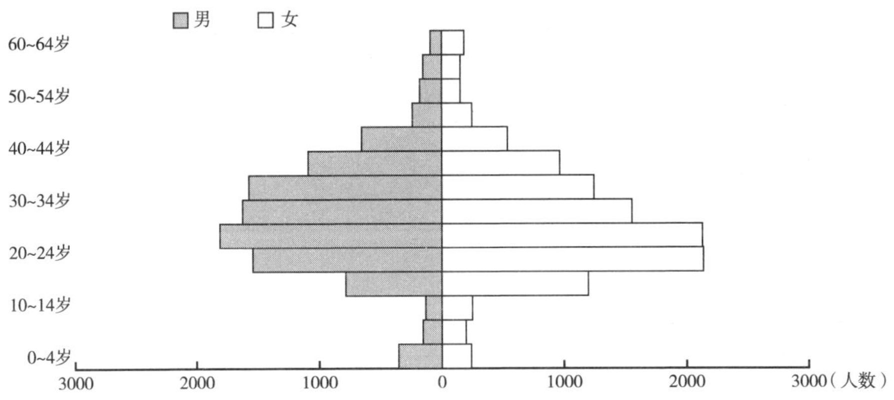

图 6　2011 年来澳的外地出生陆上人口年龄金字塔

与大多数国家、地区非法移民的情况相同，澳门非法移民以青年为主，从表 3、图 7 可知，在有统计数据的 1997～2009 年，累计被遣返的内地非法移民共 2.6 万人，其中有 75.5% 年龄在 15～34 岁。从表 3、图 7 还可知，在有统计数据的 1997～2009 年，累计被遣返的内地非法移民中年龄在 15～34 岁的女性居然达到 1.6 万人，占 60.8%。这种怪异现象显然与澳门色情业发达相关。

表 3　1997～2009 年澳门被遣返的内地非法移民的年龄与性别

	人数(人)		构成(%)		性别比
	男	女	男	女	
<15 岁	163	161	0.66	0.65	101
15～19 岁	411	5061	1.66	20.4	8.12
20～24 岁	1029	6858	4.15	27.7	15
25～29 岁	1227	2437	4.95	9.83	50.3
30～34 岁	1147	1452	4.63	5.86	79
35～39 岁	1010	1098	4.07	4.43	92
40～44 岁	696	930	2.81	3.75	74.8
>45 岁	632	1681	2.55	6.78	37.6
不详	4	1	0.02	0	400
合计	6319	19679	20.6	79.4	0.26

资料来源：澳门特区政府统计暨普查局澳门《澳门统计年鉴》(1998～2010 年)。

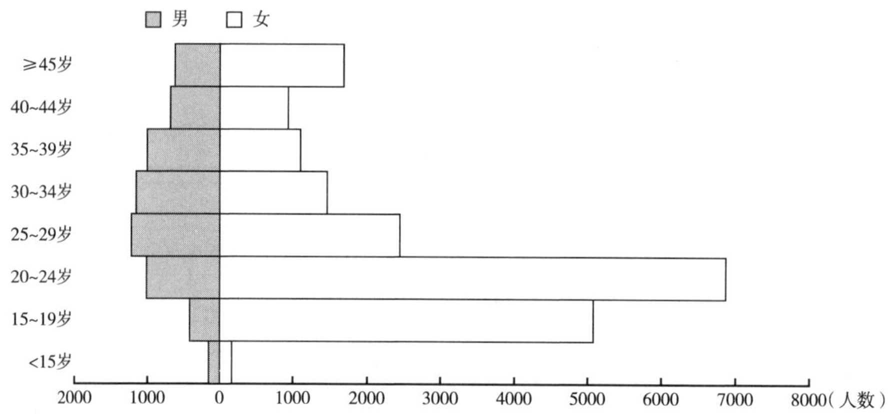

图 7　1997～2009 年澳门被遣返的内地非法移民的年龄金字塔

资料来源：澳门特区政府统计暨普查局澳门《澳门统计年鉴》(1998～2010 年)。

三　几点思考

人口迁移与流动是澳门社会与经济的命脉，澳门人口迁移流动有其独特的地方，如合法移民与非法移民并存，华人与非华裔并存，流入与流出并存等；澳门特殊的产业结构，导致其人口的高流动性。澳门人口迁移流动中有几个问题应该引起重视。

（一）迁移与流动人口的社会适应

移民特别是“新移民”的社会适应问题一直是社会学、人口学等学科关注的问题。与澳门相邻的香港对这一问题研究得比较多，澳门相关研究还比较薄弱。其实，与香港相比，澳门的“新移民”问题比香港更加复杂。这是因为澳门的“新移民”中有相当一部分是被特赦的“非法移民”，与合法移民相比，他们在澳门的社会支援网络应该更差，更需要社会的关怀与支援。

还有一个过去大家都忽略的问题，那就是流动人口的社会适应问题。由于许多流动人口暂时无法入乡随俗，而本地居民又无法接受流动人口的某些生活习俗，引起双方爆发不必要的冲突。虽然进入澳门的相当一部分游客是由博彩业的穿梭巴士负责接送，减轻了政府与公共交通的压力，但随着澳门旅游业的多样化和游客规模的进一步扩大，流动人口与本地居民之间的相互社会适应问题应当纳入议事日程。

（二）本地劳工与外地劳工之间的竞争与冲突

澳门存在大量外地劳工，产生这一现象的原因是较复杂的。一方面是本地人口老龄化，缺乏足够的劳动力资源，另一方面是经济高速增长，基建投资需求旺盛。

2011 年澳门老年人口（65 岁及以上）有近 4 万人，占总人口的 7.2%，澳门属于人口老龄化社会。事实上，2001 年人口普查时，澳门老年人口已经占总人口的 7.3%，但是大量青壮年人口的迁入缓解了人口老龄化进程。除去外地雇员及学生，2011 年澳门劳动人口只有 28.5 万人。同年，33.8 万就业人口中有近 10 万是外地劳工。显而易见，外地劳工在澳门的社会与经济中拥有举足轻重的地位。

除了合法的外地劳工之外，澳门也存在一些非法的“黑工”，这一群体往往能够接受更低的工资水准，但其权益得不到充分的保障，甚至屡遭侵犯，而且他们的存在也不利于澳门本地人就业。

大量外地劳工的存在，一方面为澳门的繁荣发展做出了巨大贡献，另一方面也在一定程度上影响了本地居民在一些行业的就业机会，特别是影响了本地居民工资水平的提升，不可避免会引发一些社会矛盾与冲突。近年来，澳门“五一”游行都离不开与内地劳工相关的抗议和请愿活动。如何应对外地劳工特别是“黑工”，是考验特区政府管治能力的一柄尺规。

（三）内地生留澳就业

近年来澳门的高等教育有长足的进步，拥有多所大学。但是澳门只是一个中等规模的城市，高校中大多数学生并非本地人，2012 年底，澳门高校有学生 25212 人，其中本地学生只有 4227 人。如果澳门高校继续扩张，这种外地学生与本地生严重倒挂的现象还会加剧。澳门高校中的非本地学生，绝大多数来自内地。有一部分学生毕业后选择留在澳门就业，对此将产生什么影响，值得关注。

（四）家庭团聚

由于种种原因，不少澳门人与来自内地的移民组成家庭，也有的是父母或子女移居澳门，把子女或者父母留在内地。这些人都需要家庭团聚。1998 年 3 月前，每月亲属团聚的单程证名额为 160 名，1998 年 3 月起增加至每月 280 名，2000 年 5 月再增加至每月 420 名。从政府管理和澳门本土社会的利益考虑，设置限额是一种可行的做法。

不过，对于家庭分居的人来说，不能团聚是痛苦的。曾经有过大批留在内地的移民子女偷渡来澳门，形成一个严重的社会问题，导致澳葡当局不得不于 1989 年特赦无证青少年。今天，澳门究竟有无因家庭分居而产生的非法移民，笔者不得而知。但是，如何人性化处理家庭团聚问题，也是体现一个社会人文关怀的尺规。

（五）反向迁移

也有不少澳门人移居内地，特别是珠江三角洲的珠海与中山，这种情况相当常见。这种迁移有的以度假、养老的方式出现，也有的以工作的形式进行。由于缺乏这方面的资料，因此难以深入探究。

（原载吴志良、郝雨凡主编《澳门研究》总第 74 期，澳门：澳门基金会，2014 年 9 月。）

文化艺术编

寻找中国

——从梦幻到真实

李丽娇[*]

在17世纪，来华的欧洲传教士通过报告、信函、绘图和口述方式向西方传播《马可波罗游记》中所提到的东方帝国。当时博学的传教士整理相关的资料，结集成书，而最能代表西方人“想象中国”的著作，必属1667年出版的《中国图说》（*China Illustrata*），编者是德国耶稣会会士基歇尔（Athanasius Kircher，S. J.，1602－1680）。书中详尽介绍了中国和邻近地方的自然景物、宗教信仰、风俗人情、地理、政治、建筑和文字，并配以图画描绘传教士在远东的异国经历，可以说是最早让欧洲人得到对中国既全面又模糊印象的著作。有趣的是编者从未踏足中国，《中国图说》乃是由基歇尔根据各地传教士的口述、书信和报告，凭着自己广博的知识和丰富的想象完成的。

当时中国仍是遥不可及的地方，欧洲人只能单纯地透过文字和绘图去想象这一神秘国度，可是这并没有减少他们的好奇心，反而使他们对充满神秘色彩和异国情调的中国更着迷；他们逐渐透过视觉艺术来表达对中国的奇思妙想，其所掀起的“中国风”（Chinoiserie）热持续了两个世纪之久。

真正透过亲身经历，用文字和绘画来描绘中国的欧洲人，应该是约翰·纽霍夫（Johan Nieuhof，1618－1672），他是荷兰东印度公司雇员，1655年随荷兰使节团前往北京，目的是与中国建立贸易关系。使节团的任务最终没有达成，但善于绘画的纽霍夫却透过画笔详尽地记录他在两年行程中的所到之

* 李丽娇，澳门特别行政区政府文化局文博厅厅长。

图1　大使的中国式货船准备穿过桥底（水彩画纸本，1793年）

资料来源：由马丁·格里高利画廊提供。

处，将沿途所见逐一绘画和笔录下来。这份报告以游记方式发表，并将图像制成版画，刊印在1669年出版的《荷兰东印度公司遣使谒见中国皇帝》（*An Embassy from the East–India Company of the United Provinces to the Grand Tartar Cham, Emperor of China, Deliver'd by Their Excellencies Peter de Goyer and Jacob de Keyzer, at His Imperial City of Peking*）中。书中的图画描绘的是欧洲人首次来到中国时的见闻，虽然风格生硬夸张，但令人印象深刻。其内容有奇形怪状的山景、外表独特的亚洲水果和植物、带有巴洛克风格的中国人物造型，题材神秘荒诞。此书被翻译成多国文字后，欧洲的皇室贵族纷纷仿效书中的形象和图案，将其用在宫廷和园林的设计上；与此同时，瓷器、挂毯和灯饰等装饰艺术也受到影响。因此，纽霍夫的著作可以说是“中国风”的序曲。

18世纪，随着政治改革、工业革命和启蒙运动的兴起，欧洲的政治、经济和文化开始蓬勃发展。各国为了扩张海外势力，积极谋求与亚洲地区进行贸易，同时也派遣使节团出访中国，试图打开这一神秘之门。

跟随使节团来到中国的不乏画家，当中最具代表性的是1792年随乔治·马戛尔尼（Lord George Macartney，1737–1806）使团访华的英国画家威廉·亚历山大（William Alexander，1767–1816），他可说是首位透过写实手法全面呈现真实中国的人。在从澳门到北京的旅程中，亚历山大留下大量

图 2　贵族女子（版画，1814 年）

资料来源：由马丁·格里高利画廊提供。

素描，题材包括市井风貌、风景建筑、官兵和妇女服饰，还有乾隆皇帝在紫禁城接见使节团的场面；返回英国后，他在素描画稿的基础上绘上水彩或制成铜版画（见图 1、图 2），这些充满浓浓东方情调的画作立刻风靡英国和欧洲，同时让西方对中国的印象由模糊变为立体。他的作品分别是 1797 出版的《英使谒见乾隆纪实》（*An Authentic Account of An Embassy from the King of Great Britain to the Emperor of China*），1805 年的《中国服饰》（*The Costume of China*）和 1814 年的《中国衣冠和风俗图解》（*Picturesque Representations of the Dress and Manners of the Chinese*），可说是 18 世纪有关中国的最权威的美术文献。亚历山大以敏锐的观察力严谨地描绘景物，其作品写实，风格如画，其笔下的中国已不再是神话般的存在而是显得较为真实。但是由于文化背景不同，亚历山大对中国的事物存有歧见，因此在绘画的细节上难免夸张和出现偏差，倘若要完全如实记录中国昔日风貌，则非摄影莫属。

摄影技术出现于1839年，而照相机在第一次鸦片战争（1840～1842）期间已由英国军官带到中国。现存最早的中国照片由法国人于勒·埃及尔（Jules Itier，1802－1877）于1844年拍摄，他以海关官员身份随法国使节团经澳门到中国，参与中法贸易谈判和商议《黄埔条约》签订事项。埃及尔闲暇时使用达盖尔银版摄影技术拍摄澳门，地点包括南湾（见图3）、妈阁庙、内港和氹仔。在广州期间，他拍摄了两广总督耆英、洋行买办潘仕成及其家人、广州街头、外国商馆和签订条约时的情景。[①] 返回法国后，埃及尔将这组照片制成版画，刊登在他的旅行日记《中国之旅（1843～1846）》（*Journal d'un Voyage en Chine en 1843，1844，1845，1846*）[②] 上；而照片被视为自摄影术传入中国后的第一批风景和人物作品。由于埃及尔在中国的时间很短，活动范围有限，对于当时中国人的生活习惯和社会情况，他仍然不甚了解。伴随着战争，各国陆续派出随军摄影师到中国拍摄记录，在镜头捕捉下，真实的中国从此展现在欧洲人眼前。

摄影活动最初只限于中国南方沿海一带，直到第二次鸦片战争（1856～1860）时，随军摄影师才开始深入内陆。除了风景和建筑外，他们也拍摄战争场面。英国摄影师费利斯·比托（Felice Beato，1832－1909）是其中之一，1860年随军队来中国拍摄战后情况。他是第一位获准拍摄中国皇族成员的摄影师，并记录了圆明园被火烧前的景色，照片弥足珍贵。作为随军摄影师，比托以胜利者的角度拍摄，焦点放在清兵的尸首上，目的是显示其国家实力。[③] 另一位英国摄影师约翰·汤姆逊（John Thomson，1837－1921）则从人性化角度出发，忠实拍摄中国的民生。他对中国的尊重和友善更为他赢得“中国汤姆逊”[④] 的名声。

---

① 澳门博物馆编《凝光撷影：摄影术的发明暨中国澳门老照片》，澳门特别行政区政府文化局，2009，第66～67页。

② Jules Itier, *Journal d'un Voyage en Chine en 1843, 1844, 1845, 1846*, Paris: Chez Dauvin et Fontaine, Libraires-éditeurs, 1848.

③ 张明编著《外国人拍摄的中国影像——1844～1949》，中国摄影出版社，2008，第5～8页；〔英〕何伯英：《影像中国：早期西方摄影与明信片》，张关林译，三联书店（香港）有限公司，2008，第54～55页。

④ 中华世纪坛世界艺术馆编著《晚清碎影——约翰·汤姆逊眼中的中国（1868～1872）》，中国摄影出版社，2009，第13页。

图 3 南湾一景（达盖尔摄影法，1844 年）

资料来源：澳门霍英东基金会藏，由澳门艺术博物馆提供。

约翰·汤姆逊于 1837 年出生于苏格兰爱丁堡，父亲从事烟草生意。少年时学习制造光学仪器，当学徒期间掌握了摄影技术，并在晚间修读艺术课程。1862 年，他远赴新加坡，开设照相馆，并四处游历，足迹遍布泰国和柬埔寨，是首位在吴哥窟遗址拍下照片的摄影师。在游历东南亚后，汤姆逊到达香港，并于 1868 年开设“耽臣映相”，最初影楼在皇后大道一商业建筑内［1868 年 3 月 11 日，《德臣西报》（*The China Mail*）广告］，之后搬迁至同一街道的另一幢楼房，与连卡佛公司为邻［1870 年 5 月 26 日，《孖剌西报》（*The Daily Press*）广告］，专门拍摄人物和风景。两年后汤姆逊出售影楼，为游历中国内陆拍摄做准备。在香港期间，汤姆逊为《中国杂志》（*The China Magazine*）提供照片和文章，该杂志为东亚第一份影像刊物。

1870 年末至 1872 年间，汤姆逊以香港为根据地，两度深入中国腹地，足迹几乎遍布中国，从广州、澳门、汕头、潮州、厦门、台湾、福州、上海、宁波、南京、武汉、天津、北京到长江三峡。与当时其他西方摄影师不一样，汤姆逊并非单纯地捕捉中国的异国情调，而是运用其独特的摄影触觉，以整个中国社会为主题，拍摄各阶层的中国人、日常生活、市井风貌、自然风景和开放通商后的贸易情况。

在湿版摄影的年代，汤姆逊携带着笨重的摄影器材还有大量玻璃板，深入中国拍摄大多数西方人还未涉足的地方；旅途中，他遇到过恶劣天气和险峻急流，遭受过当地人的猜疑和粗暴对待，虽然拍摄工作不易，但他无惧困难，坚持理想。在1873～1874年出版的著作《中国与中国人影像》（*Illustrations of China and Its People*）中，汤姆逊说道：

> 为了这个目的，照相机成为我旅途中的忠实伙伴，感激它为我的途中所见和我所接触到的不同民族留下忠实的影像。对于熟悉中国人和他们根深蒂固的迷信，就会明白要执行这个任务所遇到的种种困难和危险。①

此外，汤姆逊也曾提及进行湿版摄影时所遇到的问题，他说：

> 我自己也有遭遇西北风的惨痛经验，当我在拍摄这张用来介绍给读者的图片时（见图4），我是站在18寸深的雪堆里。气温很低，大约是华氏零度，我雇用一群苦力托住我的暗箱，因为强风随时可能将它的脚架吹倒。当我冲洗底片上的氰化钾时，水竟然在表面上结冰，还在边缘形成垂冰。为了挽救照片，我只好把底片带到邻近一户人家，用火把结冰烤溶。②

值得一提的是，汤姆逊在来中国之前参考了不少传教士、使节、画家的著作和图画，其照片中的官兵、和尚、贩夫、囚犯，以及妇女服饰等类似主题在威廉·亚历山大的水彩画和版画中都不难找到。与亚历山大一样，汤姆逊特别注意中国仕女的服饰和发型，于是拍摄了很多妇女衣饰和发式的肖像照片。在文章里，他这样幽默地向西方女读者介绍：

---

① "Introduction," in John Thomson, *Illustrations of China and Its People: A Series of Two Hundred Photographs, with Letterpress Descriptive of Places and People Represented*, Vol. Ⅰ, London: Sampson Low, Marston, Low, and Searle, 1873－1874. 有关中文翻译由叶伶芳提供。

② "Chefoo," in John Thomson, *Illustrations of China and Its People: A Series of Two Hundred Photographs, with Letterpress Descriptive of Places and People Represented*, Vol. Ⅳ, London: Sampson Low, Marston, Low, and Searle, 1873－1874. 有关中文翻译由叶伶芳提供。

发型因不同省份而有不同款式。往后的章节我将提供几个例子，每一款都十分精巧，而且经过极其费心的梳理。有很多女性的发型极为优美，足以供我国妇女参考。①

在另一篇文章里，他强调：

大家可以观察到，每个人的假髻都不一样，而这一切都值得西方妇女仔细学习。把头发梳成如此吸引人的款式是何其不易，也极可能会将我国那些模仿者吓怕，毕竟只有少数人才会花上心思和精力去投入这种工作。②

图 4 芝罘外国租界（湿版摄影法，约 1871 年）

资料来源："Chinese Female Coiffure," in John Thomson, Illustrations of China and Its People: A Series of Two Hundred Photographs, with Letterpress Descriptive of Places and People Represented, Vol. Ⅳ, London: Sampson Low, Marston, Low, and Searle, 1873 - 1874.

① "Chefoo," in John Thomson, *Illustrations of China and Its People: A Series of Two Hundred Photographs, with Letterpress Descriptive of Places and People Represented*, Vol. I, London: Sampson Low, Marston, Low, and Searle, 1873 - 1874. 有关中文翻译由叶伶芳提供。

② "Chinese Female Coiffure," in John Thomson, Illustrations of China and Its People: A Series of Two Hundred Photographs, with Letterpress Descriptive of Places and People Represented, Vol. I, London: Sampson Low, Marston, Low, and Searle, 1873 - 1874. 有关中文翻译由叶伶芳提供。

从汤姆逊的照片中可以观察到，他是一位善于沟通和交际的摄影师。虽然存在文化差异，但他以诚意打动了不同阶层的中国人，上至达官贵人和富裕人家，下至平民百姓和市井之徒。通过镜头，皇族成员、汉满官员、士绅买办，以及乞丐、更夫和拾荒者都逐一在影集中出现。由此可见，汤姆逊凭借他的毅力耐性，穿梭大街小巷，以人类学、社会学的真实和客观记录珍贵影像。回到英国后，为了向欧洲人介绍真实的中国，汤姆逊积极出版摄影图集、编写游记和举办讲座。在著作中，他不仅将沿途拍摄的大量照片公之于世，而且附有说明，详尽叙述旅途所见所闻，积极改变当时欧洲人对中国的印象。汤姆逊在《中国与中国人影像》的最后一章中道出他的心声：

> 我在此总结，希望这部作品将我旅途所到访的地方和遇到的人如实地呈现出来，如此一来，我五年的努力就没有白费了。[①]

美国摄影师路易斯·海因（Lewis Hine，1874－1940）曾说："照片能使现在和未来与过去保持联系。"[②] 汤姆逊的照片不仅让19世纪的西方人认识了中国，而且让我们进一步了解了晚清时期的中国。每张照片就仿佛一块碎片，让我们重温昔日中国的著名人物、生活情况、秀丽风光和传统服饰，这一块块碎片拼成历史印记。与同时期摄影师相比，汤姆逊留给我们最丰富多彩且具有研究价值的东西是其关于中国的影像记录。从西方到东方，从梦幻到真实，欧洲人对中国的探索经历了两个世纪；从17世纪传教士的文字报告到18世纪画家的绘画表述，西方对东方的了解仅停留在文字和绘画的层面。庆幸的是，照相机出现了，它不但增加了视觉体验，而且拉近了时空距离，忠实地展现了中国的社会，成为呈现最真实世界的媒介。

（原载《澳门日报》"视觉"版，2014年8月19日。）

---

① "The Great Wall of China", in John Thomson, *Illustrations of China and Its People: A Series of Two Hundred Photographs, with Letterpress Descriptive of Places and People Represented*, Vol. IV, London: Sampson Low, Marston, Low, and Searle, 1873－1874. 有关中文翻译由叶伶芳提供。

② 〔美〕苏珊·桑塔格：《论摄影》，黄灿然译，台北麦田出版社，2010，第242～243页。

澳门收藏史简介

萧春源*

一　澳门艺术博物馆收藏

澳门位于珠江口西部，毗邻香港，自1553年葡萄牙人居住于此至后来的管治，至今已有400余年历史，澳门以中西文化交融共存驰名于世，许多不可移动文物已被确认为世界文化遗产。在收藏可移动文物、有著录且有迹可循并能保存于博物馆的收藏家中，首选1876年出生于葡萄牙的施利华·文第士。他于1901年到澳门，曾任教师、律师，热衷和深爱中国美术，努力钻研并研究，居澳30年间，认识了许多中国有识之士，并与竹林寺内奇人异士接触交往，向他们学习，如坚性禅师、刘光谦、陈席儒、罗宝珊、吴荨州、陈剑庭等。由于受到他们的影响、支持和帮助，其对中国文物的收藏，尤其是对林良、黎简、张穆、苏仁山、苏六朋、居巢、居廉等广东画家的绘画特别喜爱。根据1977年的统计，其收藏已达216帧，其所钟情的苏六朋画作达76张。另外，文第士更喜欢石湾陶瓷，亲赴石湾实地观察烧制流程，并向当时已负盛名的潘玉书、陈渭岩大师订制了大型人物陶瓷，达300多件。文第士除收藏广东绘画、石湾陶瓷外，还搜集铜器、玉器、外销画等。

文第士于1931年逝世，其藏品由当时澳葡政府向其女儿购藏，并于1937年存于今白鸽巢公园侧一幢具有南欧风情的建筑物内，即今已列入世

* 萧春源，澳门特别行政区文化咨询委员会委员，澳门书法篆刻协会会长，濠江印社社长。

界文化遗产的前葡萄牙东印度公司所在地、1960年由澳葡政府创设的贾梅士博物馆。由于历史原因，贾梅士博物馆于1989年关闭，文第士大部分藏品现今归属澳门艺术博物馆，现存中国画有明代林良3张（见图1）、清代苏六朋53张（见图2），石湾陶瓷340件，其中潘玉书作品12件（见图3）、陈渭岩作品3件（见图4），以及以澳门和广州生活为题材的外销画368张，另钱纳利画38张，是馆藏的重要部分。

澳门艺术博物馆多年来努力不懈地拓展和利用新思维概念进行管理，举办了许多与澳门相关的艺术家展览，使艺术家得到尊重，其家属欣然慷慨捐赠，如1998年举办的“罗叔重作品展”，罗夫人骆芳蕙女士将罗叔重书法作品85件、篆刻原作215件悉数捐赠。回归后，澳门艺术博物馆除依馆藏系列收藏外，还扩大收藏方向，增加了澳门老照片系列、澳门书画家系列、中国行为艺术文献收藏等，饶宗颐教授在2001～2011年捐赠画作20张、书法作品16幅，这充实和丰富了馆藏。

为了将澳门打造成为世界休闲旅游城市，澳门特区政府便投放固定资源于澳门艺术博物馆，每年均举办优质的大型中国传统艺术和西方艺术的国际性展览，并举行世界性学术研讨会，这无疑提升了澳门作为文化城市的地位，更对澳门收藏事业发展起到了积极的推动作用。

二　澳门博物馆收藏

澳门博物馆坐落于17世纪初耶稣会会士兴建的大炮台和前身为圣保禄教堂的大三巴牌坊旁边，是一间展示澳门发展历史的博物馆，对澳门早期工业、手工业发展均有展示，包括爆竹业、典当业、造船业、钉珠片、手绘瓷、民间工艺，华人及土生葡人的日常生活、习俗、庆典、宗教文化状况等均一一常设展览。除此以外，博物馆亦致力拓展民间捐献，2002年得到南海乙庵冯印雪后人捐赠家藏中国书画、陶瓷、杂件等，计100多件（组）、300余件；2007年2月9日又得到永利度假村（澳门）股份有限公司捐赠的其在2006年5月30日于香港佳士得以7852万投得之明洪武釉里红玉壶春瓶（见图5）。

三　澳门特区民政总署收藏

澳门特区民政总署的前身是中国的议事厅、澳葡时代的市政厅，坐

落于新马路，其建筑物设计具有浓厚的欧陆古典色彩，且保存完整。二楼图书馆装潢陈设古雅，专门收藏17世纪至20世纪中叶的外文古籍，特别是葡萄牙在非洲和远东的历史文献。其中不乏珍品，最具历史收藏价值的是澳葡政府在晚清时期为官邸所订的一批广彩外销瓷日用品，瓷器上皆描绘有澳督府纹章，包括花瓶、盖汤盘、碟、杯等（见图6），最难得一见的是两件大花瓶，底部写有“澳门总督衙门”六字，此类瓷器为首次发现。

四　赌业巨贾收藏

1938年，由于日寇攻陷广州，许多文化人、艺术家纷纷避地澳门，生活上得到许多商贾款待。邓芬是当时最活跃的一分子，是第一任赌王卢九之孙卢荣锡府上的常客。卢荣锡是20世纪中叶著名的烟业商人，曾任澳门华人代表，他热心社会公益，积极支持文化活动，故积累许多岭南画派书画作品，但多未公开。笔者有幸得见部分作品，以邓芬佳作最多，最为惊讶的是他竟然藏有黄宾虹的山水画，其中一幅画上题曰：“扁舟载酒溯清流，九曲琪花映水幽，阵阵香风天外至，一钩新月碧山头。武彝纪游，荣锡先生属，丁亥八十四叟宾虹。”有云黄宾虹曾南下广州，或是张谷雏先生与黄宾虹深交而求赠予卢荣锡先生乎，待考。

傅老榕、高可宁两代赌王兼实业家，由于后人迁居香港发展，其遗存于澳门的祖屋、中国书画等文物多散失，时见诸拍卖行。这些文物主要是岭南书画家作品，亦以邓芬居多。

何鸿燊博士是著名港澳企业家，在推动科技、教育、文化艺术、体育等方面贡献良多，热心保护民族文化遗产，其收藏不计其数，但对中国书画收藏较少。据艾轩所知，何鸿燊是最早收藏他油画的藏家之一。1987年，他捐赠了147件中国古文物给国家，现藏北京故宫博物院。最为轰动的莫过于2003年以600多万元人民币将散失于美国的圆明园十二生肖铜像中的猪首铜像购回捐赠保利艺术博物馆，2007年9月20日从苏富比拍卖行以6910万元港币洽购铜马首捐赠国家。另，何鸿燊家族收藏品丰富，但没有确切的记载和数字可寻。据悉，梁安琪女士、何猷龙先生、何超琼女士均主攻收藏当代艺术家画作、世界知名设计师的作品和艺术雕塑品。

五　葡籍人士、土生葡人收藏家

安东尼奥·沙巴治（António Sapage）于1949年1月出生于澳门，1968年起对中国艺术产生兴趣，经常到东印度公司学习，专门研究和收集中西文化知识。1992年5月8日，澳门市政厅为其举办“中国外销瓷——中西荟萃”展览，并出版图录，主题分为纹章、字母瓷、宗教题材、欧洲画、中西意念结合设计、人像和装饰艺术六大版块。展品共100件，其中不乏珍品，包括青花、五彩、粉彩、白釉等日用瓷器，亦有象牙扇。数年后，沙巴治携这些展品赴葡萄牙参加展览，并将其连同其他藏品悉数售予某博物馆。

安文娜，大律师，以收藏钱纳利素描画为多。

六　华人收藏家及收藏组织收藏

华人收藏家首推崔德祺博士（1912～2007），他是著名实业家、慈善家和社会贤达，从事建筑业数十年，曾任同善堂主席。他为人慷慨，热心公益事业，为文化社团领袖，对澳门文化事业贡献巨大。崔先生爱好写画，时得高剑父、司徒奇、邓芬指导，画艺精湛，文化修养深厚，1986年获上海画院聘为荣誉画师。抗战时期，文人雅士云集濠江，崔先生创办颐园书画会，作为省港澳文化界联络的落脚点，奉书画名家为座上客，并获其不少馈赠。崔先生又雅好收藏，以书画为主，特别岭南画派三高一陈，不乏珍品，早在1992年澳门市政厅就以其室号居明轩举办“居明轩珍藏扇面画展”，参展的作品包括清赵次闲、吴大澂、居廉、苏六朋、张大千、黄宾虹、吴湖帆、齐白石等的画作共86幅，收录的仅是极少部分藏品。崔先生在中国各地文化界十分活跃，交游广阔，以往中国名家到澳展览，必经崔先生主理，且每年参加广州交易会时都有所购买，因此其收藏品十分丰富。

陶剑秋，广东番禺人，极富收藏，所藏沈周、八大山人等作品时不时出现在拍卖行。

袁灿辉，亦富藏中国书画，据云曾将一批王铎的书法作品出售给日本，其他所藏归邓苍梧先生。

邓苍梧，经营永大古玩行，是澳门首屈一指的古董商，其收藏包罗万象，有中国书画、家具、陶瓷、文房四宝、杂项等，其中不乏精品。他身后其家人将其一生所收集的中国书画悉数出售。

许礼平，澳门本地人，今已移民香江，其藏品种类特多，包罗万象，早已闻名于世。

最近一批志同道合的收藏家发起成立“兴文雅会”这一收藏组织，务求弘扬文化艺术，推动澳门艺术收藏和提升收藏艺术水平，且加强与邻近地区的学术交流。首届成员不多，仅有 10 人，包括商人、学者、律师，其中名誉会长崔世平先生是著名商人、澳门同善堂副主席，今为颐园书画会会长。他秉承父亲崔德祺博士的收藏理念，致力推动澳门文化对外交流。

李鹏翥，名誉会长，著名文化人，《澳门日报》副董事长，热心推动文化事业，与国内老一辈书画家稔熟，如黄胄、程十发、钱君匋等，不胜枚举。对于中国书画、名人信札等，亦收藏颇多。

林金城，名誉会长，著名商人，热爱中国书画，收藏台湾名家作品，对澳门文化艺术事业长期支持，对钱纳利水彩、油画、素描情有独钟，前几年以高价从英国投得钱纳利稀有整本 70 余幅速写部，内容丰富，包括人像写生、民生风貌、教堂民居等。

黄志成，著名商人，热心公益，为中华总商会会董、钱币学会名誉会长，为人低调，其所收藏的清朝邮票多为罕见的精品，今重点收藏金银币，收集和拍卖全球稀有币种，属国际级别，收藏极富。

菲安达，澳门知名人士，是较早涉足收藏中国文物的收藏家之一，外销瓷、中国瓷器、鎏金佛等综合收藏颇富，曾于 1996 年将小部分藏品在澳门藏家珍品展公开。

何树基、马锦强，综合收藏家，其收藏包括文房四宝、瓷器、中国字画等，其藏品曾借予澳门民政总署举办专题展览。

黄如楷，著名建筑师，收藏近现代书画，尤好耀州瓷，1990 年从英国拍卖木扉珍藏玉器。

赵康池，澳门钱币学会理事长，主力收藏邮票、钱币，特别是系列收藏，目前主力集藏澳门邮票。澳门自 1884 年至今发行的所有邮票他均有收藏，每年还组织展览与各地钱币博物馆进行交流活动。

黎荣乐，经营家族珠宝生意，20 世纪 70 年代开始收藏，属综合性收藏家，但以具有代表性之藏品为主，主力收藏明清和近现代书画，旁及瓷器、古陶，20 世纪 80 年代他自己或委托友人常在香港拍卖，数量可观，曾借出藏品予澳门民政总署举办专题展览。

李俊鸣，主力收藏中国字画，对饶宗颐教授的作品情有独钟。

陈浩星，现为台北“故宫博物院”古书画研究中心客座研究员，澳门艺术博物馆馆长，兴文雅会、濠江印社学术顾问。他自少钟情于中国书画、古物，搜集的具有学术贡献的学者的手迹、金石名家书画、信札、文房珍玩不计其数，策划中外艺术展览无数，尤与故宫、上海博物馆合作筹办大型专题文物展，例如“南宗北斗——董其昌诞生四百五十周年书画展”等。2014 年，举办“梅景秘色——吴湖帆书画鉴赏精品展”，并同时举办国际性研讨会，让各地专家学者汇聚一堂，研讨作品，如何鉴定代笔，对比真伪等，学术意义重大，深获好评，提升了中国传统文化的研究水平。

萧春源，斋号珍秦斋，自幼喜爱中国书画、篆刻，拜澳门名书法篆刻家林近先生为师，后得广州马国权老师指点鉴藏知识，以及引荐认识广州容庚、商承祚，上海钱君匋、陈巨来、叶路渊、程十髪、徐云叔、陈茗屋、韩天衡等前辈，得馈赠金石书画，培养了收藏兴趣，将打工积蓄几乎全用于上海文物商店、北京书店，或直接由画家手上购藏。1988 年 12 月，出资举办“北京风光国画展”，地点设于澳门中华总商会旧址，以崔德祺先生颐园书画会为主办单位，由吴冠中先生率团，赵准旺、李小可、李宝林、姚奎、张步、张仁芝、杨延文等出席，这是首次将北京画家新风格、新水墨法带进澳门。之后，又推荐澳门市政厅举办了程十髪、贾又福、何家英、王沂东、艾轩、王怀庆等书画家、油画家的展览，故能直接由画家手上购藏，又旁及收藏古玺秦印、青铜铭器，今致力于收藏秦文物。

澳门因特殊地理环境，收藏史料无确切记载，亦零碎不整，藏家多低调秘不示人。是次大会指定题目亦以大会标准尝试整理，范围以藏品水平、质量为依据。因时间仓促未来得及全面搜集资料，幸得陈继春博士、澳门艺术博物馆、澳门博物馆、澳门民政总署提供资料和图片，深致谢意。本文草草而成，必定存在不足和疏漏，诚望朋友们谅解和指正，俾不久将来再全面加以整理和订补。

林良3张（图1）

清苏六朋53张（图2）

潘玉书12件（图3）

陈渭岩3件（图4）

明洪武釉裹红玉壶春瓶（图5）

有澳督府纹章的盘子（图6）

（本文发表于“2014世界华人收藏家大会”，上海：世界华人收藏家大会组委会，2014年11月1日至4日。）

革命与艺术追求

——高剑父兄弟辛亥前后行状初探

陈继春*

20世纪中国文化的演变，是在西方文化介入下发生的。20世纪初，中国知识分子中的精英群对自身文化体系的信仰已经动摇，一大批有志于艺术革命的青年纷纷出国留学，企图用另一文化的因子来叛离中国艺术。就素描而言，导入西方的素描观念作为参照主体，推动中国传统素描由单一古典形态转换为现代形态，成了20世纪初中国艺术家的唯一选择。

实际上，从文化格局来看，清代同治、光绪以来直至民国诞生，是中日交流深广的阶段。在绘画方面，从19世纪70年代起，日本画家已前往欧洲学习，山本芳翠于1878年就学于巴黎，而随后而至的黑田清辉等回日本后为日本画坛引入了写实主义和印象派画风，营造出日本艺术西洋化的氛围。日本美术不再是大陆美术的流亚，而成为欧美美术的流亚，这导致整个东亚美术相继进入近代阶段。

早年于澳门"格致书院"读书的高剑父（名仑，1879～1951）曾于当地随法国传教士麦拉习画，随后于1906年东渡日本。在高剑父东渡日本以前，以指头画见称、善画兰竹的番禺人罗清①于1871年之前已东渡扶桑，

* 陈继春，中央美术学院美术史博士，中国美术家协会会员。

① 罗清，号壶冰，别署罗浮山樵、中外散人、五岳散人、物外散人、雪谷道人、雪谷子。尝游京师，克勤郡王目为奇人。论者称其笔墨山水得奚冈空灵静逸之趣。澳门的普济禅院藏有其大幅的指画作品《风尘三侠》。参看汪兆镛《岭南画征略》卷十，商务印书馆，1961，第12页；朱万章：《广东绘画》，广东人民出版社，2007，第105页。按邓芬未刊的《师友录》的记述，罗雪谷嗜鸦片，与邓芬的父执辈善，与之多有往还，每去其家必携一北京狗，而且喜以嘴哺之。其晚年隐居于罗浮山，且能画画逾十年。与善画人物的德堃为友朋。其指画多为花卉和竹。

1875年10月，罗氏因教习书画被允许居住在浅草。人们不惜以十几日元购其作品，润例高于当年日本声誉最高的伊藤博文（Itō Hirobumi，1841－1909）。[①] 高剑父去日本的目的与其同乡迥异，他怀有明确的学习日本绘画的动机，而且追求于日本得以享受一个在中国无法寻觅的艺术自由表现空间。他除通过参观东京及其他地方的博物馆、图书馆所展出的日本画而获得对明治维新后的日本美术之印象外，还先后在“白马会”和“太平洋画会”[②] 开办的研究所接受短期的西画基础训练，“一有空闲，即带备‘便当’便跑到动物园写生”，[③] 从而深化了他在澳门所接受的西洋画素描技巧。从目前所见的高氏在日本的铅笔写生稿可见，高剑父的美学思想中西方绘画的技法已在1907年前后显现在其作品之中，更确切地说，其略受西方影响的痕迹已显现。他的素描明显受到东洋式线面结合素描的影响，他那种对西方体系折中式的向结构倾斜的素描造诣，对他后来以写生为手段去对抗以临古为基础的传统国画起着十分重要的作用。

一　“同盟”时代

1906年7月23日，高剑父在东京由刘樾杭介绍，在何功沃主盟下加入了以孙中山先生为中心的由各种革命势力集结起来、成立于1905年8月20日的中国同盟会。盟书上载高氏时年25岁，籍贯番禺，家住河南。[④] 实际上，高氏很早就有革命的倾向，简又文曾记述称：

① 陈振濂：《近代中日绘画交流史比较研究》，安徽美术出版社，2000，第141～144页。

② “白马会”始创于1896年，由黑田清辉成立。而“太平洋画会”成立于1904年，后者由同会会员中的西洋画家指导，其虽然为报考美术学校学生提供学习辅导，但也培养了不少在野的艺术家，1929年改为“太平洋美术学校”。

③ 高励节：《高剑父的画稿》，《美术家》，美术家出版社，1981，第37页。

④ 罗家伦主编《中国同盟会成立初期（乙巳、丙午两年）之会员名册》，《革命文献》第2辑，中国国民党中央委员会党史史料编纂委员会，1978，第58页。值得指出的是，高氏的年龄若以1879年为出生年计起的话，当时已超过25岁了。东京同盟会本部所藏的会员盟书长期由刘揆一保管，辛亥革命时刘氏归国，将存有盟书的东京某银行保险箱钥匙交何天炯保管，后来何氏将首三年的会员名册之外的全部毁灭，再回广东兴宁乡间隐居。根据冯自由公布的1929年何天炯之弟何晓晖抄寄中央党史编纂委员会的首三年共960人的名单，高仑、汪兆铭等名列其中。参见冯自由《革命逸史》，新星出版社，2009，第1068页。

> 我在广州西关述善小学时，有一位年方二十余岁的教员，躯干矮小，容貌清秀，剪发易服，行动灵活，人格霭霭可亲，语言津津有味，每于休息下课时，便对着我们三五成群环绕着他的小学生，细述“嘉定三屠”、“扬州十日”、“广州屠城”等民族痛史，而高谈“排满兴汉”、“创建民国”的革命理论。其人即国画教员高先生。①

由此，或可解释高氏为何在同盟会成立翌年就于东京成为其一员。

高剑父的艺术生涯和中国国民革命紧紧地联系在一起。他“在从事推翻帝制的革命活动的同时也积极从事艺术革命……结果便是以改革中国画为己任的‘岭南画派’的产生”。② 1908年，高剑父由日本返国，同年在广州举办了个人的第一次展览，他在作画时尝试采用融合中西的形式，故其画有别于传统国画，被称为“新国画”。革命工作方面，他的名字于1908年在同盟会香港分会的登记册中出现。③ 1909年2月，高剑父受香港分会委派，与后来营葬于黄花岗的七十二烈士之一的潘达微（1880～1929）和黄兴（1874～1916）的夫人徐宗汉（1876～1944）④在广州设立分机关，参与革命活动。⑤

这个分机关就设于担杆巷（现广州海珠区南华西路鳌州内街13号），二楼是通讯社，取名“守真阁”裱画店作为掩护，此为近代广州地区有政

---

① 简又文：《革命画家高剑父——概论及年表》（上），《传记文学》第21卷第6期，1972年12月，传记文学杂志社，第25～36页。

② 李路明：《二十世纪中国素描》，《中国现代美术全集——素描》，湖南美术出版社，1998，第4页。

③ 冯自由：《革命逸史》，新星出版社，2009，第54页。

④ 徐宗汉是广东香山（中山）人，1907年于南洋槟榔屿加入同盟会，1910～1911年在广州“守真阁”裱画店、高第街宜安里和河南溪峡设立秘密机关，制造弹药和旗帜，以及从香港运送武器和弹药给辛亥“三二九”起义的“选锋”（前锋）分发枪支，起义失败后护送黄兴前去香港，不久和黄兴结婚。其是被李鸿章称为“创办新式企业的特殊人才”的著名买办徐润的侄女。参见王明远主编《风起伶仃洋》，广东人民出版社，2006，第76页。

⑤ 时为香港同盟会会长的冯自由后来云：“香港同盟会渐取开放主义，遂委任宗汉在粤与高剑父、潘达微等组织分机关，以发展党务。宗汉因与剑父达微及何辑民、胡少翰、朱述唐等创设守真阁裱画店，以传达各方消息。”参见冯自由《革命逸史》，新星出版社，2009，第599页。

党进行革命活动的开始。[1] 高剑父自从参与革命工作后，多次往来于省港澳之间。1910 年 1 月广州新军起义失败后，刘思复（1884～1915）等在香港组织“支那暗杀团”。根据有关文献，“支那暗杀团”成立于 1910 年 3 月，初设于香港般含道，6 月迁摩士忌街 23 号，后增设一机关于九龙油麻地。“支那暗杀团”以暴力暗杀的手段进行革命，谢英伯（1882～1939）[2]、朱述堂、陈自觉、高剑父、程克、陈炯明（1878～1933）、李熙斌等 8 人为首批加盟者。“熙斌自认担任此后团内及一切运动费用，炯明亦略有资助，经费遂获解决。”[3] 关于“支那暗杀团”的情况以及与高氏有关的活动，时为暗杀团成员的李熙斌回忆说：

> 是年春（即 1910 年）汪精卫、黄复生、喻培伦、陈璧君、黎仲实谋炸清摄政王载澧，事泄，精卫、复生被逮。粤港同志闻之益愤。于是刘思复、朱述堂、谢英伯、陈自觉、高剑父、程克聚议组织暗杀团，遂订团章，分执行员与补助员两种，设机关于香港般含道十六号，定名支那暗杀团。……数日后……遂决议先在粤执行张鸣岐、李准死刑，……惟此次执行员仅一人，恐不足，遂又议决各团员得介绍同盟会同之决心暗杀者参与，不必经入团之手续，遂派熙斌、述堂、剑父为补助员，在粤主持一切。……部署略定，述堂、剑父介绍梁倚神为补助员，赞襄一切。[4]

“支那暗杀团”的参加者大都是血气方刚的青年，入团仪式定于晚上，会场四周用黑布围绕，当中摆着一张盖上白布的桌子，桌上放着一个骷髅头骨。在摇摆不定的烛光中，参加者逐一上前宣誓，表达为革命献身的决心，

---

① 广州市海珠区环境保护局编《物华天宝——广州市海珠区历史人文遗迹》，澳门出版社，2002，第 164 页。

② 谢英伯，字抱香，原籍广东省梅县丙村人，生于 1886 年，自小随经商的父亲在香港读书，有一定的中文与英文修养，后为广东司法界名人。

③ 冯自由：《革命逸史》，新星出版社，2009，第 764 页。

④ 李熙斌：《记同盟会中之一个暗杀团》，杜元载主编《革命文献》第 66 辑《中国同盟会革命史料》（二），中国国民党中央委员会党史史料编纂委员会，1974，第 30～32 页。

然后编组进行训练和活动。[①]“支那暗杀团”的第12名也就是最后一名成员郑彼岸回忆指出，为了便于活动，暗杀团分为三组，第一组除执行暗杀外，还需制造炸药供第三组使用。成员为刘思复、高剑父、梁倚神、谢英伯、李沛基和李应生6人。[②] 由于该团极端秘密，对团员的选择也十分严谨，于是产生了该团的预备团。在香港，前为广州洁芳女校刺绣教员的同盟会员宋铭黄就是其中一员。此外，鉴于邓荫南住在屯门，附近的爆石场的炸石声成了他们试放炸弹的掩护罩。

高剑父的角色如何？按照冯自由的记述，高氏参与了随后北上谋炸载澧的筹备工作，而后来在谋炸水师提督李准之役中当场就义的林冠慈就是由朱述堂、高剑父介绍入团的。[③]

1911年4月27日（辛亥年三月二十九日）广州黄花岗起义失败后，“吾党菁华，付之一炬，其损失可谓大矣”。[④] 曾参加起义的谢英伯、高剑父等人在澳门南湾街41号秘密设立同盟会澳门支部，由谢英伯任主盟人。同时，卢宗缙——卢九（1837～1906）的第三子与林君复、萧聘一向澳门总督马沙度（Álvaro de Melo Machado）申请在白马行街钓鱼台的一座三层平房的二楼内成立“濠镜阅书报社”[⑤]，以作为该会的半秘密机关，继续未竟的革命事业。

---

① 邓端本：《高剑父参加过暗杀团》，萧乾主编《近现代新笔记丛书》第2辑《辛亥革命》，香港商务印书馆，1995，第37～38页。

② 有关高氏的活动也可参看郑彼岸、何博《暗杀团在广东光复前夕的活动》，中国人民政治协商会议广东委员会文史资料委员会编《广东辛亥革命史料》，广东人民出版社，1981，第81～84页。

③ 冯自由：《革命逸史》，新星出版社，2009，第764～765页。

④ 孙中山：《黄花岗烈士事略》，《孙中山全集》第6卷，中华书局，1981，第50～51页。

⑤ 2009年10月14日至19日于卢廉若公园春草堂举行的“娱园存珍——卢怡若遗物展”上有《革命老人卢怡若与澳门国父纪念馆》手稿。卢怡若是卢华绍（卢九）第三子、卢廉若（1876～1927）之弟，《革命老人卢怡若与澳门国父纪念馆》中云其“与林君复、邓三伯、谢英伯诸公，鼓吹革命，并斥资创办‘濠镜阅书报社’，暗设革命同盟会，吸收革命同志，分头促进会务，当时孙中山先生以卢氏热心革命大业，即任命其为同盟会澳门加盟同志主盟人”。赵连城云：“澳门同盟会支部的工作当时是接受香港方面领导的。澳门的主盟人初由谢英伯兼任，谢一度奉派去檀香山，乃由‘香军’参谋林君复继任主盟人。”如此与由谢英伯为主盟人的说法不一致，但他们两人先后出任，又或是出缺时互补也未知。有关“阅书报社”的情况，可参看何伟杰《革命与启蒙在澳门——濠镜公众阅书报社》，《文化杂志》第71期，2009年夏季刊，澳门特别行政区政府文化局，第163～172页。

“濠镜阅书报社”的注册名称为“濠镜公众阅书报社”，开办于1911年8月，[①] 斯时就读于澳门培基学校的学生古桂芬、冯印雪（1895～1964）、冯秋雪（1892～1969）、区凤韶、何国材和赵连城[②]（1892～1962）6人首先加盟。[③] 一段时间后，“濠镜阅书报社”的活动被广州派来的清廷密探察觉了，并成功地渗入了该组织，进行了多次破坏活动。可是，这些不平常的举动还是给同盟会的人发现了，决定秘密铲除奸细。高剑父参与了此次行动，他与同习画于居廉的队友梁倚神成功地把奸细引到龙嵩街八角亭菩提巷梁氏的住宅内，宣布其罪状，将其处决，[④] 并埋尸于住宅的地下。这次行动就是后来被称作同盟会澳门分会一次著名的锄奸大行动。[⑤]

谋炸李准的行动失败以后，高剑父等人于1911年8月由香港返回广州，策划对广州将军凤山的暗杀。在“支那暗杀团”的协助下，属黄兴直接主持的“东方暗杀团”的李应生弟弟李援（沛基）[⑥] 1911年10月25日（九月初四）炸凤山[⑦]的火药，就是由高剑父参与的广州河南“广东博物商会”

① 参见《志士之志》，《华字日报》1911年8月14日。

② 赵连城，又名璧如，别名冰雪。香山斗门（今珠海）赤坎村人，出生于澳门，16岁时进当地培基小学念书，清宣统三年（1911）初加入同盟会，当年同盟会于澳门建立“濠镜阅书报社”，以作为掩护革命的机关。赵氏于成立大会上进行演讲时，从反清、进行革命，进而讲到争取女权，慷慨激昂，为澳门历史上女子演说和反清的首次。其在积极参加革命工作的同时，更筹集资金以支持革命事业。1911年夏，赵氏被派往同盟会于香港主办的实践女校工作，负责港澳交通，动员女青年参加革命，加入广东女子北伐队。民国元年（1912），与冯秋雪在澳门结婚。夫妇一起创办佩文学校。民国三年（1914），又一起参加孙中山讨袁运动。民国十六年（1927）四月，赵、冯扩大佩文学校，以安置逃亡的革命者。后被国民党特务勾结澳葡当局指控为共产党机关，因此难以维持。赵连城先后到梧州、广州等地谋职，继续参加革命活动。抗日战争期间被派往中山大学任职，积极参加该校战地服务团的工作。新中国成立后居广州，并长期任居委会主任。1952年被选为广州妇女代表，翌年被评为军属模范，系广州越秀区人民代表、民革成员。1962年10月11日逝于广州。

③ 戎衣：《辛亥革命在澳门》，《广角镜》1973年第43期。

④ 濠江客：《高剑父澳门锄奸记》，《澳门日报·新园地》1991年10月19日。

⑤ 赵连城：《同盟会在港澳的活动和广东妇女参加革命的回忆》，中国人民政治协商会议广东委员会文史资料研究委员会编《广东辛亥革命史料》，广东人民出版社，1981，第85～106页。

⑥ 李援之母就是香山人徐慕兰，即徐宗汉之姐。

⑦ 1911年9月25日，清政府广州将军凤山抵广州履新，同盟会会员周之贞（桢）、李应生、李沛基等于仓前街成记洋货店檐下预放炸弹，炸死凤山及其卫队多人，周氏等人安全脱险。

的烧瓷厂制造的，而参与暗杀活动的成员也是高剑父联系的。在李援于行刺前加入同盟会的盟书的影印件中，主盟人高剑父的名字赫然在列。[①] 由此可见，高剑父是“支那暗杀团”的创始人之一。

“支那暗杀团”在粤的活动之中，与同是成员、只是在经费上予以资助的陈炯明一样，[②] 高剑父也做出了贡献，林冠慈、陈敬岳（1870～1911）狙击李准时，“遂由高剑父各给毒药一包，谓行炸时倘遇不测，服之可免惨刑”[③]。由此，尽管高剑父没有担任最危险的“执行者”的角色，而是以“补助者”即幕后组织者和策划者的角色出现，但他所起的作用是值得肯定的。

高氏在革命工作中曾担任暗杀团的副团长，其后更与梁倚神、李应生二人在广州龙眼洞[④]附近的“昌大公司”秘密制造火药。

广州东郊的龙眼洞婆髻岭，三峰高耸，怪石嶙峋，山下一片松林，菁密幽邃，人迹罕至，仅时有猎人到此打猎。梁倚神[⑤]、高剑父、李应生三人得李福林[⑥]介绍，当时在公司住宿，名为打猎、写生，实则是制造炸药和试验炸弹，故在婆髻岭狮山一带的山岭，时闻轰隆的爆炸声，农民们知道这是革命党的行动，口里却说：“先生们到此是打猎、写生作消遣的。”一次，天太热以致炸药爆炸，梁倚神被炸去左目，伤及左腿，后得农民救护而得以在公司疗治。不过，梁氏愈后步履颇艰，不良于行。[⑦]

广州光复当年，高剑父与谢英伯率领由香港学界、商界、新闻界和香港大酒店百余人组成的队伍回广州。当然，这一“回”是比较曲折的，至少

---

① 李沛基的盟书的图版可参看《真相画报》第12期；陶喻之《高开低走、化剑为犁——岭南“二高”在沪办报设馆政治、经济背景》，载《“岭南画派与20世纪中国美术”学术研讨会论文集》，岭南美术出版社，2009，第38页。

② 丁身尊：《陈炯明年谱：（1878～1921）》，中国人民政治协商会议广东省委员会文史资料委员会编《广东文史资料》第57辑，广东人民出版社，第1988，第164页。

③ 冯自由：《革命逸史》，新星出版社，2009，第770页。

④ 龙眼洞又名龙洞，位于现今广州天河区北部，属沙河。

⑤ 梁倚神清末时已居澳门，系居廉学生，因为住于澳门的菩提巷，画中常署“菩提馆主”。参看王文达《澳门掌故》，澳门中华教育会，1999，第204页。

⑥ 李福林是绿林出身的国民党军人，早年跟随孙中山先生加入同盟会，率民军参加辛亥革命，后为国民党军官，一直驻广州河南一带，建庄园于新滘，1924年9月任广州市市长，1927年共产党领导广州起义时，他是国民军第五军军长，1953年逝于香港。

⑦ 赵连城：《同盟会在港澳的活动和广东妇女参加革命的回忆》，中国人民政治协商会议广东委员会文史资料研究委员会编《广东辛亥革命史料》，广东人民出版社，1981，第85～106页。

在路途上如此。武昌起义成功后，陈炯明、王和顺率民军起义于东江，由淡水墟分四路向惠州、博罗进攻。惠州一路由陈景华的弟弟陈自觉、陈逸川率领，而石龙一路就由谢英伯、高剑父率领。当年同行的赵连城后来回忆云：

> 领队人谢英伯、高剑父被大家戏称为“大都督”、“二都督”。队里主要人物还有刘兆槐（有“三都督”之称）、李杞堂、刘一伟（苇）、朱述堂、陈哲梅、梁倚神等……由于清军自动撤退，光复石龙没有经过战斗。由于人数众多，分批乘火车或民船向省城进发。[①]

根据高剑父传略，辛亥革命时他曾任东军总司令，收复虎门炮台一带。光复后，高剑父首先将部下解散，联合海陆军将领，设海陆军团协会以控制之。后来，高氏在陈炯明任会长的“广东军团协会”中任干事，[②] 并在一定程度上脱离了政治生活。

另外，当冯自由出任中华民国临时稽动局局长时，高剑父于1912年就以“曾参与革命诸役之同志”身份应聘为委员，与蔡元培、陈少白（1869～1934）、于右任（1879～1964）等200多人也同时在被聘之列。[③]

关于辛亥前后的历史，高剑父后来回忆云：

> 剑父在日本东京时，总理委为广东同盟会会长，命回粤组织支部，即设总机关于广州河南宾岗，名博物商会，表面为绘画瓷器及剥制标本之业，同时分设一机关于河南鳌□□□，名守真阁，表面为装裱字画之业，职员有朱述堂、莫纪彭、徐宗汉、宋铭黄、陈炯明、谢纪原、李熙斌、李应生、徐慕兰等。倪映典、陈哲梅等新军同志，多在此计划军事。正月初三□□□，新军举义，事败被封。旋又设机关于河南沙地，名十字会，表面为救伤赠医施药，派马达臣、伍汉持、梁倚神、赵兆、

---

① 赵连城：《光复前后广东妇女参加同盟会的活动》，中国人民政治协商会议广东省广州市委员会文史资料研究委员会编《纪念辛亥革命七十周年史料专辑》（上），广东人民出版社，1981，第91～92页。

② 刘亮：《高剑父先生小传》，《大光明报》，1932年7月10日。2007年12月10日蒙黄大德先生惠赐影印件，深谢！

③ 冯自由：《革命逸史》，新星出版社，2009，第616～617页。

谢盛之主之。又设机关于石井兵工厂及河南机器厂，则派李威仪、何布雄、陈元、梁六、李深主之。后设机关于歧兴里、名缤华学校，一设歧兴中约，名培淑女校，表面皆设图画专科，派宋铭黄、徐慕兰、梁倚神、梁雪君、许剑魂、黄悲汉等女同志主之。又设一机关于靖海门中法医院内，派该院医生张清潭、施正甫、李少华主之。又于美国教会之传道火船，设一流动机关，派林冠慈、赵侠主之。嗣于河北高第街，设一机关，名瓷业公司，派曾伯谔、王师灵、刘古香、饶辅廷主之。三月廿九事败，辅廷被执遇害，因而被封。前后入会共六百余人。

光后前四、五、六年，尝办时事、平民等画报，鼓吹革命。

又前三年，刘思复出狱，寓香港捷发四楼之机关部，思复欲卷土重来，再图暗杀之举，辄者独力，恐难成功。剑父则主张扩大组织为暗杀团，乃物色党员加入，由剑父于老同志中，平日最坚决者，损（选）七人先行加入，如朱述堂、陈自觉、李熙斌、林冠慈、梁倚神、陈炯明、赵寿是也，思复则介绍谢英伯、程克、丁湘田、郑佩刚。陈炯明则介绍陈敬岳、何铁等，共二十余人。议决入北京执行载澧死形（刑），并营救汪精卫，议定刘思复、朱述堂、高剑父、程克、林冠慈同行，乃在粤先炸李准、凤山为试验。

光后前二年，曾禀准清吏于广州城内设小影画院三间，一在惠爱路，一在永清门，一在西门，以备起义时为集合出发之地。将次开幕之际，忽被清吏巡警道，王□□□□□□□，是役损失逾万，皆剑父个人变产之资。①

以绘画人身份参加推翻清王朝的革命，这在辛亥革命中不在多数。从上文看来，高剑父自撰材料的手稿与当时战友或上司的记录有一定的差异。上文是高氏家藏之物，影印件捐予广州美术学院岭南画派研究室，文末尚有“支那暗杀团经过事实及炸李准、凤山等详情，容当录呈，并希斧削，十二月五日寄”的字样。笔者相信，此文或与民国十八年十一月十三日高氏寄予革命纪念会的《辛亥年三月廿九生还义士调查表》为同一性质的材料。②

① 高剑父家属捐赠广州高剑父纪念馆高氏手稿。

② 李伟铭：《艺术与政治二位一体的价值模式——二高研究中一个耐人寻味的问题》，中山大学艺术学研究中心编《艺术史研究》第1辑，中山大学出版社，1999，注23，图版1、图版2。

是的，上文是高剑父在辛亥“三二九”前的经历自述，而《辛亥年三月廿九生还义士调查表》中高氏的情形如何？我们可以从表1中略知一二：

表1 《辛亥年三月二十九日生还义士调查表》

姓名	高剑父
现在年龄	四十四
籍贯	广东番禺
住址	广州大东路二十七号春睡别院、广州南堤革命纪念会
职业	前广东同盟会会长，暗杀团团长、广东岭南大学毕业、日本东京美术院毕业；两广高等师范学校、两广高等工业学校教员；广东省立工业专门学校校长；光复后为东新军东路总司令、广东全省海陆军团协会副会长；曾任广东全省美术展览会会长。现任广东革命纪念会主席、革命史料档案委员会委员
参与是役在广州某地某机关	在广州大南门外与刘梅卿、宋铭黄、赵兆等组一机关，以便起义时轰炸城门，协同进攻。至时不见同志攻城，欲进城，敌兵举械阻，遂折回，由屋上掷下一弹，敌兵即发弹，乃乱射，微伤足部，攀登瓦面逃出
担任事项	组织攻城机关和制造炸弹
共事现存之证明人及其住址	徐维扬，光塔街杏花巷六十六号；宋铭黄，广州大东路二十七号春睡别院；赵兆，大南路二十五号二楼黎庆恩律师事务所
证明人署名盖章	徐维扬

注：《辛亥年三月二十九生还义士调查表》原件副本藏广州艺术博物馆，编号G50118。

值得指出的是，从曾参加“三二九”之役的幸存者姚雨平的回忆文字看来，上表高氏所说的轰炸大南门未见于起义计划。① 不过，对于同一历史事件，就算是参与者，由于处于不同的岗位，因此对同一事件的认知也可能不相同。同时，在军事行为中也不可以排除因地制宜改变战略的情况的出现。姚氏的回忆发表于1962年，而高氏之表填于1929年。年代久远，记忆有差异或不可避免。此外，高氏表内某些工作单位的称谓与其确切名称有些许差异。而在1929年，孙中山先生已逝，陈炯明因在1925年他的残部被李宗仁等的桂系军摧毁而逃到香港。在广东，政治势力集结于陈铭枢（1889～1965）周围。当然，我们无法遽断高氏是不是言不由衷，但无论如

① 姚雨平：《新军起义前后与辛亥三月廿九日之役的回忆》，中国人民政治会议广东委员会文史资料研究委员会编《广东辛亥革命史料》，内部发行，1962，第53～76页。

何，高氏在辛亥中无疑是“躬与其列”的。

与世界其他地方一样，在一个论功行赏的价值形态中，光复前的功绩在某一程度下是衡量的因素之一，与中华民国成立以后所能分享到的政治利益相连。诚然，当年于广东进行反清活动的掌门人顺理成章成了民国初期广东政坛的要人，如黄兴、胡汉民、汪兆铭和陈炯明等。可以相信，在革命和建立中华民国的历程中，高剑父无法与他们相比，自然分享到的成果也不多，高氏甚至比不上他的战友，即在“三二九”时与卓国兴一起负责放火的李沛基。① 高氏脱离政治，在某种程度上有不得已的苦衷。当然，高氏全力转向艺术，也有实践当年参加革命时“功成身退”诺言的意味。

二　追求“真相”

1910 年，广东新军于广州起义，杀死守军数百人，各地群众反抗清政府统治的斗争出现更大的高潮，而至 1911 年 4 月 27 日（农历三月二十九日），黄兴率党人于广州再次发动起义，死难者 72 人；10 月 10 日，武昌爆发了轰轰烈烈的武装起义，震动全国，各地纷纷起义，11 月 24 日，孙中山先生离开巴黎回国，12 月 28 日被推选为临时大总统。1911 年 11 月 10 日，胡汉民由香港抵达广州就任广东省都督，11 月 17 日，胡氏提议由省各界代表推举陈炯明任副都督，同年 12 月 25 日，临时省议会推举陈炯明为广东代理都督。② 1912 年 1 月 1 日，孙中山于南京就任临时大总统，改国号为“中华民国”，中华民国临时政府成立。随之而来的是中国的政治生态急剧转变，2 月 12 日清帝溥仪宣布退位。袁世凯从清王朝手中接过反革命权力，在帝国主义的支持下，经过南北和议，孙中山于 2 月 13 日提出辞去临时大总统，2 月 15 日，袁世凯被选为中华民国临时大总统，3 月 10 日下午 3 时，袁世凯在北京宣誓就职临时大总统。4 月 2 日，参议院议决临时政府迁往北京。1912 年

---

① 卓国兴系香山县唐家人梁定慧的小外甥女。简又文云：“民国成立后，李（沛基）得公费赴美留学，先入‘顾盛学院’（Cushing Academy）后入麻省工科大学工程科，学成归国，一度任上海造币厂厂长。”简又文：《国民革命文献丛录》，《广东文物》卷六，上海书店，1990，第 442 页。

② 丁身尊：《陈炯明年谱（1878～1921）》，中国人民政治协商会议广东省委员会文史资料委员会编《广东文史资料》第 57 辑，广东人民出版社，1988，第 174 页。

4月25日，孙中山先生偕胡汉民回到广州，胡氏复任广东省都督。

在此前后，高剑父兄弟投身于出版和推广美术的工作之中，其中之一是“民国初年，高氏兄弟四人冠天、剑父、奇峰、剑僧，得广东省政府资助同到上海，创办《真相画报》”①。《真相画报》② 创办于1912年6月，③ 高氏兄弟选择上海，与这一城市居民识字率居全国前茅有关，它系资产阶级革命党人主办的时事新闻性画刊。

近代国际化与都市化的上海与广州可以说是一时瑜亮，上海又处于广州和北京之间，《真相画报》落户于此，南方政府的意志，又或是“二高”本质上作为绘画人，前往日本探求绘画均以上海为过道，近代“海派”在中国画坛的形成方式等，成了这一选择的重要考量。同样，丰富的图像内容可以给人们带来更直观的视觉冲击。由此，图像成了该刊的特色。

该刊“每月三回发行”，属“邮政局特准挂号认为新闻纸类”。从版权页上得知，高剑父的四弟高奇峰（1889～1933）编辑兼发行，印刷人应枬，真相画报社出版。该报发行所设于上海四马路惠福里的真相画报社以及广州长堤二马路“中华写真队事务所”。在《真相画报》创刊号上可以看到广东省都督胡汉民的《发刊祝辞》，同盟会广东支部部长、都督府高级顾问谢英伯撰发的刊辞，“据闻当时的广东都督陈炯明曾拨公款10万元以作该报创刊之费”。④ 这都说明画报当时带有政治背景。

《真相画报》创刊号上发表的《〈真相画报〉缘起》阐述了对时局的看法：

战事告终，南北统一，民国成立，共和伊始，吾华之父老昆弟拭目以观自由平权之郅治者，斯其时矣。然时局变化不可端倪；惟事物

① 杨善深：《三高画传》，高为素、高励节《三高遗画合集》，香港，1968年。

② 上海师范大学图书馆藏有《真相画报》第2～17期（1912年6月21日～1913年3月）。另藏地点有南京图书馆。

③ 有学者认为是1912年创办于广州，如许志浩云：“一九一二年一月五日创刊，广州真相画报社出版。”黄可称“一九一二年（民国元年）一月五日创刊，岭南派画家高奇峰在广州创办，因广州条件差，移至上海由商文印刷所印刷发行”，当不完全准确。参见许志浩《1911～1949中国美术期刊过眼录》，上海书画出版社，1992，第1页；黄可《上海美术史札记》，上海人民美术出版社，2000，第261～262页。

④ 黎葛民、麦汉永：《岭南革新派画家陈树人和高剑父》，《中华文史资料文库：文化教育编·第十五卷（20～15）文学艺术》，中国文史出版社，1996，第209页。

无突然发生之理由，虽变态百出，必有所根据在焉。变迁之原因，约有三端：一曰社会生活之状态，二曰国民模仿之心理，三曰历史遗传之习惯。知斯三者，则将来之时局为何如之时局，匪第可以讨论其是非得失，且可以匡之使正而国利民福焉。夫不知我国以往之历史者，不足以知我国现在之状态，更不足知我国将来之结果。本报有鉴于此，特集合躬亲患难、组织民国之知己，相与讨论民国之真相，缅述既往，洞观现在，默测将来，以美术文学之精神为中华民国之前导，分类制图，按图作说，旨趣所在，略述如左：

（一）本报以监督共和政治，调查民生状态、奖进社会主义、输入世界知识为宗旨。

（二）本报全册以文学图画构成，或庄或谐，或图或说，社会状态、时局变迁，无微不顾，无幽不著，为我国特色之杂志。

（三）本报执笔人皆民国成立曾与组织之人，今以秘密党之资格转而秉在野党之笔政，故所批评，用皆中肯。

……

如上所云，谢英伯为画报撰发刊辞，称之为“本报”，不难看出此刊的政治背景。颇可理解的是，其创刊的动机和其所发挥的文化传播功能早就被纳入民国初年政治角逐的格局之中。① 正如我们所知，高剑父于 1906 年 6 月 3 日在东京宣誓参加同盟会，同时也参加过暗杀团，尤其是在 1910 年广州北郊燕塘新军起义、黄花岗之役中皆“躬与其列”。② 正如我们在已发表的文献中找不到潘达微于同盟会的记录一样，也没有关于高奇峰与同盟会有关的原始记录。不过，同盟会的成员后来回忆云：“我十八岁时广州府中学堂念书，画师高奇峰是同盟会员，我随高入盟。”③ 是的，高奇峰于光绪末归国后曾在广州的广府中学任教员。而在更早的文献中，孙中山致蔡锷

① 李伟铭：《艺术与政治二位一体的价值模式——二高研究中一个耐人寻味的问题》，中山大学艺术学研究中心编《艺术史研究》第 1 辑，中山大学出版社，1999，第 391～443 页。

② 参见高剑父于其作于 1910 年的扇面《荷塘蜻蜓》上的补记。图载《高剑父画集》，岭南美术出版社，1991，图版 3。

③ 邓新夏：《同盟会宣传反清的三字经与幼学诗》，中国人民政治协商会议广东省广州市文史资料委员会编《纪念辛亥革命七十周年史料专辑》（下），广东人民出版社，1981，第 26 页。

（1882～1916）的信有云：

> 英文哈同处不可有失联系，况伊曾三致意表示赞同，最好即日电慰（商务印书馆可承印吾党文件，宜多面洽）。柳亚子、高奇峰皆文学美术界中之翘楚，当慎重招待，以期合乎吾等所议。章太炎先生处宜逐时赠馈。所需行政费每月开支较大，宜缩减三分之一，军费宜覆实增加。胡展堂、蔡孑民、吴稚晖处，可酌量拟定公费，免致开支无定。上月之事后车之鉴也。江浙之军暂不可扩充，一俟议成，从事补充即可。滇省各军克日北上；长江舰九号均有所备。吾不日即可到沪，展堂去时，可再转道汉阳。
>
> 松坡贤弟
>
> 孙文，二月四日。①

此信函的署名日期不明。柳亚子（1887～1958）曾任孙中山总统府的秘书，1913年“二次革命”时，蔡锷曾筹划回应。袁世凯觉察后调他到北京，委以陆军部编译处副总裁之虚衔且严密监视之。1915年11月中旬，当袁氏加紧策划称帝之时，他以赴天津诊病为名化装逃出北京，转道日本去昆明。12月23日，他通过任可澄、唐继尧（1883～1927）通电北京，要求取消帝制，并诛杀筹安会会长杨度（1875～1931）等以谢天下。25日时，他又与唐继尧等通电宣告云南独立，声讨袁世凯，并任护国军第一军总司令，率军入川。由此看来，此信或写于1915年12月至1916年11月8日蔡锷病逝于日本期间。同时，由此也可以想见高奇峰出任有政党背景的《真相画报》主事者的渊源。

高剑父的友人黎葛民、麦汉永曾撰文指出，在广东光复期间，孙中山先生曾派高剑父组织“北伐军战事写真队”，同时计划发行《战士画报》，饬令各地民军领袖分担该队经费；高剑父抵达上海时，孙中山已辞去临时大总统之职，写真队计划因此流产。② 如果黎葛民、麦汉永的记述不错的话，那么高剑父早在1912年4月就已抵达上海。同时，从《真相画报》创刊号所

① 原件共3页，见于1996年12月于杭州举行的“中国书店古籍版本展”，转引自李伟铭《艺术与政治二位一体的价值模式：二高研究中一个耐人寻味的问题》，中山大学艺术学研究中心编《艺术史研究》第1辑，中山大学出版社，1999，第418页。

② 黎葛民、麦汉永：《广东折衷派两画家陈树人与高剑父》，中国人民政治协商会议广东省委员会文史资料研究委员会编《广东文史资料》第33辑，广东人民出版社，1981，第99页。

载《武汉三镇全势一览》图一幅，是黑白照相版印刷，约有五尺半长，是于1912年6月1日由《真相画报》摄影、民恭题词的。这一俯瞰武昌、汉口、汉阳、扬子江全景的长卷，保存完整且罕见。此外，还有《孙总统解任出府之景况》、《南京临时总统府人物之一斑》、《广州黄花岗七十二烈士墓》、《广州红花岗三烈士墓》、《两广总督衙门》、《孙中山先生致祭黄花岗》、《民军致祭黄花岗》、《广东海军将校及海军学生致祭黄花岗》、《广东海军全体致祭黄花岗》和《黄世颂、王泽民、香益远伏法后之尸棺》等摄影图片，显示了其摄影队伍的庞大。成员中有随孙中山先生活动的，他们随时拍摄照片进行报道，并深入军队了解活动进展情况。

文献表明，孙中山宣布解除临时大总统职务是在1912年4月1日，[①] 并在参议院行辞职礼。4月3日，总统府大堂前文武官员和各界人士肃立两侧，卫队持枪列队行注目礼，和孙中山一一惜别。孙中山登上敞篷汽车，离开了总统府。他于4月下旬回到广州，亲自主持了1912年5月15日黄花岗起义一周年公祭大典。[②] 1912年5月4日，广东民团总长黄世颂被代理都督陈炯明即捕即杀于广州越秀山。《真相画报》能于6月5日于上海出版时附有这些图片，可以想见该报摄影队的规模和速度，尽管“中华写真队事务所”和黎葛民、麦汉永笔下的“北伐军战事写真队”在称谓上不尽一致，但是《真相画报》从第4期（1912年7月11日出版）起就将“中华写真队事务所”改为“真相画报粤局”。很有可能，《真相画报》摄影图版的来源就是中国第一支新闻摄影报道专业队伍——“中华写真队”，又或是其实际上是《真相画报》的摄影采访机构。而另一个旁证是《真相画报》第3期刊出了1912年5月中旬广东佛教总会于广州六榕寺欢迎孙中山的照片。

从传播范围而言，上海与外国的联系比广州相对密切和便利，《真相画报》从第2期起加上了英文标题；在发行上，创刊号的分售点是国内各省的大书坊，第3期起在南洋新加坡、大马的曹万丰书庄有分售，第5期的分售点是南洋各大埠的书坊，到第7期起已扩展到檀香山正埠各书坊。这与同盟会在海外的势力分布相近。

另外，该刊刊登了不少革命党人的英勇事迹、时事照片等。实际上，

---

① 陈锡祺主编《孙中山年谱长编》，中华书局，1991，第685页。

② 陈锡祺主编《孙中山年谱长编》，中华书局，1991，第689页。

《真相画报》的出版会因应某些突发事件而延后，如第 15 期封面中注明出版于 1913 年 2 月 11 日，但所刊的宋教仁（1882～1913）被刺案发生于 3 月 20 日；第 16 期报道之宋教仁的追悼大会是在 1913 年 4 月 13 日举行的，可是杂志的封面标明的出版时间是 1913 年 2 月 21 日。

（一）初试啼声

署名“怀霜”的《真相画报序》说：

> 主任番禺高君奇峰，久留海外，学识渊懿，与其诸同志凭借丹青神技，开悟国人，咸能自信。旧岁以来，亦既周行域内踪迹名胜，吐纳烟霞，厚其胎息；又出没枪林弹雨中，举鼎革战场，一荡一决，收之眼底。今悉寄之手腕，以惠吾曹，亿兆同胞，免冠距跃，曷俟蓍蔡。然而，瑰奇之士，不得志于时，辄遁身于美术以救世，可唏也已。

显然，这不仅是作者的感叹，“在很大程度上，也可以视为在民国初年的权力、利益再分配中，未能获得预期的效益的革命党人普遍能够感受得到的世态炎凉之感”。① 但是，虽然高奇峰在从事《时事画报》时就画出了《破碎山河》，被誉为革命气息甚强的画人，但高氏兄弟选择了自食其力的方式，身为同盟会的早期会员，在辛亥革命以后有这种行为是很突出的，故此孙中山先生曾因高奇峰的选择而说他“勤俭不可及也”②。

透过《真相画报》的启事《文画大欢迎》，我们可以知道该刊对“论述与时评”文稿的要求是：“对于本报所定，以监督共和政治，调查民生状态，奖进社会主义，输入世界知识四大宗旨，能发挥尽致者。”③ “以文学图画构成，或庄或谐、或图或说，社会状态、时局变迁，无微不显，无幽不著，为我国特色之杂志；执笔人皆民国成立曾与组织之人，今以秘密党之资

① 李伟铭：《艺术与政治二位一体的价值模式——二高研究中一个耐人寻味的问题》，中山大学艺术学研究中心编《艺术史研究》第 1 辑，中山大学出版社，1999，第 405 页。

② 见徐悲鸿等 36 人撰《高奇峰先生行述》，《高奇峰先生遗画集》第 1 集，华侨图书印刷有限公司发行，1935。又载王震、徐伯阳编《徐悲鸿艺术文集》，宁夏人民出版社，1994，第 238～239 页。

③ 参见《文画大欢迎》，《真相画报》1912 年第 2 期，封 2。

格，转而秉在野党之笔政，故所批评用皆中肯。”杂志分文稿与图画两部分。文稿设三个栏目，设论说及时评栏，以监督共和政治、调查民生状态、奖进社会主义、输入世界知识为宗旨；科学栏则刊登有形、无形诸科之论著、农工实业之纂述；杂著栏主要刊载小说、游记、文艺小品等。图画则设四个栏目，形势摄影、画栏刊登国内之军事要点、交通枢纽、名城巨镇、山川要塞，以及一切名胜；国内伟人像栏则刊载古代英雄像、洪朝人物像、当代名人像；美术画栏则刊登人物、山水、花卉、鸟兽、鱼虫，不分古今；滑稽画一栏则要求能以诙谐之笔做警世良箴。

就目前我们所见，《真相画报》封面内容多为高氏兄弟及同人的手笔，并且每期全是画出来的，没有媚俗和装模作样，意味深长，每一期均不重复，与中国同期的大多数刊物不一样，如下所示。

第 1 期《真相画报》的封面就是高奇峰以水彩的方式描画一位身穿西服且头戴帽子的画家坐在小凳上，伸出右手在竖立的招牌上修饰“真相画报”的画字。油画箱被放置于草地上，箱盖的上部署有“奇峰”两字并有其用印。画报注重“画”的意识由此可见一斑。

第 2 期的《真相画报》出版于“中华民国元年六月念一日”，其封面是高奇峰的作品，画的是一位穿西装的摄影师手戴白手套，操动着带脚架的摄影机，以树林为对象进行拍摄。

第 3 期的封面是水彩人物画。出版日期署为 1912 年 7 月 1 日。一位身穿西服的男子左手持着礼帽，被置于封面的左下角。男子右手正掀起猩红的布幔，预示着“揭幕登场”。“奇峰”的署名和印信被置于封面的右下角。

第 4 期《真相画报》的封面是以电影蒙太奇的手法画出的彩色狮子头像，狮子精神奕奕，目光炯炯有神，其两眼圆瞪，毛发飘荡，甚具威凛之态。细致的描画使狮子的须发纤毫毕露，颇能寓意当年拿破仑所言的中国这头已经睡醒的雄狮。

第 5 期《真相画报》的封面以颇具郑板桥书体的方式呈现，由于我们所见的早年《时事画报》上署名高仑的《论画》也是以此书风书写的，而高奇峰在其早年绘画的落款中也颇喜郑板桥的书法，由此我们没有足够的条件确定其归属。然而，画幅中部的鸡甚是昂扬，颇有日本“军鸡”的气势，以此时期高剑父、高奇峰在禽鸟的表现方式，似乎该画成于高奇峰之手的可能性居大。封面署“每月三回发行”“民国元年七月念一日第五期”。

第 6 期《真相画报》的封面是一个地球仪。其底色为灰蓝，周围有白色的星星图案作为点缀。上署“元年八月一日出版”，而封面的右下角是作者的私印。

第 7 期《真相画报》的封面以英文写着一办公室地址：上海福州路惠福里 45 号，“真相画报”四个字以带郑板桥的书风写出，出版日期署“民国元年八月十一日”，封面的主图是由下而上的两枝菊花，六朵大黄花中有三朵盛放，两正一背，一朵半开，而另两朵正含苞待放。此画的底色为枣红，菊花以勾花点叶的方式写出，压角印章为“剑庐”。此期内容包括临时大总统孙中山和全体国务人员晋谒明孝陵，孙总统肖像及朱元璋肖像，孙中山乘火车抵京及前门火车站等照片。除多幅当时政坛漫画和文章外，还有一幅高奇峰为丘逢甲[①]（1864～1912）画的扇面画，以及高剑父的花鸟画和伍懿庄（1854～1927）的少年作品各一幅。种种迹象表明，封面是高剑父的手笔。

第 8 期《真相画报》的封面仍是高奇峰的手笔，从画面的技法来看，它是一帧水彩画，画中的上半部靠左处是一只橙色有翼的“龙”，双鼻和嘴呼出白烟，但其造型与中国传统的龙的造型相去甚远，而与目前我们所认知的“翼龙”外形相近。其立于荒原之上，天黑地裂，而在右下角表现的是一位右手持剑与之对峙的武士。出版日期署为“民国元年八月念一日”。

第 9 期《真相画报》的封面是高奇峰的另一作品，彩色的封面中部是上刻“真相”二字以及出版年月字样的石碑，其上是刚飞翔而至的巨鹰，其双爪正抓着碑的另一侧，碑石的半截没于水中。很明显，探求事件的真实是该刊的宗旨之一，封面无疑是中国谚语“水落石出”的形象写照。封面署“民国元年九月一日出版”。

第 10 期《真相画报》的封面是水彩画，报名由李怀霜（1874～1950）题写，其就是 1912 年 4 月 4 日于上海礼查西餐馆公宴孙中山，而且请其出任自由党总裁之人。[②] 自由党于 1912 年 1 月 8 日由李怀霜及王钺、赵铨章、杨鸿春等人发起。同年 2 月 3 日在上海张园举行大会，该党在酝酿成立时，

---

① 丘逢甲，字仙根，又号仲阏，笔名仓海，原籍广东镇平（今蕉岭），出生于台湾苗栗，1889 年中进士，授工部主事，不乐仕途。其告归台湾后讲学于台湾多所书院。1906 年以后历任两广学务处视学、广东府中学堂监督，1909 年任广东咨议局副议长。

② 陈锡祺主编《孙中山年谱长编》，中华书局，1991，第 687 页。

推举南京临时政府大总统孙中山为主裁（又称正总裁）、陆军总长黄兴为副主裁（又称副总裁）。李怀霜则以临时副主裁身份主持党务。由于该党是民国初年一个激进的政党，主张激烈且旗帜鲜明，曾公开申明“与同盟会是一个宗旨，有民族的主义，民权的主义，民生的主义”，所以自成立起就一直得到孙中山先生的关怀和支援。李氏于《真相画报》的出现，可以说与高氏兄弟所代表的政治取向是一致的。刊头章草书风流动，图版上画着手持五色旗、身穿军服的小丑式人物张口呐喊，立于地球仪上。画报的出版日期是1912年9月11日。

第11期《真相画报》封面的底色是米黄色，出版日期仅署“民国元年冬日”。根据内文中刊出的有关1912年11月9日新豆栏至长堤西一共烧去店铺490多家的火灾的报道及图片，推测其出版日期为1912年12月。封面为水彩画，上画三个人物，中一人可使人辨认出那是史坚如（1879～1900）。1900年史氏炸广东巡抚衙门未遂被捕后的供词，就被其当年同学高剑父刊于此期之中。[①] 对比内文，另一位可能是后来被称为“民国第一悬案”中于1912年5月1日被枪决于广州越秀山的广东民团总长黄世仲（1872～1912），他们的前后有以隶体所书的“真相”两字，群像的后面是平涂的褐色色块，笔触零乱，颇使人想起干涸了的血迹。封面的右下方有一方形篆刻印章，上刻文天祥的诗句“留取丹心照汗青”。

第12期《真相画报》的封面中刊出一只老虎，为高奇峰所绘。此虎被置于封面的右侧，虎的右爪前伸，与其下方的“真相画报”中“报”字的顶部相接，眼睛瞪着封面左侧的“奇峰”署名，摇动的老虎尾巴画得甚是有力且自然，被置于作者署名的上方，其时而间断、时而连续的斑纹令画面的空间感的写实效果很强。

第13期《真相画报》的封面中画幅的左下部是一丛包含白菊花、桃花、梅花、牡丹的图像，其后是一轮盈月，“真相”两字正被置于封面的中间，题识称“第十三期，民国二年正月莽苍作”。中国新年的祝颂词“花好月圆”的含义正由此析出。从题字的书风看来，它应出自高剑父之手。

---

① 有关研究可参看赵矢元《史坚如及其供词、绝笔考辨》，《辛亥革命史丛刊》编辑组编《辛亥革命史丛刊》第2辑，中华书局，1980，第96～106页。

第 14 期《真相画报》的封面[①]上所署出版日期为“民国二年二月一日”，封面中绘画占去五分之二，下方中文的“真相画报”美术字占五分之一，其余是英文刊头，被置于底部。画面是五朵菊花，衬托着圆圈内的三只山羊。风格相当写实，体裁近于强调光与影的西方钢笔素描，左下角是“高画士”的朱文印，也就是高剑僧的用印，[②] 这也是高剑僧（1894~1916）参与《真相画报》的证据之一。值得指出的是，1913 年是牛年，在此之前的 1 月 15 日，李烈钧抗拒袁世凯；1 月 19 日，孙中山先生在上海国民党茶话会上宣传政党政治。作者选择羊，正有“三羊启泰”之意。其最早出自《易经》，大意为“冬去春来之意”。“三羊图”即招来吉利的意思，可以带来好运。

第 15 期《真相画报》的封面[③]之中，以黑底反白且由篆书写出的“真相画报”直幅被置于左侧，其旁是一身穿古装的士人，钤有“磊公”的印章位于两者之间。这是《真相画报》封面中少有的明确标明作者为郑侣泉的作品；顶部是以中英文印出的“第十五期，民国二年二月十五日出版”；封面主体颜色是米黄色，人物右手之外是几案。古装士人头戴东坡帽，衣褶以钉头鼠尾的方式描出，线条颇为“入纸”，后脑勺的头发用笔简练；帽子的长带飘于后背，用笔又见潇洒，士人侧的几案以大笔横写，笔法甚见利落。人物与招牌相处的元素，不禁使人想起创刊号封面的处理方式。整幅封面画颇有中国传统意味，而从人物的背影与其眺望的方向可以看出，回溯的意识甚是盎然。

第 16 期《真相画报》的封面上方的刊名以篆书写成，[④] 其下是出版日期“民国二年二月念一日”。封面画是灰黑底色，所有文字反白，封面画是一张斗方，画着一只正低首下望、于天空飞翔的鸟，同时，形态甚是舒展而且构图特别，颇有以摄影为蓝本而进行艺术创作的意味，右下角的方形朱文印为“树人”，也就是说，它的作者就是正在日本东京立教大学修读英国文学的陈树人。

第 17 期《真相画报》的封面的前景是一位身穿外国绅士服饰的人，他衣冠楚楚，正在整理衣襟，可是揽镜自照之下，镜子中所显现的是身穿清朝

---

① 《真相画报》第 14 期封面蒙黄大德先生 2012 年 1 月 1 日赐观，深谢！

② 高剑僧作于 1911 年的《鹭》就钤有此印，彩图可参看《岭南三高画艺》，香港中文大学文物馆，1995，第 61 页。

③ 《真相画报》第 15 期封面蒙黄大德先生 2011 年 12 月 31 日赐观，深谢！

④ 《真相画报》第 16 期封面蒙黄大德先生 2012 年 1 月 1 日赐观，深谢！

官服的人的头像。《广雅》曰："鉴谓之镜。"这说明鉴与镜是一个意思。巫师把石镜作为照妖、驱鬼的法器来使用。作者于镜中绘出西服男子的清装形象，不无照妖的意味，从而揭示某人复辟帝制的本质。封面上署有宋体"民国二年三月初一日出版"的字样。

（二）成员

1. 黄宾虹

对于画报的创设，人员是一个重要的因素，而撰稿人的政治取向、学术能力和艺术主张无疑是《真相画报》于学术上或市场上生存的重要因素。高氏兄弟在上海获得了后来中国美术史上重要大家黄宾虹（1865～1955）的支援。黄氏于1943年云：

> 逊清之季，士大夫谈新政，办报兴学。余游南京、芜湖，友招襄理安徽公学，又任各校教员。时议废弃中国文字，尝与力争之。由是而专意保存文艺之志愈笃。乃至沪，晤粤友邓君秋枚、黄晦闻，于《国学丛书》、《国粹学报》、《神州国光集》，供搜辑之役，历任《神州》、《时报》各社编辑及美术主任，文艺学院院长、留美预备学校教员。当南北和议之先，广东高剑父、奇峰二君办《真相画报》，约余为撰文及插画。[①]

从汪改庐《黄宾虹先生年谱初稿》可见，黄氏于1906年便与当时在上海的东莞人邓实（字秋枚）、黄节（字晦闻，1873～1935）订文字交，而黄宾虹在23岁时自得乾隆年间集印名家汪启淑旧藏古玺，从而学习篆刻，[②]1909年出任神州国光社、《国粹学报》编辑职务。[③] 如学者所云："黄宾虹因一直在广东人经营的出版社供职，所以与康梁维新派和孙中山的革命党都有交往，并且形成了自己的政治主张，即以学术鼓吹革命的理想。"[④] 其

① 黄宾虹：《自叙》，原载《黄宾虹画展特刊》，上海，1943。收入1944年《古今》半月刊第41期。

② 汪改庐：《黄宾虹先生年谱初稿》，香港艺林轩出版社，1961，第32页。

③ 赵志钧：《画家黄宾虹年谱》，人民美术出版社，1990，第90页。

④ 洪再新：《鼓吹革命中的艺术真相——〈真相画报〉所示黄宾虹与岭南三家的关系》，《朵云》1995年第1期。

“与高氏昆仲，早在民元时已有过从”。[①]“二高”和黄宾虹的订交当是由在沪的粤友引见，很可能是在邓实的“神州国光社”。[②]而黄氏亦曾向高剑父赠过自己的画作。[③]高奇峰旧藏中有黄宾虹钤赠给他的两部四册集古印谱，上有跋文云：

> 力三代古钵，钵则玺古字，为近三十年中所发明，传世亦稍多。以其文字多籀文奇字，胜汉印远甚。余自辛亥后所得印，视曩昔为较精。人事匆匆，不及全拓。兹择其尤雅者，检奉奇峰吾兄先生鉴存，以补前篇所未备。丁巳夏日，宾虹黄朴存志。[④]

在上跋版框外，黄氏别书“连跋共八十一页足，可以衬订二册”，王贵忱称上述之跋中黄氏把将装订的意见也详细交代，足见二人不是泛泛之交。[⑤]丁巳是1917年，当时黄宾虹54岁，高奇峰只有27岁，黄宾虹与高奇峰可以说是忘年之交。[⑥]

《真相画报》创刊号、第2期和第3期刊出了以“考古家美术家注意”的神州国光社、《国粹学报》广告，而这两个机构在上海四马路老巡捕房东道惠福里内，此处又与《真相画报》发行所的地址相同。由此，或可推测《真相画报》在创刊初期获得邓实等人的支持。而作为后来的一代美术史学大家黄宾虹在《真相画报》第2期亮相，前后在《真相画报》发表了多篇画史专论和评论，具体如表2所示。

---

① 王贵忱：《关于黄宾虹钤赠高奇峰印谱——兼谈黄氏辑录古印成就》，广州美术学院岭南画派研究室编《岭南画派研究》第2辑，岭南美术出版社，1990，第6页。

② 洪再新：《鼓吹革命中的艺术真相——〈真相画报〉所示黄宾虹与岭南三家的关系》，《朵云》1995年第1期。

③ 2011年11月2日蒙高剑父哲嗣高励节先生赐告于香港，深谢！

④ 广州美术学院岭南画派研究室编《岭南画派研究》第2辑，岭南美术出版社，1990，封三。

⑤ 王贵忱：《关于黄宾虹钤赠高奇峰印谱——兼谈黄氏辑录古印成就》，广州美术学院岭南画派研究室编《岭南画派研究》第2辑，岭南美术出版社，1990，第4~8页。

⑥ 正如我们所知，黄宾虹在致傅雷（1908~1966）的信函中云“奇峰、善孖亡故，而陈树人、高剑父亦不知存亡，皆鄙人之友好而旨趣不同”，而他在20世纪中叶致澳门吴鸣时也指出“近闻剑父作古，确否？然陈（树人）高于朴友谊甚好……”参看《黄宾虹书信集》，上海古籍出版社，1999，第391、145页。

表2　黄宾虹在《真相画报》上发表的文章

题目	发表期	题目	发表期
《真相画报叙》	第2期	《论画法之宗唐》(下)	第9期
《时评》	第2期	《论五代画院界作之创体》[2]	第10期
《古印谱附说》	第2期	《论五代荆浩关仝之画》[3]	第11期
《上古三代图画之本原》	第3期	《论继荆关之董源巨然》[4]	第13期
《论两汉之石刻图画》	第4期	《东坡开文人墨戏画》	第15期
《论魏晋六朝记载之名画》[1]	第6期	《论宣和画谱之美备》	第16期
《论画法之宗唐》(上)	第7期	《论徐熙、黄荃花鸟画之派别》[5]	第17期

注：①颀庵：《论说三・论魏晋六朝记载之名画》，《真相画报》1912年第6期。以上四篇文章见于余2011年12月21日查阅的南京图书馆所藏《真相画报》残本。

②颀庵：《论说二・论五代画院界作之创体》，《真相画报》1912年第10期。

③颀庵：《论说一・论五代荆浩关仝之画》，《真相画报》1912年第11期。

④颀庵：《论说二・论继荆关之董源巨然》，《真相画报》1913年第13期。

⑤颀庵：《论说一・论徐熙、黄荃花鸟画之派别》，《真相画报》1913年第17期。

黄宾虹与高氏兄弟的合作，若以黄氏《真相画报叙》看来，前者是希望透过当时开始被引入画报的摄影，“收其真相，远法古人，近师造化”，也就是探讨照相术对中国传统绘画的反思。对于黄宾虹而言，“二高”从日本学来的东西足可作为其美术研究又或是作画时的参考。透过对上述文稿的研读，我们已能看到黄宾虹画史论述的初具规模和他独到的思路，而更重要的是，这样的著述背后有“保存国粹”的时势与思潮，有黄宾虹自己的思考与立场。这一种立场就是以回溯历史的方式来呈现对现实的态度。

笔者相信，黄宾虹这一系列文章，成为他后来发表《中国画史馨香录》、《古画微》和《鉴古名画论略》等画史专著的先声，与同刊中所发表的陈树人（1884～1948）的以共时性的方式去论述绘画的译述《新画法》（又名《绘画独习书》），“可说是我国现代美术期刊上发表的最早一批论文”。[1] 当然，除了美术论文以外，黄宾虹也有绘画作品刊于其上，第3期刊出的《焦山北望》和《海西庵》是令人印象深刻的，其中后者更有两个不同的版本，其中之一就作为了“本报同人美术画”的一个组成部分。

黄宾虹与《真相画报》的合作，还表现在该刊所发表的古今画作的组

① 许志浩：《1911～1949中国美术期刊过眼录》，上海书画出版社，1992，第2页。

稿工作之中。正如我们所知，高剑父、高奇峰兄弟于1908年回国发表新颖的绘画理论是在上海《时报》上，虽然如此，但1912年于上海办刊时并没有对海上风行的绘画流风有深刻的了解。他们和黄氏合作，颇有“融汇古今于一刊”的意味。这一点表现在两方面：文字方面，有陈树人和黄宾虹所代表的不同绘画观点与立场；绘画方面，尽管如人们所预见的一样刊出了高氏兄弟广东的画友和居廉同门的作品，早期古今作品中就有黄宾虹如第14期“当选百画（一）”中的《山水》外，也于随后登载黄氏金石家朋友的东西，如第二期刊出了查士标的《山水图》和宣哲所藏的华喦（1682~1754）名作《四相簪花图》[①]。此外，潍县郭氏、高邮宣古愚的玺印钤本自第11期起开始露面。

严格来说，黄宾虹和“二高”的合作并不代表大家对待中国绘画有一致的看法，《真相画报》的摄影作品让人们得到对自然界新的观察方式，可是对于黄宾虹而言，照相术留住了真实，但不能代替画家从心出发进行艺术取舍。黄氏笔下的《焦山》是透过追求非即时、非瞬间而是历史的自然，“以瞬间之景体现永恒宇宙的寓意”。[②] 这样就与高剑父、高奇峰和陈树人此时期着力表现的“真实的自然”迥异。

2. 马星驰与郑侣泉

正因为《真相画报》以图文为呈现方式，绘画尤其是能写现实题材的漫画能手当是高氏兄弟罗致的对象。当中，马星驰与郑侣泉（名芪，1845~1918）可以说是画报的中坚。

马星驰，祖籍山东，别署“醒迟生”。他是20世纪初时事新闻画的先驱者之一。早期，他在上海《神州日报》的子报《神州画报》供职，后成为该画报的主编和主要撰稿人。马氏作为上海最早接受西洋画风的画家之一，其画作大胆参用了西洋画透视原理，画面具有丰富的层次感，采用写实的笔法，通过对粗细点线的和谐搭配来表达物体的阴阳向背、远近有别，将传统的古代工笔线描画推向一个新的境界。另外，马星驰还是最早使用绘画

① 《四相簪花图》现藏广东省博物馆，被命名为《秋宴图》，图载 Liu Yang，Edmund Capon，*Fragrant Space*：*Chinese Flower and Bird Painting of the Ming and Qing Dynasties from the Guangdong Provincial Museum*，Sydney：The Art Gallery of South Wales，2000，p. 93。

② 洪再新：《鼓吹革命中的艺术真相——〈真相画报〉所示黄宾虹与岭南三家的关系》，《朵云》1995年第1期。

干预生活的画家，是我国最早的漫画家群体中的一员。清朝末年，画坛开始出现“讽刺画”“寓意画”，当时，马星驰在《神州画报》上就发表了许多的“寓意画”“讽刺画”，用夸张的手法来抨击时弊，此为最早的漫画雏形。马星驰的作品题材主要着眼于时事新闻和上海的市井生活。他眼光敏锐，思想比较新，对清末西学东渐中出现的西洋新事物广收博纳，用作自己画笔下的题材。他擅长运用雅俗共赏的方式以画说事、以画叙物，将西方的高楼大厦、火车轮船、声光化电、风俗习惯介绍给民众，在当时深受欢迎，与供职于《申报》的《点石斋画报》的当家撰稿人吴友如齐名。

1911 年 4 月，马星驰、张聿光、钱病鹤等人共同发起创办《滑稽画报》，可惜其在出版第 1 期后结业。马星驰是受排挤离开《神州画报》而加入《真相画报》的，继续从事专职撰稿人的职业。其在《真相画报》供职，地位也不高，每日除要创作供画报出版的画稿外，还需要做广告的清样校对工作。正因为时事漫画以夸张、质朴和令人感到余味无穷的艺术手段以及讽刺性的手法去描绘社会百态，所以他在《真相画报》上接连发表了《民国借债之痛史》（第 1 期，1912 年 6 月 5 日）、《真相之种种》、《中国不振之由来》（第 3 期，1912 年 7 月 1 日）等。日本于第一次世界大战结束后占领青岛时，马星驰在《真相画报》发表题为“玩弄于股掌之上”的时事漫画，揭露抨击日本帝国主义的侵略本性，在当时引起很大影响和震动。

马星驰擅长线描人物画，其画风功底继承了明清版画线描艺术的流风遗韵，多吸收钱杜、改琦（1771～1829）、费丹旭（1802～1850）、任熊（1823～1857）的画法，笔法简练精致，画工细腻规整，人物的神态因其线条而栩栩如生。不过，《真相画报》第 11 期《本报同人美术画》（第二）署名“星驰”的作品是山水画，却被标名为“古派”。①

另一方面，除了在上海当地聘请人手之外，当年同为《时事画报》同人的郑侣泉是高剑父一手由广州请来且供职于《真相画报》的广东画家。正如学者所言，“高剑父在上海办真相画报，招公往。公至之日，沪文艺士为公洗尘……”② 郑氏的漫画多署笔名“磊公”“侣公”“戆公”“风雷”

① 是画题识云：“秦淮日夜大江流，何处魂消燕子楼。砧梁一声霜露下，可怜都作石城秋。戊申仲冬星驰拟姜恭寿稿。”

② 李健儿：《广东现代画人传》，俭庐文艺苑，1941，第 17 页。

“飞雷”“天声”“阿痴”“不平”等。郑苌的漫画有《守财奴之真相》（第5期，1912年7月21日）、《恶果寓言》（第17期，1913年3月1日）；而以“戆公”为笔名发表的《社会状态之种种》（第12期，1913年3月8日）等与同在《真相画报》上发表的马星驰的作品相比，主题的表述更鲜明、更突出，鞭挞更尖锐有力，构图也更有张力、更“生猛”。

无疑，《真相画报》是最早的漫画刊物之一，是研究中国摄影与漫画发展史不可多得的资料，具有一定的史料价值。

（三）绘画

尽管《真相画报》以摄影为媒介去干预现实，以艺术来改造社会，宣扬民主理想，从而实践“监督共和政治，调查民生状态”的宗旨。高氏兄弟作为《真相画报》的主事者，同时也作为画人，他们在深谙“一张图片抵得住千言万语”的同时，也致力展现其对艺术的见解和追求。刊登画作，尤其是古往今来可接触的古代优秀作品是该刊的特色之一，该刊对“美术画”的要求是“人物、山水、花卉、鸟兽、鱼虫，无分古今，一体欢迎”。如此，高氏兄弟交往圈中的画人很自然地就成了《真相画报》绘画内容的主要来源。

高剑父于1892年入居廉（1828～1904）之门，后又师事伍懿庄，与陈树人、关蕙农（1878～1956）、陈鉴（寿泉）等为同门。1912年出版的《真相画报》于第6期刊出陈树人的《肇庆峡写生》四幅，第7期刊出了伍懿庄少年之作绢本立轴《生命之宝》一图；从第10期起，刊出了高剑父的《铅笔画范本》和《陶器图案》，发表了伍懿庄、何剑士的漫画；第13期在《史传》栏目上介绍居廉，包括以铅笔的方式忆写其师之像，居廉中年所写的《白兰花》和1889年仿李鱓的花卉画之作各一，还有用印，以及以门人的身份所撰的《居古泉先生小传》。第16期“当选百画”中又刊出了伍懿庄的山水画。《真相画报》第15期上也刊出了温其球（1862～1941）、陈寿泉、高剑僧的作品；第16期“当选百画（三）”刊出伍懿庄的《高山流水》；第17期“当选百画（四）”刊出尹笛云的《山水轴》、苏曼殊（1884～1918）的《人物立轴》和上海等地的中国画，和汉等古代美术作品。

《真相画报》还刊出过论述美术的文章，如第12期兼葭的《美感史略论》、蕙荪的《中国美术志》等。而在第12期上，画报辟出了《闰秀画选》专栏，刊出了广州缤华女校廖沅尧、梁蕴[①]，香港实践女校郑秀珍，广州洁芳女校梁雪君，以及山阴梁湘文、无锡孙铿6位女子的绘画作品；同时，另一新辟栏目《题画侍图说》以摄影的方式将蝉的生长过程展现于读者面前，而且附上历朝名家咏蝉诗于后，借助这种时空因素，通过科学地认识自然界生物，高氏兄弟为读者提供了观察世界的另一个富有参考价值的方式。

饶有趣味的是，1907年12月15日，高剑父、高奇峰在日本神户广东公所举办美术游艺会，后来他们以"东洋来信"的方式，在1908年1月2日上海《时报·东洋近信》栏发出讯息，要"采集中、东、西三国所长，合成一派"，揭橥了"融合中西"的旗号，但《真相画报》11期中高奇峰的一幅《麻雀图》便标明是"折中派"，高剑父的《寿石图》却指明是"古派"。[②] 其实，从西方学术的角度而言，折中主义（Eclecticism）是一哲学术语，源于希腊文，意为"选择的"或"有选择能力的"。19世纪，法国哲学家库桑（Victor Cousin）也称自己的哲学体系为折中主义，声称一切哲学上的真理已为过去的哲学家们所阐明，不可能再发现新的真理了，哲学的任务只在于从过去的体系中批判地选择真理。而以抄袭、拼凑、堆砌为能事的折中主义创作手法于19世纪的西方占主流。当然，孔子《论语》中提及"中庸"一词，此间的中庸是一种折中调和的思想。调和与均衡是事物发展过程中的一种状态，而这种状态是相对的、暂时的。清顺治十一年（1654）冬，马鸣佩在《重修回车岭文庙序》中也写道："司马太史立为'世家'，云：'以布衣而学者宗之，自天子王侯，言六艺者，必折衷焉。'"而在晚清时期的中国，"折中"也是一个进步的术语。我们无法确定高氏兄弟"折中"理念的根源，但无论如何，人世间思想复杂多变，而客观事物也是复杂多变的，所以在很多情况下，对待某些人和事就需要采取"折中"的做法。如果从绘画的特征来说，"折中"就是采用广大群众的审美趣味的平均"值"，只有如此才是大众化的基准。后来蜚声海内的"折中派"之名，虽然首次出现在1908年广州"缤华女子习艺院"的课程——"院中开

① 广州缤华女校两人作品中均有"奇峰夫子命画"的题识。

② 《本报同人美术画》（第二），《真相画报》1912年第11期。

设了‘折中派’的课程”中,[①] 可是仍以于1913年在《真相画报》露面而广为人知。

作为缘起者之一，高剑父在《真相画报》中是以撰述人和“本报同人”即画人身份亮相的。创刊号就发表了其《雪松》。值得注意的是，第11期刊出了高剑父以高等小学及中学校用的《铅笔画范本》中的《折枝樱花》。在这帧铅笔画中，花的轮廓线比较浓重，而且光影效果明显。而在第13期中，同栏中刊出了竚立于树干上的猫头鹰，高氏更以英文署名。此外，第13期的《文苑·题画诗图说·菊（菊科植物）》，高剑父从植物学、文学及绘画的角度洋洋洒洒地就菊花进行论述，而且附上半工意写生画《菊花》。[②]

第13期《真相画报》的封面载明杂志的社址是“上海福州路惠福里四十五号”。惠福里有国学保存会的藏书楼，其所典藏之书供内部阅览。该处无疑是文化气息甚浓的地方，中华书局于1912年1月1日初设于福州路。[③] 亚东图书馆于1913年也设福州路惠福里。[④] 出到第17期时，《真相画报》的社址已迁去上海河南路，号码不详。对于编辑部的不停转换，似乎可以归纳出两个缘由，一是杂志社面临资金紧绌的问题；二是杂志本身在立场上受到客观环境的影响。今天看来，上述的因由俱在。其中，高奇峰的朋友梁得所（1905～1938）后来在其主编的《大众画报》中指出：

> 这位文质彬彬的画家，二十年前常有被捕危险，在那地点不便告人的编辑室中，身上怀着手枪，执笔编绘他的画报。[⑤]

学界一般接受《真相画报》的结束，是由于第14期至第17期以新闻

---

① 梦句翁:《女士何璧传》,《时事画报》1909年第6期。

② 《菊花》高剑父题:“老剑写生，时元年秋九。”参看《真相画报》第13期，真相画报社，第17页。蒙王莲小姐、袁平先生于2011年12月15日提供，深谢!

③ 总公司后迁东百老汇路（今东大名路）AB29号。总店先设在抛球场（今河南中路南京东路口），后迁棋盘街（今福州路河南中路转角）。

④ 亚东图书馆后迁河南路（今河南中路）平和里、江西路（今江西中路）福华里、广东路、棋盘街（今河南中路）西首84号、85号和福州路。

⑤ 梁得所:《艺术的过程——高奇峰先生与画报》,《大众画报》1933年第2期。收入《高奇峰先生荣哀录》时题为《奇峰先生与画报》，参见《高奇峰先生荣哀录》第1辑，中国图书大辞典编辑馆，1934，第58～60页。此据后者。

摄影形式连续报道了宋教仁被刺案详情，而在第17期中刊登了有关宋教仁被杀的相关文件和档案，同时在以“谋杀宋教仁先生之关系者”为题的文章中，赵秉钧、袁世凯、应夔丞、洪述祖及武士英的照片赫然而见，直指袁氏的罪行，高氏兄弟受通缉而亡命日本，故按《真相画报》第17期封面上所述“民国二年三月初一日出版”而完结于此时。实际上，紧随《谋杀宋教仁先生之关系者》之后的是《唐绍仪先生之婚礼》，其文云“六月一日下午唐少川先生与吴维翘女士行结婚礼于上海老靶子路”，接着是报道5月23日徐宝山军长被炸死的消息与评论，以及5月28日百余人谋夺上海制造局的记述。由杂志的内文可见，《真相画报》最后一期即第17期的面世时间当是1913年的6月至7月初。

高氏兄弟的报人历程表明，1913年年中以后，他们由从事杂志而转向从事出版、批发和零售文化用品。《真相画报》第17期的《本报启事》云：

> 本报总发行所迁寓棋盘街中市八十四号，各地惠函迳寄该处可也。本报谨启。

而在其旁，又载《审美书馆广告》，称：

> 西哲有云，欲觇一国之文化，先觇其美术，诚以国定之文野所系。于美术者大也！今世界各国美术之发展日盛，故人民知识亦日趋高尚，工业建筑莫不华丽绝伦。虽至日用装饰之微，亦必文采烂然，使人爱赏。诚哉！美术为工业之母也，我国美术发达最早，日就衰落，于今为极，岂我国人审美思想独缺乎？抑亦灌输美术之机关不备，后进者少参考资料，乏精良用具，未由得门径以研究耳！本馆抱提倡美术之微愿，特编辑最新之美术书籍及选购我国古今名人画集，及东西洋各大家画谱、画帖并各种美术品，各种新书、印谱、诗集、绘画用具，以应有志美术诸君采用。品惟求精，价惟求廉，当世宏达，幸留意焉！
>
> 馆在上海棋盘街中市八十四号。①

① 《审美书馆广告》，《真相画报》1913年第17期。

上述两文已明确表明，在第17期《真相画报》面世之前，它并不打算停刊，否则就不会用整页封底登载“启事”，嘱咐有关人等将以后的文件送至棋盘街中市84号，也就是“审美书馆”的处所——上海棋盘街（今河南中路）中市84号。而另一个证据则是“审美书馆”1913年8月1日的出版物中仍有《真相画报》出版的广告，并称是“出版界之一大异彩、美术界之一大福星”。

李健儿在1941年出版于香港的《广东现代画人传》中指出，当年高奇峰、谢英伯和马小进揭露宋教仁案的内幕，被袁氏通缉，亡走日本是导致《真相画报》停刊的原因。[①] 但有证据表明，高奇峰之出走日本，最早应在1913年8月以后，该报停刊的原因，一说为南北政权及上海政治格局的变化是个因素，另一说为“无法从孙中山的革命党得到更多的资助，也不能找到足够的在沪经商者的广告，所以被逼于1913年初停刊”。[②] 李伟铭认为证据显然不足，“审美书馆”及其出版物的及时出现表明，经费问题并不是导致画报停刊的主要原因。[③]

三 “审美”魅力

文献称高奇峰“亡走日本，学制版术，袁死，归国创审美书馆”[④]。此说可以斟酌的地方甚多，最明显的一点是，在1916年袁世凯死之前，“审美书馆”已经开始运作。高奇峰、高剑僧于河南中路开办的“审美书馆”经售中西画片、明信片、书刊及画具。其在1913年8月1日就出版了《时人画集》第1册，在其封底上就有《真相画报》出版的广告。然而，第18期或以后的《真相画报》一直未现人们的记忆，该刊共出17期；而《时人画集》第2册也在1914年1月10日面世。从该画集封底的“审美书馆发行寰球美术邮片”的广告可见，其类别有油画、水彩等，其数有千种，且都是五彩精印，最宜作为画学范本及通信之用。其中，中国古代名画自华嵒起有

① 李健儿：《广东现代画人传》，俭卢文艺苑，1941，第12页。

② Ralph Croizier, *Art and Revolution in Modern China: The Lingnan (Cantonese) School of Painting, 1906 - 1951*, Berkeley: University of California Press, 1988, p.70.

③ 李伟铭：《艺术与政治二位一体的价值模式——二高研究中一个耐人寻味的问题》，中山大学艺术学研究中心编《艺术史研究》第1辑，中山大学出版社，1999，第433页，注68。

④ 李健儿：《广东现代画人传》，俭卢文艺苑，1941，第12页。

120种，中国近代古派、新派名画200多种，最新时装美人300多种，时装艳色百美图；各国爱情画200种，油画裸体美人60多种，金花爱情画200种，绘本裸体美人80种，西洋人物美人300种、各国古今名画700多种，以及其他世界各国的邮票、书签等多种。可以说，它所出版之物，除了专业的书籍之外，还有颇为大众化的明信片，是一家自产自销同时汇集沪上和穗城名家甚至海外名家之作的复制品的私人机构。正因为如此，高氏兄弟的“审美书馆”就与后来蜚声国际的名家有往还，由此而成就了一段画坛佳话。

（一）与徐悲鸿的因缘

徐悲鸿（1895～1953）于1935年云：

> 今之粤派，亦多承继吾国艺术主干，剑父先生其尤著者也。吾弱冠识剑父于海上，忆剑父见吾画马，致吾书，有“虽古之韩干不能过也”之语，意为之大壮。时剑父先生与其弟奇峰先生，画名著甚，设审美书馆，风气为之丕变。[①]

“弱冠识剑父于海上”正值徐悲鸿初旅上海，究其年月，目前有不同的说法，[②] 最有可能是1912年的冬天，是时“本想学习西洋画，因没门路，不久废然而返”[③]。而《悲鸿自述》中指明他是17岁初至上海。[④] 在有关徐悲鸿的存世文献中，上文并不是最早提及高氏兄弟和“审美书馆”的文章。1930年，徐悲鸿于1930年于《悲鸿自述》中谈及“年十九，先君去世……吾于是流落于沪。秋风起，继以淫雨连日，苦寒而粮垂绝。黄君警顽，令余坐于商务印书馆……”[⑤]。要知道，商务印书馆的斜对面就是“审美书馆”，就我们所知，“那时他正创有一家专卖美术品的商店，开设在棋盘街商务印书

① 徐悲鸿：《谈高剑父先生之画》，《中央日报》1935年6月3日，第3张4版。

② 关于徐悲鸿初至上海的日期有多种说法，廖静文、徐庆平说是1914年，黄警顽说是1915年夏末，蒋碧微指出是徐氏18岁时。

③ 徐伯阳、金山编《徐悲鸿年谱》，艺术家出版社，1991，第6页。

④ 徐悲鸿：《现代成功人自述·其式·名画家悲鸿自述》，《良友》1930年第46期。

⑤ 徐悲鸿：《现代成功人自述·其式·名画家悲鸿自述》，《良友》1930年第46期。又见王震、徐伯阳编《徐悲鸿艺术文集》，宁夏人民出版社，1994，第121页。

馆的斜对门，叫做‘审美书馆’。那店里贩卖印版的镜框画片，美术明片，画集和石膏像之类，有时也有高氏和其他名家的书画真迹陈列着待价而沽”。[①]后来，在经历了一闪而过的自杀念头之后，徐悲鸿“因此北行”，居住于黄震之的烟室，“赌者至，余乃出，就一夜馆读法文，或赴审美书馆观画”。徐悲鸿又云：

> 伏腊，总会中粪除殆遍，积极准备新年大赌。……余又茕茕无所告，乃谋诸高君奇峰。初，余慕高剑父兄弟，乃以画马质剑父。大称赏，投书于吾，谓：“虽古之韩干，无以过也。”而以小作在其处出版，实少年人最快意之举，因得与其昆季相稔。至是境迫，因告之奇峰。奇峰命作美人四幅。……画适竟，乃亟往棋盘街审美书馆觅奇峰。……至肆中，人言今日天雪，奇峰未来。余询明日当来否？肆人言：“明日星期，彼例不来。”余嗒然不知所可，遂以画托留致奇峰而归。

斯时徐悲鸿的处境实是困难，他接着回忆云：“于星期四下午，仍捉笔作画，乃得一书，审为奇峰笔迹，乃大喜，启称视则誉于吾画外，并告以报吾五十金。”[②] 也许，“五十金”对于高奇峰而言是一个不大的数目，但对于窘迫下的徐悲鸿而言，是一个增进自信和解决燃眉之急的良方。

按徐氏所云，“审美书馆”最初为其印行了《马》，且因此而“因得以其昆仲相谂。至是境迫，因告之奇峰，奇峰命作美人四幅”，也就是说第二次为高氏兄弟画的作品就是“美人四幅”。而在 1914 年 1 月 10 日“审美书馆”出版的《时人画集》的封底广告上题为“审美书馆发行寰球美术邮片”的“中国近代古派新派名画”和“最新时装美人”系列中，徐悲鸿是作者之一。[③] 换言之，徐悲鸿的“马”可能属于前者，“美人”为后者。这六幅作品都画于 1914 年 1 月以前，因为《唐书·历志》载：“永昌元年十一年改元载初，用周正，以十二月为腊月。”但是，腊日后来不再推算，而改为

---

① 枕绿：《画师高剑父》，《申报》（上海）1935 年 10 月 4 日，12 版。

② 徐悲鸿：《现代成功人自述·其式·名画家悲鸿自述》，《良友》1930 年第 46 期。又见王震、徐伯阳编《徐悲鸿艺术文集》，宁夏人民出版社，1994，第 123 页。

③ 有关徐悲鸿“美人图”问题，可参看黄大德《〈时人画集〉的发现与徐悲鸿〈美人图〉的创作年代及相关问题》，《美术研究》2007 年第 2 期。

固定八日了。而1913年农历十二月在1913年12月27日至1914年1月26日之间，同时1914年农历一月十日可转为公历1914年2月4日。由此推断，徐悲鸿的“美人四幅”可能成于1914年1月3日至26日之间。①

关于“二高”和徐悲鸿相识的中介，有“交际博士”之誉的黄警顽于1930年的《二十年社交经验谈——交际家黄警顽自述》中仅指明自1911年下半年起出任商务印书馆干事，“画家徐悲鸿、周逸农、陈彬和诸先生和我曾过着困苦的生活”。② 后来，黄氏称：

> 又同审美书馆的高剑父、高奇峰兄弟谈起徐悲鸿能画的事，希望他们买几幅。他们是广东人，到日本学过美术，归国后开了这座专门印售美术图片的铺子。他们让徐悲鸿画了一张月份牌试试，可是徐悲鸿最讨厌月份牌，连试也不愿意试。他画了春夏秋冬四幅五彩花鸟屏条，还在上面落了款。……他们勉强收下了，给了20元。虽然如此，徐悲鸿到底拗不过我的劝说，为了渡过难关，同时为了练习一下人物画的技法，还是画了两幅月份牌用的仕女图。这一次，高氏兄弟没有通融收购，我们把这两张画分别捐赠给了孤儿院和聋哑学校，这两个得主又把它各自卖给了画片店，后来也印出来了，悲鸿没有在画上落款。③

显然，徐氏为“审美书馆”画的画和自己的记述与黄氏的有出入，而且我们至今未见徐氏不记得的“春夏秋冬四幅五彩花鸟屏条”；而从上下文理解，徐氏所画的“两幅月份牌用的仕女图”，按徐氏《悲鸿自述》称是收了“五十金”的，没有说明是否出版，同时黄氏云：“得主又把它各自卖给了画片店，后来也印出来了。”文中的“画片店”应是“审美书馆”，这正是徐氏于上海与康有为于哈同花园结缘之前的事。

一方面，迄今未见徐悲鸿为高剑父所画马的图像，也没有文献证明徐、

---

① 徐伯阳、金山编《徐悲鸿年谱》将谱主为高剑父画马系于1916年1月下旬，而为高奇峰画“美人”定于1916年2月2日农历大年除夕，以备一说。参见徐伯阳、金山编《徐悲鸿年谱》，艺术家出版社，1991，第10页。

② 《二十年社交经验谈——交际家黄警顽自述》，《良友》1930年第50期。

③ 黄警顽：《记徐悲鸿在上海的一段经历》，《徐悲鸿——回忆徐悲鸿专辑》，北京文史资料出版社，1983，第111页。

高之交的确切日期；另一方面，虽然我们尚缺“审美书馆”成立的日期，但1913年6月以前已“特编辑最新之美术书籍及选购我国古今名人画集，及东西洋各大家画谱、画帖并各种美术品”是可以肯定的，而在1913年9月中旬，徐氏入读上海“图画美术院”选科，但不久便以“该院既无教材，并半身石膏模型一具都无，惟赖北京路旧书摊中插图为范而不告而别”。[①]《悲鸿自述》云：“年十七，始游上海，欲习西画，未得其途，数月而归。”徐氏出生于1895年，17岁那年就是1912年，这与上海美术专科档案及徐悲鸿《启事》谈及1913年9月中旬入读上海“图画美术院”和“欲习西画，未得其途，数月而归”并不是同一时间发生的同一件事，故高剑父与徐氏之交，可推断是在1913年9月以后。

“审美书馆”于1916年再版由高剑父题耑、陈树人所著的《新画法》（又名《绘画独习书》）的广告中有云：“时装仕女（挂屏）”条下云：“大小数十种，均为著名画家曼陀、柏生、悲鸿诸君所绘，石版精印，艳丽绝伦，陈设厅事，诚最优美之装饰品也，每张二角至四角六角”；而“时装仕女（册页）”条下又称：“高十五寸，阔十寸，共三十余种，为曼陀、柏生、黄叶、悲鸿诸君所绘，用最新五色玻璃版精印，每幅三角。”[②] 正如我们所知，尽管内容为时装仕女，但挂屏和册页用的是不同的装裱形式，这也对画芯的大小有不同的要求，也就是对内容也有不同的要求，由此或可以相信，徐悲鸿为高氏兄弟画了4张时装仕女画。

正由于高氏购买了徐悲鸿的画，同时一再加印，说明沪上市民对徐悲鸿早年的绘画甚是受落，但同时我们也不能排除徐氏的4张美人画中或多或少体现了购者高奇峰的美学追求或艺术意志。如果这样的看法可以接受的话，回想徐悲鸿在落拓失意之时是以前往“审美书馆”看画作为其打发时光的方式之一，那么高奇峰的艺术见解和审美趣味对徐悲鸿不可谓没有影响。

（二）与郑曼陀的往来

1913年，郑曼陀（1888～1961）抵达上海，凭借其于杭州“二我轩”照相馆内设画室为顾客画擦笔人像的“绝技”——把从民间艺人中学到的

① 王震：《20世纪上海美术年表》1913年条，上海书画出版社，2005。

② 陈树人：《新画法》（又名《绘画独习书》），审美书馆，1916，封3。

传统擦炭精肖像技法与从书本上学来的西洋水彩技法结合起来，进而绘画的《中国裸体美人画片》由“怡昌洋货玻璃镜架号”于是年11月25日出版发行，立刻引起轰动效应。郑氏的处理方式是西洋擦笔素描加水彩的混合画法，即在确定人物轮廓后，以毛笔蘸上炭精粉擦出人物的体积感，再涂上透明的水彩颜色，这种适合于表现女性丰润之美的画风，使肌肤显得逼真、生动、丰润、明净，使衣饰纹皱透出轻盈飘逸的质感，达到光与影俱备、形神皆全的效果，以其“类似于平光照片‘甜、糯、嗲、嫩’的特色取代了勾线设色的旧法”。他在传统线描基础上淡化线条，即在继承中国的传统绘画的基础上，吸收了西方绘画的技法、材料和视觉语言，开创了中西绘画融合的新路，从而成为中国美术史上早期融合中西的典范之一。

高剑父是透过时在南洋烟草公司工作的潘达微而与郑曼陀相识的，[①] 因为其曾为南洋烟草公司画过画。1914年，郑曼陀应约为“审美书馆”创作了月份牌画《晚妆图》，当中高剑父为他的作品补景、题词、题诗。如为《晚妆图》题跋“陀君十年来得意之作，秘置箧中不以示人”；此图系郑曼陀创作的月份牌画，成为用擦笔水彩画法画月份牌的开端。甫推出市面，轰动一时，标志着中国月份牌画由旧仕女画演变至新时装美女画的成功转型自不在话下。更重要的是，其在为“审美书馆”带来极大的经济收益的同时，也使之执行业牛耳。此外，在中国20世纪的美术发展历程上，《晚妆图》是月份牌由旧仕女画转向时装美女的新变化。

郑逸梅（1895～1992）曾引《刘铁冷笔记》云：

> 画家高剑父、高奇峰，民初设审美书社于棋盘街，专售美术画片，余时见奇峰画虎，雄健逾常，即奇之，与谈甚惬。《丛报》三期封面，则剑父所布景，女像为彼弟剑增（僧）所画，珂罗版亦则彼承印，《丛报》五、六、七期封面，则郑曼陀所绘，亦奇峰所绍介。讵料曼陀得此宣传后，声价大高，至第八期付印，则不可仰攀。[②]

---

① 吴嘉陵：《清末民初的绘画教育与画家》，秀威资讯，2006，第286页。

② 郑逸梅：《岭南画家高奇峰》，载郑氏著《珍闻与雅玩》，北京出版社，1998，第345～346页。又载《郑逸梅选集》第4卷，黑龙江人民出版社，2001，第143页；《郑逸梅选集》第6卷，黑龙江人民出版社，2001，第414页。

郑曼陀和高氏兄弟的合作甚多，他们从郑曼陀那里拿到了12幅作品，又由高剑父、高奇峰分别与之合作一幅，除册页部分外，均以“大幅”、“加大幅”和“古锦边”的规格印刷发行出售，而且在挂屏类、邮片类《最新时装美人》的广告中，郑曼陀的名字都名列第1位，而徐悲鸿的美人图也在邮片系列中发行，在广告中列第9位。

1914年8月27日《神州日报》上“介绍新刊”消息称“审美书馆近刊一种水彩美人画幅，神韵颇佳，画者为郑曼陀、高剑父二君，固今之名画家也。至该馆素富美术观念，故一切卖品均饶趣味，注意美术者不可不知也”；1915年，“审美书馆”发行了郑氏所绘的五彩“时装爱情画”4大幅，“曼陀画美人”20种；1916年8月21日，“审美书馆”又推出了郑曼陀绘制的宽2尺、高3尺的大幅作品《暖香阁》、《秋思图》和《伤春图》，高剑父也曾和郑曼陀有合作，在后者著名的作品《银塘秋水》上，郑氏绘仕女，高剑父题云：

> 银塘秋水玉娟娟，霜叶飘红去渺然。几欲题诗寄辽海，只应流水到君边。民国三年春曼陀绘仕女，剑父补景并题于沪江审美书馆。

1917年8月24日，“审美书馆”最后一次发行郑氏的作品《双美折花图》、《秋思图》、《晚妆图》、《群芳图》、《春思图》、《暖香图》、《消凝图》、《媚香图》、《折芳图》、《嫦娥图》、《引凤图》、《伤春图》和《问菊图》等月份牌画。①

虽然陈独秀（1879～1942）在回复吕澂（1896～1989）的信中表明，“若想把中国画改良，首先要革王画的命”，但同时指出，“至于上海新流行的仕女画，他那幼稚和荒谬的地方，和男女拆白党演的新剧，和不懂西文的桐城派古文家译的新小说，好像是一母所生的三个怪物。要把这三个怪物当作新文艺，不禁为新文艺放声一哭”。② 后来，陈氏也指出：“我们中国人社会及家庭的音乐、美术及各种运动娱乐一样没有，若不去吸烟打牌，资本家

① 《审美书馆最新出版双美折花图》，《申报》（上海）1917年8月24日，第4张。

② 关于《新青年》第6卷第1期的出版日期应为1919年1月。原刊标出版有两行，一为“民国八年”，另一行为“一八一八年”，后者为错标。从前后期数看，其应出版于1919年1月。而由郎绍君、水天中编的《二十世纪中国美术文选》标示其出版于1918年。

岂不要闲死，劳动者岂不要闷死？所以有人反对郑曼陀底时女画，我以为可以不必；……表现人类最高心情底美术、音乐，到了郑曼陀底时女画，十番锣鼓，皮簧戏曲这步田地，我们固然应该为西洋人也要来倾向的东方文化一哭，但是倘若并这几样也没有，我们民族的文化里连美术，音乐底种子都绝了，岂不更可悲！”[①] 无疑，高氏兄弟创办的“审美书馆”是他们在商业领域中成功的尝试，顺应了时尚的潮流，开创了中国近代美术史上俗文化的先河，隆重推出了后来成为著名画家的郑曼陀和徐悲鸿，间接促进了中国月份牌画的创作，尽管此举得不到陈独秀的谅解。

就目前所知，“审美书馆”于 1914 年出版了陈树人译述、高奇峰校阅的《新画法》（又名《绘画独习书》），同年有《剑父画集》出版；[②] 到 1916 年更出版第二版，“当时极为初学者认作圭臬”。[③] 1914 年，“审美画馆”也出版了高奇峰的第一本画集，从内容来看，画集收入了多帧近期作于国内的画作，也包括在日本时期的作品；1916 年，出版了高剑父、陈树人、高奇峰作品的合刊《新画选》第一至第三辑，此举无疑将使他们的创作区别于旧画，以“新画”出现。而这又是“二高一陈”的作品首次以“新画”合集的形式面世，首次系统地展现他们融合日本和西洋画法，重视写生，善用色彩或水墨渲染，别具一格、形神兼备的画风；1917 年正月，“审美书馆”单面精印高剑父早期画作 24 幅，以《剑父画集》为名；[④] 1920 年，出版《剑父画谱》的第 1 辑和第 2 辑。这无疑为高氏兄弟的“新国画运动”奠定了一定的舆论基础。

“审美书馆”所出版的明信片在传播“新国画运动”过程中产生的效用是甚大的，该类别品类众多，如编号 300 的明信片，高奇峰的《飞鹰》和《池上鸳鸯》，又或是《群鸭》，以及刊印的华村的《双鸭》（编号 374）等。[⑤] 此外，根据 1916 年“审美书馆”的广告，此时有画册《新画选》、《时人画集》第 2 辑、《剑父画集》出售，而辑有 100 种“新、古名画，山

---

① 陈独秀:《新文化运动是什么》,《新青年》第 7 卷第 5 期。

② 陈少丰:《高剑父年表》,《高剑父画集》，岭南美术出版社，1991，第 111 页。

③ 邓芬:《跋陈树人〈黄花节小景〉》，1961。参看陈树人《黄花节小景》诗堂上之跋，此图为上海鸿盛拍卖有限公司 2006 秋季大型艺术品拍卖会之拍品。

④ 《剑父画集》封面为高剑父自署“剑父画集，民国六年正月印行”。

⑤ 上述明信片均见澳门素玉轩的藏品。

水、人物、鸟兽、虫鱼”小画片的《名画百种》也会出售；此外，大型的五色玻璃板精印画作中，“大中堂”（立轴四种）就包括高剑父的《昆仑雨后》、《秋晓》（鸡）、高奇峰的《草泽雄风》、《虎》和《冬郊》；“大挂屏”（四幅一堂）是高奇峰的《狮》、《虎》、《鹿》和《猴》；陈树人的《花》、《鸟》、《山》和《水》（四幅一堂）。“时装仕女”（挂屏）大小数十种，作者为“曼陀、柏生、黄叶、悲鸿”，而同是上述作者的还有“时装仕女”（册页）。[①] 另外，也有陈树人画下五只鸳鸯的《积雪》（三色版第33号）。由此可以相信，新的画风也由此成了另一个传播途径。一时间，上海棋盘街“审美书馆”成为网罗画家展销作品，甚至是发行各种美术书籍、图画用具、美术品和教育品的且具有画廊性质的场所。关于“审美书馆”的情况，枕绿于1935年回忆称：

> 那店里贩卖印版的镜框画片，美术明（信）片，画集，和石膏像之类，有时也有高氏和其他名家的书画真迹陈列着待价而沽。那时我只有十二三岁，我自己并不学画，却很爱看画，尤其对于高氏的画有特别好感。我偶然瞧见了他所作的中国老法装裱的条幅等画，爱佩他独擅的浓厚的气韵，调和的色彩，总会有片晌的徘徊瞻顾，大有恋恋不舍，得而甘心之意！因此，我就联带的对那审美书馆渐渐有缘起来——大约是“爱屋及乌”，至于“爱屋及乌”的自然心理的表现罢。怎奈我年稚没有买画的财力，我不得已而求其次，每逢经过那审美书馆，常要选购几种美术明（信）片，多数是珂罗版缩印的高氏的画。此后我在孩童时候所得的零用钱很有一部分是消费在这上面。这么的三四年后才被别样兴趣分化而渐淡薄下来；又隔了些时，我重覆经过棋盘街，便不见了那审美书馆，不知这店在什么时候迁移或收歇了。[②]

文献云：“在民十以后，审美书馆始停办，后来棋盘街民智书局即审美书馆之旧址也。”[③] 有迹象表明，1921年12月时“审美书馆”仍然在运作，

---

① 陈树人：《新画法》（又名《绘画独习书》），审美书馆，1916，封3，澳门素玉轩藏。

② 枕绿：《画师高剑父》，《申报》（上海）1935年10月4日，第12张。

③ 上海通社编《上海研究资料续集》，中华书局，1939，第671～672页。

因为当年12月20日在广州文德路广东省图书馆开幕的“广东省第一回美术展览会”的一批以绘画为图像的明信片仍是由“审美书馆”印制的，当中包括高剑父的《山啄木》《碧潭春霁》，邓剑刚的《双鸽》，何兆铨的《刘海》，郑锦的《鹦歌》，劳勤的《大雨》，张坤仪（1895～1969）的《晚香》、写于“纱髲莲华室”的《葫芦》、拟高奇峰的《小鸟》《双英图》《寒汀月上》《寒塘白鹭》《山鸮吊月》，以及胡奇仁的《洪秀全像》等也由该馆印行。

四　余言

就美术角度而言，“二高”于辛亥前后利用了上海这个当时中国经济相当繁荣且中西文化交融最为频繁、资讯传播极为便利的中心城市，由此他们的绘画理念和实践一开始便受到世人的关注。中国早期的美术报刊以广东画家主编的以美术为主的综合性旬刊《真相画报》为最早。《真相画报》系民国初年重要报刊之一，也是国内最早采用铜锌版印刷的综合性期刊。《真相画报》创刊号所刊的美术画《上海女界装饰新派之一》据说是引领了当时上海女界服装新潮。其刊载的关于辛亥革命运动的图片、史料颇多。有些照片反映了百年前的景象，为研究当时风貌、建筑等提供了可靠的原始资料。正如学者所言，对于《真相画报》来说，其所凸显的是画家或摄影师作为一种制造“真相”的主体位置以及充当中介者的角色，但这种主体位置呈现为一种新人与旧人之外的第三个人的悬置状态。

此外，马星驰的画风对后来海上画派的形成曾经产生过深远影响，是民国初期线描连环画这一艺术门类的启蒙者和先驱者。同时，正因为《真相画报》之停止，在这以后的六七年的时间里，黄宾虹没有发表较成规模的画史著作。由此可见，该刊是黄宾虹早期绘画理论的“彩排”之处。此外，“二高”又在上海一度扶掖了徐悲鸿，也支持了郑曼陀，如此之举，后来两人在中国美术史的地位之高，或许当时高氏兄弟无法想见。

民国最初的8年可以说是高氏兄弟与上海关系最为密切的时期，这一时期他们创立杂志，经营书馆，广结上海艺人，声誉日隆。相比于高奇峰，高剑父并不直接参与《真相画报》又或是“审美书馆”的日常事务，仅以画报同人或绘画作者的身份出现，更多地投入瓷器的改良之中，以延续早年的梦想。因为从简又文所编高剑父年表中可见，1912年冬月，高剑

父前往景德镇成立“中华瓷业公司”[①]。《真相画报》第11期至第14期，高剑父就撰文论述瓷器图案，让有心人以此作为参考，在第16期中，高剑父更发表《论瓷第一篇·绪言》，第17期又见《论古瓷原始于陶器》。[②] 他也于1913年为采购瓷料去了一次日本，并送高剑僧至日本学画，[③] 时应为春天以后。

这是缘于高剑父于1913年春天就于上海的黄叶楼[④]作《芍药》，虽然他计划留日年余，可是在1913年11月前已返回中国。1913年9月15日，袁世凯密令龙济光（1867～1925）处死当时的广州警察厅厅长陈景华（1863～1913），同日通缉潘达微，潘氏闻连夜离开广州经香港亡命上海。[⑤] 同日，高剑父在上海于黄兴的见证下与宋铭黄女士结婚。也许，这正是《真相画报》封面题材“花好月圆”的后续浪漫韵事。

高剑父旋即有江西之行。此行中，刘群兴（1887～1979）有《民二年秋偕剑师由粤往江西之景德镇旅途中杂作十首》，以记其事。[⑥] 诚然，高奇峰在经营“审美画馆”时曾多次往来于日本和上海之间。高剑父和高奇峰兄弟俩于1914年春曾在日本东京下谷合作《鸳鸯图》[⑦] 横幅。同年夏天，高剑父、高剑僧兄弟合作《杜若蜻蜓图》，[⑧] 1914年秋天，留日的陈树人在

---

① 简又文：《革命画家高剑父——概论及年表》，《传记文学》1972年第22卷第2期。

② 参看《真相画报》1913年第16期；《论古瓷原始于陶器》，《真相画报》1913年第17期。

③ 黎明：《高剑父艺术年表》，1913年条，参见广州艺术博物院编《高剑父画稿》，岭南美术出版社，2007，第222页。

④ 黄叶楼今尚在上海徐汇区华泾路上，较20世纪初有所翻建，大约在30年代被楼主刘三改为西式楼房，今改建于原址西500米处，为邹容纪念馆和刘三旧居纪念馆。2010年11月15日蒙陶喻之兄赐教，深谢！

⑤ 黄大德：《潘达微年表》1913年条，广东省政协文史委员会、广东美术馆编《魂系黄花——纪念潘达微诞辰一百二十周年》，广东人民出版社，2001，第266页。

⑥ 刘群兴：《群公吟草》未刊稿，不载页码。2010年1月20日蒙刘群兴哲嗣刘致远兄于澳门出示，深谢！

⑦ 图版可参看《高剑父画集》，广东旅游出版社，1999，图版20。

⑧ 《杜若蜻蜓图》立轴，126.3cm×51.7cm，题识云：“钦州五月土如炊，满山杜若芳菲菲。素英绿叶纷可喜，劲烈不避炎敌威。采之盈掬荐蔬食，藏获失笑疱人饥。君不见屈平夕飧，赋秋菊魂兮无南盍来归。又不见坡公服食得臬耳，扣角自叹从前非。伊予假禄二千石，穷比二子尤庶几。餐花嚼蕊有真乐，一饱何必谋甘肥。尚余叔合渍生蜜，从它薏苡生珠玑。民国四年夏，剑僧画杜若，剑父补蜻蜓，并录宋人诗补白。”图见高为素、高励节《三高遗画合集》，香港，1968，第59页。该图后归北京故宫博物院，彩色图版载北京故宫博物院编《翰墨华光——故宫博物院藏现代名家绘画》，紫禁城出版社，2009，第289页。

横滨赋诗为高奇峰送行，曰：“万里汝为行役客，十年我作出亡人；离魂销尽横滨港，秋风秋雨又送君。”[①] 此诗可以作为佐证之一。高奇峰同时也和高剑父一样一度寓居北平。[②]

1915 年，高奇峰在上海与苏州女子杨翠杏结婚，恩爱逾恒，翌年更诞下一女，并取名连弟。[③] 温馨的家庭环境使高奇峰在主持“审美书馆”的业务之余仍可以潜心其艺术修行。高氏的爱好不少，“先生幼年最喜效北伶唱昆曲及上海调，常与友人在家串演”，[④] 可是，高奇峰和杨氏的结合是“同居六载。但偶以细故，妇忽大归，并挈女以去”。[⑤] 高奇峰于 1918 年离开“审美书馆”后回到广州，应广东省立第一甲种工业学校校长黄强之聘出任该校“美术制版科”主任，并在广府学宫（府学西街孔圣宫）设立“高奇峰私立美学馆”，[⑥] 教授新国画并增设绘瓷科。

高剑僧负笈日本与高奇峰一样研习绘画之余，旁及制版印刷等工艺美术。[⑦] 高剑僧在日本三年，[⑧] 才华勃发，长于花鸟，作品细腻动人。可是，1916 年高剑僧学成准备归国时染传染病，因医治无效而逝于东京，年仅 23 岁。高剑父于 1916 年是有日本之行的，其作于“日京蓬莱深处”的《布袋和尚》[⑨] 就是佐证之一。不过，他并不是前往日本料理其弟的丧事，由于时间的关系，高剑僧的后事由正于日本立教大学留学、将接任中华革命党美洲加拿大总部部长职位的陈树人料理。根据高励节的记述，高剑僧的灵柩被运回广州时，高冠天、苏汉珍夫妇还不知高剑僧已经逝世，待其归葬，始凭棺

① 见陈真魂编《陈树人先生年谱》，岭南美术出版社，1993，第 18 页。

② 李伟铭：《艺术与政治二位一体的价值模式——二高研究中一个耐人寻味的问题》，中山大学艺术学研究中心编《艺术史研究》第 1 辑，中山大学出版社，1999，第 434 页。

③ 杨善深：《三高画传》，高为素、高励节《三高遗画集》第 1 辑，香港，1968。见《高奇峰的艺术》，香港市政局，1981，第 28 页。

④ 涛声：《奇峰先生轶事杂记》，《香港工商日报》1934 年 11 月 11 日，第 4 张 1 版。

⑤ 杨善深：《三高画传》，高为素、高励节：《三高遗画合集》第 1 辑，香港，1968。

⑥ 又称于府学西街附近，而府学西街今尚存，因其在宋代所建的广州“府学”之西，故名。

⑦ 香港黎明先生藏有高奇峰在日本所做的美术设计（图案）作业，上有其日本老师的名字和作者的签名。

⑧ 高为素、高励节集印于 1968 年的《三高遗画合集》中载高剑僧留日 5 年，而前揭高美庆文认为其留日 3 年，高美庆之说最准确。

⑨ 《布袋和尚》，高为素、高励节《三高遗画合集》，香港，1968，第 6 页。

大恸。高剑僧被葬于位处河南的广州市教会坟场。①

高剑父随后一直在上海活动，这可从其1917年重阳后二日作于上海的《斜阳古道》、1918年作于沪上的《鸡声茅月店》中可以知之，继福建漳州之行后，1919年高剑父于上海协助其妻开办上海女子刺绣院，1920年刺绣院仍在。其上海的家在1932年以前是在北四川路大德里。②

高剑父于1920年出任广东工艺局局长和广东省立第一甲种工业学校校长，是年以后，广州、香港和澳门就成为高氏兄弟的绘画活动“大本营”。

绘画是美术的一部分，而美术又是文化的表征之一。高氏兄弟连同陈树人于20世纪20年代以后，在风雨之中创立了今天人们所熟知的“岭南画派”，影响至今。高剑父与澳门关系弥深，早年求学于澳门，晚年逝后也归葬濠江。澳门的文化底蕴于此可见一斑，就高氏个案而言，这岂不是人们对澳门文化抱有自信的缘由之一么？

（原载黄晓峰编《文化杂志》第83期，澳门：澳门特别行政区政府文化局，2012年夏季刊。）

---

① 高励节：《三高遗画合集·跋》，香港，1968。高冠天的夫人苏汉珍1968年时仍居于香港，苏氏的居所在九龙邮政局旁，有子高为参，居马来西亚，夫人是画家。2007年3月22日蒙高励节先生赐告，深谢！

② 陈少丰云1932年高氏在上海北四川路大德里的家宅被日军炮火所毁，自是举家迁粤。陈少丰：《高剑父年表》，《高剑父画集》，岭南美术出版社，1991，第115页。

“永是清欢——港澳收藏精品展”序

陈浩星*

从古代文化中获得知识，进而对人生有所启迪，关于这一点，成书于战国初期的《论语》说得深刻：“子曰，我非生而知之者，好古，敏以求之者也。”古代文化的其中一种形态是有形的物质，包括人类在生活过程中所产生或使用的器物，显现历史印记、工艺制作。基于上述原因，国人嗜好收集古物。18世纪德国大文豪歌德则形容“收藏家是快乐的人”。诚然，拥有弥足珍贵的收藏可让人产生无与伦比的快乐，但从本质上说，收藏之道为利人之道，任重道远，收藏家只是“百代之过客”，暂时保有文物、艺术品，再把它传予下一代。收藏家的快乐主要存在于收藏的过程之中，无论是把记载历史遗留的痕迹、前人的心血结晶捧在手心细意欣赏，还是探究其背后的故事、文化、工艺和时代精神，进而知人论世，把研究成果和藏品一一传承下去，让后之览者获得文化知识和历史经验，都会为收藏家带来巨大的满足及欢愉。

其实，每件文物或艺术品均是时代的见证，其价值是多方面的，总离不开历史、文化和工艺；经济价值当然是衡量其历史价值、艺术价值的一个指标，但绝不是唯一指标。过度强调经济价值，可能会令人遗忘收藏的真义；若投资者是出于投机心理收购文物、艺术品，则会加剧市场上的哄抬价格、文物造假等情况，这将对收藏产生消极影响，因为收藏之根本目的并非投资，而是传播历史、传承文明。

在这方面，历代许多收藏大家垂范后世。例如近世张伯驹先生，不惜倾

* 陈浩星，澳门艺术博物馆馆长。

家荡产，斥巨资收购传世最古的中国墨迹晋陆机《平复帖》卷，传世最古的中国画迹隋展子虔《游春图》卷，唐杜牧《张好好诗》卷、李白《上阳台帖》等真迹，并非为一己私利，只是肩承保存国粹的重担，最终涓滴归公。在一个特殊的历史阶段，使名迹免遭破坏，得以妥善保存，人类文明得以传之久远，功在国家民族。收藏家贡献之大，可至于如此。所以私人收藏也是维护传统文化的重要力量，任何发达富强的国家，都不可能将本民族一切有价值的文物、艺术品全数入藏，私人收藏可以配合国家实现期望国民参与文物保护之目的，文物、艺术品在市场有限度地流通，使人们在力所能及的情况下接受文化洗礼，如此也可激发其崇尚文明之心，从而自觉融入保护、传承文化的洪流。私人收藏和公家收藏相互补充，私人出资收藏艺术品，必然会珍而重之，尽力不让其有所损伤，私营博物馆的陆续涌现，令收藏家报效社会又多了渠道，其劳动是出钱出力。

澳门收藏家团体兴文雅会在2014年10月成立，第四届世界华人收藏家大会同年11月在上海召开，澳门艺术博物馆此际举办“永是清欢——港澳收藏精品展”，向收藏家商借艺术精品供大众欣赏，交流收藏心得，旨在推动社会保护文化，也借此加强港澳收藏家的联系，亦是对世界华人收藏家大会活动的响应。主办机构甄选展品立足于以下几点：真确性、历史价值、艺术价值、地方特色，以及稀有程度。十分感谢兴文雅会对本次展览给予多方支持，出谋划策。希望澳门艺术博物馆呈献的这个展览会为公众所欣赏，期待观众透过各项展品了解中华民族传统文化，明确传承文明是国人共同的历史责任。从此角度出发，博物馆、收藏家和观众是文化传承和发扬的工作伙伴。

面对时代更替、国家盛衰，艺术品往往都能超越时间和地域限制，经由收藏家之手传承后世，经历几多苦难波折，其背后所承载的人类文明和历史意义是市场价值所无法展现的，这亦是艺术收藏令人着迷之处。收藏家面对自己心爱的艺术收藏“永是清欢”，总有难以言喻的清寂与欢乐，而且心存敬畏，支持人们赓续前人传承文化的不朽事业。

（原载《永是清欢——港澳收藏精品集》，澳门：澳门艺术博物馆，2014年12月。）

澳门现代艺术发展的文化视角

庄文永*

一 引言

不管历史如何变化，文艺总有它的时代特征。今天，我们回首一瞥 20 世纪 80 年代澳门的文艺风采，可见它有独特的时代性。20 世纪 80 年代，澳门现代艺术以开放性的态势，在世界艺苑中展现自己的特色，无论是绘画、诗歌、小说还是散文、戏剧，都不约而同地迈出时代的步伐，齐头并进地走向艺术的新天地。尤其是具有高度艺术表现力的现代主义绘画更显示出创造性活力和艺术性创新。

也许有人会问，为什么现代艺术会在 20 世纪 80 年代产生？我们知道，任何艺术的发展都离不开时代性，而所谓的时代性包括政治、经济、文化、风格、地理环境等种种因素。20 世纪 80 年代澳门现代艺术的涌现，与时代的发展和社会变化有着千丝万缕的关系。黄晓峰在《澳门现代艺术和现代诗评论》一书中认为："长期以来，聚居于澳门的华人作家、艺术家与葡人作家、艺术家的交往以及相互对彼此的创造力的认识一直非常有限，这种隔阂（主要是创作语言的隔阂）对双方来说都是非常遗憾的事。到了 20 世纪 80 年代，澳门的文学和艺术开始呈现一种逆向交流的趋势。"①

毋庸置疑，20 世纪 80 年代澳门文艺发展的崭新气象，不但表现为中葡居民在文学和艺术方面的交往和中葡文化接触交融的增多，而且还表现为

---

* 庄文永，文学博士，澳门理工学院艺术高等学校副教授。

① 黄晓峰：《澳门现代艺术和现代诗评论》，澳门文化司署，1992，第 1～2 页。

80 年代澳门经济发展带来的各种外来的异质文化的涌入，艺术在这种文化的催生下出现了多元发展的格局，呈现出独特的文艺风貌。

澳门有几百年的历史，它所保存下来的文化应该说是中西文化的一种形态，而这种形态随着时代生活变化而变化。由于艺术的产生是一个较长的社会历史发展过程的结果，而澳门从小渔村发展成为现代化的商业城市，其艺术受到现代文化催生作用的影响，也决定了它的发展和进步。因此，文化既是一种历史形态的精神现象，又是一种与物质文明生产相随的时代文化现象。作为历史文化形态，它主要是一种隐态的传统的连续性，而作为时代的文化形态，它必然蕴藏着一种变迁性的特征，这种变迁造就了澳门文化的丰富性。

艺术的发展源自社会的变动，时代文化因素对艺术发展的影响是多样性的。例如，澳门的绘画艺术从古典到现代经历了数百年，作为文化产品中的一种特殊的艺术品，它不单纯是社会生产功能或自然规律的既定形式，还是一种特殊的个人感受，只有经过文化汲取和舍弃才能产生。澳门现代艺术的产生应该以“澳门文化体・现代画会”的画家为主要对象，其中包括马若龙、郭桓、缪鹏飞、袁之钦、吴卫鸣、李振富等现代画家。这个现代艺术家群体的出现，在当时澳门艺术界产生了重大的影响。关于这一点，我们可以从他们审美情趣的“先锋性”的艺术风格看到。比如，“马若龙从突破传统到寻找传统的绘画风格，吴卫鸣的艺术跨度与寻根意识，李振富现象的审美价值，抽象派画家郭桓，袁之钦扭曲变形和有意味的形式，缪鹏飞的倾斜效应等，都有自己的美学观点”。①

由此可见，艺术随着时代的发展而变化，这种变化有着社会文化因素的参与。20 世纪 80 年代，澳门现代艺术自觉地汲取新的美学，在经济浪潮和现代商品的冲击下，展示现代人的心像和现代城市的风景。虽然，这一系列的艺术表现有时给观众带来了某些欣赏方面的困惑，但突破了我们习惯的古雅的美学原则，具有一定的时代性。

二　澳门现代艺术发展的社会环境

19 世纪法国哲学家、文艺学家兼美学家丹纳（Hippolyte Adolphe Taine）

---

① 黄晓峰：《澳门现代艺术和现代诗评论》，澳门文化司署，1992，第 41～57 页。

在《艺术哲学》中提到，艺术发展规律有三个不可或缺的要素："种族"、"环境"与"时代"。丹纳认为，每个民族均存在着不同特质，这些特质不仅会渗透到个人的气质中，而且会影响艺术形式的呈现。丹纳所指的环境包括自然环境和社会环境两种，比起自然环境，他更侧重社会环境中的风俗习惯与时代精神。丹纳发现，艺术总是产生于特定时代，带有明显的时代印记。丹纳这种强调艺术生长环境的观点，成为艺术社会学的理论源头之一。虽然丹纳的观点带有环境决定论的色彩，但笔者认为，他的观点很适用于20世纪80年代澳门较为封闭而流动性小的社会。

（一）外来文化的触动

对于澳门而言，艺术的发展是与环境息息相关的。20世纪80年代初期，无论是在经济方面还是在文化方面，澳门都还处于比较封闭、保守的阶段。缪鹏飞在《澳门现代艺术十五年（1985～1999）》一书中认为："从文化的角度看，澳门似乎从来就和外面的世界隔绝，故步自封。她游离于世界艺术的范畴之外。显而易见，世界文化近百年来翻天覆地的变化，并没有触动她，与她完全没有关系。"缪先生所指的艺术是西方现代主义（因澳门当时有很多艺术家和艺术团体）。吴卫鸣在《澳门现代艺术十五年（1985～1999）》的序言中也提到："回顾四个世纪以前，澳门曾是繁盛一时的国际港口，在文化交流上担当重要的桥梁角色，是西方近代科学、艺术最早进入中国的地方，而古老的东方文化、思想也是经此传播至西方。可是到了20世纪初，由于交通落后，讯息匮乏，澳门开始渐渐消失在人们的记忆之中。……在文化艺术方面，要不是在第二次世界大战期间相继来澳避难的艺术家所激起的短暂涟漪，澳门恐怕仍会一直沉睡在自我封闭的小天地之中。"①可见，当时澳门社会的人文环境还处于较为落后的状态。

然而，80年代澳门现代艺术（现代主义）的发展是澳门几百年来艺术史上最令人注目的年代。澳门现代艺术之所以能在80年代产生，这与外来文化的涌入有着十分重大的关系。所谓的外来文化，就是80年代随着澳门经济发展涌入的中国开放改革风气和西方现代主义文化思潮，它不但促进了澳门艺术的飞跃，而且大大丰富了澳门的人文环境。吴卫鸣在《澳门现代

① 缪鹏飞：《澳门现代艺术十五年1985～1999》，澳门艺术博物馆，2004，第6页。

艺术十五年（1985～1999）》的序言中认为："随着80年代移民艺术家的投入创作和外来讯息的冲击，本地艺术家的努力探索，以及政府在文化态度上的转变，从80年代中后期开始，澳门的艺术面貌开始不再那么古典、那么传统了。不少艺术家再不愿在沉默中做麻木的等待，他们宁可沉浸在当代精神的兴奋与骚动之中，并以开放、炽热的态度来表白个人独一无二的内在感知，作为对时代呼唤的回应。"①

20世纪80年代澳门现代艺术的产生主要来自三个方面的触动，首先是本地艺术家及艺术团体的推动，其次是外地移民艺术家的加入，最后是当时澳葡政府文化政策的转变。除此之外，中国的改革开放、人的思想解放、人的自我意识苏醒和个性意识的强化对澳门文化都起着发酵作用。澳门几百年来从未出现过中学和西学之争、现代和传统之争，一直处于平静的随遇而安的文化状态之中。正因为这样，20世纪80年代各样文化的涌入，对澳门文化产生了新的冲击，澳门文化也因此不断获得新质，艺术家们也因此增强了开放意识和当代意识，且有强烈的求新求变的心理。澳门现代艺术就是在这样的社会环境中被催生出来的。

（二）现代艺术发展的文化载体

澳门现代艺术虽然是在特定的历史条件和社会背景产生的，但也需要一个十分重要的文化载体，这个载体就是以艺术团体和艺术展的形式来展示其价值。我们可以这样认为，这个载体与其说是机缘巧合，倒不如说是历史发展的必然。

史料显示，澳门真正意义上的"现代主义"艺术产生于1985年，当时马若龙和一班葡萄牙朋友成立了"文化康乐会"来推动并参与澳门的文化生活，如建筑文物、文学以及体育活动，他的周围有诗人、文学家、运动员。1986年，以"文化康乐会"为基础，中文改称为"文化体"，确定了"澳门文化体·现代画会"这个名称。澳门现代画会的成员也有着各自的文化和历史背景：马若龙、马伟达是土生葡人；郭桓是有荷兰血统的广东人；缪鹏飞、袁之钦是中国上海人；吴卫鸣是真正的澳门本地人。以后加入的会员有：琥茹，新加坡人；君士坦丁（Konstantin Bessmertny），俄罗斯人；马

① 缪鹏飞：《澳门现代艺术十五年1985～1999》，澳门艺术博物馆，2004，第7页。

维斯（Denis Murrell），澳大利亚人等。

画会成立后举办的第一次画展称为“九位艺术家”（其中包括安娜·妮安杜露、马若龙、马伟达、缪鹏飞、袁之钦、郭桓、吴卫鸣、江连浩、约瑟·贾狄德）画展，关于这次展览，葡萄牙诗人兼评论家官龙耀认为“九位艺术家”画展朴实无华，是近来在澳门发生的一起最具象征性、纯洁性和重要性的文化事件。在纯粹的东方和西方之间，这个集体画展集中了艺术家们的核心，他们在自己的画中中西合璧，融汇了现存的两大传统，开阔了前进的道路；立足于西方的构思，运用东方的手法和技巧来表达抽象主义，或属表现派，或属印象派。与此同时，新图像又给画布提供了地方性的题材和特征，虽然已经不是原来的内容，但意味深长。

在这方面可以证实的是，中国的象形文字被引入绘画。“九位艺术家”画展在当时可谓艺坛盛事，媒体对此有很大的反响。这是因为在澳门，过去（举办“九位艺术家”画展前）基本上是传统画的世界，现代画对于本地居民来说是别开生面和倍感新鲜的。开始时人们也许觉得不习惯，但人们对新生事物总有一个从逐渐认识到逐渐适应的过程。在新的时代里做新的探求，培养更广泛的审美情趣，是一件有意义的艺坛盛事。

1988 年 1 月 8 日《华侨报》刊登署名“云独鹤”的长篇文章《震撼人心的新画艺》，热情赞扬这次“九位艺术家”画展：“宇宙在不断地运动和演进着，艺术也在不断地变革和进步着。艺术家已不再满足于一种表达现象的创作行为，而开始向更深更广的层面，向艺术家本身的内心去探求和发现真我，来抒发出自内心的欢愉与痛苦，平静与激愤，传达心灵内部的纯挚与真诚，包括向外界展露深藏在心灵里的秘密。正由于有着这种无拘无束的完全坦率的表露，才能在人们眼前展现一个崭新的天地，给人们以莫大的震撼。……在画廊四周的壁间，张挂着这九位新派画家的数十幅画作，参观者大不乏人，且以青年朋友居多，可见青年人对新鲜事物有着极强的接受力。前来观赏的人们，在画幅前驻足流连，为现代画这在本地区还不常见的新奇艺术所吸引。”[①] 这足见“九位艺术家”画展是以新奇艺术（西方现代主义艺术）来引起观众的注目。

不但如此，澳门现代画会并不仅仅以拓展澳门的文化环境为满足，由于

① 云独鹤：《震撼人心的新画艺》，《华侨报》1988 年 1 月 8 日。

它融合了多样的文化背景，因此也蕴藏着很大的能量来展开一场国际性的运动，在国际上和马来西亚，新加坡，韩国，日本，印度，比利时，以及葡萄牙的里斯本、波尔图，澳大利亚的墨尔本等国家和地区展开交流，逐步推动澳门的艺术走向世界。

（三）现代艺术发展的理论表述

20 世纪 80 ~ 90 年代澳门现代艺术的发展是由多方面力量推动的，除了时代和社会环境的转变之外，艺术理论的“现代性”也发挥了很大的作用。现代艺术理论的提出在当时被人称为“新艺术运动”或“新文化思潮”，引起国内外艺术界的关注。因此，澳门现代文化的艺术观念除了体现在美术作品的层面上，还表现在对“现代主义”理论的探讨上。不少诗人、画家、文艺理论家、历史学者在报纸、杂志以及书刊上撰写有关现代主义的评论文章。当中较活跃者包括陶里、黄晓峰、官龙耀、马若龙、缪鹏飞、江连浩、玛嘉列特·麦蒂雅等。这些诗人、画家、理论家以西方现代主义理论的表述，对澳门现代艺术的发展起着不可估量的作用。

黄晓峰所著《澳门现代艺术和现代诗评论》一书中的多篇重要论文亦为建立属于本地的现代艺术理论根据做出重大努力。当然，西方现代主义的艺术理论并不是什么新鲜的理论体系，是相对于 20 世纪 80 年代之前澳门在文学和艺术视野所呈现的传统特色而言的。也许有人会问，中葡的文化交融经过四百年的潜移默化，从宏观方面来看，有其深远的影响力，而在文学和艺术方面，为什么在 20 世纪 80 年代才出现现代主义理论？这里要特别说明的是，“长期以来，聚居于澳门的华人作家、艺术家与葡人作家、艺术家的交往以及相互对彼此的创造力的认识一直非常有限，这种隔阂（主要是创作语言的隔阂）对双方来说都是非常遗憾的事。到了这个世纪 80 年代，澳门的文学和艺术开始呈现一种逆向交流的趋势”。①

现代艺术的理论表述为澳门现代艺术创作提供了新的天地。澳门现代诗人陶里有这么一段话是应该予以重视的：“尽管在半封闭的小城有人排斥现代艺术，但随着缪鹏飞的到来和郭桓的崛起，他们以本身的灵动，引进了现代艺术超过半个世纪的生命讯息，而且又把雏生的本土现代艺术带了出去，

① 黄晓峰：《澳门现代艺术和现代诗评论》，澳门文化司署，1992，第 1 ~ 2 页。

展示了它脉络分明的肌理和广阔。”① 由此可见，上述的20世纪80～90年代澳门中葡居民在文学和艺术方面的交往，是中葡文化前所未有的一种接触和交融。如标榜现代主义的澳门现代画会拥有中国籍的华人画家、本地土生土长的华裔画家，以及土生葡人画家和来自葡萄牙的葡人画家，其创作呈现一种全方位的兼容并包的开放态势，这是很值得重视的一种文化现象。

“毋庸置疑，文化开放与文化交融应为澳门文化的特性。……这不仅表现在社会生产力的猛进方面，也表现在文学艺术创造力的突发方面。在文学领域，极其前卫性的澳门现代诗的突发趋势是颇为惹人注目的，仅以五月诗社的澳门诗人群体而言，已明显地呈现一种辐射性的格局，鼓吹超前意识，提倡创作多样化。”② 澳门“现代画会”的艺术家们和澳门“五月诗社”的诗人们都是同样在现代主义理论的导向下有了出色的表现，在澳门现代艺术的风景线上成为一个亮丽的景点。

20世纪80～90年代澳门现代艺术理论的表述虽然都是对西方现代主义理论的演绎，但是这对较为传统和保守的澳门艺坛来说，是一股清新的催化剂，带给艺术家们一种新鲜的感觉和一种灵魂的震撼。

三　澳门现代艺术发展的艺术家群体

20世纪80～90年代澳门现代艺术理论的表述，为艺术家们的创作提供了广阔的艺术视野，促进了澳门现代艺术创作的多样化，无论是在主题上还是形式和媒材的应用上，都令人耳目一新。这一时期的艺术家们以各自不同的创作理念，共同为澳门现代艺术发展写下了新的篇章。

（一）融汇中西的马若龙

在这里要特别说明的是，笔者无意去界定澳门现代艺术家这个概念，因为这是非常复杂的问题。本文要论述的艺术家群体是这些活跃在20世纪80～90年代的现代主义艺术家。这些艺术家大概可分为：土生葡人艺术家，如马若龙等；土生土长华人艺术家，如吴卫鸣等；移民艺术家，如缪鹏飞、

① 缪鹏飞：《澳门现代艺术十五年1985～1999》，澳门艺术博物馆，2004，第196页。

② 缪鹏飞：《澳门现代艺术十五年1985～1999》，澳门艺术博物馆，2004，第197页。

郭桓等；外国移民艺术家，如俄罗斯人君士坦丁等。马若龙作为一个澳门土生葡人艺术家，他身上有中葡两种文化的特质，正是因为如此，他的艺术创作有融汇中西的特点。

马若龙出生于澳门，澳门的地域环境、文化意识给他植下东西方的文化因子。缪鹏飞在《马若龙现象说》一文中认为："马若龙接受了正统的葡萄牙文化教育，但自幼心仪古中华文明，数十年来，耳闻目濡，更使他与中国文化结下了不解之缘。他谈庇山耶的诗，又看杜甫和李白，研究毕加索，也赞赏齐白石，重视圣保禄学院（大三巴）遗址，又考证上海滩上的石库门房屋结构，显然，他已纠缠上了东西文化的怪象。"从文化角度来看，马若龙创作的最大特色是其画中的形象有中西文化的传达，尤其是他喜欢使用中国传统纹样的符号，如青花瓷、印章等在他的作品里都可以看到，而且他对中国传统文化、民间艺术有着深厚的了解，这些都对他的创作产生了重大的影响。①

如，《中国戏曲》（*Chinese Opera*）以中国传统文化为创作主题。马若龙的舞台道具脸谱有中西文化融合的艺术特质，可见他的创作鲜明地吸取了中国传统艺术的精髓和审美观念。同时，色彩的使用使人感到一种文化的创造性融于中西文化的协调之中。从《中国戏曲》的画面中我们可以看到，中国文化是他创作的神思和灵感，他所表达的中国戏曲艺术独特的谱系融合中西，格外醒目。再如，《澳门土生》（*The Macanese*）以澳门为创作主题。黄晓峰认为："清爽、精致、谐谑、强烈的历史疏离感和丰富的幻觉意识……，卡通奇才和幽默家集于一身。幽默在马若龙的骨子里就像鸦片烟膏在庇山耶的骨子里一样铸就了澳门一代天才的怪模样儿。马若龙的记忆里有一大堆舞台道具和脸谱——只有他懂得制作和描绘澳门的历史平面图谱！"②

葡萄牙著名女评论家西尔维亚·奇科对马若龙的评价是："作为一名澳门土生人，很早便对文化问题表现出浓厚兴趣的马若龙在青年时代就是文化活动的一名积极参与者，从而踏上了一条充满荆棘和困难的路程并在其中塑造自己的特征……马若龙在积累了建筑方面的丰富经验之后，便开始面对绘画艺术，并且从中毫无稚气地谋求结合两种文化的素质，收集中国千百年来的经验及其完美无瑕的艺术大成，并且融汇于另外一种相反的、感性的及天

① 缪鹏飞：《澳门现代艺术十五年 1985～1999》，澳门艺术博物馆，2004，第 64 页。

② 缪鹏飞：《澳门现代艺术十五年 1985～1999》，澳门艺术博物馆，2004，第 62 页。

赋的技法和经验。”①

由此可见，在澳门现代艺术家群体中，马若龙的作品成功地融合了中西文化，带给我们一种既熟悉又陌生的文化信息，显示了他在澳门现当代艺术发展过程中是位颇具代表性的艺术家。

（二）怀有本土意识的吴卫鸣

在20世纪80～90年代的澳门艺术家群体中，吴卫鸣是位成就较大的本土青年艺术家，在艺术界引起高度的重视。当时贾梅士博物院院长江连浩就指出，吴卫鸣的成功主要源于他本人不懈的努力，“这是因为，在澳门这个多元化的城市，吴卫鸣代表了一种充满生命、积极活跃并且不满足于现状的力量”。② 黄晓峰在《吴卫鸣的艺术跨度与寻根意识》一文中指出，吴卫鸣本来完全可以造就自己成为一名澳门风俗画家的，但青年人所应有的好高骛远的野心驱使他栽进了超现实主义的新天地。他的艺术思想渗透了一种近乎本能的乡土意识，似乎已经肩负了必须用艺术手段去表现澳门风俗历史的使命；以时空交错和力之互相抗衡的幻象营造抽象作品打动观众强烈向往与怆然怀旧的复杂情绪。

作为本土青年艺术家的吴卫鸣，“他那热烈得近乎单纯的艺术天性里蕴含着非常执着的异乎寻常的本土意识，他的艺术思想渗透了一种近乎本能的乡土意识，他似乎已经肩负了必须用艺术手段去表现澳门风俗历史的使命。……吴卫鸣在1989年创作的作品，如《通胜》《俾利喇街七十九号》《载重量等于一斤》和《澳门》等巨幅抽象作品仍然不忘表现深刻的澳门历史风土意识”。③ 如果我们从澳门当时的文化背景里去考察，吴卫鸣就是在澳门特定的历史时期中涌现出的一位新一代前卫艺术家，他的艺术创作努力搭建一座中西文化沟通的桥梁，并以此不断充实和丰富澳门文化的内涵。

吴卫鸣小时候跟随澳门水彩画家甘长龄学画；1986年，他赴欧，有机会了解和学习欧洲各国、各流派的绘画特色，大大开拓了西方现代艺术视

① 缪鹏飞：《澳门现代艺术十五年1985～1999》，澳门艺术博物馆，2004，第65页。

② 参见吴卫鸣等编著《吴卫鸣速写集》，澳门文化学会，1989。

③ 黄晓峰：《澳门现代艺术和现代诗评论》，澳门文化司署，1992，第47页。

野。应该说，色彩是他艺术创作的主旋律，“色彩正逐渐侵袭着他……那累集着点和线的白色时期或会成为过去”（缪鹏飞语）。“吴卫鸣将记忆和思绪化为色彩，潇洒地涂抹在画布或画纸上”（玛嘉烈特·麦蒂雅语）。由此可见，这个时期是吴卫鸣现代主义艺术创作的重要时期。他重视色彩的运用，色彩是他情绪的反映和情感的传达。他在《由小小的卡纸想起的》一文中认为：“事实上，任何绘画杰作也无非只是一张实实在在的、涂上颜料的画布而已，抽象作品就是其中最佳的例证。因画面上的色彩及构成，经已自主地表达出自身的意义……画家透过线条和色块所表达着的内在情绪及远离理性逻辑的丰富想象。”① 可见色彩是他艺术创作的心灵世界。

如在《蓝色风景》这幅作品中，我们可以看吴卫鸣对色彩的强调。在这幅画中，蓝色与白色、深蓝与黑色交织在一起，艺术家用对比色的构图来增强视觉效果，但“风景”并不凌乱，反而创造出一种宁静的、和谐的气氛。这幅作品已不再是对自然物象的被动模仿，而是在主观情绪的强烈介入下，通过线条与色块以抽象的形式创造出的一个冷静的艺术空间。正如玛嘉烈特·麦蒂雅所说：“他任自己的想象在色彩中飞翔，由此营造出一种属于自己的，充满神秘和感召力的气息和氛围。吴卫鸣是一位内心成熟的青年画家，他有勇气，无顾忌，用色彩把他眸光中的概括性影像‘驱赶’到画面之上；在一些画幅中，色彩的配搭几乎无懈可击。”② 因此，我们可以从这幅作品中看到，吴卫鸣在线条的运用、空间的创造、色彩的探索等方面都形成了自己独特的风格。

可见，在20世纪80～90年代的澳门艺术家群体中，吴卫鸣作为本土青年艺术家，无论是关注本土文化，还是探讨和创新现代艺术创作，其在澳门现当代艺术发展过程中都扮演着十分重要的角色。

（三）移民画家缪鹏飞和郭桓

缪鹏飞和郭桓都是移民艺术家，在澳门现代艺术的发展过程中发挥着重大作用。缪鹏飞出生于上海，毕业于福建师范大学美术系，1982年移居澳门，其后与马若龙等众画家共同创建澳门现代画会，“把艺术新潮引进了澳

① 缪鹏飞：《澳门现代艺术十五年 1985～1999》，澳门艺术博物馆，2004，第164页。

② 缪鹏飞：《澳门现代艺术十五年 1985～1999》，澳门艺术博物馆，2004，第105页。

门，并掀起了一股现代艺术之风”。郭桓出生于广东，广州美术专科学校肄业；1962年从广州移居香港，之后居于澳门，是一位专业画家。这两位艺术家对20世纪80~90年代澳门现代艺术的发展功不可没。

1982年，缪鹏飞移居澳门，那时还没有现代艺术发展的空间。缪鹏飞的第一次画展在1985年举行，这是第一个中国人以现代画（抽象画）的形式在澳门作展示，那时确实需要很大的勇气。当时贾梅士博物院院长江连浩对缪鹏飞有这样的评价：“缪鹏飞，这位出生于上海的画家，他的勇敢精神在于冲破澳门对现代派的偏见。这个艺术家的作品，在推动社会文化发展方面，作出了很大的贡献。缪鹏飞的作品体现出感情上和形式上的成熟，这与他本人的文化背景有关，使他成为澳门现代画的柱石之一。”① 这个展览对澳门现代艺术而言是一个新起点，引起广泛的关注和报道，使“新艺术开始现出了曙光”。（江连浩语）由此可见，缪鹏飞对当时澳门现代艺术的出现起着很大的作用。

应该一提的是，缪鹏飞将自己开拓的艺术称为“新东方主义”，主要表现为对东方文化的尊重和理解。虽然缪鹏飞的抽象艺术在当时是极具前卫性的，但是他的作品仍然包含着丰富的中华传统文化的内容。如1997年，缪鹏飞在澳门旅游活动中心举行了“水浒系列”个人画展，“这些作品和在这画展上表示出的创作意图显示了其呼唤人们为重现这部反映叛逆者起义的中国古典小说及历史事件并对伦理道德观念进行反思”。应该说，缪鹏飞是一位融合中西的艺术家。

1985年，缪鹏飞举行抽象画展；1986年，郭桓举行“郭桓意念抽象画展”；1987年，澳门现代画会成立，这使澳门现代艺术不但在澳门开花，还在与世界各国的相互展览中不断发展，共同推动了澳门和世界各国的文化交流。郭桓对澳门现代艺术的发展也有很大的贡献。“澳门现代艺术运动，影响最大、最有代表性的人物主要是四个人，就是马若龙、吴卫鸣、郭桓和我。”② 郭桓对现代艺术的主张是：“抽象艺术的主观灵动性，时时在警醒我们，使我们在这复杂的历史时期，在内心找到净土。我深信残酷的权欲时代

① 缪鹏飞：《澳门现代艺术十五年1985~1999》，澳门艺术博物馆，2004，第75页。

② 缪鹏飞：《澳门现代艺术十五年1985~1999》，澳门艺术博物馆，2004，第85页。

将会随着世纪末而过去，一个强调人的个性、人的价值和尊严的年代即将来临！”① 由此可见，郭桓的艺术创作是富有个性的。

郭桓的艺术个性主要表现在：“他不可能以正正方方的笔画表达，他也不可能完完整整地细诉衷情，也就不可能战战兢兢地刻意营造，就只有大大方方的、开怀写意、有感即发的、直截了当的、不拘形式的才能彻彻底底的表达出他心底的倾情。”②（王创华语）于是，我们对郭桓的作品不能单纯用“抽象”这个词汇来形容，他的作品所运用的艺术语言体现了国际化的艺术观，并借以表现个人生活经历的强烈愿望来与时代对话，有意识地采用现代主义的风格来体现一种强烈的个人精神写照。“郭桓的作品，无论布上油画或是综合材料的装置，对于我来说，都会产生一种超然的、不可思议的、诡秘奇谲而又富于严密整体的强劲冲击力和压迫感！”③（陈永锵语）由此可见，郭桓在澳门现代艺术创作中有一定的影响力。

缪鹏飞、郭桓（移民现代艺术家还有李振富、袁之钦、琥茹等）在澳门现代艺术发展过程中扮演的角色无疑是极具重要的。

（四）外籍画家君士坦丁和马维斯

君士坦丁和马维斯两人都是外籍移民艺术家，在 20 世纪 80 ~90 年代澳门现代主义艺术的浪潮中也扮演着重要角色。君士坦丁于 1964 年出生于苏联的布拉戈维申斯（Blagoveshchensk），1984 年入读海参崴美术学院；1992 年完成学院课程，成为专业画家；1993 年 1 月参加澳门市政厅画廊举办的“新旧俄罗斯艺术荟萃”展览；之后，他在澳门定居。

君士坦丁出生在苏联解体之前，接受了美术学院教育的严格训练，且有“丰富的想象力和创造力”。君士坦丁深受北欧文艺复兴时期艺术大师勃鲁盖尔（Pieter Bruegel，1525 –1569）等人的影响，其画作场面宏大，人物众多。君士坦丁的一系列创作“嬉笑、讥讽，带有叙事意味，描绘了当今（尤其是澳门和香港）的末世风情画，俗世间人们沉迷玩乐及官感欲念，那构图和人物，立刻使我们想起 16 世纪波许的狂野幻想”④。君士坦丁善于表

---

① 缪鹏飞：《澳门现代艺术十五年 1985 ~1999》，澳门艺术博物馆，2004，第 89 页。

② 缪鹏飞：《澳门现代艺术十五年 1985 ~1999》，澳门艺术博物馆，2004，第 91 页。

③ 缪鹏飞：《澳门现代艺术十五年 1985 ~1999》，澳门艺术博物馆，2004，第 92 页。

④ 缪鹏飞：《澳门现代艺术十五年 1985 ~1999》，澳门艺术博物馆，2004，第 139 页。

现这些风情，据说他年仅 4 岁便聪敏过人，10 岁起用画图画的形式给同伴们讲故事，但他的作品都是些恶作剧。正因为这样，君士坦丁的作品将文化传统与现代主义融为一体，并将其叙事方式引入现代绘画的创新手法中。君士坦丁并非只着眼于如何显示其绘画过程，他的作品旨在反映客观现实，或者以自身的主观愿望来反映逝去时光的另一景象。

在他的作品《游戏与宣告》中我们可以看到，除了童话式地叙述现实生活情景之外，作品是人生片段的连接，每一个画面都有一种哲学意味，而且带有一种“荒谬”感。毫无疑问，君士坦丁的叙事作品“犹如一些小型舞台，让他的人物演出一套套神秘的哑剧”。《游戏与宣告》中的一些人物专注于奇特的“游戏”，这看起来并非作者有意设定的荒谬情节，而是真实的人生百态。比如，画中以澳门赌博为背景的片断都会令人联想到赌博人生的命运。君士坦丁的作品在技术上和思想上都相当成熟，表现了他的人生态度，而且他对画面安排、空间的构造、色彩的运用都有自己的个性和哲学性的思考。

马维斯于 1947 年出生于澳大利亚，在墨尔本市郊的学校接受教育，1989 年移居澳门并开始从事绘画。在描绘技巧上，他采用不同类别的纸巾，使用亚克力、水彩、广告彩、彩色墨和中国墨。他的绘画别具一格，并屡次在澳门举办的绘画比赛中取得优异成绩。马若龙曾这样描述他：“马维斯自 1987 年开始‘认真地画起画来’，并把此当成头等大事。本澳的画坛也自此锦上添花，多了一位真正聪颖、不拘一格的画家。”“博大精深的中国文化正浸染着他的风景，改变着他的手法和色彩，而他那近似草书的书法也竟有龙蛇之势，描画出峡谷之幽深，田野之丰盈。他正在敞开其四海为家的心胸，重新描摹着一幅幅心灵的风景。”①

马维斯喜欢在窄幅上作画，所用的材料非常广泛。他“利用物料多层的重叠，在画面上作大面积的渲染或积色，产生可遇而不可求的肌理变化，时而人或动物，时而花或树木，形象隐现，色彩浓艳而不落俗”。② 比如，他的作品《两者》采用的是混合媒材，善于用纸巾、餐布以及事先经过浸染的吸水纸，在这些经过粘贴的材料上，有龙飞凤舞的书法、色斑和带有朦

① 缪鹏飞：《澳门现代艺术十五年 1985～1999》，澳门艺术博物馆，2004，第 145 页。

② 缪鹏飞：《澳门现代艺术十五年 1985～1999》，澳门艺术博物馆，2004，第 146～147 页。

胧寓意或象征的题字。“这些题字好像是巫师画下的鬼符，因为它们是画家潜意识流动的再现。”（马若龙语）

君士坦丁和马维斯这两位外籍移民艺术家在20世纪80～90年代与土生葡人艺术家、本土华人艺术家和国内移民艺术家一道，为澳门现代艺术的发展做出贡献。

四　澳门现代艺术发展的价值与意义

上述提到澳门现代艺术家群体大部分都是澳门现代画会的成员，说明了这些艺术家各自以自己的艺术风格为澳门现代艺术发展做出了很大的努力。他们透过不同的声音、不同的文化观念、不同的艺术主张、不同的个人经验，在澳门这块土地上以东西方思维方式孕育出一种“新的艺术样式”，打破了“在澳门，过去基本上是传统画的世界”（缪鹏飞语）的单一的艺术格局。

（一）借鉴西方现代艺术的表现形式

我们知道，一个地区文化艺术水平的提升，单靠一个或多个民间社团的努力显然是不够的，需要多方面的渠道和许多人的努力，尤其是政府对本地文化事业的支持和鼓励、对文化艺术的推动，唯有如此，才能从根本上促进整个文化环境的转变和艺术水平的提高。资料显示，20世纪80～90年代，澳葡政府对澳门现代艺术的发展和推广还是做了不少工作，如举办了一系列外国现代艺术家的作品展览，这也无形中开拓了本地艺术家在现代文化和现代艺术领域的视野。

1985年秋天，澳门市政厅（现为民政总署）联合其下属的贾梅士博物院举办了葡萄牙当代杰出画家、波尔图高等美术学院教授路易斯·迪美（Luís Demée）的大型回顾展，展出了这位出生于澳门的画家从20世纪50年代到80年代的绘画作品。“这次展出可谓意义深远，它不仅为澳门市民提供了高水准的作品欣赏机会，最重要是首次透过一位大家熟悉的画家朋友对艺术生命追求的历程，生动地呈现出西方现代艺术演变的轨迹。”① 之后，

① 缪鹏飞：《澳门现代艺术十五年1985～1999》，澳门艺术博物馆，2004，第151页。

于1986年11月至1987年3月举办“近百年葡萄牙大型展览”（先后展出了“自然主义画派”），19世纪后半期最重要的画家科伦巴诺·博尔达洛·皮涅罗的大型展览，葡萄牙当代艺术家若瑟·德·阿尔马达·内格雷斯作品展以及葡萄牙40～60年代的美术展览等。这个系列展有助于澳门观众了解葡萄牙文化艺术，也有助于促进澳门市民与当代世界的文化沟通。“这对于当时仍处于极度封闭的澳门艺术环境，无疑是项极具前瞻性的文化策略。”①

除了系列性的大型展览外，重要的现代画派及其画家的展览也不断举办，其中有女性艺术家古力路（João Cutileiro）的雕刻展。另外，还展出了葡萄牙著名女画家维埃拉·达·席尔瓦（Vieira da Silva）的一系列作品。1990年，澳门文化学会在葡文书局画廊为意大利青年画家布格利亚举行很有中国趣味的展览“细语——布格利亚的中国物语”。学会主席马若龙认为：“布格利亚的作品，在原来希腊、拉丁和德国三种语言上，又添上葡萄牙和华夏的语言。”② 1992年，当时的澳门文化司署和东方基金会向澳门观众推介了四位葡萄牙当代艺术家，并举办“葡萄牙新派绘画和新颖雕塑展”。以上展出可谓意义深远，不但直观地呈现出西方现代艺术演变的轨迹，而且为澳门市民提供了高水准的作品欣赏机会，同时也对澳门本土艺术家吸收西方不同艺术的养料、转变观念和使艺术风格多样化起着“暗示”作用。

澳葡政府当时邀请了一些葡萄牙乃至欧洲的艺术家来澳门展示当代艺术，如果从艺术发展角度来看，这也是发展澳门现代艺术的一种努力。由此可见，艺术的发展需要外来文化的刺激，文化的发展需要“引进来”，只有这样才能更好地“走出去”，从而取得“他山之石”的作用。今天，从整体的文化现象来看，澳门现代主义艺术之所以能够迅速发展，乃是因为借鉴了西方现代艺术的表现形式，并以新的文化观念进行新的语言样式的探索，这也是澳门艺术逐步走向世界的重要原因。可见，外来文化的导入对澳门现代艺术的发展有着不可忽视的作用。

（二）对外交流引人注目

20世纪80～90年代，澳门现代艺术不但开拓了新的艺术视野，促进了

---

① 缪鹏飞：《澳门现代艺术十五年1985～1999》，澳门艺术博物馆，2004，第151页。

② 缪鹏飞：《澳门现代艺术十五年1985～1999》，澳门艺术博物馆，2004，第162页。

澳门文化环境和艺术环境的改观，而且对澳门艺术走向世界，使世界认识澳门起着十分重要的作用。时任东方基金会行政委员会主席的孟智豪在以"寻求澳门与世界对话的途径"为题的文章中谈道："现代画会在澳门这个特殊文化环境中崛起，不受旧有价值观念束缚，重新寻找艺术与现实的关系，寻求澳门与世界对话的途径，致力于将艺术推向更宽广之领域，他们的努力和成果，理应得到社会及文化机构的广泛重视。"① 资料显示，澳门现代画会在国际上和亚洲的马来西亚、新加坡、韩国、日本、印度，欧洲的比利时，以及葡萄牙的里斯本、波尔图和澳大利亚的墨尔本等国家和地区展开交流，逐步推动澳门的艺术步向世界。

1984 年，澳门艺术家展览在香港三联书店展览厅举行，由香港视觉艺术协会主办，香港著名画家徐子雄认为："澳门文化体的表现，在今日的澳门艺坛现况和环境看无疑是前卫的行动，意味着澳门艺术家有胆色去踏上国际艺坛的演武场。"1989 年 3 月 7 日，澳门现代画会画展在新加坡国家博物院举行了名为"澳门现代画展 89"的公开展览，其中有马若龙、郭桓、缪鹏飞、袁之钦、吴卫鸣、马伟达 6 位画家以 43 幅现代画作参加展出。这次画展在新加坡反应热烈，备受好评，为澳门现代画艺术迈向外界，亦为中国澳门与新加坡现代画艺术的交流做出了贡献。"这六位画家的大胆探索在澳门（甚至在澳门之外）无疑极具前卫性和象征性。而现代文化意识强化的艺术表现，亦大大有助于提高这一弹丸之地的国际地位。"②

1990 年，应台湾台中大美术会的邀请，澳门现代画会在台中市立文化中心举行展览。"大台中美术会"会长黄潮湖在《提升亚洲地区文化艺术的品质》的文章中指出："我们再延伸到邀请澳门文化体·现代画会，与本会共同举行美术交流，期望结合更多的力量，提升亚洲地区文化艺术的品质。"1996 年，澳门现代画会参加广州国际艺术博览会，目的是让广大观众进一步认识澳门，并了解澳门的文化艺术。报刊以"海外展区澳门规模最大，九六广州国际艺术博览会侧记"为题做报道："'九六广州国际艺术博览会'于本月 2 日至 9 日在广州举行，澳门画家的参展人数开创了新纪录。'澳门文化体·现代画会'成员马若龙、缪鹏飞、袁之钦、郭桓、琥茹、吴卫鸣，

① 缪鹏飞：《澳门现代艺术十五年 1985 ~ 1999》，澳门艺术博物馆，2004，第 25 页。

② 黄晓峰：《澳门现代艺术和现代诗评论》，澳门文化司署，1992，第 42 页。

澳门东西方文化艺术研究会成员李希文、何仲仪、依沙贝，国画家叶泉，漫画家徐永智、徐永勇12人参展，使澳门展区成为此次博览会规模最大的海外展区，引人注目。”以上我们可以看到，澳门艺术走向世界并引起海内外的高度重视，这不仅使澳门现代艺术引人注目，而且让世界观众看到了澳门文化的特色。

值得一提的是，澳门现代艺术不但对外产生影响，而且促进了本土艺坛百花争艳，引领新一代的年轻艺术家在新的时代里做出新的艺术探求。

（三）促进本地艺术人才的培养

在20世纪80～90年代澳门现代艺术发展的过程中，澳葡政府也开始重视本澳艺术人才的培养，于是“视觉艺术学院”就应运而生。视觉艺术学院的成立，无疑使澳门在培育美术人才、推动艺术发展尤其是艺术走向现代化方面起着不可估量的作用。学院的成立，打破了400年来澳门从未有通过正规的学校来培养艺术学生的格局。

视觉艺术学院（理工学院艺术高等学校前身）于1989年成立，属文化司署（现文化局）管辖，首任院长为贝澧道，创立之初即设版画课程，特别邀请英国斯雷德（Slade）学院版画系主任、葡萄牙画家勃度罗（Bartolomeu dos Santos）教授到学校任教，教授版画。视觉艺术学院初时设在澳门岗顶夜姆斜巷二号一座三层（实为四层）的葡式建筑物内，为了发掘、培养澳门地区的文化艺术人才，设立各门专业课程，采用中葡双语教学。学院也为促进本地区艺术的提高，不定期举办各类公开讲座，并与其他官方机构合作举办各种艺术展览，也为艺术家组织或个人提供有限的帮助。

学院成立初期设有中葡两种课程，包括绘画、版画、摄影、雕刻、设计、中国画、美术史等课程，并照顾华人和葡萄牙人的教育。学院刚成立九个月就举行版画展，“为澳门美术史填补了那片莫名的空白。这不单证明了视觉艺术学院存在的决定性影响力，亦反映了铜版画这欧洲画种在澳门这片处女地的收成”。[①] 后来在短短两年中，绘画班（中文班）的学员和葡萄牙学员都举行了展览，“与许多美术学校最长的专业课程一样，这些学员经历

---

① 缪鹏飞：《澳门现代艺术十五年1985～1999》，澳门艺术博物馆，2004，第177页。

了基本训练的过程，从素描——不能忽略对希腊或罗马雕塑家的石膏模型的素描，人体模特绘画以及到现今仍得到本地华人美术家极大支持的油画技术开始。”① 由此可见，视觉艺术学院的创立为澳门本土学员提供了较为正规的艺术教育。

毫无疑问，1989 年成立的视觉艺术学院对澳门以后的艺术发展是至关重要的。吴卫鸣认为：“澳门视觉艺术学院普及艺术教育及提高社会文化质素所起的积极作用日见成效。显而易见，绘画班学员在参与近年的多项展览活动中表现出色，并开始活跃于本澳及邻近地区，形成一股引人注目的艺术新生力量。”② 由此可见，视觉艺术学院的成立对培养澳门本土的艺术人才和澳门现当代艺术发展起着关键性作用。现在看来，我们不能忽视那一阶段的艺术教育，今日一大批在各艺术机构工作的艺术人才大都是那时培养出来的。

然而，在澳门现当代艺术史上我们不能不提视觉艺术学院的贝澧道和勃度罗这两位艺术家。这两位艺术家对澳门本土艺术家的培养可说是功不可没。贝澧道作为院长和卓有成就的画家，长期生活在澳门，创作了许多与澳门息息相关的作品，对学院的学员影响巨大。来自伦敦大学斯理艺术学院的勃度罗教授专程来澳示范并与学生交流，还为学院筹创版画工作室，使版画工作室成为学院最活跃的中心之一。勃度罗的作品从澳门汲取灵感，他的超群出众之处在于不拘泥于正统理论，将版画变得充满新意，令人回味无穷，对学员有很大的启示。

由此可见，澳门视觉艺术学院是在澳门现代艺术发展中产生的，是当时培养年青一代新思想的地方，也是培养新一代艺术家的摇篮，对澳门现当代艺术发展意义重大且具有深远的影响。

（四）新一代艺术家的出现

随着 20 世纪 80 年代澳门现代艺术的兴起，不少艺术家寻求自我个性的解放，强调主观感情抒发，勇于超越时空的限制，使抽象艺术迅速成为澳门重要的美术创作新形式。在一片开放的艺术氛围下，着重概念表达和

① 缪鹏飞：《澳门现代艺术十五年 1985～1999》，澳门艺术博物馆，2004，第 175 页。

② 缪鹏飞：《澳门现代艺术十五年 1985～1999》，澳门艺术博物馆，2004，第 177 页。

空间感受的后现代主义艺术如装置艺术也开始产生，不少青年画家投身于多维空间艺术的探索。尤其是视觉艺术学院于 1993 年 9 月被纳入澳门理工学院并更名为艺术高等学校后，由于较为正规的艺术教育，很多青年人被吸引来修读，20 世纪 90 年代早中期这里出现了一批新一代艺术家。他们自觉地汲取新的美学，并在其画作中展示现代人的心像和现代城市的风景。

这些新一代艺术家都参加过联展和举办过个展，具体如下：黄肖萍，1995 年在澳门葡文书局画廊举办“黄肖萍录像艺术展”；吴少英，1991 年获澳门东方葡萄牙学会创作银奖；邹中星，1993 年 2 月在葡文书局画廊举办个展；李希文、依沙贝，1995 年初次联合举办画展；缪予契，在葡萄牙、澳门多次举办个展，并参加法国等欧洲各国的联展；何家荣、吴方洲，1993 年共同举办版画展，以后各自发展；曾勇铭，1993 年举办个展；常前，参加第 12 届亚细亚国际美术展；唐重，参加第 12 届亚细亚国际美术展；李德胜，在第 15 届、第 18 届全澳书画联展上获中国画“最佳创作奖”；黄豪生，1993 年回澳在葡文书局画廊举办“内”系列作品展；等等。由上可知，新一代艺术家各自以新的艺术审美，在 20 世纪 90 年代澳门现代艺坛上绽放异彩。

他们的作品在当时都得到较好的评价。黄肖萍于葡文书局推出录像艺术展，在电视屏幕上，虚无缥缈的时空交错图像闪动着东方禅悟意境（吴卫鸣语）。她（吴少英）给人的印象是对艺术很虔诚，但不狂热，她的虔诚是立足于对艺术本质的了解，她追求真、善、美，创作只为抒发自己的感想，并没有渗进太多的功利；从选择题材到考虑表现手法，她都非常主观（陈浩星语）。邹中星似乎是迫不及待地将失落的影子投射到画框底板上去，顽强地表现那焦躁的强烈情绪；他在寻找任何可以随意发泄的对应物，使混乱的意念在发泄的瞬间逐渐被所用物料转换整合（黄晓峰语）。李希文只为用色彩再现精神，她的作品质材抽象、缥缈，有时画中形象会是一些玩偶，但从来不是真实的人；像许多诗人和艺术家一样，依沙贝的血脉与澳门这座小城一起搏动，她必须要把隐藏在潜意识中的感受宣泄出来（马若龙语）。何家荣与吴方洲都是年轻人，何君擅于利用复合的肌理构图，烘托主题物体的虚幻性……吴方洲，博习多家，除版画外，绘画、摄影、雕塑等无一不染，消化而来的创作灵感，时常令人伤透脑筋（王祯宝语）。

从以上我们可以看到，20 世纪 90 年代澳门新一代艺术家的出现并非偶然。艺术随着时代的发展而变化，这种变化中渗透有社会与文化的因素，它不仅作为一种时代的风尚和人的意识表现出来，而且作为一种艺术自觉意识出现，这种艺术自觉意识的出现虽然与很多因素有关，但艺术教育显然起着重大的作用。上述这些新一代艺术家大部分是澳门理工学院艺术高校的学生，由此可见，艺术高校也是推动澳门现代艺术发展的重要基石。

五　结语

澳门现代艺术自20 世纪 80 年代中期至 90 年代末期蓬勃发展以来，只有十几年的时间，这段发展历程虽然是短暂的，但其中涌现出不少艺术家和好的艺术作品，为澳门当代艺术的发展奠定了基础。不过，近十几年来，澳门现代艺术似乎较为沉默，尤其是作为推动现代艺术发展的“澳门文化体·现代画会”也沉寂下去。据了解，几年前“澳门文化体·现代画会”改名为“澳门文化体”，近年较少单独搞活动和展览，只是有时会与仁慈堂、婆仔屋、创意空间一起合作搞一些活动。澳门现代画会的改名意味着它已完成了使命，悄然退出历史舞台，这是艺术发展的必然。

可以这样看，“澳门文化体·现代画会”的改名和现代艺术的沉寂虽然有多种原因，但笔者认为有两大因素：一是艺术家自身的生存问题，二是艺术本身发展的必然规律。如果我们从艺术社会学的经济角度来看，艺术家们的创作热情之所以降低，是因为艺术经不起现今物质世界的冲击。由于澳门地方不大，没有艺术市场，艺术的价值无法转变为经济价值，艺术家创作付出的努力和经济收入无法成正比，因此近几年来澳门现代艺术陷入沉寂也非偶然。在日益看重经济地位的今天，艺术在商品社会的夹缝中求生存，艺术家本身是苦涩的，其内心是矛盾的，既然艺术没有为艺术家带来任何实质上的好处，那么艺术家对艺术的真诚程度就面临着重大的考验，是否继续为艺术而努力就成为艺术家的两难选择。

而从艺术自身发展的角度来看，时代的进步、社会的发展都会促进艺术观念的改变和艺术形式的更新；从当代艺术的发展趋势来看，抽象艺术的反抗（现实主义）意识被更具社会影响力的前卫艺术替代，行为艺术、装置艺术等艺术形式展示出当代文化观念比抽象艺术具有更大的优势。由此可见，澳门现代艺术（抽象艺术）渐趋沉寂并最终被边缘化也只是时间问题。

（本文于2014年在《澳门日报》“视觉版”分多次连载，作者于同年做修订及删改，后未曾发表。）

历史编

澳门圣保禄学院的财务问题

戚印平*

正如我们在许多文章中已经证明的那样，远东教会的资金问题一直是令教会人士颇为困扰的难题，而长时期入不敷出的财政问题也在很大程度上影响了传教工作的进度以及基本模式。在这种情况下，作为附属于日本教会的一所具有相当规模的神学院，澳门圣保禄学院筹措资金的基本方式与主要渠道，也就不得不遵循其上级部门的既定方针，接受其制订的相关规章，并由此获得必需的资金来源。

一　神学院基金的相关规定与实际的资金来源

按照严格的宗教理念与修行传统，在以“为了神的更大光荣”（ad maiorem dei gloriam）为宗旨的耶稣会内部，以“清贫”、“贞节”和“顺从”为入会誓愿的所有修道士都不允许拥有私人财产。从理论上说，无论是在修院还是在异乡他国的传教地，所有的耶稣会会士都必须依赖修会统一供给的经费和物资生活，即使是像神学院这样的公共机构，也必须依靠信徒捐赠、罗马教廷、世俗君主的年金以及由此构成的基金与固定资产维持生计。

根据上述要求，信徒的捐赠显然在修会的财务经营中具有不可替代的重要性，基于这一点，罗耀拉（Ignatius Loyola）撰写的《耶稣会会宪》（以下简称《会宪》）第四部分关于神学院的诸多章节中，开门见山第一章就名为

* 戚印平，浙江大学人文学院历史学系教授。

《对于学院创立基金的赠予者和恩人的感谢》。其具体规则如下：

> (309) 在本会学院创立或赠予时，深怀慈悲的神曾借人类之手给予帮助。而对于这些人给予我会的奉献与援助，本会给予回应也是极为恰当的。回应之一，无论（援助者）是生存中人，还是已经去世者，各学院都应永远为这些学院设立基金的赠予者和恩人每周举行一次弥撒。
>
> (310) 同样，居住于学院中的所有神父，有义务永远在每月之初为这些人献上一次弥撒。此外，在每年交付给学院的纪念日中，应在学院内为这些创立基金的赠予者和恩人举行弥撒。居住在学院中的所有神父亦应以相同的意向献上弥撒。
>
> (312) 在（举行）弥撒的当天，应向创立基金的赠予者或某位亲人赠送或可由赠予者确定的那种蜜蜡蜡烛。作为向我主的基金赠予者表示感谢的标记，蜡烛上应刻有他的纹章或信心标志。
>
> (313) 如果随着时间的推移，学院创立时创立基金赠予者没有一位子孙，可将此蜡烛赠予某位子孙曾居住过的场所，或将其置于祭坛之上，以表彰创立基金赠予者的姓名与意愿。
>
> (314) 该蜡烛是表示对于创立基金赠予者的感谢，赠送基金者本人或者其继承人，对学院拥有保护者的权利，但这并不意味着他对财产具有任何权利，他不存在这样的权利。
>
> (319) 如果有人捐赠学院创立的所有费用，须完全遵守上述规定。而对于那些只提供创立部分所需资金者，总会长可依据在我主之中的恰当判断，遵守上述规定的一部分。①

在关于学院的所有章节中，首先展开的上述条文不仅透露了潜藏在其中的信仰和理念，而且清楚地表明了捐赠对建立和维持学院所具有的现实意义。根据以上条文，如果耶稣会创建一所神学院，为之捐赠所有费用的捐献者会被修会视为恩人，而接受捐赠的神学院不仅要为他们举行特别的弥撒，而且还会向他们赠送刻有他们姓名的蜡烛，并将其置于祭坛之上，以示表彰。如果只向学院提供部分创建费用，亦可享有部分荣耀。

---

① 〔西〕依纳爵·罗耀拉：《耶稣会会宪》，中井允译，耶稣会日本管区，1993，第106～108页。

由于缺乏足够的史料，我们还不清楚是否所有的耶稣会学院都依照规定切实而持久地履行了这一感恩仪式，但《会宪》将此置于相关条文和规定的首要位置，不仅表明这种捐赠对建立神学院所具有的重要意义，而且透露出他们对这一收入的颇高期待。

或因如此，范礼安在创建澳门圣保禄学院之初，首先想到的也是这一资金来源。他在 1593 年 1 月 1 日于澳门写给总会长的信件中透露说：

> （……）这里是商人的土地，某些在这里生活并且死亡的人既没有孩子，也没有其他的法定继承人，他们是富裕的，而且希望为自己的灵魂从事某些善事，如果有人能及时把握这样的机会，那么希望是有可能实现的。为此，管区会议提出如下希望：即因为创建这个神学院不可能依赖于国王而实现，所以对那些给予该神学院某些良好固定资产或者提供基金的人，请求阁下给予宣布他们为部分或全面设立者的权力。根据阁下这次送来的学事规程，从一开始就为由 40～50 人组成的神学院附带必要程度的固定资产是不可能的，但同样的学事规程中又说，这些非信徒的地区和北方各地不在此限，所以从一开始就尽可能好地建造这个神学院并不违反它。这么说是因为我们期待我主会以佩德罗（Dom Pedro de Castro［Crasto］）赠送村庄的形式给予果阿神学院的帮助那样，在当地也行同样的事。不仅如此，加上此次卡斯帕尔·维埃卡斯（Gaspar S. J. Viegas）追加赠送的村庄，（果阿的修练院）并建造得极为漂亮，我们所期待的更为丰厚的固定资产加以维持。为此，也许我主会为创建这一中国的神学院给我们同样的便利。此外，这一设立者的名字在当地很容易给予，这些商人都在当地（生活），是远离自己出生的故乡的异国人，所以在当地没有亲戚。因此在他们死亡时，完全没有对于继承人的义务。此外，他们在进行对于修道会的赠予时，除了将自己的灵魂委托给神之外，通常没有其他义务。如果阁下像对待佩德罗所行之事的那样，不是明言其为设立者，仅给予耶稣会的功德，也会有人创建这个神学院。根据这一理由，即使国王陛下不会为援助这个神学院而每年给予 500 或 1000 杜卡多，也必须努力请求它。因为我们认为，它（国王的援助）和日本（教会）在当地拥有的、可以充当该神学院房屋（租金收入），以及我主通过我们的某些信徒和商人送给我们的其他幸

运，很容易建立起这一神学院。我期待在回到日本之前获得某些好东西。为此，我们会把握在当地拥有（新建）教堂的机会，我想，我们可以得到神的帮助，准备为建造神学院进行充分的工程与建筑。也就是说，正如一再写给阁下的信件所言，如果在新的其他场所建造与该城更为相称的其他教堂，老教堂非常适合成为我们伙伴的住所。有它（老教堂）和已经建好的其他建筑，神学院就有收容40人的能力，此外，通过新教堂的建造，我们的主会一直帮助我们。在我到达当地之后，立即与人商讨新教堂的建造，虽然没有要求任何捐赠，但已经有一些信徒来到我们的住处，已经向我们提供了几乎可以建造教堂的全部费用。因此，如果阁下给予此一（宣布设立者）权力，我可以在我主之中期待这所神学院的建造。我想阁下在视察员任命书中给予我的广泛权力应当包括我所要求的此一权力，也许我明天就会死亡，所以我希望阁下裁定日本（教会）的房屋租金收入的400杜卡多因上述义务而充当此处神学院建造的费用。此外，或可给予日本准管区长相应的权力，以便让他给予某些人和在创建它时给予帮助的人、试图建立这一切的人，与以上述创建的援助程度相应的耶稣会祈祷，或是授予他们设立者的称号。我已要求管区代表就此事与印度总督交涉，并致信于他，要求获得来自国王陛下的恩惠。我想阁下了解该管区代表过去的成绩。就此搁笔，请求阁下的祝福。于澳门，1593年1月1日。①

按照范礼安的估计，在澳门获得建造神学院所需的捐赠是很有可能的，因为“某些在这里生活并且死亡的人既没有孩子，也没有其他的法定继承人”；而且，这些与耶稣会会士有着同样信仰的富裕商人还“希望为自己的灵魂从事某些善事”，所以，“如果有人能及时把握这样的机会，那么希望是有可能实现的”，或者说，“我主通过我们的某些信徒和商人送给我们的其他幸运，很容易建立起这一神学院”。为了增加说服力，范礼安还声称：“在我到达当地（澳门）之后，立即与人商讨新教堂的建造，虽然没有要求任何捐赠，但已经有一些信徒来到我们的住处，向我们提供了几乎可以建造教堂的全部费用。”

或许是由于前述《会宪》条文中的相关规定，为争取本地葡萄牙商人

① 〔日〕高濑弘一郎：《基督教时代的文化与诸相》，八木书店，2002，第213～215页。

和信徒们捐赠的范礼安在信中要求获得灵活处置的特殊权力，即“对那些给予该神学院某些良好固定资产或者提供基金的人，请求阁下给予宣布他们为部分或全面设立者的权力”。他还特别注明，“如果阁下给予此一（宣布设立者）的权力，我可以在我主之中期待这所神学院的建造。我想阁下在视察员任命书中给予我的广泛权力应当包括我所要求的此一权力”。

在同年（1593）11 月 12 日于澳门写给总会长的另一封信中，范礼安提到了他在争取本地信徒捐赠方面的某些考虑和设想。他声称：“为了防止当地民众与各修道会的不满、麻烦或者反对，我认为与我们房屋相邻的名为佩德罗·金特罗（Pedro Quintero）的老人拥有的一间房子是非常合适（建造神学院）的。他是我们修会与该修院的老朋友，非常友善。如果在那里再拥有位于房屋上方并属于该建筑的少许土地，我们神学院的建筑工程就不会产生任何的反对与麻烦。”①

如前所述，范礼安神父在这封信件的以下部分提到了他大兴土木并已经完成了神学院建筑工程的三分之一。但出人意料的是，范礼安在信中还提到了佩德罗·金特罗老人去世时捐赠的其他一些遗产。

> 通过已经完成的两段阶梯，位于山坡上的这一建筑已经与金特罗·佩德罗的房子连在一起了。不仅如此，在我开始这一建筑的最初时期，我主就将善良的老人、我们多年来的真正老友佩德罗·金特罗召到他的身边。在长达 35 年的时间中，他一直服从于耶稣会，为服务这个教会提供了大量经费。在他临终时，他将所有的遗产分配给这所修院和将要建造的神学院。我们作为继承人接受了它，除了赠送自己的房屋之外，他还留给我们约 2000 杜卡多。他为了建筑工程而赠给了这笔钱，但我认为我主的慈悲会以其他的手段使我们获得必要的数额，所以想用这笔钱购买由房屋构成的固定资产，因为在当地没有其他可投资的对象。②

根据范礼安此信中的其他论述，建造以黏土为墙的澳门神学院大约需要 3000 杜卡多的总费用，如果此言无虚，那么佩德罗·金特罗老人的临终捐

① 〔日〕高瀬弘一郎：《基督教时代的文化与诸相》，八木书店，2002，第 224 页。

② 〔日〕高瀬弘一郎：《基督教时代的文化与诸相》，八木书店，2002，第 231 页。

赠几乎占了修建神学院费用的三分之二。或许正因为有这样一笔意外的额外收入，在年初（1月1日）还在向总会长大诉苦水、请求他四处化缘的范礼安才敢先斩后奏地大兴土木，并且洋洋得意地宣称已在不到一年的时间内基本完成了神学院的建筑工程。

由于缺乏史料，我们还不清楚佩德罗·金特罗老人的更多情况及其捐出大笔遗产的具体细节，但正如我们现在也时常看到的那样，历史上有许多基督徒依据他们的信仰和对财富的理解，在去世时将部分或全部的财产赠送给教会，而这种慷慨的捐献也始终是耶稣会会士传教和经营澳门圣保禄学院的一个重要财源。

在前引1594年11月9日于澳门写给总会长的信中，范礼安神父再次提到了新获得的大额捐赠以及这笔钱的使用情况。他颇为兴奋地说道：

> 日本的钱一个里亚尔也没有消费，为了补助建造神学院的必需之物，我主给我的（钱）出人意料地超过5000杜卡多。（……）建造（神学院），筹备必要的家具，用600杜卡多购买与我们原来拥有土地相邻的大块土地，再加上我们起初购买的（房屋），以及购买每年约100杜卡多的（租金）收入的其他房屋，所有必不可少的这一切都是我主以难以想象的其他方法给予我们的。在他的帮助下，主体建筑已全部完成，神学院现在已拥有房屋租赁收入550杜卡多的固定资产。（……）已经完成的部分大约花费了4000（杜卡多），另外，为购买用作神学院菜园的土地和家具还花费了1000（杜卡多），为了所有的这一切，我主给了我们足够的钱，善良的佩德罗·金特罗赠给我们大约2000杜卡多和他的房屋，此外，通过想援助我们的其他朋友，还获得3000多（杜卡多）。加上我现在建立起来的其他友好关系，我期待我们可借此再获得2000多（杜卡多）。为此，在神的帮助下，已经完成和将要完成的所有建筑，还有家具的筹备，不会花日本钱中的一个里亚尔，它们的完成是凭借神的慈悲和宽大。[①]

① 〔日〕高濑弘一郎：《基督教时代的文化与诸相》，八木书店，2002，第349～350、352～353页。

不知是何原因，范礼安没有在信中详细说明那些捐赠 3000 杜卡多的“其他朋友”是什么人，也没有解释“可以期待”的另外 2000 杜卡多又将从何而来，但是，即使这笔钱未必能够期待，已经到手的捐赠总额也已经达到了 5000 杜卡多。按照范礼安在信中所说，这笔巨额捐款中的 4000 杜卡多被用于学院的主体建筑，剩下的 1000 杜卡多被用于购买一块菜园，并且还购置了一些家具。也许正是因为这一笔意料之外的捐赠，范礼安才会感慨我主的帮助是如此“出人意料”。

根据日本学者的统计，除了这两笔捐赠之外，澳门圣保禄学院于建立之后还收到许多捐赠，其中有些捐赠的数额亦颇为可观。一份《澳门神学院重要慈善家名册》记载：“加伊奥（Pedro Martins Gaio）还是我们重要的慈善家，正如中国传教慈善家名册注明的那样，他向中国传教捐了款。除此之外，作为日常的和临时性的捐献，他大约给了神学院 2000 帕尔塔诺的雷阿币。”①

除此之外，另外一份名为《澳门神学院一般慈善家名册》的文献亦记载了一些数额较少但较为稳定的个人捐赠。例如，布拉萨（Thome Bras）每年向神学院捐银 50 两；克里斯多夫·苏亚雷斯（Christóvão Soares）每年向神学院捐银 50 两；安冬尼奥（António Ferreira）及其妻子苏珊娜（Susana Vieira）每年向神学院捐银 50 两。②

根据这两份文献提供的资料，日本学者将文献中提及的所有捐赠人及其捐赠钱物制成一份综合统计表，如表 1 所示。

表 1　两份慈善家名册中涉及的所有捐赠人及其捐赠款物

人数	捐赠数额及财物
97 人	白银约 19590 ~ 215990 两（其中 200 两因海难而损失）
	每年白银 800 两
	白银 500 两（借贷）
	2984 歇勒芬（Xerafim）
	2673 ~ 2683 帕尔塔诺
	2225 克鲁札多
	每年 72 克鲁札多
	金块 17 个（价值白银约 1955 ~ 2125 两）以及其他诸多财物

资料来源：〔日〕高濑弘一郎：《基督教时代的文化与诸相》，八木书店，2002，第 83 页。

① 〔日〕高濑弘一郎：《基督教时代对外关系的研究》，吉川弘文馆，1994，第 494 ~ 495 页。

② 〔日〕高濑弘一郎：《基督教时代对外关系的研究》，吉川弘文馆，1994，第 494 页。

除了这两份慈善家名册之外，现藏葡萄牙东波塔图书馆中的另一份文献也记载了自1626年至1640年11月17日澳门圣保禄学院收到的诸多捐献款物。由于逐一摘引文献记载颇为冗长，日本学者将不同时间的捐赠数额统一绘制成表（见表2），现转引如下：

> 关于上述数量不等的各种捐赠，相关文献均未提供有关捐赠者的详细资料，但正如我们现在仍经常看到的那样，这些在基督徒中间较为普遍的临终馈赠与捐献者的宗教信仰有很大关系。由于信徒长期将教堂和修会视为自己的精神依靠，并希望在去世后能够前往无限美好的天堂，所以在离开人间时将在凡俗红尘间获得的一切身外之物交付给上帝在世界的唯一代表是极其自然的。另一方面，在大航海时代的遥远东方，来到澳门经商并定居于此的葡萄牙人远离故国和亲人，这种精神层面的依赖与关联就显得更为突出和重要，在这种情形中，尽其所能的捐赠不仅被视为一种善举或美德，而且还被许多人视为一种义务。①

表2　1626~1640年11月17日澳门圣保禄学院收到的捐赠款物

单位：件

日期	件数	合计金额
1626年	27	147比索、白银1725两
1626年8月~1627年10月	8	白银503两
1627年10月~1628年8月	30	550比索（540比索）、白银371两（411两），合计为雷阿币（real）白银725两7钱（maz）5分（condorim）*
1628年8月~1629年8月	29	1022比索（1013比索）、流通银973两（973两3钱）
1629年8月~1630年8月	6	624比索（372.5比索、300帕尔塔诺）
1630年8月~1631年8月	30	761比索（711比索）、白银1112两（1169.2两）
1631年11月~1632年8月	11	550比索、白银312.8两
1632年8月~1636年4月	85	白银4000两余（2044.4两、795帕尔塔诺）
1638年1月~1640年11月	9	白银845两、140帕尔塔诺
1640年11月~?	8	442帕尔塔诺、白银280两、40克鲁札多
合计	243	白银13303.55两（13401.05两）、7172比索（7103比索）582帕尔塔诺、40克鲁札多

*关于这些货币名称以及当时的兑换比例，可参见〔日〕高濑弘一郎《基督教时代研究》，附录《通货换算比例》，岩波书店，1977，第662~674页。

① 〔日〕高濑弘一郎：《基督教时代对外关系的研究》，吉川弘文馆，1994，第82页。

二　国王年金以及其他收入

在论述澳门圣保禄学院所获得的各种捐赠时，我们还应当看到另一个不可否定的严酷现实：尽管在很长时间内有许多居留澳门的葡萄牙商人不断向教会和修道院捐赠各种钱物，但这种非强制性的自发性行为仍然数量有限，并且无法满足后者的全部需求。尤其是像澳门圣保禄学院这样的常设性机构，其庞大的日常开支显然不能完全依赖时有时无的信徒捐赠。因此，在这种情况下，当澳门圣保禄学院建立之后，范礼安和其他教会上层人士的当务之急就是为神学院寻找稳定而持续的资金来源。

基于现实与传统，范礼安解决上述问题的首要方案是据理力争，要求总会或葡萄牙国王为这个远东地区的神学院提供必要且稳定的资金保障。在1593年1月1日于澳门写给总会长的信件中，这位圣保禄学院的创始人、耶稣会东印度地区的视察员振振有词地论述了索要金钱的各种理由，并且还毫不客气地要求欧洲的世俗君主为神学院提供相当数量的年金，或者是为之建立某些来源更为可靠的固定资产。其曰：

> 根据这所有的理由，管区会议热切地希望阁下说服国王陛下，让他理解上述理由，并以宽大之心，为创建对日本与中国这两个地区传教事业极为重要的神学院尽力。根据阁下给予的学事规定，设立具有必要班级的神学院并且能够培养40名耶稣会会士，至少需要2500杜卡多。因为物价非常高，不比在果阿购买便宜。这2500杜卡多是航行到中国本地的费用。如果在印度或者马六甲支付，因（不同）货币而产生的（汇率）损耗会达到20%以上，再加上为携带所有的钱而向船主支付的运费，以及向中国国王支付的税金，在印度和马六甲可以支付的2500杜卡多，到当地就不到1800。这对于创建神学院是困难的，我对这一点很清楚。因为国王陛下必须支付许多的钱。如果（国王）下令由印度或马六甲支付这一固定收入，征收状态也会非常糟糕，依靠它绝对无法维持这个神学院。但如果陛下全身心地关心此事，可以通过借用西班牙或葡萄牙若干主教区的年金，或者在印度的若干村庄中分别设定若干固定资产等其他方法，使这一神学院的创建成为可能。如果陛下能够提供永久的固定

> 资产而不希望主教区增加负担，可以在20年中给予3000杜卡多的年金。通过它以及某些虔诚之人给予的支持，创建每年花费2000杜卡多或者更少经费的这一神学院。这虽然不足以支持那么多的人，但剩下的钱可以保存起来，以便在西班牙、葡萄牙或者印度购买几处不动产。最后，日本管区会议还了解到，创建这一神学院对日本（基督教会）自身的利益是非常重要的，如果陛下建造它，同时又无法向日本提供某些固定资产，那么希望阁下能向陛下要求在中国建立这一神学院。①

范礼安接着说：

> 但正如经验显示，在相距遥远的当地达成某种协定是非常困难的，因为耶稣会所在的地区都非常的贫困，我们时常没有任何收入，一点点小事就不得不求助于国王陛下。立即动手设立这一神学院是重要的，所以日本的管区会议希望阁下采取被认为是非常规的手段，全力帮助（日本）管区代表，告诉他能够创建这一神学院的任何方法。日本（教会）在中国的港口拥有几家房子和店铺，其中有的是买入的，有的是根据某位葡萄牙人的遗言而得到的遗赠。为此，该管区会议认为（也可以说是由参加管区会议但同时参与协议会）的看法是好的，如果得到阁下的许可，这些房屋与店铺（的收入）可以成为设立这一神学院的启动资金。我想阁下是认为可行的，每年可从那里获得超过400杜卡多的收入。而且10～12名兄弟可一直在那里由日本的负担供养，可以让它承担这样的义务。②

按照范礼安颇有些危言耸听的夸张解释，如果要在澳门神学院中培养40名耶稣会会士，那么至少需要2500杜卡多，而且这笔钱还仅仅是将他们从果阿运到澳门的费用。为避免陷入这样的困境，范礼安在信中首先提出的解决方案是，“希望阁下说服国王陛下，让他理解上述理由，并以宽大之心，为创建对地日本与中国这两个传教事业极为重要的神学院尽力”。但同

① 〔日〕高濑弘一郎：《基督教时代的文化与诸相》，八木书店，2002，第211～212页。

② 〔日〕高濑弘一郎：《基督教时代的文化与诸相》，八木书店，2002，第211～213页。

时他又宣称："如果（国王）下令在印度或马六甲支付这一固定收入征收状态也会非常糟糕，依靠它绝对无法维持这个神学院。"于是，范礼安在信中提出了两个可供选择的解决方案，即"如果陛下全身心地关心此事，可以通过借用西班牙或葡萄牙若干主教区的年金，或者在印度的若干村庄中分别设定若干固定资产等其他方法，使这一神学院的创建成为可能"。

从某种意义上说，范礼安在这里提到的两个解决方案实际上是一回事。或者说，其真正的用意是想让他第二个解决方案得到总会的批准，即"如果陛下能提供永久的固定资产，而不希望主教区增加负担，可以在 20 年中给予 3000 杜卡多的年金"。但由于拟定中的圣保禄学院是"每年花费 2000 杜卡多或者更少经费的一所神学院"，因此"剩下的钱可以保存起来，以便在西班牙、葡萄牙或者印度购买几处不动产"。

如前所述，就是在范礼安写给总会长的这封信中，他提到了金特罗老人临终遗赠的 2000 杜卡多，但尽管如此，这笔可观的捐赠并未影响他向总会长大吐苦水。同样，在获得 3000 杜卡多的第二笔捐赠后，他随即又在 1593 年 11 月 12 日于澳门写给总会长的信中重提往事，再次要求总会长设法为澳门圣保禄学院提供年金或固定资产。他说：

> 第五个理由，这个神学院的大部分经费是用日本的固定资产支付并维持，我们不知道国王会给予多少固定资产。即使他给了，也不会充分，或不会充分支付，这会使神学院陷于窘境，最后只能成为日本的负担。这一次的管区会议认为，日本将用在这个港口（澳门）拥有的几间房屋的收入的 400 多克鲁札多来维持这所神学院。除此而外，从日本送来大米和其他日本人所必需而当时没有的各种食物，每年都从那里获得各种援助。当时不足的经费也必须由日本补给。
>
> 如果这一切都由日本负担，那么这所神学院就必须完全归属于日本的指挥之下，而驻在那里的院长也必须了解，这所神学院无可争议地属于日本，神学院的统辖与管理也必须适合日本。如果该神学院不是另立门户，脱离与邻人的关系，是绝无可能的。
>
> 第六个理由，与其说基于修院建造，还不如说是离开修院另行建造更容易建造此一神学院。如果基于修院建造，无论是照顾邻人和教堂的必要助手，还是在神学院中生活的教师和学生，都必须靠固定资产生

活。我不知道从哪里、何时才能收集到它们。但是，如果神学院与修院分开，修院可以与以往一样靠捐赠运转，可以有 12 人即 8 位神父与 4 位修士在其中愉快地生活。他们完全可以承担那里的圣务，因为他们可以从神学院中方便地获得支持。而在神学院，在一开始尚未拥有上述固定资产前，可以供 30～35 名耶稣会会士共同生活。应当不难找到养活他们的途径。他们已经在当地拥有 450 杜卡多的固定资产。我离开那里之前还购买了其他房屋，我期待着从那些（固定资产）获得的收入超过 600 杜卡多。

我想国王至少会另外给予他们 500 杜卡多。即使国王陛下不给，也不难从印度总督那里获得。这些钱多少可以补充来自于日本的钱，很容易支持这一数量的人。如果国王与总督一分钱也不给，可以向教皇圣下请求，如果每年能够向日本支付 6000 杜卡多的年金，就可以将其中的 500 杜卡多充作神学院的经费。此外，还可以用日本或印度拥有的固定资产或者在马六甲支付的 1000 杜卡多，也足以满足它的开支。在我们用各种不同的方法增值固定资产之前，这座神学院只能维持这一数量的人。

我毫不怀疑地坚信，果阿神学院发生的相同的事也肯定会发生在这所神学院中。正如阁下业已知道的那样，它（果阿修练院）在拥有固定资产之前，给人以空中楼阁的感觉，但是在很短的时间里，就因为这些（固定资产），成为印度诸多神学院中最富有、拥有最为充实的基金的神学院。①

可能是由于接到范礼安来信后耶稣会方面迅速将上述要求转达给同时兼任葡萄牙、西班牙两国国王的菲利浦二世（Felipe Ⅱ），后者在 1595 年 2 月 26 日于里斯本写给印度总督马蒂亚斯·阿尔富凯尔克（Matias de Albuquerque）的信中对此做出了回应。他说：

（……）为了帮助这些（耶稣会）修道士的生计，曾下令从马六甲朕的资产中每年拨给他们 1000 克鲁札多。除此之外，再从萨尔赛特（Salsete）一地的收入中支给他们 1000（克鲁札多），时间为 5 年，到（15）93 年为止。但是，在接到朕就此事给您的（新）命令之前，请

① 〔日〕高濑弘一郎：《基督教时代的文化与诸相》，八木书店，2002，第 227 页。

继续向他们支付。

此外，阁下还告诉朕，根据对中国与日本等地基督教会了解到的各种情况，阁下已下令在澳门市建造一所神学院，并认为那是对神和朕的奉献。在面对现在所遭遇的迫害时，此举一方面是由于有这些（耶稣会）修道士到那里避难，而另一方面则是由于有更多的其他人准备保卫那些王国（的基督教会）。鉴于阁下就此事写给朕的信件，朕接受阁下的建议对前述耶稣会修道士施以下述恩惠，即迄今为止他们在马六甲和萨尔赛特所拥有前述的2000克鲁札多，自接受期满后，再延续支给5年。关于阁下所说的建造澳门学院之事，朕将另函告知阁下，并请来信告知如何处理为好。①

根据信件传递所需的时间，国王在1595年回应印度总督的此信算得上是反应迅速了。然而，他的态度却与范礼安一再申明的殷切盼望相去甚远。虽然他颇为慷慨地宣称将1593年到期的2000克鲁札多的年金再支付5年，但没有表态再次期满后将如何处理。至于范礼安为澳门神学院提出的年金申请，参照国土延期支付2000克鲁札多的暧昧态度，范礼安未能如愿的结局亦是不难想象的。

或可作为上述推断的佐证，范礼安在此后写给罗马的许多信件中一再重申其最初（即前引1593年1月1日信件）提出的年金要求。1598年10月20日，他在于长崎写给总会长的信中说：

如果国王陛下希望在15～20年间为这个神学院的基金每年支付3000杜卡多的世俗年金，或者规定由某主教区支给，那他就能够给予。我想这会是最好而且是最可靠的基金。此外，与其说从他的固定资产中永久性割让某些固定资产、以此设立（神学院的）基金，这种方法可以更好地建立（基金）。如果国王用这种方法给予这些年金，阁下或可下令，每年只用1000杜卡多维持神学院，其他的2000杜卡多储蓄起来，用以购买固定资产。这样在10～15年内，就可以建立起用于神学

① 〔日〕高濑弘一郎：《基督教时代的文化与诸相》，八木书店，2002，第372～373页。

院的充分基金。①

1604 年 1 月 24 日，范礼安在于澳门写给耶稣会总会长助理阿尔瓦雷斯（João Álvares）神父的信件中旧事重提，说道：

> 总之，必须为该神学院建立基金，因为它会是这个管区真正的支柱。……通过国王陛下和教皇圣下在 20 年间给予某个主教区或大修道院的年金 3000 杜卡多，澳门的神学院也可能建立起确定的基金。就像我在写给总会长的信中所说的那样，请阁下竭尽全力，尽快办妥此事。②

可能是为了更好地向罗马方面说明此举的必要性，范礼安等人在 1604 年交给即将前往罗马的管区代表弗朗西斯科·罗德里格斯（Francisco Rodrigues）一份备忘录，在这份名为《中国与日本准管区的管区代表弗朗西斯科·罗德里格斯应在罗马与耶稣会总会长交涉诸事的记录》的文献中，为澳门圣保禄学院争取 3000 克鲁札多的基金成为管区代表在罗马期间全部 15 项事务中的第一要务。其曰：

> 第一，向国王出示了有必要在澳门建造神学院的理由，并尽力要求国王给该神学院 3000 克鲁札多的固定资产作为基金。与其由印度与马六甲国王海关给予 3000 克鲁札多作为永久性的固定资产，还不如在 20 年间每年给予 3000 克鲁札多的年金作为其基金，这样国王及其枢机会议的人们更容易接受。如果这样，也有可能接受这笔钱后再去购买固定资产。③

在不厌其烦地逐一列举了中国及日本教区的财政困境之后，④ 范礼安神

---

① 〔日〕高濑弘一郎：《基督教时代的文化与诸相》，八木书店，2002，第 378 页。

② 〔日〕高濑弘一郎：《基督教时代的文化与诸相》，八木书店，2002，第 379 页。

③ 〔日〕高濑弘一郎译注《耶稣会与日本》（1），《大航海时代丛书》第二期，岩波书店，1981，第 258～259 页。

④ 范礼安在信中说："第二，为中国的四个修院以及为推进传教事业必须给予的救济，也同样做了交涉，并取得了成果。还说明了它是如何重要，对它寄予了多大的希望。除了上述四个修院的固定资产与支付金之外，还必须为中国人建造一个小神学院。为推进这一传教事业，为了供给每日所需要的临时经费使其长期生存，以便在不能支付给付金时神父们的生活也得以维持，至少需要拥有 4000～5000 克鲁札多的资产。通过总会长、教皇与 （转下页注）

父向总会长提出一个特殊要求：

第七，与总会长交涉，争取到每年给予500克鲁札多的固定资产的若干信徒朋友，将他们作为神学院的创建者，以获得在日本与中国建立若干小型神学院的财源。即使他们除神学院建设及其杂物外什么也不提供，也用这笔固定资产可以养育12～15个耶稣会士与若干当地居民的同宿。此事已经多次来信提及。由于这笔固定资产为数极少，很容易找到为成为设立者而支付它的枢机卿、领主、高级圣职人员和友好的商人。这对日本与中国来说，是很大的救济。我按照曾给予马泰神父的指示，就这些神学院中之一的设立，与拿坡里人博恩斯（Pontes）三兄弟

（接上页注④）几位枢机卿，主要向总会长说有为中国这一大传教组织，这样的固定资产是必需的。为此，我充分利用了我所携带的文件。第三，尽可能使教皇确认前任教皇格里高利十三世与西格特斯五世给予的6000杜卡特的年金。通过以枢机卿们的劝告与意见为基础的根据枢机卿会议决定而发表的正式的大赦书，可以确定永久地给予这笔年金给日本的神学院、修院与神学校。并通过我所携带的文件，向他们证明如果没有这6000杜卡特的年金，日本的基督教界与改宗事业就不能维持。除这笔年金之外，还依赖于这一大传教组织全体在物质与人力方面的支持。此外，尽可能地征收过去几年间未给付年金的全部或一部。由于去年因荷兰人捕获定期商船而全部失去了，日本耶稣会现在已经完全没有资产了，所以通过尊师所交给的目录，向总会长说明如果不再度拨给相当的资产，日本基督教界决不能维持。总之，这笔年金的支付不能停滞，必须依据即使替换征收吏，对任何人都始终具有约束力的永久的大赦书而逐年支付。并尽力避免像现在这样通过出纳方面的许可书进行支付。因为一旦更换征收吏，出纳方面的许可书就失去效用。为尽可能方便地从教皇那里获得许可，还使教皇想起下列事实，即马泰神父作为管区代表去罗马时，教皇本人曾像前任教皇们所允许的那样，下令支付6000杜卡特。第四，与总会长交涉将日本与中国管区从印度管区分离出来，形成独立的一个管区。这是基于管区会议与协议会的要求，其理由将由尊师前往罗马报告。第五，要求总会长送来经语言训练、积累起有关当地的充分经验后具有可从事有关中国与日本统治诸工作能力与才干的优秀的若干葡萄牙会员，并告诉他，如果不具备充分的语言能力，没有关于这些国家的合适的经验，由新来者担任这一工作会使本准管区陷于极大危险之中。还尽力使若干神父与修士从葡萄牙管区前来此地，在澳门的神学院中继续学习。由于来自欧洲的人需要非常多的经费，本准管区无力承担，故要求总会长给予救济，即削减这笔经费，或用某种方法补充被派遣的会员们在欧洲所需的费用。这是本准管区无力承担的。第六，对总会长及其助理们就中国与日本实行的与欧洲其他管区完全不同的方法所抱疑问做充分的说明，即由于土地与习惯的不同，我们身处异教徒大王与领主们的土地上，我们没有任何权力与权能，除此之外别无他法，并向他们解释，正如已在日本报告书与补遗（即范礼安的两份报告书）中做了长长记述，现在就中国诸事所写的报告那样，必须顺应他们。”〔日〕高濑弘一郎译注《耶稣会与日本》（1），《大航海时代丛书》第二期，岩波书店，1981，第259～261页。

进行了探讨。他们也很愿意为中国与日本支付一些捐款。因为他们告诉我，他们将给今年来自意大利的神父们70000克鲁札多的帮助。①

关于范礼安在这里提到的拿坡里人博恩斯三兄弟，我们还没有找到相关的文献记载，也不清楚他们如何向来自意大利的耶稣会神父提供高达7000克鲁札多的援助。但是，要求总会长恩准将每年提供500克鲁札多的人列为神学院的创建者或许已清楚地表明，严峻的财政形势已经迫使范礼安降低捐赠门槛，以学院创建者的名号和荣誉为诱饵，换取区区500克鲁札多的援助。

另一个颇为出人意料的细节是，在论述所有的相关事项后，② 范礼安不

① 〔日〕高濑弘一郎译注《耶稣会与日本》（1），《大航海时代丛书》第二期，岩波书店，1981，第261～262页。

② 范礼安在这封信中说："第八，告诉总会长，在澳门神学院以及日本与中国，我们各种类别的书籍严重不足。并告诉他，由于许多人将大量的藏书捐赠给罗马的神学院，那里剩余了数量众多的书籍。这对我们也许是十分有用的。因此，我们向总会长提出下列要求，我们地处远方，无可求靠，所以希望将这些书分一些给我们。此外，在我们的神父们以往所印刷的、将来要印刷的书籍中，始终为耶稣会保留了相当的册数，总会长应下令从这些书中，捐助一些给澳门的神学院与日本，其中一些书也可以捐一本给中国。第九，尊师将要游说总会长、教皇与若干枢机卿，尽力为日本与中国争取一些品质上乘的装饰品。此外，还向他们要求若干神羔、圣画像以及豪华的遗骨箱。这些物件可以保全向我们要求此物的大批贵族的信仰。并告诉教皇，教皇以往送来日本的用金银装饰的圣画像如何被大量使用，可是我们在当地没有购买它们的钱，也没有人补充它们。第十，为了这一新教会的利益，通过总会长，向教皇请求主教塞尔凯拉与准管区区长要求的特权与特免。尤其是在中国与日本，各种书籍被翻译成当地的语言，或应当地民众的能力作成新书。免除其将它们送往果阿的异教裁判所和其他高级圣职人员的义务，并拥有能否印刷的特权，因为他们全部不能理解并阅读这些语言。请求教皇给予中国与日本耶稣会上长这样的特权，由了解这些语言的上长指名的神学家审阅上述书籍，在获得其承认并得到上长们的许可后印刷。如果没有这样的许可，中国与日本的基督教界将会蒙受巨大的损害。中国的教理问答书因没有这样的许可，已经有8年没有印刷了。第十一，游说总会长，将我们从印度的分担金中解放出来，并将持续6年向我们征收的数额返还给我们。尽管本准区一再诉苦并哀求，这一分担金还在征收。此外，最近印度要我们支付的临时分担金800～900歇勒芬也同样如此。因此，全部分担金超过3200歇勒芬。这笔钱是对我们的不当征收，因为根据在写给总会长的信中以及通过尊师携去的各种理由，我们完全没有这一义务。第十二，让总会长了解，正如现在所命令的那样，本准管区在果阿的派置由我们负担，在生活上独立的管区代表及其同伴是如何重要。向总会长出示为他制定的规则。要求总会长承认，并下令遵守它。再下令如果管区代表及其同伴生病或死亡，由当地换送别人或接受管区所认定的人物——在这种场合，这一人物的条件必须是本准管区长的人——印度管区长应听取处理日本事务的他人的意见。第十三，为了本准管区的利益，以及本准管区与印度管区之间的和平，来自欧（转下页注）

仅要求管区代表弗朗西斯科·罗德里格斯催促国王尽快兑现早已做出的捐赠承诺，而且可能是考虑到世俗君主未必能如此慷慨，在此提出了一个极富想象力的补偿性建议，其曰："第十五，尊师在回国途中，应尽力让国王确认在萨尔塞特答应的每五年给日本5000克鲁札多的捐款。而探寻它是不是不需要一再确认的永久之物，或许要花费很长时间。如果教皇不想支付未支付的那部分年金，与总会长协商如何才能筹集日本资产的补给方法。并与之商量，能否像为了果阿主教座、医院以及科钦的防御工事而给予日本航海（权力）那样，能否向国王请求附有可出售权限的一次日本航海？"①

由于缺乏必要的史料，我们还不清楚管区代表罗德里格斯神父为此次欧洲之行做了哪些努力，也不清楚这些努力是否有所收获，但至少是到范礼安去世时为止，为神学院建立基金的笔墨官司还是处于没完没了的扯皮之中。

1606年1月20日，这位"在非常的痛苦之中生命垂危"②的视察员神父在他去世前三天留下的最后一份亲笔信件中有气无力地重申道：

> 该准管区需要大量经费，拥有大量修院，并且需要养活大批人员，但另一方面，由于没有确实而稳定的固定资产，全体上长都必须为保持该管区所剩不多的资产而费尽心思。可以想象，如果它们被消费，陷入危险是极为确定且明显的。（……）我留下命令，为维持神学院而每年给予应当给予的东西，直到该神学院的基金得以确立；并下令对中国的各会馆进行补给，直到其基金确定并能够进行补给。我要求上长们遵守这一命令。此外，即使该神学院和中国各会馆的基金得以确立，神学院和前述各会馆也要拥有管区代表管理的自己的资

（接上页注②）洲的会员们应得到前往本准管区的明确指令并前来，而不能由印度管区长来选择。要让总会长了解这是极为重要的。其理由见于致总会长的信以及由尊师带去的（书面）诸理由。第十四，如尊师抵达时果阿神学院还未还给对日本的负债，要求总会长下令将其全额返还。现在日本处于极度贫困的状况，与果阿神学院拥有很容易返还它的手段不同，日本完全没有救济的手段。"〔日〕高濑弘一郎译注《耶稣会与日本》（1），《大航海时代丛书》第二期，岩波书店，1981，第262~264页。

① 〔日〕高濑弘一郎译注《耶稣会与日本》（1），《大航海时代丛书》第二期，岩波书店，1981，第264~265页。此外，1583年范礼安于印度果阿写给埃武拉大主教的信中亦提到此事，并且有详细解释。参见《十六、十七世纪耶稣会日本报告集》第三期第六卷，〔日〕松田毅一等译，同朋舍，1994，第171~172页。

② 〔日〕高濑弘一郎：《基督教时代的文化与诸相》，八木书店，2002，第319页。

> 产。这些基金必须在马六甲或者印度征收，由于支付状况通常十分糟糕，所以如果一切还像以前那样进行，如果不能拥有上述资产并以此进行援助，就会产生极大的不足，陷入穷困之中。[①]

众所周知，范礼安为圣保禄学院的建立付出了极大的心力，从某种意义上，他才是这所神学院真正的创建者。他为学院制定的一系列规章制度也成为此后学院运作的基本模式。由于各种原因，范礼安至死也未能为神学院建立起他一直期待的可靠基金，但他的献身精神和因地制宜的传教策略不仅是他给予神学院的最好捐赠，而且也是留给包括日本和中国在内的整个远东教区最宝贵的遗产。

三　商业性收入

尚须声明的是，在分析或理解远东耶稣会会士的经济活动以及他们的资金来源，以及前引关于建立神学院基金的诸多诉求与争执中，我们时常会看到另一个关键词，即范礼安 1593 年 1 月 1 日在写给总会长信件中要求国王为神学院建立的永久的“固定资产”。

在大航海时代天主教东传至日本和中国的 16～17 世纪，这个原语为“renda”的词语广泛出现在许多耶稣会会士的信件以及各种教会文献之中。事实上，该词的内涵几乎囊括了教会的所有收入来源，在不同的行文中，该词的具体含义不仅包括范礼安一再要求建立的特定基金、由国王和教廷提供的年金，还意味着房屋和土地等不动产的租金收入，甚至于商品交易的赢利以及高利贷的利息。因此，由于“renda”涉及极为广泛的领域，兼有随机应变的复杂属性，同时又拥有稳定收入的普遍属性和一般性含义，因此我们不得不在翻译相关文献时依据不同的上下文语境将它译作“固定资产”，或者是来自它的“固定收入”。[②]

众所周知，在耶稣会会士抵达东亚之后，类似于圣保禄学院的传教经费

---

① 〔日〕高濑弘一郎：《基督教时代的文化与诸相》，八木书店，2002，第 319～320 页。

② 关于这里所说的“固定资产”或“固定收入”，相关文献中的葡萄牙语作“renda”，西班牙语作“renta”，意大利语作“rendita”。参见〔日〕高濑弘一郎《基督教时代的研究》，岩波书店，1977，第 455 页。

问题一直是困扰他们的主要问题之一。随着传教事业的不断发展，资金缺口越来越大。① 与此成为鲜明对比的是，理论上应当由教皇和国王支付的年金却时常因各种理由遭到拖欠、截留甚至挪用，从而使背井离乡、孤军奋战的耶稣会会士一再陷入朝不保夕、求告无门的财政危机之中。或可称为澳门圣保禄学院前车之鉴的事实是，根据日本教会《1581 年度日本年报》的记载，葡萄牙国王塞巴斯蒂安曾经答应每年给予日本神学院 1000 克鲁札多的津贴，② 但范礼安在 1579 年 12 月 5 日于口之津写给总会长的信中颇为失望地抱怨道：

> 国王不会给予当地所必需的东西，这是不可能的。即使他以无数的敕令给予了他们，印度也不会支付。因为国王在 6 年前每年要澳门支给日本 1000 克鲁札多，但迄今为止，一分钱也没有收到，今后收到的可能性也很小。③

为扭转这一被动局面，走投无路的耶稣会会士在 1570 年前后听取了原

---

① 1570 年，第二任布教长费雷拉（Gaspar Vilela）神父在写给总会长的信中声称，每年的花费为 2000 克鲁札多。1571 年，他又将这一数额提高到 3000 克鲁札多。1575 年 1 月 23 日，第三任布教长卡布拉尔在写给果阿代理管区长曼努埃尔（Manuel Teixeira）的信中说："在我来到该地时，每年经费在 2000 两以上。这相当于 3000 克鲁札多。（……）现在每年必须有 4000 以上的克鲁札多，而且这一数字还将不断增加。" 1576 年，卡布拉尔又提出了新的经费要求。他说："现在，由于必须建造的教堂和住院，一万以上的克鲁札多是必不可少的。而且，为了这里的基督教界，每年需要 5000 以上的克鲁札多。" 在视察员范礼安神父抵达东方的 16 世纪 80 年代，随着传教事业的爆炸性发展，费用需求的增幅亦达到前所未有的程度。1578 年，范礼安在从澳门写给总会长的信中将教会预算定为每年 6000 克鲁札多。不久后，他在 1580 年 8 月 6 日于长崎写给总会长的信中声称，要维持已经取得的传教成果，每年至少需要 7000 杜卡特（克鲁札多）。在同年 10 月于丰后召开的全体传教士协调会上，经费数额上升到了 8000 杜卡特。当范礼安于 1583 年离开日本时，他在写给总会长的报告中已经将这一经费预算提高到前所未有的高度，即声称至少需要 10000 克鲁札多的年收入和 3000～4000 克鲁札多的活动资金。转引自〔日〕高濑弘一郎《基督教时代的研究》，岩波书店，1977，第 177、178、179 页。

② 参见〔日〕松田毅一主编《十六、十七世纪耶稣会日本报告集》第三期第六卷，同朋舍，1994，第 32 页。

③ 可视为范礼安此言的佐证之一，1581 年 10 月 13 日，新任日本准管区区长科埃里（Gaspar Coelho）神父亦致信总会长，声称："葡萄牙国王（许诺）每年在澳门给予 1000 克鲁札多，但已经有七八年没有支付了。"〔日〕高濑弘一郎：《基督教时代的研究》，岩波书店，1977，第 362～363、366 页。

为商人的阿尔梅达（Luís de Almeida）修士的建议，利用他加入耶稣会时捐赠的个人财产——3000 克鲁札多，开始投身获利丰厚的澳（门）日（本）贸易，从生丝和其他商品的交易中赢取必要的传教经费。[①] 1579 年，首次抵达澳门的范礼安更是干脆与澳门当局签订一份协定，从每年运往日本的中国生丝中为耶稣会会士保留一定数量的份额，以确保传教日本的经费需求。[②]

或因明目张胆的商业活动所导致的恶劣影响，耶稣会印度管区试图用另一种方式保证所需的经费。据费雷拉神父 1571 年 11 月 3 日致总会长的信，印度管区在日本教会从事生丝贸易后不久就曾下令其停止此类商业活动，并抽调日本教区交易盈余中的 10000~12000 克鲁札多在印度帕萨英（Baçaim）地区购置了几个村庄，试图以那里的地租收入弥补传教经费的不足。[③] 1575 年 12 月 4 日，当时尚在印度巡视教务的范礼安在写给总会长的信中证实道：

> 日本还在（印度）帕萨英附近购买了各种资产，还有来自那里的 1000 收入。其中包括在我来到东方后购买的两处不动产，获得了 500 斯

---

① 卡布拉尔神父在 1571 年 9 月 6 日的信中说："修士阿尔梅达带着 4000~5000 克鲁札多加入了修会，就是这笔钱开始了在日本和中国之间罪恶的商业贸易。"（〔日〕高濑弘一郎：《基督教时代的研究》，岩波书店，1977，第 582~583 页）关于此事，范礼安在作于 1598 年的《辩解书》（*Apologia*）第 16 章中有更为详细的追忆："就这样，神父的人数增加后，神的圣理通过阿尔梅达这一来自中国的诚实的、决心皈依耶稣会的虔诚的葡萄牙商人给他们援助。他长年帮助神父，不断向他们提供资金，最后在见到在日本的巨大传教成果后，应神的召唤加入耶稣会。他还将超过 4000 杜卡特的私产全部捐给日本的神父，并指示说，将它投资于日本航线上定期商船的生丝（贸易），不仅不至于消费资产，而且还会使它增值。"（〔日〕高濑弘一郎：《关于日本耶稣会的生丝贸易》，《基督教研究》第 13 辑，吉川弘文馆，1970，第 149~150 页）另据弗洛伊斯（Luis Fróis）的《日本史》等史料的记述，阿尔梅达是在 1552 年到达日本的，随后在那里加入了耶稣会。由此看来，耶稣会会士正式投身中日中介贸易的实际时间也应当在 1552 年后。

② 关于范礼安与澳门当局签订的生丝贸易协定及其详细情况，详见戚印平《范礼安与澳门当局签订的生丝贸易契约及相关问题》，《远东耶稣会史研究》，中华书局，2007，第 405~433 页。

③ 参见〔日〕高濑弘一郎《基督教时代的研究》，岩波书店，1977，第 232 页。1570 年 1 月 10 日，耶稣会总会长博尔哈（Francisco Borja）在写给印度教区视察员阿尔瓦雷斯·贡萨罗（Gonçalo Álvares）的信中明确指示说："我希望用耶稣会士在日本所获得的钱，为他们购入可以维持他们的某些资产。"（参见〔日〕高濑弘一郎《基督教时代的研究》，岩波书店，1977，第 454 页。）

格特的收入。其中一处是用1200购买的，另一处是用4000购买的。①

关于为日本教会在印度帕萨英购买的这几个村庄，本文无暇做更多的分析，但可以明确的是，这个同样被称为“renda”的若干村庄以及因此获得的地租，由于其不动产的属性而被我们译为“固定资产”。

关于“固定资产”的复杂属性，我们还可以从许多有关澳门圣保禄学院的相关记录中得到印证。例如，在前引《在果阿召开的神父们的协议会上，不应在澳门创建耶稣会神学院的诸理由》（罗马耶稣会档案馆 Jap. Sim. 23, ff. 285～291）中，那些印度方面的反对者声称：

> 根据耶稣会会宪、总会指令以及通常的惯例，如无确实的固定资产，无法供应或没有指望在那里被养育、停留在那里的伙伴们的经费，就不应该建立神学院。（……）即便是教宗，也肯定不会建立庞大的基金，我们很清楚，即使他想给予某种恩惠，那些固定资产的不确定性和某种巨大变动也是不可避免的。因为它的固定不变只能取决于教宗的意向。他们（教宗）中有人想增加它，也有人想减少它，还有人想夺取它。因此，它总是迟疑不决，不能确定，并任由他人。②

很显然，这些反对派决议中提到的两处“固定资产”具有不同的含义，前者应当是指类似于帕萨英若干村庄的某些不动产，而后者是指教皇（当然也包括国王）提供的年金。由于后者没有房地产的固定属性，因此我们在某些引文中又依据上下文将它译为“固定收入”。

然而，无论澳门圣保禄学院的经费来源是属于“renda”中的“固定资产”还是“固定收入”，它始终都未能成为稳定的供给来源是不争的事实。由于可以想象的现实利益，无论是世俗的国王，还是作为上帝在人世间代表的教

---

① 转引自〔日〕高濑弘一郎《基督教时代的研究》，第456页。需要补充的是，除了印度帕萨英附近的不动产之外，耶稣会会士在日本也拥有一些不动产。其中最主要的是在1580年由大友纯忠送给范礼安作为教会属地的长崎和茂木。在这个对外通商的重要口岸，教会不仅向居民们收取固定的地租，而且每年还从入港交易的葡萄牙商船那里征收1000克鲁札多的港口停泊税。

② 〔日〕高濑弘一郎：《基督教时代的文化与诸相》，八木书店，2002，第165～166页。

廷与罗马教会，他们在大多数时候的所作所为以及为此提出的种种借口都远远逊色于那些地位卑微的商人和生活困苦的普通信徒所做的贡献。

1610 年 3 月 14 日，时任日本准管区区长的巴范济神父在于长崎写给总会长助理安冬尼奥·马什卡雷尼亚什（António Mascarenhas）神父的信件中对这位吝啬的国王极为不满，他颇为酸楚地大发牢骚道：

> 对于国王陛下，除了请他实施尊师和努诺·马什卡雷尼亚什（Nuno Mascarenhas）获得的恩惠之外，不可能要求给予我们新的恩惠。这一恩惠就是给澳门神学院的基金、追加给日本的 2000 克鲁札多的永久性支给以及对中国神父们的供养。为了达到这一目的，总会长指出除以下方式之外别无他法，即要求国王给予的这一固定资产是作为葡萄牙国内的某个圣职禄或者年金。对于国王来说，这样做没有任何负担。如果像以往（其他固定资产）设定的那样，从印度的各种固定资产中分割一部分，那么即使设定了也几乎无法征收，或者不能完全征收，因为那需要总督的协助。如果他们对此没有好意，就什么也不会支付，并辩称它被充作以后预定建造舰队的费用。①

根据巴范济神父信中提供的资讯，总会长曾经从国王那里为日本教区和澳门神学院争取到某些恩惠，而且还曾经“从印度的各种固定资产中分割（出）一部分”，但它们似乎都未能完全实现，因为对耶稣会“没有好意”的总督“什么也不会支付”，甚至提出“充作以后预定建造舰队的费用”。正因为如此，巴范济神父的新建议是要求国王将“葡萄牙国内的某个圣职禄或者年金”作为捐赠的固定资产，因为“对于国王来说，这样做没有任何负担”。

或许可视为对这一抱怨的呼应，时任澳门圣保禄学院院长的（小）西罗尼莫·罗德里格斯神父在于 1617 年 1 月 5 日写给总会长的信中说：

> 为了澳门神学院的基金，阁下应当将卡斯楚·多娜·玛利亚（Dona Maria de Castro）为设立神学院的基金而在夏瓦（Chaul）捐赠的固定资产和曼努埃尔·弗朗西斯科（Manuel S. J. Francisco）神父在葡

① 〔日〕高濑弘一郎：《基督教时代的文化与诸相》，八木书店，2002，第 381 页。

> 萄牙捐赠的固定资产作为澳门神学院的基金，而且（我们要的）不是很多，只要其中的一部分就足够设立基金了。如果日本的管区长和视察员们认为应削减该神学院的人员，就允许他们减少这一固定资产。如果中国从日本分离出去，而这所学院又属于中国，那么他们就应当为了剩下的（基督教会）而将这些固定资产转移到日本。我们就该学院的基金提出这些要求。如果国王希望建立这一基金，也只会下令由国王在印度的海关支付以充当固定资产，而我们是不可能征收它们的。正如国王塞巴斯蒂安（Dom Sebastião）为日本修院设立基金而在马六甲给予我们的（固定资产）一样，也是无法征收的。①

关于（小）西罗尼莫·罗德里格斯神父在信中提到的多娜·玛利亚·卡斯特罗和曼努埃尔·弗朗西斯科这两位捐赠者，我们还不清楚更多的情况，但从信中提供的资讯看，他们在夏瓦和葡萄牙捐赠的固定资产很有可能是属于地产之类的不动产。然而，根据屡见不鲜的众多事实，西罗尼莫院长退而求其次，“只要其中的一部分”的要求有可能也会化为泡影。

另外，还必须说明的是，西罗尼莫院长在信中近乎哀求的语气并不意味着澳门神学院是一个可怜的乞求者，事实上，至少信中提到的多娜·玛利亚·卡斯特罗的捐赠原本并不属于澳门神学院，而是信徒们在印度捐赠给日本教区的固定资产。

关于这一点，我们还可以从1625年11月16日法兰西斯科·帕杰科等八名耶稣会士联名写给总会长的信中得到印证。在这封信中，帕杰科等人愤愤不平地对澳门方面挪用日本管区的资金提出一系列反驳意见，其曰：

> 第一，由于对日本非常亲密，且有自己兄长的耶稣会神父卡斯特罗（Cristóvão de Castro）的劝告，由梅内塞斯（Dom Jerónimo de Meneses）和他的妻子卡斯特罗·多娜·玛利亚赠予的印度北部地方村庄（收入）构成的基金显然是属于日本的。它是为了在长崎市设立神学院而给予的。而且，在捐赠时，虽然在中国的布道已开始进行，但他们不仅没有

① 〔日〕高濑弘一郎译注《耶稣会与日本》（1），《大航海时代丛书》第二期，岩波书店，1981，第460页。

> 提及，而且指定这笔固定资产的捐赠是用于上述日本方面的。第二，布兰当（Diogo Brandão）神父的基金也是给予日本的。他也没有考虑已经兴盛的中国（教会）。而且阁下也在对第一次日本管区会议第14项给予的回答中，明确地将它充入这一（日本的）固定资产。第四，日本在澳门所拥有的若干房屋，其中有别人赠予的，也有用日本的钱购买的，而且通常是由日本的管区代表亲自征收这些房屋的租金。中国的神父们在澳门拥有的若干房屋也是由他征收然后再分配给他们的。因此，这四个基金不能作为一个整体合法地给予中国。[①]

与上述关于多娜·玛利亚·卡斯特罗捐赠资产的你争我夺相比，我们对信中提到的另一桩公案即关于布兰当神父捐赠的相关细节了解得更多一些。据考证，葡萄牙籍的教区神父布兰当在1608年加入耶稣会时，曾将他在里斯本附近卡尔卡维洛斯（Carcavelos）的一块地捐给日本耶稣会，并希望用此地1000克鲁札多的固定收入为日本建造一所神学院。[②] 然而，或因明显的实际利益，直到布兰当于1620年去世时为止，他的这笔捐赠也始终未能得到国王的批准。而与此同时，尽管布兰当的捐赠归属未定，但如何使用这笔或许存在的固定收入已经在耶稣会内部引发激烈争议。

1616年12月25日，孔法洛涅里（Celso Confalonieri）神父在于澳门致总会长助理的信中首先对这份尚未得到确认的固定收入提出了要求。其曰：

> 由于充满了热情和竞争心，并且有谣传将在优秀教师之下进行学习，所以我们在果阿的伙伴认为没有必要将布兰当的基金用于澳门的该神学院。如果是要满足由教区神父和托钵修道士充斥的这个小城市的需求，这里（神学院）的12～14名耶稣会会士就足够了。供养这一数量的有限之人，每年有300克鲁札多的捐赠，此外还有从租借给世俗之人的房屋收入400（克鲁札多）。[③]

---

① 〔日〕高濑弘一郎译注《耶稣会与日本》（1），《大航海时代丛书》第二期，岩波书店，1981，第568～569页。

② 〔日〕高濑弘一郎译注《耶稣会与日本》（1），《大航海时代丛书》第二期，岩波书店，1981，第538页，注2。

③ 〔日〕高濑弘一郎：《基督教时代的文化与诸相》，八木书店，2002，第366页。

不知出于何种原因，孔法洛涅里在同一日（1616年12月25日）又于澳门给总会长助理写了一封信。在此信中，意犹未尽的神父再次解释道：

> 将布兰当的基金用于（澳门的）神学院，不会对管区产生良好的效果。虽然日本自己有必要扩大它，但对于澳门而言，却完全没有必要。从出租的店铺中可收入400两，每年还有300（两）的捐赠，如果再用教区神父、主任神父以及托钵修道士来满足这一小城市的需要，不必超过12~14人。①

由于缺乏资料，我们还不清楚孔法洛涅里所说“果阿的伙伴”是指哪些人，但他们的反对意见至少表明，对这份固定资产虎视眈眈的人不在少数。可能是为了打消某些人的非分之想，教区的上长决定先下手为强。1617年5月1日，时任中国与日本视察员之职的维埃拉（Francisco Vieira）神父在向管区代表下达的补充命令中说：

> 迄今为止，该（澳门）神学院仍无固定基金与维持费，只能依靠本市居民、（耶稣会）朋友和慈善家的若干捐款加以维持。而且一年中的大部分时间是用日本的钱来维持的。但神学院和日本管区代表对这一维持方式极为不满，并提出异议。没有固定资产就不是真正的神学院。根据1614年3月25日总会长克劳迪奥·阿夸维瓦（Claudio Aquaviva）给视察员巴范济的命令，以及本管区顾问们的意见，我将耶稣会神父布兰当为在日本建立神学院而捐给本管区的财产用以维持（澳门的神学院）。那儿靠近里斯本，名叫卡尔卡维洛斯，我们获得了国王的认可。此外，还用日本（管区）在澳门本市的房屋租金和店铺的固定收入充实它们。神学院将这些钱视为己有，这里的管区代表亦将它视为（该神学院的）固定资产，并经营它们，通过交易增大它们。因此，虽然（神学院）必须以此维持，如果（里斯本和澳门）这两处固定资产不够充分，日本管区代表将依据范礼安神父规则第8页第19项的命令，用本地捐款补充维持神学院的不足部分。除了上述两处固定资产之外，管区的最高长上今后应

① 〔日〕高濑弘一郎：《基督教时代的文化与诸相》，八木书店，2002，第366~367页。

善待并注意到日本（管区为维持神学院）所做的贡献。[①]

按照维埃拉神父所说，国王已在此之前同意将布兰当的捐赠转用于澳门神学院。关于这一点，我们尚缺少其他的相关证据，但可以明确的是，即使如此，直到布兰当神父去世那一年，日本的托雷斯神父（Baltasar Torres）仍对此表示异议。在1620年10月21日于日本写给总会长的信中，这位固执的耶稣会会士还在念念不忘地重申："布兰当神父被称为京都神学院的设立者，此外，我还希望阁下将他在葡萄牙给予日本的东西转用于（京都的）修院。因为迫害结束后，我们必然常驻于此，并在该市建造大型修院。因为那里是日本的首都，当地的基督教界应当在那里拥有神学院。"[②]

由于篇幅的关系，不能在此就神学院对固定资产及其固定收入做更多的分析，但可以确认的是，由于各方的切身利益，加之远离葡萄牙及其印度等海外领地，以及澳门本地的客观因素，[③] 为神学院争取固定资产的努力并不成功。事实上，真正算得上是圣保禄学院所有且相对稳定的固定资产，也只有数量有限的少数房产及其租金。而在这种情况下，要想维持神学院的必要经费，就必须另想办法。

① 〔日〕高濑弘一郎译注《耶稣会与日本》（1），《大航海时代丛书》第二期，岩波书店，1981，第618页。

② 〔日〕高濑弘一郎译注《耶稣会与日本》（1），《大航海时代丛书》第二期，岩波书店，1981，第539页。

③ 值得留意的是，在西罗尼莫（小）1617年1月5日于澳门写给总会长的信件中，这位澳门学院院长透露出另外一个不成功的设想。其曰："如果有神父主张在中国国内购买固定资产，那么他一定是将别人看作傻瓜了。即使在中国国内有许多土地，我们只能是旁观者，不仅如此，还肯定会与中国人一样，因被人掠夺而苦恼不已。如果受到迫害，我们会失去一切。此外，购买大量土地者在中国并不受尊重，就穷人们的资产而言，无论他们从土地上获得多少收入，都不过百分之十。如果要购买年收益1000克鲁札多的固定资产，必须花费10000～12000克鲁札多。而且，找到它们是困难的，而拥有它们就会有更大的困难。不仅如此，向我们出售土地的人肯定会发现土地在我们手中的状态要好得多，就会说我们购买时压价购买，对我们提出诉讼。如果有贪婪的高官来此，一定会立即鼓动他进行这样的诉讼。对此，高官通常会判决添加旧的价格，因为如果再多支付10（克鲁札多），其中会有6（克鲁札多）进入他的腰包，而出售它的土地所有者只获得4（克鲁札多）。这种事不久前发生过。因为我们永远是外国人，而当地人总会得到许多好处。"〔日〕高濑弘一郎译注《耶稣会与日本》（1），《大航海时代丛书》第二期，岩波书店，1981，第461页。

四 管区代表的经营模式

在讨论了以上各种有限的资金来源以及范礼安等耶稣会上长为此付出的努力后，我们很容易想象澳门圣保禄学院长期面临的财务困境，同时，也更容易理解管区代表即专门负责教会财政事务的耶稣会会士如何精打细算、融通变化，勉力维持学院正常运转的种种努力。

按照《会宪》相关条文的规定，学院的财政事务应由学院的院长负责，① 但事实上，所有关于财务方面的工作均由名为管区代表（Procurador）② 的专职人员进行处理。根据日本学者的考证，耶稣会内部曾有过多份《神学院管区代表规则》，其中可能形成于总会长埃尔哈德·默库里安（Eberhard Mercurian）任职时期（1573 年 4 月 23 日至 1580 年 8 月 1 日）和克劳迪奥·

① 在《会宪》第四部分第二章“学院的财产管理”中我们可以看到如下规定：“（326）本会拥有学院和附属于学院的财产，并任命具有与之相称的有能力者担任学院院长。该学院院长负责学院建筑等财产的维持与管理，并照料居住在学院中的学生、居住在学院外但准备进入学院的人，以及在学院外为学院工作的人们。学院院长应精通学院的所有相关事务，并随时向总会长确定的任何人选进行报告。（……）（327）如教皇书简所述，本会为供给学生之用而管理总会长、管区长或总会长委托的其他人管理固定收入，在有用并且必要时，还可交由法庭看护并保管它们。总会长或总会长委托之人可以收取为设施的维护和发展而给学院的任何东西。（330）如教皇书简所述，所谓本会及总会长不得将学院的固定收入擅作己用，意为不得将其另作他用，但为了学院工作者，例如管理者、说教师、开课者、告解神父、视察者、其他正式誓愿会员以及学院灵修事务及外部事务而尽力工作者的开支，不在此限之列。同样，这亦可作于本会会员，例如提供数额不大的一日饮食，或向旅行途中寄宿于学院的会员们提供食物。这一小额支出不必做特别说明，但应避免非人道或者违背圣座之意的疑虑。（331）凡可用固定收入供养除教授之外 12 名学生的学院，不得为给人以良好影响而寻求或收取捐献和其他馈赠。如果学院没有满足以上需要的充足的固定收入，可接受某些捐赠，但除非是已经陷入必须向人寻求捐赠的困境。在此场合，可允许为了对神的更大奉献和普遍之善而寻求捐赠，必要时也可挨家挨户地征求捐赠。（332）但如有恩人捐赠土地或其他固定收入，并且有数量相当的学生与教授，可以为了对神的更大奉献而接受这些捐赠。《耶稣会会宪》，第 110 ~ 112 页。

② 在《在华耶稣会士列传及书目补编》等中文译著中，他们的职务通常被译为更为通俗的“司库”或者“会计”［参见〔法〕荣振华（Joseph Dehergne）《在华耶稣会士列传及书目补编》（以下简称《补编》），耿升译，中华书局，1995，第 773 ~ 780 页］，但研究表明，这些耶稣会会士的专业范围远比一般意义上的司库或会计更为广泛且复杂（参见戚印平《关于耶稣会驻澳门管区代表及其商业活动的若干问题》，《远东耶稣会史研究》，中华书局，2007，第 348 ~ 390 页），因此本文亦依据国外学者的习惯称呼，将“procurador”一词译为“管区代表”。

阿夸维瓦任职时期（1581年2月19日至1615年1月31日）的一份《神学院管区代表规则》与我们所讨论的最为接近。

根据这份《神学院管区代表规则》，这位原神学院财务负责人的基本职责被划分为以下3个部分。

1. 关于神学院的资产

①如果担任这一职务，我相信神会使他在我主之中，使他通过所担任的职务，为神带来更大的光荣，有助于所有人的教化；还会给他神的恩宠，使他完成这一职务。努力在所有的圣务中见到神，并在其中（教务）进行某种良好的默想。

②努力教化交涉对手，并审慎而深入地与他进行对话，并做好忍受许多事项的心理准备。借用自己心灵中的所有力量，努力面对任何困难亦不动摇。

③由于他在神学院中是以补给所有世俗之物为职务，所以必须使用一般手段和异常手段，或使用一切手段，获取所有的固定资产、钱财和物资。因此，无论是门房还是其他人，无论是何种命令，接受它们都必须限于上长或其他的命令，并将它全部交给上述管区代表。

④记录保存是特别任务。应拥有一册井井有条的账簿，关于神学院的固定资产，应在其中逐一注明它的所在、借贷方及其期限与赁贷价格，以便了解可以向借贷方采取何种行动。此外，罗列诉讼与负债。这是为了在必要时向院长加以说明。再者，在该账簿中，还应逐一记述通常的事项与异常事项及其最后结果。

⑤月末向院长报告神学院有几笔债务、数额大小，以及其他修院中的钱，这是为了使他了解神学院的现状。此外，通常还应按其要求，准备向上长或奉上长之命者报告他的圣务。

⑥拥有一册账簿，并在其中记载在当地神学院中服务的职员、支付补给的使用者，以便了解为每个人的债务和必须向他们支付的数额。

⑦拥有一册账簿，在其中（记载）必须执行的、由上长决定的所有事项，以便不被遗忘地加以执行。

⑧留意并了解神学院中进行某种特别慈善行业的人们，记录并记忆之。这是为了按誓愿规定，了解应对谁保持敬意。

⑨拥有一册账簿，在其中记录不同年月日的所有的现金消费，并至

少每月报告消费数额，并请院长在该报告书上署名。

⑩如前所述，他的任务是接受神学院所有的钱与固定资产。对此，应将由院长署名的证书交予钱的接受者。这些（钱）应放在有三把锁的金库中，其中一把钥匙放在院长处，一把放在他（管区代表）那里，另一把由助理或顾问中的某一人所持有。

2. 关于神学院必需品的补给

⑪努力补给粮食与衣服，绝对不使神学院的必需品出现不足。尽一切手段调配它们。

⑫根据不同的场所与时节，努力购买必不可少的物品，尤其是葡萄酒、小麦、橄榄油和薪柴那样必不可少且最易消费的物品。对此要注意两点，其一，不可因较为便宜或者是可赊账等理由购入次货。其二，尽可能以合理价格购入它们。不得因不以现金支付而致价格升高。因为此举会增加我们的债务。购物时首先要向院长报告，使他明白神学院中不足的物资，以便根据他的命令进行补给。此外，还要拥有住院修士和全体使用者的名册，以便及时补给，因为要根据这一人数考虑向神学院补给粮食和最必要的物品。

⑬关于神学院中鱼、肉之类的日常必需品，采购者应注意购买数量能充分满足供现有人数的需要。用更合适的价格获得优良物品。即使再花费搬运等其他费用，也不可使货物受到损害。因为恶劣或腐败的物品决不可带入神学院中。

⑭应给予采购者及其助手用以消费的钱，每天从他那里收取书面会计报告，在支出账簿上记录其合计数额。

⑮应努力首先返还拖欠日久、必须迅速返还的债务。如果一部分是现金，一部分分期付款就能取得（物品），可按较少麻烦的分期付款，迅速取得物品。

3. 关于神学院补给品的保管与分配

⑯尤其是批发购入的物品，须努力不使之腐败或被他人拿走。为此，要注意与粮食保管员一起前往，切不可独自前往保存物品的场所。如果这样做是恰当的，应将这些（物品）的缺陷通知副院长，此事可由他自己或者他的助手进行。

⑰例如，某些种类的葡萄酒是好的，而其他是不可能的那样，有些

物品的保存是可能的，也有些是不可能的，所以必须加以留意。为此，暂不急用的其他补给品还是不保存为好。

⑱同样，正如某些物品用于某些时候，另一些物品用于其他时候那样，凡使用于不同时候的应注意不同时节的最佳配置。

⑲无论如何也必须努力使对神学院至关重要的必需品不要发生不足。但必须注意，这些物品的数量与品质应确保其既不会接续不上，也不至于保存过量，葡萄酒、橄榄油之类的消费切不可浪费。当这些物品运抵时，应命令粮食保管员、食堂负责人和厨师必须如何处理，兼有权居间调停，使他们明白其职务的规则。应让他们拥有这些（规则）的书面稿。如有必要，应提醒他们，弥补不足。但如想减少某些物品的日常数量，应首先与副院长达成一致。

⑳应很好地照顾病人，通过看护者了解他们所必需的物品，并通过采购员加以补充。

㉑无论是铁、锡、木材制成品还是床等其他物品，凡属于神学院之物，修院内外可移动之物，应持有一旦遗失就可明白的目录。此外，应预备于必要场合，遗缺时加以购买。

㉒如果必须购买某些物品，购买前必须先与上长（或为院长）和副院长进行商量。（与副院长商量）是为了让其告知上长。必须购买的东西必须慎重购买。

㉓除通常的生活费用之外，必须在理解上长的意图之外，消费他们下令使用的某些费用。

㉔为供应修士之用而带入修院（亦指神学院）的物品，不论粮食或其他任何物品，均应登记入册，然后交与副院长。在向他了解物品的消费情况后，通报院长。

㉕凡被允许新入学者的所有随身物品，应小心地登记在册，并记明所有者的名字、出身地点、何人子弟及其年龄。如果他带有书籍，应指示他交给图书馆的负责人。这是为了让他（图书馆负责人）在自己的目录上记录（这些书籍）。每一册均要留下带入者的名字。这是为了无论何时都能够报告它的全部情况。

㉖如果修院（或为神学院）遗失了某物，在确定此事确实无误时，如果认为有必要，应小心通知副院长或者院长，他们为着眼于神学院的

利益处理此事。

㉗如有必要，可依据上长（或为院长）下达给他的命令，在神学院中保留一名助手，处理这一切物品。[①]

从上述规则中可知，管区代表会像专业的财务人员一样，将所有的财务出入登记入册，同时还要负责为神学院购买包括葡萄酒、橄榄油在内的各种物资。但是，作为一名耶稣会会士，担任这一重要职务的管区代表又被赋予了某些特殊的权力，其中最为突出且令人印象深刻的是，他被允许运用包括异常手段在内的所有手段，为神学院获得固定收入、金钱及各种物资。换言之，他可以做一些普通耶稣会会士不能做的事。

在第三章引用的《神学院院长规则》中，我们应当注意到范礼安提及的管区代表的首要职责，即向日本教会提供补给的主要任务。为了确保这一使命的完成，范礼安甚至给了他特立独行的某些特权。但还应当特别留意的是，范礼安同时又明确宣称："根据这一理由，他或许可以兼任神学院的司库。"换句话说，在范礼安时代，澳门圣保禄学院并没有自己的管区代表（司库），而是由日本教会驻澳门的管区代表代行此职。

我们很容易理解，范礼安这一不同寻常且超越常规的决定是由创立澳门神学院的目的以及该神学院的属性与财务状况所决定的。正如我们一再阐明的那样，基于隶属于日本教会的属性、为日本教会培养传教人员的建校目的，依赖于澳门贸易的商业盈余，澳门圣保禄学院无法做到真正的独立，而在这种情况下，由日本驻澳门管区代表执掌其财务大权也就是顺理成章的事了。

可能是由于上述原因，我们还注意到范礼安在上述《神学院院长规则》中还特别提到，管区代表"要遵守我为日本管区代表制定的规则"，以便"完成他的职务"。根据目前所掌握的材料，范礼安在这里所说的规则显然是指他在1580～1582年为管区代表制定的特别规定。据考证，目前仍可看到的管区代表规则现藏于葡萄牙阿儒达图书馆（档案编号 Biblioteca da Ajuda, 49－IV－66, ff. 10－15v），其全称是《驻中国（澳门）日本的管区代表规则》（以下简称《管区代表规则》），这是视察员巴范济自日本归来后在当地交与的。《管区代表规则》共有条文58条，其中第1～30条由范礼

① 〔日〕高濑弘一郎：《基督教时代的文化与诸相》，八木书店，2002，第334～339页。

安制定（1580～1582），第31～39条为巴范济增补（1617），最后19条出自维埃拉之手（1618）。前两部分的条文序号连贯，维埃拉所作部分单独排序。

与上述澳门神学院属性相对应的是，范礼安在由他制定的条款中首先明确规定管区代表的基本职责及其主要的资金来源。其曰：

> 他的职责由三项主要内容构成。第一，依据上长们给他的来信，为日本的管区与修院补给公共的必需品和（个别修院必要的）特别的必需品。第二，每年投资应送往日本的全部资金。这些资金包括来自印度和马六甲的钱、日本送来的钱以及从属于日本（耶稣会）的房屋和店铺征收的钱。小心谨慎，尽心尽力。第三，运送由印度送往日本，或由日本送往其他地区的书信等其他所有物品。同时，使中国前往日本的神父与修士在航船中得到优待，不要欠缺必要的食粮。[①]

按照此条款的规定，可供投资的基本收入主要包括三个方面，即“来自于印度和马六甲的钱、日本送来的钱以及从属于日本（耶稣会）的房屋和店铺征收的钱”，而管区代表的职责则包括为日本补给各种必需品、送往日本的投资以及照料在澳门中转的人员及书信等物资。从字面上看，这些规定与澳门本地修院以及神学院并无关系，但实际上，收入中那些“属于日本（耶稣会）的房屋和店铺征收的钱”应当是我们此前一再见到的不动产收入，而支出部分中提到的在澳门中转并需要照料的人员，则应当包括滞留于圣保禄学院的耶稣会会士。

由于篇幅和章节主旨的限制，本文无法在此对这份《管区代表规则》做详细的个案研究。但如果仔细阅读《管区代表规则》的全文，就不难从中发现管区代表是如何兼任神学院司库的。例如，关于其兼顾神学院的供给，《管区代表规则》第24条明确规定：

> 为维持该（澳门）神学院以及居住于此的人们，在我主基督给予

① 〔日〕高濑弘一郎译注《耶稣会与日本》（1），《大航海时代丛书》第二期，岩波书店，1981，第606页。

其他固定资产之前，用下列方法加以补给。第一，由该神学院院长确定11人，用院长收受的捐款加以维持。每人的份额为（白银）45两，共（白银）500两，超支部分用神学院的房屋与店铺的收入支付。另外11人由管区代表支给（白银）500两。我命令该管区代表，这笔钱用每年秘密投资于送往印度的商品利润支付。该神学院的其他人和来自于印度与日本的人，管区代表按照其滞留时间的长短，用日本的钱支给每人（白银）45（两）。这一数额的钱可完全满足日常开销及临时支出的神学院的经费，管区代表不可超额支付。①

根据上述《管区代表规则》修订过程以及范礼安、巴范济和维埃拉三任视察员制作条款的不同时间，规则的第24条应为范礼安所作，换言之，我们亦可从中获知，在范礼安去世的1606年1月20日之前，学院中每人的年度消费额都一样，均为（白银）45两，但是，由于不同的身份，其消费资金的来源又有所不同；其中由神学院院长确定11人用院长收到的捐款加以维持，另外11人“用每年秘密投资于送往印度的商品利润支付”，但前者又可用房屋和店铺的租金应付超支的额外部分，最后11人身份较复杂，除了学院中的其他人，主要是“来自于印度与日本的人”，由“管区代表按照其滞留时间的长短，用日本的钱支给”。

在范礼安去世后的10年间，巴范济神父为这份重要的规则撰写了作为补充条款的第31条至第39条，其中第38条和第39条是有关于神学院消费的进一步规定：

㊳支付神学院的经费，管区代表于9月支付大约五成，所剩的部分再一分为二，其中一半在1月支付，另一半在5月交给神学院。

㊴若无印度定期船和航行日本（的定期船），管区代表自然无法向

① 〔日〕高濑弘一郎译注《耶稣会与日本》（1），《大航海时代丛书》第二期，岩波书店，1981，第613页。必须加以补充的是，笔者在此前的研究中曾推测范礼安亲自撰写的规则前30条可能作于1580～1582年（参见戚印平《驻中国（澳门）日本管区代表规则》，《远东耶稣会史研究》，中华书局，2007，附录5，第391页，注译1），但从此条涉及的内容看，对《管区代表规则》的修改一直没有停止，至少上述第24条应当撰写于创建澳门神学院的1594年前后。

> 神学院提供经费，而且无从借贷，在显然无法尽职的这些年份中，院长举债已不可避免。管区代表有义务将文书送交院长及其债权人，并在约定之际或情况好转时返还它们。①

巴范济没有解释他制定上述补充规定的原因，但从第39条规定披露的资讯看，随着日本江户幕府开始实行禁教政策，一直与宗教宣传纠葛颇深的澳日贸易受到波及，而当地的财政状况也开始趋于恶化。由于定期商船在某些年份中没有航行（或是无法航行），求告无门的神学院院长不得不举债度日。再者，也许举债的情况较为常见，所以巴范济要求管区代表制作特定的文书，并分送债权人与债务人。从另一个角度看，可能正是因为经费来源困难，规则第38条才会要求将本应一次性支付的经费分三次支给。

随着政治形势的进一步演变，到了1617年5月1日，在由维埃拉神父补充的另外19条规定中，有关神学院的条款的数量明显增加，除了在上一节已经引用的第3条之外，其他的条款分别如下：

> ②规则第19条②所言澳门神学院的维持方式，是在国王给予维持该神学院（我们有所要求，并仍未放弃）的固定资产之前，按以下所说方式，施行于日本不能提供一定比例的资金与固定资产的特定时期。而现在神父与修士们被流放到本地，无论如我们所期待的那样停止迫害重返日本，或是在迫害更为严重时送往其他地区或管区，我们（给予的维持经费）只能限于该神学院的常住人员。
>
> ……
>
> ④但这一划拨（即第3条中所说的国王同意将布兰当的捐赠改用于澳门神学院）使我们了解到，国王没有为该神学院提供基金，或没有充分提供，而且仅限于其他方法无法维持该神学院的期间。在这一情况下，只能将日本（管区）的资金作为维持神学院必要数额的固定资产。第二，用日本的资金与固定资产充作该神学院的维持费由来已久，

① 〔日〕高濑弘一郎译注《耶稣会与日本》（1），《大航海时代丛书》第二期，岩波书店，1981，第616～617页。

② 原文记录有误，从内容上判断，应为前引巴范济增补的《管区代表规则》第24条。

不仅仅是作为暂时的补给方式。(在本管区，为维持各个住院的几乎所有划拨都是如此。因为在异教领主的领地上，修院与基督教界几乎都极不安定并变动异常)。我们知道，上述划拨是在本管区修院无法更为安定之际，或耶稣会没有就这一维持下达其他命令期间，而且是在该神学院仍像现在这样隶属于日本传教团和该基督教界期间。这一划拨决不能停止或用于中国传教区。这样做才会使资金重返日本的住院。迄今为止，所有固定资产与资金的获得与给予都是为了日本住院。奉命将这些资金用于澳门神学院只是在这一条件下暂时充作神学院的维持(经费)，因为它可以避免上节所说的麻烦。

……

⑧在该神学院无法扩建或缺乏更合适的其他建筑物之前，(驻澳门)日本管区代表事务所应确保目前通道和位于病房之下的场所。将已经购入并准备送往日本的货物和为补给日本而从果阿送来的葡萄酒、橄榄油等补给品存放在院外他人家中是不妥当的，应尽可能扩大附近的若干地下室与仓库，以便存放上述物品。

……

⑪每年日本管区代表致信印度时，如果(教区的)最高上长滞留当地(澳门)，应同时致信给他，否则应致信(神学院)院长，请求他办理以下事项，即要求该市的加比丹、主教、总督和法官在写给国王、大臣或总督的信中为耶稣会多多美言。这是视察员维埃拉在服务规定第8项中刚刚下达的命令。

……

⑭除不得向任何人出借日本资金的规则之外，历任视察员还严令(驻澳门)管区代表：无论数量多寡，如无保证人，不得向人借钱作为送往日本的船货抵押贷款(respondentia)①，或在不确定葡萄牙能否支付的情况下向葡萄牙汇去票据。如我们有某些特殊需要，或为了回报他人恩义而不得不如此时，须遵照最高上长在当地的命令，最高上长不在

① 居住日本的葡萄牙人以及不愿前往或无法前往澳门的日本人进行的高利贷投机活动。贷款利率因风险大小而异，一般在30%和50%之间浮动。关于这一贸易形式及其相关情况，可参见《斯皮诺拉1618年10月8日于长崎写给耶稣会总会长的信》，〔日〕高濑弘一郎译注《耶稣会与日本》(1)，《大航海时代丛书》第二期，岩波书店，1981，第489~497页。

当地时应遵照神学院院长顾问们的协商决议。此外，汇给葡萄牙支票的数额不宜过大。必须汇送票据时，应参照当地澳元（pataca）的收益，汇票应考虑葡萄牙的相同数额及其合适比价。我们（驻）里斯本的管区代表提出忠告说，用其他方式将实际货币（real）从里斯本送往果阿，其增值部分将使本管区蒙受损失。

⑮就像管区代表事务所设在佩罗·克莱伊洛（Pero Gumleyro）家中那样，在远离神学院、靠近车用门附近设立日本管区代表事务所曾出过问题，因此我下令不可建造这样的管区代表事务所，因为它将产生非常严重的弊端。在1617年5月1日召开的协定会上，全体成员就此达成共识。从其他方面来看，管区代表事务还是尽可能靠近神学院为妥。

……

⑱在本港，曾发生货物在船只出航时受灾或遗失的情况。因为只让住院仆人装载货物。例如1617年，我们的仆人将载往马六甲的2担砂糖沉入海中。故命令日本、神学院以及中国各管区代表决不能只让仆人装货，须有某位神父或修士时刻陪伴他们。在该住院外来货物卸货时，或由我们负责卸货时，亦照此例办理。①

关于维埃拉神父所做的这几条补充条款，我们需要留意以下几点。

其一，在维埃拉修订《管区代表规则》之前数年间，日本教区的传教形势开始急剧恶化。1611年3月，江户幕府下令禁止基督教，并出动军队捣毁京都著名的南蛮寺。1613年7月，江户幕府开始在本国居民中检举基督徒，并处死违反禁令的西班牙托钵修道士。1614年，一直悬挂在传教士头顶的达摩克利斯利剑终于落下，同年1月28日，幕府将军德川家康正式颁布禁教令，将大批信徒和传教士逐出日本。如前所述，在那一年11月，至少有65名耶稣会会士来到澳门避难，而且其中的多数人就居住在圣保禄学院。

其二，到维埃拉撰写补充条款的1617年为止，世俗君王仍然没有向澳门神学院提供固定资产，也没有提供或未能充分提供学院所需的经费。在此

① 〔日〕高瀬弘一郎译注《耶稣会与日本》（1），《大航海时代丛书》第二期，岩波书店，1981，第617~624页。

种现实之下，他们不得不使用日本教区的经费来维持学院的运作。换句话说，前引《管区代表规则》第24条中人均45两白银的年度费用，是属于日本教会的钱。

其三，从维埃拉关于管区代表事务所位置的要求，储存在那里的葡萄酒和橄榄油等补给物资、亲自监督货物装船的要求以及“无论数量多寡，如无保证人，不得向人借钱作为送往日本的船货抵押贷款（respondentia）”的特别要求来看，管区代表在他临近神学院的事务所中经常从事各种商业性活动。

作为与维埃拉上述补充规则相对应的另一则材料，我们或可从管区代表曼努埃尔·博吉斯（Manoel Borges）神父作于同一年（1617）的会计报告中了解到上述规定的执行情况。

根据博吉斯神父的《1617年度澳门耶稣会管区会计报告》（又称“博吉斯报告”，下文统一用这名称），在从1616年8月1日至1617年8月31日间全部21项、共计8941.0325两白银的收入中，最主要的大笔收入包括（前任管区代表）曼努埃尔·帕莱特（Manoel Barreto）神父移交时留下的1764.6两白银和2斤黄金，这些（黄金）价值21.37两银子，合计为白银17（8）5.97两；由印度送来3712帕塔克（pataca），换算成白银，共为2720.886两；管区长神父以路易·戈麦斯（Rui Gomes）神父的名义交给他的565.51两（白银）以及从若干间房屋和店铺的租金中征收了367.32两（白银）。共计白银5435.686两。①

在博吉斯报告第12条和第18条中，我们看到有两笔数量不大的遗产捐赠，其中米盖尔·蒙得洛（Miguel Monteiro）捐赠了100帕尔塔诺（pardao），相当于白银73.3两，而卡瓦略（António Carvalho）留下的另一笔遗产只相当于白银10.75两。两笔捐赠加起来也不过区区白银84.5两。由此看来，情况正如我们此前推测的那样，尽管信徒们的捐赠并未断绝，但其数量远不足以满足实际需要。

须特别指出的是，博吉斯报告还提到，“今年本市的某些居民为维持该神学院而借给我们的白银，共计1436.7732两”。在这份会计报告中，虽然

① 该报告的全文可参见〔日〕高濑弘一郎《基督教时代对外关系的研究》，吉川弘文馆，1995，第431~444页。为节省篇幅，这里仅使用统计数字。基于同样的原因，下文中涉及报告的内容亦不再一一注明。

博吉斯没有注明这笔借贷的形式和归还期限，但它的数量颇为可观，如果按照规则第24条规定的按每人每年45两白银的份额计算，可供约32人消费。即使加上避难于学院中的日本耶稣会会士，按照第三章相关统计中的52人平均划分，每人也可以摊分到将近28两白银。从某种意义上说，之所以有如此大笔的借贷，其原因极有可能是学院中有大量的避难人群。

从支出角度看，虽然大量耶稣会会士已被逐出日本，但给予日本管区的补给在博吉斯报告中仍占有很大比重，在全部支出的9003.567两白银中，列为日本管区住院公共补给和特别补给的两个部分分别为白银3254.403两和120.87两，共计3375.275两。但引人注目的是，报告同时显示，澳门神学院的开支在1616~1617年已经超过日本管区，在总共只有四项的支出项目中，博吉斯支付的白银总数已经达到3752.417两。而且，除了支出第40项日本雕版工的工资4两，支出第41项偿还神学院债务的626.6两外，支出第52项中滞留于神学院众人的开销占据神学院开支的大头，共计2611.417两。

由于缺乏更多的史料，我们还不清楚这2611.417两白银是否包括前述1436.7732两白银的借款，也不清楚这笔钱实际用于哪些方面，但援引此前神学院人数的相关统计，当时滞留于神学院中的52名耶稣会会士平均每人可占有白银50.219两。如果此情属实，那么在博吉斯报告涉及的这一年中，澳门神学院的实际开支还是颇为宽裕的。

须留意的是，博吉斯报告还透露了管区代表进行商品交易的大量情况，例如，收入第5项中出售给中国传教区的葡萄酒，价值为39.58两白银；第8项向果阿神学院出售瓷器等物的42两白银；第9项不时在管区代表代事务所出售若干物品的27.596两白银；第13项为还债出售三箱生丝的208.33两白银；第19项中出售给马六甲神学院两包蓝色棉布的23两白银；第22项和第23项中出售给（澳门）神学院棉布的47.26两、纸张等物品的12.86两白银；第20项中出售礼物（来自柬埔寨的两根象牙和蜡烛）的19.6两白银；第21项中马尼拉的冈萨维斯（João Gonçalves）出售仆人转交的69.59两白银，共计489.816两白银。如果再加上第6项与教堂交换银质圣杯差价的10.66两白银和第14项中出售送往日本三个金块的差价7.33两白银，这种五花八门、品种繁多的商品交易共带来收入507.806两白银。应当承认，经常性的商品交易虽然无法与前述固定收入相比，但将近捐赠半数

的赢利应当是对学院财务的重要补充。

与之相对应的是，我们可以从报告中看到许多类似性质的支出，其中包括：第 4 项为购买少量绘画工具支出的 67.9 两白银；第 13 项为送往印度西凯拉（Bartolomeu de Siqueira）神父处的圣像手帕（veronica）和珠贝念珠支出的 1.875 两白银；第 32 项购买教堂蜡烛支出的 190.57 两白银；第 32 项为修理墓地支出的 18.87 两白银；第 35 项为抄写一册书籍支付的 1.59 两白银等，如果加上为补给日本教会的类似支出，如第 16 项为日本的耶稣会仆人制作世俗衣服支出 40.83 两；第 17 项为购买 65 件深红色罗纱长袍支出的 158.935 两；第 18 项为购买 6 顶帽子和几根铜带支出的 8.4 两；第 19 项为送往日本的装饰品即 6 个缘饰及金属部件支出的 22.4 两；第 20 项为各种各样的金箔制品支出的 9.8 两；第 21 项为制作 6 个装饰祭台、6 块圣约翰福音匾额、6 个全部包裹金箔的十字架支出的 3.6 两；第 22 项为购买用于加工食物之用的生姜和砂糖支出的 10.41 两；第 23 项为购买念珠、圣物袋、可储存食品及刺绣支出的 51.75 两以及第 24 项中砂糖腌梨支出的 3.32 两。由此可见，管区代表的交易活动显然是极为频繁琐碎的。

或可作为上述活动的注脚，我们还注意到报告的支出部分中有四项关于管区代表事务所的开支，分别是：支出第 1 项中房间及仓库修理的 4.54 两；支出第 31 项中事务所同宿和仆人开支的 15.05 两；支出第 39 项中支付工匠债务的 9.84 两以及第 49 项中支付给裁缝和木匠的 13.4 两。由此看来，管区代表的事务所具有相当的规模，所以才会有日常性的维修和各种工匠的工资支出。

综上所述，作为兼顾神学院财务的管区代表，他的工作是颇为专业而且是相当繁忙的。联想到《管区代表规则》中历任视察员对管区代表事务所位置的特别要求，我们很容易想见这种世俗性的商业活动对神学院教学所产生的不可回避的现实影响。

关于这方面的情况，我们可以从 1596 年 12 月 10 日卡布拉尔于果阿写给耶稣会总会长助理阿尔瓦雷斯神父（João Álvares）的信件中查知一二。这位曾担任中国教区上长的葡萄牙神父愤愤不平地声称：

> 从三年前到现在，大量的商品被投资而从中国送到科钦与果阿来了，它们虽然以他人的名字与标志被包装送来，但结果并不是秘密，一

切都真相大白，因为他们（名义人）自己就在暴露它们。马泰神父为前往罗马而从中国来时，还同时携来大批的生丝、珍珠、黄金之类的商品。科钦的出纳若阿向逗留在神学院的格德斯（António Guedes）出售了它们，据说售价在2000～2500帕尔塔诺以上。翌年，范礼安前来时又亲自带来投资采购的大部分商品。我想仅维斯·戈麦斯（Vaz Gomes）神父为他出售的金额就超过了9000帕尔塔诺。除此之外，还有生丝等其他商品，如果加上教皇给他的钱、在巴萨英的固定收入以及其他收入，就不是在当地不能给予莱昂特罗神父的贷款30000帕尔塔诺这样的小数目了。在澳门，莱昂特罗神父计划从我们住院中的秘鲁的西班牙人的钱中将这笔钱交给范礼安。这肯定会带来巨大的麻烦。

（……）

由于当地的这一状况，所来自澳门的人们的传说，那里的事态比当地更为糟糕。在当地的行为多少还较为慎重，而澳门一切都是公开的、人所共知的。这种状况是很自然的。作为一个有名誉的富裕人物，在范礼安之下担任主要代理商人、长期负责管理这些商业活动的科埃里神父（Baltesar Coelho）在两三天前对我说，在澳门，人们对耶稣会存在巨大的不满。在那里，日本的管区代表苏亚雷斯（Miguel Soares）在神学院中有自己的交易所，在那里不断进行货币的进出，中国商人频繁地出入其中。尽管该神父通过他人进行买卖，但他自己也去店里求购货币。他还告诉我，除了将大量投资于送往日本的商品，还在当地购买货币，高价转卖。资金非常巨大，所以可以用这笔钱买断外来的货币。所有的人都在控诉此事，表示不满。无论是在澳门的朋友，还是各个修会，都对此表示了极度的不满。为此，会员中的神父感到非常耻辱，几个神父曾流着眼泪对我说，无论自己感到多么耻辱，都无能为力，因为范礼安神父免除了苏亚雷斯神父在买卖上服从院长命令的义务。①

关于卡布拉尔的指责，我们或可从更多的角度加以考察，但不可否定的是，一方面，管区代表在他的事务所中进行着频繁不断的商品交易，并从中

① 〔日〕高濑弘一郎译注《耶稣会与日本》（1），《大航海时代丛书》第二期，岩波书店，1981，第184～185、189～190页。

赢得数目可观的商业利益。一方面，虽然历任视察员一再要求管区代表的事务所远离神学院，但无论如何，作为兼顾学院财政事务的管区代表，在紧挨着神学院的事务所中明目张胆进行商品交易，对神学院的教学产生的影响是可以想象的。另一方面，学院中管区代表及其事务所的存在也表明，在我们关注的特定时期，澳门圣保禄学院不仅是教会的教学机构和传教中心，而且是教会进行商品交易、获得传教经费的主要据点。而这些赢利性的商业活动又必然会对神学院的教育与学习产生不可低估的影响。

（原载黄晓峰编《文化杂志》第 83 期，澳门：澳门特别行政区政府文化局，2012 年夏季刊。）

明朝野士人对澳门葡人的态度、策略及其流变

汤开建　张中鹏*

明王朝开国之初，出于军事战略的考虑，推行以“海禁”为主的海疆政策。洪武四年（1371），明廷谕令各地“禁濒海民不得私出海”,① 后世诸朝反复重申祖制。及至“嘉靖大倭寇”时期，措施越发严酷，甚至严令“寸板不许下海”。② 明王朝的海禁政策不仅使宋元以来的东南海上贸易遭到打击，而且给闽粤江浙等沿海地区的官民生计带来诸多不利影响，沿海州县普遍出现“家居为民，下海为贼”的局面。万历年间，徐光启在论述东南海疆形势时便一针见血地指出：“官市不开，私市不止，自然之势也。又从而严禁之，则商转而为盗，盗而后得为商矣。”③ 为此，“开海”与“禁海”之争在明中后期朝野士大夫群体中持续不断。特别是包括葡萄牙在内的欧洲商民大规模东来，与东南境内猖獗的倭寇相互激荡，愈演愈烈，严重地影响和改变了明代政治与社会的走向，使本已变幻莫测的新局更显波诡云谲。而围绕葡人来华以和葡人居留澳门的问题，明朝士大夫更是产生过几次大的争论。通过梳理明中后期士大夫对葡人居留澳门问题态度、策略的演变轨迹，可以呈现中央与广东地方政府尤其是士大夫群体间认知分歧的不同面相，透视明王朝治澳政策的变迁及其

---

* 汤开建，澳门大学社会科学学院历史系教授；张中鹏，历史学博士，广东工业大学政法学院讲师。

① 《明太祖实录》卷七十，洪武四年十二月癸亥，中研院历史语言研究所校勘本，1962，第1300页。

② （清）张廷玉：《明史》卷二百零五《朱纨传》，中华书局标点本，1974，第5401页。

③ （明）徐光启：《徐光启集》卷一《海防迂说》，上海古籍出版社，1984，第37页。

背后诸因素相互较量的复杂隐情，从侧面重新理解明代澳门乃至中国政治与社会的变动。

一　正嘉之际士大夫对葡人印象的形成与转变

正嘉之际，士大夫对葡人的印象经历了从“番夷”到“恶彝”的蜕变。1509 年 8 月 1 日，时值正德四年初秋，数名中国商人与葡萄牙海军将领薛奎罗（Diogo Lopes de Sequeira）在马六甲港相遇，这是有文字记载以来中葡之间的首次接触。[①] 但这一次接触是在马六甲，而非在中国。1513 年，葡商欧维士（Jorge Álvares）首航抵达广东海域的 Tamou 岛。欧维士此行获利丰厚，这证实与明朝商民通商贸易是可行的，Tamou 岛也因此成为各国来华贸易的重要澳口。其时，广东地方政府正在实行对来华外国船只货物“俱以十分抽三”的抽分制度，[②] 公开允许满剌加、暹罗、爪哇诸夷来广州贸易。早期来华的葡萄牙商民是诸番夷之一，从欧维士所言“华人乐于同我们打交道”[③] 可见，最初葡人并未给华人留下什么不良的印象。当然，面对各国番夷集聚沿海进行贸易的新形势，不少士大夫提出异议。正德九年（1514），亦即欧维士首航次年，广东布政司左参议陈伯献上奏斥责“奸民造巨舶，勾引诸夷，危害地方”，请求朝廷禁止外夷来广贸易。专理番夷事务的礼部同意了陈伯献之请，随即下令广东地方政府禁约番船，非贡期而至者即行阻回，不得抽分。[④] 需要说明的是，在排除统治集团内部不同个体的认知差异上，朝廷与地方政府往往具有不同的利益考量。中央政府基于维护天朝礼制和海上安全的需要，排斥诸番夷于贡期之外来华贸易，陈伯献之请正是基于“勾引诸夷，危害地方”的政治考虑。广东地方政府则更多出于地方利益的考虑，尤其是受到番夷贸易抽分所带来的巨大经济利益的驱动。

---

① 〔葡〕奥利维拉：《葡中接触五百年》，东方基金会，1999，第 21 页。

② （明）黄佐：《（嘉靖）广东通志》卷六十六《外志三・番夷》，广东地方志办公室影印本，1998，第 1724 页。

③ 阿尔布科尔科致唐・曼努埃尔一世国王函，1515 年 1 月 8 日于满剌加，见金国平编译《西方澳门史料选萃（15—16 世纪）》，广东人民出版社，2005，第 35 页。

④ 《明武宗实录》卷一百一十三，正德九年六月丁酉，中研院历史语言研究所校勘本，1962，第 2297 页。

后因缺乏上供的香料（主要为龙涎香）和军饷，广东左布政使吴廷举于正德十二年（1517）再次奏请开海贸易，倡立“番舶进贡交易之法”：“番国进贡并装货舶船，榷十之二，解京及存留军饷者，俱如旧例”。[①] 由此葡萄牙人得以再次进入广东海域进行海外贸易。

正德十二年，葡萄牙正式派往中国的第一位使臣托梅·皮雷斯（Tomé Pires）抵达广东，与包括吴廷举在内的广东官员展开公开和平的正式会谈。葡萄牙使团被安排在光孝寺习礼三日，[②] 后下榻广州城内怀远驿，等候朝廷传旨接见。不久，明廷以无旧例可循为由婉拒，“令谕还国，其方物给与之”，抽分货物，量给价值。[③]

皮雷斯使团待命期间，因为葡萄牙商船的恶劣行为导致中葡关系急剧恶化，所以葡萄牙人在明朝士大夫视野中的形象也急速蜕变。首先，追随使团一同来华的安德拉德（Fernão Peres de Andrade）商队留驻屯门岛，“盖房树栅，恃火铳以自固”。[④] 正德十四年（1519），来华迎接使臣回国的西蒙·安德拉德（Simão de Andrade）船队也进入屯门。在获悉大使仍滞留广州后，他大为震怒，于是未经广东地方政府允许擅修工事，建起炮台、堡垒、哨所，并在屯门岛执行葡萄牙的法律，绞死其属下兵员，还在广州城掠买华人子女。[⑤]

---

① （明）郑晓：《吾学编·名臣记》卷二十五《尚书吴公》，北京图书馆古籍珍本丛刊本。《明武宗实录》卷一百四十九，正德十二年五月辛丑，中研院历史语言研究所校勘本，1962，第2911页；卷一百九十四，正德十五年十二月己丑，中研院历史语言研究所校勘本，1962，第3630～3631页。

② （明）顾应祥：《静虚斋惜阴录》卷十二《杂论三》称：“第一日始跪左腿，第二日跪右腿，三日才磕头，始引见。总督衙门吩咐：《大明会典》原不载此国，令在驿中安歇，待奏准才可起送。”顾应祥是见证葡萄牙使团第一次进入广州的人，其记录当可信，但他称葡萄牙使团的人员“皆以白布缠头，如回回打扮。”（胡宗宪《筹海图编》卷十三《兵器·佛郎机图说》）四库全书本《筹海图编》题为胡宗宪撰，有误。《筹海图编》作者原为郑若曾，天启年间，胡宗宪之孙胡灯等重校该书时，将“昆山郑若曾辑”改为“胡宗宪辑议”，并做必要改动。后人即沿用胡宗宪之名确实费解。这很可能是因为葡萄牙使团中有通事5人及许多仆役，这些通事和仆役可能是马来人，故作“回回打扮”。明政府既然将葡使臣视为“回回”，为何又安排在佛教寺庙习礼？殊不可解。

③ 《明武宗实录》卷一百五十八，正德十三年正月壬寅，中研院历史语言研究所校勘本，1962，第3022页；（明）毛纪：《密勿稿》卷一《揭贴》，四库存目丛书本。

④ （明）严从简：《殊域周咨录》卷九《佛郎机》，中华书局标点本，1993，第320页。

⑤ 《若昂·德·巴罗斯亚洲旬年史》第六卷第二章，转引自金国平《西方澳门史料选萃（15—16世纪）》，广东人民出版社，2005，第149～150页。

图1　南蛮屏风中的葡萄牙人形象

西蒙的所作所为引起明朝官民的反感，关于葡萄牙人拥兵作乱的说法与一则葡萄牙人掠食小儿的传言在社会上愈传愈广。嘉靖间黄佐所修的《广东通志》摘引《月山丛谈》，称葡萄牙人“好食小儿，云在其国惟国王得食之，臣僚以下不能得也。至是潜市十余岁小儿食之，每一儿市金钱百文”。[①] 嘉靖年间成书的《殊域周谘录》亦载：“（佛郎机）潜出买十余岁小儿食之，每一儿予金钱百。舶夷初至，行使金钱，后方觉之。广之恶少掠小儿竞趋之，所食无算。居二三年，儿被掠益众。”[②] 甚至葡文资料也有类似记录：“佛郎机人在 tamou 筑起一石墙瓦顶的堡垒，里面存有大量武器，他们偷 moços（少年），然后炙食之。”[③] 掠食小儿虽为传闻之讹，掠买儿童却是事实。明南海士人霍与瑕称：“番夷市易将毕，每于沿海大掠童男童女而去。游鱼洲人时亦拐略人口卖之。”[④] 福建文人林希元亦称：“佛郎机虽无盗贼劫

① （明）黄佐：《（嘉靖）广东通志》卷六十六《外志三·番夷》，广东地方志办公室影印本，1998。

② （明）严从简：《殊域周咨录》卷九《佛郎机》，中华书局标点本，1993，第 320 页。

③ 《广州葡囚信》中原为偷狗，金国平查阅同时代文献均为偷 moços（少年）。誊写者以为偷狗合理一些，故改之。金国平：《中葡关系史地考证》，澳门基金会，2000，第 161 ~ 162 页，注释 27。

④ （明）霍与瑕：《勉斋集》卷十二《上潘大巡广州事宜》，清光绪丙戌重刻本。

掠之行，其收买子女不为无罪。”[①] 虽然霍与瑕、林希元能够清醒客观地认识葡萄牙人掠买儿童的事实，但这类人毕竟只是少数。随着传说的广泛流布，西蒙所为引起当时明朝官民对葡萄牙人普遍的误解与敌视。明陈文辅《都宪汪公遗爱祠记》径直称葡萄牙人为“恶彝”：“近于正德改元，忽有不隶贡数恶彝，号为佛郎机者，与诸狡猾凑杂屯门、葵涌等处海澳。”自此，在士大夫以及民间社会中，葡萄牙人的形象已由入华通商的“蕃夷”转变为劣迹斑斑的“恶彝”。

士大夫对葡人印象蜕变的影响是多方面的，并最终成为决定正嘉之际中葡关系的最重要因素，导致皮雷斯出使的失败与中葡关系的恶化。经过种种斡旋，皮雷斯一行于正德十五年（1520）抵达北京，然而此时葡萄牙人侵占马六甲的消息亦传到北京，加上西蒙在粤的恶迹传闻，朝臣纷纷疏言请将葡萄牙人及其船只驱逐出境。监察御史丘道隆进言：

> 满剌加，朝贡诏封之国，而佛郎机并之，且啖我以利邀求封赏，于义决不可听。请却其贡献，明示顺逆，使归还满剌加疆土之后，方许朝贡，脱或执迷不悛，虽外夷不烦兵力，亦必檄召诸蕃声罪致讨，庶几大义以明。[②]

御史何鳌亦称：

> 佛郎机最号凶诈，兵器比诸夷独精。前年驾大舶突进广平省下，铳炮之声震动城郭。留驿者违禁交通，至京者桀骜争长，今听其私舶往来交易，势必至于争斗而杀伤，南方之祸殆无极矣。[③]

这些奏本对葡萄牙人的攻击由侵占满剌加转移至中国：

---

① （明）林希元：《林次崖先生文集》卷五《与翁见愚别驾书》，清乾隆三十八年诒燕堂刊本，第 31 页。

② 《明武宗实录》卷一百九十四，正德十五年十二月己丑，中研院历史语言研究所校勘本，1962，第 3630 页。

③ 《明武宗实录》卷一百九十四，正德十五年十二月己丑，中研院历史语言研究所校勘本，1962，第 3630 页。

> 说什么我们的使命在于借商人之名，窥探中华大地，然后武装入侵之。凡我们涉足之处无不以此种方式侵夺他人土地，入印度，占满剌加均用此法。[①]

鉴于朝臣普遍的反对，明武宗最终没有接见皮雷斯使团。[②] 明世宗即位后，在朝野舆论的影响下，做出了“佛郎机等处进贡夷人，俱给赏，令还国”的决定，[③] 宣布断绝与葡萄牙的往来，同时“禁绝番舶”，[④] 亦不许通市。至此，明王朝再次实施全面禁海。而广东海域的屯门之战、西草湾之战将本已紧张的中葡关系推至极点。为此，包括葡萄牙在内的蕃夷商船被迫转向福建漳州、宁波双屿港，只有少部分葡萄牙商船秘密在广东海域私自进行贸易。正如黄佐所言：“嘉靖中，党类更番往来，私舶杂诸夷中为交易。首领人皆高鼻白皙，广人能辨识之。”[⑤] 更为重要的是，中葡交恶促使葡萄牙人在士大夫群体与民间社会中的形象进一步丑化，引致明廷严厉禁止与葡萄牙人的商业贸易。

鉴于广东地方“公私诸费，多资商税，番船不至，则公私皆窘”，两广总督林富于嘉靖八年（1529）上疏，请准重开广东番舶贸易，[⑥] 虽然明廷中央与广东地方政府对此表示普遍认同，但葡萄牙仍在禁止之列。葡萄牙人既是嘉靖初年朝廷重点防范的“恶彝”，也是当时“开海”与“禁海”争议最重要的考量因素。这常见于当时文人的笔端，如反驳者礼部给事中东莞人王希文针对两广总督林富之请上疏：

---

① 《若昂·德·巴罗斯亚洲旬年史》第六卷，转引自金国平《西力东渐——中葡早期接触追昔》，澳门基金会，2000，第233页。

② （明）顾应祥：《静虚斋惜阴录》卷十二《杂论》，北京图书馆古籍珍本丛刊本。

③ 〔葡〕卡尔沃：《广州葡囚信》，金国平编译《西方澳门史料选萃（15—16世纪）》，广东人民出版社，2005，第80～81页；（明）黄佐：《（嘉靖）广东通志》卷六十二《人物·梁焯传》，广东地方志办公室影印本，1998；《明武宗实录》卷一百九十七，正德十六年三月丙寅，中研院历史语言研究所校勘本，1962，第3682页。

④ 《明世宗实录》卷一百零六，嘉靖八年十月己巳，中研院历史语言研究所校勘本，1962，第2507页。

⑤ （明）黄佐：《（嘉靖）广东通志》卷六十六《外志三·番夷》，广东地方志办公室影印本，1998。

⑥ （清）张廷玉：《明史》卷三百二十五《佛郎机传》，中华书局标点本，1974，第8432页；《明世宗实录》卷一百零六，嘉靖八年冬十月己巳，中研院历史语言研究所校勘本，1962，第2507页；（明）黄佐：《泰泉集》卷二十《代巡抚通市舶疏》，岭南遗书本。

> 正德年间，佛郎机匿名混进，突至省城。……副使汪鋐并力驱逐……何不踰十年，而折俸有缺货之叹矣！抚按上开复之章矣。虽下廷臣集议，不为无见，然以祖宗数年难沮之敌，幸尔扫除；守臣百战克成之功。一朝尽弃。不无可惜。①

支持林富之疏的戴璟称：

> 吾恐佛郎机之变生肘腋矣。虽然通之，固非美政，而禁之亦非长策。吾读林巡抚《番舶疏》，亦近似有理也。化而裁之谓之变，推而行之谓之通。②

南海人霍韬亦为林富之支持者，其称：

> 东南番皆自广入贡，因而贸易，互为利市焉，中国不可拒之以自困。惟佛郎机，则贼人之桀也，不可不拒。因据佛郎机并拒诸夷，非策也。当今之策，在诸夷之来，则受之，在佛郎机则斥之，否则厉兵以防之。③

故葡人船长索劄（Leonel de Sousa）称：

> 生意毫无指望。皇帝诏令如山。皇帝获知我们在私下贸易。他恩准一切商人纳税贸易，唯独心肠狠毒的佛郎机即葡萄牙人在禁之列。佛郎机视若无法无天的强盗、逆贼。④

葡萄牙人成为嘉靖初年明朝士人的争议焦点，但无论是开海派还是禁海派，均视葡萄牙为番夷之中的另类，即必须排斥在外的“恶彝”。

---

① （明）张二果：《（崇祯）东莞县志》卷六《艺文志》之王希文《重边方以苏民命疏》，广东省立中山图书馆藏抄本。

② （明）戴璟：《广东通志初稿》卷三十五《外夷》，北京图书馆古籍珍本丛刊影印明嘉靖本。

③ （明）霍韬：《霍文敏公全集》卷三十《两广事宜》，清同治元年石头书院刊本。

④ 〔葡〕莱奥内尔·德·索劄于1556年1月15日写给柯枝（科钦的古称）国王的信，载金国平编译《西方澳门史料选萃（15—16世纪）》，广东人民出版社，2005，第218页。

二　开埠初期（1554～1563）士大夫关于葡人留澳的分歧

嘉靖初年，广东重开番舶贸易后，葡萄牙人仍归于禁止贸易之列，被迫转赴闽浙贸易，由此开辟了连接马六甲、中国、日本的三角贸易。然而，好景不长，禁海派主持闽浙沿海事务，时任浙江巡抚兼福兴建宁漳泉海道的朱纨等人指挥军队连续清剿盘踞在浙江双屿港、福建走马溪的葡萄牙商民，只有少数葡人西逃至广东浪白滘。[①] 由于禁海触及官商边民不同阶层的利益，故明廷内部发生了激烈争议。澳门正是在此复杂历史背景下开埠的。

（一）葡萄牙对华策略的调整与澳门开埠

正嘉之际，朝廷断绝同葡萄牙的关系，实施全面海禁。然而不久之后，广东地方政府出于地方利益考虑请旨开海，允准番舶进贡贸易。换言之，中央与广东地方政府从未就诸番入华贸易爆发直接冲突，但中央与广东地方围绕包括葡人在内的诸番入华贸易确实存在分歧。明廷基于西来葡人的种种传说以及侵占马六甲的劣行，出于政治与安全考虑而加以拒绝；而广东地方政府则从寻求上贡和税饷的角度出发，更多地考虑经济层面，对之持开放态度。葡萄牙远东总部在认清中国形势后，从整体上积极调整对华策略。有论者指出，皮雷斯使团的失败促使葡萄牙重新调整对华政策，即从谋求入贡明廷转为与广东地方政府交好，“中国皇帝不是第一目标，而各省地方官才是葡萄牙外交的首要目标”，因为地方官“手中掌握了接受或拒绝葡萄牙贸易的实际决定权”。[②] 这具体表现在四个方面：（1）易“佛郎机之名”为“蒲丽都家”（即葡萄牙 Portugal）；[③] （2）由遣使通商转为拉拢地方官，以及与

---

① 〔葡〕徐萨斯：《历史上的澳门》，黄鸿钊、李保平译，澳门基金会，2000，第 11～12 页；〔葡〕平托：《远游记》下册，金国平译，葡萄牙大发现纪念澳门地区委员会、澳门基金会、澳门文化司署、东方葡萄牙学会，1999，第 201 页。

② 〔葡〕阿尔维斯：《澳门开埠后葡中外交关系的最初十年》，《文化杂志》1994 年第 19 期。

③ 〔葡〕莱奥内尔·德·索劄 1556 年 1 月 15 日写给柯枝国王的信，参见金国平编译《西方澳门史料选萃（15—16 世纪）》，广东人民出版社，2005，第 218 页；《明世宗实录》卷五百四十五，嘉靖四十四年四月癸未，中研院历史语言研究所校勘本，1962，第 8803 页。

沿海世家豪族通商；[①]（3）与华人打交道时，由以往的骄纵狂妄转变为顺从；[②]（4）以帮助明朝地方剿灭海盗以讨好明朝政府。[③]

这一系列策略的调整带来不错的效果。索劄在信中说："他们（指华人）已看到并声言从我们船满载的货物来看，并不像海盗。"[④] 将葡人视为"海盗"的印象已经消除，而且过去广东、福建等地的人因憎恶葡人而将其称为"番鬼"，此后则多使用"番人"之名。[⑤] 可以说，葡人的形象在相当一部分中国人中获得很大的修正。

葡萄牙人对华贸易策略的调整，刺激了闽浙粤等地官员的开海思想，与此同时，开海思想又反映了地方社会的特殊利益和普遍民情。嘉靖中任广东左参知政事的永嘉人项乔在《岭南纪事》（嘉靖二十八年）中提出：

> 嘉靖八年，林都御史富曾奉请遵祖训，南安、真腊、暹罗、占城、苏门答剌、西洋、爪哇、彭亨、日本、三佛齐、浡泥诸朝贡之国，俱许带番物通市舶，以供御用，以充军饷，以厚民生。事下户、礼、兵三部覆行，至今官民称便。惜乎闽浙当事之臣，无有援此例以题请者。大利，众所必趋，而概欲禁绝之，宜乎争民施夺而不能已也。[⑥]

项乔称开海通番为"众人所必趋"之"大利"，可以反映当时东南地区的民间舆情。朱纨于闽浙厉行禁海之际，福建缙绅林希元就提出异议。林希

---

① （清）谈迁：《国榷》卷五十九《世宗》，嘉靖二十六年十一月癸巳，中华书局排印本，1958，第 3709 页；（清）吴联薰：《（光绪）漳州府志》卷一《地理志》，清光绪三年芝山书院刊本，第 7 页。

② 〔葡〕莱奥内尔·德·索劄 1556 年 1 月 15 日写给柯枝国王的信，载金国平编译《西方澳门史料选萃（15—16 世纪）》，广东人民出版社，2005，第 218 页。葡萄牙人中日贸易船队总指挥曾言："我传令各船严加防守并要求与我同行的葡萄牙人不得从事任何会再引起当地人群情激愤之事，亦不得重蹈覆辙，令当地人再次哗然。"

③ （明）林希元：《林次崖先生文集》卷五《与翁见愚别驾书》，第 31 页："强盗林剪，横行海上，官府不能治，彼则为吾除之，二十年海寇，一旦而尽。"

④ 〔葡〕莱奥内尔·德·索劄 1556 年 1 月 15 日写给柯枝国王的信，载金国平编译《西方澳门史料选萃（15—16 世纪）》，广东人民出版社，2005，第 220 页。

⑤ 〔葡〕徐萨斯：《历史上的澳门》，黄鸿钊、李保平译，澳门基金会，2000，第 12 页。

⑥ （明）项乔：《项乔集》卷一《岭南纪事》，上海社会科学院出版社点校本，2006，第 42～43 页。

元本闽中豪右世家，曾任广东佥事。林希元怙势恃强，命豪奴驾巨舶下海通番，船上挂“林府”之旗，官军即置而不问，而林府遂成闽中巨富。[①] 针对禁海派攻击葡萄牙的海上贸易，林希元为其辩护，称：

> 佛郎机之来，皆以其地胡椒、苏木、象牙、苏油、沉、束、檀、乳诸香，与边民交易，其价尤平，其日用饮食之资于吾民者，如米面猪鸡之数，其价皆倍于常，故边民乐与为市。未尝侵暴我边疆，杀戮我人民，劫掠我财物。且其初来也，虑群盗剽掠累己，为我驱逐，故群盗畏惮不敢肆，强盗林剪，横行海上，官府不能治，彼则为吾除之，二十年海寇，一旦而尽。据此佛郎机未尝为盗，且为吾御盗；未尝害吾民，且有利于吾民也。官府切欲治之，元诚不见其是。[②]

由此可见，开海通番已成为嘉靖中期最普遍的民意。福建漳州、月港、浯屿等地的地方官对此亦持支持态度：

> 漳州、月港、浯澳等处各地方官，当其（佛郎机）入港，既不能羁留人货，疏闻庙堂，反受其私赂，纵容停泊，使内地奸徒交通无忌。[③]

按察副使姚翔凤和把总指挥丁桐就是因为“受货纵之入境”而被捕。[④] 而福建的老百姓对葡人的海上贸易很是欢迎，“士民私出海货番诱寇，禁之不止”。[⑤] 林希元的观点代表一批地方官员和开海派的主张和想法。嘉靖三十年（1551），福建巡抚和给事中题本，要将广东、福建、浙江三省尽许开通番舶，照常抽税，以资国用，普遍反映“全闽之人无不欲通市舶者，

---

① （明）朱纨：《甓余杂集》卷二《阅视海防事》，天津图书馆藏明朱质刻本。

② （明）林希元：《林次崖先生文集》卷五《与翁见愚别驾书》，清乾隆三十八年诒燕堂刊本，第31页。

③ 《明世宗实录》卷三百六十三，嘉靖二十七年七月壬子，中研院历史语言研究所校勘本，1962，第6471页。

④ （清）谈迁：《国榷》卷五十九《世宗》，嘉靖二十六年十一月癸巳，中华书局排印本，1958，第3709页。

⑤ （清）吴联薰：《（光绪）漳州府志》卷一《地理志》，清光绪三年芝山书院刊本，第7页。

稍宽其税”[①] 的地方民情。当时的宁波知府曹诰有一句很有名的话：“今日也说通番，明日也说通番，通得血流满地方止。”[②]

在葡萄牙和沿海地方政府的合力作用之下，嘉靖十四年（1535），夷商重金贿赂备倭指挥黄庆，将贸易地点从电白移至香山之壕镜；嘉靖三十三年（1554），葡商通过贿赂广东海道副使汪柏，并联合广东地方政府剿灭海盗何亚八集团，与广东海道副使汪柏达成口头协定，获得入泊澳门的权利，澳门自此开通为商埠，包括葡萄牙、北大年在内的夷商正式进入澳门；嘉靖三十六年（1557），葡萄牙人又因助剿阿妈贼老万集团，在广东地方政府默许下大规模入居澳门；[③] 崇祯元年（1628），澳葡议事会呈递的《报效始末疏》还重申“迨至嘉靖三十六年，历岁既久，广东抚按乡绅悉知哆等心迹，因阿妈等贼窃踞香山县濠镜嶴，出没海洋，乡村震恐，遂宣调哆等，捣贼巢穴，始准侨寓濠镜”，[④] 澳门逐渐成为葡萄牙在远东的商业据点和传教基地。

（二）开埠初期士大夫关于葡人留澳的分歧

嘉靖三十六年，葡萄牙人大规模入居澳门，由此葡人在澳门的表现立即引起朝野士人的普遍关注。这从当时担任广东监察御史的南海人庞尚鹏的奏疏中可以获知：

> 近数年来，始入濠镜澳筑室，以便交易。不踰年，多至数百区，今殆千区以上。日与华人相接济，岁规厚利，所获不赀，故举国而来，负老携幼，更相接踵。今筑室又不知其几许，而夷众殆万人矣。诡形异服，弥满山海，剑芒耀日，火炮震天，喜则人而怒则兽，其性素然也。奸人且道之，凌轹居民，蔑视澳官，渐不可长。若一旦豺狼改虑，不为狗鼠之谋，不图锱铢之利，拥众入据香山，分布部落，控制要害，鼓噪而直趋会城，俄顷而至，其祸诚有不忍者，可不逆为之虑耶。[⑤]

---

① （明）冯璋：《通番舶议》，（明）陈子龙等辑《皇明经世文编》卷二百八十，中华书局影印平露堂刊本。

② （明）郑舜功：《日本一鉴　穷河话海》卷六《海市》，民国二十八年影印本。

③ 汤开建：《澳门开埠时间考》，《暨南学报》（哲学社会科学版）1998 年第 2 期。

④ （明）韩霖：《守圉全书》卷三之一唛嚟哆《报效始末疏》，中研院傅斯年图书馆善本室藏明崇祯九年刊本。

⑤ （明）庞尚鹏：《百可亭摘稿》卷一《抚处濠镜澳夷疏》，广东文献丛书本。

第一，葡萄牙人一进入澳门就打破了以往“权令搭棚棲息，迨舶出洋即撤去”的舶口贸易旧制，而是开始在澳门建屋造房，而且一造就是数百区、上千区。这正如俞大猷所言：“商夷用强梗法，盖屋成村，澳官姑息，已非一日。”[①] 第二，葡萄牙商人不仅正式进入澳门进行商业贸易，而且“举国而来，负老携幼，更相接踵。今筑室又不知其几许，夷众殆万人矣”。“举国而来”有点夸张，但短短几年时间，澳门半岛一下就聚集了上万名外国人，自明开国以来，从未出现过这种现象，这难免不令人担心。此载与同时之吴桂芳、叶权所记相合。吴桂芳言：“况非我族类，不下万人，据澳为家。”[②] 叶权言：“乃今数千夷团聚一澳，雄然巨镇。”[③] 第三，葡萄牙人得以允许居留澳门是因其帮助明朝攻打阿妈贼，故葡人进入澳门后亦十分骄悍：“诡形异服，弥满山海，剑芒耀日，火炮震天，喜则人而怒则兽。”“奸人且道之，凌轹居民，蔑视澳官。”[④] “事久人玩，抽盘抗拒，年甚一年。”“香山县濠镜澳互市番夷，近年聚落日繁，骜横日甚”，骄悍的葡人及其高船利炮成为当时士大夫的顾虑与隐忧，甚至被称为“广人久蓄腹心深痼之疾”。[⑤]

面对上述情况，当时香山地区的民众与朝野士大夫以不同的方式表达了他们对葡人居澳的意见。第一种意见是：

> 议者欲于澳门狭处，用石填塞，杜番舶潜行，以固香山门户，诚是也。然驱石塞海，所费浩繁，无从取给，举事当待何时。或欲纵火焚其居，以散其党，为力较易。然往年尝试之矣，事未及济，几陷不测。自是夷人常露刃相随，伺我动静，可复用此故智耶？[⑥]

---

① （明）俞大猷：《正气堂全集》卷十五《论商夷不得恃功恣横》，福建人民出版社标点本，2007，第 383 页。

② （明）吴桂芳：《议阻澳夷进贡疏》，（明）陈子龙等辑《皇明经世文编》卷三百四十二，中华书局，1962，第 3669 页。

③ （明）叶权：《贤博编》附《游岭南记》，中华书局标点本，1987，第 44 页。

④ （明）庞尚鹏：《百可亭摘稿》卷一《抚处濠镜澳夷疏》，广东文献丛书本。

⑤ （明）吴桂芳：《议筑广东省会外城疏》，（明）陈子龙等辑《皇明经世文编》卷三百四十二，中华书局，1962，第 3667 页。

⑥ （明）庞尚鹏：《百可亭摘稿》卷一《抚处濠镜澳夷疏》，广东文献丛书本。

这包括两种办法：前一种就是用石头填塞澳门港口，阻止葡萄牙船只进入澳门，但由于此事工程耗资太大，没有办法实行；后一种是派人去澳门放火。葡文资料亦称开埠初期“岛上的华人经常放火烧毁葡人住宅”，[①]这种纵火烧屋的办法非但没有将葡萄牙人赶走，反而将矛盾激化，“自是夷人常露刃相随。伺我动静”，而且使纵火人“几陷不测”。这两种办法都是由民间人士提出来的，因为当地有一部分人看不惯外国人在中国的土地上横行，故采取这种不理智的暴力行为。所以，当时华人与葡萄牙人的严重对立与初入澳门的葡萄牙人表现得“骄悍”与“骜骜”亦不无关系。而葡人“凌轹居民，蔑视澳官”之行为，可能是葡萄牙人对当地华人的报复行动。

第二种意见是：

> 议者又欲将澳以上，雍麦以下，山径险要处，设一关城，添设府佐官一员，驻扎其间，委以重权，时加讥察，使华人不得擅入，夷人不得擅出，惟抽盘之后，验执官票者，听其交易，而取平焉；是亦一道也。然关城之设，势孤而援寡，或变起不测，适足以为骜骜之资，岂能制其出入乎？[②]

应该说，这在当时应是切实可行的良策，即设官建关，置兵驻守，对居澳葡萄牙人加强控制。也就是说，提出这一意见者主张容留葡萄牙人居住澳门，但要加强对澳门的管理与控制。庞尚鹏没有交代持这一观点的官员是谁。这名官员虽然是有条件地容许葡萄牙人居留澳门的第一个提议者，但其提议遭到庞尚鹏的反对，因为他认为在澳门“设关建城”不仅不能加强对葡人的控制，反而可能会让他们占据关城。但庞氏之言不具备说服力，后来在澳门设关置官的事实也证明庞氏之言为误。

第三种意见就是庞尚鹏自己提出的对付澳门葡人的办法：

> 安边者，贵消祸于未然；怀远者，在伸威于既玩。臣愚欲将巡抚海

---

① Josef Franz Schütte, *Monumenta Historica Japoniae I*: *Textus catalogorum Japoniae aliaeque de personis domibusque S. J. in Japonia informationes et relationes 1549 - 1654*, Romae: Via dei Penitenzieri, Apud "Monumenta Historica Soc. Jesu", 1975, p. 386.

② （明）庞尚鹏：《百可亭摘稿》卷一《抚处濠镜澳夷疏》，广东文献丛书本。

道副使移驻香山。弹压近地，曲为区处。明谕以朝廷德威，厚加赏犒，使之撤屋而随船往来。其湾泊各有定所，悉遵往年旧例。如或徘徊顾望，即呈督抚军门，亲临境上，慰谕而譬晓之，必欲早为万全之虑而后已。若以启衅为忧，则祸孽之萌，亦当早见而预待之，况有旧澳见存，皆其耳目所亲见闻者。彼将何从执怨乎？番船抽盘，虽一时近利，而窃据内地，实将来隐忧。党类即繁，根株难拔，后虽百其智力，独且奈何！或谓彼利中国通关市，岂忍为变？孰知非我族类，其心必异，此殷鉴不远。明者睹未萌，况已著乎？急则变速而祸小，缓则变迟而祸大。惟督抚军门，加意调停，从议酌处，毋逆其嚮慕中国之心。就于通事中，择其便给者，优以殊格，使掉其舌锋为说客，开示祸福，以阴折其骄悍之气。自后舶入境，仍泊往年旧澳，照常交易，无失其关市岁利。复严布通番之令，凡奸人之私买番货，畔民之投入番船，及略卖人口，擅卖兵器者，悉按正其罪。俾人皆知有法之可畏，而不敢为射利之圖。区画既定，威信潜孚，查往年所以禁制而防御之者，悉遵旧例施行，诸夷自将驯服而默夺其邪心，即祸本潜消矣。[①]

庞氏主张将葡萄牙人赶出澳门，但不希望使用填海、纵火这样的暴力手段，而是要求海道副使或两广总督出面，“谕以朝廷德威，厚加赏犒，使之撤屋而随舶往来”，并且“悉遵往年旧例”，“仍泊往年旧澳，照常交易”。从表面上看，庞氏的这一套办法合情合理，既不使用武力，又解除了澳门之忧，还保证了葡萄牙人同中国的贸易照常进行。但传统士大夫有一个最大的通病，就是衡量事情多以政治效应或意识形态为标准，很少涉及实际的经济效益。庞尚鹏亦是如此，他认为，“番船抽盘，虽有一时近利，而窃据内地，实将来隐忧”。这个“隐忧”并不一定会成为真忧，但为了消除这种“可能性”，宁肯牺牲这“一时近利”。殊不知，正是这些“利”，一可上交国库，二可充作兵饷，三可补充官俸，四可富裕贫民。[②]《明史·佛郎机传》称：“粤中公私消费多资商税，番舶不至，则公私皆窘。”[③] 嘉靖初，广东巡

① （明）庞尚鹏：《百可亭摘稿》卷一《抚处濠镜澳夷疏》，广东文献丛书本。

② （清）张廷玉：《明史》卷三百二十五《佛郎机传》，中华书局标点本，1974，第8432页。

③ （清）张廷玉：《明史》卷三百二十五《佛郎机传》，中华书局标点本，1974，第8432页。

抚林富又言：

> 查得旧番舶通时，公私饶给，在库番货，旬月可得银两数万……资民买卖，故小民持一钱之货，即得握菽，辗转交易，可以自肥。广东旧称富庶，良以此耳。①

那么要求葡萄牙人撤出澳门，退回“旧澳”进行贸易是否行得通呢？这个“旧澳”即“浪白澳”，是嘉靖三十六年葡萄牙人入住澳门前经常驻泊贸易之处。浪白澳在澳门西南约90里处，明清时期是海中孤岛，在连湾山和文湾山之中界自成一港湾，可停泊船只。但由于其“限隔海洋，水土甚恶，难于久驻”，不是贸易良港，再加上离华南经济中心城市广州太远，且与陆地隔绝，交通运输亦多有不便，岛上的日用生活必需品很难保证，因此难以发展起大规模的国际贸易。庞尚鹏称，“每年夏秋间，夷舶乘风而至，往止二三艘而止，近增至二十余艘，或又倍焉”。② 葡萄牙人选择澳门作为发展国际贸易的商埠，是经过很长时间的探索和实践的，而澳门在16世纪至18世纪成为当时国际贸易的繁华都市，已说明其选择的正确性。国际贸易在中国近海的发展不仅有利于葡萄牙人，而且大大促进了中国对外贸易的发展。如果葡萄牙人撤出澳门退至浪白澳，已见的国际贸易势必衰退，这既有损于葡萄牙商人的利益，又影响中国对外贸易的发展，更直接影响广东地方政府的财政收入，于双方都不利。庞尚鹏作为中央派到广东的巡按御史，站在中央的立场，势必要把澳门问题视作一个严重的政治军事问题。为了预防可能产生的隐忧，他不惜牺牲澳门国际贸易发展带来的经济利益。尽管当时已有一部分人看到入居澳门的葡萄牙人来中国主为商贸，而非侵略，提出：“彼利中国通关市，岂忍为变？”③ 但庞氏迂腐固执，予以驳斥：“孰知非我族类，其心必异。”

---

① （明）黄佐：《泰泉集》卷二十《代巡抚通市舶疏》，岭南遗书本。

② （明）庞尚鹏：《百可亭摘稿》卷一《抚处濠镜澳夷疏》，广东文献丛书本。

③ “彼利中国通关市，岂忍为变”反映当时明朝士大夫中确有一批人对葡萄牙人与明王朝展开的国际贸易的实质具有清楚的认识，这在葡文文献中亦可获得证明。博卡罗于1635年完成的《要塞图册》称：“即使有三桅船和帆桨两用船，向中国开战对我们也绝对不利；即使我们取得了重大胜利，只要他们取消与我们的贸易，对我们来说就是最大的损害。”〔葡〕安东尼奥·博卡罗：《要塞图册》，《文化杂志》1997年第31期，第164页。

庞氏希望通过葡萄牙人的华人译员劝说葡人撤离澳门，至嘉靖四十三年(1564)，葡人在澳门经营至少已有7年，盖起了上千区“高栋飞甍”[①]的大厦，聚居各国商人及家眷万余人。“高居大厦，不减城市。”[②]“筑室建城，雄踞海畔，若一国然。”[③]其耗费之巨，决非庞氏以“赏犒”二字可以解决。一方面，葡人决不会轻易退出澳门，因为入住澳门是经过中国官方允许的，也因此付出了巨大的代价；另一方面，广东地方政府亦不愿因葡人离开澳门再一次造成广东经济贫困。因此，庞氏尽管在奏章中将葡人入住澳门的“隐忧”即“党类即繁，根株难拔”“急则变速而祸小，缓则变迟而祸大”一一列明，但明朝中央政府并没有采纳。

从历史角度来看，三种解决方案本质上是“驱逐”与“容留”两种主张，驱逐主张关涉的是以激进、直接的方式还是以温和、间接的方式将葡人驱逐出澳；容留主张则涵盖政治、军事、经济等层面的治理方法。明中叶以后，士大夫关于澳门葡人与葡人留澳问题的争议基本上被囊括于此框架内。

三 嘉隆时期（1564~1581）士大夫对澳门葡人的政策转变

嘉靖四十三年三月，驻守在潮州柘林港的400名水兵因长期缺乏粮饷而军心浮动，而此时总兵俞大猷又要调遣水兵赴潮阳平倭，水兵头目徐永泰、谭允传愤然揭竿而起，发动兵变，史称“柘林兵变”。叛乱水兵随即与东莞私盐贩以及大奚山海盗合并，一时声势浩大，并举兵进攻广州。由于这次叛乱的主要骨干力量均是明朝训练有素的水兵和长期行劫于汪洋的海盗，其水上的作战能力甚强。因此，两广总督吴桂芳与俞大猷商议，一边调集驻扎于东莞南头水寨的明朝水兵来剿寇，[④]一边决定商请澳门的葡萄牙人组织水军参战。葡人随即参战并取得平叛的胜利。[⑤]当然广东地方政府以“许免抽分

① （清）张廷玉：《明史》卷三百二十五《佛郎机传》，中华书局标点本，1974，第8433页。

② （明）王士性：《广志绎》卷四《江南诸省》，中华书局标点本，1993，第100页。

③ （清）张廷玉：《明史》卷三百二十五《佛郎机传》，中华书局标点本，1974，第8432~8433页。

④ （明）郭棐：《粤大记》卷三《海岛澄波》，日本藏中国罕见地方志丛刊本，第44页。

⑤ 〔葡〕罗理路：《澳门寻根》附录文献之九《若奥·德·埃斯科巴尔〈评述〉》，澳门海事博物馆，1997，第109~121页。

一年”为条件酬答之，[①] 然而平定兵乱后，广东地方政府失信于居澳葡人，不仅将平叛“剿为己功”，而且“海道抽分如故，夷遂不服，拥货不肯输税”，[②] 中葡关系再次紧张起来。

（一）两广总督吴桂芳的“防澳”策略

总兵俞大猷认为居澳葡人“恃功恣横”，不可容忍，且不像他人所说的那么“难制”，建议抓住时机“与之大做一场”，[③] 以武力将葡人赶出澳门。俞大猷甚至将邀请葡人助剿叛兵视为对葡政策的一个环节，其根本目的在于寻找时机水陆并进将葡人驱逐出澳门。这在他给两广总督吴桂芳的信函中表露无遗：

> 用官兵以制夷商，用夷商以制叛兵，在主将之巧能使之耳。商夷用强梗法盖屋成村，澳官姑息，已非一日。三门之役，神妙之算，恩威之布，彼亦心服。今欲剪之，岂无良方？若以水兵数千攻之于水，陆兵数千攻之于陆，水陆并进，彼何能逞？……今与之大做一场，以造广人之福。[④]

俞大猷作为武将，面对桀骜不驯的葡人，自然提出以强硬武力手段使之屈服。然而，当时尚在广东的监察御史庞尚鹏提出不同意见：“惟督抚军门，加意调停，从议酌处，毋逆其嚮慕中国之心。就于通事中，择其便给者，优以殊格，使掉其舌锋为说客，开示祸福，以阴折其骄悍之气。”[⑤] 吴桂芳最终采纳了庞尚鹏“加意调停，从议酌处”的意见。

嘉靖四十四年（1565）四月，葡萄牙商人哑喏唎归氏率船队要求进贡明廷。当初吴桂芳、俞大猷邀请居澳葡人助剿之际，葡人再次提出进贡要求。俞大猷予以坚决回绝，说道：“功成重赏其夷目，贡事已明谕其决不许。”[⑥] 由

---

① （明）陈吾德：《谢山存稿》卷一《条陈东粤疏》，四库存目丛书影印清刊本。

② （明）叶权：《贤博编》附《游岭南记》，中华书局标点本，1987，第44页。

③ （明）俞大猷：《正气堂全集》卷十五《论商夷不得恃功恣横》，福建人民出版社标点本，2007，第383页。

④ （明）俞大猷：《正气堂全集》卷十五《论商夷不得恃功恣横》，福建人民出版社标点本，2007，第383页。

⑤ （明）庞尚鹏：《百可亭摘稿》卷一《抚处濠镜澳夷疏》，广东文献丛书本。

⑥ （明）俞大猷：《正气堂全集》卷十五《集兵船以攻叛兵》，福建人民出版社标点本，2007，第369页。

于明廷始终对葡人怀有戒心，屡次排拒其入贡请求，所以他们采用假冒的办法，企图以“满剌加国使者”的名义蒙混过关。但此事被广东地方官发现，上报两广总督吴桂芳，吴桂芳又将此事上报朝廷，并对此事发表了自己的看法，这载于其《议阻澳夷进贡疏》中。[①]《明世宗实录》嘉靖四十四年四月癸未条对此事亦有记载：

> 有夷目哑喏唎归氏者，浮海求贡。初称满剌加国，已复易辞称蒲丽都家，两广镇巡官以闻。下礼部议，南番国无所谓蒲丽都家者，或佛郎机诡托也。请下镇巡官详审，若或诡托，即为谢绝，或有汉人通诱者，以法治之。[②]

吴桂芳对葡人进贡有自己的看法：

> 今蒲丽都家，恐即佛郎机自隐之国名，而本夷求贡之情，恐即先年贸易之故智。却其贡，则彼必肆为不道，或恣猖狂。然其发速而祸尚小。许其贡，则彼呼朋引类，日增月益，番船抽分之法，必至尽格而不行，沿海侵陵之患，将遂溃决而莫制。其祸虽迟而实大。大难图也。缘彼以求贡为名，臣等不容径拒，以干专擅之愆，但事关利害甚重，臣等又不敢缄默，以贻日后地方之患。[③]

可见吴桂芳对葡人进贡的态度十分清楚，如果拒绝葡人进贡，可能会引起对方的不满，甚至会“肆为不道”，但事情爆发快而祸害小；如果同意葡萄牙人进贡，则要求进贡者将会越来越多，抽分之法也将无法实行，沿海地区又会受到侵犯，其后患将无穷。基于此，明中央政府接受了吴氏的意见，正式拒绝了葡萄牙人进贡的请求。

---

① （明）吴桂芳：《议筑广东省会外城疏》，（明）陈子龙等辑《皇明经世文编》卷三百四十二，中华书局，1962，第3668～3669页。

② 《明世宗实录》卷五百四十五，嘉靖四十四年四月癸未，中研院历史语言研究所校勘本，1962，第8803页。

③ （明）吴桂芳：《议筑广东省会外城疏》，（明）陈子龙等辑《明经世文编》卷三百四十二，中华书局，1962，第3669页。

吴桂芳于嘉靖四十四年处理葡萄牙人进贡之事的态度令后世研究者颇费思量：既然他知道葡人“据澳为家”二十余年已是既定事实，他亦不同意俞大猷用武力将葡人赶出澳门的建议，那为什么要拒绝葡人的进贡呢？故明人陈子龙辑《经世文编》时，收了吴桂芳这一条奏议，并在其首加了一小段按语：“澳夷之于中国，当论其通市与否，而贡非所重也。今既与市抽税矣，而不许其进贡于事体为不顺。”①

平定柘林兵变之后，因明朝失信于澳门葡人，故葡人十分不服，“拥货不肯输税”。② 虽然在海道副使莫抑的经济封锁之下他们不得不臣服，③ 但这一矛盾并没有从根本上得以解决。故此，加强对澳门葡人的防范就被纳入两广总督的议事日程。吴桂芳为加强对澳门葡人的防范主要做了三件事。

第一，修筑广州外城，防止澳门葡人的进犯。郭棐《广东通志》载：“四十二年甲子，都御史吴桂芳以柘林兵变，蹂践城外居民，创筑自西南角楼，以及五羊驿，环绕至东南角楼新城，以固防御。”④ 可见，吴桂芳实际上是在提防澳门葡人，这从他的《议筑广东省会外城疏》中即可看出：“况兼香山县濠镜澳互市番夷，近年聚落日繁，骜横日甚，切近羊城，奸宄叵测，尤为广人久蓄腹心深痼之疾。”⑤ 在平定柘林叛兵的水战中，葡萄牙士兵“鸟铳颇精，大铳颇雄”⑥ 给他留下了深刻的印象。由此，他认为，一旦葡人与明军再次爆发冲突，距澳门甚切近的羊城就是很危险的。所以，加筑广州外城，增加防御能力是吴桂芳在平叛之后即刻着手的首要之事。

第二，增设南头海防参将，加强对澳门葡人的军事防御。吴桂芳在修筑广州外城的同时，又建议明廷增设南头海防参将。吴桂芳在《请设海防参将疏》言：

---

① （明）吴桂芳：《议阻澳夷进贡疏》之按语，（明）陈子龙等辑《皇明经世文编》卷三百四十二，中华书局，1962，第3668页。

② （明）叶权：《贤博编》附《游岭南记》，中华书局标点本，1987，第44页。

③ （明）陈吾德：《谢山存稿》卷一《条陈东粤疏》，四库存目丛书影印清刊本。

④ （明）郭棐：《（万历）广东通志》卷十五《郡县志二·广州府》，明万历壬寅年序刊本。

⑤ （明）吴桂芳：《议筑广东省会外城疏》，（明）陈子龙等辑《皇明经世文编》卷三百四十二，中华书局，1962，第3668页。

⑥ （明）俞大猷：《正气堂全集》卷十五《论商夷不得恃功恣横》，福建人民出版社标点本，2007，第383页。

> 东莞县南头地方，内为省城门屏之巨防，外为海舶襟喉之要隘。当此镇而设大将，屯重兵，甲士连云，梯船碍日，则内可以固省城之樊屏，外可以为诸郡之声援；近可以杜里海小艇劫夺之奸，远可以防澳中番夷跳梁之渐。诚计安之要术而善后之良图也。[①]

又言：

> 令其居常驻扎南头地方，教演水战，有警督兵出海剿捕海倭贼寇，仍专一往来省城波罗庙、东洲、官窯上下，缉捕里水行劫贼船，及弹压香山濠镜澳等处夷船，并巡缉接济私通船只，俱会同海道副使、海防佥事计议而行。[②]

嘉靖四十五年，南头海防参将正式设立，后吴桂芳又建议设广东沿海六水寨，其中之一即是南头寨。《苍梧总督军门志》载："南头寨：自大鹏角洲起，至广海三洲山止，为本寨信地。分哨鹅公澳、东山下、官富、柳渡等处。"[③] 这正好对澳门形成一个环海包围圈，有利于严密监视和控制澳门葡人的海上活动。

第三，以海道副使专管澳门葡人以及与其他外国商船互市之事。《明史·吴桂芳传》载："因建议海道副使辖东莞以西至琼州，领番夷市舶，更设海防佥事，巡东莞以东至惠潮，专御倭寇。"[④] 以前的广东海道副使管辖整片广东海上之事，经吴桂芳建议后其职权被削减一半，仅专管东莞以西至琼州之番夷市舶。实际上，东莞以西的所谓"番夷市舶"即澳门问题，因为当时的外国商船主要集中在澳门进行贸易。以海道副使来专门管理澳门的

---

① （明）吴桂芳：《请设海防参将疏》，（明）应槚、刘尧诲：《苍梧总督军门志》卷二十四《奏议二》，全国图书馆文献缩微复印中心影印万历辛巳林大春序刊本，1991。南头参将之设，据万历十一年（1583）南头城《重修参将府记》，应在明初，后可能罢废，吴桂芳建议当为重建。

② （明）吴桂芳：《请设海防参将疏》，（明）应槚、刘尧诲：《苍梧总督军门志》卷二十四《奏议二》，全国图书馆文献缩微复印中心影印万历辛巳林大春序刊本，1991。

③ （明）应槚、刘尧诲：《苍梧总督军门志》卷五《舆图二》，全国图书馆文献缩微复印中心影印万历辛巳林大春序刊本，1991。

④ （清）张廷玉：《明史》卷二百二十三《吴桂芳传》，中华书局标点本，1974，第5874页。

贸易问题，既可控制澳门葡人“抽盘抗拒”不纳商税的行为，又可以减少内地奸商在澳门日益猖狂的走私活动。

由此可见，吴桂芳针对澳门所制定的一系列措施均基于“以防御为主”的考虑，尚未上升到对澳门的具体管理。可以说，在开埠的最初十年，明政府对澳门主要采取的是“防澳”策略。

（二）从“防澳”到“管澳”：霍与瑕的“治澳三策”

嘉靖四十五年，明世宗逝世，继任的隆庆帝一改前朝做法，立即结束局部海禁政策，全面开放东南闽广沿海，即所谓“隆庆改元，福建巡抚都御史涂泽民请开海禁，准贩东、西二洋”。[①] 在这种情形下，澳门的商业贸易进一步繁荣。与此同时，澳门葡人于隆庆二年（1568）以少胜多击退海盗曾一本的多次进攻，并于同年开始首次筑城。[②] 澳门葡人的新情况不能不引起明朝士大夫的侧目。譬如，工部给事中陈吾德直言不讳地表达对澳葡军事实力的惊讶：“佛郎机，满剌加诸夷，性之犷悍，器之精利，尤在倭奴之上。去岁曾贼悉众攻之，夷人曾不满千而贼皆扶伤远行，不敢与斗，其强可知矣。”[③] 由此，如何有效治理澳门葡人的问题再次摆在明统治集团面前。

当然，隆庆间的形势与正嘉之际大不相同，朝野人士在政策上的分歧逐渐减少，转为探讨如何采取有效的治理方式。以南海文人霍与瑕为例。隆庆五年（1571）左右，针对“吾广之有濠镜澳，实门庭之寇”的实际情况，霍氏提出了著名的“治澳三策”：

> 曰：建城设官而县治之，上策也；遣之出境，谢绝其来，中策也；若握其喉，绝其食，激其变而剿之，斯下策矣。欲行上策，当先要之以中策，请明谕番夷曰：军门以尔土著于此，招集无赖，买马造铳，恐我中华嗜利之徒，煽诱不轨，将为地方患。特申敕官兵，撤尔屋宇，送尔归国，两全无害，仍严兵备之，再三令之，若听顺徙而之他，此谓以邻为壑，故曰中策。倘其哀乞存留，愿为编户，乃请于朝，建设城池，张

---

① （明）张燮：《东西洋考》卷七《饷税考》，中华书局标点本，2000，第131页。

② 〔葡〕福鲁图奥佐：《怀念故土（第二编手稿）》，《文化杂志》1997年第31期。

③ （明）陈吾德：《谢山存稿》卷一《条陈东粤疏》，四库存目丛书影印清刊本。

官置吏，以汉法约束之，此谓用夏变夷，故曰上策。[①]

对于此三策，霍氏将“握其喉，绝其食，激其变而剿之”称为下策，这也就是庞尚鹏所言之填港、烧屋之流的办法，以激进的手段来驱逐葡人，这当然是不可取的，故被霍氏称为下策。霍氏又将“遣之出境，谢绝其来”称为中策，这也是庞尚鹏的主张，即将葡人逐出澳门，使其退回浪白贸易，这是一种温和的驱逐办法，被霍氏称为中策。三策中霍氏提出了自己的主张，即澳门亟须“建城设官而县治之”,[②] 并将这种办法称为上策。

> 今设城池，置官吏，以柔道治之，不动而安，诚策之得。计筑城工费不过万金，设官柴马不过千金，是税课五分之一耳。香山旧以澳夷在境，加编民壮三百名，今若建县，就以为城守之役，仍查备倭兵船近香山地方者，付与县官，清其虚冒，简其游惰，足其衣粮，习其技艺，高樯大舶，张形势之制，与崇城表里，为国家威严，广州永无虑矣。知以虑之，权以通之，不僇一人而措海滨之安，故曰上策。[③]

霍氏持这一主张的理由是，居澳葡人带来了巨大经济利益和海防价值。否则，对于广东地方政府而言，这滋生两大不便：“两广百年间，资贸易以饷兵，计其入可当一大县，一旦弃之，军需安出？一不便也。香山海洋，得澳门为屏卫，向时如老万、如曾一本、如何亚八之属（均是葡人参与剿灭的海盗），不敢正目而视，阖境帖然。若撤去澳夷，将使香山自为守，二不便也。”[④] 因此，不如“设城池，置官吏，以柔道治之”。

为了既能照顾广东地方政府的特殊利益，又能有效管理在澳葡人，他甚至建议将澳门建为一个独立的“县”，并按照明朝对建制县的管理方法对澳门进行管理。这一提法确实是极为开放与大胆的。霍与瑕提出的“上策”既符合澳门当时的实际情况，又具有可操作性。霍氏提出的“治澳三策”虽然上书给两广总督殷正茂未果，但其中的部分内容得到包括两广总督殷正

---

① （明）霍与瑕：《勉斋集》卷十九《处濠镜澳议》，清光绪丙戌重刻本。
② （明）霍与瑕：《勉斋集》卷十九《处濠镜澳议》，清光绪丙戌重刻本。
③ （明）霍与瑕：《勉斋集》卷十九《处濠镜澳议》，清光绪丙戌重刻本。
④ （明）霍与瑕：《勉斋集》卷十九《处濠镜澳议》，清光绪丙戌重刻本。

茂在内的广东地方政府官员的认同，不过他们也仅是采纳其“上策”的部分内容，即置关设官以管理，没有采用其“建县”的建议。综合中央、地方以及士大夫舆情，隆庆万历之交管理澳门葡人的决策初步形成，这促成明代治澳政策的初步制度化。

此一方面表现为在澳门设立市舶司分支机构，加强对澳门贸易的直接管理。工科给事中陈吾德上疏揭露葡人与内地居民勾结，贩卖人口，“结庐城守，据险负隅，挟其重赀，招诱吾民，求无不得，欲无不遂，百工技艺趋者如市，私通奸人，岁略卖男妇何啻千百”。[①] 但陈吾德并没有回到清剿、驱逐的老路，而是从现实情况出发，审慎客观地对待问题。他认为，既然非法走私贸易无法彻底禁绝，就提出以保甲之法监督岛内居民，派官员赴澳抽分，不许澳人入城（广州）。“今即不能尽绝，莫若禁民毋私通，而又严饬保甲之法以稽之，遇抽税时，第令交于澳上，毋令得至省城，违者坐以法。”[②] 最终，陈吾德的奏疏获准试行，明政府在澳门设立官澳（海关），“檄委海防同知、市舶提举及香山正官，三面往同丈量估验”，[③] 以赴澳抽分实现治权，征收进出口商税和泊税，加强对澳门贸易的直接管理。

另一方面表现为隆庆六年（1572）澳门葡人向明政府缴纳的500金由过去的贿金变为正式上交国库的地租银，[④] 葡人的非法寄居状态得到明政府公开认可。然而，这并非代表明朝政府认可葡人占据澳门，而只是表明明政府对其防范和管治的公开化。同年四月，明廷设广州府南头、广海海防同知一员，驻扎于雍陌。[⑤] 万历二年（1574），明廷又在澳门香山陆上交通的咽喉——莲花茎建立关闸，置兵把守，[⑥] 加强对澳门葡人的控制，“严通澳之

---

① 《明穆宗实录》卷三十八，隆庆三年十月辛酉，中研院历史语言研究所校勘本；（明）陈吾德：《谢山存稿》卷一《条陈东粤疏》，四库全书存目丛书影印清刊本。

② 《明穆宗实录》卷三十八，隆庆三年十月辛酉，中研院历史语言研究所校勘本；（明）陈吾德：《谢山存稿》卷一《条陈东粤疏》，四库全书存目丛书影印清刊本。

③ （明）郭棐：《（万历）广东通志》卷六十九《外志三·番夷》，明万历壬寅年序刊本。

④ 阿儒达宫图书馆：《耶稣会士在亚洲》，49－V－10，fl. 10v－ii；（清）印光任、张汝霖《澳门记略》卷上《官守篇》，澳门文化司署，1992，第106页。

⑤ 《明穆宗实录》卷六十八，隆庆六年三月癸巳，中研院历史研究所校勘本；（明）田生金《按粤疏稿》卷三《条陈海防疏》，天津古籍出版社影印明万历刊本，1982。

⑥ （清）印光任、张汝霖：《澳门记略》卷上《形势篇》，澳门文化司署，1992，第23页；（清）申良翰：《（康熙）香山县志》卷十《澳彝》，清康熙十二年刻本。

令"[①]"每月中六启闭"，不容许民间私自与澳门葡商贸易，使澳门葡商一切生活所需皆由"官与之市"。[②] 同时，加设海防同知、市舶提举各一员，盘诘稽查，"夷人出，汉人入，皆不得擅行"。[③] 万历五年（1577），明王朝在平定林道乾、朱良宝、林凤等海盗集团后，为防止他们卷土重来，先在南澳设立副总兵，并建南澳副总兵城，后又命昭武将军王绰移镇澳门，并在澳门葡人"居地中设军营一所，朝夕讲武，以控制之"[④]。尽管这样做效果不如预期，如霍与瑕《勉斋集》记载称："番禺、东莞、顺德之交，巨浸漫漫，直通海岛，坜涌板罛，蛋贼巢窟其中，接济澳夷。"[⑤] 但从制度设计而言，这一系列举措无疑标志着明朝统治者积极落实管理澳门政治、军事等方面的初步制度化。

四　万历中后期（1582～1616）明政府治澳政策的最终确立

万历朝中后期，经过与澳门葡人一系列的摩擦与斗争，以及不断的较量，明政府的治澳政策得以最终确立。其间大致又可以分为四个阶段。

（一）两广总督陈瑞与澳门葡人的关系

由于关于陈瑞出任两广总督及其任内情况的中文文献中极少，因此现存的陈瑞与澳门关系的资料完全是西文的。先看看利玛窦的著作中保存的有关罗明坚的记录：

> 我最后一次去那个城市，总共是四天，凑巧那个省（广东省）更换总督，更确切地说，新上任的总督有国王的差遣，如果认为葡萄牙人不宜住在他们的国家，可将他们尽数驱逐。因此，他召见澳门港的首领

---

① （明）陈吾德：《谢山存稿》卷一《条陈海防疏》，四库全书存目丛书影印清刊本。

② （明）王以宁：《东粤疏草》卷五《条陈海防疏》，广东省中山图书馆钞本，1958。

③ （明）王植：《崇德堂稿》卷二《香山险要说——复抚都堂王》，续修四库全书本。

④ （清）暴煜：《（乾隆）香山县志》卷六《人物·武功》，清乾隆十五年刊本；戴裔煊：《〈明史·佛郎机传〉笺正》，中国社会科学出版社，1984，第63页。我们以为，王绰移镇澳门应是明廷应对海盗问题的临时措施。明廷对澳门并没有实行长期军事管制。

⑤ （明）霍与瑕：《勉斋集》卷二十二《陈文峰公生祠碑》，清光绪丙戌重刻本。

（Capitano）与主教，而这两位都不愿冒险前往……于是，要我同一位当时任王室法官的葡萄牙人去广东。①

陈瑞，字孔麟，福建长乐人，嘉靖三十二年（1553）进士，在湖广任左右布政使多年，为首辅张居正死党，其出任两广总督是在万历九年（1581）十一月，由南京刑部尚书调任总督两广军务。② 葡萄牙人从嘉靖三十六年起大规模入居澳门。葡人定居澳门后，因不断有人向中央上疏，从庞尚鹏、吴桂芳到陈吾德等，明廷收到各种各样关于居澳葡人的意见，而且这些意见分歧很大。据罗明坚提供的资料，陈瑞任两广总督后，明廷给他下派了一个重要任务，就是全面了解居澳葡人的情况，然后决定葡人的去留。所以，陈瑞上任不久即召见“澳门港的首领和主教”来了解情况。当时澳门派了罗明坚神父与王室法官本涅拉（Mattia Penella）作为代表去晋见陈瑞。作为当事人之一西班牙的桑切斯（Alonso de Sánchez）神父留下了最原始的记录：

他们二人一同前去拜见都堂。（都堂）对他们又是多方盘问，又是严厉威胁。卫兵列队森严，锣鼓喧天。都堂对他们说，在他的土地上拥有瓦屋、教堂及修道院是要得到许可的。两人磕过头后，对都堂说，葡萄牙人从来是中国国王的臣民及忠实仆人，将都堂大人奉为主人及庇护人。听了这话，都堂的态度缓和了下来，怒容烟消云散，还说想将葡萄牙人收作子民。他对两人大加恩施，给了他们几块银牌……上面写着持有人有出入中国的特权，可晋见都堂，任何人不得加以阻拦。③

利玛窦的日记中则记录了更多的内容：

---

① 〔意〕汾屠立：《利玛窦神父历史著作集》第二卷，第414页，转引自金国平、吴志良《东西望洋》，澳门成人教育学会，2002，第162页。

② 《明神宗实录》卷一百一十八，万历九年十一月戊辰，中研院历史语言研究所校勘本，1962，第2213页；（明）李维桢：《大泌山房集》卷六十三《陈司马家传》，四库全书存目从书本，第18～19页。

③ 《耶稣会桑切斯神父受菲律宾总督佩尼亚罗沙主教及其他陛下官员之命从吕宋岛马尼拉城使华简志》，西班牙塞维亚东西印度总档案馆，菲律宾档79－2－15，转引自金国平、吴志良《东西望洋》，澳门成人教育学会，2002，第169～170页。

> 然而，当他（陈瑞）看到带来的礼物，他庄严的态度，立刻改为和善，他含笑告诉他们，殖民地一切均可照旧，但是要属中国官员管辖。①

我们无法在中文文献中印证这些内容。但可以肯定的是，陈瑞出任两广总督对澳门葡人是十分有利的。陈瑞向澳门葡人承诺“殖民地一切均可照旧”，即表明中央政府正式承认广东地方政府批准的葡人“侨寓濠镜”具有合法性。②

（二）刘继文、萧彦、陈蕖三任两广总督对澳门管理的加强

万历十七年（1589），合浦大盗陈某连年勾引琉球诸国夷人，劫掠广东沿海各地，“杀人越货，大为边患”。③ 刘继文《重修何仙姑庙碑记》亦载：

> 岁己丑（1589）春移镇端州，时澳酋李茂、陈德乐啸众海上，乌合至千余众，一时未集舟师，虑怀叵测。④

可见万历十七年时，广澳海上寇盗频生，形势十分紧张，而出任两广总督的刘继文对此十分重视，并由此而关注澳门葡人的动向，其对韶州同知刘承范密语曰：

> 香山澳旧为诸番朝贡舣舟之所，迩来法制渐弛，闻诸夷不奉正朔

---

① 〔意〕利玛窦：《利玛窦全集》第一卷，罗渔等译，光启出版社、辅仁大学出版社，1986，第 118～119 页。

② （明）韩霖：《守圉全书》卷三之一唼嚟哆《报效始末疏》，中研院傅斯年图书馆善本室藏明崇祯九年刊本；汤开建：《委黎多〈报效始末疏〉笺正》，2004，第 2～4 页。

③ （明）刘承范：《利玛传》，湖北监利存泽堂《刘氏族谱》序之卷二《艺文》，民国三年刊本，第 11 页。何高济译的《利玛窦中国札记》第三卷第 325 页注释 2 称韶州副长官为 Liu San Fu（意大利名），何高济译为“吕良佐”。夏伯嘉最新出版的《利玛窦：紫禁城里的耶稣会士》第五章第 123 页亦作韶州同知吕良佐，实误。据新发现刘承范的《利玛传》，Liu San Fu 应为刘承范的粤语译音。

④ （明）刘继文：《重修何仙姑庙碑记》，转引自黎玉琴、刘明强《利玛窦史海钩沉一则》，《肇庆学院学报》2011 年第 4 期，第 1～5 页。

> 者，亦遢遢假朝贡之名，贸迁其间，包藏祸心，渐不可长。本院欲肃将天威，提楼舡之师，首平大盗，旋日，一鼓歼之。①

刘继文的这一番话，虽然是其与刘承范两人之间的私人谈话，但可以反映两点：第一，葡人居澳后并不守中国之法，政府对其管制亦渐松弛；第二，刘继文本人对居澳葡人的主张是“一鼓歼之”。所以他派韶州同知刘承范下澳去“查盘军饷”，但“实则物色澳夷也”②。万历十八年（1590）春，刘承范奉命到澳门调查，但得出的结论与刘继文的恰恰相反：

> 伏睹皇明祖训，有以四方诸夷，皆隔山限海，彼既不为中国患，而我轻兵以伐，不祥也。大哉王言，其万世御夷之龟鉴乎？职至愚，不知海防至计，昨只承宪令，躬诣香山，窃于议澳夷者，有慨于中焉：夫香山澳距广州三百里而遥，旧为占城、暹罗、贞腊、诸番朝贡舣舟之所，海滨弹丸地耳。第明珠、大贝、犀象、齿角之类，航海而来，自朝献抽分，外襟与牙人互市，而中国豪商大贾，亦挟奇货以往，迩来不下数十万人矣。顷当事者，睹澳夷日聚，或酿意外之虞？欲提楼舡之卒，驱之海上，岂非为东粤计深远哉！顾东南岛，惟日本鸷悍，祖宗朝尝绝之。而占城诸国，世修朝贡。尝询之浮海之民，及商于澳门者，咸谓诸夷，素奉佛教，贸易毫发不敢欺绐。彼酋长皆家累万金，重自爱惜，乃楼舡将军，谓拥旗提鼓，以靖海岛，可大得志。诸褊裨之仕，慕诸夷珍宝山积，大创即可囊而归之。事虽未行，而先声已播，且有乘此诈吓者。不知诸夷念此至熟矣。假令一旦出师，彼且漂海而逝，我军望洋而返，意必恣意杀戮，伪上首级，海上益骚然矣。无乃为东粤生灵祸乎？近代为患者，莫如边虏。我皇上俯从互市之请，二十年来垂橐卧鼓，以享太平之福。视往岁兴兵之费，所省什伯，此其尤大彰明较著者也。独奈何使款顺之夷，望之而惊且走哉？是明珠、大贝，不饰朝夕，犀象、齿角，不充玩好也。请榜之通衢，照常抽分，听彼贸易，以安诸夷向化之心。

① （明）刘承范：《利玛传》，湖北监利存泽堂《刘氏族谱》序之卷二《艺文》，民国三年刊本，第11页。

② （明）刘承范：《利玛传》，湖北监利存泽堂《刘氏族谱》序之卷二《艺文》，民国三年刊本，第11页。

毋弦虚声，自相疑骇，而沿海弋舡，仍严为防守，斯备其在我以制之之道也。倘必以倭奴视诸夷，而曰“吾且为过郭钦，为江统，无论仰背祖训，即视皇上互市之意异矣”云云。时万历庚寅春莫也。①

刘承范不仅反对刘继文“欲提楼舡之卒，驱之海上”的办法，不必“以倭奴视诸夷（葡人）”，而且要求两广总督“请榜之通衢，照常抽分，听彼贸易，以安诸夷向化之心。而沿海戈舡，仍严为防守”，认为这才是“我以制之之道也”。两广总督刘继文接受了刘承范的意见，批曰：“据议，酌古准今，信为驭夷长策。即将批词及申文警语，悬之香山、澳门港口泊船紧要处可也。”②

万历十九年（1591），日本发动侵略朝鲜的战争，在日本经商的闽商许豫、陈申、朱均旺均向明政府报警，但明政府并不相信。③ 七月，明政府又从赴日浙商陈仪处获得一机密情报：

广东蠔镜澳佛郎机人，进我大明国天图一幅、地图一幅、犬一对、马一对、丝缎香宝等件，共银五百余两。（陈仪）俊下萨摩时，道遇之，不知如何嘱付，俊等疑其发此渡唐之大言，欲以壮士志，以惊束心耳。④

同时，当时抓获的倭寇亦透露：

通事杨惠来译出各贼供称，俱系各岛夷，自（万历）十九年陆续投入关白部下，至今驾船入犯，遭风漂流……因而就擒。及译出夷贼三十四人各有岛，分系戈里、安南、西洋、大趾、小趾、大佛郎机、小佛郎机等国。……据所译报，实与该道府所审无异。虽各夷额顶有发，比

① （明）刘承范：《利玛传》，湖北监利存泽堂《刘氏族谱》序之卷二《艺文》，民国三年刊本，第12~13页。

② （明）刘承范：《利玛传》，湖北监利存泽堂《刘氏族谱》序之卷二《艺文》，民国三年刊本，第12~13页。

③ （明）黄俣卿：《倭患考原》之《恤援朝鲜倭患考附》，北京图书馆古籍珍本丛刊影印明刻本，第369页。

④ （明）侯继高：《全浙兵制考》卷二附录《万历二十年二月二十八日朱均旺赍到许仪后陈机密事情》，四库全书存目丛书本。

之倭形稍别，而所供原系各岛夷投兵关白，听其开洋窥探之情，历有可据。臣不意狡倭阳为乞封请贡，而阴行窥伺，以图内犯。①

东南海上倭寇问题本来在嘉靖末隆庆初已经得到基本解决，明王朝的海疆“夷氛”亦稍稍得以平息。然而，由于万历十九年开始的日本侵朝战争，倭寇问题再次成为明朝各级政府首要关心的问题。由于有不少的葡萄牙人“投入关白部下”，更令人震惊的是，澳门葡人向日本人提供明朝的军事情报，葡日勾结企图“内犯”。在这种形势下，明朝士大夫就居澳葡人的去留问题再次展开了一场争论：

广人终以濠镜澳为忧，目为心腹之疾。或欲毁其巢庐，或欲徙之南澳，或欲移之浪白、三洲，或欲设官以治之，以其为番船所聚也。②

这次争论似乎比前几次的争论更为广泛。有人提出要拆毁澳门葡人的居所，有人提出要将葡人迁往南澳岛，有人提出要将葡人迁至浪白滘、三洲（上川）岛，也有人提出要加强对澳门的管治。但邓钟在对此事发表其看法时称：

（广）东省之有番舶，譬人身之有痰火，苟元气完固，精神充足，则火与痰皆为血脉之资；如其元神内耗，营卫不周，而区区以去病为务，未有不日削而月耗者。③

谢杰则称邓钟此说为“探本之论”，并称：“昔余之论广曰：元气既固，

① （明）朱吾弼：《皇明留台奏议》卷十五《兵防类·议兵船获倭疏》，苏州图书馆藏万历三十年刻本。

② （明）谢杰：《虔台倭纂》下卷《倭议一》，驻北京图书馆古籍珍本丛刊影印本，1991。（明）王在晋《皇明海防纂要》卷一《广东事宜》（续修四库全书本）第660页所载与《虔台倭纂》稍异：“香山澳在省会西南，夷人驻泊于此，称密迩焉。……议者以濠镜澳终为腹心之疾，或议毁其巢庐，或议移之浪白，三洲，或议设官以治之，或议以邻为壑而徙之南澳，要非根本之论也。”我们之所以将这一段话的时间定在万历十九年后，是因为谢杰这段话后紧接着为万历二十一年，故系于此时也。

③ （明）谢杰：《虔台倭纂》下卷《倭议一》，北京图书馆古籍珍本丛刊影印本，1991。

濠镜非腹心之忧。”[①] 时任两广总督刘继文此前刚完成对澳门葡人的调查，他对上述多种意见取了“设官以治之”之策，亦即加强对澳门的管治，而摒弃毁庐、驱逐等建议，并于万历十九年十一月上《备陈防倭条议》，在其中谈到加强对澳门的管治：

> 至澳夷内集，恐虞不测，合于澳门外建抽盘厂于香山大埔、雍陌地方。汛至，以同知驻扎新安，通判驻扎雍陌，汛毕方回。仍将倭奴入犯情节晓谕澳夷，令其擒斩关白入献，重加赏赉。[②]

刘继文于万历十九年三月已升任户部右侍郎，但由于继任者尚未到位，[③] 故他于万历十九年十一月还提出了对澳门加强管治的办法。继刘继文之后，两任两广总督萧彦和陈蕖基本上沿袭了刘继文的治澳政策，进一步加强了对澳门的管治：

> 近者督抚萧、陈相继至，始将诸夷议立保甲，听海防同知与市舶提举约束。陈督抚又奏：将其聚庐，中有大街，中贯四维，各树高栅，榜以“畏威怀德”四字，分左右定其门籍，以《旅獒》“明王慎德，四夷咸宾，无有远迩，毕献方物，服食器用”二十字，分东西为号，东十号，西十号，使互相维系讥察，毋得容奸，诸夷亦唯唯听命。[④]

谢杰《虔台倭纂》下卷载：

> 至（万历）二十一年癸巳，两广提督陈都御史蕖题以海防官专镇雍陌，陈同知鸿渐寔首任之。[⑤]

---

① （明）谢杰：《虔台倭纂》下卷《倭议一》，北京图书馆古籍珍本丛刊影印本，1991。

② 《明神宗实录》卷二百四十二，万历十九年十一月壬午，中研院历史语言研究所校勘本，1962，第4520页。

③ 《明神宗实录》卷二百三十三，万历十九年三月甲辰，中研院历史语言研究所校勘本，1962，第4314页。

④ （明）郭棐：《（万历）广东通志》卷六十九《外志三·番夷》，万历壬寅年序刊本。

⑤ （明）谢杰：《虔台倭纂》下卷《倭议一》，北京图书馆古籍珍本丛刊影印本，1991。

于香山大埔、雍陌等地建抽盘厂，使海防同知专镇雍陌，在澳门葡人中设立保甲制度，并且为葡人居所订立门籍，这些治澳、管澳制度的建立，表明政府对澳门的管治和防范也逐渐由松而紧、由疏而密。

（三）两广总督戴燿任内对澳门管治的放松

刘继文、萧彦、陈蕖三任两广总督对澳门的管治始终抓得很紧，但至戴燿出任两广总督时，对澳门的管治逐渐松懈，因此澳门屡屡出现问题，正如《澳门记略》言："吏兹土者，皆畏惧莫敢诘，甚有利其宝货，佯禁而阴许之者。总督戴燿在事十三年，养成其患。"[①] 而其家乡人对其在广东任内的评价颇高，称其治下"东南半壁，屹若长城"。[②] 此应与史实不符。而且，上文称戴燿任两广总督十三年，其实不准确。戴燿出任两广总督是在万历二十六年（1598）八月，[③] 万历三十六年（1608）他因钦州失事被削职为民。[④] 虽然直到万历三十八年（1610）才由张鸣冈来接任，但实际上戴燿在两广总督任上只待了十年。在十年任内，他"老迈卑庸，不足弹压"，[⑤] 放松了对澳门葡人的管治，甚至为澳门市舶之利，往往"佯禁而阴许之"，以致澳门问题频生。这包括以下几个方面。

一是万历二十八年（1600）的中葡冲突。万历二十七年（1599）李凤出任广东税监后，将广东总税额增加20万两，而在澳门原税额2.6万两的基础上增加2万两，即文献所称之"又派之濠镜澳货二万两"。[⑥] 澳门葡人不满加派税额，拖延不纳。万历三十年（1602），李凤遂下澳亲自督税，又对其索贿，乃"激变黑夷，干戈相向"，导致澳门葡人的反抗，澳葡方面增兵增船，还打死随李凤下澳的罗通事。这是一场十分严重的事件，当时

① （清）印光任、张汝霖：《澳门记略》卷上《官守篇》，澳门文化司署，1992，第68页。

② （清）张懋建：《（乾隆）长泰县志》卷九《人物志》，民国二十年重刊本，第453页。

③ 《明神宗实录》卷三百二十五，万历二十六年八月丙辰，中研院历史语言研究所校勘本，1962，第6029页。

④ 《明神宗实录》卷四百五十一，万历三十六年十月丁卯，中研院历史语言研究所校勘本，1962，第8532页。

⑤ 《明神宗实录》卷四百一十七，万历三十四年正月癸巳，中研院历史语言研究所校勘本，1962，第7877页。

⑥ （明）郭尚宾：《郭给谏疏稿》卷一《防澳防黎疏》，丛书集成初编本，第17页。

“香山军民、澳门汉夷恐大兵剿洗”。[①] 然而，作为两广总督的戴燿居然没有做出任何表示，只是派一个海防同知下澳贴一张布告平息事件，这显然是失职。尽管此事是中方失理在先，但无论如何，对于澳门葡人打死入澳的中国吏员一事，广东地方政府绝不可以不进行干涉处置。而戴燿仅因自己与税监李凤有矛盾而不追究此事，是对澳门葡人的极大纵容。

二是万历二十九年（1601）的葡荷冲突。荷兰武装船只准备进犯澳门，先派船只入澳门侦伺，但被澳门葡人抓获，并将这些“红夷”处死，双方在海上对峙了几天，最后，由于荷方力量过于单薄，要以武力征服澳门绝不可能成功，遂扬帆离去。两广总督戴燿对这一事件十分清楚，但“吾令舟师伏二十里外，以观其变”，[②] 处置方法极为失当。拥有澳门主权的明政府持这种坐山观虎斗的态度的危害有二：一是没有向在中国内海和领土发动侵犯的外来者宣示自己的主权；二是致使获明政府允居澳门的葡萄牙人丧失信心。

三是修建教堂之事。中国政府原只允许居澳葡人搭建矮小草屋居住，但葡人入澳不久，就已建成砖石结构的永久性居屋。万历中期以后，各大教堂等公共建筑均已建起，“高居大厦，不减城市”，[③] 特别是在万历三十四年（1606）于青洲修建教堂。青洲本在澳葡居留地之外，而澳门耶稣会则在此岛上非法僭建教堂，且“高可六七丈，闳敞奇秘，非中国梵刹比”。[④] 虽然当时的香山知县张大猷上岛进行干涉，要求拆毁教堂，但在戴燿的庇护下，教堂得以保留。[⑤] 后澳门耶稣会又在澳门城中心修建大三巴教堂，建造“如此宽宏高大之所”，是在明朝禁令之中的事，[⑥] 虽然明政府也曾派人干涉，但最后均在戴燿默许下得以完成。

---

① （明）朱吾弼：《皇明留台奏议》卷十四《矿税类·参粤珰勾夷疏》，苏州图书馆藏明万历三十年刻本。

② （明）王临亨：《粤剑篇》卷三《志外夷》，中华书局标点本，1982，第 92 页，卷四《九月十四日夜话记附》，中华书局标点本，1982，第 103 页；（明）朱吾弼：《皇明留台奏议》卷十四《矿税类·参粤勾夷疏》，苏州图书馆藏万历三十年刻本。

③ （明）王士性：《广志绎》卷四《江南诸省》，中华书局标点本，1993，第 100 页。

④ 《明熹宗实录》卷十一，天启元年六月丙子，中研院历史语言研究所校勘本。

⑤ 阿儒达宫图书馆：《耶稣会士在亚洲》钞件 49 - V - 5，第 345 页，转引自金国平、吴志良《东西望洋》，澳门成人教育学会，2002，第 311 页。

⑥ António Bocarro, *Decada* 13 *Historia da India*, Vol. 2, Lisboa: Typographia da Academia Real das Sciencias, 1876, p. 737.

四是修筑炮台，抗杀兵丁。葡人借口防御荷兰，在澳门开始修筑城墙和炮台。万历三十三年（1605）中方干涉葡人修筑城墙时，葡方居然将明朝的士兵“抗杀”，① 这一严重事件表明了澳门葡人对明廷管治的不服与反抗。

五是蓄养倭奴。澳门蓄养倭奴始于万历二十年，起初规模不大。但到万历三十八年时，王以宁称葡人“借口防番，收买健斗倭夷以为爪牙，亦不下二三千人”。② 特别是在万历十五年（1587）丰臣秀吉发布驱逐传教士令后，日本天主教徒大规模逃亡澳门，形成所谓“日本人街区”。③ 澳门这种大量蓄倭的现象，在倭患频仍的明代社会确实引人瞩目，“粤东之有澳夷，犹疽之在背也。澳之有倭奴，犹虎之傅翼也”，④ 这对明王朝不能不说是一大威胁。

（四）明政府治澳政策的最终确立

针对上述屡发的澳门问题，万历三十五年（1607）后，明廷内出现了一场更大的争论，朝野士大夫表现出两种态度。进京参加考试的番禺举人卢廷龙首先发难，作为驱逐派的代表人物之一，他在万历三十五年上疏，“请逐香山澳夷还泊浪白”，⑤ 意即将葡萄牙人驱逐出澳门，使其退回浪白；卢廷龙的奏疏报至明廷后，“时朝议以事多窒碍，寝搁不行”。⑥ 卢廷龙“驱逐澳葡”的论调再次抬头后，“驱葡出澳”的呼声高涨：“有谓濠境内地，不容盘踞，照旧移出浪白外洋就船贸易，以消内患”。⑦ 万历四十一年（1613）三月，广东巡按御史王以宁亦称：“即欲逐去澳夷，仍复正德以前岁一来市

① 《明神宗实录》卷五百二十七，万历四十二年十二月乙未，中研院历史语言研究所校勘本，1962，第9905页。

② （明）王以宁：《东粤草疏》卷一《请蠲税疏》，卷五《条陈海防疏》，广东省中山图书馆钞本，1958。

③ 〔英〕博克塞（Charles R. Boxer）：《16～17世纪澳门的宗教和贸易中转港之作用》，中外关系史学会、复旦大学历史系编《中外关系史译丛》第5辑，上海译文出版社，1991，第81～103页。

④ 《明神宗实录》卷五百二十七，万历四十二年十二月乙未，中研院历史语言研究所校勘本，1962，第9905页。

⑤ 《明神宗实录》卷四百三十二，万历三十五年四月丙申，中研院历史语言研究所校勘本，1962，第8161页。

⑥ （明）沈德符：《万历野获编》卷三十《香山澳》，中华书局标点本，1980，第785页。

⑦ 《明神宗实录》卷五百二十七，万历四十二年十二月乙未，中研院历史语言研究所校勘本，1962，第9905页。

之例，而首事为难。”[①] 甚至还有人上疏要求采用武力“剿除”澳门葡人，“必尽驱逐，须大兵临之，以弭外忧”。[②] 俞安性《香山墺散倭纪事》中甚至称：“诸弁喜事者复张惶其说，乡士大夫忧形于色，朝议兴十万师捣其巢穴，制府张公集群僚议行止。”[③]

万历四十一年七月，时任刑科给事中的广东南海人郭尚宾更上“防澳防黎”之长疏，对明正德以来的对澳政策进行总结，指出明廷处理澳门问题有四处失策：

> 夫濠镜距香山邑治不百里，香山距会城百五十里耳。有陆路总经塘基湾径达澳中，其三面俱环以海，在广州以澳为肘腋近地，在夷人佛郎机以番舶易达，故百计求澳而居之。查夷人市易，原在浪白外洋，后当事许其移入濠镜，失一。原止搭茅暂住，后容其筑庐而处，失二。既已室庐完固，复容其增缮周垣，加以铳台，隐然敌国，失三。每年括饷金二万于夷货，往岁丈抽之际，有执其抗丈之端，求多召侮，哄然与夷人相争，失四。[④]

从郭尚宾的奏疏中可以看出，葡萄牙人从浪白移入濠镜居住是极具策略性的。先移入濠镜并“搭茅暂住”，后“筑庐而处”，再修建城墙，加筑炮台，将明政府香山县辖下的一个小海岛不知不觉地纳入葡萄牙商人的势力范围。与之相对应的是，明廷在葡萄牙人入居澳门问题上步步失策。基于此，郭尚宾提出一个温和的“徙夷”办法：

> 夫室庐之固，夷种之繁，非有大故，不据加兵，殊方异产，航海而来，仍与流通，未遽阻绝，此王者柔远，道自宜然尔。但夷人多蓄倭番，彼自滋中国之疑，中国自宜解之使徙。故宜体悉其情，随申以内夏外夷之义。先免抽饷一二年，以抵其营缮垣室等费，谕令先遣回倭奴黑

---

① （明）王以宁：《东粤疏草》卷五《条陈海防疏》，广东省中山图书馆钞本，1958。

② 《明神宗实录》卷五百二十七，万历四十二年十二月乙未，中研院历史语言研究所校勘本，1962，第 9905 页。

③ 牛荫麐：《（民国）嵊县志》卷二十七《香山澳散倭纪事》，上海书店影印本，1994。

④ （明）郭尚宾：《郭给谏疏稿》卷一《防澳防黎疏》，丛书集成初编本，第 11 页。

> 番，尽散所纳亡命，亦不得潜匿老万山中，仍立一限，令夷人尽携妻子离澳。其互市之处，许照泊浪白外洋，得贸易如初。[①]

从本质上说，上述“驱逐澳葡”“清剿澳葡”“捣其巢穴”的论调与此前历次“清剿葡人”“驱逐葡人”的说法并无二致，不过文人议政，重复前说，对治澳经验的积累和沿海生计、社会稳定的作用不大。在这种情况下，亟待总结历史经验，客观审视问题，以凝练出有益于长久治理、长期适用、长远有效的决策。

与驱逐派持完全相反意见的亦大有人在。万历三十六年（1608），出任香山知县的蔡善继力排驱葡之议，上呈《制澳十则》以加强对澳门葡人的管理。[②] 而关于蔡善继的《制澳十则》，我们虽然不知道其有什么内容，但其主要精神已被后任两广总督张鸣冈与海道副使俞安性接受而纳入他们的管治措施之中。第二个反对驱葡之议者是时任海道副使的俞安性，俞氏对王以宁等人因澳门“甘为倭之居庭”而主张驱葡的说法进行了反驳：

> 余抗言曰：夷不足患，患在蓄倭，倭去夷不必兵也。难者曰：夷方广制火器，高筑城垣，复蓄倭千百，为谋叵测。即倭去夷不足患，倭果易去乎哉！余直应曰：受事后为地方去之。[③]

俞安性非常坚定地提出了自己“去倭留夷”的主张。万历三十八年三月，经过多年政治历练的江西万安人张鸣冈出任两广总督。[④] 鉴于朝野在澳门问题上众说纷纭，张鸣冈连续四次上疏进言，即万历四十年上《条陈海防五议》[⑤]、万历四十一年上《粤海防倭衅端多岐疏》[⑥]、万历四十二年

---

① （明）郭尚宾：《郭给谏疏稿》卷一《防澳防黎疏》，丛书集成初编本，第12页。

② （清）申良翰：《（康熙）香山县志》卷五《县尹·蔡善继》。

③ 丁谦等：《（民国）嵊县志》卷二十七《艺文志·纪事》，民国二十三年重修本。

④ 《明神宗实录》卷四百六十八，万历三十八年三月壬午，中研院历史语言研究所校勘本，1962，第8829～8830页。

⑤ 《明神宗实录》卷四百九十九，万历四十年九月戊戌，中研院历史语言研究所校勘本，1962，第9416页。

⑥ 《明神宗实录》卷五百零九，万历四十一年六月庚戌，中研院历史语言研究所校勘本，1962，第9646～9647页。

(1614) 上《澳门问题疏》[①]、万历四十三年 (1615) 上《遣送澳门倭奴疏》,[②] 表达其对澳门问题的认识和看法。张鸣冈获知郭尚宾“徙夷”主张后，于万历四十二年十二月再次上疏予以驳斥。其疏云：

> 惟倭奴去矣，而澳夷尚留。议者有谓，必尽驱逐，须大兵临之，以弭外忧；有谓濠境内地，不容盘踞，照旧移出浪白外洋就船贸易，以消内患。据称，濠镜地在香山，官兵环海而守，彼日食所需，咸仰给于我。一怀异志，我即断其咽喉，无事血刃自可制其死命。若临以大兵，衅不易开，即使移出浪白，而瀚海茫茫，渺无涯涘，船无定处，番船往来，何从盘诘？奸徒接济，何从堵截？勾倭酿衅，莫能问矣？何如加意申饬明禁，内不许一奸阑出，外不许一倭阑入，毋生事，毋驰防，亦可保无他虞……不贵夷入，不挺而去之，无使滋蔓，此在庙廊之上，断而行之。[③]

张鸣冈提出的此看法具有重要的政策导向意义。所谓“毋生事”，就是反对驱葡驱澳；所谓“毋驰防”，就是要加强对澳门葡人的管治。这既是对之前各种澳门政策分歧的一次深刻总结，也是给晚明治澳政策定调，此后诸多政策措施多基于这一思想原则。如张鸣冈反复强调在军事上加强对澳门葡人的防范的重要意义。万历四十年，张鸣冈呈请《条陈海防五议》，其中三议与澳门关系密切：(1) 将原驻虎头门把总移驻鹰儿浦（在香山县黄粱都），仍于塘基湾（又称唐基环）等处垒石为关，守以甲士 400 人；(2) 旧雍陌兵营距澳门有 50 里，都司海道发兵 400 人更班守汛；(3) 严防到内地贸易的葡萄牙人，“仍申市禁，否则绝之”。张鸣冈的建议得到兵部批准。[④] 及至万历四十七年 (1619)，兵部又批准广东地方官的呈请，决定设立香山

① 《明神宗实录》卷五百二十七，万历四十二年十二月乙未，中研院历史语言研究所校勘本，1962，第 9904 ~ 9906 页。

② (明) 方孔炤：《全边略记》卷九《海略》，民国十九年铅印本。

③ 《明神宗实录》卷五百二十七，万历四十二年十二月乙未，中研院历史语言研究所校勘本，1962，第 9905 ~ 9906 页。

④ 《明神宗实录》卷四百九十九，万历四十年九月戊戌，中研院历史语言研究所校勘本，1962，第 9416 页。

参将，以加强对澳门葡人的防范和钳制。①

持续关注澳门问题的广东监察御史王以宁于万历四十一年上疏，提出针对澳门问题应从两方面着手：一方面严饬澳葡“恪遵明例，抽市如法”；另一方面“役使倭奴，悉罢遣之”。② 由此可见，王以宁之建议暗合张鸣冈的治澳思想，而且张鸣冈进一步点明了治澳策略的本质，即“为地方弭隐忧则必严禁曲防，毋姑息养乱之为得也”。③ 也就是说，既要保证澳门与广州之间的贸易正常进行，又要严格加强广东地方政府对澳门或间接或直接的管理。同年七月，张鸣冈谕令海道副使俞安性率军下澳门清查倭奴，查出倭奴98名，将其驱逐回国，并在澳门议事会内立海道遵奉两院谕蓄倭石碑，禁止蓄养倭奴，否则由广东官府定以军法处置。④ 同时，俞安性颁布《海道禁约》五款：

> ——禁蓄养倭奴。凡新旧彝商，敢有仍前蓄养倭奴、顺搭洋船贸易者，许当年历事之人前报严拿，处以军法。若不举一并重治。
>
> ——禁买人口。凡新旧彝商，不许收买唐人子女。倘有故违，举觉而占吝不法者，按名究追，仍治以罪。
>
> ——禁兵船骗饷。凡蕃船到澳，许即进港听候丈抽。如有抛泊大调环、马骝洲等处外洋，即系奸刁，定将本船人货焚戮。
>
> ——禁接买私货。凡彝趁贸货物，俱赴省城公卖输饷。如有奸徒潜运到澳与彝，执送提调司报道，将所获之货尽行给赏首报者，船器没官。敢有违禁接买，一并究治。
>
> ——禁擅自兴作。凡澳中彝寮，除前已落成，遇有坏烂准照旧式修葺，此后敢有新建房屋、添造亭舍、擅兴一土一木，定行拆毁焚烧，仍加重罪。⑤

---

① 《明神宗实录》卷五百七十六，万历四十六年十一月壬寅，中研院历史语言研究所校勘本，1962，第10904～10905页。

② （明）王以宁：《东粤疏草》卷五《条陈海防疏》，广东省中山图书馆钞本，1958。

③ 《明神宗实录》卷五百零九，万历四十一年六月庚戌，中研院历史语言研究所校勘本，1962，第9647页。

④ 海道尊奉两院谕蓄倭石碑现不存在，转引自林子升《16～18世纪澳门与中国之关系》，澳门基金会，1998，第56页。

⑤ （清）申良翰：《（康熙）香山县志》卷十《澳彝》，清康熙十二年刻本。

从某种意义而言，《海道禁约》虽然是一部管束澳门葡人的极为苛刻的法律，但从另一种意义而言，它又是第一份允许葡萄牙人居留澳门而颁布的国家宪章。其意义十分重大。

以张鸣冈为代表的反驱逐派以“毋生事，毋驰防”为基本原则制定的一系列措施获得赞许。时人沈德符称，张鸣冈的措施符合澳门实情，即“盖疆圉多故，时异势殊，不可执泥隅见”①，并称：“今忝夷安堵，亦不闻蠢动也。”原与张鸣冈观点“枘凿之极”的郭尚宾也在后来的奏疏中赞扬张鸣冈“于粤东沿海吏治理最为得力”，“斯能令民有恃而无恐”。② 可见，驱逐派的最重要代表郭尚宾最后也认同张鸣冈的治澳政策。至此，明政府的治澳政策正式确立。

万历四十四年（1616），南京教案爆发，澳门的形势突然紧张起来。两广总督周嘉谟、广东巡按田生金联衔上疏《条陈六款》，要求加强对澳门的防控。周嘉谟、田生金谙熟澳门实情，清醒地认识到澳门葡人“驱之未必能去，歼之则屠戮无辜”的现实，提出“以严法治之和重兵防之”的解决之道，③ 即在张鸣冈等人治澳思想的基础上，将治理策略进一步具体化。其解决之道主要包括：第一，移驻广州海防同知于雍陌，严查海上往来的番舶；第二，谨守塘基环关闸，限制夷商入广人数，每月开关两次；第三，选择武艺精良将士驻扎澳门提调司，防止内地奸商与居澳葡人内外勾结；第四，要求海道官员每年对澳门巡视一次。④ 由此，明政府的治澳政策完全确立，之后虽然朝野“反葡”之声仍有余音，但再也没有“驱葡”与“剿葡”的呼声出现。

五　余论

在内外众多因素的交互作用下，明代中后期，澳门逐渐由广东沿海的一个普通港口发展成为闻名遐迩的国际商埠。随着其政治社会的变迁、声名地位的攀升以及由此带来的官民生计、财税收支、民风习俗、社会

① （明）沈德符：《万历野获编》卷三十《香山澳》，中华书局标点本，1980，第786页。
② （明）郭尚宾：《郭给谏疏稿》卷二《题为大舶法不当造疏》，丛书集成初编本，第37页。
③ （明）田生金：《按粤疏稿》卷三《条陈海防疏》，天津古籍出版社影印明万历刊本，1982。
④ （明）田生金：《按粤疏稿》卷三《条陈海防疏》，天津古籍出版社影印明万历刊本，1982。

秩序、海防治理的诸多影响，澳门引起明廷与朝野士大夫的普遍关注。以“葡萄牙人借居”为内核的澳门问题自然成为明中叶以后对外关系的重心与焦点所在。

综合考察明中叶以后士大夫对葡人留澳问题的态度、策略，其本质上大致可分为“驱”与“留”两种取向，外部表现为清剿、容留和驱逐三种形式，基本区别是清剿、容留和驱逐的不同步骤、方法、缓急与程度，即武力剿除、强迫迁徙、温和迁移、设官治理等。无论是驱还是留，均凸显明廷与地方政府围绕统治秩序、经济关系、风俗人心、边防治理诸多关键问题的考量。不过，这些问题最终应归因于葡人在明朝士人心中形象的转变。正嘉之际，葡萄牙人由“番夷”至“恶彝”形象的蜕变，奠定了之后中葡关系的基本格调，因此即便嘉靖八年（1529）广东海面恢复番舶交易，作为“恶彝”的葡萄牙人也仍在禁绝之列。葡萄牙人通过贿赂等手段成功入居澳门和澳门正式开埠后，关于如何对待葡人留澳问题，明朝士大夫内部形成不同意见：或清剿，或容留，或驱逐。检视明朝士大夫关于居澳葡人去留问题的态度，郭尚宾的主张极具代表性。万历四十一年，郭尚宾上疏总结正德以来的对澳政策，指出明廷处理澳门问题有四处失策。从郭尚宾的奏疏中可以看出，葡萄牙人从浪白移入濠镜居住是极具策略性的行为。通过先移入濠镜，并“搭茅暂住”，后“筑庐而处”，再修建城墙，加筑炮台，葡萄牙人将明朝政府香山县辖下的一个小海岛不知不觉地纳入自己的势力范围。与之相对应的是，明廷在葡萄牙人入居澳门问题上步步失策，导致众多士大夫的主张多回到历次失策之前的起点。比如，驱逐澳夷派大多要求其返回浪白澳，容留澳夷派也是基于当时情势，要求对澳夷行为加以限制。明中后期，治澳政策在反复讨论之中层层递进，既体现出王朝政策的连续性，也反映出政策的断裂，由此透视出明廷内部关于澳门葡人态度的复杂性和多面性。明士大夫围绕澳门葡人去留问题的讨论缘于不同的历史情境和现实问题。可惜的是，中央与地方出于不同的出发点形成诸多不同意见，这应是我们理解明中后期政治与社会的独特视角。

明朝士大夫对澳门葡人的印象、态度和策略深刻影响着同时期的中葡关系、中西交流。首先，葡萄牙人始终未能获允入贡，即便借居澳门之后，其也仍未与明朝建立朝贡关系。嘉靖四十四年，葡萄牙人以“蒲丽都家”之名再次求贡，礼部议复：“南番国无所谓蒲丽都家者，或佛

朗机诡托也。请下镇巡官详审，若或诡托，即为谢绝，或有汉人通诱者以法治之。”①

其次，同时期的中西关系和天主教在华的传播形势与入居澳门的葡萄牙人息息相关。利玛窦留居肇庆之际，地方民众在获知其与澳门的关系后，对其表现出极大的怀疑、猜忌与愤怒。“也许对耶稣会会士来说最为严峻的是，几名地方官吏也十分惧怕传教士与澳门的联系，因为澳门葡人对于中国来说仍然是一个潜在危险。”② 故利玛窦转赴韶州传教后，只提从肇庆而来，故意避免提及澳门，“利玛窦称他们成功避开了麻烦：‘因为我们说我们来自肇庆，没有人提到澳门。’很快‘韶州的缙绅’都来拜访他们”，③ 这同消解与地方官绅、普通民众的紧张状态不无关系。特别是南京教案期间，传教士的身份遭到质疑，反教士人“疑其为佛郎机假托”，④ 意图不轨。礼科给事中余懋孳所言颇具代表性，其称自利玛窦以来，诸位传教士“往来濠镜，与澳中诸番通谋，而所司不为遣斥，国家禁令安在”，⑤ “夫通夷有禁，左道有禁，……使其资往侦来，通濠镜岙夷之谋，则通番之戮何可后也？故今日解散党类，严饬关津，诚防微之大计”。⑥ 与澳门葡人的相关性成为明中叶以后天主教在华传播的关键因素。

最后，明朝士大夫对澳门葡人的印象与态度同样给研究者解读历史带来不少窒碍。“史学即史料学”，史料虽是研究者理解历史的桥梁与工具，在一定程度上也是一种窒碍与诱骗。由于众多研究集中于知识精英的叙述，因此“严华夷内外之大防”明中后期社会的普遍认知与态度。然而，文献资料毕竟只是历史记忆的一种载体，而且其主要体现的是知识精英的心理世界，忽略普通民众的广泛吁求。这些吁求从开海派士大夫的主张中可以窥见

① 《明世宗实录》卷五百四十五，嘉靖四十四年夏四月癸未，中研院历史语言研究所校勘本，1962，第8802页。

② Liam Matthew Brockey, *Journey to the East: The Jesuit Mission to China, 1579－1724*, London / Cambridge: The Belknap Press of Harvard University Press, 2007, p. 35.

③ Liam Matthew Brockey, *Journey to the East: The Jesuit Mission to China, 1579－1724*, London / Cambridge: The Belknap Press of Harvard University Press, 2007, p. 37.

④ （清）张廷玉：《明史》卷三百二十六《外国七》，中华书局标点本，1974，第8460页。

⑤ （清）张廷玉：《明史》卷三百二十六《外国七》，中华书局标点本，1974，第8460页。

⑥ 《明神宗实录》卷五百四十七，万历四十四年七月戊子，中研院历史语言研究所校勘本，1962，第10369页。

些许蛛丝马迹，不过就连开海派的文献也多已湮灭。由此可知，打捞这些被忽略或遮蔽的历史记忆应是日后研究的重要方向。

当然，我们还应看到，除个别士大夫民族主义情绪高涨和缺乏政治经验外，明政府的治澳政策虽然偶有反复，但明中叶以来总体上经历了由分歧至趋同、从激进到冷静、自感性而客观的演进历程。从策略选择上看，明政府治澳的政治经验也在不断变动中走向成熟。就此意义而言，一度流行的关于明代澳门是“蕃坊”抑或“租界”的本质化讨论，恰恰落入固定框架之内，忽视了明代治澳政策的演变同样也是一个动态过程，进而走向历史研究的对立面。

（原载吴志良、郝雨凡主编《澳门研究》总第66期，澳门：澳门基金会，2012年9月。）

全球史观与澳门治理史研究

娄胜华[*]

一 “利玛窦之惑”与澳门史叙述

利玛窦（Matteo Ricci）虽非西方最早进入中国的传教士，却是早期来华传教士中付出极大努力去深入观察与了解中国社会并取得非凡成就的西方传教士。然而，从《利玛窦中国札记》中可以看出，当年排除万难泛海东来的利玛窦在经澳门进入内地并旅居北京悉心研究中国朝野事务多年之后，对于如何向西方世界介绍中国政治制度仍感困惑。利玛窦依据自己所掌握的丰富的西方知识来观察、理解与判断明朝的政制。既然中国有皇帝，就应该属于君主政制；可是，中国的皇帝并不是一个人包揽所有国务，还有一批圣贤之士（知识分子集团）辅佐皇帝治国，纵然皇帝不理朝政，国家照样运行良好。从这一点看，其岂不是与亚里士多德所讲的贵族制相似？而更重要的是，这批执掌权力的精英集团并不是像西方那样是世袭的，而是通过近乎严酷的科举考试选拔出来的。科举取士是选贤与能的方法，比古希腊的雅典式抽签民主更加科学，因此，它具有民主属性，似与民主制度存在某种联系。也就是说，既然中国的政治制度兼具君主制、贵族制与民主制的特征，那么究竟该如何判断它呢？最终，利玛窦似乎也不能给出一个确定的答案。①

---

* 娄胜华，澳门理工学院公共行政高等学校教授。

① 〔意〕利玛窦（Matteo Ricci）、〔比〕金尼阁（Nicolas Trigault）：《利玛窦中国札记》，何高济等译，中华书局，1983，第44~63页。

在涉及中国著述的西方人中，对中国的误读并非利玛窦所独有，实际上，即使像利玛窦这样如此深入了解中国的西方人都会犯错，所以伏尔泰、孟德斯鸠等未曾到过中国的西方人误读中国也就不足为奇了。西方人士之所以屡屡误读中国，一方面是因为中西方文明之间存在巨大差异，而中国又是一个内部复杂的超大型社会；另一方面是因为认识者所持的理论背景与认识工具的适用性也颇受质疑。

可见，在东西方的交往中，“利玛窦之惑”的发生应该是很容易的事。澳门是利玛窦前往中国内地的“踏板”，作为传教士的利玛窦，因其兴趣与目的不在澳门，而在中国内地，所以未见其有对澳门进行深入观察与描述的文献。倘若有的话，也很难说秉持西方理论视角的利玛窦就一定能够避免像误读中国内地那样误读澳门，因为作为华南地区沿海边陲港口市镇的澳门，其内部社会同样十分复杂，而其与外部的联系又十分广泛。当然，这里的澳门指的是16世纪中叶之后的澳门。

实际上，直到16世纪中叶之前，在偌大的中国范围内，地理规模及形态与澳门相类似的市镇实在是多不胜数，澳门也一直默默无闻地蛰伏在南海之滨，倘若不是因为与一群来自遥远西方的欧洲人相遇，并偶然地成为那个时代中华帝国境内对外通商口岸以及以葡商为主的西方人聚集地的话，相信澳门并不会比华南沿海其他海港城市更加引人注目。澳门历史发展的轨迹是从1553年疲累的葡萄牙商人从坐落在内港的妈阁庙上岸时的那一刻开始改变，而推动澳门发生变化的并非别的动力，正是中西文明的相遇与互动。

随着葡商的入居，澳门逐渐发展成为中外贸易商埠，从世界各地迁徙而来的移民开始在澳门聚集，来自东西方不同地区的移民不但带来了各自的信仰、语言、建筑、饮食、服饰、娱乐等，而且也带来了不同的社会交往方式与交往规则。外来异质性因素的汇聚，使澳门由原本传统的华人渔农村庄演变成多元复杂的“华洋杂居”之地。对于生活在澳门的不同社群居民来说，首先需要面对的是相互间如何交往与相处以及如何解决不同的交往规则之间的矛盾与冲突的问题。同样，对于管治者来说，原有的管治原则与措施如何因应管治对象的变化而调整？不同社群的利益如何得到兼顾与取舍？这些问题都是无可回避的。围绕着这些问题，澳门发生了丰富多彩且生动的历史故事。

究竟如何讲述这些故事，从什么角度切入，用什么方法才能将这些故事

讲述得既还原历史本真，又揭示历史本质，却也并不是一件简单的事。长期以来，研究澳门史的学者投入大量时间与精力进行探索，综观既有的“讲述”，应该说是既有所获亦有所憾。那么，既有的“讲述”究竟涉及哪些内容，又是如何“讲述”的呢？

二　澳门治理史研究的主题与特征

综观近几十年来的澳门治理史研究，可以说，其大致经历了从殖民史观向本土视角的转移。相应地，研究切入点也从外部研究转向内部研究。研究成果则从以史料整理及通史性著作为主向大型编年史及专史性著作为主转变。这里选择以专题研究回顾的方式对澳门治理史既有研究内容进行概貌性梳理。

（一）主权与治权

主权概念在殖民史讲述中始终是核心词语，在殖民史研究占据着中心地位。在澳门史的讲述中，主权与治权曾经是最大的分歧点。在未受到殖民统治的地区，主权与治权是合一的。但是，由于澳门经历过特殊的管治历程，因此，历史上澳门的主权与治权出现过不同于其他地区的异常状态。认识这种异常状态的焦点在于是否认可澳门的主权与治权存在过相互分离的状况。

对此，中葡学界分歧明显。中国学者认为，澳门的主权与治权存在过相互分离的现象。虽然自从中英鸦片战争后的1849年，葡萄牙实际上夺取了澳门地区的管治权，但事实上，对于澳门的主权，中国政府从来就没有正式承认过放弃或割让。即使是被认定为确认葡萄牙统治在澳门“合法”存在的1887年12月中葡双方签订的《中葡和好通商条约》，其写法也与《中英南京条约》明确宣布割让香港不同，条约的第二条只是订明由葡萄牙“永居、管理澳门”，[①] 并未涉及主权。据此可以认定，澳门的主权未曾发生转移，转移的只是治权，即主权归中国，治权由葡萄牙行使。

而一些葡萄牙学者则不以为然。从法律关系和实际占领来论证葡萄牙拥有澳门主权，是较为普遍的做法，因为自1822年起直到1976年前的历次葡

① 《中葡和好通商条约》第二条，吴志良、杨允中主编《澳门百科全书》（修订版），澳门基金会，2005，第668页。

萄牙宪法都将澳门列入其领土范畴，[①] 而1849年之后，澳葡总督强行驱赶驻澳管理的中国政府机构及官员，实际占领并在澳门地区行使管治权。据此，一些葡萄牙学者认为，既然澳门是葡萄牙领土的一部分，那么，葡萄牙就拥有澳门的主权，起码可以认定澳门的主权是“由两个民族共同行使”。[②]

实际上，在以单方面法律作为依据之外，一些葡萄牙人甚至相信，澳门是葡萄牙通过“征服”得来的（“征服说”），又或是中国皇帝为感谢葡萄牙人协助剿灭海盗而“让与”的（“让与说”）。对于后一说，还有可资证明的正式文书，即所谓中国皇帝的“金劄”（“金劄说”）。因此，他们通过传教士等人设法查找“金劄”。曾任葡萄牙王室总管的圣塔伦子爵（Visconde de Santarém）接受政府委托收集葡萄牙拥有澳门主权的证据。虽然由其完成的《关于葡萄牙人居留澳门的备忘录》承认并未找到确凿证据，至多可以证明澳门具有不同于其他中国城市的特殊地位，是“华人对葡萄牙人的不断特许的结果”，[③] 但是葡萄牙当局仍然要求时任澳葡总督的彼亚度（José Gregório Pegado）继续查找证据。至1849年澳葡当局实际占领澳门并行使管治权之后，尤其是随着1887年《中葡和好通商条约》的签订，葡萄牙更加不允许对其拥有澳门主权的怀疑。

如果说要求历史学者在叙述与本民族利益相关的历史时超脱民族立场是一件困难的事情的话，那么相比起来，第三者的观察可能会客观些。澳门史研究中同样出现类似情况。龙思泰（Anders Ljungstedt）是早期澳门史研究的卓有贡献者。曾任职瑞典东印度公司并成为第一位瑞典驻华总领事的龙思泰晚年长驻澳门，并以研究澳门历史为职，其出版的《早期澳门史——在华葡萄牙居留地简史、在华罗马天主教会及其布道团简史、广州概况》通过实地观察与原始资料分析，得出澳门是中国领土、葡萄牙从未获得澳门主权的结论，葡萄牙人所以能够居留澳门，是因为他们向中国地方政府官员行

---

① 君主立宪革命期间，葡萄牙在1822年颁布了第一部宪法，首次将澳门列为其“海外属地”，作为其领土的组成部分，参见该宪法第20条。实际上，在1849年之前，居澳葡人仍须每年向香山县交纳租金，并接受中国地方政府的管理。

② Jorge Noronha e Silveira, *Subsídios para a História do Direito Constitucional de Macau, 1820–1974* (Macau: Publicações O Direito, 1991), p. 12.

③ 《澳门葡萄牙居留地的起源及其目前状况，1837年12月5日澳门市政厅致印度总督萨布罗佐男爵备忘录》，转引自〔葡〕萨安东（António Vasconcelos de Saldanha）《葡萄牙在华外交政策（1841～1854）》，金国平译，澳门基金会，1997，第87页。

贿，而不是因为征服。尽管龙思泰所述针对的是19世纪40年代之前的澳门主权状况，但是，正如澳门著名历史学家文德泉（Manuel Teixeira）神父所说，[①] 历史证明龙思泰是正确的，而后来攻击他的葡萄牙史学家则是错误的，所以，应该感激龙思泰。

澳门主权与治权相互分离的历史事实，到1976年葡萄牙宪法承认“澳门属于中国领土”时得以确认。随着中葡两国开始管治权移交谈判，并通过《中葡联合声明》确认过渡期的来临，曾经备受关注的澳门主权问题逐渐降温，并退出研究的核心地位。

其实，对澳门主权与治权问题的关注，以及围绕这个问题而产生的论争，除了因涉及政治问题而具有外在于学术的国家力量推动与民族情感的驱使外，还有一个重要因素，就是中葡之间的接触与交往超越了传统的近代西方与东方交往关系模式，即殖民与被殖民、征服与被征服关系，这种不能以殖民与被殖民关系来概括或套用的非传统接触与交往方式影响了对传统主题——主权与治权的清晰判断。即使对于葡萄牙人来说，能够进入澳门长期居留并“奇迹”般地获得“永居管理”澳门的条约权力，也是完全不同于葡萄牙人在西半球或其他亚洲国家的遭遇，以及其所采取的暴力征服或直接吞并方式的。同样，对于中国人来说，允许葡萄牙人入居澳门、实行自我管治以及开展以澳门为据点的长距离贸易，显然不同于长期以来中国在亚洲建构的传统宗藩关系和朝贡贸易制度。由此可见，葡萄牙与中国的交往与接触方式是很难在传统认知资源内找到支撑的，它是不同于既往中外接触模式的第三种方式。这是澳门主权与治权研究纷争的背景，也是澳门治理史研究不可忽视的背景。

（二）分治与共治

葡萄牙人入居澳门后，如何管理居澳葡人的争论开始出现，明朝的广东地方官员与中央朝廷在意见上产生分歧，先后提出驱赶、容留和归化等不同方式，经比较，明政府最终采纳了广东进士霍与瑕、工科给事中陈吾德等人

① Anders Ljungstedt, *An Historical Sketch of the Portuguese Settlements in China and of the Roman Catholic Church and Mission in China & Description of the City of Canton* ,Hong Kong: Viking Hong Kong Publications, 1992, p. xi.

的设想，即所谓的“建城设官而县治之”的“上策”，“建设城池，张官置吏，以汉法约束之，此谓用夏变夷”。[①] 其实，霍氏的建议之所以被接受，除了合乎当时中央与广东地方政府的贸易与财政利益需要外，更重要的原因是其主张蕴含的中国传统治理智慧颇能打动朝廷，它契合历代中国皇帝“用夏变夷”的夷夏观，即相信可以通过高位势的华夏文明使野蛮落后的外夷归化，因此，该主张背后的传统文化依据使那些要求赶葡萄牙人出澳门的激进派朝臣失去了反对的理由。自此，居澳葡人社区开始成为广东地方政府（香山县）管辖下的一个特殊的外侨居住区。

然而，从实际效果来看，预定的“用夏变夷”的目标并未完全实现。这是因为，广东地方政府虽然针对居澳葡人设置了“香山县丞”“澳门同知”等官职，也陆续制定了一些针对葡人社群的较为粗疏的管理办法，但是从减少华葡居民冲突机会的角度出发，允许集中居住的葡人社群实行自我管理式的内部自治而不加干涉。于是，原本处于统一管理之下的澳门半岛开始出现华葡社群相互分割的两个社区与两套管理办法。这就是所谓的“共处分治”。[②] 葡萄牙学者称之为“混合管治”、“双轨制”[③] 或“争吵”制度。[④]

明清政府何以能够容纳葡人社群的内部自治呢？或者说维持华葡“共处分治”的社会基础是什么呢？就居澳葡人社群而言，“双重效忠”说[⑤]颇具解释力。葡人社群正是因为在效忠其祖国葡萄牙的同时对中国政府也表现出遵从与恭顺，中国政府才释除疑虑，从而为自己争取到相当程度的自治空间。不过，“双重效忠说”亦遭到质疑，质疑者认为居澳葡人会不断侵夺中国主权，在中国土地上组建军队，为葡萄牙王室征税等行为表明，其效忠对象是葡萄牙政府，因而不是“双重效忠”。[⑥]

---

① （明）霍与瑕：《霍勉斋集》卷十九《处濠镜澳议》，清咸丰七年重刻本，1857，第 83 页。

② 吴志良：《澳门政制》，澳门基金会，1995，第 22～23 页；吴志良：《生存之道——论澳门政治制度与政治发展》，澳门成人教育学会，1998，第 125～127 页。

③ Rui Afonso, Francisco Gonçalves Pereira, "The Political Status and Government Institutions of Macau," *Hong Kong Law Journal*, Vol. 16, 1986, pp. 28－57.

④ 〔葡〕徐萨斯（Montalto de Jesus）：《历史上的澳门》，黄鸿钊、李保平译，澳门基金会，2000，第 32～33 页。

⑤ 吴志良：《生存之道——论澳门的政治制度与政治发展》，澳门成人教育学会，1998，第 56～72 页。金国平、吴志良：《再论“蕃坊”与“双重效忠”》，《镜海飘渺》，澳门成人教育学会，2001，第 86～121 页。

⑥ 张海鹏：《居澳葡人“双重效忠”说平议》，《近代史研究》1999 年第 6 期。

一般认为，“一地两制”的二元管治状态在澳门延续了300年之久，直到1849年为止。由于时任澳葡总督的亚马留驱逐中国驻澳门海关人员从而强夺了整个澳门地区的管治权，因此澳门华人社群被强行纳入澳葡殖民管治体系。不过，澳葡政府在管治上遭遇了同样的问题，即如何管治华人社区？虽然华人社区没有被允许像之前居澳葡人那样实行内部自治，但是基于管治力量、语言习惯等多重障碍，澳葡当局显然很难全面深入地向华人社区伸展其管治权，而是间接地通过中介（包括民间社团、社区精英等）维持对华人社群的管治秩序。正因如此，甚至有人认为，直到过渡期，“澳门社会仍未从根本上改变历史形成的共处分治的局面”。① 也就是说，回归前澳门的管治状况一直维持着形式上的共治、实质上的分治，其治理结构形态也呈现“双层二元”的特征。②

（三）自治与他治

自治与他治是从治理主体角度来判断社会治理状况。对于某一国家或地区社会治理模式认识的差异大多是与治理主体有关。澳门治理主体的多元性导致对社会治理模式认识上的分歧。否认治理主体多元性而强调单一性的，则倾向以殖民主义范式来解释，因为在殖民主义体制下治理主体不但是外来的，而且是单一的、不容分享的。相反，强调治理主体多元性而非单一性的，则提出以法团主义或合作主义的范式来解释，因为澳门社会治理主体是多元复杂的，即使是在澳葡当局的管治下，社会治理主体也并非单一的，而是可以分享的。至于多元主义范式，因其与代议制民主制度相关联，因此，未见有以此范式来解释澳门社会治理的。治理主体的多元化尽管是多元主义范式的表现之一，却并非多元主义的核心特征。当对多元治理主体进行整合，其中尤以功能性代表社团作为中介而构成秩序化的治理网路时，最终形成的是法团主义治理结构。回归前，在殖民主义外壳下澳门的社会治理内部体现的是法团主义基质。③

① 吴志良：《生存之道——论澳门政治制度与政治发展》，澳门成人教育学会，1998，第339页。

② 娄胜华：《转型时期澳门社团研究——多元社会中法团主义体制解析》，广东人民出版社，2004，第217页。

③ 娄胜华：《转型时期澳门社团研究——多元社会中法团主义体制解析》，广东人民出版社，2004，第342~343页。

在宏观治理模式下，自治作为澳门社会内部的治理传统一直得以延续，而且澳门是一个容中国传统乡村自治与西方社区自治于一体的地区。作为广东香山县属下以渔民为人口主体的村落，澳门沿用中国传统的县以下乡村自治方式，保甲制度就是其中之一，直到20世纪50年代在澳门地区的离岛——氹仔、路环、九澳和黑沙仍然有委任地保（Regedor）的事实，[①] 可见地保的社会治理功能延续之久。

然而，相对于中国其他地区，澳门社会自治较为特殊之处是引入了西方社区自治。葡人入居澳门后，在其内部实行自治，具体形式就是议事会模式。即使是1835年议事会逐渐转变为市政厅，也仅是权力范围的调整，社区事务层面的自治仍然存在。相对于其他议题来说，葡人社区自治颇受关注，这方面的研究成果丰富，争论亦较激烈。其中，对居澳葡人内部自治的性质及形式方面的判断与认识存在较大分歧，甚至针锋相对。中葡学者各自从东西文化背景与资源中取得认识依据。葡萄牙学者对居澳葡人社区自治模式有不同说法。[②] 例如，商站（feitoria）模式一说认为，葡商入居澳门之初仿照葡萄牙东扩时在印度洋和南洋贸易航线上建立的商站那样在澳门实行自我管理；地中海式城邦共和国模式一说则认为，居澳葡人在澳门建立的自治机构具备地中海沿岸古希腊城邦的基本要素，如公民大会、选举、议事会、法官等。

如果说上述判断参照的是西式治理传统，那么中国学者则更多地从中国治理传统中得到启发。其中，争议较大的是“蕃坊”说。在葡人入居澳门之前的朝代，中国政府已经有了管理外国侨民的具体实践，积累了相当多的管理经验，甚至形成了管理模式。其中，较为著名的是唐宋时期广州外国侨民居住区内实行的“蕃坊”管理体制。蕃坊内置“蕃长”，对中国官府负责，可依其法律及风俗处理蕃坊内部自治事务。可见，“蕃坊”制指的是在中国境内的外国侨民居住区内部实行的一种有限自治制度。显然，居澳葡人内部自治制度在治理要素与治理形态上与中国历史上的“蕃坊”制极为类

---

① 1951年3月31日《政府公报》上刊登《委任九澳地保钟中》，〔葡〕施白蒂（Beatriz Basto da Silva）：《澳门编年史（二十世纪）》，金国平译，澳门基金会，1999，第7页。

② 〔葡〕叶士朋（António Manuel Hespanha）：《澳门法制史概论》，周艳平、张永春译，澳门基金会，1996，第10～15页。

似，故而以“蕃坊”制来形容之或称其为“另类蕃坊”。①

对于上述“蕃坊”之说，黄鸿钊、张海鹏、汤开建表示质疑。黄鸿钊所持理据有二：一是历来的蕃坊只是聚居于某一城市的角落，是寄居者本身某种程度的内部自治；而居澳葡人占据着一个港口城市，它的自治机构庞大而复杂，甚至有国家机器，如军队、法院、监狱等；二是葡萄牙是一个殖民国家，它有组织有计划地进行侵略活动。居澳葡人一切重大问题都要向葡萄牙政府请示汇报，其自治机构的主要官员也由葡萄牙政府任命，或者澳葡选举出来而经葡萄牙政府批准，并对它负责，这与蕃坊大不相同，甚至有根本区别。② 同样，张海鹏也从两个方面表达异议：一是广州蕃坊没有地租，是由广州当局指定的，而居澳葡人是要交地租的，属于赁地而居；二是司法权的差别，广州蕃坊的“蕃长”完全没有司法决断权，而居澳葡人社区的“夷目”却享有一定的司法决断权，且在一定程度上可以管理辖区的华人。因此，张文认为，居澳葡人组织的议事会是“未经中国官方同意、擅自在租赁于中国的土地上组织的政府，它与唐宋时期的蕃坊从形式到实质都有区别”。③ 汤开建从首领的设置、自治地位、司法权三个方面对比明朝对居澳葡人的管理制度与唐宋时期“蕃坊”制度的差异，认为二者是两种完全不同的模式。④

实际上，有关“蕃坊”制的讨论推动了居澳葡人自治研究。由于葡人入居澳门的方式以及居澳葡人社区与葡萄牙中央政府关系等方面的特殊性，澳门葡人社区自治别具形式，不可能完全等同于唐宋时期的广州“蕃坊”，

---

① 有关居澳葡人社区“蕃坊论”的讨论，可参见 Charles Ralph Boxer, *Portuguese Society in the Tropics: the Municiple Council of Goa, Macao, Bahia and Luanda, 1510 - 1800*, Madison: University of Wisconsin Press, 1965；张天泽：《中葡早期通商史》，香港中华书局，1988；黄文宽：《澳门史钩沉》，星光出版社，1988；费成康：《澳门四百年》，上海人民出版社，1988；吴志良：《生存之道——论澳门政治制度与政治发展》，澳门成人教育学会，1998；张海鹏：《居澳葡人“双重效忠”说平议》，《近代史研究》1999 年第 6 期；黄鸿钊：《澳门简史》，三联书店（香港）有限公司，1999；金国平、吴志良：《再论“蕃坊”与“双重效忠”》，《镜海飘渺》，澳门成人教育学会，2001；汤开建：《明代管理澳门仿唐宋“蕃坊”制度辩》，《西北民族学院学报》（哲学社会科学版）（汉文）2001 年第 2 期。

② 黄鸿钊：《澳门简史》，三联书店（香港）有限公司，1999，第 103 页。

③ 张海鹏：《居澳葡人“双重效忠”说平议》，《近代史研究》1999 年第 6 期。

④ 汤开建：《明代管理澳门仿唐宋“蕃坊”制度辩》，《西北民族学院学报》（哲学社会科学版）（汉文）2001 年第 2 期。

议事会也不等同于古希腊城邦政治会议，甚至与葡萄牙国内城市市政机构或其他海外领地自治机构都存在很大差异。虽然议事会成员由居澳葡人选举产生，属于具有政治性质的内部自治机关。可是，议事会的理事官作为中国官府认可的“夷目”，承担着沟通中国官府并接受其命令的职责。由此可见，该时期居澳葡人的社区自治属于外部接受中国政府控制而在内部事务方面拥有较大自治权的特殊自治模式。因此，作为非政治实体的澳门地区，其历史上的自治包括华人传统自治与居澳葡人社区自治并不直接与主权相联系，都不可能是完全的自治，而是他治前提下的有限度自治。

（四）治理分期

分期研究是历史研究中最常规的课题，也是历史叙述的需要。同样，澳门社会治理史研究没有忽视治理分期的研究。其中，较具代表性的分期观点包括“六阶段说”、“四阶段说”与“三阶段说”。

以中葡交往与政治权力移转作为分期标准，吴志良将回归前的澳门历史分为六个阶段，即“六阶段说”。[①] 第一阶段：中葡早期交往（1514～1583）；第二阶段：议事会时期（1583～1783）；第三阶段：议事会衰落时期（1783～1849）；第四阶段：殖民管治时期（1849～1976）；第五阶段：葡管中国领土时期（1976～1988）；第六阶段：过渡时期（1988～1999）。“六阶段”分期中较为重要的标志性事件包括1514年欧维治航行到珠江口的屯门岛、1583年居澳葡人成立议事会、1783年葡萄牙女王颁发《王室制诰》、1849年中国驻澳官府被迫撤离澳门、1976年葡萄牙颁布《澳门组织章程》、1988年《中葡联合声明》生效与1999年澳门回归。

与“六阶段说”不同，“四阶段说”与“三阶段说”以长时段来处理澳门历史分期。“四阶段说”强调中葡关系是澳门历史发展的核心问题，是澳门历史的主线，澳门发生的诸多问题通常都与中葡关系密切相关。如果离开了中葡关系这条主线，澳门史研究就失去了应有的意义。因此，应以中葡关系作为澳门治理分期的标志。具体分期是，第一阶段：泊口贸易时期（1517～1557）；第二阶段：葡人居留贸易时期（1557～1849）；第三阶段：

---

① 吴志良：《生存之道——论澳门政治制度与政治发展》，澳门成人教育学会，1998，第13～14页。

葡人殖民统治时期（1849～1987）；第四阶段：回归过渡时期（1987～1999）。“四阶段”分期中的关键性事件包括1553～1557年葡萄牙人进入澳门贸易与居留、1774年中国政府设置澳门同知官职、1849年居澳葡人驱赶中国海关官员、1887年签订《中葡和好通商条约》、1909年中葡澳门划界交涉与1987年签订《中葡联合声明》。① 对于黄鸿钊的“四阶段”分期，刘存宽认为以1517年葡人登陆屯门为起点并不恰当，因事件与澳门无关。他提出黄的“四阶段”分期中的前两个阶段可以合并，这样“四阶段”就变成“三阶段”，② 即第一阶段：赁居租居时期（1553～1849），其中1553～1571年为赁居，1572～1848年为租居；第二阶段：葡人侵占和统治澳门时期（1849～1987）；第三阶段：回归过渡时期（1987～1999）。

“三阶段说”的另一种分期主张是由澳大利亚学者杰弗里·冈恩（Geoffrey C. Gunn）提出的。③ 与上述中国学者的视角不同，冈恩从葡萄牙殖民统治澳门的视角把1999年之前的澳门管治史分为三个阶段。1557～1849年为第一阶段，即葡人向明清政府支付地租、着手殖民统治的时期；1849～1967年为第二阶段，即葡萄牙人获得主权并巩固统治时期；1967～1999年为第三阶段，即主权实际上交给中国的时期。在冈恩的分期中，1966年爆发并延续至1967年的“一二·三”事件是澳门历史发展的重要转折点。此次事件严重冲击了澳葡政府，从根本上削弱了澳葡殖民管治，澳门从此获得“半个解放区”的称谓，以致“一二·三”事件之后的一段时间内澳葡政府连社会上出现违法事件也不敢过问，而是依赖华人社会功能性代表社团协助其进行卫生清洁、治安维持、清拆私建等社会管理工作。华人社团从此开始与澳葡政府分享社会管理权，因此，他视1967年1月澳葡政府签署《澳门特区政府对华人各界代表所提出的抗议书的答复》（俗称“投降书”）不仅是政府以致歉与妥协来平息事件的手段，而且是葡萄牙在澳门殖民统治实际结束的标志。

① 黄鸿钊：《澳门史》，福建人民出版社，1999；《略论澳门史学》，澳门社会科学学会成立二十周年学术研讨会论文，澳门，2005年10月8日。

② 刘存宽：《评黄鸿钊〈澳门史〉》，《江海学刊》2000年第6期。

③〔澳大利亚〕杰弗里·C. 冈恩：《澳门史》，秦传安译，中央编译出版社，2009，第11～15页。该书还提到本托·达兰卡的《澳门史》（1888）提出，1849年之前的澳门历史可简单地分为两个时期，即从1556年葡商人居澳门到1688年中国海关的引入为第一时期，1688年至1849年为第二个时期。参见该书第12页。

上述几种分期存在一定差异，除了因选择长时段或短时段可能引起阶段数目差异外，主要是因为在确定分期标准时对涉及的几项因素各有侧重与强调。澳门社会治理分期确实无法回避中国与葡萄牙这两方面因素，但是，社会治理不等于外交关系，如果仅从中葡关系与管治权交替的视角观察，则可能导致忽视澳门社会内部，尤其是底层社会的实际治理实践。同样，如果分期标准过分强调葡萄牙因素，则可能导致因无视中国因素及澳门华人社区生活的观察偏颇。其次，治理史虽然与通史存在许多共同之处，其分期标准及标志性事件有可能是相同的或一致的，但是完全以通史分期代替治理史分期的做法本身未必能够客观地反映治理事实。从这个角度观察，冈恩把“一二·三”事件作为分期的其中一个关键事件，倒也不失某种历史合理性。

（五）治理技术

简单地说，社会管治离不开制度、文化与技术等层面。其中，管治技术涉及管治机构设置、管治人员配备、管治工具选择、行政区划等治理细节与实施操作方面，与其他地区相比，澳门属于多元异质型社会，相应的，一些特别的治理技术与安排被引入澳门社会甚至延续至今，成为研究者关注的对象。

就管治机构与人员而言，在中国方面，自从葡人入居澳门之后，明清政府加强了对澳门地区的管理，除了采取筑关闸于莲花茎、在前山寨设参将或副将府等防控措施外，[①] 还专门设置了直接管治澳门的机构与人员，如香山县丞、澳门同知等职。对于原本像澳门面积如此狭小的地区，正常情况下政府甚至连正式官府机构或官员都不会设置与派遣，更不用说设置相当于州府一级的机构来加以管理。因此，对于这些机构设置的背景与过程、机构的功能与成效，现有研究涉及颇多。

对于华人社会来说，葡人社区管理机构属于外来的“他者”，因此受到研究者关注。从居澳葡人社区早期自治机构到后来澳葡殖民统治政府，其在呈现西式管治特征的同时，亦因应澳门当地的管治情境而变化。早期居澳葡人社区自治机构名义上是由王室代表甲必丹管理，而事实上，1570 年葡萄

① 〔清〕印光任、张汝霖：《澳门记略》，赵春晨点校，广东高等教育出版社，1988，第 23 页。

牙商人自发组织成立的阿尔玛萨公会（Armacão）[①] 和 1583 年成立议事会才是真正的管理者。议事会的成立是居澳葡人社区自治的标志。议事会的产生采取选举与抽签相结合的方式，其做法承袭葡萄牙国内的城市自治，其源头甚至可以溯源至古希腊城邦时代。可是，在作为中华帝国治下的澳门，历史上却从未有过此类治理方式。实际上，自此以后，周期性制度化选举在澳门长期存续，甚至与殖民管治并行不悖，进而在澳门出现了由治理官员权力来源多元化和产生方式多样性而形成的委任制官员与选举制官员共同治理澳门的混合治理奇观。

管治机构的情境化处理在澳葡时期还表现在设立特别机构或职位以吸纳华人参与治理或处理华人社群事务上。例如，在政治机关（如政务委员会、立法会）内设立华人代表作为华人社群利益表达的途径。又如，政府各部门设立的咨询委员会吸纳华人社团代表及社会人士加入，从而使政策制定获得一定程度的民意基础，政策执行可以更加畅顺。除了政策事务，行政、司法同样需要面对华人社群问题，因此，华务检察官署（华政衙门）、政府华务科（处、厅）以及华人专有法庭等面向华人社群的专设机构亦出现在澳门特区政府或司法架构之中。可见，澳葡当局并没有强调管治机构设置的整齐划一，甚至连司法机构与法律也不必强求一致，如《华人风俗习惯法典》的颁行，可以说表现出相当程度的管治灵活性。

澳门社会管治中的另一个特殊因素是教会。与传统中国宗教始终受制于皇权的境况不同，天主教是葡萄牙东扩的重要推动力。搭乘葡萄牙贸易商船来到澳门的不仅有用于交换的货物，而且有怀着宗教使命的传教士。一方面，教士在澳门建教堂、立教区、设神学院，竭力使澳门成为天主教东传的基地；另一方面，在非宗教事务方面，教士也有广泛参与。除了贸易、医疗、教育、慈善等领域，居澳葡人内部管理事务乃至中葡官方交往活动中同样有教会的身影。实际上，1583 年，居澳葡人自治机构——议事会就是在澳门主教的倡导与召集下成立的。[②] 而议事会内部的多次管治危机也都是在

---

① 陈文源：《16 世纪末澳门葡商人共同体的成立与运作》，《中国经济史研究》2010 年第 1 期。

② 有关澳门议事会的创始人，有认为是澳门第一任主教贾耐劳·卡内罗（D. Melchior Carneiro），也有人认为是继任主教莱昂纳多·德·萨（D. Leonardo de Sá）。参见吴志良《生存之道——论澳门政治制度与政治发展》，澳门成人教育学会，1998，第 53 页；Manuel Teixeira, *O Fundador do Leal Senado*, Macau: Tipografia da Missão do Padroado, 1968, p. 3.

教会的参与或调停下得到化解或结束的。1710年初，总督戴冰玉（Diogo de Pinho Teixeira）干涉议事会选举，遭到市议员和市民抗议。戴冰玉派兵包围避入神学院的市议员，又发炮攻击神学院和议事会。澳门主教介入调解未果，不得不派遣神父携“圣体”赶往总督驻地大炮台，迫使戴冰玉下跪祈祷，从而避免了流血冲突进一步升级。① 1822～1923年，受葡萄牙立宪革命的影响，澳门内部以土生葡人为主的立宪派与以总督为代表的保守派之间发生激烈冲突，在总督无法履行职责的情况下，澳门主教加入新成立的政务委员会接管总督职权，稳定局势。1849年8月22日，亚马留被刺。次日，居澳葡人立即组成以主教马杰罗（Jerónimo da Mata）为首的政务委员会，代行总督职务。可见，教会在关键时刻出场，对平息澳葡内部权力争夺及稳定社会局势发挥了重要作用。不过，应该指出的是，教会也会制造社会事端，尤其是天主教会内部不同教派之间的斗争亦曾导致澳门社会的严重混乱。至于天主教会在促进中西交往方面所起的作用，礼仪之争能充分说明其影响之巨。因此，究竟如何评价教会在社会治理中的作用，仍尚待研究。事实上，直到1966年“一二·三事件”之后，澳门教区才被迫逐渐弱化其政治功能。

与教会相关的另一项行政措施是行政堂区的设置。葡萄牙人入澳定居后，带来了一种与传统中国基层行政单位截然不同的设置——以各居民区内具有代表性的教堂名称命名的堂区。澳门的堂区可分为两种，一种是天主教澳门教区为传教、信徒和教堂管理的目的而设立的宗教堂区（paróquia），另一种是行政当局设立的行政堂区（freguesia）。不过，在澳门半岛，两种堂区的区划是统一的，这是20世纪60年代行政当局听取时任澳门教区主教戴维理（Paulo José Tavares）意见的结果。② 实际上，作为“舶来品”的澳门行政堂区，其性质和作用有别于葡萄牙的堂区，因为地域狭小的澳门并无条件执行葡萄牙所要求的堂区划分法律，因此澳门的行政堂区并未像葡萄牙及其海外殖民地那样设立堂区管理委员会使之成为市政厅下设的地区性实体机构，而是自始至终仅发挥方便行政管理的指引功能，且这种功能的发挥基

① 〔葡〕徐萨斯：《历史上的澳门》，黄鸿钊、李保平译，澳门基金会，2000，第108～110页。

② 陈震宇：《澳门的行政堂区——兼议市民服务中心的可行区划》，《行政》2008年第21卷第一期总第79期。

本局限于选民登记、统计、地籍管理等方面。

管治情境化与灵活性最突出的表现要数民间社团组织中介作用的充分发掘。在澳门，民间组织可谓源远流长。葡人入居澳门之前，宗教性与慈善性民间组织已经普遍地存在于华人社会生活之中。但是，在传统的华人社会治理结构中，民间组织的作用并未得到应有的重视，虽然皇权并未深入到基层社区，但是建立在血缘性与宗族性组织基础上的乡绅统治是较为常见的社会治理形式，而保甲制的引入强化的仍是社会联系中的血缘纽带，这可能与中国传统社会“聚族而居”的生活形态密切相关。应当说，澳门在很长的时间内延续了华人社会的治理传统，即使是在葡萄牙人入居澳门后，华葡社群分治仍未完全改变澳门华人社区的治理传统。然而，正是1849年葡萄牙人强占并全面管治澳门才导致华人社会治理传统断裂。对于澳葡政府来说，面对“熟悉而陌生的邻居”——澳门华人社群，它发现生活在澳门的华人“只服从他们中的人采取的措施”，“华人的结社劲头是很大的，而他们的官员对他们的影响则还要大”,[①] 因此，很难直接套用既有的居澳葡人社区管理模式来管理华人社群，它需要寻找适用的新方法。同样，对于华人社群来说，因无法接受原本由中国政府管辖的居澳葡人反客为主地对华人行使管治权，故而在澳葡管治初期出现了激烈的对抗与冲突。然而，随着时间的推移，面对受居澳葡人管治的既存事实，华人社群为了保护自身利益，也逐渐寻找到一种既能避免澳葡当局的权力深度介入华人社区生活，又能与澳葡当局进行沟通与联系的社会机制，于是，作为社会成员聚合体的民间社团开始登场，其社会交往与社会联系的功能获得发展空间，以至于孕育出其他地区民间社团从未有过的“拟政府化”与“拟政党化”的功能。[②] 自此，社团被视为联系社会成员的中介而参与社会治理，一些功能性代表社团更成为澳门社会治理体制不可或缺的组成部分。

如果说正式制度化治理行为容易被捕捉和研究的话，那么在澳门社会管治过程中，还有一个潜在的负面技术被“故意”忽视，它如影随形，却只

① 米耶（José Carlos da Maia）于1915年5月10日写给葡萄牙殖民地事务部部长的报告，〔葡〕卡洛斯·高美士·贝萨（Carlos Gomes Bessa）：《澳门与共和体制在中国的建立》，崔维孝等译，澳门基金会，1999，第122页。

② 娄胜华：《转型时期澳门社团研究——多元社会中法团主义体制解析》，广东人民出版社，2004，第218、232～234页。

能心照不宣，然而，它又是那么重要，以至于借助它化解了多次危机，这就是贿赂。不管葡萄牙人在东扩进入澳门之前是否在其他地方有过贿赂的行为，但是在有关葡商获允入澳的原因研究中就有贿赂一说。倘若贿赂说成立，那么，贿赂作为逾越制度障碍的秘密“通行证”竟然成为葡萄牙人在与中国官方的交往与影响中获得的最早“成果”之一。这尽管听起来十分荒谬，可是在某种程度上倒也符合历史的逻辑，因为面对一个实力强大与文明深厚的帝国，弱小的葡萄牙人难道还能依靠武力恫吓来实现占领澳门的意图吗？虽然后来居澳葡人向中方官员的贿赂偶然地转化为地租，但是葡萄牙人自从首尝贿赂的力量后，每每遭遇来自中国官府的生存压力与危机时，以贿赂换取在澳居留和社群安全则屡试不爽，相关的历史记录（如澳葡议事会讨论筹集贿款的记录）可谓一应俱全。而当1849年葡萄牙取得澳门管治权后，反过来，面向华人社群的索贿与受贿行为猖獗到极点，成为导致“一二·三”事件爆发的一个重要社会动因。① 不过，作为隐蔽的历史，即使不乏治理史研究价值，也未必容易收集资料，或许这也构成对该课题长期以来关注与发掘不足的重要缘由。

以上回顾了澳门治理史研究的五个专题，可以肯定地说，澳门治理史研究涉及的领域非仅上述专题所能全部涵盖。不过，通过以上几个重要专题可以概貌性地了解自1553年葡萄牙人入澳至1999年澳门回归长达446年的时间内澳门社会治理的线索与格局，从中可以观察到华葡社群在澳门社会治理过程中的互动与影响，包括不同的管理制度、方法与技术在澳门的相遇、碰撞及其适应性变化。这种互动与影响尽管时强时弱，却是无法回避的。对中国传统社会的管治者而言，正是一群与己相异的不速之客（西夷）的到来，使他们在围绕如何处理进入澳门的西方社群的问题上产生激烈争执，外部控制与内部自治相结合的早期管理居澳葡人模式的形成与建构本身就体现和容纳了中西治理经验，因此能够得到双方的认可与接受。同样，居澳葡人以及1849年后澳葡殖民统治当局在澳门引入西方治理方式时，无论是在制度层面，还是在具体技术层面，也都需要适应澳门在地化的需求。而澳门社会治理危机的出现，除了受到外部因素的影响之外，在内部往往就是由不同治理

① 李孝智：《澳门“一二·三事件”的口述历史与葡萄牙的殖民统治》，硕士学位论文，香港浸会大学，2001。

方式相遇后产生的碰撞或适应障碍。而危机过后，无论是修补、重建还是新构，都是推动澳门社会治理多元化与个性化发展的契机与动力。

诚然，反思既有治理研究是推动研究发展的新起点，可是，仅有对研究内容的观察是不足够的，研究方法在研究产出中的重要性使任何对既有研究的反思都不能不审视既有研究所运用的理论工具与方法。

三　从殖民史观到全球史观

当人们在重复“一切历史都是当代史”的经典名言时，其所指一定不局限于当代人对祖辈历史的一种新的阐述与解读，或者通过重新解读而产生的不同于以往的新结论，其实还包含了解释与重读历史的理论视角与方法。

在澳门治理史研究中，殖民史观无疑最为人熟知。如前所述，依循殖民史观来研究澳门社会治理，会很自然地选择从外部切入的逻辑视角，或者以中国视角切入或者以葡萄牙视角切入，殖民与被殖民的双方各自按照自身的历史理解及需要叙述澳门治理史，因此，不时出现同一个历史事件各说各话，甚至连起码的史实都存在相互矛盾的现象就不足为怪。

与殖民史观相联系的另一个常见的研究视角是从中外关系或中葡关系切入，其结论虽无可怀疑却难免简单，丰富生动的历史生活趋于概念化与平面化，甚至可能被遮蔽。因为从中葡关系研究视角来观察澳门历史，往往不可避免地使澳门成为中葡关系甚至中国与西方列强关系演变的历史注脚。说到底，最终仍将落入东西方之间的冲击—反应、挑战—应战、落后—先进甚至纯粹是实力对比的解释模式之中，结果是必然重新回到以主权为中心的论证。

不是说中外关系视角下研究出来的结论，即澳门管治权的失去与回归是中国由弱转强的历史见证，有什么问题，而是说中外关系视角下的澳门治理研究导致澳门作为研究主体的地位很难得到重视，甚至完全消失在研究者的视野里，因此，在一些讲述澳门史的著作中很难看到澳门本地社会真实的历史场景，充斥其中的反而是丰富的中外交涉史料。对于有意了解澳门历史的读者来说，很难从中真切地感知与认识澳门。而澳门本地读者阅读由“他者定义”的澳门历史，除了缺乏本土文明的受尊重感外，甚至无法借此展开“生活意义”的历史想象。

可以肯定，在澳门史研究中，鉴于澳门独特的发展历程，政治史或管治史的研究从来就无法超脱曾经的被殖民管治的史实，被殖民统治的历史作为澳门历史发展过程中最为沉重的一页，无论何时都不能被忽视。然而，如果仅止于此，则不但不能反映澳门历史的全貌，而且无助于理解潜藏于澳门历史之中东西方文明共处与相互影响的社会特征。

自从1999年澳门回归祖国之后，澳门史研究进入一个新的阶段。其中一个表现就是本土视角的引入。以本土人物、本土事件为研究对象，挖掘与运用澳门内部史料，重构澳门本土历史发展的线索与生活场景，是本土视角引入澳门史研究后表现出的不同于殖民史研究视角的新特征。然而，当澳门史研究从殖民史视角转向本土视角后，尽管不同领域的本土研究取得了相当大的进展，可是过分强调从内部研究澳门史，强调澳门的地域性与特殊性，却几乎使澳门史研究处于与内地任何一个省区甚至市镇地方史无异的地位，甚至成为一种方志研究。如此，看起来好似澳门历史的特殊性得到重视，其实是削弱与限制了对澳门治理文明价值的深度发掘。

新阶段澳门史研究的另一个表现是尝试引入现代化理论。① 现代化理论是一个具有强大解释力的理论方法，尤其适用于解释被殖民国家（地区）的历史发展。可是，澳门作为殖民统治地区，其现代化进程与其他前殖民地地区并不相同，这尤其表现在经济上。从严格意义讲，澳门从来就没有经历过像西方社会那样的工业化历程，虽然在20世纪70～80年代加工业有过短暂的辉煌与繁荣，可是，随着内地的开放，加工业很快外移内地，澳门维持着以服务业为主体的产业结构，其中博彩旅游业居于主导地位。与经济结构相一致，澳门因博彩旅游服务业吸附大量低技术劳动力但并未随着后工业化社会的来临呈一个以中产阶层为主导的橄榄形社会，反而长期呈金字塔形。至于政治结构，更不能因为有限度选举在澳门的存在而断言它已经完成民主化。因此，无论从哪个方面看，澳门都属于一个现代化的非典型地区，当典型的现代化理论被引入澳门历史研究时，其解释力显得非常薄弱。或许正是

① 查灿长的《转型、变项与传播：澳门早期现代化研究（鸦片战争至1945年）》（广东人民出版社，2006）运用现代化理论分析了澳门经济、社会与政治现代化过程；吴志良的《生存之道——论澳门政治制度与政治发展》（澳门成人教育学会，1998）运用政治发展理论分析澳门政治制度的变迁。

因为这个原因，现代化理论在澳门治理史研究中的运用远不如在其他地区那样广泛且成果丰硕。

实际上，殖民史观与现代化史观[①]都是以“欧洲中心论”或“西方中心论”为理论背景的。站在欧洲的角度看，在经济、制度与观念上，西欧各国属于先发国家，其他地区包括亚非等地属于后发国家。亚非等殖民地本来就是西方国家对外扩张的产物，在西方人看来，是他们的优势文明向非西方地区扩散的结果。亨廷顿（Samuel Huntington）认为，殖民主义则成为非西方世界实行现代化的先决条件，而殖民扩张的主要影响就在于它促进现代化的作用。[②] 即使是独立之后的前殖民地国家，因为在经济、文化等方面处于落后状态，所以要实现工业化、民主化与现代化，完成从传统社会向现代社会的转变，就需要从技术、制度与观念方面不断学习与模仿西方。可见，殖民史观与现代化史观实际上是以西方特别是西欧地区为中心来看待人类历史的，正因为如此，在葡萄牙和一些西欧国家有所谓“发现事业”，在他们“发现”之前，“东方世界”是不存在的。显然，这种历史观存在的问题是不言而喻的。其中，饱受质疑的是，它看到的仅仅是西方国家东扩及工业革命之后的500年人类历史，而不是全部的人类历史，故而有所谓500年还是5000年的反诘。[③] 此外，批评观点还认为，在思维方法上，它把东西方关系看作一种单向的而非互动的关系，这是极其偏颇的。

在批评“西方中心论”并试图建立新解释范式的努力中，一种尝试是用新的中心观来取代它，比如中国中心观[④]或者东方主义[⑤]。其尽管有一定理据，但仍未超脱“西方中心论”所存在的思维误区。而多中心论的提出乃至于全球史观的形成，很好地应对了“西方中心论”在前述两个方面遭

① 也有人认为“现代化史观其实就是一种全球史观”，参见曾昭耀《现代化史观与拉美史研究》，《史学月刊》2007年第1期。对于殖民主义，有从现代化角度肯定殖民主义的“双重使命”，参见刘金源《现代化史观与世界史教学》，《历史教学问题》2009年第6期。

② 〔美〕塞缪尔·亨廷顿等：《现代化：理论与历史经验的再探讨》，上海译文出版社，1993，第20页。

③ 〔德〕安德烈·冈德·弗兰克（Andre Gunder Frank）、〔英〕巴里·K. 吉尔斯（Barry K. Gills）主编《世界体系：500年还是5000年?》，郝名玮译，社会科学文献出版社，2004。

④ Paul A. Cohen, *Discovering History in China: American Historical Writing on the Recent Chinese Past*, New York: Columbia University Press, 1984.

⑤ Edward W. Said, *Orientalism: Western Representations of the Orient*, New York, 1978.

遇的批评与挑战。或者可以说，全球史观是在对“西方中心论”的反省中逐渐发展起来的一种新的史学理论。正如斯塔夫里阿诺斯（Leften Stavros Stavrianos）所说，“新世界需要新史学”，“20世纪60年代的后殖民世界使一种新的全球历史观成为必需，今天，20世纪90年代以及21世纪的世界同样要求我们有新的史学方法”。[①]

关于全球史观的形成，其实，早在20世纪初叶，准确地说，早在1918年，德国历史学家斯宾格勒（Oswald Arnold Gottfried Spengler）就发表了《西方的没落》，挑战“西方中心论”。该书以文化作为研究历史的单位，提出八种文化系统，包括埃及、巴比伦、印度、中国、阿拉伯、墨西哥等在内，而西方文化只是其中之一。由此，世界变成了多中心而非单一的西方中心。汤因比（Arnold J. Toynbee）也是质疑“西方中心论”的重要学者之一，他相信文明的多中心论，而且与斯宾格勒一样，把非欧洲文明与欧洲文明摆到同样的地位。但是，在斯宾格勒与汤因比看来，不同的文明是独立的，相互之间不会发生互动与交流。

如果说斯宾格勒、汤因比的多中心论只是对西方中心说一种委婉挑战的话，那么英国历史学家杰弗里·巴勒克拉夫（Geoffrey Barraclough）则明确提出应该放弃“西方中心论”的传统，建立“更加广阔的”“超越民族和地区界限的”全球史观[②]。麦克尼尔（William H. McNeill）与斯塔夫里阿诺斯等人则运用全球史观来重新编写世界史，使巴勒克拉夫提出的全球史理论得到实践的回应，其中麦克尼尔的《西方的兴起》[③]与斯塔夫里阿诺斯的《全球通史》[④]属于全球史观的早期代表作。这两部作品问世后，赢得史学界与社会的肯定。斯塔夫里阿诺斯的《全球通史》更进入畅销书排行榜。之后，越来越多的全球史著作出版，其中弗兰克（Andre Gunder Frank）的《白银

---

① 〔美〕L. S. 斯塔夫里阿诺斯：《全球通史——从史前史到21世纪》，董书慧等译，北京大学出版社，2005，第17～18页。

② Geoffrey Barraclough, *History in a Changing World*（Oxford: Blackwell, 1955）, p. 27；〔英〕杰弗里·巴勒克拉夫：《当代史学主要趋势》，杨豫译，上海译文出版社，1987，第1、242页。

③ William H. McNeill, *The Rise of the West: A History of the Human Community*, University of Chicago Press, 1963.

④ Leften Stavros Stavrianos, *The World to 1500: A Global History*, Englewood Cliffs, N. J. : Prentice - Hall. , 1970.

资本》[1] 与彭慕兰的《大分流》[2] 等几部全球史代表著作也引起较大社会反响。

如果说“西方中心论”是在欧洲大陆首倡并具体运用于历史叙述的，那么全球史观的兴起同样有欧洲学者的推动和参与，而目前的研究中心显然是在美国。美国不但于1982年成立了全球史学会（WHA），出版了《全球史杂志》，而且率先在大学开设全球史课程，出现了一批重要的全球史研究代表人物，如唐纳德·怀特（Donald R. Wright）、杰里·本特利（Jerry H. Bentley）、彭慕兰等，大量全球史研究重要成果得以涌现。全球史之所以会在美国得到快速发展，一方面是与美国的历史特性有关，毕竟美国历史短暂，不像欧亚等国拥有悠久的历史和文化传统，而独立前的美国也是欧洲国家的殖民地；另一方面，与冷战结束后美国调整其理论思维有关，即淡化敌对意识，弱化主权概念，模糊西方与非西方界限，积极倡导与推动全球化。而全球史观恰好契合了这种需要，有人说，全球史学术取向就是“把全球化历史化、把历史学全球化”。[3] 不过，将全球史观等同于全球化史观的说法同样遭到质疑，倘若如此，其可能是现代化史观的翻版，因为在一些人看来，全球化就是西方化甚至美国化，那样的话，全球史的叙述不过是在“欧洲中心论”之后再续上“美国中心论”而已。

应当说，全球史观自诞生以来，有关它的争论与探讨从未停止，其内涵也已发生变化，从起初被视为一项新的世界通史编纂法逐渐扩展为包括史观、史识、史法等在内的新史学理论体系。这里简要概述其主要内容。[4]

---

① 〔德〕安德烈·冈德·弗兰克：《白银资本——重视经济全球化中的东方》，刘北成译，中央编译出版社，2005。

② 〔美〕彭慕兰：《大分流：欧洲、中国及现代世界经济的发展》，史建云译，江苏人民出版社，2003。

③ 刘新城等：《什么是全球史?》，《历史教学问题》2007年第2期。

④ 介绍全球史研究的中文参考资料包括：钱乘旦《探寻“全球史”的理念——第十九届国际历史学科大会印象记》，《史学月刊》2001年第2期；于沛《全球史：民族历史记忆中的全球史》，《史学理论研究》2006年第1期；梁占军《“全球史”与“世界史”异同刍议》，《首都师范大学学报》2006年第3期；刘新城《在互动中建构世界历史》，《光明日报》2009年2月17日；刘新城等《什么是全球史?》，《历史教学问题》2007年第2期；于沛主编《全球化和全球史》，社会科学文献出版社，2007；夏继果、杰里·H. 本特利主编《全球史读本》，北京大学出版社，2010。

（一）“互动”是全球史观的关键概念，“跨文化互动”是全球史研究的中心内容

全球史观探讨超越民族、政治、地理或者文化界限的历史进程及其影响，① 它更加关注不同民族、不同地区、不同文化通过接触在经济、政治、文化等多重领域实现的互动。全球史研究的含义就是“大范围的互动研究”。②

在麦克尼尔等全球史学者看来，人类并不是孤立与隔离的，而是相互交往的。人类迁徙导致不同文化与生活规则相遇，通过对话、交流或反抗与适应，最终形成新的规则，包括商业的、礼仪的、日常生活的乃至文化信仰的，而新的规则使人类原来的行为习惯发生改变，可以说，“与外来者的交往是社会变革的主要推动力”。③ 麦克尼尔的《西方的兴起》和布里特（Richard W. Bulliet）的《骆驼与车轮》④ 出版之后，全球史家唐纳德·怀特说，正是通过这些书，他开始认识到，“孤立地考察任何国家、任何民族的历史都不能发现推动该国或该民族发展的真正动力，因为包括国家和民族在内的所有人类群体都是在与其他群体的联系、交往和互动中存在和发展的，不探究这种联系、交往及互动的过程就无法正确理解人类历史，对于世界历史而言，尤其如此”。⑤ 杰里·本特利更以“跨文化互动”作为核心标准尝试对世界历史重新进行分期。

可见，以跨文化、跨民族和跨地区的联系和互动为研究对象，观察与研究不同民族、不同文化、不同地区之间的影响与互动过程，以及通过互动而产生的变化结果，才是全球史研究的重点所在。

（二）扬弃传统史学的民族国家本位观，以国家场域之外的社会空间作为考察重点，以跨区域、跨文化，半球乃至全球作为历史研究单位

自从17世纪《威斯特利伐亚条约》签订后，在欧洲，民族国家开始建立

---

① 〔美〕杰里·H. 本特利：《新世界史》，夏继果、〔美〕杰里·H. 本特利主编《全球史读本》，北京大学出版社，2010，第44页。

② 刘新城：《在互动中建构世界历史》，《光明日报》2009年2月17日。

③ 〔美〕威廉·H. 麦克尼尔：《变动中的世界历史形态》，夏继果、〔美〕杰里·H. 本特利主编《全球史读本》，北京大学出版社，2010，第13页。

④ Richard W. Bulliet, *The Camel and the Wheel*, New York: Columbia University Press, 1990.

⑤ 刘新城等：《什么是全球史?》，《历史教学问题》2007年第2期。

并成为以主权相联结的排他性社会共同体。此后，现代人文社会科学开始以民族国家为研究单位的学科建构，甚至自觉地将增进民族认同与维护国家统一作为自身使命。其中，历史学亦不例外，尤以对西方史学影响至深的德国史学为最。受科学主义影响，19 世纪德国著名历史学家、有“历史科学之父”称号的利奥波德·兰克（Leopold von Ranke）创立了以严格著称的科学考据方法，通过史料考证追求“绝对客观”历史的兰克学派。由此，国家档案成为历史叙述的可靠来源。所以，近代史学一开始就成为国家本位的政治史学。

以民族国家作为历史研究单位，本身并没有什么不对，民族国家作为现代社会的重要角色，理应得到历史学的关注。问题在于，民族国家的出现并成为政治活动中心属于近代的事，如果要以民族国家为单位来研究在其出现之前的人类历史多少显得有些荒谬，起码能在多大程度上还原主权国家概念出现前的历史是令人怀疑的。何况以民族国家为历史研究单位，必然会强调文化的独特性与排他性的民族认同，实际上会强化民族中心主义，更不可能超越欧洲中心论。正如声称要使“历史科学化”的兰克实际上怀有强烈的民族主义，其著作《世界史》以西欧为中心，把创造了灿烂的古典文明的东方各民族完全排斥在主流历史之外。①

与传统历史学以民族国家为历史研究单位不同，全球史观并非简单地否认民族国家的历史以及研究民族国家的价值，而是更加关注与强调以超越民族国家的区域、文化、大洋、半球甚至全球作为历史研究的单位，从而可以揭示民族国家视野内所看不到的跨国家、跨民族、跨地域的人类历史进程，以及民族国家与其外部世界互动而产生的变革动力。也就是说，全球史观突破了近代传统史学国家本位观照下强调文化特殊性、民族认同、地方知识的研究限制，能够关注到超越民族国家之外的被传统史学忽略的却对人类全球历史进程有重大影响的问题，包括民族迁徙、技术传播、文明交流等，进而摆脱民族国家研究中封闭的、特殊的、不可比的、无关联的历史认知的束缚，从更大范围的历史语境中理解人类历史，为最终脱离欧洲中心主义与民族中心主义提供可能。② 所以说，全球史不是要否认或取代国别史研究，而

---

① 张广勇：《导论——走向全球史》，〔美〕L. S. 斯塔夫里阿诺斯：《全球通史——1500 年以前的世界》，吴象婴，梁赤民等译，上海社会科学院出版社，1999，第 38 页。

② 〔美〕杰里·H. 本特利：《新世界史》，夏继果、〔美〕杰里·H. 本特利主编《全球史读本》，北京大学出版社，2010，第 46 ~ 49 页。

是要把世界作为一个相互联系的整体看待，从而真正达成不同民族国家的历史文化价值是平等的这一研究共识。

（三）重视通过比较研究，捕捉历史事件与现象的内在联系，寻找与发现其中变化的规律

比较研究是史学研究的基本方法，并非全球史所独创。相对而言，全球史在运用比较研究时更多地运用大范围比较与“跨文化比较”。[①] 跨文化比较是指多个民族国家、多种文化间的比较。跨文化比较并非只关注全球问题，它同样关注家庭、村落、性别、服饰等微观问题，但是，即使是微观议题的研究，也会聚焦于不同民族国家与相关议题的互动关系，并从中找出异同。较为典型的例证是斯里兰卡社会学家库马里·哈亚瓦德娜（Kumari Jayawardena）研究第三世界的女权主义与民族主义的作品，[②] 她选择亚洲与中东12个分属伊斯兰教、印度教、儒教的国家进行性别群体与民族主义的互动比较研究，从而得出其相互间的差异与共性。实际上，在全球史研究中，类似的例子正在不断增加。即使是不主张将世界作为整体来看待的科廷（Philip D. Curtin），同样也运用个案比较研究来阐述关键性的全球议题。

全球史观重视比较研究，其目的在于通过对研究对象的大范围与跨文化比较，寻找貌似互不相干的孤立历史事件之间存在的某种内在联系。比如，在胡人入唐的研究中，如果从唐代中国的内部寻找原因，通常的解释是国运昌盛的唐朝吸引了北方（中亚地区）的胡人入唐定居或经商。然而，为何唐之前同样有强大国力的朝代却没有发生类似现象，反而引发了战争呢？进一步研究的结果是当时居住在中亚地区的胡人因伊斯兰教兴起与阿拉伯帝国东扩而遭受严重的生存挤压，部分胡人因此避入唐朝。可见，跨地区比较研究有助于揭示事件之间的内在联系。另一个典型的例子是关于郑和远航的。明代时中国航海家郑和率舰队纵横南海并成功远航印度洋的事迹通常被解释为国力强盛、造船技术领先的明帝国“宣示国威”之举。可是，从世界的

---

① 有关大范围比较与“跨文化比较”研究的内容，可参阅艾达·布洛姆（Ida Blom）《国际比较中的性别与民族国家》，夏继果、〔美〕杰里·H. 本特利主编《全球史读本》，北京大学出版社，2010，第251～253页。

② Kumari Jayawardena, *Feminism and Nationalism in the Third World*, London and New Delhi, 1986.

整体性与联系性角度看，其时正当阿拉伯人势力衰落，土耳其人因忙于中东事务而无暇顾及，欧洲人尚未开始海上探险事业。换句话说，郑和远航印度洋的成功是与当时印度洋处于海上霸权空窗期存在关联性的。[①]

全球史运用比较研究观察历史互动联系的对象并非仅局限于重大历史事件，即使是日常生活事件，同样也可以通过跨文化比较来寻找其中的联系。如在人类服饰与生活习惯方面，有研究指出，17 世纪英国人发明的三件套西服采用了“亚洲”元素；又如，在英国东印度公司官员的带动下，印度高种姓婆罗门定期洗澡与用洗发剂洗头（Shampoo，源自印地语）的生活习惯后来传回英国，被英国人接受，竟逐渐成为“西方文明”的标志之一，并反传回亚洲。[②]

由此可见，全球史运用大范围与跨文化比较研究，在揭示世界历史事件之间内在联系的同时，还有助于澄清与克服“西方中心论”影响下历史研究中曾经发生的误会与偏颇。

（四）置“小地方”于“大世界”中的研究范式是研究全球史的范式之一，重点在于探讨“小地方”与“大世界”的关系

虽然全球史以跨文化、跨区域为历史研究单位，但并不意味着全球史从不进行区域研究或不关心“小地方”，而是反对将区域研究局限在孤立自足的封闭语境中进行研究，以开放的与外界互动的方式来比较与研究“小地方”，探讨“小地方”与“大世界”的关系，把“小地方”置于“大世界”中，发现“小地方”的文化现象所折射的外部世界影响及其回应。[③]

在发掘“小地方”与“大世界”联系的研究上，取得突出成果的是美国全球史学者唐纳德·怀特教授。[④] 20 世纪 70 ~ 90 年代，怀特教授特意选择并持续关注西非前殖民时代的冈比亚（Gambia）河口地区的小国曼丁哥

---

① 林中泽：《历史中心与历史联系——对全球史观的冷思考》，《学术研究》2005 年第 1 期。

② 〔美〕彭慕兰：《社会史与世界史：从日常生活到变化模式》，夏继果、〔美〕杰里·H. 本特利主编《全球史读本》，北京大学出版社，2010，第 272 ~ 275 页。

③ 夏继果、〔美〕杰里·H. 本特利主编《全球史读本》，北京大学出版社，2010，第Ⅺ ~ Ⅻ页。

④ 刘新成：《从怀特透视全球史》，《史学理论研究》2006 年第 3 期。

(Mandinka)与纽米（Niumi）。怀特的研究发现，[①] 人们长期以来认为撒哈拉沙漠以南非洲大部分地区在西方殖民者进入以前远离世界、发展滞后的观点是一种想当然的看法，是不符合实际的。在系统研究的基础上，怀特指出，在1500年以前近1000多年的时间里，撒哈拉沙漠以南西部非洲与沙漠以北的非洲地区与地中海世界甚至与东南亚都有广泛的联系，在这个互相关联的"大世界"的任何地区所发生的事情，都可能对西非人的生活产生影响。正是通过对非洲史的研究，怀特认为，任何局部地区的历史研究都必须跳出这个地区，在更广阔的视域下加以审视，非如此不足以取得正确的理解和认识。怀特教授在非洲史研究中获得的这一体会在其全球史教学与研究中得到深化。

可见，全球史观同样可以为地区研究提供全新视角，它不会将传统地区仅仅看作自身内部封闭体系的产物，而是通过考察地方互动的历史来说明更大范围的互动与影响，进而寻找与发现特定地区与世界之间的联系。正如汤因比所说，一个国家或地区"本身不能构成一个可以自行说明问题的历史研究范围"，研究一个国家或地区的历史不能将它与外部分离开来。[②] 从这个意义上说，任何地方都不可能孤立地与世界相隔绝，而必然与其他地方构成相互依存关系。实际上，世界上从来就没有什么绝对孤立的事件，看似完全不相干的两个事件，却存在着千丝万缕的直接或间接的联系。其实，每个地方都或多或少具有某种"全球性因素"，全球化不过是使"全球性因素增加的过程"。[③]

应当说，全球史研究的内容与成果广泛且丰富，以上所述并不足以涵盖全球史的全部研究内容，而是偏重从全球史与传统史学有所区别的角度介绍其核心概念、研究单位、研究方法与研究范式等，从中可以看出，全球史确实在诸多方面超越了传统史学，它以民族国家之外的社会场域为研究单位，以跨文化互动为研究核心，关注关于互动因素与互动工具等议题的研究，其研究领域与对象包括远距离贸易与商业网络，人口迁徙与离散社群，物种交

---

① Donald R. Wright, *The World and a Very Small Place in Africa: A History of Globalization in Niumi, the Gambia*, M. E. Sharpe, 1997.

② 〔英〕汤因比：《历史研究》，曹未风等译，上海人民出版社，1966，第1～4页。

③ 〔美〕罗伯特·基欧汉（Robert O. Keohane）、约瑟夫·奈（Joseph S. Nye）：《全球化：来龙去脉》，陈昌升摘译，《国外社会科学文摘》2000年第10期。

换与生物交流，微生物与疾病的蔓延和扩散，环境生态变化，技术、思想传播与宗教文化的对话交流等。[①] 全球史研究现已形成一些基本共识：世界是一个联系与互动的整体，各民族国家并非孤立地存在；即使是特定地方也不是封闭自足的，地方历史可以反映和折射与更大范围世界之间存在的超时空互动和影响；不同民族国家的文化虽各具个性，相互之间却并不存在高下优劣之分，文明是平等的。由上可见，全球史研究在克服与超越“欧洲中心论”或“西方中心论”方面可谓成绩斐然。

尽管如此，全球史观作为一种继“西方中心论”之后兴起的新学术规范与话语系统，仍然处于发展与探索过程中，其同样存在某些明显的局限。首先，在理论方面，全球史观并不认同“西方中心论”的理论基础，即黑格尔论证的“绝对理性”，认为主张“理性是世界的主宰”[②] 的结果必然导致西欧之外的许多民族被排除在世界历史进程之外，甚至被看作无历史的民族。然而，自相矛盾且颇具讽刺意味的是，全球史研究的目的却是通过发现跨地域大规模事件之间的互动与联系，从中探寻人类历史发展的规律及其归宿。其次，民族文明等值论的进步价值应当得到肯定，可是，客观地讲，在人类历史进程中，不同民族国家的作用并不是同等的，确实存在着先进与落后、引领与跟进的不同状态。换句话说，人类历史进程中客观地存在着“中心”，因此，“去中心说”不能否定中心的客观存在，而是否定单一文明中心与文明的线性传播，强调不同民族文化在平等基础上的多中心互动。否则，就是为否定而否定。再次，放弃以民族国家作为历史研究单位，确实开阔了历史研究的视野，可是，跨区域互动研究的适用性并不是无限的。对于全球或跨域贸易、人口迁徙、文化传播、社会生活等领域，跨域互动较为得心应手，而观察与研究政治、军事、司法等依托民族国家主权的领域，全球史观未必较民族国家史观更为适合。最后，全球史观视交往与互动为全球变革的主要推动力，对于跨区域或大规模社会而言，该发现弥补了过往民族国家本位研究的不足，拓展了其研究视野。但是，就地区性社会发展而言，除强调来自外部的影响与互动而引发变化外，如果忽视分析地区社会内部的矛盾与

① 〔美〕L. S. 斯塔夫里阿诺斯：《全球通史——1500 年以前的世界》，吴象婴、梁赤民译，上海社会科学院出版社，1999，第 130 页。

② 〔德〕黑格尔：《历史哲学》，王造时译，三联书店，1956，第 58、397 页。

原因，那么显然是本末倒置。

与其他任何一种理论体系和学术规范一样，全球史观也不可能是纯粹与完美无缺的。问题在于，全球史观的回应者与支持者在运用全球史观进行历史研究的时候没有必要抱持一种两极对立思维，即非此即彼，绝对化地排斥或抹杀非全球史观方法及其在历史研究中所取得的成果，否则，研究尚未开始就已经落入思维陷阱。

四　全球史“互动区”视角与澳门治理史研究探索

自从20世纪下半叶全球史兴起以来，全球史经典著作中偶尔也有涉及澳门的内容，如斯塔夫里阿诺斯的《全球通史》在写到西欧东扩时就提及了澳门，[①] 其实，类似的“提及”而非“关注”在过往世界史著作中亦较为常见。也就是说，倡导大范围互动研究的全球史并未比以前的世界史（包括具有浓厚殖民意味的西欧发现事业）更多地重视澳门在东西方交流与互动过程中的地位与作用。当然，这并不意味着澳门史研究自身完全没有注意到新兴的全球史观对澳门史研究可能的积极价值与借鉴意义。

实际上，自从1999年澳门回归以来，包括治理史研究在内的澳门史研究在经历了短时间沉寂之后，重新开始思考与探索如何突破的问题。其中，本土视角的兴起可以看作新澳门史研究的重要标志。也就是说，澳门史研究经过了从回归前以外部视角为主到回归后以本土视角为主的转变。客观地说，对于历史上长期作为中外交流窗口同时又是早期全球化产物的澳门来说，内部视角的研究可能有助于弥补过去为外部视角研究所忽视的本土历史片段或事件，而对于研究澳门社会发展机理来说，其则显得十分吃力。正因为如此，一些澳门史学者再次将目光投向外部，试图把内外部视角结合起来寻找一种新的理论工具来推动澳门史研究走向深入，于是以研究跨区域联系与互动见长的全球史观就此开始进入澳门史研究的视野。

应当承认，虽然全球史观在西方学界尤其是在美国史学界已兴起多年，但是引入澳门史研究也是近几年才发生的。其主要推动者为钱乘旦、吴志良

---

① 〔美〕L. S. 斯塔夫里阿诺斯：《全球通史——从史前史到21世纪》第四章、第六章部分内容，董书慧等译，北京大学出版社，2005。

等。作为较早向内地介绍国外全球史研究方法与研究成果的重要学者，钱乘旦教授敏锐地意识到澳门在早期全球化过程中的独特意义，并倡导将全球史理论与方法引入澳门史研究之中。而多年来致力推动澳门史学研究并希望建立起澳门本土解释体系的吴志良教授也指出，“澳门本土知识体系及其解释体系的成功建立，全球视野不可或缺”。[①] 无独有偶，近几年研究“澳门学”的学者也注意到全球史观，冀借引入全球史观等新理论方法而重新启动提出多年却进展不大的澳门学，并产生新的研究成果。在他们看来，澳门学的研究局限在于“仍然未能跳出澳门研究的框架，未能从澳门之于全球文明互动发展的地位、作用和影响的角度展开宏观的学术设计，因而未能取得面对世界学术发言的资格与效果”。[②]

虽然在澳门史研究中引入全球史观的学术主张已经提出，可是，对于作为以跨区域互动为研究核心的全球史观究竟是否适合澳门史尤其是澳门社会内部治理史的研究，研究者仍然不无疑虑。比如，宏大叙事（Grand Narrative）是以跨区域甚至全球为研究单位的全球史常见叙事方式，尽管全球史观亦有在“小地方”个案研究上的成功运用，然而，比较起来，澳门属于地理规模更加细小的微型地区，全球史观应用于像澳门这样极微型地区的研究是否可行？又如，全球史摒弃民族国家的研究视角而以社会治理为对象的研究又不能不涉及政府、国家等社会治理主体，澳门治理史的研究同样无法抽离作为民族国家的中国与葡萄牙这两大因素。也就是说，治理史研究无法绕开民族国家，这是否会与全球史的一贯主张产生理论冲突？再如，在研究主题上，全球史研究较为偏好贸易史、移民史、生活史等领域的选题，因为在这些领域，民族国家的作用相对较弱，可以满足全球史主张的社会视角而非国家视角的需要；与此同时，全球性联系与互动在这些领域表现得更为充分，其中远距离贸易是早期全球化的核心内容，也是全球史最经典的研究课题，因为这种远距离跨文化贸易所引发的互动是系统性与全球性的。同样，跨国移民、宗教传播、文化交流等同样更容易展现全球史观所强调的跨文化互动关系，因此都成为全球史研究的重点领域。然而，与贸易史、移民

① 钱乘旦：《全球史视野与澳门史研究》，《澳门日报》2011 年 5 月 9 日，D06 版；吴志良：《以全球史视野深入解读澳门历史》，《澳门日报》2010 年 3 月 23 日，C11 版。

② 郝雨凡等：《全球文明史互动发展的澳门范式——论澳门学的学术可能性》，《学术研究》2011 年第 12 期。

史等不同，治理史研究更多地涉及政治因素，而政治、军事、司法等管治领域具有较强烈的地域性、民族性与差异性，故而治理史研究在运用全球史观时能否做到像贸易史等领域一样得心应手呢？

严格地说，全球史观并不是一个排斥性的概念与方法，而是一个发展中的极具包容性的历史解释范式。全球史以跨区域互动为研究重心，它注重大范围的宏观考察，却也不排斥对小地方的精细化研究，它关注远距离贸易、移民社群及文化交流等研究领域，也从不拒绝在其他领域引入全球史观的分析。而对于澳门治理史来说，更具启发性的是，全球史在文明“互动区”（interactive zone）[①] 方面的研究取得了丰硕学术成果。

其实，历史上西欧国家东航中国，与中国文化产生接触、交流、互动乃至碰撞、冲突，逐渐在沿海地区形成若干“互动区”，澳门就是其中一个微型的中西文明“互动区”（见图1），以中葡文明互动为主。与澳门相邻的香港同样也是一个中西文明的“互动区”，以中英文明互动为主。无论是澳门的中葡文明互动还是香港的中英文明互动，其背景均为东西方文明互动。除了澳门、香港之外，还有一些互动点散落在沿海或沿江的其他城市，如沿海地区的厦门、上海、青岛，沿长江地区的武汉、九江等地。但是，从互动时间与地理规模来看，唯有澳门与香港两地有超过一百多年的互动史，且整座城市都被纳入互动范围而非城市内的局部区域。与香港相比，澳门与西方接触、互动的历史显然更加悠久，而且不像香港那样是19世纪下半叶西方列强武力入侵中国的产物。虽然东西文化的相遇并非始于澳门，但是长期以来澳门充当了中国与海外世界交流与对话的窗口，是西方文化东扩的第一批接触点之一，也是以贸易为核心的早期全球化的东方节点，因此作为地处东方的微型中西文明“互动区”，澳门无疑更加值得引入全球史理论进行学术尝试，而过去长期将发生于早期澳门的中西接触与交流也纳入殖民主义研究范式加以分析与阐述却多少含有学术误会的成分。

从全球史观“互动区”的视角观察，即使是19世纪下半叶澳门管治权为葡萄牙所侵夺从而导致澳葡殖民统治在澳门的建立，也没有改变澳门

---

① 威廉·H. 麦克尼尔认为是罗斯·邓恩（Ross Dunn）首先使用此一概念，参见夏继果、〔美〕杰里·H. 本特利主编《全球史读本》，北京大学出版社，2010，第9页。

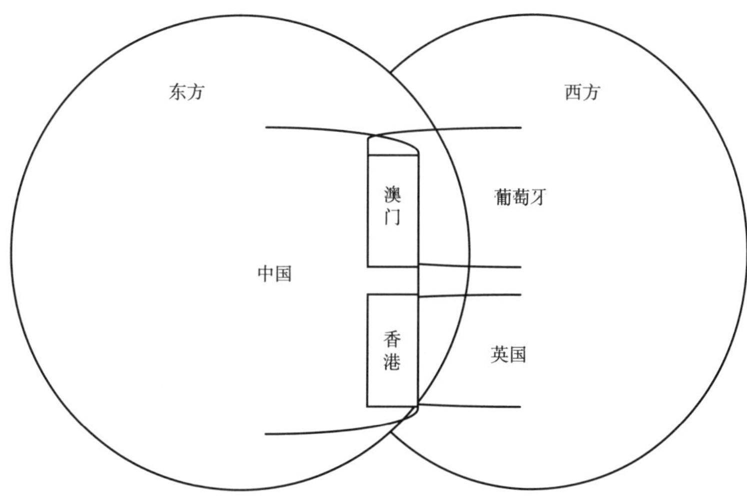

图 1　中西文明互动示意图

作为“互动区”的地位，改变的是两种文明互动的对称程度。实际上，如果从互动角度来理解澳门与香港乃至其他西方列强在东方殖民地所形成的管治差异，许多看起来令人困惑的问题就较容易得到解释。殖民管治并不存在统一模式，不可能是所有东侵的西方国家商量好之后以一种先定的统一模式强加给东方国家或地区，即使是同一个西方殖民国家，其对不同殖民地区实行的管治方式也是不同的，因为如果说建立殖民管治可以不经当地人同意以武力方式取得，那么维持管治存在则需要管治方式与技术的在地化。也就是说，不同殖民地区的管治模式是在与当地族群、文化以及治理传统的互动、合作与冲突中逐渐形成的。澳门管治模式的形成更加明显地体现了这样的过程与特征。

众所周知，葡人入居澳门并非葡萄牙王室的预定计划，而是葡商的自发行为，所以对于入居澳门的葡人社群来说，究竟如何与中国地方政府和澳门华人社群相处，葡人社群在澳门可否实行自治等问题并不能由他们单方面决定，需要得到管理澳门地区的中国地方政府的准许。因此，入居澳门后的葡萄牙人不断地进行试探，甚至是挑衅，意图探寻中国政府的态度及底线，而试探实质上就是一种互动。其实，若无中国人的容忍或默许，葡萄牙人是不可能在澳门立足的，更遑论自由地按照自己的意志采用事先设计好的管理方式进行管治。即使是 1849 年葡萄牙人强夺澳门管治权，其也是澳葡当局因应香港开埠的外部环境变化以及清政府控制澳门力量衰落而做出的反应。1849年之后夺得了澳门管治权的澳葡当局在管理澳门时仍然不可能随心所欲，而是需要在体制内通过民间社团吸纳当地华人精英，借助共识政治模式实现对华人社群的间接管治和对整个澳门社会的低度控制。正因为如此，可以看到，澳葡当局在澳门推行的管治模式是不同于其他西方殖民国家海外管治方式的，也不同于葡萄牙其他海外殖民地的管治方式。不是澳葡当局不愿意采取像葡萄牙其他海外殖民地那样的直接殖民管治，而是面对强势的华人社群及其文化，相对弱势的澳葡当局很难强制推行其殖民管治，只能借助华人社群的力量来维持其在澳门的弱势管治。实际上，从早期的“共处分治”到后来的“一地两（多）制”，都可以说是两种治理制度与文明互动之后的选择。如果把澳门历史上管治实践中出现的制度与技术看作中西治理文明互动的结果，那么这些制度与技术的具体表现有哪些？它们又是如何在澳门这个文明“互动区”内进行对话、互动、冲突与重建的？与原本的治理制度与技术相比，其哪些方面发生了“变形”与再造？……考察与探寻这些问题应成为以跨文化互动区为理论视角对澳门历史上社会治理进行梳理与研究的主要内容。

社会治理的内容十分广泛。在结构形态上，它涉及的要素包括治理组织、治理制度、治理技术、治理文化，以及各要素之间的相互关系。在治理过程上，可以按历史分期来分别考察古代、近代与现当代的治理，具体到某项治理制度与政策，则既有初始型的，也有改变型的。在治理层次上，有宏观与微观之分，宏观方面包括文明层次、国家层次与地区层次，而微观方面包括在地区内部的区域层次与社区层次；也可以有正式与非正式之分，包括由规章典籍构成的正式制度层次与潜藏并运行于社会之中由习惯、风俗等构成的非正式制度层次等。然而，选择从互动视角切入的治理史研究应以集中反映互动成果作为其内容，这主要包括以下四个方面。（1）考察治理发展的历史线索与周期，从“共治→他治→自治”的治理发展历程中观察不同文明因冲突与协调而形成的双轨管治与一地两（多）制的治理模式。（2）政府治理方面，追溯16～20世纪澳门行政发展的源流，阐述其间多元行政主体与复合行政权力以及因此而引起的管理冲突与危机后的重新调整。（3）司法治理方面，从16～20世纪澳门司法管辖冲突中的法律案例入手，梳理澳门的司法冲突及其解决机制，并进一步观察中西方文化因素对澳门法律文化的影响。(4) 社会组织参与治理方面，考察以民间社团在澳门的起源发展历程并揭示其在社会自治与社会参与方面的特殊社会功能，以及由功能性代表社团与政府合作治理社会而形成的以合作主义为导向的澳门社会治理体制。此外，一些与互动相关的独特治理制度与控制技术，如行政堂区的设置、行政授权制度等亦是本文所关注的内容。

此外，从互动视角切入的澳门社会治理史研究还应选择一个较长的观察周期，如从 16 世纪中叶葡人入澳到 20 世纪末澳门回归，通过长时段的观察，既可以全面性地获知澳门社会治理在中西文明互动中的变化及其丰富多彩的历史细节，又可以为进一步判断与分析中西文明互动程度及其历史原因提供更广阔的背景。

实际上，与其他互动区（点）相比，中西文明在澳门相遇的历史虽悠久但互动成果并不丰富，其中，重要的原因是中葡双方对待互动始终秉持谨慎态度。可以说，自从 1553 年葡萄牙入居澳门之后，中葡双方在是否需要互动、如何互动等方面经历了从初始期没有为互动做好充足准备到后来因害怕冲突而尽量避免互动的变化，正是因为抱持这样的态度，所以不难看到，在澳门历史发展过程中区隔、分治等措施始终如影随形，华葡社群虽同处一城却有形无形地自相隔离，以“遥远的邻居”或“陌生的邻居”来形容双方并不为过，由此严重妨碍了中西文明互动范围的扩大，影响了交流互动的深入，以及互动成果的产生。不过，相对于其他领域，社会管治可归属于“万不得已必须互动”的领域，中葡任何一方都无法回避管治问题。可以说，相对其他领域来说，管治领域是互动最为频密的。面对入居澳门的葡人社群，明清政府不能够坐视不理，必须接触、观察对方并制定管理政策。中方辩论与争执的结果是，以“建城设官而县治之”① 的政策对待居澳葡人，其出发点虽不一定是分区治理，可是客观上导致在澳门形成“华葡二元”“共处分治”的治理格局。同样，1849 年后夺取澳门管治权的澳葡政府也面临着华人社区的管治问题。澳葡当局尽管曾一度想采用强硬手段推行统一管理，可是后来仍然采取了“无为而治”“一地两（多）制”的管理方式。可见，避免接触与互动是双方共同的选择，即使在双方必须互动的领域也是

① （明）霍与瑕：《霍勉斋集》卷十九《处濠镜澳议》，清咸丰年七年重刻本，1857，第 83 页。

如此。

接触、交流，甚至碰撞、冲突，乃至避让，是不同的互动方式，都属于互动的范畴，都是新事物产生的动力与途径。只要存在接触，就会产生影响，哪怕是拒绝接受或抵制改变，同样会引发一定的后果。互动越是深入，成果越是丰富多彩。澳门社会治理的发展可以清楚地说明这些道理。避免接触和互动固然可以维持和谐与稳定，却也因此而失去了创造的机会，恐怕这也是澳门社会治理发展的吊诡之处。

诚然，研究澳门历史的著作已经十分丰富，之所以要提出引入全球史观来重新回顾与检讨澳门社会治理的历史得失，是因为正如斯塔夫里阿诺斯在其经典著作《全球通史》中所解释的那样，“每个时代都要编写它自己的历史。不是因为早先的历史编写得不对，而是因为每个时代都会面对新的问题，产生新的疑问，探求新的答案”。①

（原载吴志良、郝雨凡主编《澳门研究》总第 67 期，澳门：澳门基金会，2012 年 12 月。）

① 〔美〕L. S. 斯塔夫里阿诺斯：《全球通史——从史前史到 21 世纪》，董书慧等译，北京大学出版社，2005，第 17 页。

澳门历史话语权的回归

吴志良*

对于澳门历史研究近30年来取得的进步，大家有目共睹，国内外学界也十分关注和赞赏。澳门公共机构和社会团体联合外地研究力量，不仅收集、整理、出版了大量的档案、文献史料，为广大研究者提供了极大的方便，为未来更深入、全面、系统的研究提供了必要条件，而且其研究成果量的增加和质的提升以及研究队伍的不断壮大，也令澳门历史研究取得了前所未有的飞跃，特别在研究深度和广度的拓展以及在诸多向来极具争议问题上学术观点的交集、接近方面，其进展令人欣喜。①

不过，在笔者看来，澳门历史研究最值得称颂、最值得骄傲、最具深远意义的成就是澳门历史话语权的回归，亦是澳门学术自主性的初步确立。

---

* 吴志良，历史学博士，澳门基金会行政委员主席，全国港澳研究会副会长。

① 金国平、吴志良：《挖掘原始档案文献、重现澳门历史原貌》，《镜海飘缈》，澳门成人教育学会，2001，第1~13页；金国平、吴志良：《澳门历史研究述评》，《史学理论研究》2002年第1期；金国平、吴志良：《东西望洋》，澳门成人教育学会，2002，第1~21页。近年的成果包括：吴志良、金国平、汤开建主编《澳门史新编》（四卷本），澳门基金会，2008；吴志良、金国平、汤开建主编《澳门编年史》（六卷本），广东人民出版社，2009；澳门基金会、葡萄牙外交部档案馆、广东省立中山图书馆、澳门大学图书馆编《葡萄牙外交部藏葡萄牙驻广州领事馆档案》（清代部分·中文，共十六册），广东教育出版社，2009；Dir. Rui Martins, *Ditema – Dicionário Temático de Macau*（《澳门专题史词典》，四卷本），Universidade de Macau, 2010；广西师范大学出版社组织整理《美国驻中国澳门领事馆报告（1849~1869）》，广西师范大学出版社，2012；等等。

一

所谓“话语”，本质上探讨的是人类在获得知识的最终成果过程中谁主导获得知识的地位，即构成话语权的取得，其中涉及表达和参与两个方面。从澳门史学史的发展历程看，历史知识的取得从过去由澳门境外学者主导，逐渐转变为由澳门本土学者主导，研究的主体也转向澳门内部社会的演进，实现了历史话语权回归本地。换言之，随着澳门本土研究力量的日益壮大，其表达和参与的频率增加、深度和广度加大以及对澳门本身关注度的日益加强导致量变产生质变。

众所周知，澳门历史研究最早围绕中葡主权治权之纷争而展开，因此，澳门历史研究从一开始就染上了极其浓厚的民族主义色彩。中葡两国的政治家、史学家在对澳门历史的叙事与解释上长期存在巨大的分歧，在许多重大问题上甚至截然相反，加之澳门历史研究的核心内容也长期受限于政治史、中葡外交史、中外交通史的主线而无法转向本地社会内部演进的研究，无法确立“以澳门本身为主体的研究路径”[①]，因此澳门本土知识体系及其解释体系一直无法形成。[②] 澳门历史的话语权也犹如其外向型经济那样随波逐流，一直为外部因素所主导。

话语权之回归表现有五，首先，研究人员主体本地化。20 世纪 70 年代，澳门的政治法律地位得以明确，澳门社会各界特别是逐渐成形的知识界不断努力寻求确立澳门自身个性的必要手段和途径。同时，随着居民教育水平的日渐提升，特别是高等教育的普及和攻读硕士、博士人数的不断增加，以及澳葡当局在高等教育和学术研究上的投资大幅增加，愿意潜心从事历史研究的本地学者和人士也日渐增多，三四十年后他们将发展成为澳门历史研究的中流砥柱。而本地学者的研究重心自然会指向本土社会。

其次，研究课题和研究成果本地化。在过去 30 年间，澳门基金会和其他机构均不遗余力地投入推动、资助和组织史料以及研究成果的挖掘、整理

---

① 邓正来：《澳门政治制度史》序言，广东省出版社集团、广东人民出版社，2010，第 10～17 页。

② 吴志良：《作为本土知识体系而构建的澳门学》，载郝雨凡、吴志良、林广志主编《澳门学引论——首届澳门学国际学术研讨会论文集》，社会科学文献出版社，2012，第 7～9 页。

和出版工作，并且在确定研究课题时更多地考虑本土视角，逐渐将焦点转向对澳门内部社会演变的考察。随着挖掘整理档案史料工作的不断深入，一些过去被学术界忽视的材料，例如口述历史、实物史料和图像史料，亦引起澳门历史学者的兴趣和关注，相关的尝试和成果已初见端倪，诸如《十部文艺志书集成·澳门卷》、“澳门记忆工程”等更大规模的研究已经展开。口述历史、实物史料和图像史料不但弥补了文献史料的空白和不足，而且成为辨别文献史料真伪的有力依据。而这些元素最丰富的地方，就在能取得第一手历史体验、历史参与人数最多和最集中的澳门，从而进一步强化了澳门历史研究的本土性。

再次，聚焦澳门内部社会变迁研究，史观分歧逐渐缩小。这不但是本土历史话语体系建立的前提，也是确立本土历史话语体系的必要进程。最近30年来，澳门的公私机构对中国和葡萄牙以及其他国家有关澳门的档案史料整理和翻译做了大量的工作，并出版了不少成果。澳门历史档案资料的最大特点在于数量大、语种多、收藏地分散。虽然碍于时间和空间的种种局限，对其他语种以及散佚于世界其他国家和地区的相关档案还未能进行全面、系统的收集和整理，但随着大量档案史料的出版和翻译，研究人员有了更多可以共同使用的材料，不同史观逐步靠拢接近，许多长期争议和重大问题有望达成共识。而更多从本土视角审视内部社会演变的研究成果不断产生，本土历史知识及其解释体系的轮廓也逐步明确，这为日后撰写澳门通史创造了必要的条件，奠定了良好的基础。以本土学者为主导撰写澳门通史，将是本土历史话语体系的最高表现，也将标志着澳门历史研究自主性的真正确立。

复次，拓宽了澳门历史研究的视野，突出了澳门历史研究的意义。长期以来，本地掌故式的乡土研究和宏观的中葡交往史研究各走极端，缺乏交集，更是很少将澳门历史置于中国史、亚洲史和全球史的广阔视野中来审视。澳门的开埠、澳门的生存发展，与国势国运的兴衰丝丝相扣，紧密相连。澳门历史研究的意义只有放在中国史与世界史的高度方能凸显出来。澳门历史城区被联合国教科文组织列入世界文化遗产，这充分肯定了不同民族、不同文化在澳门共生共存的典范意义和普世价值。澳门历史研究应当高度重视其在人类文明发展过程中所发挥的特殊作用，并为当今不同国家、不同民族、不同宗教、不同文化的和谐进步做出更大的贡献，突出“小城市、大历史”的功能和传统。

最后，跨学科研究使研究方法不断进步，使研究领域不断拓宽，使研究成果不断创新。澳门历史研究近30年来的一大特色就是从掌故式研究走向学院式研究，研究方法从比较单一的政治学走向多学科和跨学科，研究主题也由中葡关系史扩展至澳门内部社会的诸多领域。随着研究方法的改进，研究越来越专业，部门史论著作与日俱增且不断有新发现、新观点，研究质量也不断提高，澳门历史研究不断向纵深方向发展，研究人员和大众对澳门本土知识的认知要求日益提高。除非在外地从事澳门历史研究的人员曾经在澳门居住过相当长的时间，且在此期间又与本地居民有广泛的接触，否则他们将难以亲临其境地体会，也难以客观地解答澳门历史发展进程中存在的种种悬疑和问题。

二

澳门历史研究话语权的回归还产生了两个积极的效果：首先，澳门学术自主与澳门学的学科建设得以有条件顺利开展；其次，澳门在回归后对普世话语做出正面反馈，而这种反馈又需要通过建设澳门学学科得以实现。

经过多年的努力，澳门学从无到有，如今已转型成作为本土知识体系而构建起来的学科。[①] 澳门学由于建基于本土知识，因此其对本土知识的发掘和论证需要科学的学术规范作为支撑，不但要使本土知识能成为真正的知识，而且要使其本身能在严密的学术程序上建立起来，以使其提炼出来的成果具有普世意义且产生辐射作用。

从澳门历史研究的意义看，笔者始终认为，在西学东渐、东学西传中扮演过不可替代角色的澳门的过去和现在是一个历久弥新的话题。这不仅是因为史料的不断发现和研究的不断创新给我们带来喜悦，更加重要的是，在纷繁复杂的当今世界，澳门历史的经验依然可以为人类文明的发展提供一条可行的路径。

事实上，澳门在历史上扮演着近现代中西文化交流桥梁的角色，华洋居

① 有关澳门学的讨论，可参阅郝雨凡《澳门学的范式及意义》，载郝雨凡、吴志良、林广志主编《澳门学引论——首届澳门学国际学术研讨会论文集》，社会科学文献出版社，2012，第11～14页；汤开建《澳门学的起源及分期》，载郝雨凡、吴志良、林广志主编《澳门学引论——首届澳门学国际学术研讨会论文集》，社会科学文献出版社，2012，第29～37页；郝雨凡、汤开建、朱寿桐、林广志《全球文明史互动发展的澳门范式——论澳门学的学术可能性》，《学术研究》2011年第12期。

民数个世纪以来在这块弹丸之地共处分治，并未出现太多或者严重的冲突。这些事实相信没有太多人会表示异议，而且得到越来越多人的认同。这种文化间对话的方式，或者说"澳门模式"的个中成功之处，一直是学术界加以探究的基础课题之一，也是澳门学的核心内容。

澳门之所以能成为中西文化交流的平台，主要是由于其提供了中西文化相遇和对话的"公共空间"，同时澳门当时具备的独特政治地位使其兼备多重的社会身份，从而增进了中国与西方世界之间的对话和理解。[①] 这是我们提出"澳门模式"的一个重要出发点，而探索"澳门模式"的宏观特征和微观内容，也正是澳门学学科建设的中心任务所在。

因此，我们认为，澳门学的学科建设和讨论今后应该集中在两个方面，一是确定学术规范的具体内容和技术操作，这涉及学术本体与认识论的确定问题；二是探索"澳门模式"的宏观特征和微观内容，这是研究课题的取舍问题。

简而言之，澳门历史研究已逐渐淡化民族主义色彩，摆脱政治争拗的束缚，聚焦于内部社会的自然演变，同时为构建科学的澳门学学科奠定了必要的基础。由于历史上的澳门地域狭小，同时又周旋于大国之间求生存，虽然在展开历史研究的进程中，其内部社会演变不可避免地也深受外部因素的影响，但叙事的视角不可逆转地指向了内部社会。这种转变是革命性的，也是历史性的。无心插柳，10 年后，蓦然回首，我们发现，澳门历史的话语权也已悄然回归。

这不仅是一件颇值得史学界高兴的事情，也是一件值得社会高度关注的大事。之所以这么说，是因为澳门回归乃举世瞩目的历史事件，特别行政区更是史无前例的新生事物，"一国两制""澳人治澳"伟大事业的成功，在于一个全新的政治共同体的建立，而新政治共同体的建立和稳定以及有序发展，又在于政治主张与历史叙述的有效表达和核心价值的形塑和解说。

在这一过程中，历史叙事及其话语权是其中一个至关重要的基础因素，也是任何一个摆脱殖民统治的国家或地区的必争之物。符合历史发展规律、客观的历史叙事是建立新国家、新城市主流价值，增强国民、市民自信自尊

---

① 吴志良：《澳门在中国走向世界中的作用》，"第五届世界中国学论坛"论文，上海，2013 年 3 月 23～24 日。这篇论文集中讨论了这一问题。

的根本，既直接影响家国观念的形成及其价值取向，又直接影响政治、社会发展的走向。从澳门特别行政区13年来相对平稳和谐的发展历程看，我们走对了方向。大方向对了，原则性的纷争自然就少了。为此，作为历史学者，我们应该感到欣慰，高兴地看到历史学者以自己的专业为特区建设尽一份绵力。

当然，实现“一国两制”这一伟大事业是一项长期的工作，前路还充满了挑战，虽任重道远，但我们义不容辞，有信心也有更好的条件继续贡献我们的力量。

（原载李向玉主编《澳门理工学报》（人文社会科学版）总第50期，澳门：澳门理工学院，2013年4月。）

明清时期澳门华人社会研究述评*

林广志　陈文源**

一　前言

澳门是一个华洋杂处的混合性社会。开埠以后，华人人口一直占半数以上，至近代更达九成，成为澳门社会的主体族群。“从某种意义上而言，一部澳门近代史，主要记录的是这一时期华人的兴起、衰败、荣耀和耻辱。”①因此，有关华人社会的观察和研究理应成为澳门学研究的重要课题。

早在19世纪中后期，葡萄牙人为了在澳门实施全面的殖民统治，对居澳华人的经济状况、生活习俗进行调查，其内容见于当时澳葡当局的各种谘情报告。1867年，葡萄牙人桑帕约出版了《澳门华人》一书，介绍和描述了19世纪中期澳门华人的服饰、饮食、婚庆、家庭、风俗、中医、节庆、宗教、迷信以及工商业等的情况。② 这是首部关于澳门华人社会史的专题性著作。

中国学者关注澳门华人社会史的研究相对较晚，晚至20世纪50年代，台湾地区学者冯汉树出版了《澳门的华侨教育》③，丁中江等编撰了《澳门

* 本文为澳门大学澳门学重点课题“全球化视野下的澳门华人社会研究：从开埠到1911年”（MYRG199（Y1-L4）-FSH11-HYF）的阶段性成果。

** 林广志，澳门科技大学社会和文化研究所所长；陈文源，暨南大学中国文化史籍研究所副研究员。

① 汤开建：《走出瓶颈：澳门历史研究现状与前瞻》，《澳门理工学报》2013年第2期。

② Manuel de Castro Sampaio, *Os Chins de Macau*, Hong Kong: Noronha e Filhos, 1867.

③ 冯汉树：《澳门华侨教育》，海外出版社，1960。

华侨志》[①]。60年代起，澳门学者先后出版了《澳门掌故》[②]《澳门古今》[③]等著作，其中许多内容谈及澳门华人的信仰、风俗与社会生活等。80年代后，受澳门回归谈判的影响，澳门史研究成为学术界的研究热点之一。但大多数研究将澳门问题置于中葡外交关系、中西文化交流的宏大视野下思考，无法真切地揭示澳门社会内部的构造与运作。同样地，这时即使有学者关注到澳门华人的信仰问题，其成果也只注重宗教传播与交流的研究范式，探讨澳门与内地的宗教信仰的互动，很少学者能从社会学的角度研究这些宗教信仰与澳门华人社区组织、族群凝聚力、生活方式的关系。关注澳门华人社会组织与生态的只有寥寥数人，如潘日明，他试图还原19世纪居澳华人的社会生活情况。[④]

由于学界主流专注于中葡关系之类的宏观叙述，许多以“澳门历史”为标识的学术成果无法使读者了解、认识澳门社会内部的本质，使澳门历史研究严重“失衡”。回归后，澳门学界对澳门历史研究进行了反思，认为有关研究必须从重视宏观转向关注微观，从重视澳门的外部转向对澳门自身问题的研究。[⑤] 吴志良曾在不同的场合呼吁澳门史研究必须重视对澳门自身特性的研究，以完善澳门学的知识构建。他还认为，澳门华人社会史研究是澳门学“最薄弱的一点”，应加强对这一课题的研究。[⑥] 这一主张得到了关注澳门学研究的学者的认同，澳门华人社会史逐渐进入学者的视野，并取得了一定的成果。在专题性著作方面，徐晓望、陈衍德的《澳门妈祖文化研究》[⑦]、陈伟明的《明清澳门与内地移民》[⑧]、娄胜华的《转型时期澳门社团研究》[⑨]、林广志的《晚清澳门华商与华人社会研究》[⑩] 和《卢九家族研究》[⑪]、李长

---

① 丁中江主编《澳门华侨志》，台北华侨志编纂委员会，1964。

② 王文达：《澳门掌故》，澳门教育出版社，1999。

③ 李鹏翥：《澳门古今》，三联书店香港分店、澳门星光出版社，1986；布衣：《澳门掌故》，香港广角镜出版社，1977。

④ 潘日明：《百年“华人区”》，《文化杂志》1989年第7、8期。

⑤ 林发钦：《澳门历史研究革新刍议》，《澳门历史研究》第3期。

⑥ 吴志良：《澳门历史研究述评》，《史学理论研究》2002年第1期。

⑦ 徐晓望、陈衍德：《澳门妈祖文化研究》，澳门基金会，1998。

⑧ 陈伟明：《明清澳门与内地移民》，中国华侨出版社，2002。

⑨ 娄胜华：《转型时期澳门社团研究》，广东人民出版社，2004。

⑩ 林广志：《晚清澳门华商与华人社会研究》，博士学位论文，暨南大学，2005。

⑪ 林广志：《卢九家族研究》，社会科学文献出版社，2013。

森的《明清时期澳门土生族群的形成发展与变迁》①、谭世宝的《金石铭刻的澳门史——明清澳门庙宇碑刻钟铭集录研究》②、黄雁鸿的《同善堂与澳门华人社会》③ 等从不同的角度，对华人社会的若干重大问题进行了深入讨论。

为了推进澳门华人社会史的研究，2011 年，澳门大学设立了澳门学重点资助项目“全球化视野下澳门华人社会研究：自开埠至 1911 年”。该课题组对澳门华人社会研究史有关研究文献进行了初步的梳理。据不完全统计，从 20 世纪 80 年代至今，有关明清时期华人社会研究的论文约有 300 篇，涉及专题包括居澳华人的人口、家族、社会阶层、经济形态、社团组织、宗教信仰、文化教育、政治思潮等。以下仅就上述论著所涉及的主要内容及其基本特征做简要的介绍与分析。

二　人口分布与华人家族

澳门开埠后，大量内地商民纷纷迁居于此，形成了与内地传统不同的社会结构。在华人人口构成方面，陈伟明将澳门的内地移民分为“自发性”和“掠夺性”两大类，认为他们主要来自广东与福建两省。④ 至于居澳华人的人数，总体而言，鸦片战争以前，澳门城内华人与葡萄牙人的人口比例相当；之后，澳葡政府强力拓展城界，加之大量内地居民为避内乱移居澳门，华人人口比例迅速增加至九成。相关的论著在此观点上基本一致。

汤开建较早关注华人在澳门的居住分布情况，并从时空视角对明代华人移居澳门地区的情况和妈阁庙、永福古社的起源进行了分析。⑤近年来，徐晓望通过妈祖庙在澳门分置的情况，探析了华人居住区的分布与

① 李长森：《明清时期澳门土生族群的形成发展与变迁》，中华书局，2007。

② 谭世宝：《金石铭刻的澳门史——明清澳门庙宇碑刻钟铭集录研究》，广东人民出版社，2006。

③ 黄雁鸿：《同善堂与澳门华人社会》，商务印书馆，2012。

④ 陈伟明：《明清澳门内地移民的发展类型与人口构成》，《暨南史学》第 1 辑，暨南大学出版社，2002。

⑤ 汤开建：《明代澳门地区华人居住地钩沉——兼论望厦村妈阁庙及永福古社之起源》，《海交史研究》1998 年第 1 期。

扩展。[①] 张廷茂对相关档案资料进行考察，试图描绘华葡杂处格局形成的图景。[②] 在对相关问题进行讨论时，学界存在这样的现象，即通过一些并不具说服力的史料，刻意营造华人逐渐融入葡人社区，形成华洋共处、和谐混居的特殊氛围，使我们认为华葡混居杂处自澳门开埠之初即已存在。澳门城区欧洲色彩较浓，只能说明长期以来葡萄牙商人的经济实力使其在城区建设与治理上具有较大的话语权。后来，由于明清政府的管理制度、华葡居民的经济实力与文化信仰之差异，华葡渐渐形成各自的聚居区，澳门的华葡社区色彩日趋明显。汤开建通过对《香山县下恭常都十三乡采访册》进行研究，纠正了不少澳门史认识上的偏颇，为研究清中叶以后澳门城以及城北乡村华人社会的行政管治、文化传统、社会生活等方面提供了许多重要的史料和新的认识。[③]

由于澳门管理体制的特殊性，早期生活在澳门的华人多居于葡商的附庸地位，加之流动性比较强，很难形成延续持久且影响较大的家族。迟至嘉庆年间，澳门城外才形成若干以诗礼持家的华人望族，如著名的赵氏家族。鸦片战争后，一批携资移居澳门的华商利用当时澳门特殊的政经环境，迅速致富，开始形成许多颇有影响的华商家族。对此，学者们也给予了相当的关注，主要成果有汤开建关于何连旺家族的研究[④]、林广志等对赵氏家族的研究[⑤]、易惠莉对郑观应家族的研究[⑥]、赵利峰对曹有家族的研究[⑦]等。相对而言，对卢九家族的研究较为深入。2010 年，特区政府民政总署与澳门大学澳门研究中心联合举办了“卢九家族与华人社会学术研讨会”，此次会议共收到论文 20 余篇，对推动相关研究起了积极的作用。最近，林广志出版了《卢九家族研究》一书，对卢九家族的资料、家族流播、商业经营、社会公

① 徐晓望：《明清澳门妈祖庙的续建与澳门华人社区的扩展》，徐晓望、陈衍：《澳门妈祖文化研究》，澳门基金会，1998。

② 张廷茂：《清代中叶澳门城区华人居住分布考》，《暨南史学》第 5 辑，暨南大学出版社，2007。

③ 汤开建：《道光七年〈香山县下恭常都十三乡采访册〉的发现及其史料价值》，《澳门研究》2011 年总第 63 期。

④ 汤开建：《晚清澳门华人巨商何连旺家族事迹考述》，《近代史研究》2013 年第 1 期。

⑤ 林广志：《清代澳门望厦赵氏家族事迹考述》，《澳门历史研究》2004 年第 3 期。

⑥ 易惠莉：《郑观应与他的家族》，《岭南文史》2002 年第 3 期。

⑦ 赵利峰：《中山先生在澳门行医时期交游人物考之一——华商曹子基及其家族》，载李向玉主编《辛亥革命与澳门学术研讨会论文集》，澳门理工学院，2012。

益以及参与国内政治活动等问题进行了深入的探讨。[①] 但是，由于史料挖掘不足，对其他颇具影响力的家族的研究如陈六家族、冯成家族、柯六家族、萧登家族等的研究还停留于轶事式的介绍阶段，有待学界进行深入、综合的探讨。

华洋混居杂处是明清澳门社会的一个显著特征，而土生人正是这一特殊社会现象的活标本。李长森《明清时期澳门土生族群的形成发展与变迁》一书从婚姻、血缘、习俗等方面探讨了华人对土生人的影响。[②] 此外，他在《卢九父子与土生葡人飞南第家族》一文中详尽地考证了飞南第家族的形成过程，经其考证，从 1740 年第一代算起，这个家族五代男性均以华人女子为妻，其家族的华人血脉绵延不绝。晚清时期，这个家族的后人与澳门华商卢九等人和孙逸仙有着特殊的关系。[③] 李长森的研究为我们认识澳门华洋混杂的社会形态提供了珍贵的案例。

三　华人经济与华商阶层

华人在澳门经济发展过程中的角色经历了由葡商附庸到澳门经济主导者的转变。鸦片战争前，华人主要是从事通事、买办、小商贩、手工、仆役等辅助葡商的附庸性工作，许多学者均对此进行了较为系统的叙述。程美宝从全球史的视角思考这些“小人物”的贡献，认为他们利用澳门这个特殊舞台，熟练掌握和传播西洋文明的知识，往往比读书人更具冒险精神和开拓意识，更早走出中国和开眼看世界，对澳门乃至中国的历史发挥着潜移默化的作用。[④] 张廷茂认为，与华人在人口规模上的主体地位相适应，华人群体的职业构成已经覆盖澳门社会经济的主要领域。[⑤] 这里需要补充说明的是，第一，明清时期澳门经济以转口贸易为主，其他一切经济活动均为转口贸易服务，华人虽然垄断了所有服务行业，但也无法提升其经济地位；第二，乾嘉

① 林广志：《卢九家族研究》，社会科学文献出版社，2013。

② 李长森：《明清时期澳门土生族群的形成发展与变迁》，中华书局，2007。

③ 李长森：《卢九父子与土生葡人飞南第家族》，载林广志、吕志鹏主编《卢九家族与华人社会学术研讨会论文集》，澳门民政总署，2010。

④ 程美宝：《澳门作为飞地的“危”与“机”——16～19 世纪华洋交往中的小人物》，《河南大学学报》2012 年第 3 期。

⑤ 张廷茂：《清代中叶澳门华人经营活动与职业构成》，《文化杂志》2011 年第 80 期。

以后，华商是葡萄牙人贸易船只的主要租赁者，许多华商租用了葡商船只从事海外贸易活动，并产生了一批著名的华人富商。赵利峰对主要的鸦片华商，如朱作宁、朱梅官、蔡保官、叶恒澍等人进行了分析，认为当时这些华商主要与英商合作进行鸦片走私贸易。[①] 但在19世纪初，清政府的两次对外政策调整予以澳门华商团体沉重的打击：一是实施禁烟政策，惩办了一批华人鸦片商；二是为抗击葡萄牙在澳门推行强硬的殖民统治政策，广东地方政府实施了“以商制夷”策略，将居澳华商迁至黄埔港。经历了这两次重大事件后，刚刚发展起来的澳门华商财团势力严重受挫。

19世纪40年代，葡萄牙政府为使澳门贸易避免被边缘化的危机，宣布澳门为自由港，并在澳门推行强硬的殖民统治政策。但由于洋船于香港中转，华商回迁至黄埔，因此澳门并没能因其“自由”繁荣起来，反而因失去华商而陷入衰落。为了改善日益恶化的财政状况，澳葡政府开始对赌博业与一些重要民生物资（如猪肉等）实施承充制度。50年代，由于国内发生民乱，大批内地居民携资避难于澳门，而澳葡政府的专营制度为这些新移民者提供了新的营商机会。华人新移民逐渐垄断了澳门大部分专营行业，成为澳门经济发展最重要的力量。[②]

关于华人与澳门专营制度以及博彩业发展的研究，是近年来澳门史学界备受关注的重点专题之一，并已取得丰硕的成果，如胡根的《澳门近代博彩业史》[③]，赵利峰的《晚清粤澳闱姓问题研究》[④] 与《尴尬图存：澳门博彩业的建立、兴起与发展（1847—1911）》[⑤]，张廷茂的《晚清澳门番摊赌博专营研究》[⑥]。这些论文或著作从专营制度的起源与发展入手，比较全面地叙述了澳门赌博业的兴起、发展情况以及其对澳葡政府年度财政收入的影响，揭示了华人赌商在发展澳门赌博业中所扮演的重要角色。例如，林广志

---

① 赵利峰：《清嘉庆年间的澳门主要华商考述——兼论澳门开埠后的第一次经济转型》，《澳门历史研究》2006年第5期。

② 汤开建：《进一步加强澳门近代史研究——以〈澳门宪报〉资料为中心展开》，《学术研究》2003年第6期。

③ 胡根：《澳门近代博彩业史》，广东人民出版社，2009。

④ 赵利峰：《晚清粤澳闱姓问题研究》，博士学位论文，暨南大学，2003。

⑤ 赵利峰：《尴尬图存：澳门博彩业的建立、兴起与发展（1847—1911）》，广东人民出版社，2010。

⑥ 张廷茂：《晚清澳门番摊赌博专营研究》，暨南大学出版社，2011。

的博士论文《晚清澳门华商与华人社会研究》则较全面地探讨了近代澳门华商的崛起与贡献。他认为，鸦片战争之后，澳门华商从事的行业从早期的服务型向多样性发展，控制了澳门大部分行业，并基本掌握了澳门的经济命脉。随着华商阶层的形成和壮大，华商精英逐渐介入澳门社会公共事务，在华人社会中担当领袖角色。[①]

四　行政管治与社团组织

澳门华人生活在中葡两种政治力量的夹缝之中，处境尴尬。经历开埠之初的“无政府”状态，明政府日益意识到加强对澳门管理的必要性，从16世纪90年代起，明清政府颁布了一系列法规，逐步加强对澳门的控制。学者们对此问题进行了广泛的探讨，成果相当丰富。从一些通史性论著来看，学者普遍认为，明清政府以“关闸”为界，以“部票”“腰牌”等为手段，限制华人出入澳门。[②] 叶士朋[③]、刘景莲[④]、何志辉[⑤]、王巨新[⑥]等学者在探讨明清政府对澳门华葡司法案件的管辖时比较深入地探讨了明清政府对居澳华人的管理机构、法规制定与适用、司法审理程序等，认为在“亚马留事件”前，居澳华人基本处于中国政府的管治之下。

1583年，澳门议事会成立，此后逐渐形成华葡分治的政治格局。葡萄牙国王于1589年发布训令，明确规定议事会不得干预华人事务，但华人天主教徒例外。事实上，澳葡政府以间接的方式逐渐扩大对华人的管治。余淑玲认为，鸦片战争前澳葡政府管理华人的途径主要有两个：一是将华人天主教徒视为葡萄牙“国民”并进行管理；二是在乾嘉以后，澳葡政府协助香山县对涉案华人进行拘提、调查取证等司法管理，对轻微的治安事件进行处罚。[⑦] 亚马留出任澳门总督后，竭力推进对澳门实行殖民管治的进程。除领土的扩张外，其重点是将居澳华人纳入其行政、司法管理体系，这具体表现为四个方面。

① 林广志：《晚清澳门华商与华人社会研究》，博士学位论文，暨南大学，2005。

② 一般论及明清政府对澳门管理的论著均涉及上述内容。由于相关成果较多，在此不一一列举。

③ 叶士朋：《澳门法制史概论》，周艳平、张永春译，澳门基金会，1996。

④ 刘景莲：《明清澳门涉外案件司法审判制度研究（1553—1848）》，广东人民出版社，2007。

⑤ 何志辉：《明清澳门的司法变迁》，澳门学者同盟，2009。

⑥ 王巨新、王欣：《明清澳门涉外法律研究》，社会科学文献出版社，2010。

⑦ 余淑玲：《明清时期澳门法制与社会研究》，博士学位论文，暨南大学，2010。

一是要求居澳华人纳税。汤开建、马根伟认为，澳葡政府向居澳华人征纳税收经历了曲折的过程，并逐步走向完善。[①] 二是设立专理居澳华人事务的机构。张廷茂考察了华政衙门成立的背景、机构组织与人员编制的演变。[②] 陈文源认为，随着澳门的法理地位日益清晰，华政衙门也从行政、司法的全能机构逐步演化为一般的协调华人经济民生的部门。[③] 三是鼓励华人归化葡籍。陈文源认为，葡萄牙鼓励华民归化乃其殖民统治政策的一部分。[④] 蒋志华分析了因葡籍华人在内地的民、刑诉讼案件所引发的中葡外交交涉，揭示了中葡官员以及华人围绕归化问题的不同心态。[⑤] 四是颁布《华人风俗习惯法典》。有学者论述了《华人风俗习惯法典》的诞生背景、内容及其对法制文化的解释，认为澳葡政府将华人风俗习惯法典化的目的是将华人纳入葡萄牙的法律体系，从而在实质上达到对居澳华人进行全面管治的目的。[⑥]

“华葡分治”是明清时期澳门社会管治的特征，但明清政府主要是管主权、管边防、管税收。“亚马留事件”后，尽管澳葡政府极力拉拢居澳华人，但在对居澳华人社会生活的管理上力不从心。因此，实际上华人社会长期处于“管而不理”的状态，其内部更多地依赖“第三权力”进行调节。汤开建认为，镜湖医院是由当时华人精英筹建，在华人社会中具有极高的公信力，它不仅从事一般性的慈善公益活动，而且是华人议事的重要机构。[⑦] 娄胜华认为，早期的华人组织以血缘、神庙为中心，到近代，镜湖医院与同善堂的创建标志着澳门民间福利组织进入从分散的、封闭的互益性团体走向集中的、开放的公益团体的新阶段。[⑧] 黄雁鸿对同善堂的创建理念、组织结

① 汤开建、马根伟：《清末澳门华人纳税制度的形成与发展》，《浙江师范大学学报》2005年第6期。

② 张廷茂：《晚清澳门华政衙门源流考》，载《韦卓民与中西方文化交流——“第二届珠澳文化论坛”论文集》，社会科学文献出版社，2011；《晚清澳门华政衙门组织结构与人员编制沿革考》，《澳门研究》2013年总第69期。

③ 陈文源：《近代澳门华政衙门的组织结构与职能演变》，《华南师范大学学报》2011年第1期。

④ 陈文源：《晚清澳门华人加入葡籍的现象及原因分析》，《澳门历史研究》2003年第2期。

⑤ 蒋志华：《晚清中葡交涉中的华人国籍问题——以葡国驻广州总领事馆档案为例》，载林广志、吕志鹏主编《卢九家族与华人社会学术研讨会论文集》，澳门民政总署，2010。

⑥ 黎晓平、汪清阳：《望洋法雨：全球化与澳门民商法的变迁》，社会科学文献出版社，2013。

⑦ 汤开建、马根伟：《清末澳门镜湖医院的建立与发展》，《澳门研究》2005年总第31期。

⑧ 娄胜华：《转型时期澳门社团研究》，广东人民出版社，2004。

构、实践活动等进行了探讨，认为同善堂在稳定澳门华人社会秩序方面起到了重要作用。[①] 这些社会团体处理了大量政府所忽视的华人教育、慈善、民事及商事纠纷等事务。

除了行政司法机构、社会团体外，明清政府常常借助澳门华人商绅参与澳门地方社会的治理。杨仁飞对华人士绅阶层的情况以及其流动趋向进行了初步的研究，认为对于当时的清政府而言，士绅阶层在澳门国家机器较为薄弱的情况下起着较大的补充作用。[②]

五　宗教信仰与庙宇体制

虽然妈祖信仰在澳门华人精神生活中占据着极为重要的地位，但关于其庙宇的历史情景极不清晰，长期引起国内外学者的激烈讨论。

澳门三大庙宇妈阁庙、普济禅院、莲峰庙同属妈祖信仰体系，学界对此并无明显歧见。但是，对于妈祖信仰归属于佛教还是道教，或是其他宗派，学者却存在较大分歧。有学者将其归是于佛教，如美国学者涅努斯（Cesar Guillen - Nuñez）认为，观音堂、莲峰庙、妈阁庙均是佛教庙宇。[③] 葡萄牙学者文德泉也认为其属于佛教。[④] 何建明将妈阁庙、莲峰庙都归为“佛教道场”，并认为澳门佛教文化乃“相容了中国传统民间信仰的佛教文化”。[⑤] 有学者将其归属于道教，如黄兆汉、郑炜明认为，妈阁庙属于道教系统的妈祖信仰圈。[⑥] 英国学者乔治·赖特（George Newenham Wright）认为，“妈祖崇拜属于民间信仰，可以归为道教，但绝不是佛教”。[⑦] 有学者认为，澳门的妈阁庙与佛寺、道观并非一致，妈祖信仰是一种混合性信仰。徐晓望认为，

---

① 黄雁鸿：《同善堂与澳门华人社会》，商务印书馆，2012。

② 杨仁飞：《清中叶前的澳门平民阶层及社会流动》，《广东社会科学》2006年第2期；林广志：《清代中叶澳门绅士群体分析》，《文化杂志》2004年第51期。

③ Cesar Guillen - Nuñez, *Macau*, New York: Oxford University Press, 1984.

④ 〔葡〕文德泉：《澳门众庙》，《文化杂志》2005年第56期。

⑤ 何建明：《澳门佛教》，宗教文化出版社，1999。

⑥ 黄兆汉、郑炜明：《香港与澳门之道教》，加略山房有限公司，1993。

⑦ 〔英〕托马斯·阿罗姆（Thomas Allom）绘图：《大清帝国城市印象——19世纪英国铜版画》，李天纲编著，上海科技文献出版社，2002。

妈祖信仰超越了佛、道、儒三教，综合了三教，它的本质是民间信仰。[①] 葡萄牙学者路易（Rui Brito Peixoto）根据有关妈阁庙的仪式、传说与艺术等现存资料，认为妈阁庙属于民间的所谓“澳门渔民阶层的宗教圣地”，还力图证明澳门的观音庙与妈阁庙代表着纯民间的“岸上人”和“水上人”之间的对立。[②] 谭世宝认为妈祖信俗起于民间，但倡行于朝廷官府；主导于儒家礼祭，但分行于道佛以及其他民间宗教。[③] 章文钦反对将妈祖崇拜列入道教信仰，认为妈祖崇拜属于中国民间宗教信仰的一种。[④] 由此可见，有相当部分的学者将澳门妈祖信仰列为有别于佛、道的另一种“民间信仰”，而且对这种“民间信仰”的理解也有较大的差异。部分海外学者试图从人类学、社会学的角度去研究澳门华人信仰的社会功能，如乔纳森·波特（Jonathan Porter）[⑤]、路易、努涅斯等人的相关研究，但均因对中国传统社会与民族性理解的局限性而无法对其做出准确的解读。

学界还针对澳门三大庙宇姓“官”还是姓“私”的问题进行了探讨。其中，徐晓望与谭世宝的观点最具代表性。徐晓望认为，它们不是官庙，而是民间公产，受到官府保护，有时被官府借为公用。[⑥] 谭世宝则认为，妈阁庙、莲峰庙均是官庙，妈阁庙由太监李凤题衔主建，由澳门本地德字街众商出资合建，是官督商助的产物。[⑦] 而莲峰庙“靠近古关闸，故曾被葡人称为‘关闸庙’。由此可见其与中国官方的重要设施——关闸有密切的关系。中国官、商共建此庙于关闸附近的原因，当与万历时建天妃庙于内港入口处之原因相同，首先是为了满足官方祭祀的需要，其次是要为赴澳公干的官员提供客房行馆”。[⑧] 对此，金国平、吴志良从澳门庙宇的历史发展过程出发，

---

① 徐晓望：《福建人与澳门妈祖文化渊源——兼与谭世宝先生商榷》，《学术研究》1997 年第 7 期。

② 〔葡〕路易：《艺术、传说和宗教仪式》，《文化杂志》1988 年第 5 期。

③ 谭世宝：《论妈祖信俗的性质及中国学术与宗教的多元互化发展》，《学术研究》1995 年第 5 期。

④ 章文钦：《澳门妈祖阁与中国妈祖文化》《澳门妈祖阁碑刻的中国历史文化内涵》《澳门的航海保护神崇拜与中西文化交流》，载章氏著《澳门历史文化》，中华书局，1999。

⑤ 〔美〕乔纳森·波特：《中国的民间宗教与澳门的居民》，《文化杂志》1992 年第 10 期。

⑥ 徐晓望：《澳门的妈祖信仰》，吴志良等主编《澳门史新编》第 4 册，澳门基金会，2008。

⑦ 谭世宝：《澳门妈祖阁庙的历史考古研究新发现》，《文化杂志》1996 年第 29 期。

⑧ 谭世宝：《澳门三大古禅院之历史源流新探》，《文化杂志》2002 年第 42 期。

认为妈阁庙历经了“小庙→大庙→私庙→官庙”的发展过程。[①] 此外，姜伯勤主要从大汕禅师与澳门普济禅院的关系为切入点，探讨澳门华人的宗教信仰与内地之渊源与流变。[②]

关于澳门华人的天主教信仰问题，明代生活在澳门城内的华人为了谋生，大多信奉天主教。章文钦分三个时期探讨明清时期华人之信奉天主教与澳门的关系，对澳葡政府吸纳华人入教的政策以及华人奉教的动机、奉教华人的身份处境进行探讨，认为葡萄牙国王对奉教华人始终给予“国民待遇”，但要求其严格落实天主教礼仪。后来，范礼安建议修订这一政策，以吸引更多华人入教。实际上，奉教华人并没有完全享受葡萄牙的“国民待遇”，并曾因此向果阿总督上书抗议。[③] 华人改宗现象对华人价值取向、社会观念以及政府治理产生了深刻的影响，但是总体而言，这些方面的研究仍有待加强。

六　文化涵化与政治倾向

至晚清时期，大部分澳门华人一方面坚守中国传统文化，以“忠孝义善”等儒家伦理道德作为核心价值观；另一方面又秉持一种新的特质，对外来文化持宽容与兼蓄的态度。澳门华人的这种文化特质主要表现为在积极推广中国传统文化以及在特殊政治环境下形成的特有的生存之道。

据史料记载，澳门华人教育兴起于清乾嘉年间。此时华人教育形式多为“私塾”，传授内容以四书五经为主，目的是参加科举。晚清以后，随着华人经济实力的增长，华商对文化教育日趋重视。汤开建指出，何连旺在支持传统私塾教育的同时，还创办了符合近代思潮的新式学堂。[④] 陈子褒乃近代澳门的著名教育家，夏泉认为，陈子褒所编的教材在坚守传统的基础上增添了一些颇具针对性的内容，如劝人戒赌、劝人向善、劝人读书、劝人爱国、

① 金国平、吴志良：《澳门与妈祖信仰早期在西方世界的传播》，《早期澳门史论》，广东人民出版社，2007。

② 姜伯勤：《石濂大汕与澳门禅史——清初岭南禅学史研究初编》，学林出版社，1999。

③ 章文钦：《澳门与明清时代的中国天主教徒》，《澳门与中华历史文化》，澳门基金会，1995。

④ 汤开建：《晚清澳门华人巨商何连旺家族事迹考述》，《近代史研究》2013 年第 1 期。

劝人励志等，对澳门华人社会产生了广泛而深远的影响。[①] 曹天忠对郑观应的家教思想进行了深入挖掘，认为郑观应的家教思想既承继了传统家训“修身、齐家、治国、平天下”的精髓，也蕴含了其对经商、从政、洋务、军事、赈济、医学、修道等经历的思考。[②] 总体而言，澳门华人教育的形式与内容一方面坚守中华传统的道德与伦理，另一方面又能与时俱进，增加一些新时代的新知识、新观念。

关于居澳华人的政治倾向讨论，可从两个方面来考察。一方面，澳门华商崛起之后，与内地传统商人一样，大量捐官受爵，积极参与内地的公益活动，在各种政治运动中维护“皇权”，竭力彰表其赤子之心。据初步考察，澳门华商因参加科举或捐纳而享有功名者，计有沈荣显、曹有、冯成、何连旺、卢九、陈芳、曹善业、卢九诸子等。另一方面，这些带有官衔的华商却又普遍加入了葡籍。1887 年，葡萄牙在法理上获得“永居管理”澳门的权力，居澳华人逐渐被迫接受葡萄牙人的管治。受其影响，晚清时期澳门华人加入葡籍可以说是极为普遍。《澳门宪报》的资料显示，著名华商及其子孙，如曹有父子、卢九父子、李光（李镜荃）、柯六、何连旺、萧瀛洲、陈诒光、余廷臣、陈霭廷、萧容、吴节薇、林莲及其子孙、叶侣珊父子等，均先后加入葡籍。

晚清时期居澳华人既心向清政府，又加入葡籍，效忠葡萄牙国王，这使其在政治抉择上十分尴尬。当粤澳之间发生激烈纷争时，他们的政治倾向便变得模棱两可。如果说，鸦片战争前，广东地方政府为钳制澳门葡人，时常会采取一些较为强硬的措施，且居澳华人往往给予配合的话，那么至清末，居澳华人对广东地方政府的“制澳”策略便有了截然不同的反应：经济上，如对广东地方政府厉禁“猪仔”贩卖、军火走私、番摊赌博等政策“阳奉阴违”，甚至恳请澳葡政府制定反制措施；政治上，当中葡之间发生诸如葡萄牙人侵占领土、中葡勘界之类的重大政治纷争时，居澳华商基本上表现为“隐忍”与“噤声”。林广志认为，晚清澳门华商在政治上带有明显的“双重效忠”倾向，形成这种现象的原因是葡萄牙永居管理澳门已成事实，华人忠于皇权的思想逐渐模糊，尤其是清政府在处理中葡关系时所表现出的软

① 夏泉：《陈子褒与清末民初澳门教育》，《澳门研究》2004 年总第 22 期。

② 曹天忠：《郑观应家庭教育思想述论》，《澳门研究》2013 年总第 69 期。

弱与退缩更是让他们感到无奈，只好在中葡之间摇摆以求自保。华人的这种政治态度，可以理解为在特殊政治环境下的一种生存之道。①

晚清时期，内地政治思潮风起云涌，澳门被视为这场革命的发源地之一。当时，居澳华人的政治表现及其作用也引起了学者的广泛关注。② 吴义雄认为，《镜海丛报》通过对中日战争的新闻评论表达了澳门华人对国家的强烈关注与认同，并提出了在中国进行政治改革的主张，显示其对祖国未来的思考。③ 维新变法前，澳门华商何连旺等人出资创办《知新报》，支持国内的维新运动。桑兵深入讨论了何连旺与康梁的关系及其在保皇总会中的地位和作用。④ 姜义华认为，《知新报》完整地反映了维新变法运动勃兴、中挫、苦斗以及稍后转向的全过程，是维新变法运动在华南的重要喉舌。⑤ 赵春晨认为，保皇会总部设于澳门的主要原因之一是，自甲午战后维新运动兴起，澳门逐渐成为维新派活动的重镇，维新力量的基础比较雄厚。⑥ 这说明澳门华人希望在维护封建皇权的基础上对传统制度进行革新。与维新派相比，孙中山所倡导的激烈的革命主张在澳门并没有得到太多的支持。林广志指出，孙中山在澳门行医时得到华商的热心支持，但其在寻觅革命的“热心同志”时遭受“冷遇”，原因是澳门华商普遍不赞成孙中山的“激烈之主张”。直到辛亥革命前，新生代华商卢廉若、曹善业、卢怡若等人才支持孙中山的革命活动，甚至加入同盟会和国民党。⑦

七　思考与展望

透过上述分析，可见学界关于澳门华人社会史的研究大致有如下特点。

---

① 林广志：《晚清澳门华商与华人社会研究》，博士学位论文，暨南大学，2005。

② 2011 年 9 月 17 日，正值辛亥革命 100 周年之际，由澳门理工学院与澳门历史文化研究会、广东省社会科学院历史与孙中山研究所、中山大学近代中国研究中心联合举办“辛亥革命与澳门学术研讨会”，收到论文 76 篇。参见李向玉主编《辛亥革命与澳门学术研讨会论文集》，澳门理工学院，2012。

③ 吴义雄：《〈镜海丛报〉反映的晚清澳门历史片段》，《广东社会科学》2012 年第 2 期。

④ 桑兵：《保皇会港澳总局与勤王运动》，《近代史研究》2003 年第 5 期。

⑤ 姜义华：《重印〈知新报〉序》，《澳门研究》1997 年第 6 期。

⑥ 赵春晨：《澳门保皇总会史事钩沉》，《广州大学学报》2004 年第 2 期。

⑦ 林广志：《澳门华商与孙中山的行医及革命活动》，《历史研究》2012 年第 1 期。

第一，从掌故式钩沉走向专业化研究。在相当长的时间里，澳门华人社会史研究主要得益于部分对澳门怀着深厚情感的本地文化学者的史料钩沉和民间叙述整理，其作品多以掌故叙事的形式出现。近三十年来，一批经过专业训练的本土学者不断涌现，他们开始以人文社会科学的理论与方法，试图对澳门社会结构及其运作体系的历史本相进行重塑与解读，使其更具学理意义，为构建澳门史观与解释体系奠定了基础。第二，从零散研究转向专题开拓。澳门回归后，学界对澳门史的思考更注重于对澳门社会内部肌理的探讨。就华人社会研究而言，学界开始对澳门华人族群构成、地域分布、家族组织与营商情况、社团与慈善、教育形式与内涵、政治倾向等专题开展深入研究。学者各尽其长，学有专攻，奉献出一批具有较高水平的专题论著。第三，重视对零散的中文史料的挖掘。澳门回归前后，澳门基金会及相关机构对澳门史料的搜集与整理相当重视，陆续整理出版了一系列重要档案与史料集。与此同时，学者们也意识到本土史料搜集的重要性，主要从三个方面入手：一是对澳门本土碑铭资料进行整理与研究，二是开展口述史整理工作，三是挖掘散见各处的社会文书。上述工作为今后深度研究澳门华人社会奠定了史料基础。第四，研究队伍逐步本土化。澳门回归前，澳门史研究主要以外埠学者为主；20 世纪 90 年代起，在澳门基金会等相关机构的努力下，通过自身的培养与人才的引进，本土学者队伍日渐壮大和成熟，已经成为主导澳门学学科发展的主要力量，在华人社会史研究方面，这一特点尤为明显。

虽然澳门华人社会史的研究已经取得可喜的成果，但是从中我们也发现一些问题，主要有两个方面。首先，研究方法及路径单一，理论总结不足。受研究者的学历等背景影响，长期以来，有关澳门华人社会史研究偏重于对人物与史实的考辨，缺乏理论提炼与经验总结。如对华人信仰问题，学界仅仅对庙宇的创建时间、创建群体、宗教属性、官私性质以及其与内地的渊源关系等表象进行了史实考辨，没能恰当地引用人类学、社会学、伦理学、民俗学等学科理论与方法，对这些历史现象进行理论的解读与阐释。社会史的研究，不仅要“知其然”，而且要“知其所以然”。但由于研究方法与路径单一，缺乏交叉学科相关理论的利用，无法以学理视野对这些问题进行宏观的理论诠释，因此相关研究和成果流于平凡与琐碎，澳门华人社会史研究的理论意义和学术价值无法彰显。其次，对外文尤其是葡文文献的利用不足。目前，对中文政书、方志、文集、奏疏、族谱、文书档案、报刊的整理与应

用较为充分，但是对大量散见于档案馆的外文档案，尤其是葡文史料缺乏系统整理与运用，严重地影响了研究成果的学术价值。

由上可知，为准确、全面诠释和总结澳门华人社会的内涵与特征，并将之提升至学理上的认识，今后的研究可从以下几个方面着手。

第一，必须加强史料的搜集与整理工作。澳门华人社会史研究之所以至今仍处于较低的水准，主要原因是资料的分散与匮乏。澳门历史档案资料的最大特点是语种众多、数量浩大而且分散于世界各地。据不完全统计，现藏于世界各地有关澳门历史文化的档案有150万至200万件之多。[①] 近年来，澳门历史档案馆有计划地搜集分散于世界各地有关澳门的档案资料，现馆藏有关民政、财政、教育、司法等的中葡文档案达5万卷，这些档案资料记录了16世纪至20世纪澳门社会事件、政府法令法规、契约文书、社会生活等内容。如果对这些史料进行系统、全面的整理，那么必将对澳门华人社会史研究起到积极的推动作用。

第二，进一步拓展研究视域。目前澳门华人社会史的研究多注重对澳门华人宗教、教育、家族、民俗与精英人物的研究。华人既然从来就是澳门社会的主要社群，华人社会所显示的各种现象无不透示着澳门社会的本质，是所谓“澳门模式”的主要内容之一。华人社会的这种历史特质，使之毫无疑问地成为澳门学的重要研究对象，而“澳门学的学科建设和讨论今后应该集中在两个方面，一是确定学术规范的具体内容和技术操作，这涉及学术本体与认识论的确定问题；二是探索‘澳门模式’的宏观特征和微观内容，这是研究课题的取舍问题”。[②] 从这个角度来看，无论是从“宏观特征”看，还是从“微观内容”讲，明清时期澳门华人社会的研究视域都是异常宽阔的。因此，澳门华人社会史研究应该沿着以下思路进一步拓展：一是深化对华人家庭与宗族、宗教与信仰、社团与组织等社会史基础问题的研究；二是将研究专题扩展至社会阶层、社会组织、社会结构、社会控制、社会意识等更为宏观的领域。

第三，提升理论水准，注重理论解释。澳门华人社会的研究，其叙事的视角不可逆转地指向其社会内部。但是，澳门华人社会并非单一的社会结

① 章文钦：《档案与澳门历史文化研究》，载章氏著《澳门历史文化》，中华书局，1999。

② 吴志良：《澳门历史话语权的回归》，《澳门理工学报》2013年第2期。

构，它与葡人社会共存，深受中葡关系乃至全球政治、经济、文化的影响，因此既要重视对华人社会内涵的揭示，也要关注澳门“混合性”多元社会的特征，探讨华人与其他族群之间有效对话与增进理解的机制。澳门社会的复杂性是众所周知的，正所谓“小澳门，多内涵；表象单纯，深层复杂”。[①]基于这一认识，澳门华人社会史的研究应当在深化史学专题研究的基础上，将澳门华人社会的形成和变迁放在全球化发展的大背景下，结合社会学、人类学、经济学、政治学、宗教学、民俗学、语言学、心理学等学科进行跨学科研究，为澳门华人社会史研究增加新的研究框架和解释手段。具体扎实的专题研究，可以使对宏观理论的诠释不至于流于形式、趋于贫乏；同样，运用恰当的理论方法，可以使相关专题研究更具学理意义与学术价值。

在过去的一个世纪里，社会史研究以新史学的面目在内地出现，且反应热烈，成果卓著，其所积累的经验足以为刚刚起步的澳门华人社会史研究提供可资借鉴的启示。我们深信，澳门华人社会历史之特殊、内涵之丰富、寓意之深远，是人类社会史中不可多得的独特案例，因此加强对此课题的研究不仅可以凸显澳门华人社会发展史的特色和价值，而且能进一步丰富和完善澳门学的知识体系与解释体系。

（原载陈多主编《港澳研究》总第2期，北京：国务院港澳事务办公室港澳研究所，2014年1月。）

① 林明德：《澳门的匾联文化》，台北“中华民俗艺术基金会”，1997，第4页。

《大明国图志》中的澳门学信息

——以“浪白滘”为例

金国平*

长期以来，较之对利玛窦（Matteo Ricci，1552－1610）的研究，① 中外学术界关于罗明坚（Michele Ruggieri，1543－1607）的研究尤显薄弱，② 对其评价也有失公允。其实，无论是研究中国语言文字、翻译中国典籍以及以中文著书立说，还是在向西方介绍中国等方面，罗明坚都开创了来华耶稣会会士之先河，为此后西方汉学的发展做出了重要贡献。可以说，称其为明清中西文化交流的奠基人、利玛窦的前驱殊不为过。

早期来华传教士的活动呈现双向性：一方面，将中国文化向西方推介；另一方面，推动西方的文化和科技东传。“西学东渐”和“东学西传”成为传教士在华活动的主要内容。作为明清之际最早入华的天主教传教士，罗明坚除撰写宗教学著作外，还从事地图的编绘工作。罗明坚于1588年底离澳返欧时，随身携带了供其余生编绘中国地图所需的资

* 金国平，北京外国语大学中国海外汉学研究中心客座教授。

① 近年来，关于利玛窦研究主要有：宋黎明《神父的新装——利玛窦在中国（1582～1610）》，南京大学出版社，2011；〔美〕夏伯嘉《利玛窦——紫禁城里的耶稣会士》，向红艳等译，上海古籍出版社，2011。

② 关于罗明坚研究的主要论著有：沈定平《明清之际中西文化交流史——明代：调适与会通》，商务印书馆，2007，第219～221页；张西平《欧洲早期汉学史——中西文化交流与西方汉学的兴起》，中华书局，2008，第41～68页；张西平《西方汉学的奠基人罗明坚》，《历史研究》2001年第3期；岳峰、郑锦怀《西方汉学先驱罗明坚的生平与著译成就考察》，《东方论坛》2010年第3期。

料。现在一般认为，明代罗洪先（1504～1564）的《广舆图》是其绘制中国地图的主要资料来源。①然而，笔者在翻译整理罗明坚关于中国地图著作的过程中，发现其直接来源应是陶承庆校正、叶时用增补的《大明一统文武诸司衙门官制》。② 该书现存有不同的卷次和版本，如嘉靖二十年（1541）焦琏刻十六卷本、台北中研院傅斯年图书馆藏陶承庆校正之隆庆二年（1568）重刊五卷本③，以及万历十四年（1586）和万历四十一年（1613）宝善堂刻五卷本。据记载，在逝世的前一年，即1606年，罗明坚完成了《大明国图志》的编绘。作为一部手绘的中国地图集，《大明国图志》共含33幅地图，颇为翔实地描述和呈现了明王朝两京十三省的自然与行政状况，包括对各府、州、县的说明以及军事力量（卫、所）的分布，首次较为完整、详尽地向西方读者展示了中国的地理状况。可惜的是，此地图集一直以手稿形式尘封数百年，直到1987年才在意大利国家档案馆被发现，后经罗萨多（Eugenio Lo Sardo）博士以意大利语和拉丁语转写，以《罗明坚中国地图集》（*Atlante della Cina di Michele Ruggieri, S. I.*）为名，由意大利国家铸币与官印局和意大利国家书局于1993年联合出版。

这是由欧洲人绘制的第一部中国分省地图集。罗明坚未采用近代欧洲制图学流行的投影法，而是像《广舆图》一样，采用中国传统“计里画方”的制图方法。在对中国的介绍上，罗明坚从西方人的视角出发，没有首先从北京和南京这两个帝国的首都和中心开始，而是从南方沿海省份逐步展开。之所以如此，是因为对于当时的欧洲人而言，他们更关心与国际海上贸易密切相关的中国南部省份。

此地图集首页为“大明国（TAMINCVO）”全图（T. 1），所载地图均配有文字说明，详细地介绍了明王朝南北两直隶与十三省的状况，内容涉及中国的面积、中央到地方的行政结构、各地驻军、地方物产等情况。除了总图外，还有分省地图。其中，广东省居首，图文尤为详细，共有五份。有些属

① 参见〔法〕德东布（Marcel Destombes）《法国国立图书馆发现的一张十六世纪的中国地图》，耿昇译，《中国史研究动态》1981年第6期。

② 王自强编《明代舆图综录》第1册，星球地图出版社，2007，第26页。

③ 此藏本无出版地。首二册系另外钞配，首册内有刊印者陶承庆之名，第四册卷五最末题为“隆庆戊辰仲春吉旦重刊”。

于草图，有些则绘制得相当精细，依次如下：一为意大利文图例的“广东全图（QVAMTVM）”（T. 4）；二为意大利文图例的“第一图，海南岛（TABVLA PRIMA INSVLA HAINAN）”（T. 5）；三为拉丁文图例的“第二图，广东省全图（TABVLA SECVNDA PROVINTIA QVAMTVM）”（T. 11）；四为拉丁文图例的“中华王国名称为广东省全图（DE SINARUM REGNI PROVINTIA DICTA QUANM TUM）”（T. 14）；五为拉丁文图例的“中国广东省全图（DE QUAM TUM PROVINTIA）”（T. 16）。海南岛有两个文本，福建省与浙江省亦各有两个文本。

值得注意的是，“澳门”频频出现，如“maccao”（T. 5）、“Maccau”（T. 11）以及“macao”（T. 13）。其中，“广东省广州城及某些岛屿”（T. 9）详细展示了明代中后期珠江口的地理形势，可资澳门史研究者利用。

关于位于广州（Quamceu）或称广东（Cantone）江口的岛屿……这一群岛有大岛三。其中之一称作香山（Hhian Scian）。该名来自一宏伟、广袤地区之名。它位于东北方向，四周筑有城墙。这在西班牙可算得上是一座优良的城市了。如地图所示，岛之南端，葡萄牙人的城市与其一脉相连。其名为“天主之名港”（Porto/del nome de Dio）或“亚马港”（Amacao）。位于北纬 22 度，为葡萄牙人在此海岸线上的最后居住地。之前，他们曾住浙江（Ciechian）宁波（Nimpò），其东即日本。此外，他们亦曾居漳州（Cianceo）港，其名得自福建（Fochien）漳州城。此外，在一名为上川（Fochien）岛之地亦有短住。从此真福沙勿略（Francesco Xavier）的灵魂升了天堂，为众兄弟们留下皈依中国的殷切期望。此外，他们在广东群岛（arcipelago di/Cantone）的浪白滘（isola detta Lampacao）岛上居住过一段时间。如前所述，他们现在住在亚马港（porto d'Amacao）里。……桨船要进入位于北纬 23. 5 度的广州城，行法很多，但大船只有两种方式可以进入。其一，通过陆地及上述东莞城之间的水道；其二，沿着被称为南头（Namtum）岛而葡萄牙人误称为“Lantao”岛的一侧。通过后一种方式进入上述城市的有以前葡萄牙国王任命的舰队司令费尔南·佩雷斯·德·安德拉德（Fernan Perez d'Andrade）的船只，因为此处的深度可供大船航行。还可航行至上述城市的城墙下。[①]

---

① Michele Ruggieri, *Atlante della Cina di Michele Ruggieri*, S. I., a cura di Eugenio Lo Sardo, Roma: Istituto poligrafico e Zecca dello Stato, 1993, pp. 68 – 69.

对于澳门史研究而言，从这段文字记述可以发现以下四点。

首先，“Quamceu”和“Cantone”可并用。现在，从葡萄牙语“Cantáo”派生出来的其他西方语言形式已经成为主流。

其次，罗明坚在华期间（1579～1588），香山县是当时珠江口三大岛之一，因而在葡萄牙语中有“澳门岛”（Ilha de Macao）一称。当时澳门则称“天主之名港”或“亚马港”，这两个名字可并列使用、相互通用。罗明坚为今意大利南部那不勒斯人氏。他所使用的葡萄牙语和西班牙语是混杂的，如“Porto/del nome de Dio”，葡萄牙语作“Porto/do nome de Deus”，西班牙语作“Puerto/del nombre de Dios”。“这在西班牙可算得上是一座优良的城市了”，罗明坚之所以用西班牙做比喻，是因为葡萄牙在1580～1640年无君主，为西班牙国王所统治。

再次，“他们亦曾居漳州港，其名得自福建漳州城”，这为“Chincheo”是指漳州还是指泉州的争论做了很好的诠释。在“福建省（PROVINTIAE DE FUCHIEN）”地图（T.18）上，漳州府作“Cian ceu fu”，而泉州作“Scien Ceu”。在“福建省（DE FO CHIEN PROVINCIA）”（T.22）图中，漳州作“Ciam ceu”。看来，这为这个不休止的争论画上了一个休止符。

最后，这段文字还解释了“Lantao”是对“Namtum”的误读。在“第一图海南岛”地图上，今大屿山被标作“Insula Namto”（南头岛）。“Namto”无疑是“南头”的拼音，因为其地当时处在“南头寨”辖下。此处两次提到浪白滘：一次说它是岛屿，另一次称它是港口。浪白滘是“岛”还是“港”？翻检汉语与葡语典籍，说法繁多。下面我们详细回顾一下汉语典籍与葡语典籍中的各种说法。①

（一）汉籍岛说。现知最早的“岛说”记载见于1548年的《（嘉靖）香山县志》：“右在南洋，不在版图者，其诸岛列于左曰：小湖洲……浪白……”② 中国方志所标示的浪白岛的位置因时代而异。《苍梧总督军门志》（1579）中的全广海图将其置于三灶以西、南山之西南方向；成书于1602年左右的《粤大记》则将其标在蚊湾村的正北方。其他文献诸如谢杰《虔

① 参见金国平《Lampacau史地范围考》，《中葡关系史地考证》，澳门基金会，2000，第254～271页。

② （明）邓迁修：《（嘉靖）香山县志》卷一，日本藏中国罕见地方志丛刊本，书目文献出版社，1991，第302页。

台倭纂》中的地图将浪白、南山并置，[①] 陈伦炯的《海国闻见录》亦将浪白标于蚊湾以北，《清史稿》则称："又有老万、九澳、横琴、三灶、浪白诸山在海中。"[②] 在中文文献里，"岛说"至20世纪30年代还存在。其中，蚊湾亦称文湾，即今南水岛。据记载，"文湾山在土城之南六十二里大海中，峰峦秀卓，与连湾山对峙，中界浪白滘海，自成一港湾，拱如门，有鸡心洲收束其势。山横列如城垣，广三十余里，内有村落。明正统间，佛唧叽夷泊居浪白之南水村，欲成澳埠，后为有司所逐"。[③] 由此可知，浪白滘从一开始就是指一个岛。

（二）汉籍澳说。《（嘉靖）广东通志》卷三十一《海道江道哨兵》载"香山县浪白澳"。[④] 同书卷六十八《外志》载："布政司案查得递年暹罗国并该国管下甘蒲沰、六坤洲与满剌加、顺塔、占城各国夷船，或湾泊新宁广海、望峒，或新会奇潭、香山浪白、濠镜、十字门，或东莞鸡栖、屯门、虎头门等处海澳，湾泊不一。"[⑤] 郭棐《广东通志》称："夷船停泊皆择海滨地之湾环者为澳。先年率无定居，若新宁则广海、望峒，香山则浪白、濠镜澳、十字门，若东莞则虎头门、屯门、鸡栖。嘉靖三十二年，舶夷趋濠镜者托言舟触风涛缝裂，水湿贡物，愿暂借地晾晒，海道副使汪柏徇贿许之。时仅篷累数十间，后工商牟奸利者，始渐运砖瓦木石为屋，若聚落然。自是诸澳俱废，濠镜独为舶薮矣。"[⑥] 卢坤语："而浪白澳在香山之南，为番舶接济之所，则香山所之戍守宜切也。"[⑦]

成书于同治十二年（1873）的《香山县志》中已出现"浪白滘"，载其位于文湾与连湾之间。但同书卷八《海防》对"浪白滘"的地理位置有十分准确的界定："西岸为连湾，外为重洋，内为鸡嘴汛。汛当门北冲，西通连湾、文湾。浪白为两口总汇，有汛隶香协右营。浪白澳在澳门西迤南九十

---

① 《中山文献》（学生书局，1985）第3卷第193页载："浪白、连湾、孤岛、文湾俱今增。内有南山、北山、屋场三小村，同一岛。"

② （清）赵尔巽：《清史稿》，中华书局，1977，第2272页。

③ 《中山文献》（学生书局，1985）第3卷第91页。按，"正统"殆系"正德"之误，后诸记载皆因袭此误。汪柏与莱奥内尔·德·索劄议和后，不复有驱逐之事见之于中外史籍。

④ （明）黄佐：《（嘉靖）广东通志》卷三十一，广东省地方志办公室，1997，第24页。

⑤ （明）黄佐：《（嘉靖）广东通志》卷六十八，广东省地方志办公室，1997，第70页。

⑥ （明）郭棐：《（万历）广东通志》卷六十九《番夷》，稀见中国地方志汇刊本，第72页。

⑦ （清）卢坤：《广东海防汇览》卷二十六《舆地》，清道光间刊本，第4页。

里，在黄梁都西南六十余里。鸡心洲当其南口，北为连湾，东为文湾，又东与三灶、大林山对峙，为鸡啼门。昔番舶薮也，今已淤浅不能停泊。然浪白虽淤浅而地最辽阔，瞭望颇难。且东则连湾、文湾以及鸡啼、咸汤二门之内，西则三角、大小虎以达于新会、新宁。此径横贯之固，彼此侦谍之捷径也。"①《（光绪）香山县志》称："广州海势浩渺，盗寇靡常。前明所患日本诸岛多自闽趋广。柘林为东路第一锁钥，使先会兵守此则可以遏其冲而不得泊矣。其势必越于中路之屯门、鸡栖、佛堂门、冷水角、老万山、虎头门等澳，而南头为尤甚。或泊以避潮，或据为巢穴。使添置重兵预为巡哨，则必不敢泊。既不敢泊，则其势必历峡门、望门、大小横琴山、零丁洋、仙女澳、三灶山、九星洋等处。而其西浪白澳为尤甚，乃番舶等候接济之所也。使添置兵船预为巡哨则亦不敢泊。夫其来不得停泊，去不得接济，则海滨居民不皆安枕而卧哉。"② 葡萄牙语中有时也出现"浪白滘诸岛"："印度大船来澳门港的时间到了，这在八月初。卢伊斯·德·梅洛（Luís de Melo）乘坐一条大船途经巽他来到了澳门港，作日本之行。该船来时无主桅，船在浪白滘诸岛间停泊时将其砍去。"③ 笔者认为，"浪白滘诸岛"便是"浪白滘水道"两侧的"南水岛"和"北水岛"。④

（三）葡籍岛说。在《远游记》中，平托记述说："第二天早晨，我们自上川岛出发。太阳落山时抵达往北六里格处的另一岛屿。该岛名为浪白滘。其时葡人与华人在岛上交易，直至1557年广东官员在当地商人的要求下，将澳门港划给了我们做生意。"⑤ "帮助我们航行的季风来临了，1556年5月7日我们离开来了浪白滘。"⑥ 傅礼士神甫在致果阿耶稣会修士的信函中称："商人的大船，如同在中国聚泊那样，停泊在一名叫浪白滘的岛

① 《中山文献》第8卷，学生书局，1985，第512～513页。

② 《中山文献》第5卷，学生书局，1985，第484页。

③ 〔葡〕洛瑞罗（Rui Manuel Loureiro）：《澳门源考》，葡萄牙教育部葡萄牙海外发现纪念工作小组，1996，第148页。现有澳门海事博物馆出版的汉语全译本。

④ "即'打银咀'至'鸡心洲'之间水道"，参见政协珠海市委员会《珠海文化遗产图集》编辑委员会编《珠海文化遗产图集》，珠海出版社，2008，第69页。

⑤ 〔葡〕平托（Fernão Mendes Pinto）：《远游记》下册，金国平译，葡萄牙大发现纪念澳门地区委员会、澳门基金会、澳门文化司署、东方葡萄牙学会，1999，第698页。

⑥ 〔葡〕平托：《远游记》下册，金国平译，葡萄牙大发现纪念澳门地区委员会、澳门基金会、澳门文化司署、东方葡萄牙学会，1999，第706页。

上。葡萄牙人驻扎在那里进行贸易。因为那里有五个可做弥撒的神甫，下令修士在那里兴建一教堂，每天做弥撒。”① 天主教对华传教政策的制定人范礼安（Alexandre Valignano）记叙说：“尽管如此，该年（1555）神甫们无法进入中国。当时，方济各神甫逝世后，由于他的努力，葡萄牙人如愿以偿，他们与中国官员达成了协议，以便可以安全地在那里（指中国）进行贸易，缴纳皇帝的税收，平安地生活在一为他们指定进行贸易的名叫浪白滘的小岛上。它距宏伟的广州城 20 里格。当时葡萄牙人前往那里同华人进行交易。”② 卡格（Baltasar Gago）神甫在 1562 年 12 月 10 日的信函中说：“尽管如此，那年神甫们不能前往日本，不得不在中国再过一冬。葡萄牙人以为，在方济各神甫大师逝世后，由于他的恳请，同中国官员们议了和，以便可以缴纳王税，平安做生意。安安全全地生活在一个为他们指定的一个名叫浪白滘的小岛上。它距雄伟的广州城约 20 里格。每到季节，葡萄牙人去那里同华人交易。然而据说 400 多年前，蒙古人（原文作‘mogores’，应为‘mongóis’）入侵。国王（指南宋末帝）出逃至广东。乘船来到了浪白滘并死在附近。前些年，浪白滘是贸易港（porto da veniaga）。”③ 葡语资料《中国诸岛简讯》也说浪白滘是“一小岛”：“因为它是一个优良港口，所以在我们从

① 转引自丽贝卡·卡特斯（Rebecca Catz）、弗朗西斯·M. 罗杰斯（Francis M. Rogers）辑注《平托信札及其他文献》，里斯本存在出版社、“国立”图书馆，1983，第 83 页。按，澳门今有傅礼士神甫街（Rua do Padre Luís Fróis S. J.）。

② 〔意〕范礼安（Alexandre Valignano）、约瑟夫·维克（Josef Wicki）编《耶稣会在东印度起始及进展（1542～1564）》，耶稣会历史研究院丛书第二种，罗马，1944，第 298 页。按，如果贸易纳税一语属实，那么 1554 年后葡萄牙人泊居浪白澳即为合法。考虑到其地时有海道哨兵巡逻，“可以安全地在那里进行贸易”当可信。若不纳税，他们定会遭驱逐。1529 年，官府明令开放海禁，在电白县设置市舶，又开放香山县浪白澳为舶口，允许诸番（尚不包括葡萄牙人）贡舶与商舶停泊。“番人之停舶必于湾，湾之所在，即名澳，香山故有澳，名浪白，诸番互市其中。”参见（清）王士禛《池北偶谈》，文益人点校，齐鲁书社，2007，第 423 页。关于葡萄牙人在浪白滘的历史，还有一个颇具争议的问题，即诗人贾梅士是否到过那里。“在当时是葡萄牙人的落脚处的浪白滘港，诗人逗留过一段时间。该年五月中旬，应该碰到了在去果阿途中的费尔南·门德斯·平托。”参见 Luís de Camões & João António de Lemos Pereira de Lacerda Juromenha（Visconde de）& Francesco Petrarca & Obras de Luíz de Camões, *precedidas de um ensaio biographico, no qual se relatam alguns factos não conhecidos da sua vida*, Lisboa: Imprensa Nacional, 1860, Vol. I, p. 73。

③ 金国平编译《西方澳门史料选萃（15—16 世纪）》，广东人民出版社，2005，第 73 页。按，澳门开埠后，“浪白滘”逐渐被放弃。李大钊认为：“迁之于电白县，即欧人所谓“Lampacao”，嗣又见逐于此地，遂至限于澳门一隅使居焉。”参见朱文通等整理编辑《李大钊全集》第 2 卷，河北教育出版社，1999，第 11～12 页。

浪白岛来此岛之前，海盗在此栖息。我们以前居住的浪白是一小岛，距亚马港所在的岬角8里格。以前我们在上川诸岛居留，后前往浪白岛居留。”①

（四）葡籍港说。梅尔乔尔·努内斯·巴雷托（Melchior Nunes Barreto）神甫曾致函葡萄牙耶稣会神甫和修士说：“1555年12月我从中国的浪白滘港曾有一信致你们。该港距广州城18里格。当年我在那里驻冬，因为我们抵达后无法前往日本。”②“我与同伴们在该港待至翌年六月，乘季风前往日本。”③平托又称：一个星期二的早晨，我们离开了这里。沿着我们的路线又前进了13天。13天后，我们来到了中国境内的上川港（得天独厚的沙勿略大师便逝世于该岛，容后详述）。当时已无满剌加船，九天前就启航了。我们前往前面7里格处的一个名叫浪白滘的港口。在那儿，我们碰到两条马来亚沿岸的大帆船，一条北大年的船和另外一条那空是贪吗叻（洛坤）的船。”④“在圣诞节前第一个八日祭那天，我们离开了浪白滘，于2月17日来到了果阿。”⑤罗明坚《大明国图志》在所绘西北—东南并行走向的三个岛屿最外岛的东南边标有“lampaccao。”字样。这最外岛便是南水岛。17世纪末18世纪初，西方地图仍然如此标示。

综上可知，罗明坚《大明国图志》所包含的澳门学信息是十分丰富的，需要做进一步的分析。可惜的是，迄今为止，汉语学术界尚未对《大明国图志》展开全面研究。⑥澳门文化局可称得上是汉语学术界研究《大明国图志》的先驱。早在1998年，《文化杂志》第34期上便发表了几篇相关论文，成为此类研究的必引之作。笔者相信，如今《大明国图志》以汉语形式出版，是对罗明坚最好的纪念，势必引起国内外澳门学研究者和相关学术

---

① 金国平编译《西方澳门史料选萃（15—16世纪）》，广东人民出版社，2005，第75页。

② 转引自丽贝卡·卡特斯、弗朗西斯·罗杰斯辑注《平托信札及其他文献》，里斯本存在出版社、“国立”图书馆，1983，第100页。

③ 转引自丽贝卡·卡特斯、弗朗西斯·罗杰斯辑注《平托信札及其他文献》，里斯本存在出版社、“国立”图书馆，1983，第101页。

④〔葡〕平托：《远游记》下册，金国平译，葡萄牙大发现纪念澳门地区委员会、澳门基金会、澳门文化司署、东方葡萄牙学会，1999，第390页。

⑤〔葡〕平托：《远游记》下册，金国平译，葡萄牙大发现纪念澳门地区委员会、澳门基金会、澳门文化司署、东方葡萄牙学会，1999，第717页。

⑥ 迄今为止，国内学术界关于《大明国图志》的研究较少，参见金国平《试析〈耶稣会士罗明坚中国地图集〉中包含的澳门学讯息》，《澳门日报》2011年8月1日，第F06版；周振鹤《西洋古地图里的中国》，《九州学林》2003年秋季创刊号。

界的广泛关注。与此同时，此书的出版还将有助于优化澳门城市的文化形象，必能进一步配合乃至促进特区政府推动澳门文化事业的发展。

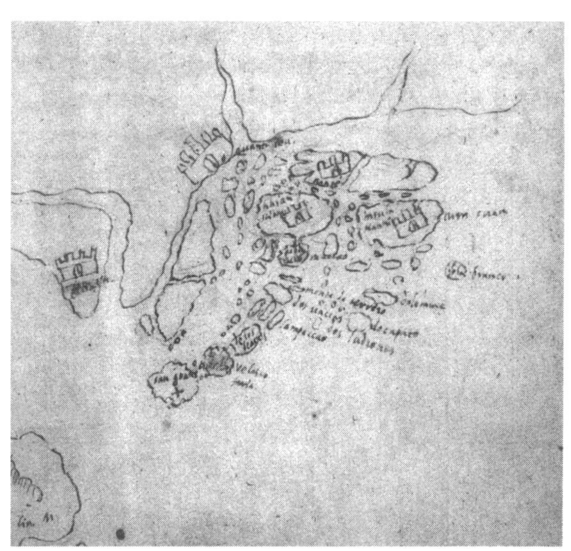

图 1　Michele Ruggieri, *Atlante della Cina di Michele Ruggieri*, S. I. , a cura di Eugenio Lo Sardo, Roma: Istituto poligrafico e Zecca dello Stato, 1993, T. 5.

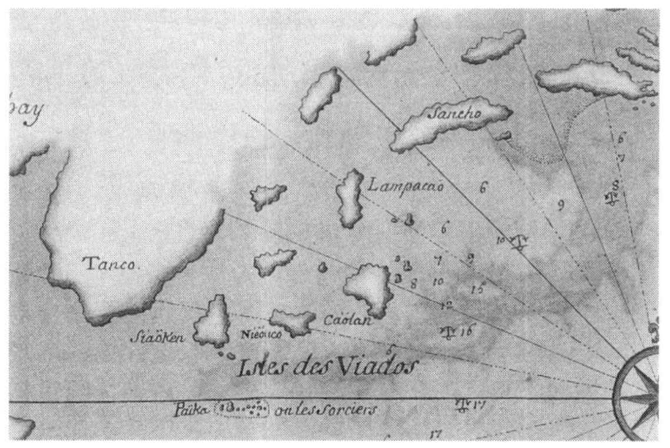

图 2　阿儒达宫图书馆藏《耶稣会会士在亚洲》，BA－52－XIV－23，fl52V.

（原载姚京明、郝雨凡主编《罗明坚〈中国地图集〉学术研讨会论文集》，澳门：澳门特别行政区政府文化局，2014 年 7 月。）

澳门译务署译学馆建置考

张廷茂*

本文依据葡语原始文本，考察了澳葡当局官方翻译人员培训机构的设立，澄清了学术界存有争议的问题。本文的结论是：澳葡政府翻译机构在建立初期，并无设立人才培养机构的制度安排，采用的是由本署资助、署外培养、竞聘录用的培养模式；1905 年王室预算令中关于建立翻译学校的规定并未付诸实施；1911 年 11 月译务署署长若泽·文森特·若热（José vicente Jorge）呈禀澳督，重提建校动议并初步加以规划；1914 年第 1118 号敕令核准译务署新章程，建校之议再度成为法定事项；1915 年第 1786 号敕令核准学校章程，学校开始运作。与其主管部门译务署一样，这所学校也有一个华语名称——译学馆。

一 文献综述

因应管治澳门华人社会以及中葡交涉等对翻译工作的需求，澳葡当局于 1865 年设立翻译官公所，继而改设华政衙门译务科，至 1885 年设立专门的翻译机构译务署，1914 年依法进行重要改革，赋予其澳葡政府公文翻译、向葡国驻华使领馆派遣翻译员、培训翻译人才三项职能。为了更好地培养翻译人才，澳葡当局在译务署内附设了一间翻译培训学校。这所学校虽然规模不大，但对翻译人员的培养发挥了重要作用，构成了葡治时期澳门中葡翻译

* 张廷茂，暨南大学历史学系教授。

事业发展史上的重要阶段。

随着澳门近现代史研究的发展，这所学校的历史也逐步进入中外研究者的学术视野。据目前所知，最早关注这所官方翻译培训机构的是葡萄牙学者文德泉神父（Padre Manuel Teixeira）。他在《澳门的教育》一书中叙述了澳门华语学校的一些内容：华语学校的设立，1915 年 7 月 22 日第 1786 号敕令所准华务专理局附设译学馆规则，1968 年 6 月 5 日第 48420 号敕令颁布时期译学馆的翻译生人数和教师人数。①

1994 年，另一位葡萄牙学者何思灵（Celina Veiga de Oliveira）发表《中葡关系背景下的华语学校》一文。作者推测于 1865 年建立的翻译官公所已具有翻译员学校的雏形，提到了 1905 年敕令，概述了 1914 年敕令的一些内容。② 该文由于太过简短，且没有文献注释，故其提供的关于该翻译培训机构建立和沿革的历史资讯十分有限。

对澳葡政府翻译机构较为详细的论述，见于前澳门华语学校校长高曼娜（Maria Manuela Gomes Paiva）所著《共处的和谐与冲突：翻译员在澳门社会中的角色》一书。该书全面研究了华语学校的创建、课程设置和历史沿革。关于该校的早期阶段，该书提到了 1905 年 7 月 22 日的海外省预算令，征引了 1915 年第 1786 号敕令中的建校目的、课程设置等内容。③

中国学者中较早涉及澳葡当局翻译机构研究的是吴志良博士；④ 而论述较多的是李长森博士。他先后发表系列文章，对澳门中葡翻译课程的历史进行了较为全面的研究，在学术界产生了积极的影响。文章内容涉及澳葡当局华语学校的建校时间、课程设置、办学宗旨、1946 年新法令的改革、70 年代的演变、学校的性质等。⑤

---

① Padre Manuel Teixeira, *A Educação em Macau*, Macau: Direcção dos Serviços de Educação e Cultura, 1982, p. 136.

② Celina Veiga de Oliveira, "A Escola de Língua Sínica no Contexto das Relações Luso - Chinesas," in *Revista de Cultura*, Edição em Português, N.º 18 II Série, 1994, p. 218.

③ Maria Manuela Gomes Paiva, *Encontros e Desencontros da Coexistência - O Papel do Intérprete - Tradutor na Sociedade de Macau*, Macau: Livros do Oriente, 2004, pp. 29 - 36.

④ 吴志良:《翻译的神话与语言的政治》,《〈澳门宪报〉中文资料辑录》序，澳门基金会，2002，第 VII 页。

⑤ 李长森:《百年摇篮，树老花香——澳门理工学院中葡翻译课程百年沧桑》,《澳门理工学报》2005 年第 3 期；《澳葡政府华语学校早期的课程设置——澳门理工学院语言暨翻译高等学校百年史研究之二》,《澳门理工学报》2009 年第 2 期。

澳葡翻译学校虽然已经受到中葡学者的关注，但在一些问题上颇存异议，尚待进一步澄清。例如，究竟何时提出建立政府翻译人员培训教育机构的要求？1905年预算令中的规定是否得到实施？这所学校究竟何时设立？它的官方汉语名称是什么？等等。笔者希望通过本文的考论，以有助于相关问题的解决。

二 澳葡官方翻译机构早期的人才培养模式

1847年4月12日，澳门总督亚马留发布第10号训令，对政府部门职员的薪俸标准做出规定，其中在理事官署项下列有三名翻译官：一名负责教授华语的翻译官贡萨维斯（Intérprete da Língua Sínica João Rodriguez Gonçalves）、两名普通翻译官罗萨里奥（Jozé João do Rozário）和雷梅迪奥斯（Florentino António dos Remédios）。① 可见，澳葡当局在正式设立官方翻译机构之前，已设有两名学习翻译官，并由一等翻译官负责向他们教授华语。

1865年7月12日，葡萄牙政府通过海事海外部颁布敕令，决定在澳门设立一个华语翻译机构（um Corpo de intérpretes da línguo sínica），稍后澳葡当局写作"Repartição dos intérpretes - sinologos）"，并汉译为"翻译官公所"。在敕令第二条所确定的翻译官公所的人员编制中有两名学习翻译官，敕令的第四条及其附款专门对他们做出规定：

> 两名学习翻译官根据各自的进步和表现，每人每月可得不低于20000厘士、不高于30000厘士的津贴。两名学习翻译官要获得这些资助，必须在华政衙门（procuratura）或辅政司署（secretaria do governo）实习；倘若他们提供了有效的服务，亦应在所属等级的酬金分配（distribuição dos emolumentos）中获得同等的份额。②

可见，澳葡当局官方翻译机构在建立之初并无专门的人员培训规划，而是由一等翻译官对学习翻译官进行培圳，使学习翻译官边学边干（见图1）。

---

① *Boletim Official*, Vol. II, N.° 15, 17 de Abril de 1847, p. 59.

② "Decreto de 12 Julho de 1865, Creando um Corpo de Intérpretes da Língua Cynica na Cidade de Macau," in *Boletim Official*, Vol. XI, N.° 41, 9 de Outubro de 1865, p. 163.

OL. XI SEGUNDA-FEIRA 9 DE OUTUBRO D

PARTE OFFICIAL.

INISTERIO DOS NEGOCIOS DA MARINHA E ULTRAMAR.

2a. DIRECÇAÕ.

1a. *Repartição.*

Sendo necessario que na cidade de Mau, attentá a sua situação, as frequentes lações que as suas auctoridades têem om as do imperio chinez, e a especialiade da sua população, haja um corpo e interpretes da lingua cynica, apto pa a o exercicio das funcções que lhe foem incumbidas;

Considerandô a conveniencia de asseurar aos interpretes, que compozerem referido corpo, os meios de poderem xclusivamente empregar-se no estudo a mesma lingua;

Considerando a necessidade de habilier individuos para o preenchimento do uadro do mencionado corpo;

Usando da faculdade concedida pelo 1.° do artigo 15.° do acto addicional á tarta constitucional da monarchia;

Tendo ouvido o conselho ultramarino e o de ministros;

Hei por bem decretar o seguinte:

Artigo 1.° É creado na cidade de Matau um corpo de interpretes da lingua cynica.

Art. 2.° Este corpo será composto de um primeiro, de um segundo e de dois alumnos interpretes.

Art. 3.° O primeiro interprete vencerá por anno réis 1:150$000 e 800$000 réis o segundo interprete.

Art. 4.° Os dois alumnos-interpretes perceberão um subsidio mensal, que não será inferior a 20$000 réis, nem superior a 30$000 réis para cada um, graduado entre estas duas verbas, segundo os progressos e aproveitamento que mostrarem.

§ unico. Para que estes alumnos-interpretes possam receber este subsidio, deverão praticar e achar-se effectivamente praticando na procuratura ou na secretaria do governo de Macau, devendo outro sim, emquanto prestarem este effectivo serviço, ser contemplados em partes iguaes na distribuição dos emolumentos que pertencem á sua classe.

Art. 5.° Emquanto não forem providos os logares de segundo interprete e de alumnos-interpretes, poderá a importancia do respectivo ordenado e subsidios empregar-se em prestações a mancebos que se appliquem ao estudo da lingua cynica.

Art. 6.° O governador de Macau submetterá á approvação do governo um regulamento relativo ao serviço, habilitações e promoções do referido corpo.

Art. 7.° Fica revogada a legislação em contrario.

O presidente do conselho de ministros, ministro e secretario d'estado dos negocios da guerra, e interinamente encarregado dos da marinha e ultramar, assim o tenha entendido e faça executar. Paço, em 12 de julho de 1865.—REI.—*Marquez de Sá da Bandeira.*

2a. *Repartição.*

Tendo sido pela carta de lei de 14 de julho de 1856, abolidos no exercito do reino os castigos de varadas e os de pancadas com espada de prancha; e sendo justo extinguir tambem nas provincias ultramarinas aquelles castigos; e convindo outro sim pôr em harmonia os regulamentos disciplinares das tropas d'estas provincias com os do exercito do reino, em conformidade com o disposto na parte final do artigo 2.° da referida carta de lei: hei por bem determinar o seguinte:

Artigo 1.° E extensiva as provincias ultramarinas a carta de lei de 14 de julho de 1856, que no exercito do reino aboliu os castigos de varadas e os de pancadas de espada de prancha.

Art. 2.° E applicado o regulamento disciplinar do exercito do reino de 20 de setembro de 1856 ás tropas das provincias ultramarinas, com as modificações abaixo indicadas.

Art. 3.° Para qualquer praça de pret que se achar servindo em alguma das provincias ultramarinas ser considerada incorregivel, é preciso que nos ultimos doze mezes anteriores tenha commettido mais de cinco transgressões de disciplina, que hajam sido punidas com alguma das penas mencionadas no referido regulamento.

Art. 4.° A opinião do conselho de disciplina será fundamentada e intimada ao accusado.

Art. 5.° Terminado que seja o processo do conselho de disciplina, sera entregue ao commandante do corpo, o qual com a sua opinião o remettera ao governador da provincia, a quem compete confirmar ou não a decisão do conselho.

Art. 6.° A praça de pret que for julgada incorregivel irá completar o seu tempo de effectivo serviço n'outra provincia ultramarina, como se acha determinado na tabella que faz parte d'este decreto, e qué vae assignada pelo ministro e secretario d'estado dos negocios da guerra, e interinamente encarregado dos da marinha e ultramar.

Art. 7.° As despezas de transporte de ida e volta serao por conta dos cofres da provincia em que o incorregivel for servir sentenciado, e as do seu regresso pelos cofres da provincia para onde voltar.

Art. 8.° O disposto n este decreto não altera as regras da disciplina em vigor em cada uma das provincias ultramarinas em relação aos condemnados a degredo pelos tribunaes civis e que tiverem praça nas guarnições do ultramar.

Art. 9.° Os incorregiveis das guarnições do ultramar, que na provincia para

图 1 1865 年 7 月 2 日敕令（《澳门宪报》1865 年 10 月 9 日）

此外，敕令在阐述设立这一机构的必要性时曾有“考虑到培训人员以补充该机构人员编制的必要性”一语。所以，敕令第五条规定：“倘若二等翻译官和学习翻译官的职位出现空缺，可将相应的薪水和津贴用于资助学习华语的青少年。”① 然而，这里只是规定将空缺职位的薪水和津贴用于资助青少年学习华语，并非设立专项资金。可见，从青少年中培养后备翻译人员的

① “Decreto de 12 Julho de 1865, Creando um Corpo de Intérpretes da Língua Cynica na Cidade de Macau,” in *Boletim Official*, Vol. XI, N.°41, 9 de Outubro de 1865, p. 163.

安排还带有随机性，尚未成为制度化的规定。

1877 年 6 月 11 日训令所颁布的《华政衙门章程》第二条规定，华政衙门编制内设两名一等学习翻译官和两名二等学习翻译官。从第五条的规定来看，这四名学习翻译官属于译务科。而第五条附款五则规定：“正翻译官负责学习翻译官的教育和成长；他必须特别关注学员的教育和使用。”① （见图 2）

Anno 1877—Vol. XXIII—N.º 24 Sabbado 16 de junho

BOLETIM DA PROVINCIA

DE MACAU E TIMOR

PARTE OFFICIAL

SECRETARIA D'ESTADO DOS NEGOCIOS DA MARINHA E ULTRAMAR

DIRECÇÃO GERAL DO ULTRAMAR

1.ª *Repartição*

N.º 17

CIRCULAR

Ill.mo e Ex.mo Sr.—Pedindo a direcção do monte pio official, em officio de 26 do corrente mez, que lhe sejam remettidos os *Boletins officiaes* do governo d'essa provincia, para regularidade do serviço concernente aos funccionarios do ultramar, de ordem do ex.mo ministro e secretario d'estado d'esta repartição sirva-se V. Ex.ª expedir as convenientes ordens, a fim de ser enviado regularmente áquella direcção um exemplar do referido *Boletim*; e outro sim que n'elle sejam inseridos os avisos e annuncios sempre que a mesma direcção tiver por conveniente tornar conhecidos dos associados e pensionistas residentes no ultramar, e que para esse fim forem enviados á junta da fazenda.

Deus guarde a V. Ex.—Secretaria d'estado dos negocios da marinha e ultramar, 28 de março de 1877.—Ill.mo e Ex.mo Sr. Governador da provincia de Macau e Timor.—O director geral, *Francisco Joaquim da Costa e Silva.*

N.º 59

GOVERNO da provincia de Macau e Timor, e suas dependencias.

Sendo de reconhecida necessidade precisar e definir as attribuições e deveres da Procuratura dos negocios sinicos de Macau, cuja existencia se tem mantido indefinida, por falta de apropriados regulamentos que distinguam e separem as suas funcções como Administração do Concelho, como Tribunal [illegible] Secretaria diplomatica;

Considerando que os dois regulamentos promulgados em 1852 e 1862, relativos um ao processo crime e outro ao civel, sendo de mui limitado desenvolvimento, apenas poderiam ser acceites como medidas provisorias, e como elementos para o estudo dos definitivos regulamentos, sendo na actualidade incompativeis com o desenvolvimento da colonia;

Considerando a necessidade de marcar ao Procurador qual a natureza das suas funcções como auctoridade administrativa, fixando-lhe ao mesmo tempo a alçada como juiz, a qual os anteriores regulamentos lhe não concediam;

Tendo em vista a conveniencia de aproximar, quanto possivel, a fórma do processo na Procuratura, da que pelas leis do reino se adopta e segue nos tribunaes de justiça;

Convindo, porém, attender particularmente a necessidade de conservar por emquanto ao tribunal da Procuratura uma certa fórma, organisação, e legislação especial para não sobresaltar com a innovação o espirito da população chineza, á qual uma profunda alteração inspiraria receios que se traduziriam pela abstenção do tribunal, o que importaria prejuiso para a consideração d'esta repartição publica por via da qual se estabelecem as relações entre a administração superior e a maioria da população da colonia;

Sendo, portanto, conveniente acceitar a lei consuetudinaria chineza na parte que se refere aos seus contratos sociaes, fazendo, comtudo, que vigore subordinada ás prescripções justas introduzidas nos codigos do reino, e que dão á sociedade e ao individuo as necessarias garantias pela constituição dos ministerios publicos, dos tribunaes de 2.ª instancia e ainda pela consagração da ideia liberal do julgamento por jurados;

Considerando a indispensabilidade de codificar o que a respeito da Procuratura se acha dispe**s**o em régias portarias, dando devida fórma áquella repartição que por decreto de 5 de julho de 1865 foi desannexada do leal senado, não ficando comtudo designados completamente os seus serviços;

Sendo tambem conveniente extractar das portarias e regulamentos approvados pelo governo da colonia toda a doutrina, ainda hoje de justa e util applicação;

Sendo urgente a adopção de um regulamento que, attendendo ás circumstancias especiaes da colonia, satisfaça os legitimos interesses dos habitantes chinezes;

Tendo ouvido o conselho do governo,

Sujeito á approvação do governo de Sua Magestade; hei por conveniente determinar o seguinte:

1.º É immediatamente posto em execução n'esta colonia o Codigo e Regulamento para a Procuratura dos negocios sinicos, de 11 de junho de 1877 que baixa assignado pelo secretario geral interino do governo.

2.º O novo codigo e regulamento não será applicado no julgamento das causas que á data da publicação d'esta portaria estiverem já instauradas na Procuratura, qualquer que seja o estado do processo.

As auctoridades, a quem o conhecimento e execução d'esta competir, assim o tenham entendido e cumpram.

Palacio do governo de Macau, 11 de junho de 1877.

O Governador da provincia,
Carlos Eugenio Corrêa da Silva.

Codigo e Regulamento para a Procuratura dos negocios sinicos de Macau

CAPITULO I

Da Procuratura dos negocios sinicos, sua constituição e deveres

Artigo 1.º A Procuratura dos negocios sinicos é a repartição que tem por fim especial a resoluçao de todas as causas crimes, civeis, commerciaes e administrativas, que possam suscitar-se entre chinas habitantes de Macau; ou entre estes, como réos, e o ministerio publico ou individuos de outra nacionalidade, tudo segundo a fórma e com as restricções designadas n'este regulamento.

§ unico. As causas em que, além de réo china, haja co-réos portuguezes ou de outra nacionalidade não são da competencia da Procuratura, e pertencem ao juizo de direito da comarca.

Art. 2.º A Procuratura dos negocios sinicos é composta do seguinte pessoal:

O Procurador dos negocios sinicos.
1 primeiro interprete.
1 segundo interprete.
2 alumnos interpretes de 1.ª classe.
2 alumnos interpretes de 2.ª classe.
1 primeiro lingua.
1 segundo lingua.
2 amanuenses.
1 segundo amanuense.
2 officiaes de diligencias.
1 letrado china.
2 amanuenses chinas (extraordinarios).
3 officiaes de diligencias chinas (extraordinarios).

§ unico. Estes empregados não podem fazer-se substituir por quaesquer individuos estranhos á repartição, salvo nos casos previstos n'este regulamento.

Art. 3.º O Procurador é o chefe superior da repartição da Procuratura, e tem sob suas immediatas ordens para a distribuição e desempenho do serviço todos os outros funccionarios.

§ 1.º O Procurador tem o caracter e consideração de juiz de 1.ª instancia nas causas sujeitas ao seu julgamento.

§ 2.º Como funccionario administrativo tem as honras e cathegoria de administrador de concelho, e como tal usará nos actos publicos e em exercicio a banda azul, distinctivo d'esse cargo, podendo tambem usar o respectivo uniforme.

§ 3.º É responsavel por todos os actos da repartição que dirige, e no exercicio das suas funcções, ou para o exercicio d'ellas, só recebe ordens do governador da provincia por intermedio da secretaria geral.

§ 4.º Para a cobrança administrativa dos impostos em divida, e em geral nas questões que digam respeito á fazenda publica, recebe e executa as determinações da junta de fazenda.

§ 5.º Corresponde-se directamente com a secretaria geral e com a da junta de fazenda em conformidade com os dois paragraphos anteriores.

§ 6.º É encarregado das relações com todas as auctoridades subalternas do imperio chinez, com as quaes se não corresponde directamente o governador da provincia, não devendo, comtudo, trocar com taes auctoridades nota alguma de caracter diplomatico, sem conhecimento previo e respectiva ordem do governador.

§ 7.º Como juiz e administrador da população chineza de Macau passa ordens de prisão e de soltura, e tem ingerencia e fiscalisação directa na cadeia publica, na parte d'esta destinada aos presos chinas.

§ 8.º Tem relações directas com os commandos dos corpos de policia de Macau, os quaes satisfarão as suas requisições no que diga respeito a chinas.

Art. 4.º A repartição da Procuratura divide-se em duas secções: 1.ª *secção do expediente sinico;* 2.ª *secção administrativa e forense.*

图 2　1877 年 6 月 11 日训令核准的〈华政衙门章程〉

（《澳门宪报》1877 年 6 月 16 日）

① “Codigo e Regimento da Procuratura dos Negócios Sínicos de Macau,” in *Boletim Official*, Vol. XXIII, N.º 24, 16 de Junho de 1877, pp. 97–98.

1881 年敕令新核准的《华政衙门章程》，完全延续了 1877 年章程的相应规定。[①] 也就是说，译务科延续了翻译官公所的人才培养模式，继续由一等翻译官负责向学习翻译官教授华语，让他们边学边干。

华政衙门按照敕令核准的新章程运行了几年之后，海事海外部部长（Ministro e Secretário de estado dos Negócios da Marinha e Ultramar）于 1885 年 11 月 2 日提出报告，要求对华政衙门进行改组，组建一个独立的翻译部门。报告在阐述改革的必要性时对学习翻译官的表现提出了批评：

> 这些文件翻译的迟缓会带来无可挽回的损失；由缺乏修养和责任心的人进行翻译会导致译文缺乏可靠性，学习翻译官协助译务科仅有的两名翻译官进行翻译时就出现这类情况。
>
> 由于学习翻译官缺乏对公职的信心，他们的一切工作都需要经翻译官认真仔细的检查与核实，然而，由于文件量过大，这一点往往做不到。
>
> 根据观察到的情况，那些学习翻译官的协作是不持久的，他们在接受培训之后往往放弃工作，到政府以外寻找待遇更优厚的职位，却并不赔偿政府曾对他们所提供的资助。

鉴于上述情况，报告建议“将译务科从华政衙门内分离出来，建立一个单独的翻译部门”，同时要求“裁撤学习翻译官职级”。[②]

同日，葡萄牙民国政府通过海事海外部发布敕令，批准了海事海外部部长所提交的法令草案。新法令对翻译机构的骨干人员做了较大调整。鉴于学习翻译官翻译技能欠佳、责任心不强、译文缺乏可靠性、工作不连贯等问题，法令撤销了 4 名学习翻译官的编制，增设了 1 名一等翻译官和 3 名二等翻译官。[③] 这样的安排强化了翻译队伍的专业性，有助于提高译文的质量（见图 3）。

---

① “Regimento da Procuratura dos Negócios Sínicos de Macau, aprovado pelo Decreto de 22 de Dezembro de 1881,” in *Boletim Official*, Vol. XXVIII, Supplemento ao N.° 10, 13 de Março de 1882, pp. 84 – 85.

② “Relatório do Ministro e Secretário de estado dos Negócios da Marinha e Ultramar,” in *Boletim Official*, Supplemento ao N.° 11, 22 de Março de 1886, p. 85.

③ “Decreto de 2 de Novembro de 1885,” in *Boletim Official*, Vol. XXXII, Supplemento ao N.° 11, 22 de Março de 1886, pp. 85 – 86.

BOLETIM DA PROVINCIA

DE MACAU E TIMOR

澳門地㭊憲報

SEGUNDA-FEIRA, 22 DE MARÇO DE 1886.—SUPPLEMENTO AO N.º 11

禮拜一 一千八百八十六年三月廿二日 丙戌年二月十七日 第十壹號附報

PARTE OFFICIAL

MINISTERIO DOS NEGOCIOS DA MARINHA E ULTRAMAR

Direcção geral do ultramar

1.ª Repartição

Senhor.—Com o extraordinario augmento da população chineza de Macau nos ultimos annos o expediente sinico a cargo da 1.ª secção da procuratura dos negocios sinicos, tem crescido por fórma que se torna indispensavel attender ás reclamações apresentadas officialmente pelo governador da provincia de Macau e Timor, sobre a falta de pessoal que o desempenhe com a devida regularidade.

Todos os documentos publicados no *Boletim official* da provincia, attinentes a regular os direitos e deveres da alludida população, carecem de ser traduzidos em china para se poder com justiça exigir o cumprimento das suas disposições, assim como teem de ser vertidos em portuguez os que, escriptos n'aquella lingua, são apresentados frequentemente e em avultado numero nas repartições publicas.

A demora nas versões de taes documentos póde occasionar damnos irreparaveis, e não menos os produzirá a falta de authenticidade das traducções, se forem feitas por individuos que não tenham habilitações e responsabilidade, circumstancias que se dão nos alumnos que coadjuvam os dois unicos interpretes que ha na referida secção.

Não tendo os alumnos a fé de empregados publicos, todo o seu trabalho precisa de ser examinado e authenticado pelos interpretes, que nem sempre o podem fazer em rasão do excessivo expediente.

Por estas considerações e ainda porque, segundo se tem observado, não é constante a coadjuvação d'aquelles alumnos, que, depois de habilitados, costumam abandonar o serviço sem indemnisarem o estado das despezas com elles feitas, e procurar fóra do paiz collocação vantajosa, julgo de absoluta necessidade que seja desligada da procuratura dos negocios sinicos de Macau a secção do expediente sinico, e creada uma repartição distincta para o referido expediente com interpretes habilitados, responsaveis e em numero sufficiente para satisfazerem as exigencias do serviço d'aquelle tribunal e das diversas repartições publicas, supprimindo-se a classe de alumnos interpretes.

Assim obviar-se-ha aos inconvenientes que deixo expostos, cessando para o procurador dos negocios sinicos a responsabilidade que lhe impõe o § 1.º do artigo 4.º do regimento da procuratura, na parte respeitante aos actos dos interpretes, a qual difficil seria tornar-se-lhe effectiva em algum caso, visto que só por informações d'aquelles é que o alludido magistrado poderia conhecer do serviço do expediente sinico.

Não me parece que seja obstaculo attendivel a esta medida o augmento de despeza ordinaria que a sua adopção importa, e apenas attinge approximadamente a quantia de 600$000 réis annuaes, pelo que tenho a honra de submetter á approvação de Vossa Magestade o seguinte projecto de decreto.

Secretaria d'estado dos negocios da marinha e ultramar, em 2 de novembro de 1885.—*Manuel Pinheiro Chagas.*

Tomando em consideração o relatorio do ministro e secretario d'estado dos negocios da marinha e ultramar;

Tendo ouvido a junta consultiva do ultramar e o conselho de ministros;

Usando da auctorisação conferida ao governo pelo § 1.º do artigo 15.º do acto addicional á carta constitucional da monarchia;

Hei por bem decretar o seguinte:

Artigo 1.º A secção do expediente sinico em Macau é desligada da procuratura dos negocios sinicos, e formará uma repartição distincta e auxiliar de todas as repartições publicas d'aquella cidade nas suas relações com os chinas.

Art. 2.º Compete á repartição do expediente sinico:

1.º Todo o trabalho da versão, para portuguez, de documentos escriptos na lingua chineza e vice-versa, quer sejam relativos a negocios ao cargo do governador da provincia ou do ministro de Sua Magestade Fidelissima nas suas relações com as auctoridades da China, quer tratem de assumptos privativos das repartições publicas de Macau, Taipa e Colowane;

2.º Pôr á disposição do governador, todas as vezes que for necessario, interpretes para traducções oraes no dialecto cantonense e lingua mandarina;

3.º Destacar interpretes da lingua sinica para commissões de serviço fóra de Macau, todas as vezes que o governador assim o determinar;

4.º Fornecer interpretes para o trabalho da versão de escriptos chinezes nas referidas repartições, quando os respectivos chefes os requisitarem por haver inconveniente em enviar aquelles escriptos para a repartição do expediente sinico;

5.º Enviar interpretes para traducções oraes na lingua mandarina a qualquer repartição onde tenha de comparecer alguma auctoridade chineza;

6.º Archivar os originaes dos officios vindos das auctoridades chinezas e as cópias conformes em lingua sinica dos que as mesmas auctoridades forem enviados, bem como as versões chinezas de outros quaesquer documentos que não forem publicados no *Boletim official* da provincia e que não devam ser archivados n'outras repartições;

7.º Traduzir os documentos officiaes que devem ser publicados em china no *Boletim official* e rever e examinar as provas typographicas para a alludida publicação.

Art. 3.º O pessoal da repartição compõe-se:

1.º De tres interpretes da lingua sinica, de 1.ª classe, sendo um primeiro interprete, chefe da repartição, um segundo, que será sub-chefe, e um terceiro;

2.º De tres interpretes da lingua sinica, de 2.ª classe;

3.º De um letrado china e um ajudante;

4.º De dois amanuenses chinas;

5.º De um continuo china.

Art. 4.º Os logares dos empregados da repartição serão sempre providos por meio de concurso feito perante um jury nomeado pelo governador da provincia e mediante provas escriptas e oraes, sendo para os logares de amanuense china exigidas sómente provas escriptas. O logar de continuo china será provido independentemente de concurso.

§ unico. Serão motivos de preferencia, em igualdade de circumstancias, os seguintes:

1.º Pertencer já ao quadro da repartição;

2.º Qualquer outro serviço publico anterior;

3.º As melhores habilitações litterarias.

Art. 5.º Os interpretes de 1.ª classe terão, como habilitação para o desempenho dos seus logares, conhecimento perfeito:

1.º Da lingua sinica escripta;

2.º Da lingua mandarina;

3.º Do dialecto cantonense;

4.º Das linguas franceza e ingleza.

Art. 6.º Os interpretes de 2.ª classe deverão ser habilitados com o perfeito conhecimento:

1.º Da lingua sinica escripta;

图 3　1885 年 11 月 2 日敕令（《澳门宪报》1886 年 3 月 22 日）

鉴于由学习翻译官在署内边学边干的模式运行效果不佳，法令在取消学习翻译官职位的同时，也改变了译务署后备人才的培养模式。法令第二条所规定的译务署的 7 项职责中并无培养人才一项。而法令第十二条则规定，为了培养人才充实本署的人员编制，政府将资助两位少年，令他们在公立或私立学校学习华文书面语。资助金额为每人每月 10000 厘士，此项资助的发放须满足下列条件：①年龄不低于 12 岁；②初中教育成绩优异；③须参加由翻译官主持的年度考试，若考试被判不及格，则停止发放资助金；④须学习英语和法语；⑤5 年内掌握华语书面书，资助金的发放以 5 年为限，5 年届满或在此

前，须接受3名翻译官的考试，若考试合格，则被视为具备竞聘本部门职位的能力；⑥获得资格后为葡萄牙政府服务5年，尽其所能履行其义务，在译务署、葡萄牙驻华领事馆或澳葡政府的其他任何部门均可，其年薪不低于300000厘士；⑦若工作不足5年而离职，须向政府赔偿其所得到的全部资助金，但在获得资格后6个月仍未被按照前条之规定录用者除外。[①]

显然，译务科升格为译务署后，并没有“要求设立一个政府翻译人员的培训教育机构”，而是采用了由本署资助、署外培养、公开竞聘、择优录用的方式。这一人才培养模式运行了近30年，直到1914年才被第1118号敕令所核准的《译务署章程》改变。

三　王室预算令中的规定会被搁置吗？

译务署遵照1885年敕令所确立的章程运行了近20年后，1905年7月22日葡萄牙国王颁布的海外省预算令对译务署做出了4条规定，其中两条的内容是：

> 第十二条，在澳门译务署附设一间培养华语翻译和供本省公务员学习华语书面语与粤方言的培训学校。
>
> 第十五条，澳葡政府将颁布有关澳门译务署组织和运作的必要规章。[②]

从预算令中提出要建立一所华语培训学校的要求来看，葡萄牙政府似乎看到了设立官方专业培训机构的必要性（见图4）。然而，由于至今仍有待探究的原因，这项王室预算令中的规定长时间被搁置起来，其所提到的学校迟迟未能建立起来，译务署的新章程也没有出台。于是，关于这项

---

① “Decreto de 2 de Novembro de 1885,” in *Boletim Official*, Vol. XXXII, Suplemento ao N.° 11, 22 de Março de 1886, pp. 85–86.

② “Decreto de 22 de Julho de 1905, Calculando as Receitas das Províncias Ultramarinas e do Districto Autonomo de Timor no Exercicio de 1905–1906, Regulando a sua Cobrança e Fixando as Respectivas Despesas,” in *Boletim Official*, Vol. V, N.° 36, 9 de Setembro de 1905, p. 732. 其余两条内容分别是：给工龄25年以上的职员增加津贴；改变译务署章程。

王室令有无实施和所提到的学校何时建立，便在学者中间产生了观点分歧。

Art. 9.º As despesas das provincias ultramarinas e districto autonom
de Timor e os quadros das diversas repartições, inscritos para o exercicio
1905–1906 nas tabellas annexas a este decreto, bem como os venciment
correspondentes, são approvados considerando-se como se fossem estabele
dos por leis especiaes.

Art. 10.º A contar do principio do corrente exercicio de 1905–190
nenhuma despesa de qualquer ordem ou natureza, ordinaria ou extraordin
ria, poderá ser ordenada e paga nas provincias ultramarinas, desde que a s
importancia não esteja incluida nas tabellas da despesa approvadas pelo pr
sente decreto ou venha a ser decretada no decorrer do mesmo exercicio.

Art.. 11.º Alem dos preceitos estabelecidos no titulo VII, capitulo un
co, do regulamento de 3 de outubro de 1901, a que a Direcção dos Caminh
de Ferro de Loanda tem de satisfazer na parte relativa ás despesas do Cam
nho de Ferro de Malange, que teem de ser suppridas pelo respectivo fund
especial, a mesma direcção fará organizar e remetterá á Repartição Superi
de Fazenda da provincia de Angola, até 31 do mês de julho de cada ann
uma conta, devidamente classificada, de toda a despesa que se fizer, duran
o anno economico que tiver findado, na construcção do referido caminho
ferro, para ser incluida nas contas da provincia em artigo addicional á tabe
la da despesa extraordinaria, escriturando-se, como receita extraordinari
importancia igual sob a epigraphe preceituada no artigo 160.º d'aquelle r
gulamento.

Art. 12.º Junto á repartição de expediente sinico de Macau é criad
uma escola de habilitação para interpretes sinologos e para o estudo da li
gua sinica, escrita e dialecto cantonenses, para habilitação dos funccionari
publicos da referida provincia, que pretendam obte-la.

Art. 13.º O quadro da repartição do expediente sinico da provinc
de Macau estabelecido pelo decreto de 2 de novembro de 1885 é altera
pela forma descrita na tabella de despesa da referida provincia que faz par
do presente decreto.

Art. 14.º Aos interpretes traductores da repartição de expediente si
co de Macau, que tenham mais de vinte e cinco annos de serviço effecti
como interpretes, será abonado, durante o tempo da effectividade do servi
a titulo de gratificação por diuturnidade de serviço, o aumento de 12,5 p
cento sobre os seus vencimentos de categoria e exercicio por cada periodo
cinco annos de serviço effectivo que contarem alem d'aquelle tempo, não p
dendo, porem, o aumento total ir alem de 50 por cento d'aquelles venciment

Art. 15.º O Governo publicará o regulamento necessario para orga
zação dos serviços da repartição do expediente sinico de Macau.

Art. 16.º Ás praças de pret europeias a que se refere o artigo 46.º e a
mancebos comprehendidos nas disposições do artigo 55.º do decreto co
força de lei de 14 de novembro de 1901 que, tendo terminado o tempo
serviço militar obrigatorio no ultramar, quizerem contrahir nova obrigaç
de serviço, estando nas condicções legaes, será abonado, por cada periodo

图 4 1905 年预算令（局部）（《澳门宪报》1905 年 6 日）

文德泉神父指出，1905 年 7 月 22 日敕令第 12 条做出决定：在澳门译务署（Repartição do Expediente Sínico de Macau）附设一间培养华文翻译人员和供本省公务员学习华文书面和粤语方言的培训学校。（……）这所译学馆创建于 1905 年，至今（即 1982 年——引者注）仍然存在。[1]

显然，文德泉神父完全相信预算令中的规定很快就被付诸实施，学校在

---

① Padre Manuel Teixeira, *A Educação em Macau*, Macau: Direcção dos Serviços de Educação e Cultura, 1982, p. 136.

颁布此令的当年就会建立起来。

何思灵则怀疑这所学校建于王室令的发布之年。他认为，直到1905年7月22日，敕令才正式决定建立一所旨在培养华语翻译人员和供本省公务员学习华语官话和粤方言的培训学校，尽管不能肯定该敕令产生了显见的效果。事实上，在葡萄牙第一共和国完全建立起来的1914年，属地部当时的一道敕令重新谈起要建立这所学校，再次用将来时的语气说，“为了培养年轻的翻译员”，“将在译务署附设一间华语学校，并在该署的一间大厅运作”（第十九条）。可以肯定地说，从那时起，这间学校实际上已经存在。[①]

显然，何思灵对1905年敕令的实际效果持怀疑态度，并且注意到1914年敕令中的“将来时”用语，从而认为华语学校会在1914年真正建立起来。

高曼娜在指出了1905年王室敕令建立这所学校的决定，并在征引了文德泉神父的观点后认为，然而，不能肯定这道敕令产生了效果，因为现在所能找到的关于该所学校的文献所标注的日期是1909年，而《译务署章程》第十九条则用将来时的语气说“将在译务署附设一间华语学校”。[②]

可见，高曼娜怀疑学校建立于1905年的说法，并且也注意到了1914年敕令中的“将来时”，但他并不确定学校建于何年。

吴志良博士认为这所学校真正创立于1914年，1905年政府预演算法令中曾提及建立一所翻译学校，但翻译学校的真正创立还要等到1914年，并且因为华洋共处分治的局面没有根本性改变而缺乏翻译的实际需求，学校长期惨淡经营。

作者还在注释中提醒道：“（……）许多法例只是名义上的，未必被真正执行。”[③]

李长森博士在评说各家之说的基础上提出了自己的见解，承认上述学者的分析有一定道理，但依然认为澳门官方正式培训翻译机构的学校设置始于

① Celina Veiga de Oliveira, “A Escola de Língua Sínica no Contexto das Relações Luso – Chinesas,” in *Revista de Cultura*, Edição em Português, N.° 18 II Série, 1994, p. 218.

② Maria Manuela Gomes Paiva, *Encontros e Desencontros da Coexistência – O Papel do Intérprete – Tradutor na Sociedade de Macau*, Macau: Livros do Oriente, 2004, p. 29.

③ 吴志良:《翻译的神话与语言的政治》,《〈澳门宪报〉中文资料辑录》序，澳门基金会，2002，页VII。

1905 年。这是因为，任何事物的发展都有一个过程，更何况是设立一所前所未有的学校。至于高曼娜提到的动词将来时问题，这也没有什么奇怪的。哪怕学校于法令公布次日建成，法令中的动词也应是将来时。吴志良博士提到的“翻译学校的真正创立还要等到 1914 年”，见于 1914 年 11 月 30 日在葡萄牙共和国政府公报和 1915 年 2 月 6 日在澳门特区政府公报第 6 期上公布的第 1118 号法令。但该法令的主要内容是对学校的模式进行改造和规范，以便其能够更好地发挥为其规定的职能。这说明该学校在 1914 年之前就存在了，更何况高曼娜通过对该校史料的研究，已经发现“第一批涉及该校的档案所标示的日期是 1909 年”。

当然，由于没有发现建校的具体资料，很难说明学校是哪一天开始正式运作的。但通过以上分析，至少可以确定学校的建立是在 1904 年至 1909 年之间。五年内建一所学校在今天也是正常的，更何况是在当年。凡事都有个法律依据。既然确实存在 1905 年 7 月 22 日的王室法令，就应该把该日作为翻译学校创建之始。这就如同两人结婚，无论如何都要把结婚登记的日子作为结婚的法定日期，至于婚前是否已经同居或者婚后何时才同居已变得没有意义。①

总之，李长森博士认为该所学校在 1914 年之前就已存在，且确信其建于1904～1909 年。

综上所述，关于这所学校创立的时间，各家论者出现了分歧。从涉及的问题来看，有论者对 1905 年预算令中建校规定的实效产生怀疑，特别是注意到了 1914 年第 1118 号法令中的“将来时”用语。由于 1905 年王室预算令之前的有关法令和章程从未提出要设立一所翻译学校，1905 年之后也未见颁布有关该所学校的章程，所以第 1118 号法令中的“将来时”用语是一个很重要的历史资讯；它说明，至少在该法令颁布之日的 1914 年 11 月 30 日，这所学校尚未存在。换句话说，这所学校的建立一定是在 1914 年法令颁布之后。而是否就在法令颁布的当年，依然是个未知数。

显然，要解决这所学校究竟建于何时的问题，我们需要在基于常理所做的推测和判断之外，寻求更多的原始文献，以揭示相关的历史事实。

---

① 李长森：《百年摇篮，树老花香——澳门理工学院中葡翻译课程百年沧桑》，《澳门理工学报》2005 年第 3 期。

四　译学馆的开办时间

多少有些出人意料的是，1905 年王室预算令中关于设立一间华语翻译学校的规定的确是被搁置了。1911 年 9 月 16 日，译务署代理署长若热向澳门总督提交一份关于译务署现状的报告，反映该署存在的问题，同时提交一份译务署新章程草案。若热在报告中谈及 1905 年敕令时指出：

> 前引 1905 年 7 月 22 日敕令，除了增加译务署的人员编制外，还决定在译务署附设一间培养华语翻译和供本省公务员学习华语书面语和粤语方言的培训学校（第十二条），并要求澳门总督颁布关于译务署工作的必要章程（第十五条）。然而，这些决定变成了空头支票，因为从未设立过任何一间学校，也从未颁布过任何一份章程。①

显然，1905 年预算敕令中有关译务署的这两条规定都被搁置，所提到的学校也没有建立起来，要求颁布的章程也未曾出台（见图 5）。

不仅如此，而且正是若热根据译务署的现状再次提起设立翻译学校的动议。他在报告中首先对译务署现有人才培养模式的缺陷提出批评：根据 1885 年敕令，具备小学知识的人就可以成为学习翻译员，只要华语书面语和粤语考试合格就能晋升二等翻译官；而要想晋升一等翻译官，仅须学会华语官话、英语和法语即可。然而，在中学里教授的普遍知识对于培养一位称职的汉学翻译人员绝对是不可缺少的。因为，汉学不仅包括华语书面语和口语，还包括其他各类专业知识；这些知识非常复杂，必须经过足够的准备和长期耐心的学习才能获得。

此外，目前的章程虽然规定学习翻译员必须在 5 年内掌握华语，却没有制定课程计划。学习翻译员一般为 12 ~ 14 岁的少年，他们不知道如何学习，甚至放弃学习，结果便是很多人被辞退，甚至在第三年和第四年的时候，政府损失了花在他们身上的钱，现在澳门缺乏充实翻译员空缺职位

---

① Província de Macau, *Relatório do Governo*, 1911, Macau: Imprensa Nacional, 1912, Annexo n.º 12, p. 3.

1 interpretes de 2.ª classe		
vencimento de categoria a 500$000	2.000$000	
vencimento de exercicio a 100$000	400$000	
		2.400$000
1 letrado chinez		
vencimento de categoria	300$000	
vencimento de exercicio	150$000	
		450$000
1 ajudante de letrado		
vencimento de categoria	200$000	
vencimento de exercicio	150$000	
		350$000
2 amanuenses chinezes		
vencimento de categoria a 183$000	366$000	
vencimento de exercicio a 93$000	186$000	
		552$000
2 alumnos		
subsidio a 180$000		360$000
3 linguas		
vencimento de categoria a 300$000	900$000	
vencimento de exercicio a 60$000	180$000	
		1.080$000
1 continuo chinez		
vencimento de exercicio		100$000
1 servente		
vencimento de exercicio		46$200
Total		8.738$200

O citado Decreto de 22 de julho de 1905, augmentando o pessoal, determinou que junto á Repartição do Expediente Sinico fosse criada uma escola de habilitação para interpretes sinologos e para o estudo da lingua sinica escripta e do dialecto cantonense para os funccionarios publicos da provincia que quizessem adquirir estes conhecimentos (Artigo 12.º); e que o Governador de Macau publicasse o regulamento necessario para organisação dos serviços a cargo da mesma repartição (Artigo 15.º).

Estas determinações, porém, ficaram letra morta, porquanto nunca se criou nenhuma escola nem nunca se publicou nenhum regulamento.

A Repartição do Expediente Sinico continua a reger-se pelo Decreto de 2 de novembro de 1885, que, sobre ser deficiente e omisso em varios pontos, é já anachronico.

Segundo este Decreto, póde qualquer individuo ser alumno-interprete sem outros conhecimentos além dos adquiridos em qualquer estabelecimento de instrucção primaria e ascender a interprete de 2.ª classe, prestando unicamente exame de lingua sinica escripta e dialecto cantonense. E, se aspirar a promoção a interprete de 1.ª classe, só terá que estudar o mandarim e as linguas ingleza e franceza.

E todavia os conhecimentos geraes ministrados nos estabelecimentos de instrucção secundaria são absolutamente indispensaveis para a formação d'um bom sinologo á altura da sua missão, porquanto a sinologia comprehende não só a lingua sinica, escripta e fallada, mas tambem varios outros conhecimentos especiaes, muito complexos, que só se adquirem, tendo uma conveniente preparação e com um longo e paciente estudo.

图 5　若热提交澳督的报告（局部）

（《1911 年澳门省政府报告》）

的合格人才。①

为了改变这样的现状，若热在《译务署章程草案》第一章第二条和第三条中将“培养年轻的翻译员”确立为译务署的三大目标之一，规定其为该署的一项重要职责。接着，他在草案的第三章和第四章中对学校的目的和名称，学员的录取、责任及其任用，以及学校的班级、课程、注册、考试、评分等做出规定。他还在草案中安排了两个附表，提出了二等翻译班和一等翻译班的课程规划②（见图 6）。

① Província de Macau, *Relatório do Governo*, 1911, Macau: Imprensa Nacional, 1912, Annexo N.° 12, pp. 3–4.

② “Projecto do Novo Regulamento da Repartição do Expediente Sinico,” in Provincia de Macau, *Relatorio do Governo*, 1911, Annexo N.° 12, pp. 6–7, 9–11, 17–19.

Projecto do novo regulamento da Repartição do Expediente Sinico

CAPITULO I

Fins e deveres da repartição

Artigo 1.°

E' remodelada a Repartição do Expediente Sinico, creada pelo Decreto de 2 de novembro de 1885, regendo-se, de futuro, pelo presente Decreto.

Artigo 2.°

A Repartição do Expediente Sinico é destinada a satisfazer os tres fins seguintes:

1.° Auxiliar todas as repartições publicas da provincia nas suas relações com os chinezes.

2.° Fornecer interpretes traductores da lingua sinica á Legação de Portugal em Pekim e aos consulados Portuguezes de Cantão e Shanghai, quando requisitados pelo Chefe da Missão.

3.° Habilitar jovens para interpretes traductores da lingua sinica,

Artigo 3.°

Compete a Repartição de Expediente Sinico;

1.° Todo o trabalho de versão para portuguez de documentos escriptos na lingua sinica e vice-versa, quer sejam relativos a negocios a cargo de Governador de Macau, quer tratem de assumptos privativos das repartições publicas da provincia.

§ unico. A versão oral ou escripta de portuguez para chinez de qualquer instrumento lavrado pelos tabelliães ou notarios publicos da provincia será feita exclusivamente pelos interpretes traductores da Repartição do Expediente Sinico, segundo uma escala organisada pelo chefe da repartição.

2.° Pôr á disposição do Governador da provincia, sempre que seja necessario, interpretes para traducções oraes no dialecto cantonense ou na lingua mandarina.

3.° Fornecer interpretes para a traducção de escriptos chinezes nas repartições publicas, sempre que os respectivos chefes os requisitem por haver inconveniente em enviar aquelles escriptos á Repartição do Expediente Sinico.

4.° Enviar interpretes para traducções oraes na lingua mandarina a qualquer repartição onde tenha de comparecer alguma auctoridade chineza.

5.° Enviar ou destacar lingua para traducções oraes no dialecto cantonense a todas as repartições publicas da provincia, quando requisitados pelos respectivos chefes.

6.° Destacar mensalmente ou trimestralmente dois linguas para o Tribunal Judicial.

7.° Traduzir os documentos officiaes que tenham de ser publicados em chinez no *Boletim Official* e revêr as respectivas provas typographicas.

8.° Archivar os originaes dos officios recebidos das auctoridades chinezas e as copias das respectivas traducções bem como as copias conformes, em lingua sinica, dos officios que as mesmas auctoridades forem enviadas e copias dos respectivos originaes em portuguez.

图 6　若热提交的〈澳门译务署新章草案〉

（首页）（《1911 年澳门省政府报告》）

三年之后的 1914 年 11 月 30 日，葡萄牙政府颁布第 1118 号敕令，核准了新的《澳门译务署章程》。经过详细比对，发现新章程所采纳的文本正是若热在三年前所提交的草案。

关于该项敕令，首先必须明确的一点是，它的主体内容究竟是什么？敕令在开篇阐述颁布此令的缘起时称："澳门总督曾陈请必须重组和规范译务署，使其更好地履行其职责。"敕令首条指出："批准下列由属地部部长签署、构成该敕令必要组成部分的《澳门译务署章程》。"敕令所准章程第一条亦明确规定："对根据 1885 年 11 月 2 日敕令建立起来的澳门译务署进行改组，未来它将遵循本敕令的规范。"①

可见，无论是敕令本身，还是敕令所准之章程，均明确说明此令主要是对译务署进行改组和规范，而不是"对学校的模式进行改造和规范"；章程第

---

① "Decreto N. ° 1: 118 de 30 de Novembro de 1914, Aprovando o Regulamento da Repartição do Expediente Sínico," in *Boletim Official*, Vol. XV, N. °6, 6 de Fevereiro de 1915, p. 80.

三、第四两章所论各项内容，只是对这所将要成立的学校进行的首次初步规划。

值得注意的是，新章程第三十一条规定，该省总督在听取译务署署长和公共教育监督委员会的建议后，将制定一份关于该所学校的章程，并可修改本章程两个附表中的课程计划，替换其中所指明的教材。

第五十一条规定，第三十一条所指的章程（即关于华语学校的章程）一经获得上级批准，该机构即可开始运作①。

显然，按照第1118号法令的规定，学校章程尚“有待制定”，根本谈不上对学校的模式进行“改造”和“规范”；而且，章程明确规定学校须在其章程获得中央政府批准之后开始运作（见图7）。

80 ANO DE 1915—BOLETIM OFICIAL—N.º 6—6 DE FEVEREIRO

Tradução feita por *José Vicente Jorge*,
1.º intérprete-tradutor de 1.ª classe.

PARTE OFICIAL

MINISTÉRIO DAS COLÓNIAS

(*Diário do Govêrno* n.º 224 de 30-11-1914—I Série)

Direcção Geral das Colónias

2.ª Repartição

DECRETO N.º 1:118

Atendendo ao que representou o Governador da Província de Macau sôbre a necessidade que há em remodelar e regulamentar a Repartição do Expediente Sínico, tornando-a apta para bem desempenhar o serviço a seu cargo;

Tendo ouvido o Conselho Colonial e o Conselho de Ministros; e

Usando da faculdade concedida ao Govêrno pelo artigo 87.º da Constituição Política da República Portuguesa, sob proposta do Ministro das Colónias;

Hei por bem decretar o seguinte:

Artigo 1.º É aprovado o regulamento da Repartição de Expediente Sínico de Macau, que faz parte integrante dêste decreto e baixa assinado pelo Ministro das Colónias.

Art. 2.º Fica revogada a legislação em contrário.

O Ministro das Colónias assim o tenha entendido e faça executar. Dado nos Paços do Govêrno da República, e publicado em 30 de Novembro de 1914.=*Manuel de Arriaga*=*Alfredo Augusto Lisboa de Lima*.

Regulamento da Repartição do Expediente Sínico de Macau

CAPÍTULO I

Fins e deveres da repartição

Artigo 1.º É remodelada a Repartição do Expediente Sínico, criada pelo decreto de 2 de Novembro de 1885, regendo-se, de futuro, pelo presente decreto.

Art. 2.º A Repartição do Expediente Sínico é destinada a satisfazer os três fins seguintes:

1.º Auxiliar todas as repartições públicas da província nas suas relações com os chineses;

2.º Fornecer intérpretes tradutores de língua sínica à legação de Portugal em Pequim e aos consulados portugueses de Cantão e Xangai;

3.º Habilitar jovens para intérpretes—tradutores da língua sínica.

Art. 3.º Compete à Repartição do Expediente Sínico:

1.º Todo o trabalho de versão para português de documentos escritos na língua sínica e vice-versa, quer sejam relativos a negócios a cargo do governador de Macau, quer tratem de assuntos privativos das repartições públicas da província.

§ único. A versão oral ou escrita de português para chinês de qualquer instrumento lavrado pelos tabeliães ou notários públicos da província será feita exclusivamente pelos intérpretes tradutores da Repartição do Expediente Sínico, segundo uma escala organizada pelo chefe da repartição.

2.º Pôr à disposição do governador da província, sempre que seja necessário, intérpretes para traduções orais no dialecto cantonense ou na língua mandarina;

3.º Fornecer intérpretes para a tradução de escritos chineses nas repartições públicas, sempre que os respectivos chefes os requisitem por haver inconveniente em enviar aqueles escritos à Repartição do Expediente Sínico;

4.º Enviar intérpretes para traduções orais na língua mandarina a qualquer repartição onde tenha de comparecer alguma autoridade chinesa;

5.º Enviar ou destacar línguas para traduções orais no dialecto cantonense a todas as repartições públicas da província, quando requisitados pelos respectivos chefes;

6.º Destacar, mensalmente ou trimestralmente, um língua para o Tribunal Judicial;

7.º Traduzir os documentos oficiais que tenham de ser publicados em chinês no *Boletim Oficial* e rever as respectivas provas tipográficas;

8.º Arquivar os originais dos ofícios recebidos das autoridades chinesas e as cópias das respectivas traduções, bem como as cópias conformes, em língua sínica, dos ofícios que às mesmas autoridades forem enviados e cópias dos respectivos originais em português;

9.º Arquivar as cópias de todos os documentos que tiverem sido remetidos à Repartição, oficialmente, para serem traduzidos, bem como as cópias das respectivas traduções;

10.º Colecionar e arquivar os documentos, folhetos e livros oficiais ou particulares, que tenham sido publicados com respeito, quer ao comércio estrangeiro na China, principalmente ao comércio de Macau e colónias visinhas estrangeiras com os portos chineses, quer ao movimento político da China nas suas relações internacionais com as potências estrangeiras.

§ único. Na tabela de despesa da província inscrever-se há, anualmente, a verba necessária para a aquisição dêsses documentos, livros e folhetos, que pelo chefe da Repartição serão requisitados.

11.º Informar o governador da província do movimento político, social e económico da China, inspirando-se na leitura de jornais e outras publicações chinesas e nos rumores da opinião pública esclarecida;

12.º Fornecer intérpretes tradutores da língua sínica à legação de Portugal em Pequim e aos consulados portugueses de Cantão e Xangai, nos termos do n.º 2.º do artigo 2.º

13.º Destacar intérpretes da língua sínica para comissões de serviço fora de Macau, todas as vezes que o governador assim o determinar.

14.º Habilitar jovens para intérpretes tradutores da língua sínica.

CAPÍTULO II

Pessoal

Art. 4.º O pessoal da Repartição compõe-se de:

Quatro intérpretes tradutores de 1.ª classe, sendo o mais antigo chefe e o imediato sub-chefe da Repartição;

Três intérpretes tradutores de 2.ª classe;

Dois letrados chineses, sendo um da língua mandarina e outro de Kuang-Tung;

Dois amanuenses chineses;

Três línguas;

Um contínuo;

Um servente.

Art. 5.º O chefe da Repartição é substituído, na sua falta, ausência ou impedimento, pelo sub-chefe e êste pelo intérprete tradutor de 1.ª classe mais antigo em serviço na província.

Art. 6.º A vaga de chefe será preenchida pelo sub-chefe e a dêste pelo intérprete de 1.ª classe mais antigo na classe e que tenha servido por dois anos, pelo menos, na legação de Portugal em Pequim ou em qualquer dos consulados portugueses de Xangai ou Cantão, com boas informações.

Art. 7.º Quando vagar algum lugar de intérprete tradutor de 1.ª classe, abrir-se há concurso entre os intérpretes tradutores de 2.ª classe, concurso que será regulado pelo programa que para êste efeito estiver legalmente em vigor. Será promovido à 1.ª classe o intérprete tradutor de 2.ª classe que melhor classificação obtiver de entre os aprovados e, em igualdade de classificação, o mais antigo.

§ 1.º Se nenhum dos intérpretes tradutores de 2.ª classe obtiver aprovação no concurso a que se refere êste artigo, o govêrno da província mandará abrir concurso público por provas práticas, ao qual poderão concorrer quaisquer indivíduos habilitados com o curso de intérprete de 2.ª classe e será nomeado intérprete de 1.ª classe aquele que, dentre os aprovados no concurso, obtiver melhor classificação.

§ 2.º Para êsses concursos será adoptado o programa que fôr legalmente estabelecido.

Art. 8.º Quando vagar algum lugar de intérprete tradutor de 2.ª classe, abrir-se há concurso entre os alunos intérpretes, concurso que será regulado pelo programa que para êste efeito estiver legalmente em vigor. Será promovido à 2.ª classe o aluno intérprete que melhor classificação obtiver de entre os aprovados, e em igualdade de classificação, o mais antigo.

§ 1.º Os motivos de preferência, em igualdade de circunstâncias, são:

a) O ser mais antigo.

b) O possuir melhores habilitações literárias ou scientíficas, prevalecendo as primeiras;

c) O ter já servido o Estado, com boas informações.

§ 2.º Se nenhum dos alunos intérpretes obtiver aprovação no concurso a que se refere êste artigo, o govêrno da província mandará abrir concurso público por provas práticas, ao qual poderão concorrer quaisquer indivíduos habilitados com o curso dos liceus ou equivalente e será nomeado aquele que, de entre os aprovados no concurso, obtiver melhor classificação.

§ 3.º Os alunos intérpretes que forem reprovados, deixarão de fazer parte do quadro dos alunos intérpretes.

Art. 9.º As vagas de letrados e amanuenses serão preenchidas por meio de concurso público por provas orais e escritas.

§ 1.º Os letrados deverão provar que podem redigir e falar com clareza, correcção e facilidade, que conhecem a literatura chinesa e as regras usadas nas correspondências oficiais.

图7 第1118号敕令核准的《澳门译务署章程》

（首页）（《澳门宪报》1915年2月6日）

① “Decreto N.º 1: 118 de 30 de Novembro de 1914, Aprovando o Regulamento da Repartição do Expediente Sínico,” in *Boletim Official*, Vol. XV, N.º6, 6 de Fevereiro de 1915, pp. 81－82.

1915年7月22日，葡萄牙政府颁布第1786号敕令，核准了《澳门译务署译学馆章程》（Regulamento da Escola da Língua Sínica Anexa á Repartição do Expediente Sínico da Província de Macau）①。这部章程有着全新的内容，是对这个官方翻译培训学校的首次规范（见图8、图9）。

MINISTÉRIO DAS COLÓNIAS

2.ª Repartição

1.ª Secção

Decreto n.º 1:786

Nos termos do n.º 3.º do artigo 47.º da Constituição Política da Republica Portuguesa, e em cumprimento dos artigos 31.º e 51.º do regulamento aprovado por decreto n.º 1:118, de 30 de Novembro de 1914: hei por bem, sob proposta do Ministro das Colónias, decretar que seja aprovado o regulamento da Escola da Língua Sínica, anexa á Repartição do Expediente Sínico de Macau, que baixa assinado pelo Ministro das Colónias e faz parte integrante dêste decreto.

O mesmo Ministro assim o tenha entendido e faça executar. Dada nos Paços do Govêrno da Republica em 22 de Julho de 1915, e publicado em 3 de Agosto de 1915.—*Joaquim Teófilo Braga—José Mendes Ribeiro Norton e Matos*

图8　第1786号敕令（澳门官印局，1905）

鉴于学校章程已经获得葡萄牙政府的批准，同年10月14日，译务署署长、一等翻译员若热发布告示：

> 按照1915年10月9日《澳门宪报》第41期所载1915年7月22日第1786号敕令所核准的章程，自本月（10月）18日至28日，每个工作日上午9时至下午4时30分，本署受理二等翻译员课程班一至五年级和一等翻译员课程班一至三年级入学注册申请。
>
> 及至该期限届满，任何人不得进行注册，但因确凿的不可抗因素而

① *Regulamento da Escola da Língua Sínica Anexa á Repartição do Expediente Sínico da Província de Macau Aprovado pelo Decreto* N.º 1：786 de 22 de Julho de 1915, Macau：Imprensa Nacional, 1915, pp. 1－7.

Regulamento da Escola da Lingua Sinica
anexa á Repartição do Expediente Sinico da provincia
de Macau

I

Disposições gerais

Artigo 1.° A escola anexa á Repartição do Expediente Sínico é destinada a habilitar candidatos aos lugares de intérpretes tradutores da língua Sinica, falada e escrita.

§ único. A escola tem o nome de Escola de Língua Sínica e funciona no edifíco da Repartição a que está anexa.

Art. 2.° O funcionamento da Escola de Língua Sínica é regulado pelas disposições dêste regulamento, e, nos casos omissos, pelas disposições regulamentares aplicáveis ao Liceu Nacional de Macau

II

Cursos e disciplinas

Art. 3.° Na Escola da Lingua Sínica são professados os dois cursos seguintes:

1.° Curso de intérprete tradutor de 2.ª classe;

2.° Curso de intérprete tradutor de 1.ª classe.

Art. 4.° O curso de intérprete tradutor de 2.ª classe compreende as seguintes disciplinas leccionadas em cinco classes, a cada uma das quais corresponde um ano lectivo:

1.° Língua Sínica escrita e estudos acessórios;

2.° Língua falada (dialecto cantonense).

Art. 5.° O curso de intérprete tradutor de 1.ª classe compreende as seguintes disciplinas leccionadas em três classes, a cada uma das quais corresponde um ano lectivo:

1.° Língua sínica escrita e estudos acessórios;

2.° Língua falada (dialecto pequinense).

Art. 6.° As disciplinas indicadas nos dois artigos antecedentes distribuem-se pelas diferentes classes dos cursos citados, conforme vai designado nos seguintes quadros:

QUADRO I

Curso de intérprete tradutor de 2.ª classe

Disciplinas	Número de horas de lição por semana				
	1.° ano	2.° ano	3.° ano	4.° ano	5.° ano
Lingua sínica escrita e estudos acessórios..............	2	2	2	2	2
Lingua falada (dialecto cantonense).......................	2	2	2	2	2
	4	4	4	4	4

图 9 《澳门译务署学馆章程》（澳门官印局，1905）

获本省总督特准者除外。

1914 年 11 月 30 日敕令所准章程第十五条所指的学习翻译员以及符合下列条件的任何人均可注册进入二等翻译班：①已修完中学全部课程或任何一间官办中学的类似课程；②品行端正；③身体健壮，未患任何严重疾病或传染性疾病。

二等翻译班二、三、四、五各年级的学员注册，必须提供上一年级考试合格的证明。

译务署的二等翻译员和任何已经通过二等翻译班课程考试的人均可注册进入一等翻译班。

注册申请书须连同必需的证明材料一起递交译务署署长。

所有注册的学员，不论二等翻译班，还是一等翻译班，其课程均于11月1日开始。

教学采用1914年11月30日第1118号敕令所准章程附表I和附表II所指定的教材①（见图10）。

REPARTIÇÃO DO EXPEDIENTE SÍNICO

ANÚNCIO

José Vicente Jorge, 1.º intérprete de 1.ª classe, Chefe da Repartição do Expediente Sínico.

Faço saber que, desde o dia 18 até o dia 28 do corrente mês de Outubro, se recebem nesta Repartição, em todos os dias úteis, das 10 ás 16.30 horas, requerimentos para a admissão dos alunos á matricula na 1.ª, 2.ª, 3.ª, 4.ª e 5.ª classe do curso de intérprete-tradutor de 2.ª classe, e na 1.ª, 2.ª e 3.ª classe do curso de intérprete-tradutor de 1.ª classe, em harmonia com o regulamento aprovado pelo decreto n.º 1786, de 22 de Julho de 1915 e publicado no *Boletim Oficial* n.º 41, de 9 de Outubro de 1915.

Findo êste prazo, não será possível nenhuma matricula, salvo autorização especial de Sua Ex.ª o Governador da Provincia, em caso de força maior devidamente comprovado.

Podem matricular-se no curso de intérprete-tradutor de 2.ª classe os alunos intérpretes mencionados no Art. 15.º do regulamento aprovado por decreto de 30 de Novembro de 1914 e quaisquer indivíduos que satisfaçam ás seguintes condições:

1.ª Ter o curso geral dos liceus ou um curso similar de qualquer estabelecimento oficial de instrução secundária

2.ª Ter bom comportamento civil e moral.

3.ª Ter robustez física e não padecer de nenhuma moléstia grave ou contagiosa.

Para a matricula na 2.ª, 3.ª, 4.ª e 5.ª classes, os candidatos terão que provar, em exame especialmente prestado, que conhecem as materias leccionadas nas classes anteriores áquela em que pretendem matricular-se.

Podem matricular-se no curso de interprete-tradutor de 1.ª classe os intérpretes-tradutores de 2.ª classe da Repartição do Expediente Sínico e quaisquer indivíduos que tenham sido aprovados no curso de intérprete-tradutor de 2.ª classe.

Os requerimentos para a matricula devem ser dirigidos ao Chefe da Repartição do Expediente Sínico, acompanhados dos documentos necessários.

Para os alunos matriculados, tanto no curso de interprete-tradutor de 2.ª classe como no curso de intérprete-tradutor de 1.ª classe, as aulas começam no dia 1 de Novembro.

Os livros adoptados são os designados nos quadros I e II anexos ao regulamento aprovado pelo decreto n.º 1:118, de 30 de Novembro de 1914.

E para que chegue ao conhecimento dos interessados, mandei publicar o presente

Macau, Repartição do Expediente Sínico, 14 de Outubro de 1915.

O Chefe da Repartição,
Jose Vicente Jorge.

图10 若热发布的译学馆开学公告（《澳门宪报》1915年10月16日）

① "Anúncio para se Recebem na Repartição Requerimentos para a Admissão dos Alunos a Matricula nas 5 Classes do Curso de Intérprete – Tradutor de 1.ª Classe, 14 de Outubro de 1915," in *Boletim Official*, Vol. XV, N.º 42, 16 de Outubro de 1915, p. 647.

从若热提交的章程草案，到第1118号敕令、第1786号敕令，再到若热署长的招生公告，这较为清晰地揭示了办学的具体进程。由此我们可以确信，这间政府翻译学校正式建立于1915年。

五　学校的官方华语名称

关于这所学校的名称，从若热提交的《译务署章程草案》到1914年第1118号法令核准的《译务署章程》，再到1915年7月22日法令所核准的学校章程，均写作“Escola da Língua Sínica Anexa á Repartição do Expediente Sínico da Província de Macau”，字面意思是“澳门译务署附属华语学校”。从它的葡语名称看，这是一间华语学校，而不是培养翻译人员的教育机构。不过，有个现象应该引起人们的注意，那就是，对于政府翻译人员的职衔和翻译机构，澳葡当局使用的葡语名称和华语名称并不对应。

澳葡当局的翻译工作均由葡人承担。虽然具体工作是葡中互译，但从葡语人士的角度来看，似乎都是在进行华语翻译。所以，他们将翻译人员叫作“intérprete da língua sínica”。例如，1847年3月17日，澳门总督亚马留（João Maria Ferreira do Amaral）发布第7号总督训令，委任翻译官贡萨维斯（João Rodriguez Gonçalves）率人对三街商业区（bazar）的街道和胡同进行登记并对那里的房屋进行编号。当时贡萨维斯的头衔为“Intérprete da Língua Sínica”，意为华语翻译官。①

1865年7月12日敕令决定在澳门成立一个翻译机构（um corpo de intérpretes da língua cynica），澳葡当局稍后写作“Repartição dos intérpretes - sinologos”，字面意思分别是“华语翻译机构”和“汉学翻译部门”（中国翻译部门），而澳葡当局正式公布的政府机构葡汉对照表则称之为“翻译官公所”，可见其葡语名称和华语名称并不对应。

同理，1877年颁布的《华政衙门章程》将该机构中专门负责葡汉档互译的部门命名为“secção do expediente sínico”，字面意思是“华语文书科”。但是从章程所确定的该科的人员构成和主要职责来看，它实质上是

---

① *Boletim Official*, Vol. II, N.° 11, 20 de Março de 1847, p. 42.

一个翻译部门，直接来源于1865年设立的翻译官公所。因此，根据华政衙门两科的职能分工，这个从事翻译的部门的恰当汉译名称应该是“译务科”。

1885年11月2日，葡萄牙政府决定将译务科从华政衙门独立出来，升格为“Repartição do Expediente Sínico”，字面意思为“华语文书部门”。其实，它有一个官方使用的汉语名称“译务署”。[①] 葡语名称强调了工作重点，华语名称则反映了它的基本职能。

这所学校由译务署主管，其章程明确规定它是培养翻译人才的机构。但是，基于同上述情况类似的理由，官方的葡语名称则是“华语学校”。葡萄牙政府在决定将译务科升格为译务署的法令中规定，译务署的职责是“在与华人的联系沟通方面对本省各部门提供协助”。可见，在葡萄牙官方看来，所有的翻译工作均因管理华人社会而起，属于澳门地区华政的一部分。从华政衙门译务科到升格后的译务署，其翻译官和学习翻译官均由葡人担任，华人仅仅充当抄写工或辅助教授华语。这就决定了这所学校的培养对象是操葡语的葡萄牙人（特别是土生葡人）。而对于母语为葡语的人而言，要完成葡中互译的任务，学习和掌握汉语及其相关知识即可。所以，学校的教学内容主要是汉语及其相关知识。从这个意义上讲，澳葡当局将该校命名为“华语学校”突出了它的教学特色。

事实上，与它的主管部门一样，这所学校也有一个官方使用的华语名称，它只不过是在学校开办多年之后才出现。如前所述，翻译机构及其培训事宜基本上是葡人的事情，相关的章程没有刊布中译本，加之学校附属于译务署，因此相关的招生公告等文件均以译务署名义发布，常常不提学校的名字（前引若热所发布的招生公告即是一例），即使提到，也不译出汉语。因此，虽然《澳门宪报》的目录页有当期所刊布的主要文献的汉译篇名，但有关这所学校的华语名称迟迟未见出现。

值得注意的是，这所学校建立后，其主管部门虽几经演变，但学校的名称一直沿用至1976年的47/76/M法令将其改名为“专科学校”为止。1926年《澳门组织章程》实施后，译务署更名为“华务专理局”，这所学校仍归

① 参见张廷茂《从翻译官公所到译务署——澳葡政府翻译机构沿革考论》（待刊稿）。

其主管（见图 11）。1936 年 7 月 25 日，澳门总督在《澳门宪报》发布第 2142 号训令，任命华务专理局局长等三人组成二等翻译班五年级考试委员会（Portaria N. ° 2142 de 25 de Julho de 1936, nomeando juri para o exame do 5. ° ano do curso de intérprete - tradutor de 2. ª classe da Escolar da Língua Sínica），该期目录页的汉语标题为："第二壹四二号札委任主试委员会以便于华务局译学馆举行二等翻译班第五年试验。"① 这是笔者首次在澳葡官方文件中见到这所学校的汉语名称（见图 12）。

29 ANO DE 1927—BOLETIM OFICIAL DE MACAU—N.º 2—8 DE JANEIRO

Direcção Geral das Colónias do Oriente

DECRETO N.º 12:499-C

Tornando-se necessário dar execução ao disposto na base XVII das bases orgânicas da administração civil e financeira das colónias:

Em nome da Nação, o Govêrno da República Portuguesa decreta, para valer como lei, o seguinte:

Carta orgânica da colónia de Macau

TÍTULO I

Disposições gerais

Artigo 1.º A colónia de Macau, como divisão territorial e administrativa do Império Colonial Português, compreende os territórios portugueses de Macau e suas dependências, conforme o tratado com a China de 26 de Março de 1887. A sede do seu govêrno é a cidade de Macau.

Art. 2.º A colónia de Macau constitui um organismo administrativo e financeiro autónomo, sob a superintendência e fiscalização da metrópole, e rege-se, na sua administração civil e financeira e nas suas relações com a metrópole, pelas bases orgânicas da administração colonial, por diplomas legislativos da competência do Congresso da República ou do Ministro das Colonias e pelas disposições da carta orgânica.

Art. 3.º A carta orgânica só pode ser alterada pelo Ministro das Colónias, com o parecer do Conselho Superior das Colónias, nos casos expressos nas bases orgânicas da administração colonial.

Art. 4.º São garantidos a nacionais e estrangeiros residentes na colónia os direitos concernentes à liberdade, segurança individual e propriedade, nos termos das leis em vigor.

TÍTULO II

Do governador

CAPÍTULO I

Disposições preliminares

Art. 5.º A colónia de Macau é superiormente administrada, sob a fiscalização do Ministro das Colónias, por um governador, o qual exerce esta função directamente ou por intermédio das direcções de serviço e das autoridades administrativas e militares suas subordinadas, e com a colaboração do Conselho do Govêrno, com as atribuições consultivas e deliberativas indicadas neste diploma.

Art. 6.º O governador terá o tratamento de governador de Macau.

CAPITULO II

Das condições de exercício do cargo de governador

Art. 7.º A nomeação do governador é feita pelo Govêrno da metrópole, em Conselho de Ministros, sob proposta do Ministro das Colónias, e recairá em indivíduo reconhecidamente competente, de mérito já relevado no desempenho de funções publicas ou no estudo de assuntos coloniais.

Art. 8.º O prazo ordinário da comissão do governador é de quatro anos, contados do dia em que começar a exercer as suas funções na colónia, podendo ser reconduzido, uma ou mais vezes, por períodos sucessivos da mesma duração.

§ 1.º A falta de recondução do governador, feita em decreto publicado quinze dias antes de terminar a comissão, tem o significado legal de exoneração de funções.

§ 2.º A exoneração do governador, antes de terminados os períodos estabelecidos neste artigo, a seu pedido ou por a substituição ser conveniente ao serviço público, é feita pelo Conselho de Ministros, sob proposta do Ministro das Colónias.

Art. 9.º O governador presta a declaração e compromisso de honra, nos termos estabelecidos na lei, perante o Ministro das Colónias, ou, se ao tempo da nomeação estiver no ultramar, perante a pessoa de quem receber o Govêrno.

Art. 10.º O governador goza, em todo o territorio da colónia, das honras que competem aos Ministros do Governo da Republica e, no mesmo território, tem precedência sôbre todos os funcionários civis ou militares que sirvam ou, por outros motivos, estacionem na colónia ou por ela transitem, excluindo o Presidente da República.

Art. 11.º O governador não poderá ausentar-se para fora do território da colónia por mais de cinco dias sem prévia licença do Ministro das Colónias.

Art. 12.º Na falta, impedimento transitório ou ausência do governador, fará as suas vezes, nos casos ocorrentes, como encarregado do Govêrno e até resolução do Ministro das Colónias, o vice-presidente do Conselho do Govêrno.

§ 1.º Na falta, impedimento ocasional ou ausência do vice-presidente do Conselho do Govêrno, é o chefe de serviço mais antigo com assento no mesmo Conselho quem substitui o governador.

§ 2.º Quando o governador estiver impedido por doença, os chefes de serviço, nos assuntos que a cada um competirem, resolverão em nome dêle os negócios ocorrentes, conformando-se, na sua resolução, com a orientação anteriormente seguida ou com as instruções que tiverem ou obtiverem do mesmo magistrado.

§ 3.º Quando, nos casos do § 2.º, o governador o julgue conveniente para os superiores interêsses da colónia, poderá delegar as suas funções no vice-presidente do Conselho do Govêrno, que ficará como encarregado do Govêrno até o seu restabelecimento.

§ 4.º Nos casos previstos no § 2.º o Govêrno da colónia será pessoalmente representado nas suas relações oficiais com os cônsules das nações estrangeiras e entidades estranhas à colónia, bem como nas cerimónias de visitas ou cumprimentos e nas solenidades públicas, pelo vice-presidente do Conselho do Govêrno.

Art. 13.º O governador responde pelos seus actos civil e criminalmente e é directamente subordinado ao Ministro das Colónias.

Art. 14.º As acções civis comerciais e criminais, em que seja réu o governador, só poderão ser, enquanto durar o seu govêrno, instauradas na comarca de Lisboa, respectivamente, na 1.ª vara cível ou comercial e no primeiro juízo de investigação criminal, salvo quando, para julgamento da causa, seja competente outro tribunal da metrópole ou de diversa colónia.

Art. 15.º O depoimento do governador, em juízo, como parte ou testemunha, quando prestado na colónia, será tomado na sua residência, nos termos do artigo 266.º, n.º 2.º, do Código do Processo Civil.

Art. 16.º As prerrogativas de que goza o governador pelas disposições consignadas nos artigos 14.º e 15.º dêste diploma são igualmente aplicáveis aos encarregados do Govêrno da colónia.

Art. 17.º O governador enviará ao Ministro das Colónias um relatório anual da sua administração, dentro dos seis meses que se seguirem ao fim do ano civil respectivo. Constitui motivo de demissão o não cumprimento desta disposição.

Art. 18.º O governador terá um ajudante de campo, oficial da armada ou do exército, de patente não superior a primeiro tenente ou capitão, e um secretário particular, da classe civil ou militar, que serão da sua livre escolha, nomeados em portaria e exercerão as suas funções em comissão amovível.

§ 1.º O secretário particular terá os vencimentos que constarem do orçamento, votados em Conselho do Govêrno, seja qual fôr a sua categoria ou pôsto.

图 11　第 12499C 号敕令颁布的〈澳门组织章程〉

（《澳门宪报》1927 年 1 月 8 日）

① "Portaria N. ° 2142 de 25 de Julho de 1936, Nomeando Juri para o Exame do 5. ° Ano do Curso de Intérprete - Tradutor de 2. ª Classe da Escola da Língua Sínica," in *Boletim Official*, N. ° 30, 25 de Julho de 1936, pp. 599, 600, 613 - 614.

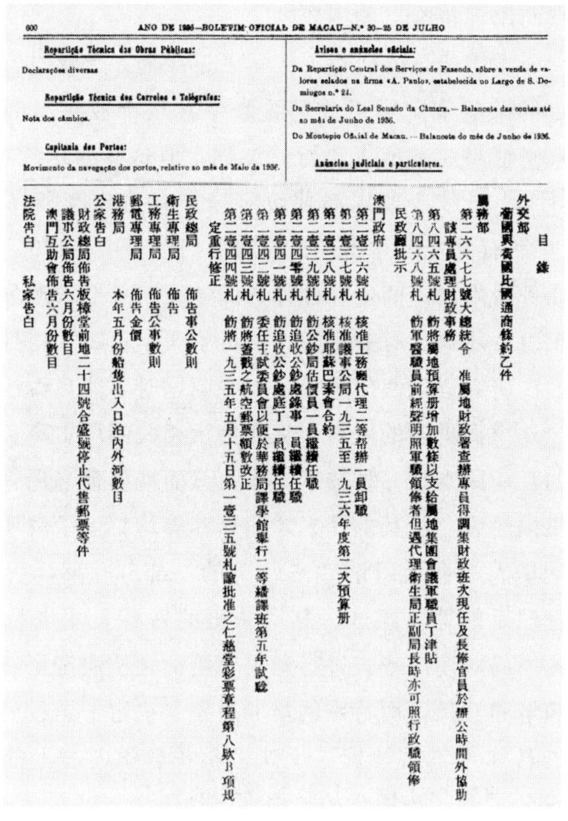

600　ANO DE 1936—BOLETIM OFICIAL DE MACAU—N.º 30—25 DE JULHO

Repartição Técnica das Obras Públicas:

Declarações diversas

Repartição Técnica dos Correios e Telégrafos:

Nota dos câmbios.

Capitania dos Portos:

Movimento da navegação dos portos, relativo ao mês de Maio de 1936.

Avisos e anúncios oficiais:

Da Repartição Central dos Serviços de Fazenda, sôbre a venda de valores selados na firma «A. Paulo», estabelecida no Largo de S. Domingos n.º 24.

Da Secretaria do Leal Senado da Câmara. — Balancete das contas até ao mês de Junho de 1936.

Do Montepio Oficial de Macau. — Balancete do mês de Junho de 1936.

Anúncios judiciais e particulares.

目錄

外交部

衛國與義國比國通商條約乙件

屬務部

第二六六七號大總統令　准屬地財政署查辦專員得調集財政班次現任及長俸官員於辦公時間外協助該專員處理財政事務

第八四六五號札　飭將屬地預算册增加數條以支給屬地集團會議軍職員丁津貼

第八四六八號札　飭軍醫職員前經聲明照軍職領俸者但遇代理衛生局正副局長時亦可照行政職領俸

民政廳批示

澳門政府

第二壹三六號札　核准工務廳代理二等帮辦一員卸職

第二壹三七號札　核准議事公局一九三五至一九三六年度第二次預算册

第二壹三八號札　核准耶蘇巴素會合約

第二壹三九號札　飭公鈔局估價員一員繼續任職

第二壹四零號札　飭追收公鈔處錄事一員繼續任職

第二壹四一號札　飭追收公鈔處庭丁一員繼續任職

第二壹四二號札　委任主試委員會以便於華務局譯學館舉行二等繙譯班第五年試驗

第二壹四三號札　飭將蓋戳之航空郵票額數改正

第二壹四四號札　飭將一九三五年五月十五日第一壹三五號札諭批准之仁慈堂彩票章程第八欵B項規定重行修正

民政總局　佈告事公數則

衛生專理局　佈告

工務專理局　佈告公事數則

郵電專理局　佈告金價

港務局　本年五月份船隻出入口泊內外河數目

公家告白

財政總局佈告板樟堂前地二十四號合盛號停止代售郵票等件

議事公局佈告六月份數目

澳門互助會佈告六月份數目

法院告白　私家告白

图 12　《澳门宪报》1936 年 7 月 25 日第 30 期中文目录

六　结语

本文依据葡语原始文本，考察了澳葡当局官方翻译人员培训机构的设立，澄清了学术界存有争议的问题。本文的结论是：澳葡政府翻译机构在建立初期，并无设立人才培养机构的制度安排，采用的是由本署资助、署外培养、竞聘录用的培养模式；1905 年王室预算令中关于建立翻译学校的规定并未付诸实施；1911 年 11 月译务署署长若热呈禀澳督，重提建校动议并初步加以规划；1914 年第 1118 号敕令核准译务署新章程，建校之议再度成为法定事项；1915 年第 1786 号敕令核准学校章程后，学校开始运作。与其主管部门译务署一样，这所学校也有一个官方使用的华语名称——译学馆，只是因其自身特点而出现较晚、使用较少。

对澳葡当局译学馆建置的研究，揭示了近代葡人治澳过程中的一个重要的现象，即法令的某些规定可以被搁置数年甚至十数年。例如，1865 年 7 月 5 日敕令要求澳葡当局制定华政衙门章程，但这样的章程在 12 年后才出现；1865 年 7 月 12 日敕令要求澳葡政府提交有关政府翻译机构运作的章程，但迟至 12 年后有关规范才出现在华政衙门章程中；1905 年 7 月 22 日预算敕令决定在译务署附设一间培养翻译员的学校，并要求澳葡当局制定译务署章程，但 6 年以后才提出有关草案，又过了 3 年草案才得到核准。这个特殊现象要求我们在研究近代澳门历史的有关问题时不能只看法令文本，而是要在法令文本之外挖掘更多的史料，从而揭示相关的历史事实。

中葡语言的互译原本是一种技术工作，然而在澳葡当局管治澳门的进程中，官方翻译机构的设立及其翻译人才的培养等均打上了鲜明的殖民管治的烙印。作为管治华人社会之所谓“华政”的一部分，翻译机构的骨干和主体必然由作为管理者的葡人组成，翻译队伍的后备人才也是从葡人中间培养。因此，澳葡当局对澳门华人进行殖民管治的性质决定了这所官方培训机构的办学宗旨和培养对象，而特殊的培养对象又决定了学校的课程结构和教学重点。其葡语名称“华语学校”反映了学校教学内容上的特色，而其华语名称“译学馆”揭示了该所学校的根本属性。

（原载黄晓峰编《文化杂志》第 91 期，澳门：澳门特别行政区政府文化局，2014 年夏季刊。）